隋炀帝传

袁刚 著

人民出版社

责任编辑:于宏雷

图书在版编目(CIP)数据

隋炀帝传/袁 刚 著.—北京:人民出版社,2016.10(2024.5重印)
(中国历代帝王传记)
ISBN 978－7－01－016580－6

Ⅰ.①隋… Ⅱ.①袁… Ⅲ.①隋炀帝(569—618)-传记
Ⅳ.①K827＝41

中国版本图书馆CIP数据核字(2016)第189452号

隋炀帝传
SUIYANGDI ZHUAN

袁 刚 著

人民出版社 出版发行
(100706 北京市东城区隆福寺街99号)

北京新华印刷有限公司印刷 新华书店经销

2016年10月第2版 2024年5月北京第3次印刷
开本:850毫米×1168毫米 1/32 印张:24
字数:560千字

ISBN 978－7－01－016580－6 定价:90.00元

邮购地址 100706 北京市东城区隆福寺街99号
人民东方图书销售中心 电话 (010)65250042 65289539

版权所有·侵权必究
凡购买本社图书,如有印制质量问题,我社负责调换。
服务电话:(010)65250042

目　　录

引　言 …………………………………………………………（1）

第一章　显赫家世　少年时代 ………………………………（9）

　第一节　久分必合　圣王再现 ……………………………（10）

　　一、阿㦿华诞　生日无考 ………………………………（10）

　　二、胡汉混血儿　中原成一统 …………………………（15）

　第二节　父祖荣华　关陇贵胄 ……………………………（26）

　　一、伪造谱系　冒称门阀 ………………………………（27）

　　二、祖父杨忠　封随国公 ………………………………（32）

　　三、将门之家　贵戚婚宦 ………………………………（40）

　第三节　周天元昏暴　亲家翁攘政 ………………………（45）

　第四节　代周建隋　杨坚受禅 ……………………………（53）

第二章　风流蕴藉　青年时代 ………………………………（63）

　第一节　坐镇并州　北御突厥 ……………………………（63）

　　一、年幼居藩　重臣辅佐 ………………………………（64）

　　二、男大当婚　迎娶萧氏 ………………………………（69）

　　三、突厥崩离　北塞和靖 ………………………………（74）

　第二节　统一中华　平陈统帅 ……………………………（80）

　　一、文帝定策　骄纵陈人 ………………………………（81）

　　二、玉树后庭花　昏君陈后主 …………………………（86）

　　三、伐陈大军临江　皆受晋王节度 ……………………（91）

　　四、偏师渡江先决战　金陵王气应瑶光 ………………（99）

1

五、杀张丽华　班师凯旋 …………………………………（110）
　第三节　坐镇江都　安辑江南 …………………………………（122）
　　　一、江南尽叛　移镇扬州 …………………………………（122）
　　　二、收纳江南人士　师事天台智颛 ………………………（131）
　　　三、江都四道场　海岳尽搜扬 ……………………………（140）
　第四节　昆弟之中　独著声绩 …………………………………（155）

第三章　阴谋夺宗　弑父继统 ……………………………………（168）
　第一节　文帝龙德　恪勤匪懈 …………………………………（168）
　　　一、内法外儒　治国方略 …………………………………（168）
　　　二、为政察察　东狩泰山 …………………………………（176）
　第二节　定计夺嫡　矫情饰行 …………………………………（186）
　　　一、组建阴谋集团　拉拢杨素上贼船 ……………………（186）
　　　二、母后"奇妒"　晋王"仁孝" …………………………（193）
　　　三、晋王"讨平"突厥　汉王兵败辽东 …………………（197）
　第三节　肆厥奸回　夺嫡成功 …………………………………（207）
　　　一、率意任情　杨勇失宠 …………………………………（207）
　　　二、高颎罢相　元勋罪退 …………………………………（214）
　　　三、锻炼成狱　太子失位 …………………………………（219）
　　　四、新太子受册　蜀王被废 ………………………………（225）
　第四节　抢班争权夺位　弑父屠兄幽弟 ………………………（233）
　　　一、柳述用事　杨广居闲 …………………………………（233）
　　　二、仁寿宫变　登临大宝 …………………………………（241）
　　　三、杨谅叛乱　羊质兽心 …………………………………（256）

第四章　大兴工役　虐用民力 ……………………………………（271）
　第一节　营建东都　广置离宫 …………………………………（271）
　　　一、营建东都　控扼山东 …………………………………（272）
　　　二、洛阳新城　规制宏伟 …………………………………（280）
　　　三、西苑离宫　配套工程 …………………………………（285）

第二节　掘长堑置关防　修驰道筑长城 …………………… (289)
　　第三节　开凿南北大运河　千秋功罪后人评……………… (296)
　　　一、远山应见繁华事　不语青山对水流 ………………… (297)
　　　二、厚地剖为沟　万众挖运河 …………………………… (304)
　　　三、通漕运储仓粮　兴利万世水流长 …………………… (318)
　　第四节　万舸东南行　锦帆下扬州 ………………………… (325)
　　第五节　帝王若竭生灵力　大业沙崩固不难……………… (345)

第五章　大修文治　厘定制度 …………………………………… (363)
　　第一节　三教并重　移风易俗 ……………………………… (364)
　　　一、兴学办校　敦奖名教 ………………………………… (364)
　　　二、统一经学　整理图籍 ………………………………… (370)
　　　三、禁焚谶纬　热心技艺 ………………………………… (380)
　　　四、尊崇佛道　融并寺塔 ………………………………… (389)
　　第二节　选贤任能　开科取士 ……………………………… (404)
　　　一、从察举到科举　文帝罢中正 ………………………… (405)
　　　二、从重德到重才　创设进士科 ………………………… (412)

第六章　天子风韵　权力意志 …………………………………… (427)
　　第一节　热爱文学　倡导艺术 ……………………………… (427)
　　　一、文辞具博　诗赋绮丽 ………………………………… (428)
　　　二、赏析书画　百戏繁盛 ………………………………… (438)
　　　三、宫廷风流　四方巡游 ………………………………… (450)
　　第二节　予智予雄　除谏饰非 ……………………………… (461)
　　　一、猜防功臣　杨素绝医 ………………………………… (461)
　　　二、傲狠明德　高颎被诛 ………………………………… (467)
　　　三、内怀险躁　张衡屈死 ………………………………… (472)
　　　四、疏忌骨肉　储宫陵夷 ………………………………… (478)
　　第三节　屋在乎柱　国在乎相 ……………………………… (485)

第七章　方勤远略　威振八纮 …………………………………… (495)

第一节　出塞北巡突厥　镇抚启民可汗 …………………（495）
第二节　经通西域　丝路巡礼 ……………………………（504）
　一、西突厥和丝绸之路……………………………………（505）
　二、《西域图记》　招诱西胡……………………………（509）
　三、炀帝西巡　设置四郡…………………………………（518）
　四、万乘西出玉门关　万方来朝有处罗…………………（524）
第三节　通使海洋　交流文化 ……………………………（531）
　一、常骏出使赤土　招徕南洋诸国………………………（532）
　二、日出处天子致书日落处天子…………………………（535）
第四节　二游江都　朝野皆以辽东为意 …………………（543）

第八章　三征高丽　四海糜沸 ……………………………（549）
第一节　东夷有失藩礼　大兴问罪之师 …………………（549）
　一、朝鲜半岛三国鼎立　东胡涉貊各族朝贡……………（550）
　二、全国总动员　耀武儆四夷……………………………（559）
第二节　御驾亲征辽东　山东农民起义 …………………（564）
　一、下诏讨"小丑"　武装大游行…………………………（564）
　二、兵败平壤城下　"圣皇"威风扫地……………………（570）
　三、无向辽东浪死歌　豆子䴚中英雄多…………………（578）
第三节　御驾再出辽东　贵族杨玄感造反 ………………（585）
　一、出师未捷　后院起火…………………………………（586）
　二、黎阳督粮　扯帆举兵…………………………………（593）
　三、举天之下　十分九为盗贼……………………………（606）
第四节　御驾三征辽东　国内政治失控 …………………（610）
　一、徒有归飞心　无复因风力……………………………（611）
　二、"李氏当为天子"　枉杀李浑李敏……………………（618）

第九章　众叛亲离　天下土崩 ……………………………（627）
第一节　再巡突厥　雁门被围 ……………………………（627）
第二节　魂褫气慑　窜身江湖 ……………………………（635）

一、望绝两京　三下江都 …………………………………（635）
　　二、锋镝腾沸　豪杰并起 …………………………………（644）
第三节　李密聚义于草莽　瓦岗军威振中原 …………………（652）
　　一、投奔农民军　共讨隋暴君 ……………………………（652）
　　二、炀帝之罪　罄竹难书 …………………………………（659）
　　三、各路豪杰纵横驰骋　四海英雄共推盟主 ……………（666）
第四节　李渊起兵　克定关中 …………………………………（673）
　　一、审时度势　密运雄图 …………………………………（673）
　　二、晋阳聚义　直下长安 …………………………………（679）
第五节　江都宫变　独夫授首 …………………………………（687）
　　一、梦断江淮　临深履薄 …………………………………（687）
　　二、骁果激变　缢杀民贼 …………………………………（695）
　　三、改朝换代　定谥曰"炀" ………………………………（709）

第十章　亡隋之辙　殷鉴不远 …………………………………（717）
　　一、以隋为鉴　隆兴唐朝 …………………………………（718）
　　二、行人遥起广陵思　古渡月明闻棹歌 …………………（731）

结语　莫道有才能治国　须知亡国亦由才 ……………………（744）

引　言

隋炀帝杨广(公元569—618年)是中国古代隋王朝的第二代皇帝,公元604年至618年在位,年号"大业",统治中国14年。杨广是一个亡国之君,炀帝乃他死后唐朝给他的谥号。《逸周书·谥法解》曰:"谥者,行之迹也;号者,功之表也"。所谓谥号,即人死后按其生平事迹评定褒贬给予的称号,用我们现在的话说,就是盖棺定论。而谥曰"炀",乃荒淫昏暴之意。按《谥法》:"好内远礼曰炀;去礼远众曰炀;逆天虐民曰炀"。作为一个恶名,炀帝臭名昭著,千百年来已家喻户晓。清代思想家王夫之提起隋炀帝杨广,干脆书曰"逆广",野史小说更把荒淫的炀帝称作"色中饿鬼"。

按照古代王朝礼制,帝王死后除有谥号外,还有庙号,如杨广之父杨坚死后谥曰文帝,庙号高祖。庙号是皇帝死后在太庙立室奉祀时特起的名号,一般都有祖或宗字,"祖有功而宗有德",如唐高祖和唐太宗。且庙号和谥号都可作为皇帝的代称,以讳其姓名。然隋炀帝杨广则因"流恶难尽",国破家亡,唐人仅给恶谥而未立庙号,其孙皇泰主所给美谥及所立庙号,却从来就不为世人承认,真是死有余辜。

中国古代史学有为皇帝立传的传统,皇帝不管好坏,在位时间长短,都有传记。翻开二十四史,首篇就是历代帝王本纪,皇帝传可谓是时代的标记。

皇帝,是秦始皇以来直到清朝灭亡止的古代中国的国家元首,皇帝是站立在千万黔首之上的"余一人",是数千年来天下子民顶礼膜拜的天神。一提到皇帝,臣民只得屏声息气,重足而立,侧目而视,因为皇帝具有无上威权,只要一声咳嗽,整个大地似乎就会变色。皇帝不仅权力独专,而且皇位终身,皇统世袭,集中于皇帝个人手中的国家最高权力,具有不可分割性和不可转让性,皇权的本质就是专制主义。

东汉人蔡邕《独断》记曰:"皇帝,至尊之称。皇者,煌也。盛德煌煌,无所不照。帝者,谛也。能行天道,事天审谛,故称皇帝"。皇帝是天之骄子,人间神明,又称天子。皇帝无上威严神圣不可侵犯,其地位被抬到吓人的高度。皇帝可以对天下一切人随意"生之、任之、富之、贫之、贵之、贱之。""天下事无小大皆决于上",国家的行政、立法、司法、军事以至臣民的生死予夺各种大小权皆集于皇帝。朕即国家,皇帝的话就是法律,皇权不受任何权力主体的限制,皇帝一言可以兴邦,一言可以丧邦,这就使天下安危系于一人之身,国家的治乱兴衰往往取决于当朝皇帝的圣明愚顽。于是,天下芸芸众生企盼着圣君明主,诅咒残害生民以奉一人淫乐的暴君昏主。商末民众唱曰:"时日害丧,予与汝同亡"。人民诅咒暴君商纣王,要与他同归于尽。

当然,皇帝并非天神,皇帝也是人,但皇帝不是普通的人,皇帝拥有任何人也不能拥有的生杀予夺的巨大权力,这个权力可以改变历史的进程,昏暴之君往往造成天下大乱,"二世而亡"。而当历史把一个商纣式"逆天虐民"的"色中饿鬼"杨广抬上中世纪中国皇帝的宝座,天下的祸乱,人民的苦难,岂不是可想而知了?

中国历史上出现了好几百个皇帝,好皇帝屈指可数,多数是昏庸之辈,而残暴荒淫之主更所在多有。千百年来,无论是官方正史,还是民间野史,所有的记叙中,隋炀帝恐怕都是坏皇帝中最坏的。

然而,史书的记载完全可靠吗?

人们都知道,正史二十四史之一的《隋书》,是由唐太宗敕诏秘书监魏征主编,编撰者都是由隋入唐的文士,对隋炀帝事迹史实耳闻目睹,亲身经历,不可谓知之不深,修史态度亦不可谓不认真。但他们都已是唐朝忠实臣子,动不动就宣言"亡隋之辙,殷鉴不远",主编魏征更参加过推翻隋炀帝统治的隋末农民起义,又是唐太宗的贞观名臣。既然唐初君臣论政的核心是"以隋为鉴",修史者主观上的政治倾向性已然根深蒂固,他们站在官方立场,极力突出隋炀帝的荒淫昏暴,标榜李唐的无量功德,在修史材料的取舍上,就可能有意无意地偏离史实,其对隋炀帝怀有某种政治上的偏见也是可想而知的。

又据史书记载,唐武德四年(621)五月平定洛阳王世充,"收其图籍,溯河西上,多有沉没"①。后来修史者不是凭藉第一手资料,而是更多地搀杂进了道听途说的野史传闻,使历史不自觉地遭到歪曲。

再有宋人司马光主编的大型政治史《资治通鉴》,其中《隋纪》更收集了不少《隋书》以外的资料。司马光著书的宗旨是借历史教训以"资帝王之治",政治倾向性更加鲜明。他不仅寓褒贬善恶于叙事之中,又大量引用不可靠的杜宝《大业杂记》等唐初人的杂记、小说,通过取舍和选择史料的手法,把唐初人对隋炀帝的丑化又向前推进了一步②。

正史如此,野史小说就更不用说了。因此,旧史对隋炀帝的记

---

① 《旧唐书》卷47《经籍志下》。
② 高敏:《关于隋炀帝迁都洛阳的原因》,载《魏晋隋唐史论集》第2辑,中国社会科学出版社1983年版。

叙描写有很大的失真失实。近年来,中外学者都已注意到隋炀帝史事被歪曲的事实。中国学者万绳楠、高敏、胡戟等先生均有论著述及,已故美国隋唐史专家芮沃寿教授认为,"儒家修史者对炀帝道义上的评价的确是苛刻的",而"在民间传说、戏剧和故事中",隋炀帝的形象更被"作者和观众随心所欲的狂想大大地歪曲了"[1]。美籍华裔学者黄仁宇先生亦深有感触地引述说:炀帝"既被视为典型的亡国昏君,在一大团歪曲的历史记载和传奇性道听途说之下,今人既想窥测此人真实性格,至多也只能瞥见一二"[2]。

面对一大堆历史疑团,在中国历代帝王传记中,隋炀帝传无疑是最难写的!

不仅旧史记载失实失真问题很多,而且近人对隋炀帝的评价也争论日多,观点相左,差距极大。隋炀帝又成了一个最有争议的皇帝。

1959年《史学月刊》第9期刊发了万绳楠教授所撰《论隋炀帝》一文,这是一篇为隋炀帝翻案叫好的学术论文,万先生通过对史料的分析认为隋炀帝"不仅对我国的统一与巩固有贡献,而且对我国社会经济、政治与文化的发展也有贡献",他功大于过,"是一个很有才能和气魄的政治家、军事家与文学家"。而把炀帝斥为"暴君",是极片面和无道理的。万先生的文章出现后立即引起了争鸣,有人尖锐地指出:如果隋炀帝是一位功大于过的好皇帝,那么农民为什么要起义推翻他呢?用阶级观点分析,隋炀帝是一个"不折不扣的暴君"[3]。

进入20世纪80年代以后,论争进一步升温,90年代后更连

---

[1] 《剑桥中国隋唐史》第2章,中国社会科学出版社1990年版,第146页。
[2] 《赫逊河畔谈中国历史》,"隋炀帝"条,三联书店1992年版。
[3] 《对隋炀帝评价问题意见摘要》,载《史学月刊》1960年第3期。

续出版了几部传记,为隋炀帝翻案的调子越来越高。有人称炀帝"虽属亡国之君,却也是有为之主";"建树最多","功大于过","不失伟大",是"伟大人物",以致有人直呼:"雄杰乎,英主乎"。这与古往今来的定论可谓是180°的大转弯。当然,也有不少论文继续从各个方面论证隋炀帝的荒淫暴虐,论争双方不仅对史料进行了重新甄别,而且加强了理论分析的力度,总体水平较之旧王朝时代的史学是大大提高了。

隋炀帝到底是怎样一个皇帝?怎样写好这部隋炀帝传记?

我非常赞同黄仁宇先生所说的一段话:"因为瞻前顾后立场不同,我们既写隋炀帝的传记,也要将很多长时间远距离的因素一并加入考虑,才赶得上时代"[1]。

皇帝虽然高高在上,但皇帝也不是孤立的人物,他们在历史上的功绩和过失,都同他们所处的历史条件和社会环境密切相关。皇帝虽然权力无限,但毕竟不能超越历史条件和现实环境的限制去缔造历史,权力意志不能改变历史发展的总趋势,相反,历史环境倒是最能解释专制君王的行为及其动机。因此,必须扩大视野,宏观审视,确切地把握出现隋炀帝的那个历史时代的特征。

其次,我们还要深入研究隋炀帝本人的品质、性格、气质,我们不否认某些个人,特别是拥有主宰全社会的权力的皇帝对历史发展的重大影响,皇帝的性格也能影响历史的具体进程。卡尔·马克思说:"历史不过是追求着自己目的的人的活动而已"[2]。皇帝的无尽欲念加上其所掌握的无限权力,有可能使君主随意一个念头,一个怪诞的想法,造成全社会的震荡。全社会千千万万人的命

---

[1] 参见黄仁宇上揭文。
[2] 马克思:《神圣家族》,见《马克思恩格斯全集》第2卷,人民出版社1960年版,第118—119页。

运有时可能取决于皇帝个人的喜怒好恶,这又会使历史的进程具有极大的偶然性。对亡国之君隋炀帝的个性特点的微观分析,显然也是我们把握这个极大地影响过中国历史进程的历史人物的一个重要方面。

然而,不管是宏观审视还是微观分析,都必须建立在确实可靠的史料基础之上,必须依据可靠的而不是虚构的史料,翔实地分析隋炀帝的功过是非,以作出客观公正的评价。这又要求我们对唐宋以来被人为地严重搅乱了的史料,做一次全面整理,做一番去伪存真的考证工作,重新鉴别史料,努力发掘新的史料,使传记建立在科学基础之上。在这方面,自清代乾嘉考据学兴起以来,至今已积累了大量成果,对此我们应该广泛地吸收,特别是80年代以来分析性考据论文,对我们传记的写作,帮助尤大。本书正是在力求全面吸收前人几乎是所能收集到的所有科研成果的基础上,进行写作的,在此谨先致感谢。当然,笔者在前人研究的基础上,又作了一番考证鉴别和探索,务求史实准确,为此,付出了相当辛苦的劳动。

另一方面,对于偏离了史实的野史小说、民间俗讲传说、诗歌词话等,也不必一概排斥,可以有鉴别有选择地加以利用。因为民间文学经过千年的说唱流传,在艺术上有很大成就,有些文人诗词、小说片断更写得十分精彩,想象力丰富,很有文采,表达了人民的爱憎。特别是其对暴虐丑恶的鞭挞具有明显的人民性,长期受到人民的喜爱,同样值得我们借鉴。

我们既要依据可靠的史料写出真实的历史,又要站在人民的立场作出正确的价值判断,不讲求价值判断的历史考证是没有生命力的,不讲爱憎的就事论事也不会得到社会的认可。对隋炀帝,我们力求做出公正的评价,是功大于过,抑或是过大于功? 是好皇帝,还是坏皇帝?是圣王还是暴君?是做翻案文章,还是维持历史原判,最后结论将在对隋炀帝一生行事及其作为作出全面叙述之后,留待本书的最后去做。

但我们事先要提出一个评判标准,为皇帝作传,对皇帝作评价,和其他各色人等不同。皇帝不同于普通人的最大特征是他拥有无限权力,这是任何臣子百姓所不能具有的,这个权力影响着千千万万民众的命运,正因为其权力无限,所以皇帝的行为举止、喜怒哀乐都将影响历史,因此,评价皇帝的关键就在于:皇帝如何使用这无限权力。我们要去追寻考察皇帝运用无限权力去做了什么,这种巨大权力可以干出大好事,也可以干出大坏事,可以给人民带来福祉,也可以给人民带来灾难,从而影响国家的前途,民族的命运,历史的进程。比如说隋炀帝开凿大运河,不仅在当时影响巨大,而且对后世影响深远,这种超强度的巨大工程在生产工具极其低下的古代要顺利完成,如果没有皇权的强制,调集千百万民工从役,是根本不可能的。大运河功在当代,利在千秋,但有人说这项宏伟工程只是为了隋炀帝的巡游玩乐,将其功绩一笔抹煞了。现在又有许多人对此大做翻案文章,使问题显得十分复杂。为什么对于同样一件事,人们的评判会如此相左,而趋于两极,我们认为,其焦点就在于评判标准不同。

如何评价一个皇帝?当然不能按现代人的标准要求他不专制独裁,两千多年的君主专制制度下的几百个皇帝,除了个别受制于权臣的傀儡外,没有不专制的,没有一个是讲民主的。但既然古老的国家体制赋予了皇帝以无限的权力,那么皇帝起码应对这可畏的权力有一点责任感,要对被统治的千百万子民的生死命运负起点责任。《尚书·洪范》曰:"天子作民父母,以为天下王"。天子替天行道,事天审谛,必须讲究君德,德侔天地才能称皇帝。皇帝不能对权力不负责任,不能为一己之利,逞一时之欲而滥用权力,驱民于水火。很明显,评价皇帝的最主要标准是:皇帝以其无限权力、绝对权力做了什么?对人民的生活,国家的前途,民族的命运产生了什么样的影响?特别是对其直接统治下的人民的生存状态带来了什么?是否顺应时代潮流,干了合乎历史发展的事。

当然,我们也应考察皇帝如何获取权力,以什么手段获得帝位,但这不是主要的。判断一个皇帝的好坏,不取决于皇帝获取皇位的手段鄙劣与否,而在于大权在握之后,执行什么样的政策,干的是好事还是坏事,口头上说得好但实际效果并不好也不行。皇帝一言九鼎,他的一个错误决定,就可能造成整个国家的灾难,而存心作恶,则其祸害更可想而知。是好皇帝还是坏皇帝,后人可以根据其行事去作评判,但其当代人民则更以其亲身感受作出最直接的反映,这更不能不引起我们的重视。专制皇权既然如此厉害,那么,我们评价皇帝,就是要看他们以其专制权力做了什么?看其使用权力的主观动机和客观效果。这才是公正的评价。

第一章　显赫家世　少年时代

古词有云:"试问水归何处?天明彻夜东流。滔滔不管古今愁,浪花如喷雪,新月似银钩。暗想当年富贵,挂锦直至扬州。风流人去几千秋,两行金钱柳,依旧缆扁舟"。是啊!不尽长江东流水,浪淘尽千古风流人物。隋炀帝可谓是一个风流天子,但说书人说他"将一座锦绣江山,只为着两堤杨柳丧尽;把一所金汤社稷,都因那几只龙舟看完,一十三年富贵,换了百千万载臭名"[①]。然而,是非始末俱在,让我们从头说起。

隋炀帝一生50年的生命历程,可以大致分为三个阶段:13岁前(公元569—580年)是北周贵族子弟,皇亲贵戚;13岁至35岁(公元581—603年)为隋朝皇子,进而立为皇太子;36岁至50岁(公元604—618年)是坐江山的大隋皇帝。

隋炀帝名杨广,又名杨英,小字阿𡡉。本传记的称谓按照他生命历程的3个阶段,13岁以前少年时代我们称其小字阿𡡉;13岁封晋王以后我们称其大名杨广;35岁称帝以后我们称其谥号炀帝。虽然谥号在死后才定,但既然书是写给现代人看的,我们也就没有必要按照古人的礼仪,将皇帝称作今上。

[①] 《隋炀帝艳史》第1回,长江文艺出版社1993年版。

第一节 久分必合 圣王再现

孟子曰:"五百年必有王者兴"。古代中国于秦汉大一统帝国之后,是长达 400 年之久分裂割据的魏晋南北朝时期,这是一个兵荒马乱的乱世,也是一个英雄辈出的时代,历史一再昭示着一位强有力的圣王,出来实现新的大一统帝国的伟业。然而,圣王在秦皇、汉武之后,几近千年才轮到唐宗、宋祖,中间似乎是一段空白。"兴亡不可问,自古水东流"。千年之间,中国就真的没有圣王出现吗?恐怕不一定。有些帝王完全具备了圣王的智质,但天不假以年,而中道崩殂。也有的皇帝主观上极想成就圣王之业,但志在无厌,好大喜功,而走到了主观愿望的反面。隋炀帝就是一个想成就圣王之业的皇帝,他"慨然慕秦皇、汉武之事"①,予智予雄,狂妄得很。隋炀帝所处的历史时代,也是一个出圣王的时代,天下大乱达到天下大治,长久的分裂必然走向新的统一,伟大的文治武功事业需要一位圣王来成就。然而,在出明君圣主的时代,却也不可避免地要出暴君昏主,而且,就在隋炀帝出生后不久,在其尚未成年的少年时代,他就亲眼领略了圣君的风采和昏君的丑态。这些肯定都在隋炀帝幼小的心灵留下了深深的印记。

一、阿㦬华诞 生日无考

公元 569 年阿㦬呱呱坠地时,正是中国经历了长期分裂战乱的南北朝后期。当时,神州大地并立着 3 个王朝:北周、北齐和陈,因而这年也就存在着 3 个君主和 3 个不同的年号:即北周武帝宇

---

① 《隋书》卷 4《炀帝纪下》。

文邕和他的天和四年；北齐后主高纬和他的天统五年；南朝的陈宣帝陈顼和他的太建元年。常言讲：天无二日，国无二主。3个皇帝并立于中国，这本身就预示着战争的不可避免。

隋炀帝出身于惯于征战的北周贵族武将之家，父亲杨坚是北周大将军、随国公，母亲姓独孤氏，是北周柱国大将军独孤信的女儿，也是武将之后，名门闺秀。炀帝是他们的第二个儿子。儿子出生，父母欢天喜地，他们给儿子取名杨广。杨广父母出自将门勋贵，同时，又都是虔诚的佛教徒。母亲独孤氏成天烧香拜佛，求菩萨保佑。她小名伽罗①，就是一个佛名。伽罗是梵语 tagara 之音的略译，意为香炉木，或沉香木。杨广之父杨坚也有一个小字佛名，叫那罗延，据说杨坚出生在一所佛教寺庙，并由庙里的尼姑抚养了多年，小名那罗延即是庙里的尼姑所取，意思是像金刚一样不可摧坏②。炀帝出生时，崇信佛教的父母也为儿子取了一个佛名，作为小字，叫阿㜷（mó，音摩），阿㜷是梵语 ambā 的译音，意译为母、善女③。取这样一个美妙而又带有女性化的小名，可能是出自独孤伽罗的意思，一方面是希望能得到大慈大悲的菩萨保佑，另一方面，阿㜷生来可能就像一尊美丽的观音菩萨。

阿㜷出身贵族名门，后又君临天下，然而，旧王朝正史《隋书》和《北史》对他出生时及其少年时代的情况的记载却仅有寥寥数句：

---

① 《隋书》卷36《文献独孤皇后传》。后名失载，《北史》卷14《隋文献皇后独孤氏传》记独孤氏"讳伽罗"，应为她的小字，大名仍失载。旧王朝史书轻视女性，甚至贵为皇后也未能留下姓名。隋炀帝皇后萧氏之名，史书也缺载，可见并非偶然。

② 《续高僧传》卷26《隋京师大兴善寺释道密传》。

③ 见《善见律·毘婆沙》卷6。查《中文大辞典》第3册第6773页：㜷，据《篇海·类编》，乃佛名，又叫㜷㜷尼。又据《集韵·戈韵》：㜷，女子美称。

> 上美姿仪,少敏慧,高祖(即隋文帝杨坚)及后于诸子中特所钟爱。在周以高祖勋,封雁门郡公①。

从这段仅有30个字的文字中,我们仅能得知阿㐷自小就长得漂亮、可爱,而且聪明伶俐,深得父母的喜爱。正因为如此,阿㐷又获得了父母的另一个取名——杨英,大概就是取其英俊的仪表吧。

阿㐷的出生地可能是关中的同州(治今陕西大荔),又称冯翊,在都城长安附近。这里是他祖父杨忠的故居,其父杨坚也是出生于此地一座庙中②。当然,这也仅仅是推测。值得注意的是,阿㐷这个英俊可爱、富贵无比的婴儿,居然无从得知其准确的出生月份和日期,正史没有记载,我们遍查各类史书,也无从查考。而阿㐷父亲隋文帝杨坚的出生日期,《隋书》和《北史》及其他史书却都记载得清清楚楚,是出生于西魏"大统七年(541)六月癸丑(初三)夜"。《隋书》修成于唐贞观十年(636),距隋亡不到20年,主持修撰者为贞观名臣魏征等。《北史》成书于唐显庆四年(659),距隋炀帝死亦仅40年,作者李延寿是大史学家。对于魏征等人来讲,隋炀帝史事几乎就是亲身经历的当代史,他们能准确地记载年岁稍远的隋文帝杨坚的出生年、月、日,却不能记下距他们更近的隋炀帝出生的月、日,而仅略记年份,的确是很反常。究其原委,隋末丧乱史料散失而无从查考的可能性不大,主要恐怕还是与修史者的政治态度有关。从隋末丧乱到唐初贞观之治既不足20年,隋炀帝的所作所为在唐初人来说可谓记忆犹新,但人们记得最深刻的是炀帝的暴虐无道,以致民怨鼎沸,国家败亡。唐初君臣强调"以隋为鉴",把隋炀帝当作反面教员,修史者因而极力突出隋炀帝的

---

① 《隋书》卷3《炀帝纪上》;《北史》卷12《隋本纪下》。
② 《关中胜迹图志》卷6。

残暴荒淫,着力对他进行贬责,以至于连炀帝的生日也丧失了载入史册的资格。在旧王朝时代,皇帝的生日即所谓"圣诞",是朝廷百官乃至全国百姓都要庆贺的大喜日子,魏征等从隋朝过来的人不知道炀帝的诞辰是不可能的。明知而不载,的确反映了修史者对隋炀帝的极度蔑视。

历代王朝统治者都宣扬皇帝是上天在人间的代表,是天之子,人间之神,因此凡皇帝出生,降临人间,史书总是要记载许许多多的祥瑞和非同寻常的"征应"。如《隋书》记炀帝之父杨坚刚生下来时,母亲抱起,"忽见头上角出,遍体鳞起",吓得其母吕氏魂不附体,赶忙将这异子"坠于地"。然而,有心人马上就会察觉,头上长角,浑身有鳞,乃是"龙体",是大贵之征,真龙天子即人间天子。史书称"有尼来自河东",会见此状,大喊:"已惊我儿,致令晚得天下。"①

宋代官修的大型类书《册府元龟》更列有专门部类记载历代帝王的"诞圣"和"征应",隋炀帝之前的隋文帝杨坚及其后的唐高祖李渊和唐太宗李世民的"诞圣"都有记载,并都有异常征应。如隋文帝、唐高祖出生时皆"紫气充庭",唐太宗出生时的征应更怪,竟"有二龙戏于宫门之外,三日而去"②。而阿㗝既无"诞圣",当然也就没有任何"征应"可言。头上没有长角,身上没有起鳞,连生日都无从知道,真龙天子与阿㗝是全无关系。然而,上述荒诞无稽的所谓龙的征应纯系捏造,清人牛运震认为是"小说家装演之谈,不足以溷正史","记叙亦殊乖舛"③。正史把"小说家装演之谈"彪秉史册,的确是大大降低了《隋书》等正史的可信程度。

---

① 《隋书》卷1《高祖纪上》。
② 《册府元龟》卷2《帝王部·诞圣》。
③ 《空山堂全集·读史纠缪》卷14。

然而，近人岑仲勉则认为："帝王灵异，率属傅会，……然亦不只《隋书》为然"[①]。翻开二十四史，几乎每朝每代每一个皇帝出生，都会有这样或那样的征应，联系到汉儒董仲舒发明的"天人感应"、"君权神授"说，也就不必大惊小怪。值得深究并使我们感到奇怪的倒是，正史既为那么多的皇帝编造了那么多的征应，何以偏偏就不为隋炀帝编造一些征应？隋炀帝头不长角，生日无考，的确反映了唐代修史者对隋炀帝的态度，也可以说是存有某种偏见。

到正史《隋书》修撰两百年后的唐代晚期，终于有人大胆为隋炀帝编造征应了。翰林学士韩偓的《海山记》是专叙隋炀帝故事的传奇小说，在韩偓笔下，阿麽出生时，"有红光烛天，里中牛马皆鸣"，景观和气势极为壮观。据说阿麽之母独孤伽罗曾梦见龙在体内，又"飞高十余里，龙堕地，屋辄断"，这可是不祥之征。伽罗将梦告诉丈夫，阿麽父杨坚"沉吟默塞不答"，3年后，杨坚抱着3岁的阿麽玩视，终于说破伽罗梦中的征应："是儿极贵，恐破吾家。"[②]出语惊人，令人不寒而栗，毛骨悚然。韩偓编造的征应把阿麽说成是尚未出生就预定要做破败家国的罪孽，生来就是个败家子、祸国贼，有这样的征应还不如没有。《海山记》对隋炀帝的贬损，可谓比《隋书》、《北史》又更进了一步。以后，关于隋炀帝的各种传奇小说逐渐增多，韩偓又写了《迷楼记》、《开河记》，到明清之时，就出现了专门以描述隋炀帝佚荡亡国故事的长篇小说。如署名"齐东野人"编演的8卷44回《隋炀帝艳史》、袁于令编撰的60回《隋史遗文》、褚人获所著100回《隋唐演义》等。这些小说在民间广为流传，影响巨大，所叙隋炀帝故事也大都根据韩偓所说加以

[①] 《隋书求是》卷1"高祖生时灵异"条。
[②] 韩偓：《海山记》，历代小史本。

演绎,清朝人更认为,其事"皆有所本","可谓无一字无来历"①。隋炀帝令人厌恶的暴虐、荒淫的形象也就随着小说的流传,在民间生了根,甚至传说"炀帝前生,乃终南山一个怪鼠,窃食九华宫药,转世人间作恶"②。

隋炀帝到底是怎样一个人,怎样一个皇帝? 他是不是生下来就注定是一个祸国罪主? 要拨开缭绕在历史上的云雾,还其庐山真面目,问题尚相当复杂。我们既要为隋炀帝立传,首先要做的就是史料爬梳和鉴别的工作,修史者的态度应该是客观公正,既不隐善,也不遮恶,还历史本来面目。好在旧史编纂者有意忽略隋炀帝生日的记载并不影响我们的炀帝传记的写作,反而让我们对史料的真伪提高了警惕,对有关隋炀帝的史料,我们将加以重新鉴别,详细审定。

二、胡汉混血儿　中原成一统

阿㦯降临人间,其时中国的时代特征是由长久的分裂逐步走向统一。

从东汉献帝初平元年(190)董卓之乱首开分裂之局,到隋开皇九年(589)年轻的阿㦯奉命统兵灭陈,重新统一全国,前后经历了400年的分裂割据,这是秦以后中国历史上最长时间的一段分裂局面。这一时期,王朝更迭频繁,割据政权林立,社会动荡不安。特别是西晋短暂统一后,围绕着皇位争夺爆发的"八王之乱",最直接地毁坏了汉族王朝的统治的基础,导致原居住在北部边疆的5个少数民族匈奴、羯、氐、羌、鲜卑趁机入主中原,并以武力相继

---

① 梁绍壬:《两般秋雨庵随笔》卷7《隋唐演义》条。
② 《隋唐演义》第100回,上海古籍出版社1981年版。

建立胡族政权,汉族统治者则退据江南,建立偏安政权,形成南朝的汉族政权与北朝的胡族政权的对峙。

其时,南朝骂北人为索虏,北朝骂南人为岛夷,南北界线一度极为严格。即使在鲜卑拓跋氏建立的北魏政权内部,也存在胡汉文化冲突,存在着汉化与反汉化的矛盾,并酿成内乱,进而引发六镇胡化流民起义。然而,在民族融合的过程中,起决定作用的并不是血统,而是文化,因为野蛮的征服者总是被那些他们所征服民族的较高文明所征服。五胡虽以武力征服了中原,但高度文明的汉族文化却反过来又征服了胡族。隋唐大一统正是民族融合的硕果。

20世纪30年代,当史学大师陈寅恪先生向国人昭示我国历史上辉煌的唐王朝的李氏皇室有夷狄血统之时,国人大惑不解,难以相信也难以接受。其实,何止唐朝,隋朝皇帝隋炀帝,我们的传主阿麽从血统上讲就是一个典型的胡汉混血儿,其母独孤氏乃是鲜卑化了的匈奴人。然而,从文化上讲,无论是独孤伽罗或是阿麽,都自认为是汉族人,并追溯源流自许为汉族文化世家。陈寅恪先生指出:"汉人与胡人之分别,在北朝时代文化较血统尤为重要,凡汉化之人即目为汉人,胡化之人即目为胡人,其血统如何,在所不论"[①]。民族融合使文明程度较低的各少数民族迅速跨入了更高的文明阶段,胡族融入汉族,为中华民族增加了新的血液,新的活力。阿麽的胡汉混血儿血统,一点也不妨碍他将成为中国皇帝,相反,倒是杨氏家族与胡族的广泛联姻,成就了隋朝的帝业。

说起隋朝的帝业,也就不能不把它与北朝几个胡族王朝联系

[①] 《唐代政治史述论稿》上篇《统治阶级之民族及其升降》,上海古籍出版社1982年版。

在一起。二十四史中的《北史》，讲的是北朝历史，其中就包括隋朝。隋朝的帝业是与北魏、西魏、北周的帝业一脉相承的。

北魏拓跋鲜卑源起于大兴安岭的崇山峻岭之中，在大兴安岭北段顶巅的嘎仙洞，曾发现太平真君四年（443）北魏太武帝拓跋焘派人前往告祭其先祖所刻祝文。五胡十六国战乱之际，拓跋氏先在代北立国，后又趁氐族前秦政权土崩瓦解而复国建立北魏，入主中原，定都平城（今山西大同）。这个通过军事征服建立起来的胡族政权能不能巩固，其关键即在于以高度文明的汉族为核心实现民族融合。北魏开国之初也曾自觉地进行了一些汉化改革，但比较彻底的改革是文明太后冯氏及孝文帝执政时完成的。孝文帝迁都洛阳，禁断胡服胡语，改鲜卑姓氏为汉姓，如皇族拓跋氏改为元氏，勿忸于氏改为于氏，独孤氏改为刘氏，纥豆陵氏改为窦氏等。又规定随迁洛阳的鲜卑人一律以河南洛阳为原籍，并袭用门阀制度，规定鲜卑著姓元、穆、陆、于等与山东门阀崔、卢、李、郑、王等门等相当。孝文帝改革加快了北方社会的民族融合，但确立新的门阀制度却加深了社会阶级矛盾。孝文帝死后，汉化的鲜卑代北门阀在中原优裕的生活中完全腐化，正光五年（524），北镇胡化戍卒镇民爆发大规模起义，六镇义军几十万人涌入中原，北魏政权灭亡了。六镇鲜卑在高欢统率下扫平河北，建立东魏，公元550年高欢子高洋废东魏建立北齐。关陇地区则由贺拔岳、宇文泰率领的武川镇军团平定，建立西魏政权。公元556年，西魏执政宇文泰死，其侄宇文护废西魏建立北周，拥宇文泰嫡长子宇文觉为帝。为了争夺中原霸权，周齐之间战争不断。

南朝在公元548年侯景之乱后，元气大伤，公元557年占领建康（今江苏南京市）的梁军统帅陈霸先废梁自立为帝，建立陈朝，但其统治区域只及梁朝的一半，是为南朝最后也是最弱的一个王朝。

到公元569年阿㢣出生时,中国大地除有名无实的江陵后梁政权外,实际上存在北周、北齐及陈3个王朝,"三方分跱凡四十四年"①。李贽论曰:"群雄未死,则祸乱不息,乱离未甚,则神圣不生"②。由于民族融合,南北界限愈来愈小,全国大一统的前景就在眼前。谁来完成这统一大业?谁是成就中国历史上第二次大一统之局的英雄帝王?历史的机遇落到了谁的头上?阿㢣在这样一个历史转折关头降临人间,真可谓生逢其时啊!

江山代有才人出,首开统一之局的英雄圣王,起先还轮不到杨氏父子,而是阿㢣出生时的当朝天子周武帝宇文邕。

宇文邕是开创北周帝业的太祖宇文泰的第四个儿子,生于西魏大统九年(543),比阿㢣年长26岁,恰为整整一代人的年轮之差。宇文邕出生时,据说有"神光照室"③,其父宇文泰曾夸耀他说:"成吾志者,必此儿也"。公元556年父亲死时,宇文邕才13岁,虽有3个哥哥,但父亲属意的嫡兄宇文觉尚未成年,宇文泰只好将政权交给其侄,即宇文邕的堂兄宇文护。宇文护掌权后,即按照叔父的遗愿推宇文觉取代西魏,称周天王(闵帝)。据史载,宇文泰生前曾为子嗣问题烦恼,时庶子宇文毓居长,已有成德,嫡子宇文觉尚冲幼,曾诏群公议,说:"孤欲立子以嫡,恐大司马有疑"④,大司马即阿㢣外祖父独孤信,是德高望重的开国元勋。独孤信倾向于拥立其女婿宇文毓,反对由年仅15岁的宇文觉继位。但是,柱国大将军于谨等同意宇文泰立嫡子宇文觉,由位望素卑的

---

① 王鸣盛:《十七史商榷》卷66《天下三分》条。
② 李贽:《藏书》卷1《世纪总论》。
③ 《周书》卷5《武帝纪上》。
④ 《周书》卷25《李贤传》。

宇文护行周公事。楚国公赵贵、卫国公独孤信怏怏不服。结果宇文护杀赵贵，独孤信也被迫自杀。宇文护自封为晋国公，任大司马，后又迁大冢宰（相当于首相），专制朝政。不久竟废杀闵帝宇文觉，改立宇文毓（公元557年），是为明帝。明帝是阿㱉的姨父，皇后独孤氏即独孤信之长女，但宇文毓当皇帝还不及4年，至公元560年又被宇文护毒杀。宇文护又改立17岁的宇文邕，是为周武帝，大权仍总归于相府。周武帝形同傀儡，连北齐人也说宇文护是"外托为相，其实主也"①。宇文护重用相府僚属，阿㱉的祖父大将军杨忠则由于得到于谨的信用，频频领兵出征，因军功地位步步提升，成为北周最有声望的统帅。但杨忠始终没有依附于宇文护，周武帝想提拔军功卓著的杨忠为太傅，宇文护以"不附己"而不同意。杨忠也看透了宇文护不能久安其位，不肯上他的贼船，保持了武将名节。

宇文护前后执政15年之久。作为宇文泰的至亲，他忠于宇文氏帝业似无问题，他废杀宇文泰两个儿子而不自立，又继立宇文泰另一个儿子宇文邕为帝，即可证明。但皇位不可僭越，皇权不能旁落，周武帝10年不能亲政的傀儡地位岂能长久忍耐。天和七年（572），即阿㱉4岁的那一年的三月丙辰（十八日），影响北周政局及阿㱉家族命运的宫廷政变终于发生了。这一天，宇文护从同州回到京师长安，坐了十多年冷板凳年已30岁的周武帝在文安殿接见后，即按常规引这位堂兄入含仁殿朝见皇太后。先前武帝在宫禁之中见宇文护时，从来不敢摆皇帝架子，以家人之礼取代君臣之礼。宇文护谒见皇太后，太后一般都让他坐着，而武帝则侍立在旁。这次宇文护入见之前，周武帝诡称太后近来脾气不好，喜欢喝

---

① 《北齐书》卷16《段荣传附子段韶传》。

酒,希望堂兄朝见时能好言相劝,并将准备好了的《尚书·酒诰》一文交予宇文护。宇文护未加警觉,觐见太后时,即按武帝意思向皇太后慢慢宣读《酒诰》,劝太后戒酒爱惜身体。尚未读完,武帝突然从后面用玉珽猛击宇文护的脑袋,宇文护当即晕倒在地。武帝急令身边的宦官何泉用御刀斩下宇文护的首级,何泉因恐惧而手软,竟不能伤。这时早已埋伏在户内的卫王宇文直冲了出来,连砍数刀,将宇文护斩首。这场惊心动魄的宫廷政变就这样以皇帝的胜利而告终,宫墙之外竟无人知晓。收拾停当后,周武帝召宫伯长孙览等告谕百官,下诏宣布宇文护的罪状,下令收斩宇文护诸子及其亲信党羽,并大赦天下,改元建德。大周皇权终于回到了皇帝手中。

北周武帝诛权相宇文护成功,对阿摩的家族有很大的影响。宇文护专政时诛灭功臣,阿摩的外祖父独孤信也被迫自杀,父亲杨坚嗣位大将军,也受到猜忌,宇文护几次想加害于他,因大将军侯伏、侯寿等匡护才得以免祸。周武帝亲政后,情况发生了转变,武帝下令恢复了独孤信等功臣的名誉,并重用功臣勋贵子弟,杨坚的地位得到升迁。建德二年(573)九月壬午(十九日),周武帝为皇太子宇文赟迎娶杨坚13岁的女儿杨丽华为妃,杨丽华即阿摩的大姐,5岁的阿摩一下子成了皇亲国戚。杨坚成了皇帝的亲家翁,周武帝对他"益加礼重",政治地位也大为提高。

周武帝是一位具有雄才大略的英明皇帝,亲政后即开始整饬内政,积极准备讨伐北齐,进而统一全国。要消灭北齐,必须富国强兵,武帝虽重申均田令,扩大府兵,但因关陇地区地瘠民贫,深感财力和人力的不足。武帝自己生活简朴,"后宫嫔御不过十余人",但许多青壮年人丁"假慕沙门,实避调役"[①],出家当了和尚。

---

① 《魏书》卷114《释老志》。

时北周寺院万余,僧侣约100万,他们不纳租调,使国家的财政收入减少,编户齐民的赋役负担加重,佛教寺院已成为国家的大蠹。建德三年(574)五月,周武帝毅然下诏废佛,把境内佛教寺庙、铜像、赀产及土地全部没为国有,充作伐齐军费,百万僧侣和依附于寺庙的僧祇户、佛图户,编为均田农民,青壮年则编入军队,所谓"求兵于僧众之间,取地于塔庙之下"①。道教也一并废除。

周武帝毁佛虽然是一件利国利民的好事,但也伤了许多信徒的感情,对于深信佛法的阿麽父母来说,不能不深感遗憾,然而,面对君主,他们除了服从以外,不敢有任何公开异议。阿麽父母曾在家里隐藏并保护了几个僧侣,后来杨坚执掌政权之时,立即宣布恢复佛教,说明阿麽一家对毁佛是反对的。

话分两头说,正当北周整兵习武,改革内政的时候,东邻的北齐却拥立了一个昏君,政治日益败坏。北齐在当时中国境内鼎足而三的3个政权中最为富庶,综合国力最强,然而,以六镇中的怀朔镇的中下级军官为骨干,获得赵、魏一带世家大族拥护而起家的高欢、高洋父子,对于"聚敛无厌、淫虐不已"的鲜卑勋贵,从来不加限制,政治日渐腐败,皇室内部争权夺位,上层统治阶级中鲜卑族与汉族之间的汉化与反汉化的矛盾错综复杂。公元560年,高洋子废帝高殷被叔父高演、高湛杀死,高演继位,不一年惊死,高湛继立为帝,在位4年,忽听"太史奏,天文有变,其占当易王"②。惊恐不已的高湛立即传位给9岁的皇太子高纬,自己当太上皇。后主高纬即位,改元天统元年(565)。天统四年(568)十二月辛未(初十),32岁的太上皇高湛崩,12岁的后主高纬得以亲政,这个

---

① 《广弘明集》卷27周释昙积《谏周高祖沙汰僧表》。
② 《北史》卷8《齐本纪下》。

孩子除了信用乳母陆令萱之外，啥也不懂。陆令萱举汉士族祖珽为宰相，薛道衡、李德林、颜之推等掌机要。祖珽用事，杀六镇鲜卑勋贵斛律光，驱逐胡人在朝廷中的势力，结果反被排挤。陆令萱之子穆提婆、后主宠臣高阿那肱等幸臣群小在内中掌握大权，大肆杀戮"汉儿文官"，祖珽送命，朝廷显官于是又清一色尽是鲜卑贵族，政治更加腐败。

后主高纬虽年少，但特别荒淫，好尚声色，多内宠。陆令萱将后主宠幸的宫女黄花收为养女，赐姓穆，被立为皇后。自后高纬昏饮无度，以致当时流行一首童谣说："黄花势欲落，清觞满杯酌"①。武平七年（576）二月辛酉（十二日），后主竟下令"括杂户女，年二十已下，十四已上未嫁，悉集省，隐匿者，家长处死刑"②。已20来岁了，后主仍像顽童，唯知嬉戏，不见朝士，有时让人穿上北周士兵的衣服，自己率宫内宦官去与之格斗，以逞快意。后主还能自弹琵琶，常弹《无愁》之曲，近侍宫人随曲唱和，民间称为"无愁天子"。唐人韩偓有诗曰："任道骄奢必败亡，且将繁盛悦嫔嫱"③。这样一个荒淫的"无愁天子"当国，国家不亡才怪呢。

正当北齐后主骄奢淫逸，不理国政之时，北周武帝却在励精图治，积极进取。他北结突厥，南连陈朝，约共伐齐，中分天下。为了得到新兴的突厥汗国的支持，周武帝甚至迎娶了突厥公主阿史那氏，立为皇后。北齐的四周都是敌国，国家已处于危亡之中。

公元573年，南方的陈朝首先揭开了灭北齐战役的序幕。这年是陈太建五年（573），三月，陈宣帝陈顼命大将吴明彻统兵10万北伐，大败齐军，尽复淮南之地。太建七年（575）闰九月，

---

① 《北齐书》卷9《穆后传》。
② 《北史》卷8《齐本纪下第八》。
③ 韩偓：《北齐二首》，见《全唐诗》卷682。

陈军又在吕梁(今江苏徐州市东南50里)大破齐兵。这时北齐衰乱已极,陈军如果乘胜推进有可能灭掉北齐。但陈宣帝非圣主,其目的仅限于收复淮南失地,苟安江表,因此,停兵淮南,坐失良机。

北周武帝宇文邕却乘陈军北伐牵制住北齐一部分兵力的时候,于建德四年(575)七月调集18万大军,伺机东征,其中随国公杨坚率领一支3万人的舟师由渭水进入黄河,企图一举攻占洛阳。齐右丞相高阿那肱率军来援,周军受阻于河阳北城(今河南孟县),适值武帝染疾,周军暂时退兵。第二年十月三日,武帝再度出师征讨北齐,周军避开河洛一带聚结的北齐精兵,改入山西。武帝亲统步骑145000人,直指平阳(今山西临汾市西南),二十七日占领平阳。此时北齐后主高纬正在不远的晋阳(今山西太原市),十月十一日,后主带了宠妃冯淑妃在天池(今山西宁武县西南管涔山上)打猎,晋州告急的文书,"自旦至午,驿马三至",幸臣高阿那肱说:"大家(指皇上)正作乐,边鄙小小交兵,乃是常事,何急奏闻"[①]。待平阳城陷的消息传来,后主想提早回晋阳城,冯淑妃却"请更杀一围(猎)",齐后主竟欣然听从。

高纬回到晋阳后,即调集六镇鲜卑主力10万多人,来争夺平阳。周军主动撤至玉璧(今山西稷山县南20里),留梁士彦率精兵1万守平阳城,北齐军队包围平阳城,猛攻1个月而不能下,士气渐衰。十二月初,北周武帝又集结8万主力,在平阳城南与北齐决战。两军交锋,相持不下,齐军东翼稍微有些退却,在阵上观战的冯淑妃和宰相穆提婆以为是打了败仗,忙怂恿后主撤退,后主不懂兵阵,又贪生怕死,当然听从。后主一跑,齐军心涣散,结果大

---

① 《北齐书》卷50《恩幸·高阿那肱传》。

溃。北齐主力10万六镇鲜卑被打垮了,北周军队乘胜攻占重镇晋阳,并转向齐都邺城(今河北滋县南)。

后主高纬先是想逃奔突厥,后又改道逃回邺都,下令立重赏募战士再战,但真的要动用宫中宝物时高纬却又舍不得。大将斛律孝卿请后主出来亲自劳问将士,并事先准备好了演讲辞,希望后主能说得慷慨流涕,以感动人心。但后主出宫见到将士时,早已忘记了背好的劳问辞,面对众多士兵竟不知所以地大笑,左右侍从也跟着笑,一片喧哗,将士怨怒,皆无斗志。这时,宰相穆提婆以下多已投降北周,后主见大势已去,赶忙禅位给8岁的儿子高恒,自称太上皇,准备逃往南方的陈朝,结果在逃途中被周追兵俘获。公元557年正月,北周攻破邺城,北齐亡。

在周齐平阳决战之前,有军正王纮曾对周武帝说:"齐失纪纲,于兹累世。天奖周室,一战而扼其喉。取乱侮亡,正在今日"①。取乱侮亡一词出之于《尚书·仲虺之诰》,在《资治通鉴》叙魏晋南北朝史事中多次出现,意思是趁敌国内部荒乱矛盾重重之时灭亡它。吾师王仲荦教授总结这段史实时指出:"一个国家,一个政权,如果内部安定团结,无论敌人怎样强大,也不见得会被消灭掉"。一个国家的强弱之势,主要看自己内部是否安定团结,而不是看其表面上的版图和物质力量②。北齐之亡,正是主要亡在其内部,后主对于关系到国家存亡的大决战,竟视若儿戏,拥美女冯淑妃上前线,军机大事竟不如与淑妃美人围猎重要,身为皇上,却没有半点责任感,只知玩乐。两军相争,淑妃观战,军旗一动,淑妃先逃,以致牵动全局,招致溃败。在亡国关头,后主竟连一

---

① 《资治通鉴》卷172,陈宣帝太建八年。
② 王仲荦:《魏晋南北朝史》上册,序言,上海人民出版社1979年版。

句激励将士的演说词都说不出，甚至连伤心痛哭也做不到，只会对着将士傻笑。唐代诗人李商隐就此作诗二首，讽刺云：

（一）

一笑相倾国便亡，何劳荆棘始堪伤；

小怜玉体横陈夜，已报周师入晋阳。

（二）

巧笑知堪敌万几，倾城最在著戎衣；

晋阳已陷休回顾，更请君王猎一回。①

北齐后主是一个最典型的昏君，北齐亡就亡在他的游嬉之中。北周武帝可谓一位圣君英主，是他开启了隋唐大一统的序幕。

一个昏君，一个英主。灭齐之役是阿𡩌记事以来所闻知的最大一次战役，父亲随国公杨坚作为右三军总管也随周武帝参加了作战，有关圣君和昏主的事迹阿𡩌也有所闻知，在他那幼小的心灵留下了深深的记忆，并影响了他一生。北周的胜利使北方重新统一，意义十分重大，北方周、齐对峙局面的结束，为此后的南北统一打下了良好的基础。

再说南方的陈朝。在北周武帝灭北齐之际，陈宣帝却又想乘虚夺取北齐的徐州、兖州之地，于是令吴明彻向北推进。太建十年（578）二月，陈以水军进围徐州，周武帝即派王轨率兵进援，在清口（今江苏淮阴西，古泗水入淮之口）以铁锁系车轮数百沉于江中，堵塞航道。陈军人心动摇，不得不撤退，至清口受阻，船不得渡，北周骑兵袭来，陈军大溃，主将吴明彻以下3万余人全部被周军俘获。此役史称"吕梁覆车"，仅骁将萧摩诃、任忠、周罗睺等率骑兵数千回到淮南。此后北周把兵锋转向淮南，至翌年冬，尽占江

---

① 《北齐二首》，见《全唐诗》卷539页。

北、淮南之地。一时北周的疆土,南抵长江沿岸,陈朝的江东政权至此已摇摇欲坠了。

周武帝宇文邕的志向是"平突厥,定江南,一二年间,必使天下一统"①。建德六年(577)五月,周武帝又率师北伐突厥,但因途中染疾而班师回长安,并于五月丁酉(二十五)夜驾崩。雄才大略的周武帝突然病逝。统一中国的事业因武帝病逝暂告中断,于是杨坚、杨广父子相继登上了历史的大舞台。

第二节　父祖荣华　关陇贵胄

清代学者赵翼注意到南朝宋、齐、梁、陈4朝开国君主的出生地,均集中在今苏南地方"数百里内",而特别是北周、隋、唐三代之祖"皆出于武川"。区区弹丸之地的武川镇,竟孕育出了三姓帝王,建立了3个王朝,不能不使世人感到惊异。赵翼无法解释其原委,遂将其归结为"王气所聚,硕大繁滋",认为人间有"王气",流转不常,有时"厚集其力于一处,则帝王出焉。"②

王气之说不可相信,半个世纪之前,陈寅恪先生在其精确考证的基础上,指出杨隋、李唐均非出自六镇。又经潜心研究,依据西魏、北周、隋、唐4个相继建立的政权的开创者宇文泰、杨坚、李渊俱出自一个共同背景的军事政治集团的基本事实,提出"关陇集团"和"关中本位政策"的卓越见解,深受中外学界的关注。"关陇集团"的论述对中外中国中古史的研究影响巨大,凡研究有隋一代史事和写作隋炀帝传记者,不能不有所借鉴。

---

①　《周书》卷6《武帝纪下》。
②　《廿二史劄记》卷15《周隋唐皆出自武川》条。

一、伪造谱系　冒称门阀

帝王既自认为是"天子"、"龙种",历代帝王不但为自己造作征应、神话,而且不遗余力地为自己编造家谱,编造自己祖先的富贵荣华,而尽量遮盖祖先的丑陋和贫寒。北魏宰相汉族世家大族崔浩就是因为修撰北魏国史,没有为拓跋氏先祖遮盖丑事,"暴扬国恶",惹怒皇帝而被诛杀,牵连坐罪被杀者达两千多人。

另外,魏晋南北朝又是讲究家世门第的门阀社会,"士庶之际,实自天隔"①,士族门阀垄断政府重要官职,世代当官,寒门庶族则被排挤于士流之外。相传我国古代达官贵人家的大门外有两根柱子,左边的叫"阀",右边的叫"阅",经常用来榜贴本户的功状,阀、阅于是成了做官人家的一种标志。因此,其时世代为官的人家,又称阀阅、门阀或士族门阀,也称世家大族。魏晋南北朝选官实行"九品中正制",选用官吏不问才能,专看家世门第,有些朝代还划定一整套维护门阀特权的等级制度,对士族和庶族严加区分,叫做"门阀制度"。门阀士族以官位自固,独占清流美职,视寒人和庶士所居之官为浊流浊职,把清浊两途严格区分开来。而南北朝时期,大量寒门庶族通过军功及其他途径入据高官,寒人庶族常常伪造谱牒,篡改户籍,冒充士族,特别是冒称著名大门阀之后。他们竭力使自己挤入门阀行列,使伪造谱牒之事极为普遍,甚至连隋唐两代帝室也不例外。

如李唐王朝就自称出自陇西李氏,为十六国时西凉王朝李暠之正支后裔,而李暠的先祖,竟追溯到了西汉时抗击匈奴的飞将军李广。然而,陈寅恪先生却依据翔实的史料,考证出李唐先世"李

---

① 《宋书》卷42《王弘传》。

初古拔"的事迹,依照"南北朝庶姓冒称士族之惯例"的"常识"进行判断,认定李唐先世若非赵郡李氏之"破落户",即是赵郡李氏之"假冒牌",其家族与陇西李氏没有任何关系,与飞将军李广更是风马牛不相及。有唐一代记述皇室渊源的"官书","大部尽属后人讳饰夸诞之语"①。

李唐属"假冒牌",正史所载隋朝帝室的谱系又如何呢?陈寅恪先生也认为是"伪冒相传"。

我们先来看看《隋书·高祖纪》:

> 高祖文皇帝姓杨氏,讳坚,弘农郡华阴人也。汉太尉震八代孙铉,仕燕为北平太守,铉生元寿,后魏代为武川镇司马,子孙因家焉。元寿生太原太守惠嘏,嘏生平原太守烈,烈生宁远将军祯,祯生忠,忠即皇考也。皇考从周太祖起义关西,赐姓普六茹氏,位至柱国、大司空、隋国公。

这个世系应该出自隋朝皇室家谱。杨隋认祖籍为弘农华阴,追溯14代,把东汉太尉杨震认作先祖。弘农杨氏与汝南袁氏在东汉是世代冠冕之家,"四世三公",是汉魏之际头号士族门阀。有这样的祖先支撑门面,的确是值得荣耀的。

但比较《周书·杨忠传》所述杨氏先世,却与《隋书》大有出入。《周书》虽仍记杨氏原籍弘农华阴,但没有提及杨震,也没有提及北燕北平太守杨铉,其祖先只追溯至始居武川镇的杨元寿,而且,杨元寿以下少了太原太守杨惠嘏。《隋书》中杨元寿之孙杨烈在《周书》中成了杨元寿之子,就是说《隋书》中阿麽的6世祖杨元寿在《周书》中成了5世祖,少了一代人。记载隋皇室世系的《隋书》和《周书》都是唐初人修撰,出现这样大的脱误,岂不滑稽?这

---

① 陈寅恪:《唐代政治史述论稿》上篇《统治阶级之民族及其升降》。

不能不让我们对隋皇室谱系感到怀疑,而认为杨隋弘农杨氏的世系有"假冒牌"之嫌。《周书·杨忠传》取材于杨忠墓志,墓志虽早已失传,但宋朝著名女词人李清照的丈夫赵明诚曾以《普六茹忠墓志》校阅《周书·杨忠传》,指出两文内容相同①。由此来看,《周书》的记载似乎更可靠一些。杨忠卒于杨坚称帝建隋之前13年的周武帝天和三年(568),他本人功勋卓著,地位显赫,似无必要攀附杨震为祖宗,更何况当皇帝他连联想也不敢想,因此墓志述家世由落籍武川的杨元寿开始。据《周书》记载,杨元寿"魏初为武川镇司马,因家于神武树颓"县②。《周书》又载:杨忠祖父杨烈为"龙骧将军,太原郡守",父亲杨祯,"以军功除建远将军"。《隋书》则记为"宁远将军"。一家数代均为中级军官。

这个武川镇到底有什么特别之处呢?

武川镇是北魏政权建立之初,为抵御北边柔然游牧民族的侵扰,拱卫当时的首都平城(今山西大同市)而建立的6个军事据点之一,其地在今内蒙古武川县西南乌兰不浪土城梁大青山中分之北缺口处③。另外5个军镇沃野、怀朔、抚冥、柔玄、怀荒也都分别排列在从今内蒙古河套平原的五原县到今河北张家口一带的塞外风沙塞土之中。正光五年(524),六镇起义爆发,作为中级军官的杨祯站在北魏朝廷一边,没有参加起义,举家避乱于中山(今河北定县),并纠集武装"义徒"讨伐已进入河北的由鲜于修礼统率的六镇义军,结果被义军打死。这是史书所载杨忠先祖最具体的一

---

① 《金石录》卷22。
② 《周书》卷19《杨忠传》。按《魏书》卷106《地形志上》朔州神武郡属县记作"殊颓",这个县,当是武川镇所领属县。
③ 张郁:《内蒙古大青山后东北魏古城遗址调查记》,载《考古通讯》1958年第3期。

个"事迹"。

然而,上述有关阿𡡉6代(或5代)祖杨铉,至其高祖父杨祯的记载是否可靠呢?查近人陈仲安所编《北朝四史人名索引》,杨铉、杨元寿、杨惠嘏、杨烈、杨祯等,除上述记载外,全无事迹可言,此外再也没有出现过他们的名字。或许,他们官品低微,不足以上正史,史书无事迹可寻,尚不能否定这些人的存在。且杨忠在北周保定三年(563)率师会突厥进击北齐时,曾"出武川,过故宅,祭先人"①。似乎证明阿𡡉先祖的确曾居住在武川镇,不然,以杨忠当时元帅之位,更没有必要在军戎之际,当着上万将士之面,故意造作"祭先人"的闹剧。

我们暂且不说杨氏先祖是否曾家居武川镇,就是阿𡡉祖父杨忠的先祖数代当太守、司马和将军的官宦记录也是颇为值得怀疑的。

我们还可从阿𡡉的祖母,即杨坚的母族去进行考察。

隋文帝杨坚的母亲叫吕苦桃,"其族盖微",家居山东。北周灭北齐之后,杨坚四处求访其母族,不知所在,一直到杨坚建立隋朝后,仍在多方寻找,到开皇初年,济南郡上言,说有男子叫吕永吉,自称其姑妈叫吕苦桃,是杨忠妻,经过仔细"勘验",隋文帝杨坚确定他就是自己的表弟,是舅舅的儿子。皇上杨坚总算是找到了外祖家,于是隆重追赠外祖父吕双周为上柱国、太尉、齐郡公等,谥曰"敬"。外祖母姚氏为齐敬公夫人,并下诏改葬、立庙,由表弟吕永吉袭爵,留居京师。一直到阿𡡉当皇帝时,也没有忘记这位表叔,曾授予上党郡太守的官爵。但阿𡡉这位表叔纯粹是个乡巴佬,没有文化,当然不是当官的料,"性识庸劣","职务不理"。吕永吉

---

① 《周书》卷19《杨忠传》。

的叔父吕道贵则更加丢人,此人"性尤顽骏,言词鄙陋",刚从乡里征入长安时,文帝杨坚见到亲舅舅十分伤感,为之"悲泣",但这位舅舅在皇上面前却"略无戚容",连呼杨坚姓名,不知忌讳,说:"种末定不可偷,大似苦桃姐"①。意思是说吕氏的种末血统不可作伪,杨坚与他苦桃姐长得真像。此话当真,却弄得隋文帝脸无光彩,甚感耻辱,只好厚加供给将他好好养起来,而不许他接对朝士,禁止他四处乱说,丢人现眼。后来,干脆封他一个济南太守,让他出朝,免得在朝廷上出丑。但吕道贵回到本乡却到处宣扬自己是当朝皇舅,吃喝游宴,作威作福,官府百姓又不敢对这位皇舅怎么样,搞得上下骚然,一片喊苦之声。

南北朝时的门阀制度最讲究婚姻的门当户对,反对"婚宦失类",为保持门阀高贵的血统,只许在同等士族之间联姻,而绝对不许与庶族通婚。出自东汉"四世三公"杨震之后的弘农杨氏12代孙杨忠,竟会娶穷乡巴佬家的吕苦桃为妻,这在当时是不可想象的。且苦桃这名字很土气,一看就知是农家女孩,决不会是名门闺秀。隋文帝外祖济南吕氏贫寒身世从一个侧面告诉了我们,杨氏家族并非门阀世家的弘农杨氏,而是与吕氏同类的寒庶之家。陈寅恪先生称:"从文帝母系来看,疑杨家本系山东杨氏"②。这一推测是正确的。

杨忠、杨坚自谓弘农杨氏之后,不是"假冒牌",就是"破落户",否则是不会"婚宦失类",与贫寒的济南吕氏为亲家的。由此推知杨忠先祖那些太守、司马、将军的官衔,也是编造的。杨忠之父建远将军杨祯纠集"义徒"镇压六镇义军的事迹也可能是伪造,

---

① 《隋书》卷79《高祖外家吕氏传》。
② 《陈寅恪魏晋南北朝史讲演录》第17篇第6节,万绳楠整理,黄山书社1987年版。

若真有杨祯其人其事,也可能与宇文泰、贺拔岳的父亲一样,先是参加了起义,后来又叛变,最后死于乱军之中。总之,杨忠之前的杨氏先祖,没有一个举足轻重的人物,根本就不是门阀之家,也许根本就不存在杨铉、杨祯这些人。后来杨坚建立隋朝,追封其先祖时,也仅仅只是追尊皇考杨忠为武元皇帝,庙号太祖;皇妣吕苦桃为元明皇后①,而就此为止。杨忠以上的杨祯、杨烈等,因虚无飘渺,还是不封为好。

杨隋出自山东的可能性极大,但隋唐皇室为张大祖业,伪造谱系,"自称弘农杨震、陇西李暠之嫡裔,伪冒相传,迄于今日,治史者竟无一不为其所欺,诚可叹也"②。目前所见通史、断代史、专著,甚至新出版的中国大百科全书中的中国历史、隋唐五代史、隋文帝条目③,都沿称杨隋出自弘农杨震之后的说法。台湾商务印书馆还出版了一本由仲伟烈纂注的《隋文帝家世史料笺注稿》一书,"上起杨震,下迄隋文即位,凡十余万言"④。对其伪造的谱系,仍深信不疑。古人云:尽信书,不如无书。即使是正史帝王家谱,也有故意欺人之处,读者不可不小心,谨防上当。

二、祖父杨忠　封随国公

阿㦲的先祖出身卑微,那么,杨氏的发迹又依仗于什么呢?

杨氏的发迹,完全是依仗于阿㦲祖父杨忠的军功。另外,外祖父独孤信也具有重要影响。

杨忠小名叫奴奴,生于北魏正始二年(505),关于他小时的情

---

① 《隋书》卷1《高祖纪上》。
② 陈寅恪:《唐代政治史述论稿》上篇《统治阶级之氏族及其升降》。
③ 《隋唐五代史》,中国大百科全书出版社1988年版,第348、350页。
④ 仲伟烈:《隋文帝家世史料笺注稿》,台湾商务印书馆1973年版。

况,史书没有记载,只知他长大后生得魁梧雄壮,"美髭髯,身长七尺八寸,状貌瓌伟,武艺绝伦,识量沉深,有将帅之略。"[①]18岁时,也就是北魏正光四年(523),杨忠"客游泰山",遇到南朝梁军攻陷郡城,被梁军俘获,到了江南。杨忠为什么这个时候"客游泰山"?从什么地方而去?是不是由武川镇去的?史书均闪烁其词。《隋书》载杨忠的祖父曾任平原太守,平原郡治在今山东聊城市东,距济南和泰山都很近,或许杨忠家就居住在这一带。又《周书·杨忠传》又记西魏"追封"杨忠母盖氏为北海郡君,北海为今山东潍坊西南,也距泰山较近。以后几年,六镇、河北连续起义,这一带已是兵荒马乱,杨忠的父亲杨祯竟死于中山(今河北定县)。

然而,查史书,北魏正光四年或梁武帝普通三年(523),并没有南北交兵之事。因此,也就不可能出现梁军攻陷泰山郡城,抓走杨忠之事,这说明此段史实,也有疑点。杨忠之父死于中山,杨忠本人却客游泰山,史事相悖,也不合情理。陈寅恪先生把这段历史与河北邢杲之乱联系起来,据《魏书·高凉王孤传附上党王天穆传》记载:六镇起义后,义兵在吐火洛周、鲜于修礼率领下向河北挺进,迫使幽冀一带人口向南迁徙,前幽州北平府主簿邢杲率领这十几万幽冀流民进入青州之北海,因无食,只得以榆树叶充饥,被黄河以南的当地居民骂为"嚣榆贼"。这些人由于遭到土著居民的凌辱,在邢杲领导下群起反抗,举行起义。

杨忠很可能参加了邢杲领导的流民起义,充当"嚣榆贼",失败后逃到南朝。由于传统史观视农民起义为大逆不道,其子孙认为不光彩,故采取隐晦之笔,把这段历史加以隐瞒,捏造梁军陷郡俘获杨忠的情节。

---

① 《周书》卷19《杨忠传》。

公元528年,南朝的梁武帝趁北魏六镇起义后的内部战乱,命大将陈庆之率众7000护送降梁的北魏北海王元颢去洛阳争夺帝位,好充当自己的傀儡,染指北方。23岁的杨忠也被征入了这支军队,随军回到北方,被提拔为直阁将军。后北魏丞相尔朱荣遣尔朱兆、贺拔胜率军反攻洛阳,杀北海王元颢,梁军全部陷没。具有8尺身长、将帅之表的杨忠被尔朱荣的从弟尔朱度律看中,召为帐下统军,于是,杨忠加入了契胡尔朱氏军事集团。

在尔朱氏逐渐庞大起来的军队中,有许多收编过来的六镇兵将和六镇义军,其中有一支骁勇善战的武川镇军团,由镇将贺拔胜、贺拔允、贺拔岳兄弟率领。

永安三年(530)二月,北魏大丞相尔朱荣派遣其侄、武卫将军尔朱天光为主帅,贺拔岳、侯莫陈悦2人为副帅,率领一支以武川镇兵为主的军团,征讨关陇。后来创建西魏政权的宇文泰这时即为贺拔岳的部将。这支人数并不太多的军团由于得到关陇地区地方豪族的支持,迅速平定了万俟丑奴率领的起义军,控制了关陇地区,后来建立西魏,成为北周、隋、唐王朝统治阶级的核心。为此,有学者干脆将这支建功立业,创周、隋、唐三代基础的集团,称为"武川镇军阀"[1]。

但从史书记载来看,杨忠并没有参加尔朱天光军团,他与宇文泰起先也没有什么关系。永安三年(530)九月,北魏孝庄帝元子攸在洛阳杀大丞相尔朱荣,尔朱兆自并州起兵攻入洛阳,杀孝庄帝,杨忠也参预了尔朱兆的行动[2],可见当时他人并不在关中,从后来他随从贺拔胜进击梁朝来看,杨忠与独孤信一直随从贺拔胜。

---

[1] 谷川道雄:《武川镇軍閥の形成》,载《名古屋大学东洋史研究报告》第8辑,1982年11月。
[2] 《周书》卷19《杨忠传》。

杨忠与独孤信的关系最为密切,可谓是患难之交。

在尔朱兆自并州起兵之时,关中的尔朱天光也率军东返为尔朱荣报仇,由于尔朱氏内部不团结,他们最后被高欢率领的六镇鲜卑消灭。这时,北魏孝武帝元修因受新任大丞相高欢的欺压,任命贺拔岳为关西大行台,希望他率关陇军队东下牵制高欢。同时,又任命贺拔胜为侍中、荆州刺史、南道大行台尚书左仆射,向南部发展势力。独孤信、杨忠在贺拔胜的统率下,攻拔梁朝下溠城,平定南阳,战功卓著,因而也就没有参预关陇地区的诸次军事行动。

公元534年某月,侯莫陈悦因高欢的阴谋指使,在一次宴会上袭杀了主帅贺拔岳,一时武川军团群龙无首,有人欲召远在荆州的贺拔胜来统率全军。在众人犹豫不决之际,出身武川的军将赵贵①推荐宇文泰出任军团统帅。宇文泰时年28,父祖都是武川镇军官,他本人跟随贺拔岳已近10年,因有武略,深受贺拔岳信任,曾任贺拔岳的关西大行台左丞,是贺拔岳的得力助手。贺拔岳军团既是以六镇中的武川镇军官为骨干而组成,当然需要推举一个有才能的武川镇军官来继承贺拔岳的事业。宇文泰治军"赏罚严明,士卒用命",在当时的确是最佳人选。他被拥立后即举兵讨伐侯莫陈悦,悦因手下大将李弼、豆卢宁等倒戈,结果兵溃被杀。宇文泰于是成为关陇地区的霸主。

当时,远在荆州的贺拔胜曾派独孤信入关招抚贺拔岳部属,但宇文泰已被推举,独孤信与宇文泰又都是武川镇人,年少时就"相友善",于是"相见甚欢"②。宇文泰即令独孤信入洛阳向孝武皇帝请示,事完后独孤信又回到荆州(治今河南鲁山县)向贺拔胜

---

① 《周书》卷16《赵贵传》记赵贵"天水南安人",祖赵仁"以良家子镇武川,因家焉"。
② 《北史》卷61《独孤信传》。

汇报。

永熙三年(533)七月,孝武帝元修为高欢所逼,由武川镇将念贤及李虎护卫,弃洛阳入关,宇文泰迎帝都长安,建立西魏。同年十二月宇文泰毒杀元修,拥立孝文帝之孙元宝炬为傀儡皇帝,自任都督中外诸军事、录尚书事,掌握政权。

阿麽的祖父杨忠、外祖父独孤信都没有随孝武帝入关,而是追随贺拔胜在荆州,孝武入关之际,他们遭到高欢部将侯景的攻击,兵败南逃至梁朝,在江东3年,受到梁武帝的礼遇,西魏大统三年(537)才与贺拔胜一道回到关中。从以上经历可见,阿麽的祖父杨忠、外祖父独孤信没有参加关陇西魏政权的初创,没有参加入关的贺拔岳、宇文泰等统率的武川军团。但他们在同出武川镇的贺拔岳之兄贺拔胜统率下,执行另外的任务,最后总汇于关陇。唐高祖李渊的祖父李虎与杨忠又不同,是作为孝武帝的宿卫随孝武帝元修入关的,最后也都成为西魏北周的元勋功臣。李虎、独孤信、杨忠随后参加了西魏与东魏之间的历次大战,为统兵将军,战功卓著,以军功而进入西魏北周政权的上层,成为由武川军团扩大的关陇集团核心成员,开国元勋。而独孤信则是最初直接提拔杨忠的人,是杨忠的恩人,杨忠起初也一直追随着独孤信,后来同为西魏朝臣战将,又结为儿女亲家,情好甚笃。

宇文泰领导的以武川镇军官为骨干的贺拔岳军团,据有关陇,而关陇一带人力、物力远不及高欢所辖山东河北境域富庶,南方的汉族政权梁朝的梁武帝萧衍又"专事衣冠礼乐",使"中原士大夫望之以为正朔所在"[①],在政治上文化心理上具有很大优势。宇文泰集团在当时鼎足三方中处于不利地位。为了和萧梁和高齐交

---

① 《北齐书》卷24《杜弼传》。

争,宇文泰在建立和巩固西魏政权的过程中,任用汉族士族苏绰、卢辩等进行了一系列政治经济改革,将外来军团和当地豪族整合成一个具有共同利益的坚强团体,其中最重要的创置是建立府兵制度。

西魏大统八年(542)"初置六军",大统九年又"广募关陇豪右,以增军旗",形成胡汉混合编制的府兵系统。宇文泰对其略加改组,形式上采取鲜卑旧日八部之制,立八柱国,即八位柱国大将军。八柱国中宇文泰是实际最高统帅,统领全军,西魏宗室广陵王元欣则仅挂虚名,而不统兵,其余6个柱国各领一军,统称为"六军"。每个柱国大将军下辖两个大将军,共十二大将军,杨忠名列十二大将军之一,与豆卢宁同受领于柱国李弼之下,军府住洛水上下游一带[①]。十二大将军以下的编制是:每个大将军下辖两个开府,共二十四开府,是为二十四军,每个开府之下,又有两个仪同,共四十八仪同。兵员总计约5万。

宇文泰又下令恢复被北魏孝文帝改换的鲜卑旧姓。如于氏复为勿忸于氏,汉姓均由朝廷赐以鲜卑姓氏,如李弼赐姓徒河氏,李虎赐姓大野氏,阿㦲的祖父杨忠则赐姓普六茹氏,又译作普六如、普陋茹氏。普六茹属鲜卑的"内人诸姓",孝文帝汉化改革时,取其单音改为"茹"氏,这时复其旧音赐予杨忠[②]。凡赐姓的将领,即作为这一姓的"宗长",也就是一部落的酋长,"仍撰谱录,记其所承"[③],以表示他们都是鲜卑旧部落氏族的子孙。而他们所统领的士兵,则皆以他们主将的鲜卑赐姓为己姓。宇文泰用落后的氏族关系来组织府兵,硬把毫无血缘关系的鲜卑、汉族士兵合在旧氏族

---

① 毛汉光:《西魏府兵史论》,载《中国中古政治史论》,台湾联经1980年版。
② 参见姚薇元:《北朝胡姓考》第66页,内篇第三,科学出版社1956年版。
③ 《隋书》卷33《经籍志》。

中。原始的部落当然是组织不起来,但这样做却大大提高了曾沦为"府户"的六镇鲜卑的身份地位。当时有诗云:"梅林能止渴,复姓可防兵。"①说明复姓在当时社会上颇受人尊重。杨忠及其子孙杨坚、阿麼因有普六茹这一复姓,显然是威风多了。

在政治制度方面宇文泰也一反魏孝文帝改制后遵循汉魏相沿的三省制度,而由苏绰、卢辩等依《周礼》"建六官",改组中央政府。但在现实中当然难以行通,所以除了为西魏政权涂上一层复古色彩外,"六官"徒具其表,实际上"五府总于天官",大权实掌于大冢宰宇文泰手里,"虽行《周礼》,其内外众职,又兼用秦、汉等官"②。

宇文氏政权还重申北魏孝文帝改革时推行的均田制、租调制。敦煌发现的《叩延天富等户籍计帐残卷》③,使我们看到了西魏北周时期均田农民受田不足却仍要按足额承担租调的情况。西魏北周政府为了扩大府兵基础,以"除其县籍"、"无他赋役"④等廉价方法来号召农民充当府兵,使府兵兵源充足,战斗力大大加强。正是依靠这支军队,周武帝才重新统一了北方。周灭齐时,府兵发展到近20万人,后隋文帝接过这支军队灭陈时,府兵达50万人,终于成为后来隋唐王朝的主要军事力量。隋唐王朝的强盛,是和均田、府兵制分不开的。以后,府兵主要分布在关中、河东、河南地区,其中关中即占府兵军府的百分之四十以上⑤。用以拱卫首都,

---

① 庾信诗:《出自蓟北门行》,见《艺文类聚》卷41。
② 《周书》卷24《卢辩传》。
③ 英·斯坦因敦煌汉文文书第613号。
④ 《隋书》卷24《食货志》;《北史》卷60《李弼等传后叙》。
⑤ 谷霁光:《府兵制度考释》,上海人民出版社1962年版。按:隋以前的府兵军府数及其位置,史书记载不详,谷先生统计的"唐代十道折冲府数比较表"可资参考。据谷先生统计,唐时关内道军府数为288,占军府总数43.9%;河东道军府为164,占军府总数24.9%;河南道军府为74,占军府总数的11.2%。

收其内重外轻之效,即陈寅恪先生所谓"关中本位政策"。陈先生认为后来隋文帝杨坚据关中之所以战胜三方构难,唐高祖速据关中所以独成帝业,以及隋炀帝远游江左之所以"卒丧邦家",都是"凡操持关中之政府即可以宰制全国"①的具体体现。

以府兵制度,特别是以府兵统帅八柱国、十二大将军为核心,集合以武川镇军官为核心的六镇鲜卑、关陇豪族以及随孝武帝入关的山东门阀、武人寒庶等,在西魏政权的旗帜下,组成关陇集团。这是一个胡汉混杂,士庶莫辨,但却以鲜卑赐姓为表面形式的鲜卑化军事集团。为了使集团内部更加团结,宇文泰甚至将代北鲜卑人在北魏孝文帝时改易的河南郡望更改为京兆郡望,对西迁关陇的汉族将帅中的山东寒庶也一视同仁,使集合在西魏政权之下的各类人等结成为一个政治性、地域性利益集团。陈寅恪先生有一段话描述得最为具体:"宇文泰更改府兵将士的郡望与姓氏,是要使他所带来的山东人与关内人混而为一,使汉人与鲜卑人混而为一,组成一支籍隶关中,职业为军人,民族为胡人,组织为部落式的强大的军队,以与东魏、梁朝争夺天下。这就在关中地区形成了一个集团——关陇集团。这个集团是一个统治集团。然而,单是改郡望与姓氏,并不能使这个集团巩固并持续下去,为使这个集团扎根于关中,宇文泰、苏绰使府兵将领与关中土地发生了关系,府兵将领都有赐田与乡兵,他们既是府兵将领,又是关中豪族,将领与关陇豪族的混而为一,使这个集团在关中生了根"②。杨忠以山东一介布衣寒庶,积军功入关而为大将军,成为关陇集团核心成员,功臣勋贵,而领有部曲庄园。杨氏在扶风和长安少陵原有所谓

---

① 陈寅恪:《唐代政治史述论稿》中篇《政治革命及党派分野》。
② 《陈寅恪魏晋南北朝史讲演录》第19篇,万绳楠整理,黄山书社1987年版。

"旧宅"①,已变成关中豪族。

杨忠军功卓著,他于西魏大统三年(537)入关后,在宇文泰帐下,参加了公元537年十月的沙宛战役,因功进爵襄城县公。公元538年河桥战役,杨忠与壮士5人"力战守桥",阻挡敌军过桥渡河,以功迁左光禄大夫,兼大都督。后又与李远破黑水稽胡,与怡峰解玉璧之围。大统九年(543)邙山之战,杨忠先登陷阵,迁大都督、车骑大将军,不久加侍中、骠骑大将军、开府仪同三司。到西魏后期,杨忠频频率军出征,成为西魏政权中一位最重要的将帅。

杨忠最卓绝的军功是西魏大统二十年(554)领兵破击江陵,执斩梁元帝。北周武成元年(559),杨忠以军功进封随国公,邑万户,别食竟陵县(今湖北潜江)1000户,收其租赋。保定二年(562)进位柱国大将军,迁大司空。不久率兵北御突厥,并联络突厥东击北齐,以政绩可称,诏赐钱30万、布500尺,谷2000斛。至天和三年(568)因疾还长安,不久病死,享年62岁,赠太保,谥曰桓,由其长子杨坚嗣爵随国公,另有子杨整、杨慧、杨嵩、杨达,亦以父军功赐爵郡公②。杨忠为其子孙奠基了荣华富贵,开创了美好的前程。杨忠死的这一年,正是阿麽出生的前一年,杨忠没有来得及看到这位将登临帝位的孙子,阿麽也未见过自己战功卓著的祖父。

三、将门之家 贵戚婚宦

山东寒庶杨忠以其卓绝军功跻身西魏北周关陇勋贵集团,又冒称弘农杨氏而成为关中第一流的门阀,为杨隋帝业奠定了最初

---

① 《关中胜迹图志》卷6。
② 《周书》卷19《杨忠传》。

基础。

唐朝开元之时,有一位名叫柳冲的学士,写了一本《姓族系录》,列举了二十几家南北朝以至隋唐不同类型的大姓门阀,受到后代史家的重视。这个"姓族录"之于我们了解南北朝以及隋唐的历史,就像《红楼梦》第4回"葫芦僧判断葫芦案"中的衙役,给新上任的贾雨村看"护官符"之对于阅读《红楼梦》的重要性一样,"护官符"列举了四大家族,"姓族录"则罗列了二十几家门阀。柳冲记曰:

  过江则为侨姓:王、谢、袁、萧为大;
  东南则为吴姓:朱、张、顾、陆为大;
  山东则为郡姓:王、崔、卢、李、郑为大;
  关中亦号郡姓:韦、裴、柳、薛、杨、杜首之;
  代北则为虏姓:元、长孙、宇文、于、陆、源、窦首之[①]。

上述二十几姓可谓南北朝时期第一流门阀,不仅在本地区郡望最高,而且四海通望,为天下所共识。当然,门阀之家尚不止这些,凡祖辈世代当官,以品级差第又分为膏粱、华腴、甲姓、乙姓、丙姓、丁姓等级。

但是,西魏北周隋唐还有另外一张图谱,"称门阀者,咸推八柱国家",即府兵8个柱国大将军和十二大将军及其子孙后代。西魏大统十六年(550)以前,八柱国是:大冢宰宇文泰、大司徒元欣、大宗伯李弼、大司寇赵贵、大司马独孤信、大司空于谨、少师李虎、少傅侯莫陈崇。八柱国是第一流的将门之家。

十二大将军是:少保广平王元赞、淮南王元育、齐王元廓、宇文导、侯莫陈顺、达奚武、李远、豆卢宁、宇文贵、贺兰祥、杨忠、王雄。

---

① 《新唐书》卷199《儒学中·柳冲传》。

他们也是第一流的将门之家。

这些人"功参佐命,望实俱重","当时荣盛,莫与为比"①,成为统治集团的宝塔尖,关陇勋贵集团的核心。在西魏时期,表面上看,上述柱国及大将军与宇文氏是分享军政大权的。北周建立时,他们又是佐命功臣,到隋唐时他们的子孙因累世为官而成为最著名的贵族世家,如于谨"子孙繁衍,皆至显达,当时莫与为比"②。

在这个宝塔尖中,阿麽家族的地位显得十分突出。十二大将军中有他的祖父杨忠,且杨氏又伪冒关中郡姓,是贵族门阀。八柱国中有他的外祖父独孤信,独孤亦为代北著姓。独孤是屠各之异译,曾为匈奴豪姓,得为单于(国王)。魏晋之际匈奴酋长自称汉朝之甥,改姓刘氏,刘渊首开五胡主宰中原之局。北魏时屠各部逐渐鲜卑化,孝文帝时曾改姓刘氏,后复姓独孤,为著名胡姓。

独孤信本名如愿,父库者为领民酋长,居家武川,其先祖世为部落大人。出于武川镇的独孤信自北魏末年六镇起义后南征北战,有奇谋大略,且风度弘雅。入西魏官至尚书令、大司马。北周建立时迁太保、大宗伯,封卫国公,邑万户。宇文护杀他时,以其"名望素重,不欲显其罪,逼令自尽于家",时年55岁③。周武帝宇文邕诛宇文护亲政后,独孤信、赵贵、侯莫陈崇、李远等始得平反,其子弟仍为关陇勋贵的核心。

八柱国、十二大将军及其他门阀家族还互相通婚,以婚姻加强了他们之间的关系。特别是独孤信,长女嫁给宇文泰的庶长子宇文毓,后被立为周明敬后;第四女嫁给柱国李虎之子李昞,后生唐高祖李渊,被唐追尊为元贞皇后;第七女即独孤伽罗,嫁给杨忠之

---

① 《周书》卷16《赵贵等传后附论》。
② 《周书》卷15《于谨传》。
③ 《周书》卷16《独孤信传》。

子杨坚,即隋文帝,立为文献皇后。因此,独孤氏在周、隋、唐"三代皆为外戚,自古以来,未之有也"①。

又杨忠之子杨慧(又名瓒)娶得宇文泰之女即周武帝的妹妹顺阳公主②;另一个儿子杨整娶宇文泰外甥尉迟纲之女;杨忠之女昌乐长公主嫁给十二大将军之一的豆卢宁之子豆卢通③;另外几个女儿:襄国公主嫁给柱国大将军李弼之孙李长雅④,广平公主适关陇勋贵宇文庆之子宇文静礼⑤,还有一女嫁陇西门阀李礼成⑥。另一个女儿安成公主则嫁给"当时盛族"⑦的代北门阀窦荣定。窦荣定的堂兄弟窦毅又娶宇文泰第五女襄阳公主,而襄阳公主所生第二女即唐高祖李渊妻,生唐太宗李世民。杨坚和独孤伽罗生的长女杨丽华更嫁给周武帝之子宇文赟,最后成为皇后。这就使周、隋、唐之宇文、杨、李3个家族亲上又加亲,他们又广泛与山东代北及江南门阀联姻,成为根深蒂固的贵族集团。这也使得阿麽成为荣华富贵的关陇贵胄,近亲远戚都是贵族门阀。

阿麽不仅有大将军祖父杨忠,柱国大将军的外祖父独孤信,而且周明帝宇文毓是他的姨父,周宣帝宇文赟是他的姐夫,唐高祖李渊是他的表兄,真是一个华丽家族。

阿麽的父亲杨坚于西魏大统七年(541)六月癸丑(初三)夜生

---

① 《北史》卷61《独孤信传》;《周书》卷16《独孤信传》。又唐人李冗小说《独异志》卷上称:"后周独孤信之女为后,各生周武帝,次生隋炀帝,次生唐高祖。"按周武帝与明帝均宇文泰子,二人是同父异母兄弟,独孤信女乃周武帝嫂,小说家以武帝承明帝之后,而误将武帝说成是明帝与敬后所生子。
② 《隋书》卷44《滕穆王杨瓒传》。
③ 《隋书》卷39《豆卢勣附通传》。
④ 《隋书》卷54《李衍传》。
⑤ 《隋书》卷15《宇文庆传》。
⑥ 《隋书》卷50《李礼成传》。
⑦ 《北史》卷61《窦炽传》。

于冯翊(今陕西大荔县)般若寺。杨坚平时沈深严重,初入太学时,同学畏其威严,虽至亲昵也不敢乱开玩笑。14岁时,京兆尹薛善辟他为功曹,15岁以父功封成纪县公,估计就在这一年娶得独孤信的女儿为妻。16岁迁骠骑大将军。明帝宇文毓即位时,又进封连襟杨坚为大兴郡公。天和三年(569)杨忠去世后杨坚袭爵随国公。后周武帝聘其女杨丽华为皇太子妃,益加礼重,杨坚又成为北周朝廷的显贵,进位柱国。但也有人向周武帝进言:"普六茹坚貌有反相"。此话传到杨坚耳里,甚感恐惧,自后"深自晦匿"[①]。

阿麼母亲独孤伽罗为独孤信的小女儿,出生年月不见记载,但她死于隋仁寿二年(602),《隋书·后妃·文献独孤皇后传》记其"时年五十",推算其生日当为西魏废帝元年(552),比杨坚小11岁,所记肯定有误。史载独孤信见杨坚有奇表,故以女儿"妻焉,时年十四"。按独孤信死于北周闵帝元年(557),此时伽罗按其死时年50推算,则年仅5岁,独孤信怎么可能将5岁的女儿嫁与杨坚为妻呢?我们推测《隋书》所记独孤后死时"年五十"有脱误,至少应该是50有8、或50有9,估计独孤伽罗与杨坚年龄差不多,且门当户对。伽罗的长女杨丽华生于明帝武成二年(560),时杨坚19岁,大概4—5年前结的婚。伽罗时年亦18或19,如果按《隋书》所记,则伽罗无论如何生不出这么大的女儿。

柱国与将军的联姻,当时传为佳话,两个将门贵族的结合加强了他们的政治地位,何况父辈是出生入死的患难之交呢。父辈情深,儿女情好,杨坚与伽罗相得,情好甚欢,结婚时,"誓无异生之子",在甜蜜的爱情生活中连续生儿育女,杨丽华之后又连续生育了杨勇、杨广、杨俊、杨秀、杨谅5个儿子,还有几个女儿,皆出一

---

① 《隋书》卷1《高祖纪上》。

母。杨坚对妻子忠贞无二,不纳媵妾,没有庶子。出自将门的大家闺秀独孤伽罗亦"柔顺恭孝,不失妇道"。史称伽罗"姊为周明帝后,长女为周宣帝后,贵戚之盛,莫与为比"。但伽罗"每自谦卑自守,世以为贤"①。独孤伽罗谨守门阀礼法家规,堪称贤妻良母,杨坚也称得上是模范丈夫。

由于家世高贵,后来伽罗和杨坚为5个儿子娶媳妇也都是南北门阀世家女:长子杨勇娶的是北魏宗室代北门阀元氏,次子杨广娶的是梁朝帝裔侨姓门阀兰陵萧氏,三子杨俊娶的是山东门阀崔氏,四子杨秀娶的是代北门阀长孙氏,五子杨谅娶的是北周十二大将军之一豆卢宁的孙女、关陇勋贵豆卢勣的女儿。家世贵盛,世代冠冕,婚姻成了政治行为。

杨坚联姻帝室,成为外戚,使他日后以此裙带关系而跻帝位,婚姻的政治纽带实不可轻视,其力量有时竟胜过百万兵。据说周初流传着一首童谣:"白杨树头金鸡鸣,只有阿舅无外甥"。说的是周静帝为隋氏之甥,即位而崩,诸舅强盛②。静帝宇文衍之舅就是阿麽兄弟,此童谣预言北周将亡于杨氏之手。

第三节　周天元昏暴　亲家翁攘政

宣政元年(578)六月丁酉(初二),年仅36岁的北周武帝宇文邕突然病逝,使北朝的历史出现了逆转,阿麽家族的命运也发生了戏剧性的变化。

周武帝壮志未酬身先死,举国哀鸿一片。然而,有一个人正好

---

① 《隋书》卷36《后妃·文献独孤皇后传》。
② 《隋书》卷22《五行志》;《太平御览》卷957。

相反，不但面无戚容，反而摸着自己身上曾被杖打而留下的伤痕，大骂道："死得太晚了！"这个人不是别人，正是周武帝的嫡长子，年方20的皇太子宇文赟。他，也正是阿麽的亲姐夫。

一个数千万人口的庞大帝国，一下子就落到了一个20岁的青年手中，而这个人恰恰又是一个比北齐后主高纬还要荒淫的昏暴之主。史载，宇文赟刚一登上帝位就入宫阅视父皇留下的宫妃，"逼为淫欲"。经其折腾，一个蒸蒸日上的强大帝国不到两年就败亡了。

建储预立皇太子，是中国君主时代一项关系国家命运的大事。宇文赟于建德元年（572）12岁时立为皇太子，然很快就暴露出是一个失德寡能的皇位继承人，虽然周武帝对他的管教甚严，但太子生性顽劣，终不成器。他性喜嗜酒，武帝就下令"禁醪醴不许至东宫"，凡太子有过，武帝就加"捶扑"，一阵痛打，真是恨铁不成钢啊。周武帝还要求东宫官属记录皇太子的言语动作，每月奏闻。周武帝知道太子干了不少坏事，曾把太子所亲并迎合他做坏事的太子宫尹郑译等除名。宇文赟于是"矫情修饰"，使"过恶不外闻"①。

建德五年（576）二月，周武帝曾令太子西征吐谷浑，他在军中，"颇有失德"，从征的王轨奏闻于武帝，武帝大怒，杖挞太子，宇文赟因而对王轨恨之入骨。王轨是周武帝的帷幄重臣，曾参预诛宇文护的密谋，为武帝所信用，他甚至严肃地向周武帝奏云："皇太子仁孝无闻，复多凉德，恐不了陛下家事"。还有一次利用内宴上寿的机会，王轨半开玩笑地捋武帝须曰："可爱好老公，但恨后嗣弱耳"②。周武帝虽"深以为然"，但次子宇文赞同样不争气，其

---

① 《周书》卷7《宣帝纪》。
② 《周书》卷40《王轨传》。

余儿子年龄又太小,在嫡长子继承皇位的君主时代,皇位继承问题最为棘手,于是先搁置下来。

其实,周武帝的弟弟齐王宇文宪文武全才,是武帝事业的最好继承人,他随武帝东征灭齐,"摧锋陷阵",又"善谋多算略,尤长于抚御,达于任使"①,深得士心。其他几个弟弟也都年长,有文武才。但在按照血统继承皇位的条件下,周武帝宁愿传位于不肖子,而不愿传位于弟弟。加之周武帝死得突然,对后事未作安排,终于使社稷落入败家子之手,国运翻转,大厦倾覆。

宣政元年(578)六月戊戌(二十七),皇太子宇文赟即皇帝位,是为周宣帝,他立即超拜原东宫幸臣郑译为开府仪同大将军、内史中大夫,委以朝政。又指使元勋于谨之子于智诬告齐王宇文宪谋反,加以杀害,与宇文宪亲善的将军王兴、独孤熊、豆卢绍也被杀害,罪名也是"谋反",但并无实据,当时人称之为"伴死"。于智则因诬陷有功,封齐国公。

这年闰六月,阿麽姐姐杨丽华被宣帝册立为皇后,这就使十来岁的少年阿麽一跃而成了当朝皇舅。七月,在亳州(今安徽亳县)总管任上的杨坚也因是皇后之父而征归朝廷,任大司马,成为宰相。史书记载阿麽"以高祖(杨坚)勋,封雁门郡公"②,估计即在这个时间,由姐夫所封。

宇文赟尊周武帝后突厥阿史那氏为皇太后,生母李氏为帝太后。李氏为南方汉人,这使宇文赟的生活作风方面颇染南方风习。宣政二年(579)正月,周宣帝受朝于皇宫路门,下令脱去胡服,始与群臣服汉、魏衣冠,并改元大成,大赦天下。置四辅官,任命大冢

---

① 《周书》卷12《齐王宪传》。
② 《隋书》卷3《炀帝纪上》。

宰赵王宇文盛为大前疑,相州总管蜀国公尉迟迥为大右弼,申国公李穆为大左辅,大司马随国公杨坚为大后承。但不久又对官制屡加改动,数行赦宥,以致无成规可言。虽置宰相,但宣帝对大臣们并不放心,他常令左右伺察群臣,小有过失,辄行诛谴,使朝风为之一变。

周武帝信任的宗室重臣宇文神举、宇文孝伯和王轨这时成了宣帝最痛恨的人,不久,即被宣帝借故杀死。王轨等先帝忠臣均怀社稷之重,立有大功,忽以无罪被诛,天下无不伤惜①,但面对不受制约的皇权,谁也没有办法加以制止。是时,君子失势,小人得志。开国元勋于谨的另一儿子于义"有操尚",任职"专崇德教,不尚威刑",上书切谏宣帝,不要胡来,但当时郑译、刘昉之类原东宫小人,"以恩幸当权,谓(于)义不利于己,先恶之于帝,"使于义"终遭摈弃"②。

人存政举,人亡政息,由于出了一个昏暴之君,北周朝廷面貌突然大变,"政刑日乱","刑政乖僻,昏纵日甚"③。宣帝不理朝政,只知吃喝玩乐,幸臣郑译追征北齐散乐,齐集京师,为皇帝表演。史称宣帝"居丧才逾年,辄恣声乐,鱼龙百戏,常陈殿前,累日继夜,不知休息",又"多娶美女以实后宫,增置位号,不可详录,游宴沈酒,或旬日不出"④。宣帝所居宫殿,帷帐皆饰以金玉珠宝,光华炫耀,极丽穷奢。他自己更游戏无常,晨出夜归,尤喜欢让京城少年穿妇人服饰,入殿歌舞,以为喜乐。而当皇帝的治国责任,国计民生,全抛到了九霄云外。

---

① 《周书》卷40《王轨传》。
② 《隋书》卷39《于义传》。
③ 《周书》卷40《颜之仪传》。
④ 《周书》卷7《宣帝纪》。

宣帝成天酗酒,"酣饮过度",几乎天天都在醉乡。有宿卫宫伯下士杨文祐在宣帝酒席前歌曰:"朝亦醉,暮亦醉,日日恒常醉,政事日无次。"①宣帝听后大怒,重杖杨文祐,当场将其活活打死。又有号称"强直"的大臣乐运,见宣帝"昏暴滋甚",亲诣朝堂面陈宣帝"八失",其一为"大尊比来事多独断,不参诸宰辅,与众共之";其二"搜美女以实后宫,仪同以上女不许辄嫁,贵贱同怨";其三"大尊一入后宫,数日不出,所须闻奏,多附宦官";其四"下诏宽刑,未及半年,更严前制";其五"高祖斲雕为朴,崩未逾年,而遽穷奢丽";其六"徭赋下民,以奉俳优角抵";其七"上书字误者,即治其罪,杜献书之路";其八"玄象垂诫,不能谘诹善道,脩布德政"。最后声言:"若不革兹八事,臣见周庙不血食矣"。宣帝听后勃然大怒,狂喊着要将乐运推出斩首,多亏内史中大夫元岩奏称:乐运不顾死以求名,不如放之"以广圣度",宣帝这才"感悟"。第二天,又突然称乐运"实为忠臣",赐以御食而放免②。然而,自此以后再也没有人敢上言谏诤了。

宇文赟当皇帝才一年就觉得当得无味,第二年突然宣布将皇位传给7岁的儿子宇文衍,史称静帝,并改元大象(579)。宇文赟自称天元皇帝,所居称"天台",冕二十四旒,较古制多一倍。车服旗鼓皆倍于前王之数,周静帝所居称正阳宫,尊皇太后为天元皇太后,帝太后为天元帝太后,他自称"天",而不再称"朕",禁止臣民说天、高、上、大等字,凡官名有这些字的统统改掉。又将姓高的人改为姓姜,九族称高祖的改为"长祖"。又改敕曰"天敕",诏制曰"天制"。周天元狂妄地认为自己就是天,他的皇帝儿子是天子。

---

① 《隋书》卷25《刑法志》。
② 《资治通鉴》卷173陈宣帝太建十一年。

周天元每次召近侍入宫议论,总是谈这些所谓"兴造变革",而从未言及实际国家政事。

周天元又别出心裁地制定了一些极不合情理的法规,一切凭他兴趣凭他一句话,如"唯宫人得乘有辐车","令天下车皆以浑成木为轮"。又下令只准宫人"加粉黛",粉用以傅面,黛用以画眉,而"禁天下妇女皆不得施粉黛",只能"黄眉墨妆"。周天元就只有这样的知识水平,要把天下女子打扮得怪里怪气,任凭他一人来欣赏。周天元下令铸"永通万国钱",一以当千,强行在市面上流通,聚敛民财。周天元起初嫌武帝所制定的法律《刑书要制》在量刑定罪方面太重,而轻率地将其废除,但不久民轻犯法。周天元更恶闻臣下规谏自己的奢淫过失,为慑服群臣和民众,乃重修《刑经圣制》,结果用法益深,刑律较《刑书要制》更为苛重。新的法律规定,"宿卫之官,一日不值,罪至削除",即开除官职。"逃亡者皆死,而家口籍没"。"鞭杖皆百二十为度,名曰天杖,其后又加至二百四十"。"其决人罪,云与杖者,即一百二十,多打者,即二百四十"[①]。就连宫人女官也躲不过"天杖",后妃们虽为周天元宠幸,也多遭杖背,搞得内外恐怖,人不自安。臣民皆重足而立,屏气积郁而不敢呼吸,皆求苟免,生怕得罪。周天元滥施淫威,妄图通过"威虐"来慑服臣下,以致上下离心,莫有固志。

21岁的宇文赟自为太上皇,让7岁的儿子当皇帝,这已相当荒唐,更荒唐的是他又平行立了5个皇后。大象元年(579)二月,天元立妃朱氏为天元皇后,朱氏比宇文赟大10多岁,几乎可以当他的妈妈,出身寒微,南方人,本是小时伺候自己的丫环,遭强暴生宇文衍。宇文衍既得立为帝,年老色衰且疏贱无宠的朱氏因子贵

---

① 《周书》卷7《宣帝纪》。

而得尊崇。周天元又为自己7岁的儿子纳柱国司马消难的女儿为正阳宫皇后,尊自己的生母天元帝太后李氏为天皇太后,后又改天元皇后朱氏为天皇后。到大象二年(580)二月壬午(二十六)突然心血来潮又改称天元皇太后阿史那氏为天元上皇太后,天皇太后李氏为天元圣皇太后。癸未(二十七),立天元皇后杨丽华为天元大皇后等共立5皇后。

周天元又恢复被周武帝禁废的佛教道教,自己与佛像、天尊并南面而坐,"大陈杂戏,令长安士民纵观"①。为了享乐,周天元还遣使简视京兆及诸州士民之女,选充后宫,又大兴土木,在洛阳新修宫殿②,人民苦不堪言,政治腐败黑暗到了极点。

其时杨坚以周天元的岳父转大前疑为宰相,常在天元左右,"每巡幸,恒委居守"。杨坚曾对周天元当面切谏,认为法令滋章,"非兴化之道",不被采纳。杨坚于是私下对大将军宇文庆议论说:"天元实无积德,恐寿亦不长",而深自韬晦。杨坚的女儿杨丽华性情柔婉,而周天元昏暴滋甚,喜怒乖度,常常无故大骂杨后,欲加罪于她。但温柔的杨后进止详闲,辞色不挠,周天元希望人人都像狗一样服从他,见自己的老婆有人格尊严也不高兴,于是恼羞成怒,赐杨后死。后母独孤伽罗闻讯赶忙入宫陈谢,叩头流血,天元见丈母娘低声下气拜伏于自己脚下,这才气消,免杨丽华一死。杨坚因位望隆重,遭到周天元的忌恨,有一次发怒,天元冲着杨后说:"必族灭尔家"。并立即把杨坚召入宫,吩咐左右说:"若脸色有变,即杀之"。杨坚至,神色自若,好像什么也没有发生,这才作罢。周天元不允许有任何人对自己表示半点不满,连妻子岳父也

---

① 《资治通鉴》卷173陈宣帝太建十一年十月。
② 《周书》卷7《宣帝纪》。

不例外。

就在这时,历史的机遇和转折突然出现,周天元因酒色纵欲过度,于大象二年(580)五月乙未(十一日)一病不起。天元召在禁内掌机密草书诏的小御正刘昉、御正大夫颜之仪入卧内,欲交待后事,但已不能言语。刘昉见静帝幼冲,以外戚杨坚有重名,又是皇后之父,众望所归,于是与领内史郑译、御史大夫柳裘、内史大夫韦謩及御正大夫皇甫绩密谋,引大前疑杨坚辅政。杨坚初不敢当,刘昉急了,说:"公若为,速为之,不为,昉自为也"。天大的好事岂能拱手相让,杨坚于是点头答应,称受诏居中侍疾,进入禁宫。这天,周天元崩殂,年方22,静帝宇文衍才8岁。刘昉、郑译等秘不发丧,矫诏以杨坚总知中外兵马事,宫中惟颜之仪知其中有诈,不肯署诏。颜之仪是大学者颜之推的弟弟,为人正直,刘昉等知不可屈,乃代其署名,诏诸卫府兵马并受杨坚节度,杨坚遂于一夜之间掌握了北周中央军政大权①。

这一年,少年皇舅阿𡡉年12岁,他肯定是见过姐夫周天元,周天元的个性嗜好等对阿𡡉也肯定会产生一定影响,阿𡡉领略过姐夫纵情声色、骄奢淫逸的生活,天元大陈百戏,令人纵观的盛大场面很可能打动了少年阿𡡉的心,使这位皇舅狂喜不已,什么鱼龙漫延之乐,以后就为阿𡡉所效法。然而,天元的暴亡也深深震撼了杨氏一家,有的人从正面吸取了周天元败亡的教训,如隋文帝杨坚;也有的人从反面接受了周天元的骄奢纵欲的乐趣,如后来的隋炀帝阿𡡉。

---

① 《资治通鉴》卷174陈宣帝太建十二年;《周书》卷7《宣帝纪》;《隋书》卷1《高祖纪上》。

第四节　代周建隋　杨坚受禅

圣王昏主相继陨落,历史又一次出现改朝换代的剧变。物换星移,江山易主,而"古来得天下之易,未有如隋文帝者"。清人赵翼认为,杨坚"以妇翁之亲,值周宣帝早殂,结郑译等,矫诏入辅政,遂安坐而攘帝位"①。唐太宗也说杨坚是"欺之孤儿寡妇以得天下"②。似乎隋代周得之偶然而不费吹灰之力。然而,偶然性中包含着历史的必然性,周隋禅代有其深刻久远的历史意义。

杨坚以外戚身份一夜之间成为中国北方的实际主宰,是宇文赟的昏暴荒淫自坏长城才使北周政权如此轻易地落入杨坚之手,杨坚本人此前避祸尚唯恐不及,对掌权称帝恐怕并无思想准备。然而,一旦大权在握,必须死死抓住不放,否则反罹其祸,成为别人的刀下之鬼。

当时年长的北周宗王皆在外掌兵,典枢机的颜之仪在周天元崩驾的当夜就厉声说道:"主上升遐,嗣子冲幼,阿衡之任,宜在宗黄,方今赵王最长,以亲以德,合膺重寄"③。杨坚生怕诸王在外发动兵变夺权,秘不发丧,借口将送千金公主往突厥和亲,矫诏征周宗室五王,即宇文泰的5个儿子、周天元的叔父们回京。先时周天元嫌他们在京有碍他专权,即位不久就将他们外放就藩。五王接到杨坚发出的诏书后,均连夜赶回京师。

大象二年(580)五月丁未(二十三),杨坚始为天元帝发丧,扶静帝宇文衍入居天台,宣布大赦天下,尊杨后为皇太后,朱后为帝

---

① 《廿二史劄记》卷15《隋文帝杀宇文氏子孙》条。
② 《贞观政要》卷1《政体》。
③ 《周书》卷40《颜之仪传》。

太后,其余陈后、元后、尉迟后并削发为尼。以周天元之弟汉王宇文赞为上柱国、右大丞相,尊以虚名。杨坚自任左大丞相,假黄钺,百官总听于左丞相。

祖籍山东勃海郡蓨县(今属河北)的内史下大夫高颎,明敏有器局,习晓军事,有计略,杨坚让族子杨惠去延揽他入相府,高颎欣然从命,说:"愿受驱驰,纵令公事不成,颎亦不辞灭族"。高颎的父亲高宾原为北齐官吏,后背齐归周,成为大司马独孤信的门人,改姓独孤氏,加入了关陇集团。后独孤信得罪被诛,高宾还常往原先的主人家,看望独孤伽罗兄妹,两家关系一直很密切。这时,高颎把自己的前途与独孤伽罗、杨坚夫妇的命运紧密联系在一起,独孤氏也极力向丈夫保荐,杨坚于是任命高颎为相府司录,"委以心膂"①。

杨坚瞬息之间被推上了权力的宝塔尖,万事俱难。假黄钺,都督中外诸军事是汉末以来历代权相专用的衔名。所谓黄钺,乃黄金大斧。《尚书·牧誓》记周武王"左杖黄钺,右秉白旄",唐人孔颖达疏:"《广雅》云:钺,斧也。斧称黄钺,故知以黄金饰斧也"②。又《三国志旁证》曰:"假黄钺,则可以专戮节将,非人臣常器矣"。杨坚以皇后之父假黄钺行周公事,朝内外臣民能心服吗?对此,杨坚自己也没有把握。杨坚曾夜召掌天文历数的太史中大夫庾季才问以"天时人事",庾季才称"符兆已定",杨坚默然良久,仍心存疑虑。于是杨坚大刀阔斧革除周天元的苛酷之政,大崇恩惠,以收揽人心。他删略旧律,作《刑书要制》,使法令清简可用。又下令立即停止洛阳宫的营造,而一反周天元奢侈淫逸之风,躬履节俭,赢得中外臣民

---

① 《隋书》卷41《高颎传》。
② 《尚书注疏》卷11。

的一片赞扬之声。杨坚还下令恢复被周武帝禁毁的佛、道二教,以前被迫还俗的和尚、道士,经官府勘验简视即可重新出家,此举"上应帝命,下顺民心"①,因为当时佛、道信仰在民间拥有广泛的社会土壤,行政权力并不能一下子将人们大脑里的信仰改变,所以当即博得了广大士民以及宗教人士的欢心,杨坚初步站稳了脚跟。

六月,周宗室五王陆续来到长安,立即被置于丞相府的严密监控之下,杨坚又用计将年幼无知的汉王宇文赞请出禁宫,使朝廷中枢政局初步稳定。

时有宇文泰的外甥蜀国公尉迟迥任相州总管,位望素重,相州即北齐旧都邺城(今河北滋县南),周武帝将其表兄安置于此,就是要寄之以安危,让尉迟迥总领旧齐之地,加强北周王朝的统治,故所赋权力极大。杨坚想搬掉尉迟迥这块绊脚石,于是派老将韦孝宽任相州刺史,去邺城替换尉迟迥。尉迟迥知杨坚心怀叵测,于是揭起反对杨坚的大旗,自称大都督,奉赵王宇文招的少子为主,承制署置官司,并调集兵马。时尉迟迥的侄子尉迟勤为青州(治今山东益都)总管,立即起兵响应。周宗室宇文胄时任荥州(治虎牢,今河南荥阳县西北汜水镇)刺史,也起兵响应。徐州总管司录席毗罗拥兵8万,其弟席叉罗在兖州,均起兵响应。一时,潼关以东的山东诸州,除并州总管李穆、幽州总管于翼以外,几乎全都响应尉迟迥反对杨坚了。尉迟迥并遣子质于陈朝请求援助。

另外,勋州(治今湖北安陆县)总管司马消难是8岁皇帝宇文衍的岳父,对杨坚假黄钺专朝政也极不满,于七月也起兵响应尉迟迥,成为又一方叛军主帅。

益州(治今四川成都市)总管王谦是西魏十二大将军之一的王

---

① 《金石萃编》卷38《龙藏寺碑》。

雄之子。杨坚为防止王谦的异动,派老将梁睿往成都任益州总管,接替王谦。王谦遂以匡复为辞,起兵叛乱,成为西南方的叛军主帅。一时三方同时构难,"半天之下,汹汹鼎沸"①,形势相当严峻。

掌握了北周军政大权的丞相杨坚指挥若定,他先集中关中府兵,平定东方的尉迟迥。讨逆大军以上柱国韦孝宽为行军元帅,梁士彦、元谐、宇文忻、宇文述、崔弘度、杨素、李询等关陇勋贵皆为行军总管。不久,杨坚又派心腹高颎去作监军。另外,派柱国王谊为行军元帅,讨击南方的司马消难。

时尉迟迥在山东声势十分浩大,"地乃九州陷三,民则十分拥六"②,杨坚平叛的关键在东方。大象二年(580)八月间,东讨大军在河南武陟与尉迟迥之子尉迟惇统率的10万军队相持于沁水两岸,高颎为官军赶造了一座浮桥,使韦孝宽大军得渡过沁河。尉迟惇先布阵20余里,企图趁敌军半渡时邀袭,故麾兵稍退,但其众未经很好训练,一退阵势先乱,韦孝宽乘势挥兵猛击,叛军全面溃退,惟尉迟惇一人单骑逃走,韦孝宽率军一直追到了邺城之下。

"称兵邺邑"的尉迟迥于是集中邺城军队13万人,出城与韦孝宽率领的官军决战。叛军列阵于城西南,官军列阵于城西,官军有府兵10万以上,双方势均力敌。接战之初,尉迟迥麾下亲兵"黄龙兵"万余众最为卖力,韦孝宽麾下的府兵先是不敌,而稍作退却。这时,邺城士民数万也列于城旁观战,府兵将领宇文忻乃令部下以乱箭射向观者,观者喧哗躲避,转相腾藉,声如雷霆。宇文忻忙向府兵战士传呼,"贼败矣",一时官军士气大振,转身拼杀,一拥而上,势不可挡。叛军一时不知所措,大败而逃,尉迟迥走保

---

① 《隋书》卷1《高祖纪》。
② 李德林:《天命论》,见《全隋文》卷18。

邺城。韦孝宽纵兵围城,代人贺娄子干先登破城,尉迟迥力竭自杀,尉迟勤等被俘。韦孝宽坑杀了在内城抵抗的数万士兵,但将官尉迟勤等关陇勋贵被押送朝廷后,却受到了杨坚宽待。

尉迟迥举兵凡68天,因无筹略而最后归于失败。在河南方面,杨坚任命于谨之孙于仲文为行军总管,很快击败席毗罗部10万余众。杨坚下令拆毁邺城城墙,以世子杨勇为洛州总管、东京小冢宰,总统旧齐之地。

在荆襄方面,司马消难得知尉迟迥败讯,无所作为,很快被王谊所率官军击败,逃往陈朝。在益州方面,杨坚任命的行军元帅梁睿、总管于义等率20万大军深入蜀境,很快击破叛军,执斩王谦,剑南悉平。

这样,在不到4个月的时间,杨坚就平定了三方之乱,牢牢控制了局势。

在同一时间,京师长安的北周宗室诸王也蠢蠢欲动,作困兽斗,想伺隙杀杨坚,夺回政权。先有毕王宇文贤谋图取代杨坚执政,被诛。大象二年(580)七月,又有赵王宇文招邀杨坚至家中饮酒,欲席中行刺,赖大将军元胄扣刀入卫,护持回府。宇文招恨自己未能及时出击,弹指出血。壬子(二十九),杨坚诬宇文招与越王宇文盛谋反,将他们及其诸子统统处死。同时,赏赐元胄不可胜计。十月,杨坚又杀陈王宇文纯及其诸子。平定三方后,杨坚已稳操胜券,乃于十二月辛未(二十日)杀代王宇文达、滕王宇文逌及其诸子,宇文泰剩下的5个儿子全部伏诛。稍后,杨坚又大开杀戒,残忍地将周闵帝、明帝、武帝诸子统统杀死,不留余种,所杀约不下50—60人[①]。

---

① 王鸣盛:《十七史商榷》卷66《杨氏不良死约三十人》条。

尽杀宇文氏宗室,就是为自己登基称帝作好准备。"司马昭之心,路人皆知",而杨坚之心,较司马昭有过之而无不及,然而,关陇勋贵集团中竟再也没有人出来抗争了,北周统治集团已经认可了杨坚为其新的主宰。

关陇勋贵耆旧李穆,是西魏十二大将军之一的李远之弟,自云陇西成纪人,西汉骑都尉李陵之后,李穆和他两个哥哥李远、李贤都很早就随宇文泰开创关中局面,领乡兵从征累积军功封官晋爵。李穆曾随杨忠破江陵,讨突厥,李氏兄弟作为北周佐命功臣,"子弟布列清显"。但宇文护执政诛赵贵、独孤信时,李远及其子李植也惨遭杀害,李穆受牵连除名为民,到周武帝诛宇文护亲政时,李氏子弟免官爵者才悉复其旧。李氏家族和杨忠一样,同为关陇勋贵集团的核心成员,李穆在北周进位柱国,转大司空,晋爵申国公。建德(公元572—578年)初年拜太保,后任天下精兵所居之处的并州(治晋阳,今山西太原市)总管,成为北周末年具有举足轻重地位的元老大臣。尉迟迥叛乱时,曾派使者招李穆共同起事,李穆锁其使者,并将尉迟迥的书信送告杨坚。李穆之子李士荣暗中劝李穆乘机起兵争夺天下,李穆不以为然,反而奉十三环金带给杨坚,以表忠心。十三环金带即天子之服。不久,李穆又密上表杨坚劝进①。李穆的举动可以说集中代表了关陇勋贵集团大多数成员的政治意向。

关陇勋贵于谨的子孙一族人也都站在了杨坚一边。平定尉迟迥的官军统帅韦孝宽也是关中门阀,"世为三辅著姓"②。韦孝宽虽平叛胜利后不久去世,但他的子侄韦世康、韦洸、韦津等都得到

---

① 《隋书》卷37《李穆传》。
② 《周书》卷31《韦孝宽传》。

杨坚信用，成为新朝佐命。除宇文氏宗室及外戚尉迟迥、司马消难等极少数人员外，关陇勋贵几乎是集体倒向了杨坚一边。这是杨坚得以短时间内战胜反叛，轻易代周建隋的最根本保证。

杨坚于是自称大丞相，而罢左右丞相之官。大象二年（580）十二月甲子（十三日），8岁的周静帝宇文衍降下诏书，说随国公大丞相杨坚"应百代之期，当千龄之运，家隆台鼎之盛，门有翊赞之勤。心同伊尹，必致尧舜，情类孔丘，宪章文武。……伊尹辅殷，霍光佐汉，方之蔑如也"①。这个为杨坚歌功颂德的诏书，明眼人一看就知绝非出自童稚的静帝意旨，而是杨坚授意而作，很可能就是出自"文意百端，不加治点"②的丞相府属李德林的手笔。诏书把杨坚吹捧为从天而降的圣人，有孔子之仁心，而必成尧舜之大业，一句话，杨坚就是孟子预言的五百年必将兴起的圣王，是周武帝事业的最好继承人。而既有圣王之资，又岂能屈居8岁稚童之下。于是又加杨坚相国，总百揆，进公爵为王。随王可"剑履上殿，入朝不趋，赞拜不名，备九锡之礼"，随国置丞相以下。这些都是非人臣之礼，是魏晋权臣篡位行禅代通用的惯伎。阿麽这时也荣升为王子了。

大年一过，改元大定（581），二月壬子（初二），杨坚下令："已前赐姓，皆复其旧"，普六茹氏改回为杨氏，凡宇文泰所改胡姓统统改为汉姓。这时六镇鲜卑及关陇勋贵上层已基本汉化，此令一下即获得普遍欢迎。甲寅（初四），随国始建丞相以下百官。丙辰（初六），又有周帝诏杨坚建天子旌旗，出警入跸，备天子之礼。俄而，8岁的周静帝以"众望有归"，乃下诏自请禅位，宣诏曰："周德

---

① 《隋书》卷1《高祖纪》。
② 《隋书》卷42《李德林传》。

将尽,妖孽递生,今便祗顺天命,出逊别宫,禅位于隋,一代唐、虞、汉、魏故事"。百官以太傅李穆为首劝进,山呼万岁。随即,杨坚按早已导演好了的程序,接受大周社稷。

二月甲子(十四日),杨坚正式称帝,国号隋。原封随国,随字有走脚边傍,走为奔跑似不雅,故下令除去,改随为隋,作为国号,为己专有。天子姓杨啦,于是大赦天下,改元开皇,一个新的汉族王朝终于在中国北方出现。杨坚即隋朝开国皇帝,后谥曰"文",称隋文帝。

杨坚即皇帝位后的第一件事就是宣布:"易周氏官仪,依汉魏之旧"①。也就是废除宇文泰改制时所采用的《周礼》六官体制及礼仪制度,按照汉魏以来发展演变而成的三公九卿三省六部体制改革中央官制,使新朝仪制面貌焕然一新,史称隋"改周之六官,其所制名,多依前代之法"②,即除去天、地、春、夏、秋、冬六官系统,以三省六部为政务中枢,恢复御史台、诸卿监等传统行政部门,以示自己是秦汉以来汉族正统王朝的直接继承者。杨坚一即位就确立了"除旧布新,移风易俗"③的总方针,恢复汉族文物衣冠典章制度,当然是顺乎民心,顺乎历史潮流的。

在即位的当天,隋文帝即任命高颎为尚书左仆射兼纳言,虞庆则为内史监兼吏部尚书,李德林为内史令,元晖为都官尚书,元岩为民部尚书,长孙毗为工部尚书,杨尚希为度支尚书,几天后又补选赵煚为尚书右仆射。三省首长和六部尚书组成了强有力的行政领导班子,一改西魏北周胡汉杂糅,刻意复古,名不副实,行政不力的状况。所谓纳言,即汉魏以来的侍中,因杨坚父名忠,要避讳,故

---

① 《隋书》卷1《高祖纪上》。
② 《隋书》卷28《百官志下》。
③ 《全隋文》卷19,薛道衡:《隋高祖文皇帝颂并序》。

改为纳言。同样,原中书省亦因讳中改为内史省,所以隋的三省曰:尚书、内史、门下,首长分别为仆射、内史监、令和纳言,他们都是宰相。三省分工合作,辅政决策,督导行政,三公已成虚号,但仍留用以安置元老重臣。

乙丑(十五日),隋文帝追尊父亲杨忠为武元皇帝,母亲吕苦桃为元明皇后,并为父亲立庙,庙号太祖。隋文帝自己后来驾崩后亦由儿子隋炀帝立了庙,庙号高祖,所以隋文帝又称隋高祖。阿𡡉之母独孤伽罗被立为皇后,阿𡡉之兄杨勇立为皇太子。己巳(十九日),隋文帝封周静帝宇文衍为介国公,宇文氏诸王皆降爵为公。阿𡡉的姐姐杨丽华改封为乐平公主,已不再是北周皇太后了。其时杨丽华尚年轻,文帝欲让她改嫁,但公主誓死不从,阿𡡉这位可怜的姐姐从此当了一辈子的遗孀寡妇。

乙亥(二十五),隋文帝又封弟杨慧为滕王,杨爽为卫王,封皇子杨广为晋王,杨俊为秦王,杨秀为越王,杨谅为汉王;任命归顺于己的北周重臣元老申国公李穆为太师,邓国公窦炽为太傅,任国公于翼为太尉,当然,这几个老头子并无实权。

阿𡡉转眼之间就由雁门郡公荣升为晋王,按中国传统的年岁记法,阿𡡉今年虚岁十三,而他却即将被赋予重大使命,拥兵握权了。

在改朝换代的一片喜庆声中,据说唯有一个年幼的女子在家中流涕,抚膺叹息:"恨我不为男子,救舅氏之患"。她就是上柱国窦毅之女窦氏,其母乃宇文泰女襄阳长公主,这个奇女子后来嫁给了唐国公李昞的儿子李渊①,而李昞乃西魏八柱国之一的李虎之子。李渊和窦氏后来生了唐太宗李世民。这又不禁使我们想到,

---

① 《旧唐书》卷51《后妃传上》。

很可能是李世民命史官编造了其母在禅代之际的忠烈故事,而实际上窦、李两家当时和绝大多数关陇勋贵一样,是拥护杨隋禅代的。

只有极个别的北周宇文氏宗族至亲对失国心怀怨恨,为此,宰相虞庆则劝隋文帝尽灭宇文氏,以绝后患。可怜8岁的介国公宇文衍虽有禅让之功,也未能幸免一死。古诗云:"莽因后父移刘祚,操纳娇儿覆汉家;自古奸雄同一辙,莫将邦国易如花。"①有历史上的王莽、曹操作榜样,杨坚也就不觉惭愧了,为了坐稳江山当稳皇帝,必须采取断然措施,杀介国公宇文衍是为了断绝人望,以免留下祸害。最高权力的转移、皇位的争夺不是绣花,其间充满了暴力和欺诈。

父亲杨坚隆重庄严的登基大典让小阿㸅激动不已,自后天下就是自家的天下,自己就是高贵的皇子了。这当然是阿㸅生命历程的大转折,历史注定他将不会是一个平庸的凡夫俗子。

从北周武帝天和四年(569)到隋文帝开皇元年(581)的12年间,中国北方的确发生了翻天覆地的变化,转眼间两个王朝灭亡了,一个新王朝建立了。沧桑巨变,换了人间,江山变色,天子姓杨。这一切都留在阿㸅童年的记忆中,并激发他少年的梦想。时代的荡激,家族的功业,贵族式的教育,优裕的生活,对年幼阿㸅个性的塑造,对未来皇帝气质的形成,都产生了深刻影响,留下了深深的烙印。

---

① 《隋史遗文》第1回,(明)袁于令评改。

第二章　风流蕴藉　青年时代

杨广受封晋王时年仅13,这个年龄虽尚未脱孩提时代,却正是长见识的关键年岁。秦始皇正是13岁继统,若干年后即大有作为。年幼的杨广被过早地推上历史舞台虽说是身不由己,出乎意外,但机遇的出现必须抓住,不能失之交臂。杨广在外藩迅速成长,30岁时已"声名籍甚,冠于诸王"。他在兄弟中脱颖而出,毕竟还在于自己的主观努力,对于杨广来讲,这是一段辉煌可资纪念的人生。

第一节　坐镇并州　北御突厥

常言讲:得天下易,坐天下难。杨坚以外戚身份"欺人孤儿寡妇"而轻易夺得天下,但要巩固统治,任务极为艰巨。杨坚称帝虽然得到了大多数关陇勋贵的支持,并镇压了三方叛乱,但潜在的反对势力仍然存在,甚至同胞弟弟杨三郎因娶北周公主,也潜谋起事。压在杨坚这40岁汉子身上的担子是如此沉重,虽有宰相辅佐,但亲不过儿子骨肉,5个儿子尽管年幼,在此关键时刻,也必然要为父亲分担责任。隋建立后,长子杨勇被立为皇太子,留在京师协助父皇处理政务,杨广及其更幼小的弟弟杨俊、杨秀都出镇方面。为此,唐人说隋文帝"始迁周鼎,众心未附,利建同姓,维城宗社"[①]。

[①]《隋书》卷43《观德王杨雄传·史臣曰》。

少年杨广遂坐拥强兵,肩负起了北御突厥的重任,并在边塞长大成为青年人。

一、年幼居藩　重臣辅佐

开皇元年(581)二月丁丑(二十六),隋文帝任命年仅13的次子晋王杨广为并州总管,接替回朝就任太师的老将李穆。以儿子出镇方面,树立屏藩,以壮根本,是隋文帝巩固新朝的重要措施。

这年九月,奉使巴蜀还朝的奉车都尉、关陇勋贵于谨之孙于宣敏向文帝建议:"宜树建藩屏,封殖子孙"①。文帝于是又将年刚满10岁的第四子越王杨秀改封为蜀王,任益州总管。杨广的另一弟弟,文帝第三子秦王杨俊则坐镇河南,"领关东兵"②。

杨广封晋王,晋是春秋时晋国所在地,汉朝时属并州。并州领现今山西省,因地处黄河以东,又称河东,州治晋阳,在今太原市,乃东魏北齐别都。并州战略地位重要,其北靠大漠,南近京洛,东临华北大平原,既是抵御北面草原游牧民族的屏藩,又是捍卫首都控制中原的战略重镇,自古以来就是兵家必争之地。

河南在京师以东,所置军府在河东之下居第三,又居天下中心地位,是隋控制东方的门户。益州乃今四川地区,在京师长安以南,号称天府,粮草充足,形势险要,既是长安的南大门,又是东出攻陈的战略要地。同时,这一地区因四面环山最容易产生割据势力,也不可不派亲王坐镇。

为了便于集中领导,隋文帝在这3处重镇分别设立行台。在并州晋阳设河北道行台,以晋王杨广为行台尚书令,并授予武卫大

---

① 《隋书》卷39《于义附宣敏传》。
② 《隋书》卷45《文四子·秦孝王俊传》。

将军的名号。又设河南道行台,治洛阳,以秦王杨俊为行台尚书令。又在成都设西南道行台,以蜀王杨秀为行台尚书令。所谓行台,是中央政府尚书省的派出机关,代表中央行使权力,其地位高于地方州郡。

然而,以3个年幼的王子分别藩居三方重镇,虽给予重名,建立行台,而以他们的能力声望资历,均难以胜任。于是隋文帝又费尽心机为儿子盛选朝中"贞良有重望者",作为他们的僚佐,配备强有力的辅佐顾问人才,以使年幼的王子在远离父母的情况下,能继续受到良好的教育,并圆满完成政治军事重任。

隋文帝为晋王杨广配置的僚佐主要有王韶、李彻、李雄、韦师、张衡、冯慈明、张虔威、段达等。为蜀王杨秀配置的僚佐有元岩、杨异等。其中元岩、王韶在北周曾谏诤周天元而得罪,他们都以忠直"骨鲠"知名。当时朝中舆论认为,两人的才能均高于宰相高颎,连隋文帝也说:"公宰相大器,今屈辅我儿"①。其意似乎像当年汉高祖让曹参出朝为齐国相。

僚佐名义上虽为藩王部属,但实际上权力很大,如元岩来到成都,"法令明肃",吏民称善,"蜀中狱讼,岩所裁断",实际上主持蜀地政务。同时又作为年幼藩王的师傅,负责教导王子。如年幼的杨秀性好奢侈,曾想捉当地少数民族的男童为阉人,又想杀死死囚犯摘取人胆做药。元岩知道后,"排阁切谏",阻止干这种伤天害理的事,蜀王只得拜谢而止。作为文帝配选的僚佐,元岩可以随时向文帝汇报,同样文帝也随时要向元岩询问儿子的情况。所以,杨秀对元岩十分惮惧,不敢违法乱制,恣行所欲。

僚佐的尽心竭力,对年幼的藩王的成长的确起了很大作用。

---

① 《隋书》卷62《元岩传》。

辅助13岁的晋王杨广的僚佐情况又如何呢？让我们看看他们的家世履历。

王韶，字子相，自称出自山东门阀的太原王氏，世居京兆。在北周时以军功官至车骑大将军，随周武帝东征北齐，武帝克晋州（今山西临汾）后想班师，王韶切谏说："齐失纲纪，主昏于上，民惧于下，今我一战攻下晋州，已扼其咽喉，取乱侮亡，正在今日。"王韶的分析坚定了周武帝的信心，结果一举平齐，王韶也以功封晋阳县公。可见王韶乃文武双全的才士。隋文帝受禅后进王韶爵为项城郡公，继续受到信用。又因王韶是太原王氏郡望，性格刚直，得选为晋王的主要僚佐，任河北道行台尚书右仆射①。官视从二品，秩同宰相。

李彻，字广达，朔方（治今陕西子长县东）人。仕周任车骑大将军，是一员猛将，也曾随周武帝东征北齐，率军力战，参与攻拔晋阳（今山西太原），以功封蔡阳县公。后从韦孝宽略定淮南，安抚淮南新附，甚得民心。隋代周后，文帝将他征入朝为左武卫将军，进爵齐安郡公。因李彻出身边塞，有军旅经验，故任命他为总晋王府军事。隋文帝曾对左右说："安得文同王子相、武如李广达者乎？"②对李彻十分看重。李彻与王韶一文一武，是晋王府的两位主要僚属。

李雄，字毗卢，赵郡高邑（今河北高邑西）人，乃世代官宦之家。门阀赵郡李氏世代以儒业入仕，而李雄却独独喜欢骑射。他少年慷慨有大志，从达奚武入关，征战有功，在西魏官至骠骑大将军，在北周进爵为公，曾在青海破吐谷浑。宣帝时从韦孝宽略定淮

---

① 《隋书》卷62《王韶传》。
② 《隋书》卷54《李彻传》。

南,曾一口气攻下10余城。隋文帝受禅后进其爵高都郡公,数年后任命为晋王府僚佐,任河北道行台兵部尚书,接替李彻主持王府军事。临行前文帝对李雄说:"我儿年少,世事所知不多,卿兼有文武之才,今我推诚相委,可无北顾之忧。"①李雄当官正直,有一股凛然不可犯的神气,杨广对他极为敬惮,吏民对他的政绩也很称赞。可惜在官不几年死于任上。

韦师,字公颖,京兆杜陵(今陕西西安附近)人,世为关中著姓。少年时略涉经史,尤工骑射,对北边山川险阻及少数民族风俗十分熟悉,任北周官至宾部大夫。隋文帝受禅时拜为吏部侍郎,赐爵井陉侯。后选为河北道行台兵部尚书,兼晋王府司马②。

张衡,字建平,河内(治今河南沁阳)人,父祖均为官,年15入北周太学学习,拜沈重为师,习《三礼》。曾因事扣马切谏周武帝,受到嘉奖。隋文帝以他学业和品行出众任为晋王僚佐,历任河北道行台刑部、度支二曹郎。行台废后又任并州总管掾③,深得晋王杨广的亲任。

张虔威,字元敬,清河东武城(今山东武城县)人,父仕北齐为州刺史。虔威少年时涉猎群书,曾任太常丞。齐亡仕周,杨坚执周政时,曾引他为相府典签。后选为河北道行台刑狱参军,与张衡一起受到晋王杨广的礼重。晋王官邸的人将他们2人称为"二张"④。

段达,武威姑臧(今甘肃武威市)人,父段严为北周朔州刺史,段达3岁时袭父爵为襄垣县公。杨坚代周篡位时,段达以大都督

---

① 《隋书》卷54《李雄传》。
② 《隋书》卷46《韦师传》。
③ 《隋书》卷56《张衡传》。
④ 《隋书》卷66《张虔威传》。

率领亲兵,经常跟随在杨坚左右,充任贴身护卫,隋建立后任左直斋,迁官车骑将军,兼任晋王府参军①。

冯慈明,字无佚,信都长乐(今河北冀县)人,父仕北齐官至尚书右仆射,慈明以父荫出仕,齐亡入周,后又入隋,被选为晋王府司士②。

这些僚佐大都属于关陇勋贵,虽有不少原籍山东,但也早已入关,为西魏北周官宦之家,其中有不少出自大门阀。如王韶出自太原王氏、李雄为赵郡李氏、韦师为京兆韦氏,充任蜀王杨秀僚佐的元岩则为北魏帝裔,杨异出身弘农杨氏。李彻、张衡、张虔威、冯慈明等也都出身于将相之家。同时,这些人既有崇高的家世背景,又都有实际政治才能,没有一个是不求实务的清谈家。年龄上这些人大都在40—50岁,具有一定的做官资历和阅历经验,且个个都为人刚直,有一定政绩。隋文帝选择这班人来辅佐年幼的儿子,可谓是费了一番苦心的,幼儿远离父母,是好是坏,就靠他们来辅佐教导了。

诸王僚佐所受寄托深重,在任上也都尽心竭力,勤于政务,以身作则,教导幼主,相当严格。如李彻"当官正直,侃然有不可犯之色"。王韶更性刚直,杨广"甚惮之"。"每事咨询"③,不敢有违法度。但年幼好动的晋王有时也禁不住要游嬉玩耍,有一次王韶巡检边境长城一带的防务,杨广见没有人管他,便趁机带了一帮人在晋王府开挖水池,修筑假山,想营造一个属于自己的人间仙境,过一阵奢华的生活。王韶回府知道后,即用一条链子把自己锁起来,到晋王府,先是自责,后是切谏。杨广见状,惶恐万状,只好谢

---

① 《隋书》卷85《段达传》。
② 《隋书》卷71《冯慈明传》。
③ 《隋书》卷62《王韶传》。

罪,不敢再胡闹了。后来杨广做了皇帝,回忆起这段往事,曾不无感慨地说:"若无王子相的着力辅佐教导,我就不会有今日"①。王韶后来还辅佐过继任并州总管的秦王杨俊,这已是灭陈以后的事了。

杨广在晋阳颇好学,"善属文"。作为佛教徒,他还延请当代高僧彦琮到他的私邸,为他讲述过《金光明经》,并修撰文疏②。杨广年龄虽小,外表却"沉深严重",一副长者之相,深得臣僚的爱重,也深得父亲的喜欢。但由于路远且身负重任,杨广很少回长安晋见父母,有时一两年不能见面。

二、男大当婚　迎娶萧氏

俗话讲,男大当婚,女大当嫁。杨广坐镇晋阳,父母事事处处为儿子操心,婚姻大事,更不能不牵挂。按现在的观点,10来岁还算不上"男大",离结婚的年龄还差得远,但作为古代帝王之子,这样的年龄已不算小了。

但贵为皇子的美少年杨广当时并不能自由恋爱,且也并未到感情冲动的年龄,婚姻大事还得父母作主。天子之家,门第高贵,婚姻当然要讲究门当户对。杨广的哥哥、皇太子杨勇早就由父母作主,由独孤氏精心选择,娶了西魏帝室元孝矩的女儿,那么老二杨广的妇翁,又该选择哪一家呢?隋文帝和独孤后把眼睛盯上了南朝萧梁帝室。最高统治者更多考虑的是政治上的联姻,考虑如何通过姻亲关系结成强大的势力网,进一步巩固自己的政权。

萧梁虽早已灭亡,但当时在江陵一隅之地还保留了一个傀儡

---

① 《隋书》卷47《柳䛒之传》。原话是:"微子相之力,吾无今日矣"。
② 《续高僧传》卷2《隋东都上林园翻经馆沙门彦琮传》。

后梁政权,自西魏、北周直到隋,前后存在了30多年。其时的儿皇帝名叫萧岿,字仁远,是著名文学家、梁昭明太子萧统的孙子,梁武帝萧衍的玄孙。萧氏祖籍兰陵郡(治今山东苍山兰陵镇),东晋时南迁,出了南朝齐、梁两家帝室,成为侨姓门阀。萧岿的父亲萧詧是由西魏大将军杨忠扶立,杨忠攻下江陵灭梁元帝萧绎后,奉命将萧詧移住江陵,后杨忠又任总管拥兵监视萧詧,但杨忠以其忠勇和宽厚,与后梁君臣相处很好。萧詧忧死后子萧岿继立,对北周政权的依附更加强了。

萧岿是个白面书生,长得英俊潇洒,又很有才学,他自知傀儡皇帝无所作为,因而把精力都用在编书等文学艺术事业上。周武帝平齐时,萧岿曾亲赴长安朝贺。及杨坚篡周,司马消难等构难之时,后梁臣子劝萧岿趁机起兵,"进可以尽节周氏,退可以席卷山南",恢复旧梁祖业①。但萧岿头脑很清醒,认为没有把握,终未轻举妄动。及隋文帝禅位,萧岿即上表致贺,隋文帝对萧岿的表现深为赞许,给予了丰厚的赏赐。开皇二年(582),萧岿又亲自到长安朝贡,以表忠心,更是大得隋文帝欢喜,下诏重申萧岿的政治地位应当在王公之上,承认后梁的藩国地位。萧岿回国后不久,隋文帝即派使者备礼往江陵聘萧岿女做儿媳妇。文帝对后梁萧氏如此礼遇恩隆,除了政治、门第等各种因素外,恐怕也与其父杨忠及独孤后父独孤信早年曾投奔南朝,受到梁武帝的礼遇,与萧梁长期保持友谊有直接的关系。在儿子婚姻问题上,独孤皇后的主意特别重要,她对后梁门阀高贵而且萧氏祖孙崇信佛教抱有好感。梁主萧岿对于这门亲事当然是喜出望外,与大隋皇帝结为儿女亲家,对确保自己的政治地位,对后梁国的前途都大有好处。

---

① 《周书》卷48《萧詧传》。

年过中年的萧岿有好几个女儿,论条件都不错,但哪个女儿嫁给杨广做晋王妃合适呢?隋使不敢怠慢,进行严格的选择,而当时的选妃办法除查看相貌外,则主要是看生辰八字,进行占卜。结果,遍占萧岿身边的3个待字闺阁的女儿,生辰八字都不吉利。就在萧岿束手无策,愁眉不展之际,有人小心翼翼地向他提起寄养在张轲家的另一女儿。这个女儿出生于后梁天保八年(570)二月,按江南风俗,早春二月生下的子女父母皆"不举",所谓不举,即不养①。据说,二月生子命运多舛,萧岿当然不允许宫里留下这样的灾星,但亲骨肉也不忍心就活活遗弃,于是将这孩子送给堂弟萧岌抚养。孩子8岁时,萧岌夫妇相继去世,孤苦无依的萧氏被辗转送到舅舅张轲家,由舅氏收养。张轲虽也是读书人,但家境甚为寒苦。在这样的家庭环境中,萧氏小小年纪为分担家计,也要干些力所能及的劳活,年老的舅父舅母则辛勤劳作,劳动之余也教萧氏写字读诗。秋去春来,光阴荏苒,由于萧氏温柔娴静,天性聪颖,几年下来已是一个娇嫩妩媚,知书达礼,颇有教养的漂亮少女。

当梁主萧岿把年已14的女儿接回宫时,萧氏已长得明眸皓齿,亭亭玉立,美丽动人,而且崇敬佛祖,书琴诗画,样样精通。占卜结果,大吉大利,隋使深为满意。萧岿即派柳庄为使,把女儿送到长安,隋文帝和独孤皇后见到萧氏,又是一番考察,也大为欢喜,随即从太原召回儿子杨广,举办了隆重的婚礼。

本来,隋炀帝的婚礼和结婚日期史书是可以记载得很清楚的,但唐初史臣又故意忽略了这些史实,而杨广的弟弟秦王杨俊纳妃结婚的日期,《隋书》却记载得清清楚楚。独孤后为14岁的三儿

---

① 《晋书》卷75《范汪传附子宁传》有"生儿不复举养,鳏寡不敢妻娶者"句;又《冥报记》卷下记"隋上柱国蒲山惠公李宽,性好田猎,常养鹰数十,后生一男,口为鹰嘴,遂不举之"。可见,"不举"乃不养之意。

子杨俊娶的是山东门阀崔氏女,关于秦王杨俊纳妃日期,《隋书·高祖纪上》记曰:"开皇四年(584)八月戊戌(初九),以秦王俊纳妃,宴百僚"。而杨广的婚期册封之礼等情况,诸史均缺载,只是《周书·萧詧传》简单地载有"开皇二年(582),隋文帝备礼纳岿女为晋王妃"。何月何日,则不可详知。《资治通鉴》于是据此将"纳梁主女为晋王妃"一句,系于开皇二年记事之末。

晋王杨广的婚事,就在当时,作为皇帝的次子,无论对于杨广,还是对他的父皇、母后来说也应该是一件大事,是决不会草率操办的。据史书,为操办杨广与萧氏的婚礼,光后梁大臣柳庄于长安江陵之间,就曾"往来四五反"①。据此大致可以推测,两家定亲大概在开皇二年(582)初萧岿来长安朝见回国后不久,婚礼大概于这年底或开皇三年(583)初举行。

关于杨广备婚大礼的情况我们不得而知,但从史书所载秦王杨俊纳妃时,文帝曾"宴百僚,颁赐各有差"的情况来看,必定还是在朝殿举办了盛大的歌舞宴会,当时最负盛名的诗人庾信写了一首歌咏婚礼歌舞隆重场面的诗,我们不妨借来窥探杨广婚宴歌舞的景况:

> 洞房花烛明,燕余双舞轻,
> 顿履随疏节,低鬟逐上声。
> 步转行初进,衫飘曲未成,
> 鸾回镜欲满,鹤顾市应倾。
> 已曾天上学,讵日世中生。②

虽然不是经自己的自由恋爱,然而杨广对于父母先定亲家,再

---

① 《隋书》卷66《柳庄传》。
② 《初学记》卷15《舞第五》。

选女儿的包办婚姻,却是深为满意。这点他与哥哥杨勇不同,杨勇对母亲为他选定的元魏帝裔就深为不满。萧妃也的确让杨广喜爱,她出身帝王之家,长于普通百姓墙院,没有大户小姐那种娇生惯养之气,性格随和温顺,聪明能干,善解人意,且能书能画,很有才气,这些当然都是少年杨广求之不得的。萧妃也对仪表堂堂,英俊潇洒,才思敏捷的晋王杨广十分倾心,小两口一结婚就百般恩爱,十分相得,史书也留下了杨广对萧妃"甚宠敬焉"[①]的简短记载。

由于军务繁忙,重任在身,杨广婚后的蜜月是回到晋阳度过的。开皇三年(583)底,萧妃就为杨广生下了长子杨昭,第二年又生下了次子杨暕。两年连生两儿,这是爱情的结晶,说明小两口的确爱得如胶似漆。

杨萧两家帝室联姻,使后梁与隋朝的关系更加亲密,独孤皇后为此特意提醒隋文帝:"梁主萧岿既已是亲家翁,自家人何必还要设总管驻军防备着他呢?"隋文帝于是下令罢除隋江陵总管府,使晋王杨广的岳父萧岿在方圆百里的后梁国得以专制独裁一时,尝尝真皇帝的味道。

开皇四年(584)正月壬申(初九),萧岿在他的内史令柳顾言陪同下,再次来长安朝见隋文帝,文帝先在郊外后又亲御大兴殿,举办了隆重的迎宾礼仪。二月乙巳(十三日),文帝又亲自于霸上摆设盛大的歌舞宴会,款待这位亲家翁。但远在晋阳(今山西太原市)的杨广无法回京拜见自己的岳父,萧妃也未再见到自己的父亲。这年五月,萧岿得病去世,时年44岁。临终时上表隋文帝,

---

[①] 《太平御览》卷140《皇帝部六》"炀帝萧皇后"条。

对自己的女儿能嫁帝子,"宠冠外藩,恩逾连山"①,再次表示感谢。但不无遗憾的是,他至死也没有亲眼见到自己那位日后将龙飞九五的女婿杨广。

与萧梁的婚姻对杨广一生的影响很大,史称萧妃"初归藩邸,有辅佐君子之心",她"性婉顺,有智识,好学解属文,颇知占候,高祖大善之"②。萧妃自后成了杨广的贤内助,她对杨广的政治识见、艺术情趣、文学修养等许多方面都产生了重大影响,也为杨广日后与江南地方政治集团的结合提供了方便。岳父萧岿的重臣柳䛒(顾言)不久成了晋王的重要顾问。

三、突厥崩离　北塞和靖

杨广受封晋王坐镇并州,主要任务就是防御塞外的大敌突厥。早在隋朝崛起之前,雄踞漠北西域的突厥汗国已是亚洲大陆的霸主,隋朝建立后,击败和削弱突厥是当时面临的最大政治军事问题。

突厥是草原游牧民族,原居住在今阿尔泰山一带,"盖匈奴之别种"。近人研究认为突厥与魏晋北朝活跃于蒙古草原的丁零、高车同族,以狼为图腾,王族姓阿史那氏。突厥人以游牧为主,兼营冶铁,5世纪中叶被柔然汗国征服,被迫迁居金山(即阿尔泰山),成为柔然锻奴。公元6世纪,北魏发生六镇戍卒起义,不久王朝分裂为东、西魏。柔然阿那瑰可汗曾帮助北魏镇压六镇起义,后全力专注于漠南,利用东、西魏对立坐收渔利。突厥则乘隙东进,并开始与中原王朝发生关系。史载西魏大统十二年(546),

---

① 《隋书》卷79《外戚·萧岿传》。
② 《隋书》卷36《后妃·萧皇后传》。

"土门(突厥首领)遂遣使献方物"①。突厥就此与中原王朝建立了联系。这年土门向旧主柔然阿那瑰可汗求婚,阿那瑰不允,辱骂土门,土门亦怒,斩柔然使者,转而求婚于西魏,西魏以长平公主妻之。自后突厥断绝了与柔然的隶属关系,出兵攻柔然,阿那瑰战败自杀,土门遂自称伊利可汗,建立突厥汗国。

公元553年初,土门死,其子科罗立,不久又死,弟燕都立,号木杆可汗。木杆"性刚暴,务于征战",公元554年,突厥大汗国西破嚈哒,东走契丹,北并契骨(今吉尔吉斯人先祖),威服塞外诸国,将突厥汗国的疆域扩展到"东自辽海以西,西至西海(里海)万里,南至沙漠以北,北至北海(贝加尔湖)五六千里"的广阔土地上,成为蒙古草原和中亚沙漠的主人,出现了势凌中夏的严峻形势。

时中原东西对峙的北齐、北周为压倒对手,均争相结好突厥,不惜向突厥可汗称臣纳贡,拉拢突厥作为靠山。周末静帝时,曾以赵王宇文招女千金公主嫁给木杆之子他钵可汗,这门亲事正是当时主政的丞相杨坚办成的。为了与突厥和亲,北周每岁给"缯絮锦彩十万段"。北齐怕北周与突厥和亲而自强,"亦倾府藏以给之"。鹬蚌相争,遂使突厥坐收渔翁之利,他钵可汗曾自豪地说:"但使我在南两个儿孝顺,何忧无物邪"。

隋开皇元年(581),他钵可汗死,经过一番"昆季争长,父叔相猎"的内部纠纷之后,他钵之子庵罗被迫让位于他钵之侄摄图。摄图设牙帐于於都斤山(今蒙古鄂尔浑河上游,杭爱山之北),号沙钵略可汗,并按突厥风俗续娶去年(北周大象二年)才嫁过来的年轻貌美的北周千金公主为可贺敦(皇后)。公主"自伤宗祀绝

---

① 《周书》卷50《异域下·突厥传》,以下出此者皆不加注。

灭,每怀复周之志,日夜言于沙钵略",劝可汗入寇复仇。可汗受娇妻的蛊惑,说:"我,周家亲也,今隋公自立不能制,复何面目见可贺敦乎?"又按"突厥之俗,可贺敦预知军谋"①,使千金公主更得以挟可汗之力行复仇之事。隋文帝也下诏停止岁贡,加强战备,双方关系迅速恶化。13岁的杨广正是在这种背景下受封晋王坐镇并州的。为应付突厥必定要进行的侵扰,隋文帝令缘边修保鄣,峻长城,积极备战。

隋朝整个北部边境承受着压力,而沙钵略可汗刚袭汗位,急于建功,以巩固自身地位,于是先唆使其属国吐谷浑向隋西部边境发难,兵寇弘州(今甘肃临潭县西),迫使隋放弃了弘州建制②。开皇二年(582),沙钵略"悉众为寇,控弦之士四十万",并征北齐降将高宝宁部为先锋,入长城寇平州(今河北卢龙县北),突厥则分成数路大举犯隋。隋军数为所败,"武威、天水、安定(今甘肃泾川县北)、金城(今甘肃兰州市)、上郡(今陕西榆林县)、弘化(今甘肃庆阳县)、延安六畜咸净",损失巨大。突厥"欲窥长安",隋文帝令皇太子杨勇屯兵咸阳"以备胡"③。又诏大将于仲文率兵屯白狼塞"以备胡"④。杨广统领的并州因早有准备,没有受到多大损失。

早在开皇元年(581)九月,隋文帝曾命左仆射高颎节度统军,以元景山、长孙览为元帅伐陈。元景山军出汉口获得胜利,开皇二年(582)正月陈宣帝殂,这正是灭陈的好机会,但二月高颎却奏"礼不伐丧",班师,其原因正是由于北面突厥的威胁。突厥不愿

---

① 《资治通鉴》卷182,陈宣帝太建十三年。
② 《隋书》卷29《地理志》。
③ 《资治通鉴》卷175胡三省注曰:"屯兵于此以备突厥,盖其兵势强盛,欲窥长安。"
④ 《隋书》卷60《于仲文传》。

看到中原的统一,对于新建立的隋朝来讲,最大的敌人是北面的突厥而不是南方的陈朝,于是隋文帝君相制定了先北后南的战略方针。

对突厥的南侵,隋一方面加紧防备,组织全面反击,同时,因突厥希望中土华夏分裂割据以便从中渔利,隋即以其人之道还治其人之身,也采用挑拨离间之法破坏突厥内部团结,以求各个击破。此计首先由长孙晟提出,此人性"通敏",文武双全,千金公主宇文氏入突厥和亲,正是他送去的,长孙晟因而熟悉突厥内部情况。

突厥统治的蒙古中亚广大地区,内部并不稳固,被统治的铁勒诸部一直在反抗。突厥上层也有大小好几个可汗,他钵可汗死时,其子庵罗被迫让位于沙钵略,被封于独洛水,称第二可汗。木杆可汗之子大罗便被封于阿尔泰山之东,称阿波可汗。西域中亚地区是土门之弟室点密征服的,室点密之子玷厥时驻牧于乌孙故地(今伊犁河上游,准噶尔盆地),称达头可汗。另沙钵略之弟处罗侯于克鲁伦河东管辖被征服的契丹、奚、霫、鞑靼各族,称突利可汗。另外,还有阿波之弟贪汗可汗在蒙古草原之西。沙钵略为大可汗,其他5个小可汗也独立管辖自己的牧地。"叔侄兄弟各统强兵,俱号可汗,分居四面,内怀猜忌,外亦和同,难以力征,易可离间"①。隋充分利用大小可汗的固有矛盾,制定了远交近攻,离强合弱的分化突厥内部的策略,遣长孙晟出黄龙道交结东面可汗处罗侯及所属契丹等部族,又遣太仆卿元晖出伊吾道交结西面达头可汗,并赠给他一面狼头纛。开皇二年(582)沙钵略调发诸小可汗兵40万由兰州攻隋,掠至周槃(今甘肃庆阳北),西突厥可汗达头即不愿再南下,引兵退还。长孙晟又说与隋友好的东部突厥处

---

① 《隋书》卷51《长孙晟传》。

罗侯之子染干向沙钵略谎报军情:"铁勒等反,欲袭其牙"。沙钵略害怕,乃回兵出塞退还其牙帐。

开皇三年(583)四月,沙钵略又卷土重来,隋文帝派卫王杨爽等发8道元帅分兵拒战,其中朔方(治今内蒙古毛乌素沙漠南之白城子)一路大败沙钵略于白道(今内蒙古呼和浩特市西北),"沙钵略弃所服金甲潜草中而遁。"①出卢龙塞(今河北喜峰口附近)的一路进击高宝宁,高宝宁弃城走,旋为部下所杀。另一路由行军元帅于仲文统12总管出服远镇,斩首千余级,于是又从金河出白道。另遣5总管率兵2万出盛乐道(今内蒙古和林格尔北),直走那颉山,在护军川北与沙钵略可汗大队人马相遇,可汗见于仲文军容齐肃,不战而退,于仲文率精骑逾山追击,不及而还②。西出凉州(治今甘肃武威)一路也屡败阿波可汗军,结果,阿波在长孙晟反间诱说下遣使入朝,沙钵略闻阿波"怀贰",乃北袭其牙庭,杀阿波母并尽虏其部众。阿波无家可归只好西投中亚的达头可汗,达头听说阿波之母被杀,更十分气愤,遂借兵10万助阿波复仇,于是,以西部阿波、达头、贪汗、庵罗四可汗为一方,东部沙钵略、处罗侯兄弟为另一方的突厥大内战全面爆发,战后突厥也就分裂为东西两部了。

现在轮到隋文帝来坐收渔人之利了。

隋文帝委长孙晟以重任,对突厥继续推行分化离间政策。长孙晟不愧为一个卓越的战略家,他根据突厥内战形势变化适时调整政策,使内战诸方实力平衡,而不让突厥再出现新的权力中心。起初,隋支持西部集团,孤立敌视隋朝的大汗沙钵略,使阿波的东

---

① 《隋书》卷39《阴寿传》。
② 《隋书》卷60《于仲文传》。

征大获全胜。沙钵略连遭败绩众叛亲离,又东畏契丹,走投无路,于开皇四年(584)奉表隋朝,向隋文帝稽颡称臣。本来与隋文帝杨坚有杀父之仇的可贺敦千金公主宇文氏也奉表请为隋文帝女。时年幼的晋王杨广认为灭突厥的机会到了,上表"请因其衅而乘之"。文帝没有同意,反而接受了沙钵略的投降,并特发诏改册千金公主为大义公主,取大义灭亲之义,预杨氏宗籍,公主遂成为杨广的姐姐了。

开皇五年(585),阿波夺於都斤山大牙,占领漠北全境。沙钵略请求将部众渡漠南,寄居白道川,隋文帝应允,并命晋王杨广"以兵援之,给予衣食",并赐以"车服鼓吹"。至此,沙钵略已完全沦为隋朝藩属。同时,阿波已在漠北自立为突厥大汗,隋文帝又遣上大将军元契出使,这等于承认了阿波的大汗地位。此时,突厥达头在西,阿波在北,沙钵略在南,三个政权鼎足并立,隋对突厥三个牙帐同时予以承认,维持突厥分裂显然对隋朝更有利。

开皇七年(587),南帐沙钵略可汗死,依突厥兄终弟及祖制由处罗侯继立,隋派长孙晟册立为莫何可汗。同时,又册沙钵略之子雍闾为叶护可汗,以再分其势。

不久,北帐阿波与西帐达头两大可汗又化友为敌,达头不满阿波自立为大汗,势凌于己,遂统军东征,杀阿波所属九姓铁勒30余万人,阿波仅率五六千人窜逃于山谷。处罗侯闻讯立即上表请隋发兵"乘胜进取",但长孙晟又进言利用矛盾,两存其南北牙帐,长久分裂突厥,于是,隋文帝没有发兵进讨。但莫何可汗仍独力出师,北征穷寇阿波,并赍隋所赐旗鼓,以壮声威。阿波之众见旌旗招展,以为隋兵助莫何,多来降附,走投无路的阿波可汗被生擒。莫何进而统一大漠南北,还牙於都斤山,势力复振,紧接着又整军西击达头可汗,进军中莫何中流矢卒,由雍闾继立,称都兰可汗,并继续与西部达头争战,此时突厥实又分为东突厥、西突厥两部。

东突厥已成为隋朝的附庸,早在开皇四年沙钵略可汗就已向隋使宰相虞庆则行跪拜礼,曰:"得作大隋天子奴,虞仆射之功也"。并赠马千匹,以从妹妻虞庆则。沙钵略并上书称"天无二日,土无二王,永为藩附",又遣子入侍,岁贡神马,受隋封爵与官职。隋文帝下诏称:"往曾与和,犹是二国,今作君臣,便成一体,情深义厚,朕甚嘉之。"肯定了君臣名分。以后莫何、都兰汗号均由隋朝册封,君臣关系已经明确。开皇六年(586)正月庚午(二十四),隋"班历于突厥"①,连纪年也用隋历。东突厥是在危难中得到隋朝助力才得以复兴,可汗臣服于隋朝,并借隋的力量与西突厥抗衡,隋北境的强敌现在变成了温驯的附庸。都兰可汗遣使请求"缘边置市,与中国贸易",文帝诏可。北境的和平使隋文帝可以腾出手来部署兵力,扫灭南边的陈朝,中国统一的时机终于到来了。

晋王杨广因尚年幼,在这一段时间的对突厥反击作战中没有起什么大的作用,但总晋王府军事的左武卫将军李彻则多次参加反击作战。杨广在北塞边境目睹了草原上风驰电掣的一幕又一幕,他渴望自己能成为一位英雄,驰骋草原。

第二节 统一中华 平陈统帅

唐诗云:"文物衣冠尽入春,六朝繁盛忽埃尘;自从淮水干枯后,不见王家更有人"②。诗中所述王家,乃侨姓门阀琅邪王氏,这

---

① 《隋书》卷1《高祖纪上》。
② 孙元晏:《淮水》,见《全唐诗》卷767。

个出了开创江南 200 年偏安政治局面,使汉族王统和华夏文化得以保全于东南一隅的宰相王导和著名"书圣"王羲之的王氏家族,随着隋师的渡江,南北的一统而地位一落千丈。中国实现了第二次大一统,整个政治文化局面随之大为改观。这一年是隋开皇九年,即公元 589 年,这是永载史册值得纪念的一年,而使统一得以实现的隋军统帅,正是年方 20 的青年杨广。然而,另有一首诗曰:"三百年间王气销,中原大半让胡苗,文皇功业今何在,并却南朝与北朝"①。将统一南北的丰功伟绩赫然记在杨广的父皇杨坚身上。灭陈统一是中世纪中国的伟大事件,功业虽不能归于晋王杨广,但他的事迹也还是可圈可点。

一、文帝定策 骄纵陈人

从公元 222 年孙权在江东称帝,长江流域及其以南的中国南方以建康(今江苏南京市)为都城,先后建立了吴(公元 222—265 年)、东晋(公元 317—420 年)、宋(公元 420—479 年)、齐(公元 479—502 年)、梁(公元 502—557 年)及陈 6 个割据政权,历史上将其统称为"六朝"。

六朝时期是江南地区经济文化大发展的时期。大量北方汉族人民为逃避战乱迁徙于江南,他们带来了先进的生产技术,和江南土著一起开辟了南方广大的山泽荒野,促进了江南的经济发展,使之逐渐与北方看齐,中国经济重心也开始了由黄河流域向长江流域的转移。北方以王、谢、袁、萧为首的上百家门阀士族更带着他们的宗族、乡党整族南迁,与具有相当文化传统的以顾、陆、朱、张为首的江东门阀结合,使江南社会政治结构发生显著变化。门阀

---

① 引自《隋炀帝艳史》第 1 回。

士族广泛而积极的文化活动,促进了江南文化的发展,三吴地区很早就已成为江南汉文化的中心。

然而,延绵不断的皇位争夺引起的内乱和上层统治集团的腐化却削弱了偏安政权的力量,南方汉族政权始终未能有效地北伐恢复中原。相反,当北方由于民族融合、经济文化得到恢复之际,政治军事上愈来愈弱的南方政权终于被强大的北方政权所统一。

统一是大势所趋,也是历史必然。统一大业由谁来领导完成?历史曾给许多人留下了建功立业的机会,北周武帝灭北齐统一北方后即想统一南北,但不幸中殂。当杨坚称帝建立汉族政权时,南北民族矛盾也已消失,统一中国的时机更加成熟。史称:"高祖(杨坚)受禅,阴有并江南之志。"[1]然而真正实现统一,却在隋建立后的第九年,又再拖延了8年时间,其原因则是北方突厥的威胁。9年间隋一面用军事外交手段解除突厥的威胁,一面对灭陈战争进行长时间的周密准备,统筹全局的最高统帅当然是皇上隋文帝而不可能是晋王杨广。

隋文帝受禅之初,就已在暗中图谋并吞江南,他向宰相访求有文武才干的将领,高颎向文帝推荐了贺若弼、韩擒虎。

贺若弼,字辅伯,河南洛阳人,父贺若敦为北周金州总管。出身关陇贵胄将门之家的贺若弼从小就有大志,骁勇善弓马,并博览群书,饶有文采,曾任齐王宇文宪的僚属,封当亭县公。周天元在位时随韦孝宽伐陈,攻拔了数十座城池,改封襄邑县公[2]。

韩擒虎,字子通,河南东垣人,父韩雄仕北周官至大将军,也是关陇贵族将门之家。韩擒虎年少时容貌魁梧,有胆略又好读书,有

---

[1] 《隋书》卷52《贺若弼传》。
[2] 《隋书》卷52《贺若弼传》。

文武才能,袭父爵新义郡公。随周武帝东伐北齐时曾说服齐金墉城守将独孤永业投降,又进军平定范阳,拜永州刺史,后迁任和州刺史,对付南方的陈朝,曾屡败陈兵①。

开皇元年(581)三月,隋文帝任命贺若弼为吴州总管,接替于颉镇广陵(今江苏扬州);任命韩擒虎为庐州总管,镇庐江(今安徽合肥市),让他们"潜为经略",准备灭陈。当时后方重镇寿州(今安徽寿县)的总管为源雄,贺若弼受命后,写了一首诗派人送给源雄:"交河骠骑幕,合浦伏波营,勿使骐骥上,无我二人名"。辞气激昂,互相勉励。自后,统一中国已成为关陇勋贵的共识,贺若弼等时刻准备渡江,"伐罪吊民,除凶剪暴"②。

开皇元年(581)九月庚午(二十九),陈宣帝趁周隋禅代之际的混乱政局,令陈将周罗睺攻拔建康(今江苏南京市)对岸长江边隋军的胡墅堡,大将萧摩诃也进军江北。隋文帝于是命上柱国元景山、长孙览为行军元帅,率军对北犯陈军发动攻击,宰相高颎任监军,节度各路隋军。翌年正月,陈宣帝陈顼驾崩,陈遣使请和,主动归还胡墅。由于北部边境吃紧,隋文帝非但没有趁陈宣帝驾崩进军灭陈,反而同意了陈的请和,并"遣使赴吊,行敌国之礼",采取了"骄纵陈人",等待时机,明示友好,暗藏杀机,养精蓄锐的策略。

自后,陈、隋两方使节往来不断,由于南朝君臣崇尚门阀,雅好篇什,文帝对遣陈使节的选择也颇费思量。前后聘陈的隋使有北方文豪薛道衡、诗人魏澹、山东门阀文士崔儦及刘颉、裴豪和曹令则等。聘隋陈使如王瑳、谢泉、袁彦、许善心当然也是一时之选,亦

---

① 《隋书》卷52《韩擒虎传》。
② 《隋书》卷52《贺若弼传》。

为侨姓门阀之首和江东大姓之家,都受到了隋文帝的热情接见。

然而,南方继陈宣帝而立的陈后主却不自量力,妄自尊大。当隋文帝遣使赴吊陈宣帝,国书中谦称姓名"顿首",后主以为这是隋朝畏怯,遂不免生骄,答书辞语多有不逊。隋文帝虽见文不悦,却仍沉着脸出示给臣下,用以激励将士。一班武将读后,大为激愤,"再拜请罪",认为"主辱臣死",均"奋求致讨"①,于是各上平陈之策。据史载,隋建立之初就向隋文帝献"平陈之策"的有重臣梁睿、李德林、杨素、王长述及原南朝名将王僧辩之子王颁等,贺若弼则"献取陈十策"②。以后陆续献平陈之策的还有多次使陈的文士薛道衡及杜整、高劢等③。

在诸多"平陈之策"中,后来被付诸实施的则是高颎、崔仲方所献之策。史载,隋文帝"尝问高颎取陈之策",高颎献计削弱陈国力,破坏其粮食储积,给敌人造成给养方面的困难。文帝认为可行,结果的确收到了"陈人益敝"④的效果。

博陵崔仲方更提出了伐陈的军事部署和具体步骤,他说:"以水战大决,若贼必以上流有军,令精兵赴援者,下流诸将即须择便横渡,如拥众自卫,上江水军鼓行以前,虽持九江五湖之险,非德无以自固,徒有三吴、百越之兵,无恩不能自立"⑤。崔仲方下了一番功夫,其献策十分具体,具有极高的军事价值,文帝读后"大悦"。后来的平陈战役基本上就是按崔仲方提出的战略步骤进行的⑥。唐史臣魏征提及此,也作出了极高的评价:"仲方兼资文武,雅有

---

① 《南史》卷10《陈后主本纪》。
② 各见《隋书》本传。又《北史》卷68《贺若弼传》记为"七策"。
③ 《隋书》卷54、55本传。
④ 《隋书》卷41《高颎传》。
⑤ 《隋书》卷60《崔仲方传》。
⑥ 参见李燕捷:《隋平陈战争浅析》,载《中国史研究》1985年第2期。

筹算,伐陈之策,信为深远矣"①。

隋暗中积极准备,表面上却委曲求全,对陈示以友好,以迷惑骄纵陈人。薛道衡出使建康,临行前文帝告诫:"勿以言辞相折"②。劝道衡在陈要有"涵养",不要出言不逊影响睦邻关系。隋抓获陈派往江北的间谍,文帝皆给以衣服马匹,"礼遣以归"③。对陈叛将均拒不接纳。但是,陈后主与隋"虽结友好",却不守信义,"遣兵渡江,掩袭城镇"④,而隋却从未对陈主动采取过一次军事行动,严格恪守睦邻政策。隋文帝广采博取,周密策划,养精蓄锐,潜为经略,骄纵陈人,表现出极高的韬略。隋文帝不弱而示弱,是他的智算,陈后主不强而"益骄",暴露出的是他的平庸和无识。

在陈、隋隔江对峙的头几年,没有见到晋王杨广对平陈献过什么计策。杨广的任务是北御突厥,在隋文帝先北后南的总体战略方针中具有举足轻重的地位。杨广只要忠于职守,安定北边,就是对南平江表的最大支持。其时,尚用不着少年杨广为南边的事务操心。

开皇六年(586)闰八月辛未(二十八),18岁的杨广应召入朝,十月己酉(初二)被任命为雍州牧、内史令⑤。雍州乃京兆郡,雍州牧乃京畿地方最高行政长官,内史令则是宰相,杨广因而得入都见习掌理朝政近两年,这对杨广是一个锻炼才干的极好机会。作为宰相,杨广必定是参预了当时平陈战略的策划。可惜史书对

---

① 《隋书》卷60史臣曰。
② 《隋书》卷57《薛道衡传》。
③ 《南史》卷10《陈后主本纪》。
④ 《隋书》卷22《五行志》。
⑤ 《隋书》卷1《高祖纪上》。又《隋书》卷3《炀帝纪上》记开皇六年(586)杨广"转淮南道行台尚书令",疑误。其时尚未置淮南道行台,《隋书》卷2《高祖纪下》记淮南道行台开皇八年(588)十月己未置于寿春。

杨广在京两年为宰相的事迹没有半点记载。

二、玉树后庭花　昏君陈后主

开皇三年(583)十一月,陈使袁彦聘隋,陈后主让袁彦将所见隋文帝的仪容相貌画成一张肖像图。不料,后主见到威武雄壮的杨坚肖像时,不禁大吃一惊,连说:"我再也不想见到此人了"。这个落魄的皇帝陈叔宝,是杨广亲眼目睹到的第三个亡国昏君。唐代诗人杜牧写了一首脍炙人口的《泊秦淮》诗:"烟笼寒水月笼沙,夜泊秦淮近酒家;商女不知亡国恨,隔江犹唱《后庭花》"①。诗中所感所述的就是这个昏君,《玉树后庭花》正是这个亡国昏君与嫔妃饮酒作乐时谱写的曲调,陈朝江山也就断送在这靡靡之音中了。

陈后主名叔宝,字元秀,小字黄奴,是陈宣帝陈顼的嫡长子,梁承圣二年(553)生于战乱中的江陵。翌年江陵城被西魏大将于谨、杨忠攻陷,叔宝和父亲先后都被虏迁关中,陈文帝天嘉三年(562)始得赎回江南,立为安成王陈顼世子,父陈宣帝即皇帝位,叔宝于太建元年(569)得立为皇太子。不过,陈后主登位也经历了一段残酷的争斗。

太建十四年(582)正月陈宣帝病逝时,陈叔宝本应立即继承皇位,岂料兄弟之间却发生了一场骨肉相残的闹剧,陈叔宝险些丧命。刺杀他的人是他的同父异母弟宣帝次子陈叔陵。这个陈叔陵为人狡诈、强暴,平时喜好掘挖古墓,取石志古器加以收藏,其生母彭氏病逝时,叔陵即于梅岭挖出东晋太傅谢安的棺椁,于原坟穴中埋葬其母。陈宣帝病重时,太子陈叔宝与弟弟叔陵、叔坚一起入内侍疾,叔陵见父皇不治,即生出杀兄夺位的念头。宫中别无兵器,

---

① 见《全唐诗》卷523。

叔陵让典药吏将切药的刀磨快,引起弟弟陈叔坚的警觉。

宣帝病逝,陈宫一片戚容。正月乙卯(二十一),在为陈宣帝小殓时,陈叔宝伏在灵柩上痛哭哀号,陈叔陵冷不防抽出锉药刀,一刀砍中太子脖颈,叔宝惨叫一声闷绝于地,生母柳皇后闻声赶来救护,也被叔陵连砍几刀。这时叔宝的乳母吴氏扑到叔陵后背,死死抱住叔陵右肘,闷绝在地的叔宝稍为苏醒,仓惶爬起逃命,但叔陵仍以左手紧紧抓住叔宝衣服不放。兄弟争位,你死我活,千钧一发之际,长沙王陈叔坚赶到,及时夺去锉药刀,并用衣袖将叔陵捆在一根殿柱上。时陈叔宝已被乳母扶入内殿躲避,叔坚乃寻找大哥,禀受生杀之命。陈叔陵趁机挣脱束缚,夺路出宫,驰车回府,放出东城囚犯,发放金帛召兵,得1000人,企图顽抗。当时皇宫所在的台城军备空虚,柳皇后召来右卫将军萧摩诃,率军数百赶来救援,经过一阵激烈巷战,才将叛乱平息。陈叔陵败后先将爱妃宠姿7人沉于井中,自己想乘舟过江降隋,被萧摩诃追及斩首。

陈宫这场宫廷政变,不禁使我们想起北周武帝宇文邕击杀执政的堂兄宇文护,其情势何其相乃!宫廷是政权的中心,也是祸乱的温床,在封闭极严的最高权力所居处,权力争夺胜负往往就在一瞬间,而宫廷之外却一无知晓。在君主专制时代,围绕着皇位争夺,出尽诈力,兄弟相残,可谓惊心动魄,什么阴谋手段都可以使得出来。

当上皇帝真不容易,治好国家则是更难。陈叔宝即位不久就毫无道理地贬谪叔坚和仆射毛喜,任命没有实际政治才干的文学之士江总为宰相,中枢机要则交给寒门出身的中书通事舍人施文庆、沈客卿。宣帝大丧不过一年,叔宝便举办盛大的歌舞宴会,带头展乐赋诗。他认为皇权既已稳操手中,现在想怎么干就怎么干,想怎么乐就怎么乐了。

大臣傅縡禀性刚直,被施文庆诬陷入狱,在狱中上书,指责今上酒色过度,宠溺小人,"恶忠直若仇雠,视生民如草芥",使"东南王气自斯而尽"。后主见书勃然大怒,使人到狱中传话:"若能改过,便赦免你"。傅𬘭严肃地说:"臣心如面,臣面可改,则臣心可改"①。陈后主听后更火冒三丈,令宦官李善庆将傅𬘭整死。自后,陈朝谏官形同虚设,没有人敢再进言,后主更是无所顾忌,恣意妄为,每日饮酒赋诗,不恤政事。

陈后主特别好色,皇后沈婺华是先帝为他选择的名门之女,她性情端静,居处俭约,能写一手好字,颇有文华,但一直未能生子。叔宝在即位前对她尚能尊重,即位后已觉不合心意,于是另纳龚、孔2女为贵嫔。龚贵妃入宫时带有一侍女,名张丽华,出身于贫寒的士兵之家,父兄以织席为业。然张丽华天生丽质,娇小玲珑,有一头色黑如漆的7尺长发,乌黑发亮,脸若桃花,肤凝如脂,"后主见而悦焉,因得幸,遂有娠"②,生下一个男孩取名陈深。后主又在民间广采美女,有王、李2美人,张、薛2淑媛及袁昭仪、何婕妤、江修容7人,均得宠幸,于是朝政不理,成天与女人厮混。

至德二年(584),陈后主令于光昭殿筑起临春、结绮、望仙3阁,各高数十丈,连延数十间,其门窗壁木、横楣栏槛,均用沉檀香木制成,又饰以金玉,间以珠翠,外悬珠帘,内设宝床、宝帐,所有服玩,皆瑰丽珍奇,光怪陆离,近古所未有。每当微风吹来,珠动帘卷,香飘数里。再有旭来照映,五颜六色,光澈掖庭。又于三阁间积石为山,引水为池,杂植奇花异卉,鲜艳幽雅,令人流连忘返。后主自居临春阁,张贵妃居结绮阁,龚、孔二贵妃居望仙阁,为方便往来,在三阁间修复道相连。美女之外,陈后主还选择有文墨能诗赋

---

① 《陈书》卷30《傅𬘭传》。
② 《陈书》卷7《后主张贵妃传》。

者如袁大舍等为女学士,在宫内吟唱。后主女宠既多,皇后沈氏倍遭冷落,往往半年不得幸遇。有一次陈叔宝往沈后处,还未坐一刻便起身走人,皇后也不挽留,后主乃以诗戏赠沈后:"留人不留人,不留人也去。此处不留人,自有留人处"。沈后见诗羞恼万分,回诗答后主:"谁言不相忆,见罢倒成羞。情知不肯往,教遣若为留"①。

皇上既以游乐为事,宰相江总也不理政务,其最高职责就是陪皇帝玩,玩得尽兴就是尽职。江总每天都与都官尚书孔范、散骑常侍王瑳等文士10余人,入后宫陪后主嬉戏宴游,无复上下尊卑之序,被称为"狎客"。而每次宴饮,后主必使妃嫔群集,让女学士与诸狎客列坐赋诗,互相赠答唱和,凡有文采特别艳丽的,即配上新的曲调,选宫女千余人排演歌唱,按歌配曲,分部迭进。其中乐曲犹以陈后主《玉树后庭花》最为著名,其辞曰:

丽宇芳林对高阁,新妆艳质本倾城;

映户凝娇乍不进,出帷含态笑相迎;

妖姬脸似花含露,玉树流光照后庭。②

又有《临春乐》、《黄鹂留》、《金钗两鬓垂》等,内容不外乎描述和赞美妃嫔的娇艳容貌。所谓《临春乐》,则说的是临春阁之乐。皇帝带头,群臣仿效,君臣竞相造作绮艳淫词,出语极为轻薄,曲调甚极哀怨。如此上下酣歌,男女唱和,通宵达旦,没有竟时。唐代诗人李商隐写了一首《陈后宫》诗,讥讽陈后主与妃嫔狎客的荒淫生活:"茂苑城如昼,阊门瓦欲流,还依水光殿,更起月华楼。侵夜鸾开镜,迎冬雉献裘;从臣皆半醉,天子正无愁"③。

---

① 《诗纪》卷98。
② 《诗纪》卷98。
③ 《全唐诗》卷539。

陈叔宝也是一个无愁天子，国计民生全不放在心上。百官奏事皆由宦官进出请示，后主懒洋洋地倚在细软的"隐囊"上，张贵妃或坐于膝上，共同参决，于是贵妃得干预外政。尤其是张贵妃更"冠绝后庭"，宦官近侍无不与她交结，援引族亲，纵行不法，卖官鬻爵，贿赂公行，朝廷诏令竟不由中书，而由宫掖出，皆决于贵妃。大臣有不附己者，即于后主面前谮毁，于是宰相大臣无不从风谄附，张贵妃、孔贵妃权势因此"熏灼四方"①。

陈后主左右还有嬖幸珥貂佞臣50余人，他们阿谀迎合，竞相谄媚，其中都官尚书孔范与孔贵嫔结为兄妹，他们深知后主恶闻过失，所以凡遇有向后主进谏者，必以种种罪名加以斥退。每当朝中出现恶政，二人总是巧加文饰，把过失说成美德，把灾情说成是丰收，后主也因此转忧为喜。中书通事舍人施文庆在东宫时就跟随后主，更是大有心计，此人聪敏强记，心算口占，一张嘴像抹了油一样，凡事出于他的口总是被说得头头是道，于是宠遇优渥。他又引荐沈客卿、阳惠朗、徐哲、暨惠景等寒庶之士，后主一一委以重任。如沈客卿为中书舍人掌机要，又兼掌金帛局，后主大兴土木盛修宫殿使国库空虚，沈客卿便建议不问士庶军人文士，都应纳关市之税，并将税率提高。后主即任命阳惠朗为太市令，暨惠景为尚书令、包都令史，掌管此事。阳、暨二人出身小吏，考核账簿，纤毫不差，但却不识大体，督责苛碎，聚敛无厌，使士民嗟怨不已。如此一年下来，税收超过往常几十倍。后主大喜过望，极口称赞施文庆是伯牙，有知人之才，尤更信用，大小之事，无不委任。而战功卓著的战将任忠等却被排斥于外，使陈朝上下文武解体，士庶离心②。

---

① 《陈书》卷7《史臣魏征考云》。
② 《资治通鉴》卷176陈纪十·长城公至德二年。

陈后主还以个人喜好无端废立皇太子。太子陈胤乃孙姬所生，在诸子中最长，沈后养为己子。张、孔二贵妃日夜谗诉，陈后主遂于祯明二年（588）五月将他废掉，另立张丽华子始安王陈深为皇太子。至此沈后也成了眼中钉，肉中刺，后主急欲废去她而立张丽华，然事尚未行，亡国之祸就降临了。

在短短的10来年时间内，历史就呈现出高纬、宇文赟、陈叔宝3个昏君，3个亡国之主，且都为杨广所亲见。昏君的共同特征是：身居皇位统治百万民众，却没有半点责任感，大权在握，不为国计民生考虑，不办实事，却惟知个人享乐，穷奢极欲，拒谏饰非，无限皇权仅仅成了个人享乐的工具。亡国之祸就要降临，陈后主仍只顾玩乐，执迷不悟。开皇七年（587），高颎上表隋文帝，述说陈后主"肆其昏虐，毒被金陵，牝鸡司旦，昵近奸回，耽淫靡嫚，不知纪极"。认为"夷凶剪暴，王者懋功，取乱侮亡，往贤之雅诰"[①]。魏晋南北朝最后一次"取乱侮亡"的灭国之战就要开始了。

三、伐陈大军临江　皆受晋王节度

开皇五年（585）十月，文帝任吐万绪为徐州总管，"令修战具"[②]。又派李衍在汉江上游重镇襄州（治今湖北襄阳）"营战船"[③]。十一月，又任命上柱国杨素为信州总管，居永安（今四川奉节县）"造大舰"[④]，大修战备。开皇六年（586）十月癸丑（初六），隋文帝于襄阳置山南道行台，任命秦王杨俊为行台尚书令，主管长江中游、汉江的军事。开皇七年（587）四月，隋文帝下令于扬州开

---

① 《隋书》卷55《高颎传》。
② 《隋书》卷1《高祖纪上》。
③ 《隋书》卷54《李衍传》。
④ 《隋书》卷48《杨素传》。

连接淮河与长江的运河山阳渎,用于运输战略物资。灭陈准备工作紧锣密鼓、很有秩序地进行。

为了加强长江中游的军防,开皇七年(587)八月,隋文帝征后梁主萧琮入朝,杨广的这位大舅子不敢怠慢,马上率随员200多人从江陵出发。萧琮一行到长安后即被扣留不遣。随即文帝恢复了江陵总管,派武乡公崔弘度率隋军戍卫江陵。后梁留守江陵的萧琮叔父安平王萧岩、弟弟义兴王萧瓛等对隋军的到来十分惶恐,怕遭突然袭击,于是向陈宜黄侯陈慧纪请降。九月辛卯(十九日),萧岩等即驱后梁文武大臣及男女百姓10万余口逃奔陈朝。隋文帝闻知后即下诏废后梁国,派左仆射高颎往江陵安辑遗民,取消萧琮傀儡帝号,拜上柱国,赐爵莒国公。

卧榻之侧,岂容他人鼾睡。隋文帝容不得后梁傀儡,更岂能容忍昏君陈叔宝,他对宰相高颎说:"我为民父母,岂可限一衣带水不拯之乎?"于是公开并加快了灭陈备战步伐,在长江中上游及汉江"命大作战船"。有人请隐蔽其事,文帝曰:"吾将显行天诛,何密之有"。造船木柿顺流漂往下游。同时,长江下游的隋军也加紧备战,吴州总管贺若弼"以老马多买陈船",积极准备渡江。

在隋军为灭陈大修战具之时,陈后主仍在花天酒地,惑于嬖宠女色,他异想天开地学梁武帝自卖于佛寺为奴,希望能压住江南"妖异",又耗费巨资在建康造大皇寺,建七级浮屠,还未完工,塔中火起烧了个精光。这时陈朝政治已腐败到了极点,隋晋州刺史皇甫绩向隋文帝呈言"陈有三可灭":一是以大吞小;二是以有道伐无道;三是陈纳叛臣萧岩,于我找到了出兵的借口。到开皇八年(588),灭陈的战备更大规模进行,这年春正月,陈一方面遣使聘于隋,一方面又遣周罗睺率兵屯峡口(即长江三峡出口南岸),二月,陈军侵犯隋峡州(也在长江三峡口南岸),以加强长江守备。

三月,隋文帝下诏列述陈叔宝罪恶,其辞略云:"陈叔宝据手掌之地,恣溪壑之欲,劫夺阎闾,资产俱竭,驱逼内外,劳役弗已;穷奢极侈,俾昼作夜;斩直言之客,灭无罪之家;欺天造恶祭鬼求恩;盛粉黛而执干戈,曳罗绮而呼警跸;自古昏乱,罕或能比。君子潜逃,小人得志。天灾地孽,物怪人妖。衣冠钳口,道路以目。重以背德违言,摇荡疆场;昼伏夜游,鼠窃狗盗,天之所覆,无非朕臣,每关听览,有怀伤恻。可出师授律,应机诛殄;在期一举,永清吴越"①。这个诏书被书写成30万份在陈境内广为散发,文帝又送玺书给陈后主,暴扬他"二十恶",进行心理战、宣传战。时陈后主仍派使臣王琬、许善心聘于隋,被文帝拘留不遣。一切准备就绪,隋乃于开皇八年十月己未(二十三)于寿春(今安徽寿县)设置淮南行台省,任命晋王杨广为行台尚书令,总领伐陈事宜,为伐陈隋军统帅。甲子(二十八),隋君臣于太庙祭告天地祖宗,请求保佑胜利,礼毕,又于太社祭告。又宣布曲赦陈境内死罪刑徒,以让他们报效隋军。灭陈战役正式开始了。

平陈统帅杨广,时年20岁,已是一位英俊威武的青年人。兄长杨勇作为皇太子,乃天下本,坐镇京师协助父皇主政,灭陈大业自然轮到老二晋王杨广来领衔了,这给了杨广在历史舞台崭露头角的极好机会。奉命出征淮南,使杨广在获得北御突厥的虚名之后,又肩负起南平吴越的重担,这对渴望建功立业的青年杨广来说,真可谓梦寐以求的事。杨广身着戎装,雄姿英发,麾下人才济济,真是威武极了。

隋出动了90个总管府,合计51万军队,"皆受晋王节度"。

---

① 据《隋书》卷2《高祖纪》缩写,见《资治通鉴》卷176,陈纪十·长城公祯明二年。

但是,平陈大计既由文帝精心策划,大军皆由文帝在京师部署好了,晋王杨广虽名为统帅,其到底有多大的统率权,在平陈大军中的地位和作用到底如何,则要作具体分析,不能仅看名义。

据史书,晋王杨广虽身为行军元帅,但文帝又任命宰相高颎为"元帅长史","三军谘禀,皆取断于颎"①。由此来看,杨广仅仅只是名义统帅,实际统帅是文帝派来的宰相高颎。文帝又任命王韶为元帅司马,军中事皆决于高、王2人,王韶主管后勤,所以"区处支度,无所凝滞"。平陈之后文帝还说:"晋王以幼稚出藩,遂能克平吴、越,绥静江湖,子相之力也"②。说明杨广的左右助手实际权力和作用都大于统帅本人。另外,军中大小事务,隋文帝都遥控过问,大军临行之前,文帝还"御笔"注令高颎往因病在家休养的内史令李德林家取平陈方略③。十一月丁卯(初二),隋文帝亲自设宴,为出征将士饯行,并下诏许若捉到陈叔宝者,赐上柱国,封万户公。乙亥(初十),陈师誓众,大军出发。

隋平陈基本战略早已制定好,临战前,隋文帝的军事部署是在长江中、下游分别摆出3个集团军,由杨广、杨俊、杨素3人分任行军元帅,杨广在长江下游,为众军节度。3个集团军之下又分成几路军,由行军总管统率,辖于行军元帅之下,共9路。9路行军总管有大小之分,并非都直接听命于行军元帅,有几种主持一个方面的大行军总管,还统领若干小行军总管,实际统帅部还是文帝朝廷。其战斗序列是:

第一集团军在长江下游展开,由淮南道行台(驻寿春)尚书令杨广任行军元帅。该集团军为灭陈主力,有元帅长史高颎,元帅司

---

① 《隋书》卷41《高颎传》。
② 《隋书》卷62《王韶传》。
③ 《隋书》卷42《李德林传》。

马王韶,领元帅掾韦师,元帅记室裴矩,行台左丞兼领元帅府属元寿,行台尚书吏部郎薛道衡等。下分4路军,行军元帅直接指挥中路,由建康对面的六合渡江,归行军总管宇文述指挥,下领行军总管有元契、张默言、权武、韩洪、吐万绪等。左路由镇江对岸的广陵(扬州)渡江,由吴州总管贺若弼指挥,领有行军总管杨牙、员明等。右路出庐江(今安徽合肥),由横江口渡江,由庐江总管新义公韩擒虎指挥,领有王颁等将。另外还有海路一军,由青州(治今山东益都)总管落丛公燕荣率水军出东海直入长江口。杨广集团军还有刘权、鱼俱罗、赵世模、元弘嗣、孙万寿、纥豆陵、洪景、刘弘等将领,各统兵俱进。

第二集团军屯长江中游的汉口,由山南道行台(驻襄阳)尚书令秦王杨俊主持。"督三十总管,水陆十余万",以段文振为元帅司马,柳庄为行台吏部,兵分3路,在3个不同地点渡江。第一路在汉口渡江,由秦王杨俊亲自指挥,所部配有行军总管于仲文、崔弘度、崔仲方、韦洸、源雄、李衍、侯莫陈颖,以及吕昂、冯世基等。第二路水军五万由樊口(今湖北襄樊市)顺汉水东下,由行军总管周法尚指挥。第三路由蕲口(今湖北蕲春)渡江,由蕲春总管宜阳公王世积指挥,领有高劢、李景、史祥、权始璋等总管。

第三集团军由信州(治今四川奉节县)总管清河公杨素为行军元帅,李安为元帅府司马。率行军总管刘仁恩、宇文弢、李圆通以及王长袭、庞晖等,分两路进击。第一路由杨素率水师出三峡口流头滩顺流东下,第二路由荆州刺史刘仁恩率军渡江,于江陵西会合杨素军。

按部署,上流诸军由秦王杨俊节度,而上、下流9路军队"凡总管九十,兵五十一万八千,皆受晋王节度"。投入第一线的兵力约为25万至30万①。第二线尚有相当力量,参加平陈战役的将领还有史万岁、来护儿、李子雄、裴仁基、辛公义、王颁、张定和、张奫等。50万大军,浩浩荡荡,"东接沧海,西拒巴蜀,旌旗舟楫,横亘数千里"②。这是中国历史上继西晋咸宁五年(279)晋武帝发兵20余万分5路渡江灭孙吴以来的第二次大规模渡江作战,唐朝诗人刘禹锡有诗描写晋渡江灭吴的情景:"王濬楼船下益州,金陵王气黯然收;千寻铁锁沉江底,一片降幡出石头"③。但隋灭陈渡江作战的阵势较之晋灭吴之战,可谓是更加宏伟雄壮。

杨广、高颎等到达前方之后,就战争形势听取了经常出使陈朝、对陈朝内部虚实较有认识的晋王行台尚书吏部郎薛道衡的分析。高颎问:"今兹大举,江东必克乎?"薛道衡认为必克,他首先提起晋代术士郭璞的预言"江东分王三百年,复与中国合",今天正好是南北分裂300年,天下大势,久分必合,现在是应天而行讨,必然胜利。关于江南王气300年的预言,诗人庾信著名的《哀江南赋》中也曾提到:"江淮无涯岸之阻,亭壁无藩篱之固,……将非江表王气,终三百年乎?"④说明江表偏安政治终将了结的观念,在当时士人中早已形成共识。薛道衡据此又分析了陈隋两方政治和军事实力,认为我有道而国力强大,彼无德而国势弱小,天时地利

---

① 参见李燕捷:《隋平陈战争浅析》,载《中国史研究》1985年第2期。李燕捷认为隋灭陈所谓"以强击弱"有些夸大,隋兵力不是史书所记五十一万八千,而是隋近30万与陈约25万之比。李文经考证估计的隋灭陈所投入的军队为近30万,乃第一线兵力,在第二线寿春、襄阳隋仍有20多万军队。史书所记九十总管、五十一万八千军队的具体数字不会有误,从综合国力来看,隋出动50多万军队,在军事上"以强击弱"的形势是相当明显的。另,本章的战争分析,多参考李文。
② 《隋书》卷2《高祖纪下》。
③ 《全唐诗》卷359《西塞山怀古》。
④ 《周书》卷41《庾信传》。

人和都在隋朝一方，"席卷之势，事在不疑"①。高颎、杨广等听罢大为赞许。

随即，晋王杨广和秦王杨俊即以前敌指挥的身份，分别向敌方发出了征讨檄文。晋王杨广的檄文是遗陈尚书令江总的，其文曰：

南北虽殊，风云在望，载怀虚迟，寤寐为劳，献岁犹寒，比当清豫，匡赞乎国，良亦殷勤。寡人忝膺朝寄，董律专征，跋涉山川，今次江际。公等文儒自立，器用适时，冠盖二世，齿德兼重。孔老殊教，名墨异家，金匮珠韬，银编玉策，莫不誊于舌杪，散在笔端。邃古成败之机，近代安危之迹，照同悬镜，明若观火，无待指南，自应神悟，犹恐思之未审，差以毫厘，聊烦翰墨，略申梗概。

自穹昊生民，树之司牧，羲轩以降，书契可纪，咸一姓承立，四海无两帝。汉道云季，三方鼎立，时惟板荡，世匪休明。当涂起而蜀亡，典午兴而吴灭。永嘉丧乱，紫宸旷王，刘石苻姚之俦，伪夏僭燕之丑，安尘大宝，事乖图箓。魏室乘时，兆基朔野，经始嵩洛，未暇江湖。有周受命，敌非齐氏，务在兼并，不遑外略。蕞尔吴越，自相君长，窃拟王者之仪，妄谈天子之气，偷安假息，绵历世纪。

我大隋之肇开宝祚，光有神州，皇帝感曜魄之灵，应太微之座，千年启圣，万代一时，深仁至德，宁济群品，越海穷河，东渐西被。厖头之属，历代之霸，作我臣民，匍匐服裳，惟彼江表，独隔皇风。夫物极则反，否终斯泰。郭璞有云：年经三百，天下大同。兹实玄远，已定于前。圣王膺期而出，欲以区区陈国，违上天之冥数，其不可存者一也。

---

① 《隋书》卷57《薛道衡传》。

大必包小,天地之常规。明能通暗,日月之常理。论道德,以唐陶而征有苗。语众寡,举海内而当群小。在长江舟楫之用,矜其积习,而山川共有。我据上游,鼓棹之能,吴楚不异,高舻巨舫,东西万里,扼喉抚背,水陆迁途。彼之兵士,不过十万,首尾分布,所在危急,加以屯戍边方,淹积岁序,风雨以为栉沐,虮虱生于甲胄,望我宽仁,思倒戈戟,通在戎行,更在敌国。守以时时,则鱼烂土崩。接以锋刃,则鸟警鹿走。理在必然,不假枚卜,此不可存者二也。

丰侯好酒,实丧厥邦,梁伯役民,溃在其宗社。彼之伪主,覆车是袭,日夜沉湎,曾无节度,缮造宫室,莫知穷已。竭四民之产,荒纵其心。敛百姓之哀,以为己乐。宝衣玉食,填积后宫,短褐粗馔,不充编户。一芥之善,蔑尔无间。五子之歌,宛然悉备,虽欲勿丧,其可得乎?此不可存者三也。

伪主忌能护短,酷法淫刑,骨鲠之臣,尽见疏斥,谏诤之士,皆被屠害,遐迩结舌,衣冠解体。人妖鬼怪,触类呈灾,稚齿耆年,咸知残灭。此不可存者四也。

以此小邦,摄于大国,边烽夜动,照彼都城,戍鼓晨严,震其宫殿,累棋其二,方此未危,悬缕千钧,此斯非切,而莫知忧恐,更自骄矜。曾无事大之心,专行犯上之志,侵轶我边鄙,招纳我叛亡,国家爰自受命,每从含养,寂以邻睦,申其聘好,冀能守彼宗祊。静其疆域,而长恶益甚,纵毒弥深。吴会雄俊之人,湘郢耿介之士,乞师请命,盈庭满阙,帝乃怜然。矜彼黎献,授钺推毂,吊民伐罪,已有别诏。惟废伪主之身,自余士庶,普从肆眚。向所陈说,咸是格言,非曰游谈,共相欺误,且刘叔纳谯周之计而获存,孙皓用薛莹之词而致福。此二子者,终有良臣之誉,皆无陷君之讥。何则?所耻者小,所存者大,若宪章往彦,聿遵前轨,则为主享封侯之业,祖祢延血食之期。江东士民,实受其赐。公等保荣贵,名垂竹帛,岂不美欤。若胶柱不移,守迷莫变,率其蚁众,敢拒王师,军有常刑,悔无及矣。祸成俄顷,宜早图之。使人今还,迟有委曲,言不尽意,岂复多之。杨广白①。

这篇辞藻华丽的骈体文是我们今天所能见到的署名杨广的最早文字,应该说是一篇文思俱佳的散文。然而,此《檄文》恐怕不一定是杨广亲自草就,从文中强调郭璞"年经三百,天下大同"的预言来看,很可能出自晋王府掌文翰的薛道衡的手笔。《檄文》陈述四海不能存立两帝的"天理",追记东汉末年以来,中原板荡,胡族乘时僭据大宝,吴越得窃拟王者之仪,造成南北分裂的历史。接着述说分久必合,圣王既出,天下必将统一。而蕞尔陈国,岂敢违天!并从4个方面论述了陈朝必亡。最后敦促陈宰相江总以下认清形势,赶快投降,若敢拒王师,必无好下场。全文行云流水,一气呵成,既华丽又有气势,对于鼓舞出征大军的士气,瓦解敌军斗志,必定起到了相当作用。

秦王杨俊也发出了《伐陈檄萧摩诃等文》,历数陈叔宝罪恶过失,认为"陈氏必亡,贤愚共识,天之所废,谁能兴之?"望陈朝将士反戈一击,"转祸为福,因机立功,翻然奋飞,共弘(统一)大业"②。文辞与杨广的《檄文》口径一致。

四、偏师渡江先决战　金陵王气应瑶光

杨广的伐陈《檄文》说陈朝蕞尔小国,兵不过10万,隋50多

---

① 《文苑英华》卷646《檄》;又见《全隋文》卷6《炀帝·遗陈尚书江总檄》。
② 《文苑英华》卷646《檄》。

万大军齐发,以大击小,胜券稳操。但实际上陈军实力约在25万以上,光护卫建康的兵力就有10余万人,且有大江阻隔,陈人擅长水战,并无投降之意。隋军经过多年准备,知己知彼,也没有轻敌的意思,《檄文》主要用于鼓舞自己军队的斗志。大军按照隋文帝的部署,在长江上游多张形势,在下游秘密渡江。

西路行军元帅杨素在长江上游首先动手,他在永安(今四川奉节)公开建造大舰,船面有5层楼,高百余尺,船的前后左右置有6拍竿(《北史》记为樯竿),竿高50尺。所谓拍竿,即用于抛击石头的杠杆。这种有抛石机的大船可容纳战士800人,叫做"五牙",比这小些的名为"黄龙",可容纳士兵百人,更小的有平乘、舴艋等[①]。杨素摆出顺流而下的进攻姿态,目的就是要将陈人的注意力吸引到上游来。

对陈进攻也是在上游先开始。开皇八年(588)十二月,秦王杨俊率大军由襄阳屯驻汉口,拉开了平陈战役的序幕。陈后主急忙诏正屯兵峡口(长江三峡出口)以阻杨素的周罗睺军下至郢州(今湖北武昌市),任周罗睺为都督巴峡缘江诸军事,以拒长江北岸汉口的杨俊集团军。于是,杨素遂趁陈在三峡口兵力削弱之机,"引舟师下三峡",行至流头滩,陈将戚昕率青龙舰百余艘拒守狼尾滩。这里地处三峡之中,地势险峭,杨素趁陈军尚摸不清隋军虚实,果敢地乘夜顺流掩袭,他亲率黄龙船数千艘,衔枚而下,又遣王长袭率步卒由南岸袭陈军营寨,北岸大将军刘仁恩率甲骑攻白沙,至黎明时上下合击,大破陈军,取得了战役开始的首战胜利。

时陈将吕仲肃又在长江三峡口两岸缀铁锁3条,横截上流,企图遏止隋战船,杨素率军登陆袭破陈营寨,然后除去锁江铁链。出

[①] 《隋书》卷48《杨素传》。

峡后隋舰即与陈水师对阵,隋舰上拍樯抛出的大石击碎陈舰10余艘,大破陈水师。于是杨素舰队顺流东下,浩浩荡荡,舟船遍布江上,旌甲在太阳照耀下闪闪发光,陈人望见坐在平乘大船上的隋水师元帅杨素的雄伟容貌,感到畏惧,传言:"清河公即江神也!"陈信州刺史顾觉、荆州刺史陈慧纪皆惧而弃城退走,湘州刺史岳阳王陈叔慎遣使请降。杨素下至汉口,与秦王杨俊大军会合,陈上游之兵10多万全部集中于郢州(今湖北武昌),与集于汉口的隋杨俊、杨素军相持。

这样,战事在上游已拉开,而杨广集团军在下游尚未行动。隋军的目的是以杨俊、杨素两个集团军在上游牵制陈军主力,然后杨广集团军再在下游偷渡长江,进袭建康。隋军以各种假象成功地迷惑住了陈叔宝,使其完全没有料到隋军又会在下游实施攻击。

当时建康陈廷对于隋军在上游大举进攻也没有思想准备,上游战报相继奏闻建康,却全部被掌中枢机要的佞人施文庆、沈客卿扣压不报,"抑而不言",战事紧急,陈后主竟不知道。新年元旦将至,陈后主在上游形势不断恶化的情况下,竟命坐镇江州(治寻阳,今江西九江)的平南王陈嶷、坐镇南徐州(治京口,今江苏镇江)的永嘉王陈彦赴明年元会,并命令江州以下诸州刺史及沿江诸防船舰全部跟随二王还都,其目的竟是要盛张威势,做给降陈不久的后梁宗室萧岩、萧瓛看,以便他们对陈朝心服口服。这样一来,长江下游江面上竟没有一艘战舰,致使整个长江下游江防空虚。

陈护军将军樊毅曾向仆射袁宪上言,要求加强沿江上下的防备,并在战略要地京口(今江苏镇江)、采石(今安徽马鞍山市西南)各增兵五千,骠骑将军萧摩诃等也都附议,但文臣武将的共同奏议,并未引起陈后主的重视。而江北隋军却行动诡诈,贺若弼以弊船50—60艘置于江浹,陈人觇之,以为北军无船。时有大量北方间谍涌入陈境,江南也不无动静,宰相袁宪等再三奏请,都被施文庆所沮。施文庆怕出兵会影响元旦盛会,使君臣上下扫兴。后主则迫于群官之请才勉强上朝,但朝议时非但不研究对策,反而胡吹"王气在此,北齐三次来侵,北周两次来侵,无不摧败,隋军再来,有何作为!"佞臣孔范马上附和:"长江天堑,自古以为限隔南北,今日虏军岂能飞渡邪!边将企图邀功请赏,故意妄言事急"。昏愚的陈叔宝笑以为然,故对江防不设深备,和往同一样,奏伎、纵酒、赋诗不辍。对于陈后主的荒唐举动,唐代诗人李商隐又有诗云:

> 地险悠悠天险长,金陵王气应瑶光;
>
> 休夸此地分天下,只得徐妃半面妆。①

又胡曾亦有诗云:

> 陈国机权未有涯,如何后主姿娇奢;
>
> 不知即入宫中井,犹自听吹玉树花。②

上游隋杨俊、杨素集团军在汉口吸引了陈周罗睺、陈纪慧等10数万人,圆满地完成了预定的战略任务。下面就看杨广方面的军事行动了。

开皇九年(589)元旦,陈后主举行了盛大朝庆大典,大会群臣,欢庆新年。这天大雾弥漫,浓雾呛入鼻孔使人感觉又辣又酸。宴席上陈后主喝得大醉,一直昏睡至下午才醒。而正在此时,隋军开始发动突然袭击,晋王杨广大军乘雾进至长江北岸,杨广本人屯于六合镇桃叶山,隔江虎视建康,其左右两翼两员猛将贺若弼、韩

---

① 李商隐:《南朝》,见《全唐诗》卷539。
② 胡曾:《陈宫》,见《全唐诗》卷647。

擒虎则已偷渡过江。

左翼贺若弼在广陵(今江苏扬州)已经营多年,为迷惑对岸陈军,每当沿江防军交接替换之际,他都命令交接两军必须到广陵集中,故意大列旗帜,使营帐遍布岸边四野,陈人见状以为隋将进攻,急忙发兵设防,如此再三,陈人知道是隋防军交接,也就散去,后习以为常,不再设置防备。而对长江南岸的情况,贺若弼则一清二楚,他不时派间谍潜入江南①,探听情报。养兵千日,用在一时,几年来贺若弼就等着渡江这一天。新年伊始,贺若弼率军12000人神速地渡过长江,对岸陈军竟一点也未发觉。

同一天稍早,右翼韩擒虎也率500人乘夜轻装自横江渡过长江,到达南岸的采石(今安徽马鞍山市西南),陈采石守军个个喝得醉如烂泥,韩擒虎很轻松地就袭占了江防重镇采石。唐人孙元晏有两首诗生动地描述了这次偷渡,其一题《临春阁》,云:"临春高阁上侵云,风起香飘数里闻;自是君王正沈醉,岂知消息报隋军"。其二题《三阁》,云:"三阁相通绮宴开,数千朱翠绕周回;只知断送君王醉,不道韩擒已到来"②。

杨广集团军元旦在长江下游突然出现和贺若弼、韩擒虎两军的飞渡长江,首先在精神上心理上压倒了陈军,严重打击了陈军士气。丙寅(初二),采石守将徐子建驰告采石失守,陈朝廷上下一片恐慌。丁卯(初三),陈后主召公卿大臣入朝商讨对策,至戊辰(初四)始下诏称"当亲御六师,廓清八表",宣布"内外戒严"。任命将军萧摩诃、樊毅、鲁广达并为都督,司空司马消难和施文庆并为大监军,并调集军队,遣南豫州刺史樊猛率舟师南下,并下令设

---

① 《北史》卷78《张𤪱传》:"贺若弼之镇江都也,特敕𤪱从,因为间谍,平陈之役,颇有加焉"。
② 《全唐诗》卷767。

重赏,甚至搜括出家人从军,"僧尼道士尽皆执役"①。

由于陈朝腐败透顶,在下游率先渡江的隋贺若弼、韩擒虎两支人数不多的先头部队,竟取得一连串意想不到的战果,这是隋统帅部晋王杨广和宰相高颎等所没有料到的。

正月庚午(初六),贺若弼军即攻拔江南重镇京口(今江苏镇江),活捉陈南徐州刺史黄恪。隋军纪律严明,令行禁止,秋毫无犯,深得江南人民的欢心。贺若弼又将所俘陈士兵6000人全部释放,每人付给一份隋文帝暴扬陈后主"二十恶"的敕书,并发给资粮,遣返回乡,让他们分道散发宣谕。这一招攻心战术果然奏效,隋军被视为仁义之师,所到之处陈军望风溃散。

在采石方面,正月辛未(初七)韩擒虎渡江后因兵少并不急于北上建康,而是率军向西进攻姑熟(今安徽当涂),仅用半天就将城攻克。时陈南豫州刺史樊猛应召赴建康,由其子樊巡代理政事,结果樊巡全家被擒。陈大将鲁广达的儿子鲁世真、鲁世雄也在新蔡率部投降,并遣使持书信招降驻守建康的父亲鲁广达。

鲁广达接到儿子的劝降信又气又怕,亲到廷尉请求治罪,陈后主好言慰劳,让他返回军营,并额外赏赐他黄金,似乎很大度。但率舟师游弋于江面的樊猛却遭到猜忌。樊猛执行防六合隋军的重任,陈后主怕他有异,企图派任忠代替他,樊猛得知后极为不满,后主又乱了方寸,只好作罢,但这样一来又使自己军心大乱。

几天后,隋将贺若弼率军从北道,韩擒虎从南道,齐头并进,夹攻建康,陈沿江镇戍要塞守军都望风而逃;贺若弼分兵占领曲阿,阻断陈援军通道,自己率8000人进逼建康。癸酉(初九),贺若弼进据钟山,驻扎在白土冈的东面。建康以西,晋王杨广遣总管杜彦

---

① 《建康实录》卷20《陈后主长城公叔宝》。

渡过长江与韩擒虎合军,步骑2万进驻新林。贺、韩两军在建康近郊驻扎,等待杨广统率大军渡江与敌决战。长江上游方面隋蕲州总管王世积率水军在蕲口击败陈将陈纪瑱,陈人投降者接连不断。晋王杨广一方面准备率大军渡江,一方面向父皇上表禀报军情,文帝得报大喜,当即宴请在朝百官以示庆贺。

此时陈在建康尚有军队10万,而隋渡过长江的贺若弼、韩擒虎两军加起来还不足3万,陈江防舰只在长江上巡逻,江北晋王杨广10万大军尚不得南渡,陈若主动出击,指挥得当,完全有可能击败南渡的隋两支偏师。在贺若弼进攻京口(今江苏镇江)时,陈将萧摩诃又上奏陈说:"贺若弼孤军深入,立足未稳,营垒不坚,若乘机掩袭,可保必克"。但陈后主还是不许。后主不懂军事,面对隋军来攻无所措手,惟日夜哭泣,台城内的所有军情处置,全部委任施文庆。施文庆知道将帅们都看不起自己,惟恐他们建立功勋,于是向陈后主进谗,说将帅不可专信,因此将帅凡有所请,均未获准。

这天陈后主招集大将萧摩诃、任忠到宫中召开御前会议,商讨军事,任忠陈说:"兵法云,客贵速战,主贵持重。今国家兵足粮丰,宜固守台城,沿秦淮河建栅,北军来攻,我不轻易出战;再分兵截断长江水路,不让隋南北通音信。陛下再拨我精兵一万,金翅舰三百艘,下长江径直突袭六合镇,隋大军必以为济江者已被我俘获。我再扬言将率军进攻徐州,断敌归路,隋军将不战自退,待到雨季春水既涨,上游周罗睺军必定顺流而下赶来增援,此为万全之策"。应该说,任忠对敌我双方情势的了解及其对策可谓高见,但陈后主不能用。到第二天,举棋不定的陈后主却又突然心不在焉地大呼:"兵久不决,令人心烦,可呼萧郎一出击之。"皇上灵机一动,就要草率出击,心存侥幸,认为出战或许能赢,即命萧摩诃等出军。

正月丙子(十一日)①,陈后主命令鲁广达率军在白土冈摆开阵势,其军居于诸军之南。由南而北,依次是任忠、樊毅、孔范等军,萧摩诃的军队摆在最北。陈军摆开的阵势南北达20里,10万大军不设统帅,首尾进退互不知晓。

隋军贺若弼部仅有8000人,按杨广元帅府的部署起先并不想迎敌决战。杨广要贺若弼坚守钟山,等待江北六合宇文述3万大军渡江后合围建康,但军情瞬息即变,贺若弼登上钟山望见陈军竟摆了一个奇怪的长蛇阵,自己8000人虽少,但完全可以击破敌一处,于是立即驰骑下山,与所部7位总管杨牙、员明等摆好阵势迎战。陈军方面,大将萧摩诃因妻子前不久被陈后主逼奸,无心作战,只有鲁广达感恩死拼力战,两军相交,鲁广达曾4次迫隋军后退,杀死273人。贺若弼纵放烟火掩护隐蔽,才得摆脱鲁广达的进逼。但陈军初得小胜就先自乱了阵脚,士兵获得隋军人头,纷纷跑回献功求赏。贺若弼看出陈军骄傲轻敌,转而率军冲击孔范的军阵。刚一交战,孔范就带头逃跑,部卒哗然。长蛇阵上的诸军望见,纷纷溃逃,士卒互相践踏不可复止,死者5000人,隋将员明阵上生擒了愁眉苦脸的萧摩诃,陈10万大军就这样戏剧性地被贺若弼8000劲卒击破。

任忠驰马逃入建康台城,谒见陈后主,叙说败状,并陈述兵败如山倒,自己已无能为力。后主忙拿出两串金子,要任忠去募兵再战。任忠劝后主准备船只往上游会合周罗睺军,后主只好听从,乃令任忠出外布置,自己与后宫宫女收拾行装。但任忠出

---

① 关于蒋山决战、隋灭陈时间,《资治通鉴》卷177隋文帝开皇九年记为甲申(二十日),《隋书》卷2《高祖纪下》记为正月丙子(十一日),李燕捷考证认为《隋书》所记"于情较合",今从之。参见李燕捷:《隋平陈时间辨误》,载《河北师院学报》1987年第4期。

宫后久久不归。时新林隋军韩擒虎部也向台城扑来,任忠感到陈朝已无可救药,遂率部下数骑到石子岗向韩擒虎投降。陈领军蔡徵守朱雀门,听说韩擒虎军到,皆惊恐奔溃。韩擒虎由任忠导引,仅率500精骑,大摇大摆径直进入朱雀门,惟有个别陈军士兵抵抗,任忠挥手说:"老夫尚降,你们还挡什么?"于是陈军全部散走。台城内文武大臣也都逃散大半,只有尚书仆射袁宪在殿内陪着陈后主,尚书令江总等数人呆在尚书省中。树倒猢狲散,宫中一片冷清,当年盛宴赋诗的狎客没有一个在身边,后主不无感慨地对袁宪说:"我待卿并不好,危难时却只有你在身边,惭愧啊!看来今日败亡不是朕一人失德无道,也是由于江东士大夫气节丧失殆尽了啊"。亡国之时陈后主不检查自己,反倒追究他人的责任。

这时宫外杀声震天,惊慌失措的陈后主想要躲藏,袁宪正色道:"北兵入皇宫,必不致于侵侮陛下,事已至此,还有哪里可躲藏呢?不如齐整衣冠,端坐正殿,依当年梁武帝见侯景故事,就俘也不失皇帝体面"。后主哪里肯听,下了坐床飞奔出殿,并说:"兵刃之下,不能拿性命去冒然挡驾,吾自有计"。于是带着嫔妃宫女10余人逃到后堂景阳殿,就要往一口井中跳,老宰相袁宪气喘吁吁地跟来苦苦劝谏,后主仍不听,后阁舍人夏侯公韵用身子遮挡住井口,后主竟顾不得皇帝尊严,动手相争,很久才挣开得以跳入井中。不久隋兵杀进宫来,四处搜寻,有士兵来到井边,井深太暗看不清,于是大声喊话,井下无人回答,即扬言要落井下石,这才听到井下有人呼应。于是抛下绳索往上拉人,觉得十分沉重,大为诧异,直到把人拉了上来,才看到竟是陈后主与张贵妃、孔贵嫔三人同绳而上。众人忍俊不禁,哈哈大笑。后人有诗讽刺这一场景:"凯歌换却后庭花,箫鼓番成羯鼓挝。王气六朝今日歇,却怜竟作井中蛙"①。台城失守,陈王公贵族百官群臣纷纷出来投降。

贺若弼以8000劲卒击溃陈10万大军后,乘胜追击,追到乐游苑,陈将鲁广达仍率残兵苦战不止,直到天色已晚才放下武器投降。贺若弼率部于夜间从北掖门进入皇宫,这才得知韩擒虎已抓住陈叔宝,不觉心头火起,自己以少胜多,击垮陈军主力,功劳却落在韩擒虎之后。他把陈后主召来察看,后主汗流浃背,浑身战栗,向贺若弼跪拜叩头。贺若弼抚慰说:"小国君主见大国公卿,按礼应跪拜,不必恐惧,到了隋朝仍不失封归命侯"。至此,南方陈朝已经灭亡。

灭陈之战,晋王杨广虽身为统帅,但大的战略部署完全是由文帝制定,军中指挥大权实际操于元帅长史宰相高颎,后勤则由元帅司马王韶处置,杨广实际上只是个名誉统帅,执行父皇早已制定好了的作战部署。虽然杨广忠实地执行了父皇的部署,但战争的进程却并没有按原计划进行,杨广尚未率主力渡江,一仗未打,陈军主力就被"先期决战"的贺若弼击溃,建康当天即落入数量很少的两支隋军偏师手中,平陈作战中,杨广没有做出什么足可称道的功业。虽然他很想立功,但陈朝的迅速灭亡,使他没有获得立功的机会。看来,杨广虽身为统帅,但在平陈具体作战中无论是战略指导还是战术运用上都没有出色表现,虽获得了"南平吴越"的美名,但自感其实难副,否则,事后他不会发那么大的脾气。

分析隋致胜原因,除隋军强大,有准备,战略运用正确等原因外,主要还在于陈本身太腐败,隋灭陈是南北朝"取乱侮亡"的又一典型战例。腐败的陈朝面对隋朝的进攻,在战略上毫无御敌准备,昏君陈叔宝沉迷于歌舞升平,醉生梦死。下层人民也十分痛恨

---

① 袁于令评点《隋史遗文》第1回。

腐朽的统治集团,后主建齐云观时,国人歌曰:"齐云观,寇来天际畔"。隋军渡江,南方人民多唱王献之《桃叶辞》云:"桃叶复桃叶,渡江不用楫,但渡无所苦,我自迎接汝"①。

从战术上讲,陈更是自取败亡。昏荒游嬉之君陈叔宝独断专行瞎指挥,不听有经验的将帅的劝告。隋军自下游渡江时,形势对陈并非不利,若处置得当,陈未必就一定败亡。贺若弼刚济江及进据钟山之初,大将萧摩诃曾请乘敌立足未稳之机加以聚歼,竟被陈叔宝拒绝,使陈军失去了第一次取胜机会。贺若弼进据钟山之后,任忠又建议固守台城,截断江路,引兵"径掩六合",后主又不能用,使陈再次陷于被动。正月丙子(十二日),陈叔宝遣众军与贺若弼会战,此举虽非上策,但亦非下策,当时过江隋军仅贺、韩二部,集中优势兵力先歼贺若弼军,对隋也是个重大打击,从陈军庞大阵容来看,其兵员10倍于贺若弼军,取胜应有把握。但陈叔宝不讲战术,摆成一个"南北亘二十里"的长蛇阵,力量分散形不成拳头,又没有任命一个主帅来指挥全军,使"首尾进退,各不相知",贺若弼看出破绽,以少胜多,终于在孔范处撕开缺口,致使陈军瓦解。

陈最高统治集团的腐化更使陈上下离心,大批将士闻风投降。当贺若弼、韩擒虎两支偏师过江时,便出现了降者如流的情况,江南父老来谒军门者,昼夜不绝。大批陈军将士的投降减少了隋进攻阻力,内部崩乱加速了陈的败亡。所以说,陈亡首先是亡于自己内部,隋"取乱侮亡",取得了意想不到的巨大胜利。唐人刘禹锡追怀古事,赋诗一首曰:"兴废由人事,山川空地形;后庭花一曲,

---

① 《南史》卷10《陈纪下》。

幽怨不堪听"①。

五、杀张丽华　班师凯旋

正月丙戌(二十二),晋王杨广进入建康,而元帅长史高颎在此前已先入城。当时,隋虽占领了建康,抓获了陈叔宝,但陈境广大地域并没有全部平定。元帅府首先要处理的头等大事,就是招抚各地仍在抵抗的陈军。

上游陈水军都督周罗睺和郢州刺史荀法尚仍率军驻守江夏(今湖北武昌),与驻屯汉口的秦王杨俊的水陆10余万大军隔江对峙,双方相持了1个多月。陈将陈慧纪率将士3万,楼船千余艘沿江而下,企图入援建康,因受到秦王杨俊阻挡,无法前进。当建康下游战事基本结束之时,上游战斗正激烈地进行。上游隋军元帅杨俊、杨素等按既定方针作战,吸引住部分陈军主力,为下游渡江灭陈也作出了相当贡献。

如何尽快解除上游陈军的武装,让他们停止对抗,最好的办法是将其招降。晋王杨广的办法是命陈后主亲手书写招降书,派樊毅等送至上游,招降周罗睺等。陈将接到陈叔宝手书,知道抵抗已无意义,军心即刻涣散,周罗睺于是与诸将面向东方大哭3天,下令将部队解散,然后来到汉口向秦王杨俊投降,陈荆州刺史陈慧纪也向隋军投降。驻扎蕲口的隋蕲州总管王世积即派人告喻江南各郡,陈江州司马黄偲闻讯弃城逃走,豫章(今江西南昌市)诸郡太守纷纷来向王世积投降。唯湘州刺史岳阳王陈叔慎,乃陈叔宝之弟,年18岁,诈降杀隋将庞晖,据城抵抗,被隋军所擒,送于汉口斩首。就这样,除少数人抗拒招降外,隋军几乎兵不血刃就将陈长江

---

① 刘禹锡:《金陵怀古》,见《全唐诗》卷357。

上游地区全部平定。

建康下游三吴会稽地区的陈军也很快放下武器停止了抵抗，但前一年因抗拒隋接管，而驱江陵10万民众降陈的后梁宗室萧岩、萧瓛叔侄，却因害怕不见容于隋帝，在其管内兴风作浪。萧岩入陈后授平东将军、东扬州刺史，驻会稽（今浙江绍兴），萧瓛入陈后被授予侍中、安东将军、吴州刺史，驻吴州（今江苏苏州）。二人既为萧梁后裔，在三吴地区有一定影响，陈亡后，当地士民推他们为主，抵御隋师。二人也企图趁机恢复梁武帝的祖业。晋王杨广没有因为他们是自己的妻族而姑息，立即派遣宇文述率军水陆并进东下征讨。落丛公燕荣的舟师从东海进入长江口，与宇文述东西对进，夹击萧瓛。萧瓛留王褒守吴州，自己由义兴逃入太湖，欲掩袭隋军侧后。但出身于侨姓门阀琅邪王氏的文人王褒，面对强大的隋军不敢拒战，扮装成道士弃城逃走。萧瓛只好率残部保据太湖中的包山，被燕荣的水师击破，萧瓛被俘。宇文述移兵会稽，萧岩自知不敌，只好投降。杨广将这叔侄二人俘至长安，文帝下令斩首。自此吴会地区也全部平定。

岭南地区距建康较远，一时未来归附，当地豪酋高凉冼夫人号称"圣母"，在当地蛮俚中有很高的威望，被岭南诸郡共奉为主，保境拒守。隋文帝派总管韦洸等安抚岭外，陈豫章太守徐璒在南康依险拒守，使韦洸无法南下。这时，晋王杨广让陈叔宝给冼夫人写信，告诉她陈已亡国，让她以岭南归降隋朝。冼夫人先前曾向陈后主奉献扶南犀杖，陈叔宝写好书信并以犀杖和兵符为信物，遣使送达岭南。冼夫人见杖，知道陈确已灭亡，于是集合岭南各地俚帅数千，痛哭一昼夜，派她的孙子冯魂率众迎韦洸，韦洸击斩徐璒，入据广州。时任忠之弟任环任陈衡州（治今湖南衡山）司马，曾劝都督王勇引兵南下据有岭南，寻求陈氏子孙立为皇帝，与隋对抗，但王勇见陈大势已去,不用任环之计,率所部向隋军投降。岭南也平定。

陈全境两三个月内即全部归隋,隋获得陈30州,100余郡,400余县,南北实现统一。

隋灭陈统一南北是中国历史上具有深远历史意义的大事。统一符合人民的愿望,当时,江南人民痛恨陈朝"主昏于上,民蘼于下"的局面,欢迎隋师渡江。中国的重新统一,使中世纪的中国走向中华帝国的繁荣期,顺应了历史发展的潮流。统一必将促进中国经济文化的巨大发展,促进君主专制制度内部的政治改革,带来繁荣富强、民族融合之局。南北统一的意义远远超过以隋代周的单纯改朝换代,中国历史就此翻开了新的一页。杨广因缘际会,其名字亦与这具有划时代历史意义的伟大事件永远镌刻在一起。

如果从个人功劳和作用看,在隋灭陈统一战争中功勋最著的当然是隋文帝,他运筹帷幄,统筹指挥一切,大的战略方针都是他制定,在实际运用中也被证明是正确的。隋文帝杨坚不愧为当时第一流的政治家、战略家。也有人认为:隋统一的基础是北周时期奠定的,是周武帝宇文邕首先制定了先安定北方突厥,而后灭陈的方针①,中国第二次大一统局面的完成也不要忘记周武帝的功劳。此说也有一定道理,因为在君主专制时代,权大无边的帝王对于历史进程的影响力是任何人也无法匹比的。

如果说隋文帝杨坚是先北后南灭陈战略的制定者,那么晋王杨广则是北御突厥、南平吴越战略忠实的执行者。论功劳他不能

---

① 万绳楠:《从陈、齐、周三方关系的演变看隋的统一》,载《安徽师大学报》1995年第4期。万先生认为当时南朝梁、陈也具有北定中原统一中国的实力和机会,只是因为政治外交等诸多偶然因素才成全了北周和隋朝,因而也不能过分强调隋文帝的个人作用。

与父皇相比,但也不能说是一点事也没有干。有的学者根据灭陈战役进程中的作用,排列名次为隋文帝、高颎、贺若弼、韩擒虎、杨素和杨广,认为"晋王杨广只能名列最后"[①]。这个排列值得商榷。

史家往往忽略晋王杨广于开皇六年(586)北境初步安定后调回京师任内史令,杨广属于隋最高统帅部成员,拥有参议决策之权。杨广不是由晋阳转赴寿阳任淮南道行台尚书令,而是由朝廷以宰相身份出任淮南道行台尚书令,这一点千万不要忽略。当然,杨广时尚年轻,没有什么经验,作用不能和尚书左仆射高颎相比,但不能否认杨广参预了灭陈战略部署的决策,并非对南方情势不甚了解。

其次,杨广虽没有真正打过一仗,作为统帅他不可能像贺若弼、韩擒虎那样带几百、几千人冲锋陷阵。但也不是没有贡献,占领建康擒获陈后主后,他让后主写信招降上游陈军,使十数万人放下武器,又用同样办法兵不血刃使岭南降服,不战而屈人之兵,计之上也,其功劳实不比带兵打仗肉搏差。当然这也是执行了文帝既定战略,或许也是高颎出的主意,但都是以杨广名义实施的,也就不能不为杨广记上一功。从全局看,杨广在灭陈之役全过程中的作用在高颎之下,但应在贺若弼、韩擒虎、杨素等战将之上。大家都各尽其责,忠实地执行既定作战方针,谁也没有犯什么战略战术上的错误,功劳簿上理应各有一份。贺若弼不按既定部署先期决战获胜,原因在于陈军自己犯了战术错误,取胜具有偶然性。从全局看,腐朽的陈朝灭亡是必然的,没有这个偶然的胜利,隋也必定能取乱侮亡。当然,贺若弼随机应变,抓住战机,以少胜多,击破敌主力,功不可没。连高颎事后也在文帝面前说:"贺若弼先献十

---

① 胡如雷:《隋统一新探》,载《历史研究》1996年第2期。

策,后于蒋山苦战破贼,臣文吏耳,焉敢与大将论功"①。这说明贺若弼的确功大,但也是高颎的谦虚。从全局来看,前敌实际统帅高颎和名义统帅杨广还是功高一筹。

大将贺若弼、韩擒虎首立大功,但二人并不是按元帅府制定的部署,"先期决战",虽取胜,但有"违军令"。加上二员大将争功互相诟骂,贺若弼苦战击溃敌主力,但进城晚一步,致使韩擒虎先入城抓了陈后主,抢了头功,贺若弼"耻功在韩擒虎后",极不服气,竟至"挺刃而出"。争功闹得这样凶,不但闹到了晋王杨广元帅府,而且闹到了朝廷隋文帝那里。隋军统帅杨广是怎样处理这一事件的呢?愤怒的晋王杨广一入建康城,首先即以"违军令"罪,将贺若弼"属吏"②,逮捕法办。

贺若弼的"违军令"罪是否成立?杨广的处置是否得当?有必要作一分析。

隋灭陈之役既是经过8年精心准备,贺若弼、韩擒虎两支偏师以少量精兵先行渡江,其任务是占据有利地势,迎接杨广主力军渡江,待主力渡江后再合围攻取建康。在杨广主力10余万尚未渡江,攻取建康的准备尚未完成之际,贺若弼应邀决战,以8000精兵对付陈10万大军,显然是很冒险的。不按原部署"先期决战",不但得不到江北主力大军的支援,新林韩擒虎2万军队也难以作出配合举动,整个战役计划可能遭到破坏,贺若弼如果败绩,形势可能急剧恶化。建康地区陈军本来对隋具有相对优势,如果消灭了贺若弼这支劲旅,陈军士气必然大振,以后的胜负就不得而知。因此,贺若弼虽然侥幸取胜,但也破坏了稳操胜券的隋军部署。作为

---

① 《隋书》卷41《高颎传》。
② 《隋书》卷52《贺若弼传》。

统帅,坐镇江北的杨广对贺若弼"先期决战"的举动大为恼火,入建康城后仍余怒未消,将贺若弼"属吏"逮捕是可以理解的。后来,韩擒虎也指责贺若弼说:"本奉明旨,令臣与弼同时合势,以取伪都,弼乃敢先期,逢敌遂战,致令将士伤死甚多"①。似乎贺若弼先期决战纯属求功心切而偶然取胜。然而,从贺若弼方面来说,他最初也未尝不是想按原计划坚守待援,但战场上的情况瞬息万变,作为一个优秀的指挥员,必须抓住战机出奇制胜。贺若弼果敢出击,提前单独决战,并一举而定乾坤,取得了决定性的胜利。"将在外,君命有所不受",贺若弼不愧为深谋大略的大将,得胜虽出偶然,但偶然性中又寓含了必然性,符合出奇制胜的军事原则。韩擒虎指责"致令将士伤死甚多",乃言过其实,贺部伤亡不过几百人,以少量伤亡避免了隋军的更大伤亡,平心而论,贺若弼实在是平陈元勋功臣②。连隋文帝也称赞:"克定三吴,公之功也"③。

这样看来,杨广将贺若弼逮捕法办,又不近情理。贺若弼随机应变,出奇制胜,虽没有按原部署行事,但毕竟已大获全胜,本应论功,不应论罪,杨广以"违军令"罪将他"属吏"逮捕,也可以明显地看出杨广本人对贺若弼建立奇功的妒嫉。好在隋文帝还十分明智,他得到消息后立即派驿使快马赶到建康,宣诏于杨广曰:"平定江表,乃贺若弼与韩擒虎之力也"。充分肯定了贺若弼、韩擒虎灭陈作战的功绩。于是贺若弼、韩擒虎更趾高气扬,当时江南有歌谣:"黄斑青骢马,发自寿阳涘,来时冬气末,去日春风始"④。韩擒虎正好乘的是青骢马,而黄斑指虎,正合韩擒虎之名,其往返建康

---

① 《隋书》卷52《韩擒虎传》。
② 参见前揭李燕捷:《隋平陈战争浅析》一文。
③ 《隋书》卷52《贺若弼传》。
④ 《隋书》卷52《韩擒虎传》。

的时节正好与歌谣相应,于是一时传为美谈。回到京师后,贺若弼、韩擒虎以平陈头功再次受到隋文帝嘉奖,加官进爵,赏赐无数并命登御座。贺若弼以功封宋国公,隋文帝还把陈叔宝的一个妹妹赏给他为妾,可谓恩宠无比。而晋王杨广却气得啃土,但又没有办法,对贺若弼从此恨之入骨。

处理陈降臣及旧物以收揽人心,也是平陈后需要统帅杨广办理的大事。建康城破,杨广即命高颎和元帅府记室裴矩入城接收陈内府图籍①。元帅府掾韦师也受命接收陈国府藏,"秋毫无所犯,称为清白"②。杨广下令封存陈国家府库,金银财物一无所取。

杨广还在钟山举办了一次大围猎,让陈朝降将列观于侧,有猛兽在围中,众皆有惧色,韩擒虎之弟韩洪驰马冲出,一箭射去,猛兽应弦而倒,围观的陈将莫不叹服③。

在处置陈降臣降将时,晋王杨广认为,陈中书舍人施文庆任掌中枢机要,却不忠心事国,中书舍人沈客卿重赋厚敛,盘剥百姓,以博取陈后主的欢心,实乃陈朝政腐败的元凶;还有太市令阳慧朗、刑法监徐析、尚书都令史暨慧景等,这5个都是祸国害民的奸臣,下令将他们一并斩于石阙之下,以谢三吴地区的百姓。一时天下人都称颂杨广,认为他贤明。

对宠冠后宫、以鬼道迷惑陈后主的宠妃张丽华,杨广也下令斩于青溪桥边④。关于斩贵妃张丽华,旧史记载多以为高颎所为,并对晋王杨广多有指责。据说元帅长史高颎先进入建康城,当时高颎的儿子高德弘是晋王府记室参军,杨广派他驰马来见高颎,传令

---

① 《隋书》卷67《裴矩传》。
② 《隋书》卷46《韦师传》。
③ 《隋书》卷52《韩洪传》。
④ 《建康实录》卷20《后主长城公叔宝》。

留下张丽华。《隋书·高颎传》更明确地记载为"晋王欲纳陈主宠姬张丽华"①。据说是高颎违背了杨广这一心愿,说:"古时姜太公吕尚蒙面斩妲己,今平陈国,不宜留下人妖张丽华"。于是将张丽华问斩。高德弘还报杨广,杨广气得脸色大变,说:"古人有言,无德不报,我一定有办法回报高公"。因此对高颎恨之入骨②。这件事后来被小说家加以添油加醋的夸张渲染,把杨广说成是好色纵欲的登徒子。其实,这是对杨广的冤枉。虽然杨广称帝后确曾骄奢纵欲,但未夺得帝位前一直是矫情饰貌,以博取父母欢心,在平陈之际,渴望获取功名的晋王杨广不可能不要脸面,如此荒唐放纵去追求一个臭名昭著的女人,败坏自己的名声和功业。

从年龄上看,张丽华生的儿子陈皇太子深时年已15,据此推算张丽华当时至少也年已30。而杨广当时刚20岁,怎么可能对比自己大10岁的女人那样倾心?试问,杨广若纳张丽华,回京后怎样向父皇母后交待?更何况母后独孤氏最恨男人好色纳妾。《隋书》、《北史》高颎传的记载来自道听途说,可能是唐初史臣有意贬隋扬唐,丑化隋炀帝的曲笔。后司马光《资治通鉴》也沿用这条误传,使杜撰成为信史,把杨广的一大德政,颠倒成了一段丑闻。

但《陈书》和《南史》的记载正好相反,《陈书》记曰:"晋王广命斩贵妃,榜于青溪中桥"③。《南史》记作"晋王广命斩之于青溪"④。都肯定张丽华是晋王杨广下令处死的。《陈书》的编者姚思廉之父姚察当时正在陈朝任官,对隋灭陈时建康的情况比较清楚。《南史》的编者李延寿继承了其父李大师的草稿旧本。李大

---

① 《隋书》卷41《高颎传》。
② 《隋书》卷41《高颎传》。《资治通鉴》卷177隋文帝开皇九年。
③ 《陈书》卷7《张贵妃传》。
④ 《南史》卷12《张贵妃传》。

师(公元570—608)和姚思廉(公元551—637)与《隋书》的主编魏征是同一时代人,唐贞观年间同在史馆,都有机会接触史料,而对于处死张丽华史事的记载却如此相悖,联想起杨广生日的缺载等一系列史缺史误,使我们不能不对旧史记事有所怀疑,使用时不能不有所鉴别。同样是《隋书》,其《五行志》乃唐天文学家李淳风执笔,所记则为"隋师执张贵妃而戮之"[1],含糊其辞。但后来唐人许嵩所撰《建康实录》就没有再依从《隋书》、《北史》的错误,两处提到处死张贵妃,都明确记为晋王杨广所杀[2]。

　　晋王杨广下令诛杀张丽华,其理由与诛杀施文庆等5佞人一样,他们是陈朝祸国殃民的人妖鬼怪,杨广既授钺吊民伐罪,当然要斩几个罪人,这是出师前杨广发布的《遗陈尚书令江总檄》文中讲得清清楚楚的。历史上并没有高颎效法姜太公蒙面斩妲己的故事,但杨广嫉恨高颎,则是事实。《资治通鉴》记张丽华被斩而杨广恨高颎之下,有元人胡三省注:"史为(杨)广杀(高)颎张本"[3]。

　　据史实分析,杨广嫉恨高颎,其实并不是为张丽华,而是统帅权之争。隋文帝调晋王杨广任平陈行军元帅的同时,却又任左仆射高颎为晋王元帅长史,"三军谘禀,皆决于颎",这种安排是让高颎当实际统帅,杨广挂个名誉总指挥,而无实权。但从杨广敢于将大将贺若弼逮捕法办来看,杨广又渴望有权,渴望有所作为,容不得任何人不听命于己。从常理推论,文帝安排虚实两个统帅角色,必然会引发杨广与高颎的矛盾。杨广虽年轻但已成年,只要想到唐太宗李世民18岁即率军独当一面,就会理解杨广是决不甘心仅仅当一个没有实权的空头总指挥的,他与高颎发生冲突是必然的。虽然史文没

---

[1] 《隋书》卷23《五行志下》。
[2] 《建康实录》卷20《后主长城公叔宝传》,中华书局标点本,第808、809页。
[3] 《资治通鉴》卷177隋文帝开皇九年胡注。

有详载，但从杀张丽华一事我们可以窥测出蛛丝马迹。实际统帅和名誉元帅的意见不合，或许不止杀张丽华一事，杨广对高颎限制自己权力抑制自己才能的发挥，显然是恨之入骨，这与杨广嫉恨功臣猛将贺若弼是同样道理。这种嫉恨甚至牵涉到了代杨广草写讨陈檄文的文士薛道衡，大业五年(609)处死薛道衡时，做了皇帝的杨广犹有余恨地回忆平陈往事，愤愤地说："我少时与此人相随行役，轻我童稚，共高颎、贺若弼等外擅威权，自知罪当诬罔。及我即位，怀不自安"。所谓外擅威权，指的就是当年杨广被将相架空的情况。

但当时隋文帝对宰相高颎是绝对信任的，回朝后文帝以功授高颎上柱国，进爵齐国公，赐物9000段，定食千乘县1500户租米。文帝还慰劳高颎曰："公伐陈后，人言公反，朕已斩之，君臣道合，非青蝇所能间也"。足见文帝对高颎的信任。但高颎十分谦虚，上表逊位，辞不敢当，文帝于是正式下诏："公识鉴通远，器略优深，出参戎律，廓清淮海，入司禁旅，实委心腹"。① 高颎是隋文帝灭陈大业的第一功臣，功在杨广等人之上，是无可置疑的，这正是杨广嫉恨高颎的真正原因。

开皇九年二月乙未(初一)，隋文帝下令撤销淮南行台省，月底，留王韶镇守石头城(今南京市)，委托他处理后事，下令各路讨陈大军班师还朝，并押陈叔宝等旧陈君臣一同上路。三月己巳(初六)，陈叔宝和他的王公百官大臣从建康起程往长安，大人小孩陆续上路，连绵不断达500里。路上杨广向隋文帝送上告捷"露布"②，让平陈胜利捷报传布全国四方。

---

① 《隋书》卷41《高颎传》。
② 《唐语林》卷8："露布，捷书之别名也。诸军破贼，则以帛书建诸竿上，兵部谓之露布，盖汉以来有其名，所以露布者，谓不封检，露而宣布，欲四方之闻也，亦谓露板"。

至四月辛亥(十八日),隋文帝驾幸骊山温泉,慰劳凯旋的将士。几天后,南征各军奏凯歌进入长安,先到太庙举行献俘仪式,让陈叔宝和陈王侯将相分别乘坐他们旧时的车轿,穿上旧陈的官服,后面是陈朝的天文图籍等,依照次序排列成行,四周有带铁甲的隋骑兵团团围住,以防不测,他们跟着晋王杨广、秦王杨俊后面,排着长龙阵入宫,排列在殿前。按照奇章公牛弘新订的礼仪,百官大臣及四方宾客使者列于朝堂两边,先宣露布,约数千字,读毕众人"舞蹈再三",再拜山呼万岁,场面十分壮观热烈。

接着,隋文帝当众宣布,任命杨广为太尉,赐给辂车、乘马、高贵华丽的衮冕之服以及象征特殊荣耀的珍宝玄圭、白玉璧各1个。

丙辰(二十三),隋文帝在广阳门城楼观阙上接见了陈叔宝及其王公百官,先责备他们失德亡国,随后又宣布赦免他们。原陈朝都官尚书孔范、御史中丞沈瓘、散骑常侍王瑳、王仪等均出身门阀,却"奸佞诡惑",被称为"四罪人"[①],如王仪为求得陈后主亲昵,竟献出自己两个亲生女儿,真是衣冠禽兽。文帝下令将他们统统流放到边远地区,以谢吴越百姓。对于陈宰相江总、袁宪,将军萧摩诃、任忠、周罗睺,文臣姚察、许善心等文武官员,则加以安置,但在朝廷任职的仅有少数,且官位卑贱。门阀士族谢伷、萧允不愿在隋就卑职,"辞以老疾"[②],要求告老还乡,文帝予以批准。

对隋有功将士,文帝大加赏赐。几天后,隋文帝驾幸广阳门,宴请出征将士,从门外起夹道堆积布帛物资,用以论功行赏,按等差赐物,共用去布帛300余万段,有功将帅封官进爵,如赐大将杨素物万段,粟万石,另加陈叔宝之妹为妾,女妓14人,进爵越国

---

① 《南史》卷77《孔范传》。
② 《陈书》卷21《萧允传》。

公①。从所赐财物及女妓来看,隋军从江南带回了大量战利品,连陈后主的妹妹也作为战利品用于赏功。不几日,隋文帝又亲幸晋王杨广府第,在晋王府设宴大会群臣。文帝当杨广和众人的面称"高颎平江南,虞庆则降突厥",高度赞扬左、右两位仆射的战功。杨广表面应承,心里却老大不高兴,不说话也不举杯,还是老奸巨猾的杨素出来打圆场,说:"这都是陛下的威德所致啊",于是奉觞上寿,君臣极欢②。

隋文帝每次设宴,总让陈叔宝参加,宴会上因怕叔宝伤心而不许奏吴音,受到特殊礼遇的陈叔宝却傻乎乎地因预宴没有官阶秩位,竟要求文帝封给一官半职,文帝听后不禁失笑说:"叔宝全无心肝"。这位亡国之君自后"嗜食驴肉",惟成天饮酒打发时日③。

开皇九年(589)四月壬戌(初一),隋文帝兴冲冲地颁布"太平诏书":"今率土大同,含生遂性;太平之法,方可流行。凡我臣民,澡身浴德,家家自脩,人人克念。兵可立威,不可不戢;刑可助化,不可专行。禁卫九重之余,镇守四方之外,戎旅军器,皆宜停罢。世路既夷,群方无事,武力之子,俱可学经;民间甲仗,悉皆除毁。颁告天下,咸悉此意"④。隋文帝以为天下一统可以安享太平了,于是任命秦王杨俊为扬州总管44州诸军事,出镇广陵(今江苏扬州市),晋王杨广复任并州总管,回晋阳(今山西太原市)镇守,以御突厥。

---

① 《隋书》卷48《杨素传》。
② 《隋书》卷40《虞庆则传》。
③ 《南史》卷10《陈后主本纪》。
④ 《隋书》卷2《高祖纪下》;原诏文太长,兹据《资治通鉴》卷177隋文帝开皇九年四月删略文本。

第三节　坐镇江都　安辑江南

陈全境两三个月内即全部归于隋朝,400年的分裂局面结束了。唐人颂曰:"六合之中,观如晓月,八纮之内,若遇新晴"①。然大一统实现后随即面临巩固统一的新问题。六朝在江南割据凡近400年,大江南北各方面的差异很大。隋必须在消弭政治与文化差异的背景下建立新的统一,这是一项极其艰巨而复杂的事业,武力和简单粗暴的高压政策无济于事,并不能安定江南政局。如何施以恩惠,感化旧陈民众,清其反侧之心,调和南北人士的感情,以促进文化合流,巩固统一局面,则是比军事征服更复杂的问题。

一、江南尽叛　移镇扬州

晋王杨广在平陈凯旋班师回朝受赏有加之后,出镇并州,重新肩负起监视和抵御北边突厥的重任。开皇十年(590)二月庚申(初二),隋文帝亲临晋阳(今山西太原市)巡视,至四月辛酉(初四)才从晋阳回到长安②,居晋阳长达两个月之久,足见文帝对北部边防的重视及对次子杨广的器重。

旧陈江南之地则交由三子秦王杨俊经营治理。杨俊为扬州总管44州诸军事。为了更好地控制江南,隋文帝下令在江北筑江都(今江苏扬州市)新城,并下诏将建康城邑宫室夷为平地,"平荡耕垦"③。而在原石头城(今江苏南京市)地方置蒋州,蒋州之名则因石头城外蒋山(今钟山)而取,六朝故都的建康城,自此成了隋朝

---

① 朱敬则:《隋文帝论》,见《全唐文》卷171。
② 《隋书》卷2《高祖纪上》。
③ 《资治通鉴》卷177隋文帝开皇九年二月。

版图内的一般州县了。

然而,要控制江南,绝非捣毁一座城堡所能奏效,巩固统一的局面,更非轻而易举之事。这时的长江流域经济文化已有了很大发展,许多方面南方并不比北方差,与300年前西晋灭吴时相比,情况要复杂多了。南方地方势力除根深蒂固的吴姓门阀朱、张、顾、陆外,还有侨姓门阀王、谢、袁、萧等。在江南腹地由于几百年来不断地开发,又涌现出许多新兴的地方豪族,他们遍布于浙东闽中山地、赣江湘江流域及岭南广大地区。这些"溪洞酋豪"早在梁陈之际就趁乱起兵割据州郡,控制了地方政权,陈朝不得不承认既成事实,他们和三吴门阀共同形成了江南强大的地方势力。

隋出兵亡陈之时,江南门阀和各地豪族并没有进行认真有力的抵抗,他们对腐朽的陈朝灭亡并不在乎,视为一般的改朝换代,政权属于陈氏,还是杨氏,国家统一还是分裂,对于他们来讲,并无多大关系,这也是隋得以迅速亡陈的重要原因。江南豪族关心的是他们的既得利益是否能保持延续,希望在新朝可照样做官。如果隋文帝能让江南豪族享有关陇世族同样的社会地位,承认各地土豪统治地方的权力,则这些人就可能成为隋王朝的支持者。然而隋文帝灭陈后推行的是"关中本位政策",对江南人士采取了排斥鄙视态度。陈亡后,其宗室诸王"并配于陇右及河西诸州,各给田业以处之"[①],生活极其艰辛。陈将相大臣除少数人给以通直郎、秘书丞之类小官,让他们参预一些制礼作乐、粉饰太平的活动外,都未加重用。侨姓门阀琅邪王胄"自恃才大",入朝后不被朝廷任用,因而"郁郁于薄宦,每负气凌傲,忽略待人"[②]。南方门阀

---

① 《陈书》卷28《陈伯山传》。
② 《隋书》卷76《文学·王胄传》。

高门"昔日王谢门前燕",不待到中唐之时,实际上隋灭陈后不久,即已"飞入寻常百姓家"了。隋灭陈,南方王、谢及朱、张、顾、陆等世家大族的政治地位一落千丈,西魏北周的官爵仍可荫及后代①,而江南人士却被剥夺了一切政治经济特权。开皇十年(590),隋文帝又令"江表依内州责户籍"②,在江南检括户口,收夺世家大族的荫客及其不税不役等经济特权,使江南豪族拥有的大量依附人口、部曲成为国家的编户。在任命秦王杨俊为扬州总管的同时,隋文帝又在江南置吴州、洪州、广州、桂州、潭州、永州、杭州、循州等8个总管府,任命关陇人士为总管,陈时旧地方官一律革除,"牧民者尽更变之",并一律改委北人,这又使江南经过多方钻营而获得官位的庶族地主,也犹如丧家之犬。隋文帝还重新整顿北魏孝文帝以来北方就已建立的乡里基层组织,重新编组基层社会,以加强对南方的控制。开皇九年(589)四月的"太平诏书",严令吴越之野的"戎旅军器,皆宜停罢","人间甲仗,悉皆除毁",后又多次下令收缴南方人武器。这些措施皆"尚关中旧意"③,又于陈亡后短期内在江南全面推行,且十分严厉,表现出明显的"关中本位",凭藉关陇武力以镇四方的意图④。

当然,隋文帝的上述措施目的也都是为了维护国家统一,但方法上却过于简单,他把推行于北方的一系列措施同样推行于江南,

---

① 见《隋书》卷2《炀帝纪下》"大业三年"记事。又按,开皇十七年(597)四月,隋文帝颁诏重申隋朝勋臣李穆、韦孝宽、杨雄、梁睿、豆卢勣、高颎、杨素、虞庆则、郑译等"茂绩殊勋,力宣王室",其世子世孙未经州任者,宜量才开用,庶享荣位,世禄无寄。见《隋书》卷2《高祖纪下》。
② 《颜氏家训》卷2《风操》。
③ 《颜氏家训》卷2《风操》。
④ 参见何德章:《隋文帝对江南的控制及其失策》,载《西南师范大学学报》1993年第2期。

却没有针对江南地区的历史发展过程中形成的特点,没有主动去收揽江南人心,没有处理好隋中央政权与新纳入其统治下的江南地方势力之间的关系。北方南下的隋地方官亦多以严刑峻法为治,凌辱南人,使南方人士大失所望,因而郁郁思乱。

武力征服之余,隋文帝也曾试图利用当时中国民众已普遍接受的佛教来消除南北地域在社会心理、文化风俗上的差异。史书有载,隋文帝"承周武之后,大崇释氏,以收人望"①。释史亦云:"隋高廓清百越,文轨大同,开皇十年(590),敕僚庶等有乐出家者并听"②。佛教徒们盛称隋文帝为法轮王,大檀越(施主)。但专制君主隋文帝仍须把佛教严格置于国家监控之下。开皇十年(590)正月十六日,文帝修书南方佛教界头面人物智顗,在这道措辞严厉的诏书中,文帝先陈述自己尊崇佛教,灭陈是为民除害,救济苍生,宣布自己是佛教的保护者。接着敦请智顗认清形势,远离世俗事务,并责令受到旧陈两代君主尊崇的高僧智顗转变立场,不要与新朝作对,思想上要与朝廷保持一致。此书虽不能说是劝降书,但也应视为警告信,其威胁之意跃然纸上。

对陈境林立的佛教寺庙,隋文帝也采取了严厉措施,释史有云:"隋朝克定江表,宪令惟新,一州之内,止置佛寺二所,数外伽蓝,皆从屏废"③。文帝在北方营造经像,任听出家,对南方佛寺却加以限制,这又明显表现出其对南方教派的歧视。智顗后来也诉说南方佛寺被毁情形云:"伏见使人赍符,坏诸空寺,若如即日所睹,全已兴破,及有僧无僧,毁除不少"④。

---

① 《长安志》卷7。
② 《续高僧传》卷10《彭城崇圣道场释靖嵩传》。
③ 《续高僧传》卷12《江都慧日道场释慧觉传》。
④ 《国清百录》卷2《蒋州僧论毁寺书第三十二》。

隋文帝也试图在江南推行教化,他让宰相苏威作"五教"。所谓五教,即"父义、母慈、兄友、弟恭、子孝"①。内容是儒家的纲常伦理。开皇九年(589)文帝曾对李德林说:"朕方以孝理天下,故作五教以弘之"②。帝王以治国为先,隋文帝三教并重,倡导礼治孝道,是想恢复汉帝国的王统。然而,江南在西晋永嘉乱后,已为文化士子荟萃之地,曾被北方人士视为中华文化正统之所在。隋文帝灭陈后在江南推行"五教",虽然是从巩固统一着眼,但亦有视江南人为化外之民之嫌,也就不能不引起南方人士的强烈反感。在推行"五教"过程中,隋官吏采取了粗暴的强迫政策,"使民无长幼悉诵之",而又复"加以烦鄙之辞",致"士民嗟怨"③。清人刘统勋就此评论说:"驭新定之民,当以镇静为要,徒取辨于五教之诵,是不能化俗,适足滋扰"④。由于措置不当,使谣言四起,"民间复讹言隋欲徙之入关,远近惊骇"。终于激起南人反叛,使得隋政权又被迫进行了一场较开皇九年(589)灭陈之战更为艰苦的平叛战争。

开皇十年(590)十一月,也就是陈亡后不足两年时间,一场规模巨大的反隋叛乱在旧陈境内全面爆发。是月婺州(治今浙江金华)人汪文进、会稽(今浙江绍兴)人高智慧、苏州人沈玄恱、台州乐安(今浙江仙居县)的蔡道人、蒋山(今江苏南京)李棱、饶州(治今江西上饶)吴世华、永嘉(治今浙江温州)沈孝彻、泉州王国庆、余杭(今浙江杭州)杨宝英、常州顾世兴和叶略、越州(治今浙江绍

---

① 《资治通鉴》卷117隋文帝开皇十年。"五教"见《尚书·舜典》:"敬敷五教,在宽。"句疏引《左传·文公十八年》,参见《十三经注疏》130页,中华书局影印本。
② 《北史》卷72《李德林传》。
③ 《资治通鉴》卷177隋文帝开皇十年。
④ 《评鉴阐要》卷4,"苏威作五教使民诵之"条。

兴)人顾之元、交趾(今越南)李春等皆反。造反者一时俱起,遍布旧陈全境,有的"自称天子,署置百官",有的自称"大都督"、"司空",攻陷州县。他们"大者有众数万,小者数千,共相影响,执县令,或抽其肠,或脔其肉食之,曰:'更能使侬诵五教邪'"。表现了其对隋歧视性高压政策的极端仇恨。叛者有的"船舰被江",兵众之多,"周亘百余里",声势之大,令人骇异①。

参加叛乱的包括江南社会各阶层,既有世家旧族,也有酋豪洞主。如沈氏一族,"代居南土,宗族数千家,为远近所服"②。据《隋书·杨素传》,沈姓反隋有名有姓的就有沈玄恺、沈杰、沈雪、沈能、沈孝彻等。吴姓门阀顾、陆、朱、张家族也有人起兵。值得注意的是"乐安蔡道人",显然是江南宗教势力的代表,会稽高智慧从姓名看也似乎与佛教有关。而乐安(今浙江仙居县)地方更靠近天台山,浙东沿海一带民众具有广泛的宗教信仰,又具有反抗传统,前有东晋时孙恩、卢循以天师道,后有北宋方腊以摩尼教,成功地组织了大规模的农民起义。开皇十年(590)江南尽叛,这一地区也最为严重,一时"寇贼交横,寺塔烧尽"③。广泛发动起来的江南反隋大叛乱,对刚统一中国的隋王朝来说,的确是一次相当严重的挑战。

隋文帝立即令刚接替杨广任内史令的越国公杨素为行军总管,率总管来护儿、史万岁、麦铁杖等,调集府兵前往江南镇压。

同时,隋文帝又调并州总管晋王杨广为扬州总管,移镇江都,而原扬州总管秦王杨俊则调换为并州总管。

---

① 《隋书》卷2《高祖纪下》;《资治通鉴》卷177隋文帝开皇十年十一月;《隋书》卷40《杨素传》、卷64《来护儿传》。
② 《旧唐书》卷56《沈法兴传》。
③ 《隋书》卷48《杨素传》。

22岁的杨广临危受命,又一次来到南方,随他南行的有将军郭衍、宇文述等。但文帝给他的任务并不是总统军队,指挥平叛,而是以皇子身份,坐镇一方,并规定"每岁一朝"。平叛的统帅是宰相杨素,文帝给杨素的诏书称"宜任以大兵,总为元帅,宣布朝风,振扬威武,擒剪叛亡,慰劳黎庶,军民事务,一以委之"①。杨素的地位和前一年的高颎一样是平南实际统帅。同时,隋文帝一直在关注江南平叛行动,杨素也一直与京师保持密切的联系。既然杨素受命率军南下平叛,是直接听命于隋文帝,也就没有必要与新任扬州总管杨广打招呼,而是先杨广而行,率军自扬子渡迅速渡过长江,投入战场。

江南叛乱虽然声势浩大,但陈王朝既不复存在,江南大小山头林立,互不相连,难以形成统一的战斗力量。杨素采取各个击破的战法,把兵锋首先指向了三吴、浙东地区。先在京口(今江苏镇江)打败了朱莫问的叛军,随后又进军平定了晋陵(今江苏常州)顾世兴、无锡叶略的叛军,又抓获叛军首领沈玄侩,然后转向浙东。叛军首领高智慧在浙江东岸砌起营垒,绵延达100余里,战船布满江面。杨素部将江都人来护儿熟悉江南情况,认为吴人善于水战,请求给数千精兵,偷渡浙江,奇袭敌后方营垒,杨素表示同意。于是来护儿率数百轻艓径登江对岸,突袭叛军营垒,纵火焚烧,在敌军恐惧之际杨素于正面发动猛攻,大破叛军,高智慧穷蹙,自闽中逃亡入海②。

然而内地山区的叛乱平而复聚,杨素又派遣行军总管京兆人史万岁率领军队两千人,从婺州(今浙江金华)串小道翻岭至海,

---

① 《隋书》卷48《杨素传》。
② 《隋书》卷64《来护儿传》。

攻陷无数叛军盘据的溪洞。史万岁前后700余战，转战千余里，有100多天毫无消息，人们以为他全军覆没。深山里的史万岁把信封进竹筒，放入江流，漂至下游被汲水者捡到，转告杨素，于是杨素向朝廷报告了史万岁的事迹，隋文帝见表连声称奇，赏给史万岁家属钱10万[①]。杨素又在温州打败了叛军首领沈孝彻，随后转向天台山，直指临海县，前后作战100多次，一路上追捕漏网溃逃的叛军。战斗间隙杨素曾乘传驿回朝向隋文帝汇报过一次，但很快又乘驿回到会稽，渡海破击王国庆部叛军。窘迫中的王国庆抓获高智慧以自赎，杨素在福建泉州将高智慧斩首，"自余支党，悉来降附，江南大定"[②]。东南沿海大部分地区的叛乱都被杨素平定了。

与杨素血腥镇压不同，晋王杨广更注重招抚，与前年灭陈之役所采不战而屈人之兵的方法相同，剿抚并重，攻心为上。

杨广到任扬州后，也派部将郭衍"领精锐万人先屯京口"，然后向西进兵皖南"黟、歙诸洞，尽灭叛军"[③]。晋王府参军段达也率军1万平定方、滁二州，又破汪文进等于宣州（今安徽宣城）[④]，有力地配合了杨素在东南沿海一带的军事行动。

杨广并没有直接率军参与进剿军事行动，但他坐镇江都，招抚叛者。有吴郡世族名士陆知命，是南朝世代官宦之家，陈亡后居家闲住，"以贞介自持"[⑤]，在三吴地方很有名望。杨广于是延请他，让他出面向叛者晓谕，结果在陆知命游说下，有17城叛者纳城迎降，得其渠帅陈正南、萧思行等300余人，不战而屈人之兵。杨广

[①] 《隋书》卷53《史万岁传》。
[②] 《隋书》卷48《杨素传》。
[③] 《隋书》卷61《郭衍传》。
[④] 《隋书》卷85《段达传》。
[⑤] 《隋书》卷66《陆知命传》。

的功劳实不在杨素之下。

当时岭南地区的形势比较复杂,这一带土著居民尚在汉化进程之中,有不少俚、僚部族与汉族杂居。陈亡后,隋文帝派永州总管周法尚"安集岭南",斩仍据山洞负隅顽抗的陈定州刺史吕子廓①。文帝又派裴矩巡抚岭南,尚未成行江南就发生了大规模叛乱。番禺(在今广东)人王仲宣也举起了反隋大旗,岭南土著酋领都群起响应,将隋安抚大使总管韦洸围于广州城内。韦洸中流矢死,隋文帝任其副手慕容三藏代理广州道行军事,据守广州待援。王仲宣又遣部将周师举围东衡州(治今广东韶关),裴矩翻过大庾岭,击破叛军并斩周师举之首,由南海(今广东北江流域)进援广州。但当时岭南隋军力量单薄,曾被晋王杨广招抚归降的当地俚族酋领冼夫人的政治态度,就成为了安集岭南的关键。

冼氏"世为南越首领,跨据山洞,部落十余万家",拥有很大势力。梁武帝时冼氏嫁给梁高凉太守冯宝为妻,冯氏乃北燕帝裔,其祖浮海归于南朝宋,居于新会,以后世代为岭南地方牧守。冯、冼二族联婚后,冼夫人怀集百越,诫约本宗,使从民礼,梁亡归陈,陈亡归隋。王仲瑄围隋将慕容三藏于广州,冼夫人即遣其孙冯暄率军往救,但冯暄倾向于反叛者,迟留不进。冼夫人大怒,将冯暄系于州狱,派另一个孙子冯盎再出讨,斩叛军统领陈佛智,夫人又不顾年高,亲自披甲上阵,与慕容三藏内外合击,将王仲瑄击溃,解广州之围。然后,夫人乘介马,张锦伞,领彀骑,护卫隋大使裴矩巡抚岭南20余州,使岭南蛮俚首领都出来参谒,裴矩承制将他们署为刺史、县令,让他们仍旧统领部落,于是最后平定了岭南。隋文帝闻讯大喜,追赠冯宝为广州总管,谯国公,册冼夫人为谯国夫人。

---

① 《隋书》卷65《周法尚传》。

任冯盎为高州(治今广东阳江)刺史,又置谯国夫人幕府,置长史以下官属,许以便宜从事之权①。岭南的归附,使隋文帝又一次看到了怀柔政策的成效。

二、收纳江南人士　师事天台智𫖮

杨广从开皇十年(590)出任扬州总管,镇守江都,到开皇十九年(599)由江都离任入朝,坐镇江都整整10年。如何处置易动难安的江南地方势力,如何巩固统一局面?"关中本位"的高压政策引发了江南的全面反叛,平叛后肩负镇守江南重责的杨广对原先的政策进行了很大调整,"息武兴文,方应光显"②。开始广泛收纳江南人士,推行文教事业,调和南北人士的感情,促进南北文化合流,以巩固新的统一。

要做到以教化促进统一,首先必须改变以胜利者自居而鄙夷南人的态度。这一点杨广一开始就与其他关陇贵胄不同。他自小就"好学,善属文",热爱诗歌文学,作文模仿由南朝入北的庾信及其文体③。王妃萧氏又是昭明太子萧统的玄孙女,具有极高的江南文化素养,并潜移默化地影响于杨广,这使杨广对江南文化极为推崇。六朝以来那种追求个性的人格精神、思想感情、审美意识及其重要精神产品——南朝文学、诗歌,对杨广产生了巨大的影响。其时杨广才22岁,也极想在江南成就一番事业,来到江南之初,即开始广泛收纳江南人士。

早在灭陈之时,杨广就竭力招致江南才士,如会稽虞绰、吴郡潘徽等。世居江南的颍川庾自直,在陈亡后入关,没有获得隋朝官

---

① 《隋书》卷80《列女·谯国夫人传》。
② 《国清百录》卷2《述蒋州僧书第三十二》。
③ 《隋书》卷58《柳䛒传》。

职,杨广闻知,即招引到自己府内任学士①。晋王府重要幕僚柳䛒,字顾言,祖籍河东柳氏,永嘉乱后南迁,世代仕宦南朝,曾任后梁主萧詧的宰相,梁国废后转入晋王府任谘议参军。由于柳䛒熟悉南方士林,杨广移镇江都后即让他广泛地招引旧陈才俊,柳䛒招引到朱瑒等百余人,以充晋王府文学②。其中丹阳诸葛颖清辩有文才,杨广素闻其名,引入府任参军事,后转王府记室③。会稽虞世基、虞世南兄弟,才华更著,名望极高,"时人方为二陆"④,也被杨广罗致。江左巨族的琅邪王䂮、王胄兄弟,虽然政治地位不如往昔,但社会声望仍然极高,杨广也引为学士⑤。

江南门阀士大夫文化素养向来极高,并自视为华夏文化正统,视北人为夷狄,具有极高的文化优越感。前此不久,北方人也承认江东"专事衣冠礼乐",以致"中原士大夫望之,以为正朔所在"⑥。然而时过境迁,江南士人现在已是亡国之余,但他们内心实看不起粗鄙不文却趾高气扬的关陇武夫。晋王杨广对他们优礼有加,尊崇宽大,极大地满足了江南士人的自尊心,使他们乐于进入晋王幕府。

杨广大力罗致江南才士,连佛教史料也有记载:"隋开皇十年(590),炀帝镇于扬越,广搜英异,江表文记,悉总收集"⑦。为了更

---

① 《隋书》卷76《文学·庾自直传》。
② 《隋书》卷58《柳䛒传》。
③ 《隋书》卷76《文学·诸葛颖传》。
④ 《旧唐书》卷72《虞世南传》:"陈灭,与(兄)世基同入长安,俱有重名,时人方二陆。时炀帝在藩,闻其名,与秦王俊辟书交至,以母老辞,晋王令使者追之"。
⑤ 《隋书》卷76《文学·王胄传》。
⑥ 《北齐书》卷24《杜弼传》。
⑦ 《集神州三宝感通录》卷中。

好地交际拉拢江南人士,杨广竟效法东晋著名宰相王导,"言习吴语"①,学会了一口流利的吴方言。这些举动,大大缓和了南人对隋朝的敌对情绪。

杨广十分重视和关注江南的文化事业,他曾让潘徽组织江南诸儒编撰《江都集礼》120卷。吴郡人潘徽原为旧陈博士,少年时从郑灼习学《三礼》,并通大义,善属文,能持论。陈尚书令江总引致为掾。有一次隋使魏澹使于陈,陈朝让潘徽接待,二人就"曲礼"作了一番论辩,潘徽引经据典,有理有据,使魏澹辞穷不能对答。陈亡,潘徽被坐镇江都的秦王杨俊罗致,后入晋王杨广幕府,为扬州博士。由于礼仪制度历来为儒家所重,又是江南士族文化的重要范畴,所谓"礼之为用至矣,大与天地同节,明与日月齐照","至如秩宗三礼之职,司徒五礼之官,邦国以和,人神唯敬,道德仁义,非此莫成"。杨广于是令潘徽领衔就江南的《礼》学进行总结,集江南诸儒编撰《江都集礼》1部。撰成后,又令潘徽作序,文曰:

> 上柱国、太尉、扬州总管晋王握珪璋之宝,履神明之德,隆化赞杰,藏用显仁。地居周、召,业冠河楚,允文允武,多才多艺。戎衣而笼关塞,朝服而扫江湖,收杞梓之才,辟康庄之馆。加以佃渔六学,网罗百氏,继稷下之绝轨,弘泗上之沦风,赜无隐而不探,事有难而必综。至于采标录错,华垂丹篆,刑名长短,儒、墨是非,书圃翰林之域,理窟谈丛之内,谒者所求之余,侍医所校之逸,莫不澄泾辨渭,拾珠弃蚌。以为质文递改,损益不同。明堂、曲台之记,南宫、东观之说,郑、王、徐、贺之答,崔、谯、何、庾之论,简牒虽盈,菁华盖鲜。乃以宣条暇日,听讼

---

① 《隋书》卷22《五行志上》。

余晨,娱情窥宝之乡,凝相观涛之岸,总括油素,躬披缃缥,菜芜刈楚,振领提纲,去其繁杂,撮其指要,勒成一家,名曰《江都集礼》,凡十二帙,一百二十卷,取方月数,用比星周,军国之义存焉,人伦之纪备矣。……①

《江都集礼》的修撰是一项宏大的文化工程,晋王以此网罗了大批文儒,继稷下之学,论辨真伪,制礼作乐,深得江南人士的赞誉。潘徽的序言称颂杨广能文能武,多才多艺,实非虚语。以当朝风流皇子,关陇人士,能如此推重已亡国的江南典章文物,其意义不光是对江南人士的怀柔,而是为南北文化交流,政治统一做出贡献。日后杨广夺嫡成功,登上帝位,更把南朝政治、文化因素引入隋朝,使长期分隔的南北文化能在更好的政治氛围中得以自然融合。江南地区日后在隋炀帝引导下,对隋社会政治产生极大影响,而这一切也都是发端于江都晋王藩邸。

杨广的江都藩邸也有不少北方人士。查史书,杨广镇江都时从北方带来的僚佐有:由并州藩府随转调来的朔方人李彻,任扬州总管府司马②;原并州总管掾河内人张衡也随转扬州总管府掾,并大受杨广"亲任"③;李穆第十子李浑,字金才,以骠骑领亲信,随杨广往扬州,成为藩邸亲近④;阴寿之子阴世师也成为藩邸近臣⑤;另有河间人张煚任晋王府司马,后转长史,检校蒋州事⑥;宰相高颎子应国公高弘德任晋王府记室⑦;宰相虞庆则子虞孝仁亦为晋王

---

① 《隋书》卷76《文学·潘徽传》。
② 《隋书》卷54《李彻传》。
③ 《隋书》卷56《张衡传》。
④ 《隋书》卷37《李浑传》。
⑤ 《隋书》卷39《阴世师传》。
⑥ 《隋书》卷46《张煚传》。
⑦ 《隋书》卷41《高颎传》。

府亲信①;京兆秀才杜正玄授晋王府行参军②;山东门阀崔赜任晋王府文学③;还有上柱国独孤楷之弟独孤盛、武将尧君素、裴虔通④等,侍从左右。这些关陇勋臣及其子弟在江都成为杨广所依恃和信用的藩邸亲近,使杨广的幕僚猛将如云,南北人士汇集,真可谓人才济济。随着与江南士人接触的增加,杨广及随其南下的北方人对六朝文化的认识也日益深入,并从中汲取养分。杨广则已成为南方文化的最大保护者和宣传者。

晋王杨广还是江南宗教的保护者。

杨广自幼生长于佛教之家,当然不会不懂得宗教特殊的劝善化民、资助王化的政治功用,利用宗教收揽江南人心,是杨广所要做的一件重要工作。同样,宗教的兴盛也离不开帝王的支持,历代都有不少高僧主动向皇权靠拢,政教互动,共助王化,在历史上也是有先例可循的。杨广移镇扬州,马上以江南佛教的最大护法者自许,他在江都宣称:

> 近年奉诏专征,吊民伐罪。江东混一,海内乂宁,塔安其堵,市不易业。……而亡殷顽民不惭怀土;有苗恃险敢恣螳螂,横使寺塔焚烧,如比屋流散,钟梵辍响,鸡犬不闻,废寺同于火宅,持钵略成空返,僧众无依,实可伤叹⑤。

杨广把隋平陈及平叛二次战役中,江南佛塔被毁的责任全部推到了叛乱分子身上,并以王者口吻对此深表遗憾,对无所依恃的僧侣表示深切的同情。其实,这也是表示江南佛教需要他的保护。

---

① 《隋书》卷40《虞庆则传》。
② 《隋书》卷76《杜正玄传》。
③ 《隋书》卷75《儒林·刘焯传》。
④ 《隋书》卷71《诚节·尧君素传》、卷85《裴虔通传》。
⑤ 《国清百录》卷2《王答蒋州事第三十四》。

江南佛教、道教自东晋以来已兴隆了几百年，二教在江南社会各阶层都有极大的影响力，利用宗教组织农民起义之事时有发生。梁武帝之时，佛教达于全盛，梁武以帝王之尊，曾四次舍身同泰寺为寺奴，由群臣以1亿元钱奉赎回宫，后来陈后主也如法炮制，佛教寺院的政治和经济地位因而都大为增强。"南朝四百八十寺，多少楼台烟雨中"，整个南方社会上上下下都弥漫着浓烈的宗教气氛，南朝诸帝个个都是佞佛君子。北周武帝废佛，使北方佛教受到沉重打击，惟地处东南一隅的佛国陈朝免遭"法难"，因而佛教在旧陈之境拥有极大势力。开皇九年（589）灭陈之役，陈后主曾请来高僧智顗、吉藏等为陈祈祷泯灾，但神明并没有保佑陈朝。陈亡后，受到陈两代君主极高礼遇的佛教天台宗创始人智顗及其僧团也受到巨大打击，一时"金陵土崩，师徒雨散"，"灵像尊经，多同煨烬，结鬘绳墨，湮灭沟渠"①，52岁的智顗在混乱中溯江西去了庐山。开皇十年（590）江南尽叛，"寇贼交横，寺塔烧尽"②，南方佛教在劫难逃，再次蒙受了巨大损失，教界因此也渴望获得新朝皇权的庇护。

杨广既要利用宗教收揽江南人心，江南佛教界的头面人物智顗自然就成了他要拉拢的首要目标。

智顗（公元538—597年），俗姓陈，字德安，出身于"高宗茂绩盛传于谱史"的南朝门阀世家，其先祖原籍河南颍川（今许昌），东晋时南迁，寓居荆州华容（今湖北监利县西北），其父陈起祖仕梁元帝朝。公元554年，西魏杨忠军攻破江陵，15岁的智顗双亲皆死于战乱。"家国殄丧，亲属流徙"，智顗目睹国破家亡，内心充满

---

① 《广弘明集》卷25《宝台经藏愿文》。
② 《国清百录》卷2《述蒋州僧书第三十三》。

厌世悲观之情,18岁时坚决"辞兄出家"。披剃后又去北方慧旷律师门下学习,23岁投居于光州(今河南潢川)大苏山,在由北方南下、"名高嵩岳"的高僧慧思处,学习禅法。陈光大元年(567),30岁的智𫖮受师命往陈都建康,"创宏禅法",仆射徐陵等对他极表敬重。由于智𫖮博识善辩,又深达禅观,很快在建康佛学界产生了影响。太建元年(569),陈宣帝迎请智𫖮住进瓦官寺讲经。太建七年(575),智𫖮去宁静的会稽天台山习禅。陈宣帝认为智𫖮是"佛法雄杰,时匠所宗,训兼道俗,国之望也",下诏"割"始丰县租调充僧众费用。此去8年,到至德二年(584)智𫖮48岁时,被陈后主以重礼迎回建康。后主以宫廷"羊车童子"相迎,"于大内起礼三拜,俯仰殷勤,以彰敬重"①。杨广后来作《江都宫乐歌》有"果下金鞍跃紫骝"句②,写的就是当时的情景,足见当时智𫖮的声望之高。第二年智𫖮移居光宅寺宣讲《法华经》,他的政治活动能力很强,《国清百录》所载陈代君臣给他的敕、书就达40多件。但陈后主沉迷酒色,君臣日夜酣歌,智𫖮杂于后庭狎客妖姬之间讲经说法,颇感滑稽。开皇九年(589),智𫖮52岁,时晋王杨广统军灭陈,兵荒马乱之际,智𫖮"策杖荆湘,划迹云峰"③,与杨广失之交臂,未得相见。

开皇九年(589)十二月十七日,受命坐镇江都的秦王杨俊首先向智𫖮致书,存问"道体何如"④。开皇十年(590)正月十六日,隋文帝又致书"敬问"。同年五月十九日,秦王杨俊再致书并"奉

---

① 隋·灌顶:《隋天台智者大师别传》。
② 《乐府诗集》卷79;《诗纪》卷120。
③ 宋·士衡:《天台九祖传·四祖天台教主智者大师》。
④ 《国清百录》卷2《秦孝王书第二十三》。

施沉香"①,延请智颉前往江都。但智颉心存观望,婉言拒曰:"虽欲相见,终恐缘差"②,摆出一副很大的架子。第二年晋王杨广移镇江都,又很快"遣使人往彼延屈",给智颉送来《初迎书》:"金风御节,玉露调时,道体休和,安乐行不。法师抗志,名山栖心,慧定法门,静悦戒行"。"希能轻举以沃虚襟,伫望来仪不乖眷意"。迎书自称"弟子杨广和南"③,言辞十分诚恳。杨广还"敕有司修葺"智颉以前所居禅众寺,而"愿忘怀受施"④。可见杨广当时拉拢和利用智颉的心情是何等的急切。

但智颉对杨广的邀请仍然躲避,摆架子,他"初陈寡德",辞不敢当;"次让名僧",推诿不赴;"后举同学",以他人自代。看来,杨广请智颉下山,比当年刘备"三顾茅庐"请诸葛亮出山还要难。但杨广似乎比刘备更有耐心,他再三恳切邀请,执弟子礼甚恭。智颉"三辞不免",最后终于勉强答应前往江都。行前,智颉"乃求四愿",提出了四项前提条件。一为"愿勿以禅法见期",即请晋王不要对自己期望过高,不要指望传授禅法。二称"虽欲自慎,终恐朴直忤人,愿不责其规矩",意请晋王不要以权势压人,允许保有自己独立的人格。"三徽欲传灯以报法恩,若身当戒范应要去就,若通法愿许为法,勿嫌轻重"。这是为自己传佛法而不阿世,敬请谅解。四曰:"三十年水石之间,因以成性。……若丘壑念起,愿放其饮啄以卒残生"。这干脆就是申明此去应有来去自由,"四愿"辞语柔中有刚,表明智颉对隋朝迟疑观望,力图在政治上与隋朝保

---

① 《国清百录》卷2《秦孝王书第二十三》。
② 宋·志盘:《佛祖统记》卷6。
③ 《国清百录》卷2《晋王初迎书第二十四》。
④ 《国清百录》卷2《王治禅众寺书第二十五》。

持一定距离。智𫗣并声称"许此四心,乃赴优旨"①。

时杨广"方希净戒,故妙愿唯诺,一一允诺"②,同意了智𫗣的"四愿"。于是开皇十一年(591)十一月二十三日,在江都城内总管府金城殿设千僧会,隆重地迎谒智𫗣,其礼遇之隆,不亚于陈朝君臣。就在这隆重的典礼上,智𫗣为杨广授菩萨戒,杨广则十分恭敬地拜智𫗣为师,杨广自称:

> 弟子基承积善,生在皇家,庭训早趋贻教夙渐,福履攸臻妙机顿悟,耻崎岖于小径,希优游于大乘。笑息止于化城,誓舟航于彼岸,开士万行戒善为先,菩萨十受专持最上。喻立宫室必先基址,徒架虚空终不能成,孔老释门咸资熔铸,不有轨仪孰将安仰。诚复能仁奉为和尚,文殊冥作阇梨,而少籍人师显传圣授,自近之远感而遂通。波仑罄髓于无竭,善财亡身于法界,经有明文非徒臆说,深信佛语幸遵时导。禅师佛法尼象,戒珠圆净定水清澄,因静发慧安无碍辨,先物后已谦挹成风,名称远闻众所知识,弟子所以虔诚遥注,命楫远迎,每虑缘差值诸留难,亦即圣止心路豁然,及披云雾即销烦恼③。

戒毕,智𫗣为杨广取法名为"总持"菩萨,杨广奉智𫗣为"智者大师",且"奉送供给隆重转倍于前"④。这年杨广23岁,智𫗣已54岁,师徒关系就此确立。

然而,除主持"授律仪法"外,智𫗣在江都并无其他佛事活动,他当即请求重返"故林",不肯留在江都。晋王固请留,大师竟"拂衣而起",极不礼貌地加以拒绝,称"先有明约,事无两违"。晋王

---

① 《隋天台智者大师别传》、《天台九祖传》。
② 《隋天台智者大师别传》、《天台九祖传》。
③ 《广弘明集》卷27《晋王杨广受菩萨戒疏》。
④ 《隋天台智者大师别传》。

"不敢重邀,合掌寻送"①。当夜智顗即"出居城外禅众寺"②。对于这位固执的老者,杨广无可奈何,竟致"礼望目极衔泣而返"③。智顗急欲西返,表明他不愿接受晋王的政治控制,不愿接受思想牢笼,既表现出他当时在扬州如坐针毡、急切难耐的神情,也表现出他孤傲倔强的个性和不畏王权令人惊叹的胆量。杨广只好又让柳誓"致书请留,待来年二月,约至栖霞送别"④。智顗于是在江都城外住了几个月。

三、江都四道场　海岳尽搜扬

为了加强对江南宗教思想界的控制,杨广出镇扬州不久即在江都建立了四道场,广泛招集江南高僧道士,齐集于江都,以便就近控制利用。所谓道场,即道观、寺庙⑤,用以安置他所招揽的高僧道士。

道场释老各有二部,即佛教的慧日、法云二道场,道教的玉清、金洞二道观(玄坛),均设在扬州城内总管府新官邸附近。《续高僧传》卷15《义解篇·论曰》:"自爰初晋邸即位,道场慧日、法云,广陈释侣;玉清、金洞,备引李宗"。四道场广泛地收纳名僧高道,"追征四远,有名释李,率来府供"⑥。仅慧日道场招致的名僧就有智脱、洪哲、法澄、道庄、法轮、智矩、吉藏、慧觉、慧越、慧乘、法安、

---

① 《天台九祖传·四祖天台教主智者大师》。
② 《佛祖统记》卷6《四祖天台智者》。
③ 《天台九祖传·四祖天台教主智者大师》。
④ 《佛祖统记》卷6《四祖天台智者》。
⑤ 参见日本·山崎宏:《晋王广(炀帝)の四道场》,载《东洋学报》第32卷。1949年3月。《资治通鉴》卷181隋炀帝大业六年正月:"常以僧尼道士女冠自随,谓之四道场。"把四道场说成为僧、尼、道士、女冠4种人,乃错。
⑥ 《集古今佛道论衡》卷丙。

立身、法称等人①。杨广自称,于城内建慧日道场,延屈龙象,意在"大弘佛事,盛转法轮"②。

道教玉清、金洞二玄坛招致的江南道士也不在少数。史载,杨广镇扬州时,即"使王子相、柳顾言相次召道士王远知至扬州谒见"③。据说王远知"斯须而须发变白,晋王惧而遣之,少顷又复其旧",使杨广惊奇万分,执弟子礼甚恭。这个高道乃出身于南朝第一高门琅邪王氏,祖父王景贤是梁江州刺史,父王昙选为陈朝的扬州刺史,王远知自己是梁朝著名道士陶弘景的高门弟子,南方道教的正统传人。《太平广记》卷23引《谈宾录》云:"及隋炀帝为晋王,镇扬州,起玉清玄坛,邀(王)远知主之"。请王远知来江都主持玉清玄坛,对江南道教界显然具有很大的吸引力。这表现了杨广对道教也同样重视。在杨广大力扶持下,王远知遂成为隋及唐初道教界的翘楚。

杨广还手书召天台山隐道士徐则到扬州授道法,其书云:

> 夫道得众妙,法体自然,包涵二仪,混成万物,人能弘道,道不虚行。先生履德养空,宗玄齐物,深明义味,晓达法门,悦性冲玄,怡神虚白,餐松饵术,栖息烟霞。望赤城而待风云,游玉堂而驾龙凤,虽复藏名台岳,犹且腾实江淮,藉甚嘉猷,有劳寤寐。钦承素道,久积虚襟,侧席幽人,梦想岩穴。霜风已冷,海气将寒,偃息茂林,道体休念。昔商山四皓,轻举汉庭;淮南八公,来仪藩邸。古今虽异,山谷不殊,市朝之隐,前贤已说,导凡求圣,非先生而谁!故遣使人往彼延请,想无劳束带,贲

---
① 同前山崎宏上揭文。
② 《续高僧传》卷12《江都慧日道场释慧觉传》。
③ 《旧唐书》卷192《王远知传》。

然来思,不待蒲轮,去彼空谷,希能屈己,伫望披云。

杨广此书表现出他对道教玄理有一定理解。比较他给天台智𫖮的书信,则其谦恭之辞如出一辙。

徐则在陈太建年间(569—582)也曾受到陈宣帝的延揽。据说太极真人徐君曾启示他:"汝年八十,当为王者师"。这年他正好80岁,得到晋王杨广书信,十分高兴,即应召启程往扬州,与杨广相见。杨广迫不及待地请求授予道法,徐则辞以时辰不便。谁知晚上竟死于殿中,肢体如生,颜色无变。杨广对这位"仙人"的逝世深表遗憾,亲写手书,送还天台山定葬。"丧事所资,随须供给"。赐给徐则家"物千段",又"遣画工图其状貌,令柳䛒作赞",将赞歌和徐则画像一起,置于玉清玄坛,供人瞻仰①。

徐则虽去,另有建安宋玉泉、会稽孔道茂等道士来到江都玉清玄坛,受到晋王杨广的礼重。

江都四道场内,除高僧名道外,杨广又"盛搜异艺,海岳搜扬"②,收罗宗教界各类人才和各种书籍,并收罗了不少艺僧。道教玉清玄坛,有徐则画像、佛教慧日禅寺,亦有"张善果画壁"③,教界凡"一艺有称"者,即"三征别馆"④。如会稽永欣寺僧智果,工书铭石,与书法家智永齐名,其书法传王羲之行草书体,风格瘦劲,造次难类。杨广闻其名,召入四道场⑤。又有僧法论诗文才高,也被召入江都四道场,杨广和他"晨夕赏对,王有新文颂集,皆共询谋"⑥。

---

① 《隋书》卷77《徐则传》。
② 《续高僧传》卷9《隋东都内慧日道场释智脱传》。
③ 《江都县志》卷17《寺观》。
④ 《续高僧传》卷15《义解篇·论曰》。
⑤ 《太平广记》卷207《僧智果》条;张怀瓘《书断》。
⑥ 《续高僧传》卷9《隋东都内慧日场道场释法论传》。

杨广还在江都组织僧人整理佛经,早在杨广率50万大军灭陈之时,身为统帅的晋王杨广怕佛教灵像尊经遭战火化为灰烬,曾命令远征各军随访收聚。扬州四道场建立后,晋王杨广即在慧日内道场立《宝台经藏》,将收集到的经卷命慧觉等高僧整理,"五时妙典,大备于斯",共得四藏,"将十万轴"。杨广并亲撰《宝台经藏愿文》①。唐僧法琳记云:"平陈之后,于扬州装补故经,并写新本,全六百一十二藏,二万九千一百七十三部,九十万三千五百八十卷"②。

晋王杨广在江都大弘佛道,与灭陈之时隋文帝对江南教界的严厉态度形成鲜明对照。时文帝以江南佛教"十滥六群,滋章江表",而"别降纶言,既屏僧司,宪章律符"③。但父子二人虽手法不一,目标却是一致的,都是要将江南教界的活动,归于王朝的严密控制之下。《集古今佛道论衡》卷乙有一段话记云:

> 昔居晋府,盛集英髦,慧日、法云道场兴号,玉清、金洞玄坛著名。四海搜扬,总归晋邸,四事供给,三业依凭,礼以家僧,不属州县,迄于终历,征访莫穷。

被杨广延揽至江都四道场的僧尼道士虽有官司供给一切,不属州县户籍,王府对他们"礼事丰华,优赏伦异",但却自此成了晋王杨广的"家僧",丧失了自由人格。

杨广在扬州设置的四道场和其父在长安大兴城设立的大兴善寺、玄都观,成为全国性的宗教思想控制的中心。杨广本人对扬州四道场延揽到那么多高僧名道也颇为得意,曾写诗自夸曰:

> 天净宿云卷,日举长川旦;

---

① 《广弘明集》卷25《宝台经藏愿文》。
② 《辩正论》卷3。
③ 《续高僧传》卷10《建康奉成寺智文传》。

飒洒林华落,逶迤风柳散。
孤鹤逝追群,啼莺远相唤,
莲舟水处尽,画轮途始半。
江渚各自遥,东西并与叹,
已熏禅慧力,复籍金丹杆。
有异三川游,曾非四门观;
于焉履妙道,超然登彼岸。①

诗中描述了四道场美丽优雅的环境及其感召四方的魅力,杨广认为这是自己举办的无量功德。

然而,也有一些高僧坚决拒绝杨广的延揽,不愿往江都四道场充当晋王杨广的"家僧"。如《续高僧传》卷10《彭城崇圣道场靖嵩传》记曰:"隋炀昔镇扬越,立四道场,教旨载驰,嵩终谢遣。及登紫极,又有敕征,固辞乃止。门人问其故,答曰:'王城有限,动止严难,虽内道场,不如物外'"。苏州虎丘山名僧智琰因"道盛名高",被杨广招进慧日道场,后亦"以辞疾,得返旧山"②。江南第一高僧的天台智𫖮,虽已被杨广延屈至江都,却也坚决拒绝进入慧日道场。

由于智𫖮在江南佛教界的声望和地位,若能使他就范认同大隋王权,进入慧日道场,对安辑江南将会有超乎寻常的成效,所以晋王杨广费尽心机,对智者大师进行了百般延揽,二人的微妙交往,成为中国古代政教历史上一段引人注目的佳话,当然,也引发了不少误解。

智𫖮来到江都为杨广授菩萨戒时,"慧日已明",杨广意让智

---

① 杨广:《舍舟登陆示慧日道场、玉清玄坛德众一首》,载《广弘明集》卷30。
② 《续高僧传》卷14《苏州武丘山智琰传》。

颛为慧日住持,利用智颛的德望扩大其对江南佛教界的影响。智颛坚辞不受,反倒当面提出要回荆湘,"于当阳县玉泉山"建立自己的"精舍",这不仅大出杨广意外,简直可以说就是针锋相对,分庭抗礼。智颛不愿接受杨广的思想牢笼,不愿充当晋王的"家僧",要到远离江都的荆州建立自己自由传教的天地,这是对晋王杨广盛情邀请明确表示不予合作。智颛在江都城外住了几个月,但始终未入慧日道场。

这几个月间杨广并不灰心,也并没有采取粗暴强逼态度,而是依旧百般延请,多次派柳䛒往智颛居处奉送礼物,再作挽留。杨广称:"弟子一日恭亲,犹以陋薄,不称宿心"①。开皇十二年(592)二月十八日,杨广致书一封请留智者,但智颛则提出要回庐山东林寺,并转而请杨广为"东林峰顶两寺檀越(施主)"②,杨广无奈,只得再派柳䛒转达口信:"弟子意不欲相去辽远,脱能旋回,不敢留停,镇下近山随乐住止"③。但智颛仍执意离去。三月一日,杨广又修《重留书》,欲抑留智者度夏后再"发遣,冀不半途飘露"④,"请就摄山安居度夏",这显然是杨广的缓兵之计。但"师不许"⑤,严辞谢绝。对于这位德高望重的佛学大师,杨广不敢"违忤","谨尊宿愿","即命所司发遣"⑥,最后"具装发遣"⑦送智颛上庐山。

智颛入江都仅4个月就远走荆湘,对于怀有政治图谋的杨广

---

① 《国清百录》卷2《王谢书第二十七》。
② 《佛祖统记》卷6《四祖天台智者》。
③ 《国清百录》卷2《王请留书第二十九》。
④ 《国清百录》卷2《王请留书第三十》。
⑤ 《佛祖统记》卷6《四祖天台智者》。
⑥ 《国清百录》卷2《王许行书第三十一》。
⑦ 《佛祖统记》卷6《四祖天台智者》。

来讲,的确是一个巨大的损失,感到无限遗憾。但杨广知道强夺人意可能适得其反,为能最终驯服和利用这位高僧,必须要有足够的耐心,从长计议。

另一方面,智𫖮虽极力疏远杨广,却也没有忘记利用王者之力来兴办佛事。他离江都时立即给杨广写信,称:"近年寇贼交横,寺塔烧烬,仰乘大力建立将危。遂使佛法安全,道俗蒙赖,收拾经像处处流通,诵德盈街恩满路"。希望杨广营造治葺庙宇①。杨广立即回信表示同意,称:"废寺同于火宅,持钵略成空返,僧从无依,实可伤叹"②。智𫖮登上庐山,又述东林寺"羡玩忘劳",然山下伽蓝偏近驿道,行人归去颇感混杂,请求杨广下令寺边"永禁公私停泊"③。杨广即付有司,"勒彼州令去公私使命,不得停止"④。就这样,师徒二人各有图谋,互相利用,书信往来不绝,表面看来似乎已成莫逆之交。

杨广抓住一切机会,一刻也不放松对智者大师的拉拢。开皇十二年(592)三月二十一日,杨广连续修书3封,存问大师"道体如何"⑤。七月一日,杨广遣主簿王灌往庐山参省问候,并送盐米,希望智𫖮回心转意。但智𫖮却于八月八日西去南岳衡山,"营建功德",参拜恩师慧思之墓。杨广得知智者远去,急忙于十月十日参书一封,云:"弟子渡江还,去月初移新住,始于所居外援建立慧日道场,安置照禅师以下,江陵论法师亦已远至于内援。建立法云道场,安置潭州觉禅师已下"。再次表示要请智𫖮到江都道场主

---

① 《国清百录》卷2《述蒋州僧书第三十三》。
② 《国清百录》卷2《王答蒋州事第三十四》。
③ 《国清百录》卷2《述匡山寺书第三十五》。
④ 《国清百录》卷2《王答匡山寺书第三十六》。
⑤ 《国清百录》卷2《王与匡山三寺书第三十七》。

持佛法,并催促说:"已别遣使迎至,愿预整归计"①。十一月十五日,杨广再遣亲信伏达往潭州奉迎②,但智𫖮未加理会,于十二月回到久别20多年的家乡荆州(治今湖北江陵),受到家乡人民的隆重欢迎。"泮宫道俗延颈候望,扶老携幼相趋戒场,垂里戴白云屯讲座,听众五千余人,旋乡答地荆襄未闻"③。智𫖮即于当阳县玉泉山建立"精舍",并重修十住寺④,打算在此长住久居。

智者大师我行我素,傲慢地拒绝晋王杨广的"累书延屈",当然使晋王大丢面子,但杨广也并未激怒,表现出极高的政治素养和极大的耐心。智𫖮远离江都而入荆州意在摆脱晋王的控制,但终不能摆脱大隋王权的监视。另一方面,远离晋王却也使智𫖮难以得到晋王的政治庇护。时隋文帝在旧陈荆州等地设置的总管府,虽说总归晋王节制,但实际上是直接听命于中央,"总管刺史加使持节"⑤,拥有很大的权力。如令狐熙为桂州总管17州诸军事,即有便宜从事之权,可以朝廷名义任命刺史以下官吏⑥,杨广号令所达实际仅限扬越一隅。

智𫖮进入荆湘弘法,不久就遇到了麻烦。智𫖮后来临终时给杨广的遗书中透露了自己在荆州集众说法时,遭到地方当局粗暴干涉的情况:

> 于荆州法集,听众一千余僧,学僧三百,州司惶虑,谓乖国式,岂可集众,用恼官人。故朝同云合,暮如雨散,设有善萌,

---

① 《国清百录》卷2《王重遗匡山参书第四十》。
② 《国清百录》卷2《王遣使潭州迎书第四十一》。
③ 《佛祖统记》卷6《四祖天台智者》。
④ 《隋天台智者大师别传》。
⑤ 《隋书》卷31《地理志下》。
⑥ 《隋书》卷56《令狐熙传》。

不获增长,此乃世调无堪,不能谐和得所①。

法会竟被地方官勒令解散,足见其事之严重。时江南平叛不到两年,隋对旧陈遗民心存警戒,曾多次下令收缴武器,直到开皇十八年(598),还下令禁止"私造大船,因相聚结,致有侵害,其江南诸州,人间有船长三丈以上,悉括入关"②。智𫖮"因相聚结"了一千余僧,外加学僧300人,而未经官方同意,自然"有乖国式"。特别是智𫖮先前与陈朝君臣关系密切,是南朝佛教界首望,隋地方当局生怕他以自由传教为名聚众谋反。可以肯定,遣散智者的法会是地方官依法行事,而决不是秉承晋王的命令。为了寻求政治庇护,智𫖮写信请杨广做玉泉寺的大檀越,杨广再次表示同意,并亲自写信给荆州总管达奚儒,请他对智者及所修玉泉寺多加关照③。

开皇十三年(593)二月二十二日,杨广入朝,行至陕州,又遣使送去亲笔信往荆州奉迎智𫖮,称自己"驰仰之诚与时而积"④,五月,智𫖮派弟子智璪奉书回晋王,请求撰恩师衡山南岳慧思禅师碑文,并送上新建玉泉伽蓝图,献上"万春树皮袈裟"⑤。杨广收到大师所赠名贵礼物,即修书一封表示感谢:"弟子总持和南,垂赐万树皮袈裟一缘,述是梁武帝时,外国唯献四领,今余一,而是建初乌琼法师所披"。另外,附有一份丰厚的礼单,以示还报。礼单称:"弟子总持和南,率施别牒,五彩牒锦,香炉檀等十种,示表微诚,……"⑥双方互赠礼物,以礼相待,因各有所求,杨广与智𫖮之

---

① 《国清百录》卷3《遗书与晋王第六十五》。
② 《隋书》卷2《高祖纪下》。
③ 《国清百录》卷3《王与上柱国蕲郡公荆州总管达奚儒书》。
④ 《国清百录》卷2《王遣使荆州迎书第四十二》。
⑤ 《佛祖统记》卷6《四祖天台智者》。
⑥ 《国清百录》卷2《王入朝遣使参书第四十三》。

间已渐疏远的师徒关系似乎又热起来。

杨广在京师朝见父皇时,奏告了自己在江南兴隆三宝,及为安定江南拉拢和利用智𫖮的意图,提请文帝重视。这使隋文帝于开皇十三年(593)七月二十三日敕书匾额,赐智𫖮创办的精舍名曰"玉泉寺",并敬问道体①。当今皇上御笔亲题金字,对于正遭到麻烦的智者大师来说,的确是巨大的恩惠,这也正是他求之不得的。荆州总管王世积随即"到山礼拜"②。智𫖮的境况无疑大为改观了,弟子杨广为智者大师算是帮了一个大忙。

杨广施此恩惠,自然要图还报,于是加紧了对智𫖮的延揽。九月十日,杨广致书智𫖮,称"弟子还镇非久,便愿沿流仰合江都"③。再次邀请智者往江都。九月二十四日,杨广又由京师写信给智𫖮,称"仰违已久,驰系实深"。"献岁非遥,倾迟虔礼,暮春届节当遣奉候"④。不日,又遣统军鲁子誉送信,书称:"秋仲归蕃,请夏讫沿下,在于拜觐"⑤。开皇十四年(594)九月,杨广从驾东巡于路,又两次修书存问智者"道体康念"⑥。开皇十五年(595)正月,杨广随文帝祠泰山⑦后还镇,即于二十日遣使奉书往迎智𫖮,称"余春未尽,必希拜觐"⑧。晋王的恩惠和"致书累请",使智𫖮再也不好意思拒绝,随即顺流东下,"重履江淮"⑨。

---

① 《国清百录》卷2《文皇帝敕给荆州玉泉寺额书第四十四》。
② 《隋天台智者大师别传》,原文作"王积",实乃王世积,唐人讳唐太宗李世民改。
③ 《国清百录》卷2《王入朝遣使参书第四十三》。
④ 《国清百录》卷2《王在京遣书第四十五》。
⑤ 《国清百录》卷2《王在京遣书第四十五》。
⑥ 《国清百录》卷2《王从驾东岳于路遣书第四十六》。
⑦ 《隋书》卷2《高祖纪下》。
⑧ 《国清百录》卷2《王还镇遣书第四十七》。
⑨ 《隋天台智者大师别传》。

智颛先到金陵(今江苏南京)栖霞寺,后又来到江都城外的禅众寺①。其后的行踪文献记载不详,但可以确知,他仍不肯住进慧日道场。对于智者的固执,杨广似乎无可奈何,于是转而希望大师传授佛法。六月二十一日和二十五日,杨广两次修书向智颛问禅法②,杨广自称"仰逮还旨,犹乘谦尊,循复久之,恍如自失,切以学贵承师,事推物论,历求法缘,厝心有在"。又说:"况居俗而欲兼善,当今数论法师无过此地,但恨不因禅发"③。杨广执弟子礼甚恭,虚心求教,看来目的是想成为天台智者传灯的上首弟子,使自己能成为佛教界的领袖。他为此又"复使柳顾言稽首虔拜"。智者频辞不免,乃著《净名经疏》④。七月,智颛以所著《净名义疏·初卷》奉送晋王,杨广"跪承法宝,粗览纲宗"⑤。但他进一步要智颛授禅传灯,却遭到了断然拒绝。杨广把智者接到江都仅仅是要大师向自己一人传法,而不允许其他任何人接近智者。智颛临死时的遗书透露,他与学徒40余僧于江都行道:"亦复开怀,待来问者"。但除晋王派人来问道外,竟不见一人来向他"求禅求慧"⑥。显然,智颛的居所暗中受到了管制,行动受到了监视。智颛感到再留在江都已毫无意义,师徒之间貌合神离的关系又呈现出紧张。

开皇十六年(596)三月二十日,智颛再次请求离开江都,他修书杨广曰:"天台既是寄终之地,所以恒思果遂,每嘱弟子,恐命不待期,一旦常身充禽鸟,焚烧余骨送往天台,愿得次生还栖山谷,修

---

① 《佛祖统记》卷6《四祖天台智者》。
② 《国清百录》卷2《王谢天冠并请义书第四十八》、《王重请义书第五十》。
③ 《国清百录》卷2《王重请义书第五十》。
④ 《隋天台智者大师别传》。
⑤ 《国清百录》卷3《王谢义疏书第五十一》。
⑥ 《国清百录》卷3《遗书与晋王第六十五》。

业成辨乃可利人"①。话说得是如此沉重,竟提到"寄终"、"余骨",心境之悲凉,可想而知。不日,智者与晋王见面,当面告辞,"麾盖入谒,复许东归"②。杨广企图利用智𫖮的政治图谋再一次落空了。

智𫖮何时启程回天台山,僧俗史料记载不详,其弟子灌顶所撰《隋天台智者大师别传》仅云:"王入朝辞归东岭"。《国清百录》卷3智𫖮给杨广的《遗书》称"在山两夏",则肯定应是开皇十六年(596)春天。据《佛祖统记》卷6:晋王"不敢留,遂行。吴越之民扫巷以迎,沿道令牧幡华交候"。离别12年又回到天台山,虽"寺久荒芜",但智𫖮因摆脱了江都的政治樊笼,回到了大自然,心情格外舒畅。智𫖮"雅好泉石,负杖闲游",深自吟叹曰:"虽在人间,弗忘山野,幽幽深谷,愉愉静夜,澄神自照,岂不乐哉"③。智𫖮因得静下心来,"专治玄义,进解经文至佛道品,为三十一卷"④。开皇十七年(597)八月,会稽嘉祥寺吉藏大师请智𫖮去讲《法华经》,智𫖮亦拒而未赴⑤,看来智𫖮的确需要安静。

但开皇十七年(597)十月,杨广又一次朝父母后归藩,也许是隋文帝问及智𫖮的动向并有所指示,杨广又"遣行参高孝信入山奉迎"⑥,且似乎有不得违旨之命。智𫖮见杨广仍不放过自己,不让自己安宁,乃"散什物用施贫","又画作寺图以为样式,诫嘱僧众"。在预示了自己必死之后,大师启程。径至石门,乃云有疾,

---

① 《国清百录》卷3《重述还天台书第五十三》。
② 《国清百录》卷3《遗书与晋王第六十五》。
③ 《隋天台智者大师别传》。
④ 《国清百录》卷3《遗书与晋王第六十五》。
⑤ 《佛祖统记》卷6《四祖天台智者》。
⑥ 《隋天台智者大师别传》。

谓弟子智越等云:"大王欲使吾来,吾不负言而来也,吾知命在此,故不须进前也。石城是天台西门,天佛是当来灵象处所,既好宜最后用心"。即口授遗书并亲写46字给晋王杨广,其书略云:"莲花香炉,犀角如意,是王所施,今以仰别,愿德香远闻,长保如意"①。封竟,索三衣钵,命净扫洒,以十二月二十四日未时安详入灭,春秋60;僧夏40。

关于智𫖮的死,中外不少学者提出质疑,认为智𫖮不是正常病故,而是遭"政治迫害"而亡②。又因杨广后来成了著名的暴君,迫害智𫖮的祸首自然算到了杨广头上,遂成为一桩千古疑案。杨广与智𫖮交往前后6年,二者的关系因种种因素的搀杂而显得十分复杂,我们有必要拨开迷雾指出二人交往的实质,并作出客观公正的评价。

智𫖮临死时给晋王长长的《遗书》,对自己一生弘法作了总结,其中提到的"六恨",被认为是他遭到政治迫害的主要证据。《遗书》开头即云:

> 贫道初遇胜缘,发心之始,上期无生法忍,下求六根清净,三业殷勤,一生望获。不谓宿罪殃深,致诸留难,内无实德,外招虚誉。学徒强集,檀越自来。既不能绝域远避,而复依违顺彼,自招恼乱,道德为亏,应得不得,忧悔何补③。

智𫖮先述自己出家弘法只求六根清净,想不到无法切断尘世的烦恼,他想远避绝域远离政治而不可得,而不得不"依违顺彼",他认为这是"上负三宝,下愧本心,此一恨也"。其第二恨为"再负先师

---

① 《隋天台智者大师别传》。
② 参见日本·山内舜雄:《天台智者大师と炀帝との関系についてつて》,载《印度学佛学研究》第5号,1957年;谈壮飞:《名僧智𫖮之死之疑》,载《中国哲学史研究集刊》第2辑,(上海)1982年3月。
③ 《国清百录》卷3《遗书与晋王第六十五》。

百金之寄"。此外,他提到在荆州法集被官司解散之事(五恨),和在江都被监视而无法传教之状(三恨),言辞暗含忧怨。智者叹道:"又作悬念,此处无缘,余方或有,先因荆潭之愿,愿报地恩,大王弘慈,霈然垂许。于湘潭功德,粗展微心,虽法缘者众,孰堪委业?初谓缘者不来,今则往求不得,推想既谬,此四恨也"。在智者看来,大隋一统天下竟没有他自由传教弘法之地。最后一恨他说:

> 既再游江都,圣心熏法,令著《净名疏》,不揆暗识,辄述偏怀。玄义始竟,麾盖入谒,复许东归。而吴会之僧,咸欣听学。山间虚乏,不可聚众。束法待出,访求法门,暮年衰弱,许当开化,今出期既断,法门亦绝①。

字里行间充满了痛切激愤之情,表达了一位殉道者对于世道不公的最后抗诉。

然而,智者大师的申诉并非指斥弟子杨广。时晋王年方28,上有父皇和太子杨勇,只是一个藩王,天下尚不是杨广的天下,不是杨广说了就算。而大一统的天下大势又要求意识形态的高度统一,统一政权要求有相应统一的宗教,建立为王朝所用的神学。隋文帝在灭陈后不久就敦促智𫖮要"以同朕心",和朝廷保持一致,智𫖮却非但不主动归依新朝,反而不愿"依违顺彼",要"绝域远避","虽在人间,弗忘山野",想自由地弘法传教,显然不容于当世,有悖于当时的政治情势。对于杨广来讲,他坐镇江都,受命统领旧陈之地,必然要做加强思想意识形态领域统一的工作,由于智𫖮在江南宗教界的声望,杨广不仅要控制智𫖮,还想利用智𫖮,就像拉拢利用江南道教首领王远知一样。王远知束手就范,但智𫖮却凛然不附。智者的孤傲不屈固然可贵,而杨广对桀骜不驯的大

---

① 《国清百录》卷3《遗书与晋王第六十五》。

师却也自始至终没有粗暴简单地施以迫害,而是极有耐心地一次又一次延屈,施之以惠,竭尽全力拉拢,希望软化智颢,使智颢感恩就范。即使在江都对智者进行了严密监视,却也不敢当面公开,而当智颢坚持要走,杨广当即放行。这就不能认为杨广以政治强权迫使智者接受了自己的意志,即使是最后敦请智者离开天台山来江都,也没有逼迫的直接证据。智颢弟子灌顶编纂的《国清百录》收录了杨广与智者大师往来信件40多封,每封信杨广都言极谦恭,自称弟子,没有丝毫王者相加的口气逼迫。智者对杨广也十分尊重,临死之时,仍将其遗著《净名义疏》31卷交付给杨广,并嘱请杨广为南岳大师慧思作碑颂,又"乞废寺田为天台基业",并请度僧,"为作檀越主"。智颢说:"此等之事,本欲面咨,未逢机会奄成遗嘱,亦是为佛法为国土为众生"①。杨广对智颢的拉拢抱有明显的政治图谋,遭到智颢抵制未达目的也是事实,但从他们交往的事实来看,很难说晋王杨广对智者大师施行了政治迫害,即使是遗书"六恨"也难以看作是遭受迫害的证据。

　　遗书为智颢圆寂前3天口述,弟子灌顶手书,并很快交给了杨广。杨广闻知大师圆寂,"五体投地,悲泪顶受"②,十分悲痛,"远拜灵仪,心载呜咽"③,对大师提出的所有要求都完全给予满足。智颢死后杨广仍一如既往地保持与天台僧团的密切关系,他遣使往天台山设千僧斋,建《功德愿文》,表示"生生世世长为大师弟子"④。并多次召见天台山的僧使,资助寺庙建设,说明杨广并不因智颢已死而放弃利用他的影响统一南北佛教界的努力。

---

① 《国清百录》卷3《遗书与晋王第六十五》。
② 《天台山记》,见《大正藏》第51册。
③ 《国清百录》卷3《王答遗旨文第六十六》。
④ 《国清百录》卷3《王遣使入天台建功德愿文第六十七》。

智顗既死,杨广转而极力延揽江南另一高僧吉藏。吉藏是佛教另一宗派三论宗的宗师,开皇九年(589)陈亡之时,40岁的吉藏与智顗一样都离开了建康。智顗西去,吉藏则东走会稽山禹穴嘉祥寺,在此一住就是15年,因而被称为嘉祥大师。他和智顗一样也多次谢绝了杨广的致书累请,至开皇末年,终于被杨广召到江都,主持慧日道场,所受礼敬与智者大师不相上下。后他又随晋王延居长安日严寺,声振中原,杨广即皇帝位后,吉藏即成为隋朝佛教界的首领人物。

晋王杨广为延揽智顗可谓费尽了心机,虽最终未能使智顗就范,但杨广的佛道事业达到了预定目标。虽然智顗至死也没有依附隋朝,但他的门人弟子在他死后则积极主动地向王权靠拢,天台宗在杨广的政治扶植下终于最先成为独立的佛教宗派。晋王杨广和智者大师交往的实质就是隋统治者企图在政治上控制和利用智顗,通过二人微妙的交往,我们看到了智者大师凛然不屈的可贵人格,也看到了晋王杨广虚伪阴险的政治品性。同时,我们还看到了青年杨广在政治上已日益成熟,具有政治才能,他工于心计,极有耐心,表现了极高的政治素养和政治手腕。青年杨广的不懈努力和成功,使他不仅有统兵北御突厥、南灭陈朝的武功声誉,又取得安定江南的文治政绩,终于在朝臣中"声名籍甚,冠于诸王"[①],为他日后夺嫡继统打下了坚实基础。

第四节 昆弟之中 独著声绩

晋王杨广镇抚南方旧陈之地,维护国家统一,在藩为父母分

---

① 《隋书》卷45《文四子·房陵王勇传》。

忧,建功立业,深得父母钟爱。在兄弟5人中,杨广独著声绩,声誉与日俱增。

据说,隋文帝曾密令术士来和为他5个儿子相面,来和看过后诡秘地对文帝说:"晋王眉上双骨隆起,贵不可言"①。似乎隋文帝夫妇偏爱杨广,乃是出之于迷信。其实不然,帝后对次子杨广"特所钟爱",除了他自小美姿仪,长得漂亮外,更多的还在于杨广善于表现,建立了高出于兄弟之上的功业。这只要稍作比较,就很清楚。

相比而言,杨广的哥哥杨勇才是时代的宠儿,最为幸运。他以嫡长子平流直取,成为大隋皇位的继承人。由于隋文帝的皇位得之于篡夺,为使皇统永固,传之万代,对皇位继承十分重视。早在禅位之前,任北周随国公假黄钺大丞相的杨坚就将杨勇立为"世子",即所封随国爵位的合法继承人。大定元年(581)二月丙辰(初六)加九锡篡位前,又以周静帝名义将世子杨勇立为王太子,成为随王储。开皇元年(581)二月禅代建隋的第三天,丙寅(十六日),又册立杨勇为皇太子,并举行了庄严隆重的册封典礼。"预建太子,所以重宗庙社稷,不忘天下也"②。早立太子体现了当今皇上不忘天下,隋朝刚建立,杨勇即以嫡长子身份而不是以功劳获得了储君地位,并宣告朝野,大赦天下。这是在当时谁也没有异议,被认为是天经地义的大事。

乙亥(二十五),隋文帝在任命王朝宰相三公的同时,也任命了太子的师傅,以教导辅佐年轻的皇太子。观国公田仁恭为太子太师,武德郡公柳敏为太子太保,济南郡公孙恕为太子少傅,开府

---

① 《隋书》卷3《炀帝纪上》;《册府元龟》卷44《帝王部·奇表》。
② 《汉书》卷4《文帝纪》。

苏威为太子少保,这些德高望重富有政治经验的"师傅"和其他官属统称为"东宫官属",他们较之文帝为晋王、秦王、蜀王所选的僚佐更显得荣耀,责任更为重大。

然而,皇太子杨勇人品资质如何?其才堪为大隋王统的继承人吗?

杨勇是杨广的同母长兄,小字睍地伐,关于他的出生年月,史年缺载,据推测,至少应比杨广大两三岁,理由是在杨坚贵盛任北周假黄钺大丞相之前,已为杨勇娶了妻,媳妇是西魏宗室元孝矩之女。元孝矩有一个妹妹嫁给了北周执政晋公宇文护,是关陇勋贵中的大豪门。杨坚和独孤氏"重其门地"①,出于政治目的,企图以联姻扩大本家族的势力,为长子杨勇包办了这门亲事,并认为是选了佳媳。结婚时,杨勇年龄至少应在 14 岁以上。在北周,杨勇因祖父杨忠的军功,被封为博平侯,当姐夫周天元宇文赟暴崩,杨坚入禁中总朝政之时,少年杨勇曾为父亲奔走分忧。他曾奉父命去叔父杨慧宅第,召杨慧来参与篡夺之事,杨慧恐致家祸不敢出山②。在杨坚初掌北周政权的危难之际,杨勇和父亲一起承担着巨大风险。大象二年(580)九月,在讨平五王三方构难之后,杨坚又任杨勇为"洛州总管,东京小冢宰",赋以"总统旧齐之地"的重大责任。杨勇的岳父元孝矩也被任命为小冢宰,赐爵洵阳郡公,后又升任大司徒,帮助亲家翁支撑新开创的局面。杨坚代周立隋前夕,杨勇又被召回京师,进位上柱国、大司马,领内史御正,总管诸禁卫军,而又以其岳父元孝矩代杨勇坐镇洛阳。由此可见,杨勇在杨坚篡周立隋的关键时刻,起过相当重要的作用。

---

① 《隋书》卷 50《元孝矩传》。
② 《隋书》卷 44《滕穆王瓒传》。

隋朝建立之后,皇太子杨勇在父亲身边协助处理内外军政事务,当时山东地区战乱刚平息,人民不得安居,不少编户逃亡,流徙于外,隋文帝派遣专使前往检查追捕,并试图迁徙一批民户往北境塞外实边备胡。太子杨勇认为这种做法简单粗暴,不能解决根本问题,因此,上书进谏:"窃以导俗当渐,非可顿革,恋土怀旧,民之本情,波迸流离,盖不护己"①。谏书写得头头是道,言之有理,且文才不俗,文帝读后十分高兴,予以嘉奖,自后不再提移民实边之事。这以后,有关时政,多所损益,每每得到文帝的采纳。

杨勇也颇好学,自小受过良好教育,诗词文赋写得很好。当时由北齐入周转入隋的北方文士魏澹深得杨勇礼遇,文帝任为太子舍人。杨勇让魏澹注《庾信集》,说明杨勇和弟弟杨广一样崇尚南方风格庾信诗体。魏澹后迁官著作郎,但仍为太子学士,撰有《笑苑》、《词林集》,杨勇对他"屡加优赐"②。平原人明克让,乃南朝梁侍中明山宾之子,少好儒雅,博涉书史,尤精三礼,龟策历象,俱得其妙。梁亡后流寓长安,被北周明帝宇文毓引为麟趾殿学士。隋立国时文帝因其才学拜为太子内舍人,后转为太子率更令,进爵为侯,在东宫为太子杨勇讲经论史,著有《孝经义疏》、《古今帝代记》等书。杨勇对他"以师道处之,恩礼甚厚"③。东宫官属中还有大学者、科学家宇文恺,开皇初任太子左庶子,撰有《东宫典记》70卷④。音韵学家陆法言的父亲陆爽曾任太子内直监,不久迁任太子洗马⑤。杨勇也折节大力罗致天下人才,当时有两位经学家刘

---

① 《隋书》卷45《文四子·房陵王勇传》。
② 《隋书》卷58《魏澹传》。
③ 《隋书》卷58《明克让传》。
④ 《隋书》卷68《宇文恺传》。
⑤ 《隋书》卷58《陆爽传》。

焯与刘炫,都是北朝大儒熊安生的弟子,因事除名在家,以教授生徒为业。杨勇不咎既往,以礼召致。刘炫曾伪造书百余卷送官取赏,被人告发,差一点被判处死刑,杨勇没有因他曾犯死罪而废弃,因为没有一点才学,要伪造百余卷经书是不可能的,由此可见杨勇重视人才。一段时间内,杨勇的太子东宫"盛征天下才学之士"①,南北方许多著名学者文士都被征召到东宫府下。被征召的学者文士还有南人姚察、陆德明等。

立为皇太子之初,杨勇深得父皇信用,"颇知时政"②,"军国政事及尚书奏死罪已下,皆令勇参决之"③。为了加重东宫官属的声望,文帝还令朝廷大臣兼领东宫官职。如以兵部尚书苏孝慈兼太子右卫率④、左领军将军卢贲兼太子左庶子⑤。兼太子左庶子的还有大臣刘行本、唐令则等⑥,关中右姓韦世约任太子洗马⑦。太子东宫真可谓人才济济。

杨勇性格外向宽厚仁义,率意任情,直来直去,不像杨广那样矫情饰貌,对自己的言行从不做作矫饰。他出身勋贵,自小优容富贵惯了,现在当了皇太子,国家储君,更是盛气凌人,不注意影响,而渐见骄奢。有一次杨勇用黄金饰一幅蜀产铠甲,镶嵌金边,被崇尚节俭的父皇看见,即严肃地告诫杨勇:"天道无亲,唯德是与,历观前代帝王,未有奢华而得长久者。汝当储后,若不上称天心,下合人意,何以承宗庙之重,居兆民之上?吾昔日衣服,备留一物,时

---

① 《隋书》卷58《明克让传》。
② 《隋书》卷46《苏孝慈传》。
③ 《隋书》卷45《文四子·房陵王勇传》。
④ 《隋书》卷46《苏孝慈传》。
⑤ 《隋书》卷36《卢贲传》。
⑥ 《隋书》卷62《刘行本传》。
⑦ 《隋书》卷47《韦冲传》。

复看之,以自警戒。今以刀子赐汝,宜识我心"①。父皇语重心长,但杨勇却漫不经心,全不在意,心想自己贵为皇太子,一幅镶金铠甲算得了什么,有什么值得大惊小怪的呢?

后来冬至节到,朝廷百官多往东宫朝见皇太子,杨勇又不加回避,盛张乐舞接受朝贺,歌舞之声传于宫外,被隋文帝听到。于是文帝召朝臣发问:"近日冬至节,内外百官相率往东宫朝贺,是何礼也?"太常少卿辛亹回答:"于东宫只能称贺,不能称朝,朝唯皇帝才用"。文帝极为震怒,专门下诏:"礼有等差,君臣不杂,爰自近代,圣教渐亏,俯仰逐情,因循成俗。皇太子虽居上嗣,义兼臣子,而诸方岳牧,正冬朝贺,任土作贡,别上东宫。事非典则,宜悉停断"②。禁止一切不合礼制的朝贺。太子受贺只准"西面而坐,唯宫臣称庆,台官不复总集"③。隋文帝对杨勇的僭越行为渐生疑窦,从此恩宠渐衰。当晋王杨广在江南建立功业之际,在京师养尊处优的杨勇却没有什么作为,在朝臣中的声望渐渐不如弟弟。

再说老三秦王杨俊,他仅比杨广小两岁,也有一个佛名叫阿祇。阿祇小时也颇为父母喜爱,开皇元年(580)杨广受封晋王的同时,杨俊也封为秦王,第二年春拜上柱国,出任河南道行台尚书令,洛州刺史,时年仅12岁,加右武卫大将军,领关东兵,镇抚旧齐大地。开皇三年(583),迁秦州总管,总隶陇右,戒备突厥和吐谷浑,其任同样崇重。开皇六年(586)迁山南道行台尚书令,驻襄阳(今湖北襄阳),准备灭陈。开皇九年(589)伐陈之时任山南道行军元帅,督30总管,率水陆十余万人屯汉口,总制上游隋军。灭陈

---

① 《隋书》卷45《文四子·房陵王勇传》。
② 《隋书》卷45《文四子·房陵王勇传》。
③ 《隋书》卷9《礼仪四·皇太子朝见礼》。

后任扬州总管,坐镇广陵(今江苏扬州市),第二年江南发生暴动,文帝让他与二哥杨广对调,转任并州总管24州诸军事。由此看来,杨俊的经历与杨广相同,都有建功立业的机会。

杨俊起初也颇为好学,颇有文武才能,一时秦王府也人才济济,如名将段文振先为秦府司马,后随杨俊任扬州总管府司马,不久转任并州总管司马①,是秦王杨俊得力的军事助手。杨俊还召致文学之士为秦王府属,如京兆常得志,"博学善属文",任秦府记室②。灭陈时杨俊闻知潘徽有文才,"召为学士"③。隋文帝对老三杨俊年纪轻轻就能礼贤下士,好学不倦十分欢喜,曾下书奖励,并多次亲幸秦王府第。杨俊"仁恕慈爱",性格生性柔弱,在兄弟5人中可能是最没有政治野心的。平陈之役他严守既定战略,制止部下的请战,尽量减少杀伤,直待敌军投降。论功行赏时他更辞功不受,垂泣说:"谬当推毂,愧无尺寸之功,以此多惭耳"④。文帝听后更感怜爱。但杨俊"崇敬佛道",想入非非,企图抛弃优荣福贵的皇子生活,竟多次要求出家当和尚,文帝没有同意。

后来随着年龄的增长,杨俊在晋阳(今山西太原)藩府悠闲无处消遣,不能控制自己,渐好尚奢侈,违犯制度。由于耗费巨大,竟在并州辖地放高利贷,使部下官吏和管下百姓叫苦连天。文帝派专使按查此事,受牵连遭受处罚的就有百余人。原晋王杨广的长史王韶时改任秦王杨俊长史,在并州岁余"劳敝而卒",死年68岁,文帝责怪杨俊,"杀我子相,岂不由汝邪"⑤。但杨俊不知悔改,

---

① 《隋书》卷60《段文振传》。
② 《隋书》卷76《常得志传》。
③ 《隋书》卷76《潘徽传》。
④ 《隋书》卷45《文四子·秦王俊传》。
⑤ 《隋书》卷62《王韶传》。

仍然在晋阳修建宫殿,穷极侈丽,甚至亲自动手用斧头制作家具什物,用珠玉修饰,为王妃制作七宝床。又制作水殿,玉砌金阶,梁柱之间用水晶明镜修饰,金碧辉煌。杨俊经常与宾客妖女在水殿纵乐歌舞,打发时日。王妃是山东门阀崔氏女,由于被冷落,竟在瓜中放毒,杨俊中毒一病不起。愤怒的文帝将杨俊召回京师,免去他的官职,派幼子汉王杨谅接替了并州总管之任,妃崔氏赐死于家。

当时,左武卫将军刘昇曾谏文帝,说秦王不过多费了些钱物,不必解职,文帝愤然作色说:"法不可违"。宰相杨素也曾为杨俊求情,也被文帝拒绝,说:"我有五个儿子,不能为他们另制天子儿律"。并严辞遣责杨俊:"我戮力关塞,创兹大业,作训垂范,庶臣下守之而不失。汝为吾子,而欲败之,不知何以责汝!"①杨俊既感恐惧又惭愧,病越来越重,于开皇二十年(600)六月丁丑(20日)一命呜呼,死于秦邸,时年仅30岁。

隋文帝对杨俊的荒唐奢侈伤透了脑筋,死时仅哭了数声。倒是杨俊的门人常得志最为伤心,写了一首五言诗,"辞理悲伤",又写了一篇《兄弟论》的文章②。另一位门人王延更哀毁骨立,死后随葬。为了告诫他人,隋文帝命令将杨俊制作的侈丽之物,悉数烧毁,并命令丧事"务从俭约,以为后法",甚至连一块墓碑都不让制作,说:"若子孙不能保家,徒与人作镇石耳"③。

老四蜀王杨秀比杨广小4岁,开皇元年(580)立为越王,"九岁荣贵"。不久改封蜀王,任西南道行台尚书令,坐镇西南。隋文帝为杨秀也配备了很强的辅佐人员,如总管长史元岩、令狐熙都以正直见称。在成都,杨秀由一个乳臭未干的孩童成长为一个英武

---

① 《隋书》卷45《文四子·秦王俊传》。
② 《隋书》卷76《常得志传》。
③ 《隋书》卷45《文四子·秦王俊传》。

的青年,他容貌瓌伟,长着美丽的胡须,有胆气,有武艺,一般人见到他无不慴惧。在元岩及河东柳俭等严师的教导下,蜀王也颇具文武才能,独当一面。开皇十二年(592),20岁的杨秀回朝任尚书令,不久再次出镇成都。

杨秀也颇爱好文学艺术和学术,和哥哥们一样拼命招揽文学有才之士。陇西辛德源在北齐时就以学问闻名,入隋后隐居山林,郁郁不得志,著《幽居赋》以自寄,仅与卢思道往来,著有《集注春秋三传》30卷,注《扬子法言》20卷。杨秀闻知他的大名,即召他到成都王府,几年后上奏文帝,任为益州总管府掾[①]。河东柳彧得到博陵李文博撰写的《治道集》10卷,杨秀知道后,即派人向柳彧求索,柳彧将书送给杨秀,杨秀大喜,赐给柳彧奴婢10口作为报赏[②]。

杨秀虽礼贤下士,搜罗人才,但性情既暴,有时不免粗鲁无礼。著名学者刘焯和刘炫,有重名于当时,太子杨勇曾竭力招致,但隋文帝不希望二刘在京师聚众讲学,令他们往成都"事蜀王"。二刘不愿,"迁延不往","久之不至",杨秀不禁大怒,派人用枷锁将他们抓到成都,"配之军防",甚至让这二位老学者于蜀王帐内"执杖为门卫"[③]。这与杨广师事天台智顗相比,不可同日而语。

开皇十三年(593)蜀王府长史元岩死后,杨秀开始无所拘束,恣行所欲,他私造浑天仪、指南车、记里鼓。青年皇子爱好科学,本无可指责,但在专制王朝时代,浑天仪、指南车等科技器物只能由朝廷官司掌握,一般人拥有则可能被怀疑为僭越,是"违犯制度",周之九鼎不可问,而蜀王杨秀年仅23岁就被服器玩"拟于天子",

---

[①] 《隋书》卷58《辛德源传》。
[②] 《隋书》卷62《柳彧传》。
[③] 《隋书》卷75《刘炫传》。

是大逆不道。杨秀是个绝顶聪明的青年,他有巧思,懂音律,曾自己动手制作了上千面琴,"散在人间"①。但杨秀对科学和艺术的正常爱好没有得到父皇的鼓励和奖赏,反而遭到父皇粗暴的谴责。求知欲望被扼杀,20多岁的青年皇子的充沛精力无处发挥,于是寻欢作乐,处心积虑想出一些奇异的玩法。杨秀的王妃是代北门阀长孙览的女儿,杨秀经常与长孙氏外出游猎,但他们不猎野兽,却用弹弓弹射活生生的人以为笑乐,又大捕僚人阉割以充宦者,甚至残暴地"生剖死囚,取胆为乐"②。僚佐不敢谏止。隋文帝了解到杨秀这些野蛮行为后甚为忧虑,曾对独孤皇后说:"杨秀必以恶终,我在当无虑,至兄弟必反"③。于是分杨秀所统兵马。开皇十七年(597),隋文帝任命"以明干著称"的尚书左丞源师任益州总管司马④,以对蜀王杨秀实行监视。

杨秀和杨广一样长期出藩南方,政治地位不相上下。但杨秀不愿久居偏僻的蜀地,不像二哥那样坐镇藩居苦心经营,缺乏远大的政治抱负,多次上奏请求还京,甚至巴结文帝派往蜀地的使者元衡,请他回朝时向文帝求情,文帝不许,严辞谴责,杨秀于是不理政事,违犯制度。

晋王杨广却不一样,他坐镇江都,实际领掌不过长江下游扬州及闽浙诸郡,但他却把整个南朝故土视为自己建功立业的区域。时南方山区腹地尚居住着大量少数民族,主要有蛮、俚、獠、爨4大系统,他们有的自成部落,有的和汉族杂居,陈亡后他们虽统一于隋王朝之下,但仍处在与汉族融合的历史进程之中,旧史将他们统

---

① 《太平广记》卷203《杨秀》引《尚书故实》。
② 《隋书》卷62《元岩传》。
③ 《隋书》卷45《文四子·蜀王杨秀传》。
④ 《隋书》卷45《文四子·蜀王杨秀传》。

归为古代百越人的后裔,统称为"南蛮"。如《隋书·南蛮传》记称:"南蛮杂类,与华人错居,曰蜒、曰獽、曰俚、曰獠、曰㐌,俱于君长,随山洞而居,古先所谓百越是也,其俗断发纹身"。在岭南,虽然隋文帝和晋王杨广利用俚酋冼夫人的影响进行安辑,但江南广大蛮俚居住地区的叛乱仍然层出不穷。由于民族隔阂仍然存在,必须继续进行经略。

在今云南滇池地区,居住着今彝族的祖先爨人,隋建立后爨氏曾遣使朝贡,却并没有真正归附。由于控制和稳定西南边疆对隋统一关系重大,开皇十七年(597)文帝命史万岁为行军总管,率军远征爨地。史万岁率部从蜀地出"清溪关道",沿当年诸葛亮入南中之路,进入云南,大破诸爨。史万岁作《征南夷过石门山》诗叙其事:"石城门峻谁开辟?更鼓误闻风落石,盖天白岭胜金汤,镇压西南天半壁"①。时成都的蜀王和江都的晋王对史万岁的远征都很关注,但所重不同。史万岁回师成都时,蜀王杨秀乃索要金宝,万岁不从,杨秀怀恨在心。晋王杨广则对猛将史万岁"虚衿敬之,待以交友之礼"②,隋文帝见二人情好,乃令史万岁往江都督晋王府军事。但第二年,爨部首领爨玩趁隋退兵又发动叛乱,蜀王杨秀借机控告史万岁"受赂纵贼,致生边患,无大臣节"③。文帝大怒,穷治其事,史万岁于是脱离了晋王府,被派往北边备胡。

这件事更突出地表明了晋王杨广的抱负和蜀王杨秀的庸劣。说明杨广心存华夷戎夏,把整个南朝地域作为自己的政治根据地。

杨广还有一个幼弟杨谅,一名杨杰,字德章,开皇元年(581)7岁时封为汉王,因年幼一直在父母身边,直到开皇十七年(597)才

---

① 《隋书》卷53《史万岁传》。
② 《隋书》卷53《史万岁传》。
③ 《隋书》卷53《史万岁传》。

接替三哥杨俊出任并州总管。隋文帝对幼子甚为宠爱,出藩时竟亲自送至骊山温泉才止。但没有文武经验的青年杨谅在短时间内不可能建立什么功业。

　　杨广自13岁出藩,为隋朝的巩固和国家统一事业作出了突出贡献,在昆弟之中,他风流蕴藉,独著声绩,十多年中没有被人抓住什么明显的错处,方方面面都似乎无可挑剔。然而,杨广并非完人,他特别善于伪装。杨广生活上的奢华绝不比诸兄弟逊色,但府外人一般很难知道。有一次,隋文帝来到晋王府,看到府内许多乐器的弦多断绝,又布满了尘埃,像是长久不用,于是认为儿子不喜好声伎,对杨广留下了好印象。其实,这是杨广精心摆设的,用以获取父皇欢心。杨广不仅在父皇面前矫情饰貌,而且在士兵面前也装模作样,有一次观看围猎,突然下大雨,左右进油衣给杨广,杨广不纳,说:"士卒皆沾湿,我独衣此乎!"①乃令将油衣拿走。诸如此类的刻意矫饰,使当时"朝野属望",上下都盛称杨广"仁孝",以致"声名籍甚,冠于诸王"。

　　杨广矫情饰貌,并不是简单的曲意阿世,讨好父母,而是怀抱不可告人的个人野心,他不敢像其兄弟一样,率情任意,恣行所欲,不像其兄弟那样不顾后果,一味胡来,他并不是胆小,而是另有所谋。杨广爱好艺术,却不作长夜弦舞,反而要故意做出不好声伎的样子给父皇看,他年轻的心灵显然是受到了严重的压抑,这种刻意的压抑对于一个青年皇子来说是多么的痛苦,也真难为了杨广!但杨广不同于其兄弟之处就在于他有自制力,能压抑青年人的冲动,他能忍耐能够制造假象,钓得虚名,达到目的。杨广自小志气非凡,要做大英雄大圣人,而不愿顺其自然,听从命运安排。他是

---

① 《隋书》卷3《炀帝纪上》。

当今皇上之子,具有旁人无法企及的政治资源。他13岁出藩并州,手握重兵北御突厥,20岁出任平陈统帅,又坐镇江都10年,安辑江南,大捞政治资本。他不能容忍父皇任命的元帅长史宰相高颎限制他使用统帅权力,却又能容忍手无一兵一卒的和尚天台智颉的矜持傲慢。父皇让他安辑吴会扬越一隅,他却把整个南朝旧地视为自己的政治根据地,潜心经略,交结领兵将帅,以图一逞。《隋书》称杨广"自以藩王,次不当立,每矫情饰行,以钓虚名,阴有夺宗之计"[①]。夺宗当皇帝才是杨广克己忍耐追求的目标,他的眼睛已暗暗盯住了最高皇权。然而,其野心固然不小,但要达到目的,又谈何容易。

---

① 《隋书》卷4《炀帝纪下》。

第三章　阴谋夺宗　弑父继统

杨广在凯歌声中长大成人,胜利和成功激发了他的勃勃野心。的确,青年杨广捞足了政治资本,他既不满足于做一个藩王,眼睛盯上了最高皇权,必然要再作一番奋斗。按礼制成规杨广次不当立,要夺宗必须耍阴谋。杨广矫情饰貌,敢冒风险,不择手段,乃至冒天下之大不韪,弑父屠兄囚弟,人间最丑恶最毒辣的事杨广都毫不犹豫地做了,并最后获得了成功,夺得了帝位。旧史家着力谴责了他不道德的禽兽行为,传记作家则从他的夺位阴谋看到了他的才智,杨广亦是一代枭雄。古代夺嫡篡位者实非杨广一人,然他却干得最残忍、最隐蔽、最曲折,真可谓浊浪排天,惊心动魄。

第一节　文帝龙德　恪勤匪懈

隋建立并统一中国,开创了中国历史的新纪元。为了使皇统永存,隋文帝即位之初就预立了皇太子,任命了宰相大臣,组建了政府中枢,并进行了一系列改革。文帝君相总结了前代历史经验,在治国方略上也有所创新,使天下很快达于大治,晋王杨广拥抱的是一个生机蓬勃的新王朝。

一、内法外儒　治国方略

杨广的父皇隋文帝杨坚也算得上是中国古代一位起过显著进

步作用的杰出皇帝,为了王朝的长治久安,隋文帝在即位伊始,就进行了一系列政治改革。他放弃西魏北周军事化的政治体系,施行文治,采取了若干政治措施,把关陇为本位的政权,与山东的政治社会文化体系融合,虽然军事上关陇勋贵是征服者,但在典章文物方面,隋文帝选择了保有汉魏传统文化的河北高齐体制,以北齐体制变更西魏以来的关陇旧制,废六官,还依汉魏之旧。废除周天元的酷刑,行新律,精简机构,整顿吏治等。又命牛弘制定新礼,购求天下书等,这种种改革,对于巩固新建的王朝,巩固新的大一统局面,具有重大意义。

"帝王之为国也,必藉匡辅之资"①。隋建立之初,文帝总结汉魏以来的三省制度,以尚书、中书、门下三省首长为正宰相;以他官兼三省首长或以他官加"参预朝政"等名号者任副宰相;而以不治事的三公三师为名誉宰相。对于宰相人选,更特别留心。

杨坚代周立隋,最初是得郑译、刘昉、卢贲、柳裘、皇甫绩等人的拥戴,隋文帝后来曾对皇太子杨勇说:"没有刘昉、郑译等,则我当不了皇帝"。但这些人在杨坚称帝后多恃功自傲,总想多捞些权力和财富,成为政治上的蛀虫。文帝清楚地知道,这批人并无治国才能,"皆反复子",没有臣子之节,周天元时,"以无赖得幸",成为政治暴发户。太子杨勇也认为这些人"性行轻险"。正因为如此,杨坚建隋称帝后对佐命功臣刘昉、郑译、卢贲之流一个也未予重用。另一位佐命元勋李德林虽有"操尚",但他是北齐降人,受到关陇勋贵的排挤,同时,隋文帝也怀疑他对自己忠心不够,虽任内史令为宰相,但未能加入隋初最高权力核心。

开皇初年,在朝廷用事的宰相是高颎、苏威、虞庆则、杨雄,当

---

① 唐太宗:《帝范·求贤第三》。

时号称"四贵"。"四贵"中两文两武,文是高颎、苏威,武是虞庆则、杨雄。4人之中高颎功勋卓著,威望最高,隋建立之时拜尚书左仆射,兼纳言,任宰相,封渤海郡公,"朝臣莫与为比"①。

虞庆则以平突厥、稽胡功名显当时,以内史监迁尚书右仆射,位居第二,掌握军队,主对外征讨。虞庆则本姓鱼,京兆栎阳人,父虞祥仕周任灵武太守,为关陇勋贵成员。虞庆则自幼雄武善射,会讲一口流利的鲜卑语,袭父爵为沁源县公,宣政元年(578)授仪同大将军,后由高颎推荐给杨坚,成为心腹近臣。开皇元年(581)进位大将军,迁内史监,后常出征北边,讨平突厥,开皇九年(589)迁右武侯大将军②。

另一位权相杨雄初名杨惠,被杨坚认作为本家"族子",得以封王,爵位比高颎、虞庆则还高。杨雄之父杨绍在北周历8州刺史,赐姓叱吕引氏,与杨忠所赐普六茹氏并非一姓,可知两家并非同族。但为拉拢掌兵权的武将杨雄,自然以同族相称。杨坚假黄钺任周丞相时,任杨惠相府虞候,在周天元出殡送至陵墓之际,为防备出殡的周宗室诸王趁机叛乱,杨坚派杨惠率6000骑兵护送,以防不测。受禅后杨坚委任杨惠为左卫将军兼宗正卿,不久迁右卫大将军,挂"参预朝政"衔任副宰相,并改名杨雄。杨雄以"族子"身份手握重兵,掌握禁卫大权,深得宠任,"冠绝一时"③。

苏威字无畏,京兆武功人,是西魏著名宰相苏绰之子,5岁时父死,袭爵美阳县公,及年长,北周执政晋公宇文护,强以女儿妻之,但苏威见宇文护专权,恐招致家祸,逃入山中,自后屏居山寺,以读书为乐。当杨坚假黄钺时,高颎向杨坚推荐,杨坚召苏威于卧

---

① 《隋书》卷41《高颎传》。
② 《隋书》卷40《虞庆则传》。
③ 《隋书》卷43《观德王雄传》。

内,谈得十分投机,1个月后苏威听到杨坚正议禅代,急忙遁归田里,高颎请求追回,杨坚说:"他既不愿参预我禅代之事,不必勉强"。隋建立后召任太子少保,因苏威无功不能封爵,文帝就追赠其父苏绰为邳国公,而让苏威袭爵,不久任为民部尚书兼纳言,破格提拔为副宰相。苏威的确有宰相之才,是一位财政专家,他父亲苏绰在西魏创立户籍记账之法,使西魏北周富国强兵,但征税颇重,曾叹曰:"今所为者正如张弓,非平世法也,后之君子,谁能弛乎?"①苏威牢记在心,后与高颎一起奏请减免赋役,被文帝采纳,于是渐见亲重,与高颎二人参掌朝政。

文帝君相最突出的改革还是在经济方面。文帝即位之初就实行大力发展农业的政策,他先是重申均田令,又于开皇二年(582)颁布了新的《田令》,农民所受土地,分为露田和永业两种,露田死后归还政府,永业田不还,丁男受露田80亩,妇女受40亩,奴婢按成丁受田,1头牛受60亩。每丁受永业田20亩,种植桑麻。隋代《田令》出现了"宽乡、狭乡"的专用名词,狭乡受田少,老、小更少。贵族官僚也受永业田,其数是农民的十数倍,另外还有职分田和公廨田。府兵士兵也受田,"垦田籍帐,一与民同"。开皇十二年(592),隋进行了一次规模最大的均田行动,地少人众的狭乡乃"徙就宽乡",授给百姓大量土地②,并赐耕牛。另外,还置屯田。均田授田提高了农民的生产积极性,使全国耕地面积增加很快。

为了扩大农业生产,隋文帝以国家行政力量组织人力大修水利。如开皇二年(582)三月在关中开渠,引杜阳水灌三畤原,"溉舄卤之地数千顷,民赖其利"③。开皇四年(584)六月又开"广通

---

① 《隋书》卷41《苏威传》。
② 参见翁俊雄:《隋代均田制研究》,载《历史研究》1984年第4期。
③ 《隋书》卷46《元晖传》;《北史》卷11《隋本纪》。

渠",命宇文恺、郭衍率水工凿渠引渭水自大兴城(今陕西西安)直达潼关,漕运300里,转运通利,"关内赖之","诸州水旱凶饥之处,亦便开仓赈给"①,同年,文帝"幸灞水,观漕渠,赐督役者帛各有差"。亲自慰劳开渠的官员。开皇七年(587)文帝又于"扬州开山阳渎,以通运漕"②。这项工程实为隋代大运河开凿的先声。

在隋文帝倡导下,不少地方官也组织当地劳力,兴修灌溉工程。隋文帝所修水利,以灌溉工程为主,开凿漕运次之。后隋炀帝所兴水利虽规模更大,但灌溉工程却绝无仅有,就对农业生产和民生的重视来说,炀帝实不能与文帝相比。

隋文帝又根据高颎的建议,整顿户籍,建输籍之法,依样定户,抑制豪强,减轻赋役,适当减轻人民的负担。为预防水旱灾荒,隋文帝又广置粮仓,并创设义仓,每年收获之后,百姓根据各自的收入,拿出一部分集体储存,设立账目,没有特殊理由不得动用,准备在灾荒之年作为救济之用。"自是州里丰衍,民多赖焉"③。然而到开皇十五年(595),隋政府出面直接控制义仓,第二年朝廷又规定农民按3等交义仓粮,上户1石,中户7斗,下户4斗,使义仓变成了一种剥削制度。

文帝君相还采取有效措施统一货币。隋以前北朝周、齐所铸货币有4等,重量不一,民间私钱,种类繁多。开皇元年(581)隋文帝下令重铸五铢钱,每1000重4斤2两,并下令悉禁古钱及私钱,又"禁行恶钱"④,"自是钱币始一,民间便之"⑤。开皇九年

---

① 《隋书》卷24《食货志》。
② 《隋书》卷1《高祖纪上》。
③ 《隋书》卷46《长孙平传》。
④ 《隋书》卷62《赵绰传》。
⑤ 《资治通鉴》卷175陈宣帝太建十三年。

(589)灭陈后,更大规模铸钱,当时在扬州设5炉,鄂州(治今武昌)设5炉,益州(治今成都)设5炉,铸出大量五铢钱,基本上统一了货币。开皇三年(583)隋文帝还下令罢除北周末年的榷酒坊、盐池、盐井,令百姓自由开采经营,促进了工商业的发展。但开皇十六年(596)隋文帝又下令"工商不得进仕"[①],没有突破传统重农抑商、崇本抑末的治国方略。

以上经济措施收到了极大的成效,使隋立国后短短十几年时间就出现了经济繁荣。到开皇十二年(592),隋已"库藏皆满",库藏之多,亘古未有。以前人们提起中国古代出现的经济繁荣,言必汉唐。诚然,汉兴至于汉武帝70余年,"太仓之粟,陈陈相因,充溢露积于外"[②]。唐则于开元年间,"累岁丰稔,东都米斗十钱,青齐米斗五钱"[③]。隋经济繁荣距立国不足20年,速度之快,远过于汉唐,其经济发展的高速度,令人惊叹。但隋文帝于大富之年,却没有半点铺张浪费,反而更加提倡廉政节俭。他还特别注意民力和财力的保护,不轻易兴办大役,特别是不连续兴办农民负担不起的大役,使农民能以更多的时间用于农业生产,使社会财富得以大量积储[④]。这些又都是后来的隋炀帝所大为不及的。

---

① 《隋书》卷2《高祖纪下》。
② 《史记》卷30《平准书》。
③ 《旧唐书》卷8《玄宗纪》。
④ 关于隋富庶的原因,学术界有不同意见,分歧很大。正面意见可参见胡如雷《隋文帝评价》,载《社会科学战线》1979年第2期;胡乾《北周与隋代的租额》,载《兰州大学学报》1984年第3期;赵云旗《隋代殷富的原因》,载《江汉论坛》1984年第12期;竺培升《略论隋文帝时期"国计之富"的原因》,载《中南民族学院学报》1985年第1期;沈庆生《论隋文帝》,载《四川师范学院学报》1980年第2期等。反面意见参见王士立《杨坚的重租政策和隋王朝"富有"的关系》,载《史学月刊》1985年第9期;齐陈骏《关于评价隋文帝杨坚和"开皇之治"的几个问题》,载《兰州大学学报》1980年第4期;杨希义《隋文帝评价中的若干问题刍议》,载《西北大学学报》1983年第4期。

从统治思想上讲,隋文帝君相是内法外儒。

早在魏晋之时,儒家名教经学一统天下的局面就被打破,被汉武帝罢黜的道家、法家思想重新抬头,并与儒家结合,在以后的现实政治中起到了重大作用。另外,外来佛教及东汉末年发展起来的道教思想,对历代王朝的统治者也产生了巨大影响。晋人宣称:"今之学者,师商(鞅)、韩(非)而尚法术,竟以儒家为迂阔,不周世用"①。曹操、诸葛亮、孙权开创三国霸业,皆"术兼名法"②,宋儒朱熹总结说:"孔明之学出于申韩"③。乱世以猛治国,自后刑名法术得到了最广泛的运用,但表面上仍尊崇周礼,出现了内法外儒的统治思想。史书记隋文帝"不悦儒术,专尚刑名"④,但同时又说文帝"情类孔丘,宪章文武"⑤。文帝发布的诏令也多次以儒学为用。如开皇三年(583)十一月己酉(十五日),发使巡省风俗,诏曰:"朕君临区宇,深思治术,欲使生人从化,以德代刑"⑥。开皇九年(589)四月壬戌(初一)灭陈后发布的"太平诏书"也重申:"刑可助化,不可专行"。同年十二月甲子(初六),又诏"制礼作乐"⑦。又曾下诏王伽曰:"往以海内乱离,德教废绝,官人无慈爱之心,非庶怀奸作之意,所以狱讼不息,浇薄难治,朕受命上天,安养百姓,思遵圣法,以德化人,朝夕孜孜,意在于此"⑧。隋文帝还曾亲临释奠,命元善讲《孝经》⑨。从上述情况看,似乎文帝是以儒术治国,

---

① 《晋书》卷47《傅玄传》。
② 《文心雕龙》卷4《论说》。
③ 《朱子语类》卷136《历代三》。
④ 《隋书》卷75《儒林传序》。
⑤ 《隋书》卷1《高祖纪上》。
⑥ 《隋书》卷1《高祖纪上》。
⑦ 《隋书》卷2《高祖纪下》。
⑧ 《隋书》卷73《王伽传》。
⑨ 《隋书》卷75《元善传》。

然而,这都是表面文章。

据史书记载,宰相苏威曾对隋文帝说:"臣先人每戒臣云,唯读《孝经》一卷,足以立身治国,何用多为"。文帝深以为然①。苏威"先人"实际上是告诫儒学"不周世用",而得到文帝首肯。这个"先人",即苏威之父苏绰。苏绰(496—546),京兆武功人,出身于"累世二千石"的关中门阀世家。有一次西魏执政宇文泰问苏绰以治道,"绰于是指陈帝王之道,兼述申、韩之要",使宇文泰"整衣危坐",听了一整夜而不知倦。自后苏绰得到宇文泰信用,为西魏改革积极筹划,"制文案程式,朱出墨入,及计帐、户籍之法","又为'六条诏书',奏施行之"②。"六条诏书"的纲目为"先治心、敦教化、尽地利、擢贤良、恤狱讼、均赋役",全文4000多字,思想内容非常丰富。表面上看是祖述儒家,但骨子里则尽是法家富国强兵耕战思想,是魏晋以来诸葛亮、曹操的名法思潮的直接继承。"六条诏书"是儒其器而法其道,阴法阳儒的治国之策,它以皇帝名义颁布,成为西魏北周政治改革的指导原则,不仅对宇文氏王朝起了极为重要的作用,而且对隋唐统治者也产生了巨大影响。苏绰、苏威父子内法外儒的治国思想,可以说是西魏北周以至隋朝统治思想的灵魂。隋文帝、隋炀帝父子虽然满口仁义道德,但骨子里尽是刑名法术,隋两代帝王信重的宰相,没有一个是真正的儒臣。

信奉刑名法术的宰相苏威与高颎,同心协力辅助隋文帝,成为开皇初文帝的主要智囊,高颎更为治理好新建的国家,日夜操劳。据载,高颎每晚睡觉前,总是将一盘粉墨置于卧侧,躺在床上脑子里不停地思考着国家政事,每"思得一公事,辄书其上",至第二

---

① 《资治通鉴》卷175 陈宣帝太建十三年三月。
② 《周书》卷23《苏绰传》。

天,即抄录入朝商讨施行①。在朝堂,高颎常坐在堂北一棵槐树下,听事办公,以致这棵树长斜了,与其他树不成列,官司将砍伐此树,文帝特命不必砍去,留下以示后人。隋文帝对高颎无比信任,大小政刑,无不与之谋议,不呼名而亲昵地称为"独孤"。高颎并不居位傲慢,他权位日重,却"深避权势,上表逊位"②,把功劳让于苏威,这使文帝越加信任。后来唐太宗阅读高颎本传,也称高颎"公平正直,尤识治体"③,又盛赞高颎"有经国大才,为隋文帝赞成霸业"④,把高颎说成是隋文帝的诸葛亮。

苏威也尽心竭力为国分忧。隋立于乱世,典章法制零乱无章,文帝令朝臣对旧存法制进行厘改,以成有隋一代通典,苏威在这方面用心最多,百官都称赞他的才能。这样,隋初百僚以高颎、苏威为核心,形成高、苏辅政体制,内法外儒,以刑名法术治国。在高颎和苏威的辅助下,隋"革命数年,天下称平"⑤。

二、为政察察　东狩泰山

高颎、苏威辅佐隋文帝发展经济、革新政治,取得了巨大成绩,但他们执掌朝政却引起了不少追逐权力的关陇勋贵的不满,特别是那些帮助杨坚篡位的佐命功臣更是不服。早在开皇元年(581)三月,就发生了开国元勋柱国刘昉、卢贲及上柱国元谐、李询,华州刺史张宾等,结党阴谋废黜高、苏,"五人相与辅政"之事。卢贲时任太子左庶子,杨坚夺位前卢贲率禁卫护驾,世子杨勇当时则总统

---

① 《隋唐嘉话》卷上。
② 《隋书》卷41《高颎传》。
③ 《贞观政要》卷5《公平第十六》。
④ 《贞观政要》卷6《杜谗邪二十三》。
⑤ 《资治通鉴》卷175陈宣帝太建十三年。

禁军,因此卢贲与太子杨勇私交甚笃,他见隋文帝对晋王杨广特所钟爱,就私下对皇太子表忠心,请杨勇警惕杨广谋行夺嫡。卢贲又与刘昉、元谐等谋,结果谋事不秘,文帝闻知后穷治其事,但又念及拥立之功,仅将卢贲除名为民,张宾则忧惧而死。这一事件虽然太子杨勇和晋王杨广并未介入,但拉开了隋朝储位争夺的序幕。

"五人相与辅政"的阴谋虽被及时揭露制止,但各方面对高、苏的攻击仍不绝于耳。开皇元年(581)三月,治书侍御史梁毗上表指责苏威"身兼五职,安繁恋剧,无举贤自代之心"。不少大臣都认为苏威论功劳才能都不及杨素,应辞位让贤。为此隋文帝不得不出面亲自为苏威辩护①。又有人奏高颎结朋党营私,文帝找宰相杨雄询问,杨雄回答:"至尊钦明睿哲,万机亲览,颎用心平允,奉法而行,此乃爱憎之理,惟陛下察之"②。文帝听后安抚高颎说:"独孤公犹镜也,每被磨莹,皎然益明"③。

隋文帝虽信用高颎、苏威等少数宰臣,但对许多功勋卓著的文武大臣却十分警惕。依靠阴谋夺位的人往往易发多疑症,他也怕别人仿效自己谋夺杨氏天下。如北周旧臣梁睿拥戴杨坚禅代,征讨王谦有功,出任益州总管,"民夷悦服,声望越重",文帝"阴惮之"④。开皇六年(586)闰八月,舒国公刘昉、郕国公梁士彦、杞国公宇文忻谋反被诛。三人都是开国元勋,关陇勋贵,"相与谋反","阴图不轨",许推梁士彦为帝。宇文忻并说:"帝王岂有常乎?相扶即是"。结果被家人告发,3人一同逮于朝堂,以谋反罪当众处

---

① 《隋书》卷41《苏威传》。
② 《隋书》卷43《观德王雄传》。
③ 《隋书》卷41《高颎传》。
④ 《隋书》卷37《梁睿传》。

决①。这是隋建立后统治集团上层出现的第一次谋反事件。

关陇勋贵集团内部有人谋反,使高踞权力巅峰的隋文帝惴惴不安,他自己也是关陇勋贵的一员,是偶然机会使皇位轮到了他。新朝官僚既多是北周旧臣,在功绩、实力和其他政治资源方面杨坚并不比他们有多大优势。李德林就曾对杨坚说:"公与诸将,皆国家贵臣,未相服从"②。他们虽抛弃了北周宇文氏,但有资格当皇帝的勋贵还很多,只是机会给予了杨坚而已。果然不久,就有上柱国王谊、元谐私下卜问,自称应谶受命,他们又都是关陇勋贵。王谊与文帝还是亲家翁,其子王奉孝尚文帝第五女兰陵公主。王、元二人均以反叛罪相继赐死,并籍没其家③。

平陈后隋的政治局势逐渐发生变化。隋文帝虽平一四海,功业隆盛,但对自己的统治仍缺乏信心,每旦听朝,日昃忘倦,猜忌之心愈重,连宰相"四贵"也受到猜疑。

首先遭到猜忌的是广平王杨雄,他公心为国,支持高颎、苏威改革政治,与朝臣的关系很好,对下属也很宽容,因而"朝野倾属",威信日高。加之他久典禁军,"贵宠持盛",这使隋文帝担心有朝一日杨雄会被关陇勋贵拥立为帝,因而"阴忌之,不欲其典兵马"。开皇九年(589)八月壬戌(初二),文帝下册拜杨雄为司空,"外示优崇,实夺其权"。杨雄自知皇上对自己不放心,干脆杜门不出,谢绝宾客,以免招致杀身之祸。不久,文帝改封杨雄为清漳王,后改封观德王④。"四贵"体制开始瓦解。

"四贵"中最招物议的是苏威,他任相后排挤了山东才士李德

---

① 《隋书》卷38《刘昉传》,卷40《梁士彦传》、《宇文忻传》。
② 《资治通鉴》卷174陈宣帝太建十二年。
③ 《隋书》卷40《王谊传》、《元谐传》。
④ 《隋书》卷43《观德王雄传》。

林,虽得隋文帝信用,但谦虚谨慎不如高颎,朝议对他多有责备。苏威的儿子苏夔年少气盛,不能慎重待物,引致宾客,被人奏为朋党,隋文帝令蜀王杨秀和宰相虞庆则进行审查,事皆有据,于是免去了苏威的官爵。后虽又恢复了苏威的爵位,仍拜纳言为宰相,但苏威已从其权力的巅峰期跌落下来,"四贵"体制于是彻底瓦解。

"四贵"中另一成员虞庆则在平陈及讨平突厥后也闲简无事,较少参预中枢政治。随着"四贵"宰辅体制的垮台,隋文帝对领导班子进行了调整。越国公杨素在灭陈和平定江南叛乱两次大战役中战功卓著,显示了文武才干,在朝臣中的威望越来越高。开皇十二年(592)十二月乙酉(十四日),隋文帝下诏任内史令杨素为尚书右仆射,取代苏威,与高颎"专掌朝政",杨素于是成为高颎之后位居第二位的宰相,形成以高颎、杨素为首的新的辅政班子,取代了原先的"四贵"体制。

杨素,字处道,弘农华阴人,为著名的门阀世家,父祖辈世代官冕,任官于北魏、西魏、北周诸朝,"公卿牧守,荣赫累朝","门生故吏遍于天下"①。杨素自小与安定牛弘同学,读了很多书,文章写得漂亮,书法也称美当时。及年长,仪表堂堂,有英雄豪杰之相。杨素自小有大志,不拘小节,父亲杨敷在北周对北齐作战中阵亡,未得朝廷封号,杨素再三上表向周武帝申诉,冒犯触怒了武帝。周武帝要将杨素治罪问斩,杨素竟大喊:"我事无道天子,那能不死"。武帝一听反倒感到来者是个壮士,于是追赠杨敷为大将军,谥曰忠壮,并拜杨素为车骑大将军。杨坚假黄钺任丞相,杨素认准当时形势,即向杨坚表忠心,被杨坚任为汴州刺史,从征尉迟迥,破宇文胄,迁徐州总管,封清河郡公。杨坚受禅,加上柱国。开皇四

---

① 《北史》卷41《杨播传》论曰。

年(584)拜御史大夫,曾上表弹劾文帝的亲家翁王谊。开皇九年(589)任平陈三路元帅之一,以功封越国公,不久拜纳言任宰相,开皇十年(590)七月癸卯(十八日)转内史令。同年以宰相之位任行军总管,统率大军平定江南叛乱,凯旋归朝时受到文帝的盛大欢迎,赏赐无数,并荫及儿子,不久即以文武全才取代苏威任尚书右仆射。

由于战功卓著,杨素越来越多地得到隋文帝的宠信和赏赐,其弟杨约、从父杨文思、杨文纪及族父杨异也均为尚书列卿,诸子无汗马之劳,也都因父功而位至柱国、刺史,"亲戚故吏,布列清显",史称"素之贵盛,近古未闻。"①杨素对弘农杨氏的阀阅和自己的贵显日隆也十分得意,连出身八柱国之家的侯莫陈氏也不在他眼里,认为侯莫陈氏没有资格与门阀世家通婚②。出身于大门阀的杨素生活上"富侈之极","第宅华侈,制拟宫禁","有家僮数千,后庭曳罗绮之女亦数千,都会之处,邸店碾硙,不知纪极。"③

最看不起杨素的是名将贺若弼。贺若弼以平陈功受到文帝重赏,生活豪华不亚于杨素,家里珍玩不可胜计,婢妾曳绮罗者数百。文帝本想以优厚的赏赐待遇安抚功臣,谁知贺若弼自以为功名才能在朝臣们之上,每以宰相自许,结果杨素任右仆射自己仍是将军,甚感不平,形于言色,竟因怨望下狱。公卿将相们议贺若弼罪当死,文帝惜其战功,免他死罪,除名为民。一年后恢复贺若弼宋国公爵位,但不复使任,而每次赐宴,都对贺若弼优礼有加④。

隋文帝优容功臣和关陇勋贵,"赏赐有功,无所爱吝",贵族官

① 《隋书》卷48《杨素传》。
② 《隋书》卷79《外戚萧琮传》。
③ 《独异志》卷上;《隋书》卷48《杨素传》。
④ 《隋书》卷52《贺若弼传》。

僚食邑多者达上千户。然而,文帝本人生活并不奢华,而是十分简朴。他"躬先俭约,以事府帑",平日"居处服玩,务存节俭",自己服御的衣物,或旧或坏,"随令补用,皆不改作"①,不是大宴会,他本人"所食不过一肉而已"②。开皇六年(586)三月,文帝下诏"犬马器玩口味不得献上"③。由于文帝提倡俭朴,"上下化之,开皇、仁寿之间,丈夫不衣绫绮,而无金玉之饰,常服率多布帛,装带不过以铜、铁、骨、角而已"④。这样节俭的皇帝,在历史上的确罕见。

隋文帝心目中还是存有百姓的,对"民间疾苦,无不留意","尝遇关中饥,遣左右视百姓所食,有得豆屑杂糠而奏之者,上流涕以示群臣,深自咎责",竟因此"撤膳不御酒肉者,殆将一期"。为减轻关中人民的负担,隋文帝率群官驾幸洛阳逐粮就食,有百姓相随,男女搀杂于皇家仗卫之间,文帝下令不得驱逼,有携老带幼者行路艰难,文帝遽令左右扶助⑤。隋文帝注意人民最起码的生存条件,他克己止欲,是个有责任心励精图治的皇帝。隋文帝决不以无限皇权供一人之淫乐,能较谨慎地使用权力。

隋文帝可谓历代帝王中勤政的楷模,他事必躬亲,为处理好国政,"每日临朝,日昃不倦",勤于听受,乃至"日旰忘食,夜分未寝"。治书侍御史柳彧和兵部尚书杨尚希劝他但举大纲,责成宰辅,"繁碎之备,责成有司"。文帝虽善,但不能从⑥。然而,对于隋文帝的勤政,后代唐太宗却有不同看法,贞观四年(630),唐太宗问萧瑀曰:"隋文帝何如主也?"萧瑀对曰:"克己复礼,勤劳思政,

---

① 《隋书》卷24《食货志》。
② 《隋书》卷2《高祖纪下》史臣曰。
③ 《隋书》卷1《高祖纪上》。
④ 《隋书》卷2《高祖纪下》。
⑤ 《隋书》卷2《高祖纪下》。
⑥ 《隋书》卷62《柳彧传》。

每一坐朝,或至日昃,五品以上,引坐论事,宿卫之士,传餐而食,虽性非仁明,亦是励精之主"。唐太宗听后不以为然,说:"公知其一,未知其二,此人性至察而心不明,夫心暗则照不通,至察则多疑于物,又欺孤儿寡妇以得天下,恒恐群臣内怀不服,不肯信任百司,每事皆自决断,虽则劳神苦形,未能尽合于理。朝臣既知其意,亦不敢直言,宰相以下唯即承顺而已"①。唐太宗身居皇位,当然最能洞悉帝王心理,他的分析的确比一般大臣要深刻得多,多疑而至察,生怕别人篡夺皇位的恐惧感使隋文帝躬亲庶务,不敢滥用权力。

隋文帝外出时,路上遇到有人上表,即驻马亲自临问,经常暗中派人到地方上观察风俗,探听吏治得失。文帝对官司至察至严,凡有受贿者,必遭严惩。常常派人暗中向下官令史府吏行贿,有受贿者必死,"无所宽贷"。是以史臣论隋文帝"好为小数,不达大体,故忠臣义士莫得尽心竭辞"。"无宽仁之度,有刻薄之资"②,天性沉猜,行察察之政,尚够不上儒家理想中的圣王。

隋文帝虽体察民间疾苦,关心百姓生活,但内法外儒,以严猛治国,以重法严刑止盗,其对人民的统治是相当苛刻的。为防止农民造反,禁民间"大刀长槊","收天下兵器,敢私造者问罪"③。其时,"天下船长三丈,谓其既大,必能藏匿奸党,并令没入官",时人已称之"无道"④,隋千百万民众竟是在此种重压恐怖状态下生活。为了维持治安,青州刺史燕荣在任上选有力者为之"伍伯",相当于现今警察,凡有人路过州界,必加查问,动不动就鞭挞路人,"创

---

① 《贞观政要》卷1《政体第二》。
② 《隋书》卷2《高祖纪下》史臣曰。
③ 《隋书》卷2《高祖纪下》。
④ 《独异志》卷下。

多见骨",使"奸盗屏迹,境内肃然"。其他州县人行经青州(治今山东益都)地界,"畏若寇仇,不敢休息"。对于这样一个苛暴的父母官,文帝却"甚善之",朝觐时"特加劳勉",赐宴于内殿,命王公作诗歌颂他①。隋文帝宽猛相济,行苛政和察察之政,令行禁止,善于掌握子民生存的最低限度,虽严苛却不致驱民于水火,文武之道,一张一弛,左右开弓,内法外儒,使上下化之,四海平一,很快致天下以太平。旧史称隋文帝自强不息,朝夕孜孜,使人庶殷繁,帑藏充实,20年间,天下无事,区宇之内安泰晏如,功业昭昭,考之前王,足以参踪盛烈,堪称一代"良主"②。

然而,隋文帝对自己评价并不太高,他虽踞权力巅峰,但处事谨慎,极有自知之明。这一点与其子隋炀帝大不相同。文帝并非好大喜功之徒,也不喜奉承溜须拍马之人。平陈之后,贺若弼将其多年为平陈所策划的计策编纂成册,题为《御授平陈七策》,上呈隋文帝,文帝连看都不看,说:"公欲发扬我名,我不求名,公宜自载家传"③。平陈凯旋时,文帝大宴百僚,元谐曾对文帝说:"陛下威德远被,臣请以突厥可汗为候正,陈叔宝为令史"。文帝却正色说:"朕平陈国,以伐罪吊人,非欲夸诞取威天下。公之所奏,殊非朕心。突厥不知山川,何能警候;叔宝昏醉,宁堪驱使!"说得元谐"默然而退"④。

开皇九年(589)六月,朝野上下百官都以南北统一而要求隋文帝封禅泰山。所谓封禅,封为祭天,禅为祭地,封禅就是祭天地。"封禅者,高厚之谓也,天以高为尊,地以厚为德,增泰山之高以报

---

① 《隋书》卷74《燕荣传》。
② 《隋书》卷2《高祖纪下》史臣曰。
③ 《隋书》卷52《贺若弼传》。
④ 《隋书》卷40《元谐传》。

天地,厚梁甫山之基以报地也。昭天之所命,功成事就有益于地,若天地之高厚云"①。封是封东岳泰山,禅是祀泰山脚下的梁甫(父)山。据说泰山上有金篋玉策,能知人寿命长短,且东岳泰山在东方主生,是万物之始,阴阳交替之处,所以封、禅虽同时进行,但封礼重于禅礼。总之,封禅乃是古代帝王为自己歌功颂德,粉饰太平的大典礼。传说炎帝、黄帝、尧、舜、禹、汤、周成王受命后都曾封禅,而有文献考稽的登泰山封禅大典则是从秦始皇开始的,以后汉武帝、汉光武帝也登泰山举行过封禅,其后至隋五六百年,再也没有哪个皇帝有能力举办盛大的封禅大典。因为封禅预示着"太平盛世",只有有德政的皇帝才有资格论封禅,魏晋南北朝战乱不断,当然没有哪个分裂君主敢论封禅。现在隋灭陈天下一统,隋百官以为太平盛世已到来,因此异口同声要求封禅,但文帝却不敢当。七月丙午(十五日),隋文帝特意下诏:"岂可命一将军,除一小国,遐迩注意,便谓太平,以薄德而封名山,用虚言而干上帝,非朕攸闻。而今以后,言及封禅,宜即禁绝!"②

隋文帝不愿图虚名而耗费国库,惊扰州县百姓,认为离太平盛世还差得很远。但朝野上下上表要求封禅的依然不绝。开皇九年(589)十一月壬辰(初三),定州刺史豆卢通等又联名上表,请求封禅,文帝又不许。后泰山脚下的兖州刺史薛胄派遣博士登泰山观古迹,撰写《封禅图》及《古封禅仪》呈上,并盛称"天下太平,登封告禅,帝王盛烈"。文帝又"谦让不许"③。这时降君陈叔宝也上表,写诗要求隋文帝封禅,其诗云:

日月光天德,山河壮帝居。

---

① 《太平御览》卷536《礼仪部十五》。
② 《隋书》卷2《高祖纪下》。
③ 《隋书》卷56《薛胄传》。

  太平无以报,愿上登封书。①

于是要求封禅的呼声一浪高过一浪,举国一片歌功颂德之声。

  开皇十四年(594),群臣又请封禅,隋文帝虽不采纳,但口气比前软多了。晋王杨广时在京师朝拜父母,他看准时机,跳了出来,由他牵头率百官"抗表固请"。面对亲生儿杨广及满朝文武大臣的再三陈请,文帝虽不情愿,但也只好通融,说:"此事体大,朕何德以堪之。但当东狩,因拜岱山耳"。虽仍不同意封禅,但答应东狩,即往东方巡视,顺便祭祀一下泰山。于是,命牛弘等一班文人创定东狩礼,并命有关官司草写拜岱山《仪注》,要求礼仪备求其简。十二月乙未(初五),隋文帝车驾巡幸东方,晋王杨广也随行同往。

  开皇十五年(595)春正月壬戌(初三),隋文帝率百官来到兖州,庚午(十一日)来到泰山脚下,隋文帝任晋王杨广领武侯大将军,充当祭礼主持人,在泰山脚下设祀坛,"壝外为柴坛,饰神庙,展宫悬于庭","为埋坎二,于南门外","又陈乐设位于青帝坛,如南郊"。仅用木柴堆起两座柴坛,焚烧柴火祭祀上天。由于去年出现了旱情,文帝的祭词主要是自陈过失,向老天爷请罪。文帝"服衮冕,乘金辂,法驾而行。礼毕,遂诣青帝坛而祭焉"②。最后,下令大赦天下。这次祭礼,没有山呼万岁的动人场景,只是一般性的祭坛,谈不上是封禅,史书亦讥讽为"其礼不经"。隋君臣上下也并不觉得威风光彩,与后来隋炀帝出巡的规模和场面,相差十万八千里。

  封泰山后,天下皆以为将致太平,隋文帝将致舜、尧。监察御

---

① 《初学记》卷14《饷谦第五·陈后主入隋侍宴应诏诗》。
② 《隋书》卷7《礼仪二·封禅》。

史房彦谦却颇不以为然,曾私下对亲友说:"主上忌刻而苛酷,太子卑弱,诸王擅权,天下虽安,方忧危乱"。他的儿子房玄龄也对父亲讲:"主上本无功德,以诈取天下,诸子皆骄奢不仁,必自相诛夷,今虽承平,其亡可翘足待"①。在表面的太平景观中有人看到了隐藏着的权力争夺。其时,晋王杨广正挖空心思阴谋夺嫡。这年七月乙丑(初九),杨广又从江都向父皇远道奉献上一只长寿毛龟②,祝愿父皇长命百岁,也请父亲珍惜万金之体。一只寿龟寄以深情,果然文帝大为欢喜,杨广摸透了老头子的心思,千里之外也能讨得父皇欢心。

第二节 定计夺嫡 矫情饰行

隋文帝曾从容对群臣说:"前世皇王,溺于嬖幸,废立之所由生。朕傍无姬侍,五子同母,可谓真兄弟也。岂若前代多诸内宠,孽子忿诤,为亡国之道邪"③。文帝以为5个儿子一母同胞,兄弟之间没有同父异母的隔阂,也就不会发生夺宗争位,骨肉相残,以致亡国的悲剧。但事实恰恰与常理相反,同父同母所生的同胞兄弟除老三秦王杨俊外,个个都虎视眈眈,窥觎着皇帝的权位,而尤以老二杨广最迫切、最阴险,很早就组建了阴谋集团,并大肆活动,千方百计捞取政治资本,要取哥哥杨勇之位而代之。

一、组建阴谋集团 拉拢杨素上贼船

大隋皇统姓杨,但杨广次不当立,没有继承皇位的资格,而大

---

① 《资治通鉴》卷179 隋文帝开皇二十年。
② 《隋书》卷2《高祖纪下》。
③ 《隋书》卷45《文四子·房陵王勇传》。

哥杨勇却以嫡长立为皇储。表面上杨广不敢有所表示,但内心不服,自己也有皇家血统,也有继承皇位的条件和希望,杨广的两只眼睛于是死死地盯住了东宫。

皇位继承历来是关系皇权延续和王朝稳定与兴衰的大问题,自夏启确立一姓"家天下",就有了君位继承问题,至西周确立"立嫡以长不以贤,立子以贵不以长"的原则,君位继承因而有例可循。但是,君主权力无限,获得了君位就意味着获得了一切,因此君位争夺,舍嫡立庶,舍长立幼,乃至骨肉相残,杀兄屠父的现象,仍屡有发生。

皇太子作为储君,只是潜在的权威,皇帝才是现实的权威,皇太子地位的存废,关键还在于皇帝的意志。开皇五年(585)三月己未(初八)洛阳有一男子高德上书,请隋文帝放弃帝位,不当皇帝而当太上皇,把皇位传给太子杨勇。高德上书与太子杨勇没有关系,他本无官职,想以此邀功请赏。隋文帝也未加以处罚,而是就此发表了一番议论:"朕承天命,抚育苍生,日旰孜孜,犹恐不逮,岂效近代帝王,传位于子,自求逸乐者哉!"[①]所谓近代帝王,指的是北齐武成帝高湛和北周天元宇文赟,他们年纪轻轻就把皇位传给儿子,自己当太上皇纵情享乐,以致国家败亡。隋文帝认为太上皇不足为训,谢绝了高德的"好意"。

时隋文帝正值壮年,嗣位继统还有时日可待,这就决定了储位争夺是一场持久战,错综复杂的满朝文武大臣和动荡不定的政治时局等各方面的因素都可能影响储位争夺的进程。

隋储君之争大约在灭陈天下一统之后开始,起先一切都只是在极其秘密的状态下进行。皇太子杨勇在明处,他自以居嫡长,名

---

① 《资治通鉴》卷176陈纪十·长城公至德四年。

分已定,根本没有留心弟弟们的夺嫡阴谋。他毫无心计,我行我素。杨广则居于暗处,随着年龄的增长,政治资本的增加,权力欲也越来越大。为夺嫡,杨广毫不眷恋手足之情,也没有半点心慈手软,为达目的必须不择手段。

夺嫡谋划在杨广坐镇江都时开始,从开皇十年(590)任扬州总管到夺嫡成功,杨广坐镇江都10年,这10年正是他用尽阴谋,一步步迈向权力高峰的10年。

杨广在江都先是大肆收罗江南人士,以扩大自己的势力。但是,搞阴谋进行夺宗活动,首先依靠的还是他在并州时的藩邸旧臣,王韶、李彻是正人君子,不会同意杨广的夺宗阴谋,要举大事,必须物色见利忘义的小人。最先与杨广商讨夺宗之计的是旧臣张衡。张衡于开皇十年(590)随杨广由并州总管掾转任扬州总管掾,最得晋王"亲任","竭虑尽诚","夺宗之计,多衡所建"[①]。

杨广又竭力拉拢跟随他南下平陈和平定江南叛乱的将军宇文述和郭衍,他们和张衡一样都属于关陇勋贵成员,两人或"性贪鄙",或"事上奸谄",是"柔颜取悦"的小人。

宇文述,字伯通,代郡武川人。宇文述并非北周宇文氏皇室,本姓破野头,役属于鲜卑俟豆归,后从其主姓改为宇文氏,周武帝时以父军功起家拜仪同。杨坚做丞相时,宇文述随韦孝宽击尉迟迥,有战功,超拜上柱国,进爵褒国公。开皇初拜右卫大将军。开皇九年(589)平陈之役,宇文述成为晋王杨广直接统领的行军总管,率军3万,自六合渡江,声援已渡江的贺若弼、韩擒虎两军。陈后主被擒后率军平定东吴,擒斩拥兵抗拒的萧岩、萧瓛叔侄,班师后拜安州总管。平陈之役宇文述没有像贺若弼、韩擒虎那样自作

---

① 《隋书》卷56《张衡传》。

主张,提前决战,而是事事处处听从晋王节度。短短几个月的接触,杨广对宇文述已甚有好感。开皇十年(590)杨广再次出征江南镇守扬州之时,为了使宇文述接近自己,特意向父皇上奏,请任宇文述为寿州刺史、总管①。

郭衍,字彦义,自云太原介休人,父郭崇随魏孝武帝入关,成为关陇勋贵集团成员。周武帝时郭衍参加了灭齐战役,以功加授开府,封武强县公,赐姓叱罗氏。杨坚为丞相时,随韦孝宽击尉迟迥,以功超授上柱国,封武山郡公。他曾"密劝高祖夺周室诸王,早行禅代"。由是大被杨坚"亲昵"。隋建立后敕复姓郭氏,领兵屯平凉北备突厥,后征入朝任开漕渠大监,兴修水利,开皇五年(585)任瀛州刺史,又转朔州总管,开仓济贫,置屯田,甚有政绩。开皇十年(590)从晋王杨广镇扬州,率军讨平皖南诸洞,授蒋州刺史,与杨广最为接近。杨广对他"宴赐隆厚",后迁洪州总管。由于杨广对郭衍的品性十分了解,很早就把他拉入了夺宗阴谋集团。据《隋书》卷61《郭衍传》:

> 王有夺宗之谋,托衍心腹,遣宇文述以情告之。衍大喜曰:"若所谋事果,自可为皇太子,如其不谐,亦须据淮海,复梁、陈之旧。副君酒客,其如我何?"王因召衍,阴共计议,又恐人疑无故来往,托以衍妻患瘿,王妃萧氏有术能疗之,以状奏高祖,高祖听衍共妻向江都,往来无度。衍又诈称桂州(治今广西桂林)俚反,王乃奏衍行兵讨之,由是大修甲兵,阴养士卒。

这样,杨广以张衡、宇文述、郭衍为核心,组成了最初的夺嫡阴谋集团,并制定了阴谋计划。按计划如果杨广夺宗成功,自可为皇太

---

① 《隋书》卷61《宇文述传》。

子,进而龙飞九五,如果不成功,也可据淮海,复梁、陈之旧,分裂国家,在江淮重建偏安割据政权。时杨广坐镇江都,宇文述据寿州(治今安徽寿县)总制淮南江北,郭衍领重兵据洪州(治今江西南昌),控制江南。他们大修甲仗,阴养士卒,掌握了江淮相当大的一片土地。

为了解杨广在江都的情况,隋文帝任命刑部尚书杨异出任吴州总管,让杨异"每岁一与王相见,评论得失,规讽疑阙"①。这个杨异并不是杨广的心腹,他曾任蜀王杨秀的益州总管长史,西南道行台兵部尚书。他为人较刚正,"甚有能名",文帝让他每年一次往江都,虽主旨在于让富有政治经验的长者杨异能辅佐年轻的儿子,使他不负厚望,但也不排除有让杨异监视杨广的意图。同时,杨广也十分注意了解朝廷动向。文帝让坐镇江都的杨广"每岁一朝",常言讲:"一日不朝,其间藏刀"②。每年只有一次机会进京朝见父皇,朝廷的变故不能及时知道,必将丧失许多难以再来的机会,甚至会有意想不到的危险。于是晋王杨广"每令人密觇京师消息,遣张衡于路次往往置马坊,以畜牧为辞,实给私人"③,在京师暗设了情报站。

杨广深知中枢权力圈的大臣对文帝政治取向颇具影响,是夺嫡的重要中介环节,于是又卑词厚礼,交结朝中大臣。右卫大将军元胄"素有威名",文帝对他"亲顾益密",杨广亦"每致礼焉"④,竭力拉拢。吏部尚书牛弘是当朝宿学,才华盖世,受到朝臣尊重,杨

---

① 《隋书》卷46《杨异传》。
② 《北齐书》卷39《崔季舒传》。
③ 《隋书》卷66《荣毗传》。
④ 《隋书》卷40《元胄传》。

广于是"数有诗书遗牛弘,弘亦有答"①。杨广还进一步拉拢在朝廷遭贬失意的文武才能之士。如将军于仲文是关陇勋贵北周八柱国于谨的孙子,因叔父太尉于翼事受牵连曾下狱,官位不显。开皇十年(590)率军参与平定高智慧叛乱,当时"三军乏食,米粟踊贵,仲文私粜军粮,坐除名"。但杨广认为于仲文"有将领之才,每常属意",后上书奏请文帝,让于仲文调到扬州,"督晋王军府事"②。

当时才俊文宗的薛道衡因被谮参与苏威朋党事,被罢免了吏部侍郎的职务,贬出朝廷,"配防岭表",杨广暗派人去给他打招呼,让他赴岭南时从扬州路过,到时杨广再上奏请文帝将他留在晋王府,但薛道衡并不愿去扬州充当晋王府僚,而是听从了汉王杨谅的建议,从江陵道直赴岭南上任③。

夺嫡的关键还在于隋文帝的态度,必须结交能在文帝身边说上话的当朝权贵。杨广与张衡、宇文述等日夜谋划,宇文述对杨广说:"大王仁孝著称,才能盖世,数经将领,深有大功。皇上与皇后咸所钟爱,四海之望,实归大王。然废立者,国家之大事,处人父子骨肉之间,诚非易谋也。然能移主上者,唯杨素耳"④。认为能劝说隋文帝行废立的只有当朝权相杨素,必须拉杨素入伙,才有成功的希望。

杨素当时贵盛无比,已是位极人臣,但他与晋王杨广缺乏交情,与皇太子杨勇也没有交恶,要使老谋深算的杨素成为杨广的党羽,确非易事。宇文述说他与杨素之弟杨约交情不浅,就请杨广派他去京师先拉拢杨约。杨广欣然同意,于是给宇文述许多金宝,资

---

① 《册府元龟》卷40《帝王部·文学》。
② 《隋书》卷60《于仲文传》。
③ 《隋书》卷57《薛道衡传》。
④ 《隋书》卷61《宇文述传》。

助他进京游说。

杨约是杨素的异母弟,字惠伯,儿童时爬树坠地,伤了生殖器,以后竟成了宦官一样的阴阳人。此人"性好沉静,内多诡诈,好学强记",深得哥哥杨素的"友爱"和信任。杨素凡要做什么事,总是先与他商量,然后才办。当时杨约任大理少卿,宇文述到京师后即邀请杨约畅饮,并陈设玩物器皿,下棋赌博。每次宇文述都故意下输,把杨广所送的金宝全都输给了杨约。杨约既得到了许多金宝,就向宇文述略表谢意,宇文述趁机把话挑明:"这都是晋王杨广的赏赐,让我与你一起玩乐的"。杨约大惊,忙问缘故,宇文述就转诉了杨广的意思,并劝说杨约:"恪守常规固为人臣的本分,但违犯常规以符合道义,也是明智之举,自古贤人君子,没有不关注世情以避免祸患的"。说得杨约点头称是,宇文述于是进一步点到了利害之处:"公之兄弟,功名盖世,当涂用事,有年岁矣。朝臣为足下家所屈辱者,可胜数哉!又储宫(指太子杨勇)以所欲不行,每切齿于执政(指杨素),公虽自结于人主,每欲危公者,固亦多矣。主上一旦弃群臣,公亦何以取庇?"的确,杨素执政得罪了不少人,包括皇太子,许多人都以除去杨素为后快。虽然巴结上了皇上杨坚,有皇上为靠山,而一旦皇上谢世,杨素一家不就大祸临头了吗?又怎么能立足于后世呢?一席话危言耸听,又分析得头头是道,令杨约不禁出了一身冷汗,他也的确不时在为其兄长及家族的命运担忧。宇文述于是献计说:"如果能在文帝面前劝行废立,废皇太子杨勇,请立晋王杨广,才是万全之策,"诚能因此时建大功,王必镌铭于骨髓,斯则去累卵之危,成太山之安也①。

杨约向来是奸诈狡猾的势利人,被宇文述一提醒,认为所言有

---

① 《隋书》卷48《杨约传》。

理,回府即与杨素计议,认为皇太子杨勇已失爱于皇后,皇上素有废黜之心,若杨素尽早结托于晋王杨广,促成废立,"则匪唯长保荣禄",而且可以"传祚子孙"。杨约说:"晋王倾身礼士,声名日盛,躬履节俭,有主上之风,以约料之,必能安下,兄若迟疑,一旦有变,令太子用事,恐祸至无日矣"①。利害既已点明,杨素不得不考虑。

杨素亦是当时一代奸雄,在权力斗争中已是老于世故,杨约的一席话深深地打动了他的心,于是一步踏上了杨广这条贼船,积极参预夺嫡阴谋。

二、母后"奇妒" 晋王"仁孝"

杨广在广结朝臣和权贵的同时,也没有忘记拉拢和迷惑母亲独孤皇后。

皇后独孤伽罗出身高贵,从血统上讲独孤后是一个胡汉混血种,但从文化传统来讲,却是讲究礼法的汉族门阀闺秀。她"柔顺恭孝",其家族"贵戚之盛,莫与为比",但伽罗总是"谦卑自守",受到了关陇勋贵的普遍好评。当年,文帝杨坚的父亲杨忠是追随独孤伽罗之父独孤信起家,从地位和权势来看,杨家显然在独孤氏之下,两家存在着某种从属关系,杨坚与独孤伽罗的结合,也可能受这种关系的影响。后杨坚以外戚身份篡得北周皇位,独孤氏家族的地位和影响也起了某种作用。当杨坚入禁中总百揆掌握了军政大权而又遭到周宗室大臣的攻击时,也曾得独孤氏的助力。独孤伽罗特意派人告诫丈夫:"大事已然,骑虎之势,必不得下,勉之!"杨坚受禅,独孤氏即被立为皇后。对于这位家族华贵的皇后,文帝

---

① 《隋书》卷48《杨约传》。

一直存在着畏惧心理。

独孤皇后堪称是一位贤德女主,她竭尽心力地扶助丈夫,希望将国家尽快治理好,达到天下太平。她生性节俭,不好奢侈。有一次幽州总管阴寿告诉皇后,说在边境上与突厥互市,突厥有明珠一箧,价值800万,问独孤后是否买下。皇后回答说:"明珠非我所须,当今戎狄屡屡入寇犯边,边境将士戍边辛苦,不如将八百万钱分赏有功战士"。话传到宫外,百官"闻而毕贺"①,都盛赞皇后贤德。

独孤后对于政治权势也看得很淡,不像历史上诸如吕后那样喜欢玩弄权术。有某官奏称,依照《周礼》,百官之妻都应听命于皇后,但独孤氏却认为"以妇人与政,或从此渐,不可开其源也"。她还告诫自己的女儿诸位公主:"周家公主,类无妇德,失礼于舅姑,离薄人骨肉,此不顺事,尔等当诫之"。认为妇人应谨守妇道礼法。

独孤皇后十分关心政治。文帝每次上朝,皇后都与文帝同乘方辇,送至朝堂,但她自己决不登上殿阁一步,送到为止。有时,皇后也会让宦官至朝堂听文帝处理政务,"政有所失,随则匡谏,多所弘益"。待文帝退朝时,独孤后又每至殿前迎接,二人又同乘方辇回到后宫,一同进餐,同枕共寝。老夫老妻,相顾欣然,文帝对她是既宠爱又敬畏。在后宫,独孤后又常常与文帝谈及政事,二人意见往往相合,宫中称为"二圣",独孤皇后对于隋文帝的政治倾向和判断,可以说是具有极大的影响力。

但是,皇后"性尤妒忌",她新婚之夜曾与杨坚"誓无异生之子",杨坚当皇帝后,按礼可以拥有妃嫔姬妾,但独孤后不能容忍

---

① 《隋书》卷36《后妃·文献独孤皇后传》。

丈夫接触别的女性,虽然后宫也有嫔妃数十,但那只不过是表示威风的摆设,"后宫莫敢进御",杨坚根本不能与她们亲近。后独孤后年过50,容颜渐衰,她生怕文帝见色起意,宠爱上其他宫女,从不选美貌妙龄女子在身边,宫中所用都是老丑者。盛壮之年的皇帝杨坚在宫中却也难以接近人间女色,终日陪着一个老妻,也的确难为了他。有一次,杨坚在仁寿宫见到一妙龄少女,长得眉清目秀,唇红齿白,体态丰盈,一问才知是配没入宫的尉迟迥的孙女,出于这样名贵之家的美女,在宫中真是难得一见,文帝即刻就被尉迟氏的美色所迷,便与她亲热了一番,并安排她居于别室。但后宫本来就是皇后的领地,事情很快就为独孤皇后所知,她并没有当面给皇帝难堪,而是趁文帝上朝时,暗中命令人把尉迟氏杀了。罢朝后文帝来到别室,不见了尉迟氏女,气得脸色铁青,但又不敢对皇后发火,窝着一肚子气来到后院御厩,骑马从右侧门直出长安北门,没有目的地狂奔了20余里。宫中宦官告知朝堂宰相,高颎、杨素闻讯大惊,急忙骑马赶来,在荒岭山谷中追上文帝,扣马苦谏,劝文帝息怒回宫。杨坚满腹怨恨,长叹息一声说:"吾贵为天子,而不得自由"。高颎劝文帝应以天下为重,并说:"岂能因为一个妇人,而轻易丢下自己治理天下的责任呢?"杨素也一再劝慰,一直劝到半夜,杨坚的怒气才稍息,由高颎、杨素陪同回到了宫中。独孤后正在宫中等待,至半夜见丈夫回来,便呜咽流涕,低首降节向文帝谢罪,文帝一时也说不出什么,高颎、杨素在旁尽力调解,帝后于是和好如初。但这件事深深地刺伤了独孤后的心,自后越发显得衰老了。

独孤皇后维护自己的皇后尊严,不能容忍身为皇帝的丈夫接触其他女性,已是十分过分,她还深恶大臣纳妾,凡诸王及朝士纳妾而有孕者,独孤后必劝文帝斥退。皇后奇妒也早已传出宫外,一般大臣也都是知道的。雍州长史库狄士文的堂妹长得美丽动人，年纪很小就被北齐后主收入宫为嫔，北齐亡后被赐与薛国公长孙览为妾，受到长孙览的宠爱，日久天长，正妻郑氏反倒被冷落。长孙览妻子郑氏性妒，但又对长孙览和库狄氏无可奈何，最后她求助于独孤皇后，状告丈夫纳妾宠爱小老婆。果然独孤皇后下令长孙览与库狄氏离绝，不准往来。后来应州刺史唐君明在居母丧时聘库狄氏为妻，又被御史弹劾，连库狄士文也受牵连免了官①。独孤皇后妒及臣子，后人称之为"奇妒"②。

但独孤皇后虽妒却心存仁爱，每当听到大理寺处决囚徒，总是免不了呜咽流泪。她自己年纪很小就失去了双亲，常常怀念他们，为此凡公卿大臣有老父老母的，她总忘不了向他们问候。于谨的儿子上柱国于义死，其子于宣道哀毁过甚，数日水浆不入口，独孤后闻知后即派宦官往于宅问询，劝于宣道节哀③。

独孤后是一个虔诚的佛教徒，她把80高龄的禅师昙崇迎入皇宫供养，尊以为父，文帝自称"师儿"，皇后自称"师女"。平时独孤后经常烧香拜佛；为了纪念死去的父母，她在长安为父亲独孤信建造了一座赵景公寺，寺内造有小银像600余躯，大银像高6尺余，金佛1躯长数尺。当时朝中公卿大臣纷纷仿效捐钱赐物于寺庙，如左仆射高颎就捐出宅第建立了真寂寺，后改为化度寺④。

杨广对母亲的性情很了解，他深知要争宠夺嫡，必须在母亲身上下功夫，博得母亲的好感，于是把自己打扮成一个虔诚的佛教徒。为了讨好母亲，他给长安县崇所居寺庙送去寺户70余户，水

---

① 《隋书》卷74《库狄士文传》。
② 《廿二史劄记》卷15，"隋独孤后妒及臣子"条。
③ 《隋书》卷39《于义附于宣道传》。
④ 《长安城坊考》卷4《寺塔记》。

碾及碾上下6具,充作寺庙基业。杨广还在江都为昙崇禅师"造露盘并诸庄严,十四年内,方始成就,举高一十一级,靖耀太虚,京邑称最"①。在请智𫖮为自己授菩萨戒时,"戒名孝,亦名制止,方便智度,归亲奉极,以此胜福,奉资至尊、皇后,作大庄严"②。受戒不忘至尊皇后,戒名曰孝,杨广以尊佛来博取父母欢心的用心是十分明显的。

杨广既知母亲"性忌妾媵",痛恨色淫,父亲好尚节俭,于是更加矫饰,平时惟与妻萧妃居处,侍女也用老丑者,让她们穿着没有绣花边的粗布衣,屋内屏帐也改用一般粗布。文帝和皇后见儿子如此俭朴,十分欢喜,赞不绝口。为了欺蒙父母,杨广对非萧妃所生子女"皆不育",以"示无私宠"。杨广一生仅有3个儿子,独孤后生前见到的长子杨昭、次子杨暕,都是萧妃所生,在菩萨母后眼里,次子杨广才是遵守礼法,尊崇佛陀的模范,她多次在文帝面前称赞老二贤明。

但杨广毕竟长期不在父母身边,为了讨好父母,他费尽了心机。虽远在江都,但杨广从不放过任何博得父母欢心的机会。凡父母派到江都来的使者,不论贵贱,杨广都与萧妃迎门接引,并为他们设美宴,送给他们厚礼,甚至奴仆也受到超次的礼遇。这些人回朝后个个都称颂晋王"仁孝"。杨广每次入朝,车马侍从都刻意修饰穿戴得格外俭简朴素,在朝堂他"敬接朝臣,礼极卑屈",独孤皇后每次见到老二,都是满怀欢喜。

三、晋王"讨平"突厥　汉王兵败辽东

开皇九年(589)隋用兵江南之际,塞北东西突厥之间正连兵

---

① 《续高僧传》卷17《隋京师清禅寺释昙崇传》。
② 《国清百录》卷2《王受菩萨戒疏第二十六》。

不已,东突厥都兰可汗继承其父沙钵略、叔父处罗侯的遗业,继续向西征讨,企图统一东西突厥。西突厥达头可汗因这时还受波斯大军攻掠,难于两面应付,只好对东线采取守势,而全力向西对付波斯。因此,都兰的西征一度取得重大胜利,其前锋推进到高昌、于阗一线。均势的打破,意味着对隋朝的不利①。

这时,大义公主宇文氏自沙钵略可汗死后,按突厥习俗续为处罗侯妻,处罗侯死,又续为都兰可汗可贺敦。公主时年30,依然楚楚动人,且有文采,妻事他钵、沙钵略、处罗侯及都兰祖孙三代,受宠爱之深一代胜过一代。平陈之后,隋文帝专门派人将陈后主的屏风赐给大义公主,公主怀念故国和已死的父母兄弟,心里总是不能平静,于是在屏风上题诗,叙陈亡以自寄。诗曰:

盛衰等朝暮,世道若浮萍。
荣华实难守,池台终自平。
富贵今何在? 空事写丹青。
杯酒恒无乐,弦歌讵有声!
余本皇家子,飘流入虏庭。
一朝睹成败,怀抱忽纵横。
古来共如此,非我独申名,
唯有《明君曲》,偏伤远嫁情。②

隋使将诗抄来报告隋文帝,文帝见宇文氏对家国耿耿于怀,很不高兴,遂对大义公主恩礼和赏赐越来越薄。公主遂煽惑都兰反隋。开皇十一年(591)二月,都兰可汗曾遣使向隋文帝"献七宝碗",十二年也遣使来朝。十三年(593)有内地流人杨钦逃入突厥,造谣

---

① 参见薛宗正:《隋朝与西域》,载《新疆社会科学》1989年第3期。
② 《隋书》卷84《北狄·突厥传》。

生事，公主从中蛊惑，使都兰"不修职贡"①。隋文帝深恐发生变故，于是密令长孙晟、裴矩谋除去宇文氏这一心腹大患。长孙晟侦知公主私生活不检点，与身边的西域胡人安遂迦私通，遂当众揭发公主私事，使都兰可汗蒙羞，"国人大耻"。可汗逮捕了安遂迦和杨钦，交付长孙晟。长孙晟又让隋文帝派牛弘给都兰送上4位美艳的中原妓女，并下诏废公主，结果宇文氏见杀，血洒草原。

事后，都兰可汗又向隋文帝上表请求和亲，但长孙晟认为都兰"反复无信"，最终必叛乱，而其北面的小可汗梁干，是处罗侯之子，父子两代均输诚于隋朝，也乞求通婚，不如许和亲于染干，让他率部众南徙，牵制都兰。隋文帝考虑再三，认为长孙晟的分析有理，于是对都兰、梁干兄弟二人的和亲请求都予以允诺，而其用心实为离间分裂已渐强大难制的东突厥。

这时中亚方面西突厥的情势也发生了变化，达头可汗通过与东罗马（拜占庭）帝国结盟，夹击波斯，西线与波斯的战事胜利结束，中亚后方得到了巩固，于是从容调动兵力，开始向东线全面反攻。开皇十七年（597），西突厥达头可汗大破东突厥都兰可汗。达头得胜后，即自称"七姓大首领，世界七国主"②，俨然以突厥大汗自居，不可一世。都兰可汗则兵败如山倒，众叛亲离，实力骤衰。隋于此时也抛弃了都兰，许婚于染干，册立宗女为安义公主，送与突厥染干可汗和亲。

但居于北方的染干部众较少，势力较弱，长孙晟说服他帅部众南徙，居度斤旧镇。此处较靠近隋边境，隋为离间突厥，厚此薄彼，对染干"赐赉优厚"，并派遣牛弘、苏威等相继为使，优礼染干。都

---

① 《隋书》卷2《高祖纪下》。
② 沙畹：《西突厥史料》，中华书局1958年版，第177页。

兰可汗又羞又恼,断绝了与隋的关系,"亟来抄略","数为边患"。染干可汗"伺知动静,辄遣奏闻",使隋"边鄙有备"。

窘迫的都兰可汗在遭隋抛弃,内部叛离的情势下,于开皇十七年(587)投附了西突厥达头可汗,东西突厥达头、都兰两大势力重又合流为一股,达头可汗进入漠北,成为突厥大可汗,都兰则沦为他麾下的小可汗,二人连兵共同向染干发动进攻,并且大规模侵袭隋边境。隋与突厥的大规模战事重又开启了。这一年(公元587年)正是封泰山的第二年,突厥达头可汗已在漠南与隋朝朔州总管赵仲卿交兵①,双方在族蠡山大战7日,突厥败去,降者万余家。

东北方面,附属于突厥的契丹、奚也在都兰可汗的煽动下蠢蠢欲动。开皇十七年(587)又出现高句丽国王高元率靺鞨之众万余人入寇辽西之事,隋北部边疆出现了全面紧张的局势。二月,隋文帝命刚上任不久的并州总管汉王杨谅和王世积并为行军元帅,左仆射高颎为汉王长史,发水陆30万大军,大举征伐高句丽。隋马军总管为李景,水军总管为周罗睺,这是自灭陈战役结束后隋出兵最多的一次,宰相高颎虽又挂名汉王长史,但仍是实际统帅,他曾向文帝"固谏",认为不可轻易举兵,但文帝不从②。六月,汉王杨谅军由陆路师出临渝关(今河北抚宁),到达辽水,行军总管元褒从杨谅到达了柳城(今辽宁朝阳)③。结果遇"霜潦疾疫",士兵在大雨天饥寒得病,"王师不振"。水路周罗睺军自东莱(治今山东掖县)趋平壤,亦遇大风,船多漂没。九月,隋军罢兵回师,死者什八九,这是隋建国以来打的第一次大败仗,也是后来隋炀帝反复再三征讨高句丽的先声。

---

① 《隋书》卷74《赵仲卿传》。
② 《隋书》卷41《高颎传》。
③ 《隋书》卷50《元褒传》。

高句丽国王高元虽因天时地利击退隋军,却惶惧万分,遣使谢罪,上表称"辽东粪土臣元"①。文帝也就罢兵,没有恼羞成怒一再动武,而是待之如初,恢复了和平朝贡关系。

这次伐辽失败原因,唐人总结为"天时不利,师遂无功"②,但裴矩后来向已称帝的隋炀帝杨广却说成是"杨谅不肖,师出无功"③。时汉王杨谅年幼,文帝"专委军"于高颎,和当年灭陈以晋王杨广为名誉统帅,实权操之于元帅长史高颎的情况完全一样。不同的是灭陈之役高颎是促进派,长年准备,有取胜把握,而这次征伐高句丽则事起仓促,缺乏战前准备,高颎初以为不便行,但被任为元帅长史负起统率全军的实际责任后,又义无反顾。高颎心怀至公,以文帝寄以厚望,也就没有自避嫌疑,却又一次没有处理好和皇子的关系,对杨谅所言,"多不用",引起汉王衔恨。兵败回京后,杨谅竟向母后独孤氏哭诉:"儿幸免高颎所杀"。独孤氏更把失败的责任推给高颎,对文帝说:"颎初不欲行,陛下强遣之,妾固知其无功矣。"④文帝听后也愤愤不平,自后对高颎的信用大打折扣。初出茅庐的汉王杨谅也蒙受了败将之名,这些都对杨广有利。

自此以后,文帝转而任用年长的皇子,开皇十八年(598),文帝诏蜀王杨秀出灵州道进击突厥。在任高颎统军的同时,亦任用杨素。开皇十九年(599),染干可汗向长孙晟报告,都兰制作攻城战具,将进攻大同城,隋文帝又遣汉王杨谅为元帅,左仆射高颎率将军王詧、上柱国赵仲卿并出朔州(治今山西朔县)道,右仆射杨

---

① 《隋书》卷82《东夷·高丽传》。
② 《隋书》卷82《东夷传·史臣曰》。
③ 《隋书》卷67《裴矩传》。
④ 《隋书》卷41《高颎传》。

素率柱国李彻、韩僧寿出灵州（治今宁夏灵武），上柱国燕荣出幽州（治今北京市），"发六总管，并取汉王节度"，分道出塞以讨突厥①。

都兰大惧，遂引来达头大军，合力掩杀染干，双方大战于长城之下。由于担任总指挥的汉王杨谅"竟不临戎"，没有亲临前线，隋军没有赶到，染干大败，部落散亡，其兄弟子侄尽被都兰杀死。染干与长孙晟仅率5骑乘夜南走，渡河入蔚州（治今山西灵丘），收得散败数百骑，遂率部悉入隋境，于四月来到长安。时都兰之弟郁速六也因内部矛盾弃妻子部众投奔长安，隋文帝大喜过望，赐给大量珍宝，以示抚慰，并任长孙晟为左勋卫骠骑将军，持节护突厥②。

这时高颎、杨素率军在塞外与突厥达头、都兰大军激战，隋出动了全部精锐，其中蜀王杨秀的司马行军总管段文振遇达头可汗于沃野（今内蒙古河套地区），曾挫败达头军③。史万岁也与达头接战，结果突厥大败，达头可汗受重创而遁。另一路高颎也击破突厥都兰可汗，突厥于是败退。

开皇十九年（589）十月甲午（初二），隋文帝拜染干为意利珍豆启民可汗，其意为"意智健"。启民上表谢恩："臣既蒙竖立，复改官名，昔日好心，今悉除去，奉事至尊，不敢违法"④。文帝于是令长孙晟率兵5万，于朔州筑大利城（今内蒙古清水河县），安置启民及其部属。这时安义公主已死于战乱，文帝又以宗女义成公主下嫁启民可汗，派散骑常侍柳謇之和将军杨纪、李景送到启民帐

---

① 《隋书》卷84《北狄·突厥传》。
② 《资治通鉴》卷178 隋文帝开皇十九年。
③ 《隋书》卷60《段文振传》。
④ 《隋书》卷84《北狄·突厥传》。

中。启民感激万分,穷其所有,赠给隋和亲使柳謇之等大批马匹和杂物①。

但都兰可汗仍侵掠不已,启民势弱抵挡不住。长孙晟奏请将启民所部徙五原,黄河以南夏州、胜州之间(今陕西靖边县及内蒙古准噶尔旗一带),以河为固,发徒"掘横堑"数百里,东西至河,南北400里,尽为启民畜牧之地。又派朔州总管赵仲卿屯兵2万保护启民。督徒筑金河(故址在今内蒙古呼和浩特市南)、定襄(今山西大同市南旧怀仁县西南)二城,让启民居住②,加强了对启民的保护。

开皇十九年(599)底,隋文帝又发数路大军合击都兰,师未出塞,十二月乙未(初四),都兰可汗为其部下所杀,境内大乱,部众纷纷投归启民。都兰可汗死后,达头自称步迦可汗,统领东西突厥全境,继续与隋为敌,从碛东进攻启民,并南下侵扰隋边境,但其势已弱,内部分崩,已是强弩之末。

历史又一次给杨广以成就功名的机会,就在突厥已趋崩溃之时,隋文帝调晋王杨广参加了对突厥的反击作战。开皇二十年(600)夏四月壬戌(初四),突厥步迦可汗南下犯塞,隋文帝令晋王杨广为行军元帅,出师反击。这是一次大规模的反击战,隋军分数路出击,晋王杨广与杨素出灵武道(今宁夏灵武),汉王杨谅与史万岁出马邑道(今山西朔县)。晋王杨广实际上仍是挂名的空头元帅,他和汉王杨谅各统一军,实际统帅是杨素和史万岁。随杨广出击的有左领军将军史祥。大军来到黄河边,杨广设祭,祭祀轩辕

---

① 《隋书》卷47《柳謇之传》。
② 《隋书》卷74《赵仲卿传》。

黄帝，"以太牢制币，陈甲兵，行三献之礼"①。晋王率军继续北进，步迦可汗逃走，晋王没有遇到强劲敌手。时长孙晟率突厥降人为秦州行军总管，受晋王杨广节度，长孙晟在突厥人饮水的小河溪上流下毒，使下游饮此水的突厥人畜多死，突厥人不知缘故，十分畏惧，说"天雨恶水，甚亡我乎！"于是连夜逃跑，长孙晟乘势追击，斩首千余级。

出马邑道的汉王杨谅军在名将史万岁统领下，率柱国张定和、大将军李药王、杨义臣等出塞，至大斤山，与突厥相遇。步迦可汗得知是名将史万岁，未战先退，史万岁率军穷追数百里，追上后纵兵横击，斩首数千级，又向北追逐数百里，取得重大胜利。但杨素妒忌史万岁的战功，竟向文帝回报说："步迦可汗本要投降，起初不想为寇，只想于塞上畜牧"。于是史万岁的战功竟被抹杀，万岁几次上表陈述，但文帝没有领悟。

后步迦可汗又遣俟利伐从碛东攻启民，隋文帝又发兵助启民据守要路，俟利伐只好退回，启民可汗向隋文帝上表陈谢："大隋圣人莫缘可汗（文帝），怜养百姓，如天无不覆也，如地无不载也，诸姓蒙威恩，赤心归服，并将部落投圣人可汗来也。或南入长城，或住白道，人民羊马，遍满山谷。染干譬如枯木重起枝叶，枯骨重生皮肉，千万世长与大隋典羊马也"②。突厥启民可汗至此已死心塌地臣服于隋朝，隋文帝更被尊为"圣人可汗"。

隋文帝君臣将帅对突厥采取和战相间，和亲与离间并行的政策，变被动为主动，终于取得了巨大胜利，制服了突厥。欧洲著名学者沙畹表示："中国始终用其远交近攻，离强而合弱之政策，是

① 《隋书》卷8《礼志·军礼》。
② 《隋书》卷84《北狄·突厥传》。

为妨碍突厥建设一持久帝国之要因,设无此种反间政策,突厥之国势不难推想得之,数百年后蒙古之得势,可以例已"[①]。离间政策使中原农业帝国在与北方游牧帝国的竞争中占了上风,以智谋取胜,减少或避免了双方大规模的直接战争,减少了生命的牺牲和财产的损失,保存了隋朝的国力。要不然,在冷兵器作战时代,慓悍的游牧民族骑兵滚滚压来,出身农民的府兵的确难以招架,长城再长也难免有缺口。所以,隋文帝离间政策的运用值得高度评价,较之后来隋炀帝三征高句丽一味蛮干,更显出其大智大勇。

对突厥反击作战的胜利主要应归功于隋文帝、长孙晟、高颎、杨素、史万岁等君臣将帅,晋王杨广在其中并没有什么建树,也没有什么功劳。但他参加了对突厥的最后一击,也没有犯什么差错。因为他身为皇子,所以"北破突厥"的声名又加到了他头上,较之小弟杨谅征辽失败,更显出了他的威名。真可谓不费功夫,坐收名利,使他声名籍甚,冠于诸王。

出塞对突厥反击作战的将帅也留下了描述塞北和战争的瑰丽诗篇,特别是领兵统帅杨素,能文能武,作有《出塞二首》,并与薛道衡、虞世基相唱和,兹引杨素诗一首:

  漠南胡未空,汉将复临戎。
  飞狐出塞北,碣石指辽东。
  冠军临瀚海,长平翼大风。
  云横虎落阵,气抱龙城虹。
  横行万里外,胡运百年穷。
  兵寝星茫茫,战解月轮空。
  严镵息夜斗,骍角罢鸣弓。

[①] 沙畹著、冯承钧译:《西突厥史料》,第155页。

北风嘶朔马,胡霜切寒鸿。

休明大道暨,幽荒日用同,

方就长安邸,来谒建章宫。①

杨素的边塞诗写得气势恢宏,诗中假借汉朝故事怀古抒情,实为诗人从军纪实之作,反映了诗人领兵出塞与突厥交兵的生活体验,真实地描写了塞外的荒寒景色和将士们艰苦的战斗生活,也表现了自己老当益壮、舍身为国的情操。全诗笔力苍劲,是隋诗的上乘之作。

杨素的出塞诗似乎将我们带进了千年塞北古战场,边塞闻笛和霜天零落之鸿声,悲怆情调中弥漫着征战者的粗犷壮大气概。《出塞》是当时诗人最常歌咏的主题,晋王杨广也出塞参加了反击突厥作战,他也写了两首反映边塞的诗,题《锦石梼流黄》二首:

(一)

汉使出燕然,愁闲夜不眠。

易制残灯下,鸣砧秋月前。

(二)

今夜长城下,云昏月应暗。

谁见娟楼前,心悲不成惨。②

令人惊奇的是,杨广所述竟是征人思妇两地相思之事,其辞凄楚动人,委宛曲折,亦当为上乘之作。但此诗与晋王杨广的身份不合拍,杨广何以不和杨素、薛道衡等人一样写征战题材的诗,而要写相思诗呢?

边塞征战烽火连天,青年杨广渴望建功立业,血战沙场。但他

---

① 《文苑英华》卷 197。
② 《乐府诗集》卷 77。

年轻的心和壮志长期受到了压抑,他并不能随心所欲指麾千军万马,事事处处要听父皇的敕命,甚至要听父皇指派的实际统帅的命令。每次征战,他只能当名誉统帅。杨广于心不服,所以写相思诗寄托情思。两首相思诗照见的是杨广长期受压制、深深刺痛的血淋淋的心。此时杨广所思不在塞北,而是朝廷,他眼睛直盯着最高皇权,一旦他获得皇位,真的能指挥千万马,他将写出豪迈的边塞诗。

第三节 肆厥奸回 夺嫡成功

经过精心策划,多年努力,矫情饰貌,占尽风头,杨广终于在实际政治声望上超过了哥哥杨勇。杨勇的骄奢失宠又进一步给了杨广以机会。杨广抓住时机,凭借实力,制造舆论,壮大了自己的声势,又耍尽阴谋,分化离间,瓦解了政敌的能量。杨广极尽奸诈诡谲之能事,充分发挥政治上的主观能动性,终于成为大隋皇位的继承人。

一、率意任情　杨勇失宠

晋王杨广有皇族血统,有南征北战的声绩,已具有了相当充分的条件,争夺嗣君之位。但皇太子之位已定,夺嫡既是非法,是阴谋,要成功光凭实力尚不够,还必须要有机会。这种历史的机遇也一再呈现在杨广眼前,这就是哥哥杨勇的不堪为嗣,自毁前程,正好给杨广留下了可供钻营的空隙。

当杨广在费尽心机不择手段地算计哥哥杨勇之时,太子杨勇不但没有丝毫的警觉和戒备,反而纵情声色,授人以柄。杨勇自以为自己居于嫡长,皇太子地位已定,因而从不虚情假意地去讨父母欢心,也压根儿就没有留心弟弟们的夺嫡阴谋。而是越来越放荡,骄奢淫逸。

杨勇自小爱好文学艺术音乐,东宫招揽了不少伎艺人才,歌舞、咏诗、作画本是贵族子弟的普遍爱好,也是贵族高雅生活的一部分,但其间应有一个度,适度与过度意义大不相同,一旦放纵,过度淫乐就会使自己荒唐,毁灭自己。杨勇恰恰是没有自我节制,他一味寻求快乐,率意任情,纵情声色,自己把自己毁了。

杨勇招揽文士修撰书籍,起先隋文帝没有表示反对,但太平日久,杨勇在皇太子位上过得很不耐烦,开始寻求刺激。时有平原明克让、魏郡陆爽、沛国刘臻等均以诗文受到太子亲昵,阎毗也以"伎艺"侍娱乐宫。所谓"伎艺",乃书画艺术及工艺美术之类。阎毗"能篆书,工草隶,尤善画,为当时之妙",是周隋时代著名的书画家、建筑艺术家。在东宫他经常以"瑰丽之物取悦于皇太子",甚得杨勇亲待,并称美于文帝,宿卫东宫,任太子宗卫率长史。杨勇的玩物衣服、车马等,多为阎毗制作[①]。

又有吴兴人沈光,乃陈吏部侍郎沈君道之子,陈亡移居长安,杨勇招为东宫学士。沈光自小手足灵敏快捷,善于戏马,其骑术号为天下之最,时人称他为"肉飞仙"。这位"肉飞仙"平时不拘小节,交结轻侠,京师恶少年都围着他团团转,太子杨勇和汉王杨谅都争着延揽他,成为王府座上客[②]。杨勇常在东宫设宴,沈光之父沈君道也常被请来宴乐。沈君道还应太子杨勇之请在宴席上写了一首诗:"副君监抚暇,禁苑暂停车;水落金沙浅,云高玉叶疏。随厨白羽驾,逐钓紫鳞鱼。饱德良无己,荣陪终宴余"[③]。大概描写

---

① 《隋书》卷68《阎毗传》。
② 《隋书》卷64《沈光传》。
③ 《初学记》卷14《饷谦第五》:"隋沈君道侍皇太子宴应令诗"。

东宫赴宴游乐之事。杨勇也能为诗,可惜史书没有记载,他所"褒狎"的来自南朝后梁的文士刘臻有一首《河边枯树诗》:"奇树临芳渚,半死若龙门。疾风摧劲叶,沙岸毁盘根。将军犹未坐,匠石不曾论。无复凌云势,空余激浪痕。可嗟摧折尽,讵得上河源"①。可以想见,皇太子杨勇的东宫,文化气氛是十分浓烈的。

但东宫文人学士大都没有什么政治才能。如刘臻就毫无吏干,成天恍恍惚惚。有一个叫刘讷的,也为东宫学士,和刘臻同样官为仪同,两人情好甚密。有一次刘臻往长安城东,对侍从者说:"去刘仪同家"。从者不知是寻刘讷,即带回刘臻家,到了家门口,大呼:"刘仪同可出矣"!其子出来迎门,这才醒悟过来②。这样的书呆子,竟然也得到太子杨勇的亲狎,亦可窥知杨勇没有什么政治抱负。

太子左庶子唐令则更为杨勇所"亲狎",经常在东宫教内人弦歌。左卫率长史夏侯福也为太子亲昵,在东宫与杨勇戏马玩耍,竟无复尊卑上下之序。太子左庶子刘行本切谏,杨勇不听③。有一年元旦,杨勇在东宫设宴招待宫臣,唐令则请弹奏琵琶,乃自弹自唱起武媚娘之曲,太子洗马李纲当即出来谏止,杨勇却说:"我欲为乐耳,君勿多事"④。

倡优工匠出身的云定兴为杨勇制作奇服异器,进奉东宫,他的女儿云氏被杨勇纳为姬妾,因此与太子交往密切,来往无节度。左庶子裴政切谏,太子不但不听,反而疏远了裴政⑤。皇太子不节制

---

① 《文苑英华》卷326。
② 《隋书》卷76《刘臻传》。
③ 《隋书》卷62《刘行本传》。
④ 《旧唐书》卷62《李纲传》。
⑤ 《隋书》卷66《裴政传》。

自己的行为,恣意纵乐,其手下的人更仗势不遵法度。太子千牛备身刘居士好作獠舞,聚徒任侠,引公卿子弟臂力雄健者至家,先把车轮套在他们脖子上,然后用棍棒乱打一通,差不多快打死还不屈求饶的,就称为壮士,与他相交,结为党羽。其中灵活敏捷者,编为"饿鹘队",有武艺的编为"蓬转队",经常带着老鹰,牵着狼狗,在长安街道上骑马横冲直撞,殴打路人,侵夺商贩。街上百姓无贵贱,凡见到"饿鹘队"或"蓬转队"来了,就罢市逃窜,因为是东宫皇太子的人,甚至公卿妃主也不敢招惹,得罪不起他们[1]。

杨勇还特别贪恋女色,他不喜欢父母作主给他包办的嫡正妻元氏,长期冷落她。他曾对比自己年长几岁的叔父卫王杨爽说:"阿娘不给我一好妇,真可恨!"杨勇明知母亲独孤氏痛恨男人宠爱姬妾,却要明目张胆地广纳美姬,与一些不三不四的女人鬼混,甚至指着皇后的侍儿当面对杨爽说:"这都是我的女人"。杨勇的内宠很多,尤其宠幸昭训云氏,即云定兴之女。杨勇的第一个儿子杨俨就是与尚未选入东宫的云氏在外边野合而生的,即私生子。以后招入东宫立为昭训,云氏又接连生下杨裕、杨筠两个儿子。杨勇不到30岁,女儿不算,儿子就生了10个,他们分别出自五六个母亲。而太子正妃元氏却从未得幸,当然也就不会有生育,对此文帝和独孤后都深表不满。

开皇十一年(591)一月丙午(二十三),皇太子妃元氏突然心脏病发作,第二天便暴死,独孤皇后怀疑死有他故。隋文帝更怀疑是杨勇指使马嗣明下毒,对杨勇进行了极严厉的谴责。

正妃元氏暴死,父皇母后伤心极了,杨勇反倒高兴得很,认为自后云昭训得扶为正妻,专擅内政,其私生子杨俨也可名正言顺地

---

[1] 《隋书》卷80《列女·刘昶女传》。

以嫡长子身份继承皇位了。这种态度更使文帝和皇后恼火,于是对元氏的安葬大肆铺张,专门于朝堂文思殿与大臣一起举哀,意在压一压太子的嚣张气焰。

更有甚者,隋文帝和独孤后还怀疑杨勇与云昭训在外野合私生的长子杨俨不是真正杨家血脉。杨俨刚生下来时,文帝与独孤后曾将他抱入后宫抚养,但杨勇却多次将他抱回东宫。文帝后来声言:"云定兴女,在外私合而生,想此由来,何必是其体胤"。并进一步陈说:"昔晋太子取屠家女,其儿即好屠割。今倪非类,便乱宗社"。

隋文帝和独孤后特别看不起云昭训的父亲云定兴,这个优人工匠自从当了隋文帝的亲家翁后,得意忘形,四处招摇。他的另一个女儿嫁给了佞人刘金骢,也与云定兴十分亲热。文帝听到后感到恶心,即将刘金骢撵出长安。但杨勇并不在意岳父云定兴身份低贱,又将乐工曹妙达引入寝宫,与云氏一起进餐共宴。曹妙达出宫后也到处吹牛:"我今天给皇太子妃劝酒了"。而云昭训也因为自己是庶妻,生子虽长非嫡,怕人不服,也有意四处张扬,"欲收天下之望"①。隋文帝对太子杨勇的庸劣忍无可忍,认为"此儿不堪承嗣久矣",开始有意调查杨勇的劣迹。独孤皇后也派人暗中伺察太子,搜寻杨勇的罪过。

杨勇的皇太子地位开始动摇了,隋文帝和独孤皇后都有意要取消他继承皇位的资格。

杨勇肆意妄为,杨广则弥自矫饰。杨广侦知杨勇失爱于父母,心中窃喜,便抓准时机,火上添油地中伤大哥。

有一次入朝后将还镇江都,杨广入宫辞别母后,故意跪在母亲

---

① 《隋书》卷45《文四子·房陵王勇传》。

面前"哽咽流涕",母后抚摸着爱子也不觉"泫然泣下"。杨广装出一副委屈相,诉说:"儿臣性情见识愚笨,常顾念兄弟之情,但不知何罪失爱于兄长,皇太子常满怀怒气,要对我诬陷杀害。我常恐谗言出于亲人之口,酒具食器中被投入毒药。忧虑恐惧,念念在心,怕是早晚要遭毒手,儿性命危在旦夕"。皇后对杨勇也满腹怨怒,话既挑开,也就毫不客气地诉说了一通:"睍地伐越发让人无法忍耐了,我为他娶得元氏女,望隆基业,他竟不以夫妻之礼相待,专宠阿云。元氏像是配给了猪狗,她本无病痛却突然暴亡,恐是有人投毒。事已至此我也不能穷治。如今睍地伐又无故对你出恶念。我还活着,他就如此,我死后,更要残害你们兄弟。我每念及东宫竟无嫡子,百年之后,让你们兄弟在贱妇阿云生的儿子面前跪拜,一想到此就心碎"。皇后一边说一边哭,说完更悲伤得不能自抑,杨广也扑到母亲怀里呜咽不止。母子俩于是抱头大哭,依依难别。从此,独孤后更下定决心要废掉杨勇,立次子杨广为皇太子[①]。

已经上了杨广贼船的权相杨素更是善于揣摩人意,有一次他进入后宫侍奉宴会,见到独孤皇后即婉转地试探,说:"晋王杨广孝悌恭俭,有类至尊"。独孤后听到了知音,竟流着眼泪说:"公言是也,我儿阿㦅大孝顺,每闻皇上和我派内使去,必亲自远迎;说到远离双亲,未尝不泣。媳妇萧妃也令人怜爱,我派婢女去,她常与之同宴共食。哪像睍地伐和阿云相对而坐,终日酣宴,昵近小人,猜疑骨肉兄弟!我所以益加爱怜阿㦅,常恐睍地伐暗中加害。"杨素了解到了皇后意思,于是到处说太子杨勇不成器,各方面都不如杨广。独孤氏更把杨素引为知己,赐给他金银财物,让他赞助隋文帝行废立。

[①] 参见《隋书》卷45《文四子·房陵王勇传》。

由于得到独孤皇后的支持,杨素有恃无恐,于是走上前台,充当了废立阴谋的主角。他一方面在隋文帝面前称誉杨广,攻击杨勇;另一方面更在朝臣中大肆活动,广造舆论,煽动更多的人诽谤太子。一时"内外喧谤,过失日闻"。在杨素导演之下,对皇太子的流言蜚语接二连三地传到隋文帝耳中。正是"豺虎之心,蜂虿之口,利似剑锋,甜如醇酒。乘间一言,天伦不守,彼何人哉,有此毒手"①。而幕后总指挥,正是杨广。

时有谣言说东宫"多鬼魅",多次出现"鼠妖",文帝即命术士萧吉去东宫"禳邪气"。萧吉煞有介事地于东宫宣慈殿设神坐,说是发现一股来自鬼门关的迎风,"扫太子坐"。萧吉唧唧大叫折腾了一番,用"桃汤苇火"将鬼风驱逐出门,接着又设坛谢土地神,搞了一些虚玄鬼把戏,然后神秘地对文帝说:"太子当不安于位"。隋文帝既"阴欲废立",对萧吉的话自然深信不疑,凡有异变即向萧吉顾问,"赏赐优洽"②。

人言可畏,各种流言铺天盖地向杨勇袭来,父母对他冷淡,朝臣对他疏远,杨勇总算明白自己皇太子地位受到威胁了。但他无计可施,惊慌失措。杨勇和父亲一样也迷信鬼怪巫术,他听说新丰人王辅贤能"占候",就将他召来问卜。王辅贤说:"太白袭月,天象对你不利,是皇太子废退之象"。于是教杨勇用五种铜铁兵器,制作了避邪诅咒之物,企图以"厌胜"的办法免去厄运。他又在府邸后园建造了一个庶人村,村里房屋低矮简陋,自己常在其中睡觉休息。杨勇一改往日的奢华,身穿布衣,铺着草褥子,希望以此来挡住谗言。在仁寿宫的文帝知道杨勇心怀不安,就派杨素去观察

---

① 《隋炀帝艳史》卷3。
② 《隋书》卷78《萧吉传》。

动静。杨素到了东宫,故意偃息不入,杨勇换好衣服等待,杨素久不进门,用以激怒杨勇。杨勇怀恨杨素,形于言色。杨素于是回报说:"杨勇怨恨,恐怕会生变故,望陛下深防明察"。隋文帝听了杨素的诋毁,对杨勇更加猜疑。独孤皇后也派人暗中探察东宫,细碎琐事都上报给文帝,依据诬陷之词来构成杨勇的罪状。

开皇十八年(598),隋文帝开始采取行动削弱东宫势力,东宫属官凡有才能者统统调开,如苏孝慈为太子右卫率,有文武才能和政绩,受到杨勇的倚重,文帝将他调任淅州刺史,对此杨勇"甚不平,形于言色"[①]。文帝还于大兴宫北玄武门到宫城东北隅的至德门之间,每隔几步就设置一个候人,即特务,以观察杨勇动静,事无巨细都要随时奏闻。另外,东宫值宿警卫之人,侍官以上,名册均归属各个卫府,不归东宫管辖。勇猛矫健者,统统调走,只留老弱供杨勇给使。又以图谋不轨罪将太子千牛备身刘居士斩首,公卿子弟受牵连的也不少。隋文帝的这些措施已大有咄咄逼人之势了。

太史令袁充见状也落井下石,添油加醋地对隋文帝说:"我观察天象,皇太子应当废黜"。文帝叹道:"玄象出现很久了,群臣不敢说啊"[②]。皇太子杨勇的地位已是岌岌可危了。

二、高颎罢相 元勋罪退

杨广的夺嫡举动在朝臣宰相中并不是没有反对者,这使他一时难以得逞。

开皇十二年(592)成立的以高颎、杨素为核心的宰相班子,虽

[①] 《隋书》卷46《苏孝慈传》。
[②] 参见《资治通鉴》卷179 隋文帝开皇二十年。

然杨素当涂显贵,权势日盛,但地位仍在高颎之下。杨素乃高颎推荐,他本人对高颎也很钦佩。在夺嫡争斗中,宰相高颎的意见显然十分重要。

高颎任相十多年,权位崇高,从未参加过任何派系斗争。他母亲曾告诫他"富贵已极",要处处小心谨慎。高颎见朝廷政治生活日益不正常,也常恐祸变。有一次天象有变,"荧惑入太微",术士刘晖私下告诉高颎:"天文不利于宰相,应修德以避禳"。高颎内不自安,告诉了隋文帝,文帝听后安慰了一番,并厚加赏赐,说明文帝对高颎仍是信任的。但国家大事特别是皇位继承问题,必然要老宰相表态。有一次文帝试探高颎说:"有神凭告晋王妃,言晋王必有天下,若之何?"高颎大吃一惊,长跪在地下,秉告说:"长幼有序,其可废乎?"①明确表示不同意轻易废掉皇太子。高颎是佐命元勋,在朝臣中威望极高,他坚持皇位嫡长子继承制,没有重大理由,当然反对废杨勇而立杨广。隋文帝于是默然而止。

不久隋文帝下令挑选东宫卫士到皇宫上值宿卫,高颎上奏说:"若陛下把强壮的卫士都选走,恐怕东宫宿卫太弱"。文帝沉下脸来说:"太子安坐东宫,培养仁德,那里用得着壮士"。隋文帝怀疑高颎因为儿子娶了杨勇的女儿,所以向着杨勇。高颎的三儿子高表仁是娶了杨勇的女儿为妻,高颎与杨勇也成了亲家翁,但这层关系并不能决定高颎就维护杨勇的皇太子地位。他的第二子高德弘,亦是杨广亲任的王府记室,在杨勇、杨广之间,高颎每怀至公,既不因与杨勇为亲家翁而党于皇太子,也不可能因二子为杨广的亲信而被拉拢加入杨广夺嫡阴谋集团。早在平陈作战时,高颎与晋王杨广的关系就没有搞好,以后一直交往不多。杨广深知,要夺

---

① 《隋书》卷41《高颎传》。

嫡成功,必须除去这块绊脚石。然而,由于文帝仍然信任高颎,杨广本人无能为力。

　　高颎与独孤皇后的关系本来一直很好,他原先就是独孤氏的家客。但独孤后杀文帝宠幸的尉迟氏女,高颎劝解文帝时说不要为一妇人轻弃天下,此话被杨素传到独孤后耳里,引起了皇后"衔恨"。还有一件事也增加了独孤皇后的不满。高颎的原配正妻贺拔氏与独孤后十分友善,贺拔氏生病时皇后曾亲派左右宦官前往慰问,后夫人病故,独孤氏出于对高颎的关心,曾对文帝说:"高仆射老矣,而丧夫人,陛下何能不为之娶!"文帝即将皇后的关切转达于高颎。高颎很感动,流着眼泪陈谢说:"臣今已老,退朝之后,唯斋居读佛经而已。虽陛下垂哀之深,至于续弦再娶正室,非臣所愿"。隋文帝也就不再勉强。但不久高颎的爱妾生子,文帝闻讯致以祝贺,然独孤氏却甚为不悦,文帝问以何故,独孤后有板有眼地诉说:"陛下还能再信任高颎吗? 先前陛下欲为颎取妻纳室,颎心存爱妾,面欺陛下。今其诈已见暴露,对这种当面撒谎的人怎么还能相信呢?"[①]文帝一想有理,从此对高颎开始猜疑疏远。

　　后高颎领军攻打突厥,大军追击越过白道,谋划进一步深入大漠,派人向朝廷请求增兵。隋文帝左右竟有人诬高颎图谋造反,但隋文帝还未及批答,高颎已打败突厥班师还朝,其谣言也不攻自破。

　　然而,这时朝廷最高层的政治生活已很不正常,文帝虽是励精图治之主,但到晚年猜忌之心越益严重,持法尤峻,"喜怒不常,过于杀戮",使"公卿股栗,不敢措言","其草创元勋及有功诸将,诛

---

① 参见《隋书》卷41《高颎传》。

夷罪退,罕有存者"①。

苏威自解除右仆射位后,不久任纳言,仍为宰相,但在官场上的磨难使他学得圆滑多了,自后也不再劝谏皇帝,据理力争了。居闲多年的宰相,原"四贵"之一的虞庆则下场更为可悲。开皇十七年(597),岭南人李贤据州反叛,隋文帝指名要虞庆则任桂州道行军总管前往镇压。优闲惯了的虞庆则不愿出征,遭到文帝谴责。平定李贤之后,虞庆则回师至潭州临桂镇,观察山川形胜,叹称险固攻不可拔,谁知此语竟被与虞庆则小老婆有通奸行为的内弟赵什柱告状。虞庆则既早已遭文帝心烦猜忌,现又被告有反状,愤怒的隋文帝即下令将宰相虞庆则问斩。其子虞孝仁当时在江都为晋王杨广的亲信僚属,豪侠任气,也因父事除名②。

战将王世积见隋文帝性忌刻,许多功臣不是被杀就是获罪,从此嗜酒如命,常常喝得烂醉如泥,从不与朝官谈及政事,以此来避祸。后转任凉州总管时,亲信安定皇甫孝谐犯罪,被官府缉捕,投奔王世积,世积不敢收纳。皇甫孝谐被捕后,出于报复和侥幸求功的心理,上书告王世积谋反,称王世积曾请道士相面,称其为国主,夫人当为皇后,其亲信曾对王世积说:"河西天下精兵处,可以图大事"。这本是纯粹的诬陷之辞,并无任何证据,但隋文帝既最怕有人仿效自己篡夺皇位,得报马上征王世积入朝,设大狱穷治其事。结果王世积被处斩,皇甫孝谐诬陷有功,拜上大将军③。

在审问王世积时,有一些关于宫禁之事,据说出自高颎之口,隋文帝想顺藤摸瓜,构成高颎之罪,假装十分震惊,令官司穷追。

---

① 《隋书》卷2《高祖纪下》。
② 《隋书》卷40《虞庆则传》。
③ 《隋书》卷40《王世积传》。

又有人上奏:"高颎与左卫大将军元旻、右卫大将军元胄均与王世积交结往来,接受了王世积赠送的名马"。文帝不由分说,即怒斥元旻、元胄,要追究高颎罪责。上柱国贺若弼、吴州总管宇文弼、民部尚书斛律孝卿、兵部尚书柳述等一班朝廷重臣都知高颎清白,于是站出来上奏申明高颎无罪。但文帝既存心要整高颎,见众多重臣出来说情,更加愤怒,下令将为高颎申辩的人也都交付执法官吏问罪。刑部尚书薛胄依据刑律条文为高颎"明雪"辩解,竟被"械系",带上了刑具。这样一来,群臣百官就没有人再敢为高颎辩护求情了。开皇十九年(599)八月癸卯(初十),高颎被罢免了上柱国、尚书左仆射的官职,以齐国公归家闲居①。

人既失位,倒霉的事也就接踵而来,没过多久,齐国公府的国令就上言告发高颎"阴事",称高颎之子高表仁以司马懿的故事劝高颎忍耐。文帝大怒,下令将高颎囚禁至内史省,进行审问。宪司上奏说佛门真觉禅师曾对高颎说过"明年国有大丧";又有尼姑令晖也对高颎说"皇帝有大难"。文帝听后怒不可遏,不少朝官叫嚷请将高颎斩首,但文帝念及旧情,说:"我去年杀了虞庆则,今年又斩了王世积,如果再诛高颎,天下人会怎么看我呢?"于是下令将高颎除名为民②。

高颎既常恐祸变,得以免死,也处之泰然。以前,国子祭酒元善认为高颎最有宰相之具,曾对文帝说:"杨素粗疏,苏威懦弱,元胄、元旻之流好像鸭子,随波逐流。可以付社稷者唯独高颎"。隋文帝起初也认为说得很对,及至高颎获罪,文帝又狠狠地责备元善,元善竟致忧惧而死③。

---

① 参见《隋书》卷41《高颎传》。
② 参见《隋书》卷41《高颎传》。
③ 参见《隋书》卷75《儒林·元善传》。

高颎罢相对杨广夺嫡极为有利,这是搬走了最后一块绊脚石,同时,也是隋政治的分水岭。唐太宗曾盛称"高颎有经国大才,为隋文帝赞成霸业,知国政者二十余载,天下赖以安宁。文帝唯妇言是听,特令摈斥,刑政由是衰坏"①。贤相被斥,帝王不圣,隋政治自后发生逆转,"忠臣义士莫得尽心竭辞"。权力之争也并没有因高颎罢相而缓解,皇太子之位的争夺却由此达于白热化。

三、锻炼成狱　太子失位

高颎罢相后,杨素"贵宠擅权,百僚震慑",其势如日中天,"无敢忤者"。这时,正如宇文述对杨约所说:"今若请立晋王,在贤兄之口耳"②。杨素受杨广和独孤皇后的委托,积极谋划废立,他"舞文巧诋,锻炼成狱",罗织罪名,使皇太子杨勇有口难辩。

杨广还直接命令心腹段达去私下贿赂受杨勇宠信的东宫幸臣姬威,让姬威暗中观察太子动静,一举一动都向杨素密告。杨勇在四面围攻下已无法招架,杨广见夺嫡时机已成熟,即果断地命段达去胁迫姬威:"东宫罪过,主上皆知之矣,已奉密诏,定当废立。君能告之,则大富贵"。诱使姬威上书,诬告皇太子杨勇图谋不轨。

开皇二十年(600)九月壬子(二十六),早已听到不少关于皇太子传闻的隋文帝收到东宫官姬威的诬告书后,十分紧张,认为杨勇真要动手抢班夺位了,即从避暑之地仁寿宫(其址在今陕西省麟游县新城区)回到大兴城。来时车驾严加戒备,如临大敌,警卫重重。晚上睡觉怕出现紧情,文帝竟从后殿迁到前殿居住。第二天一早上朝,隋文帝以为朝臣都知道有关皇太子谋行不轨的事,即

---

① 《贞观政要》卷6《杜谗邪第二十三》。
② 《隋书》卷48《杨约传》。

发问:"我新还京师,本应开怀欢乐,为何如此抑郁愁闷?"希望朝臣呈报太子过失。但吏部尚书牛弘不知原委,忙称"臣等不称职,使陛下忧愁劳累"。文帝一听文不对题,马上板起面孔,喝令将东宫官属太子左庶子唐令则等逮捕,交官司讯鞫,并让杨素宣陈东宫事状。

杨素于是危言耸听地诉说自己奉旨回京,令皇太子查核刘居士余党,太子竟公然抗拒诏旨,"作色奋厉,骨肉飞腾"。说什么"居士党尽伏法,遣我何处穷付?尔作右仆射,委寄不轻,自检校之,何关我事?"杨素还添油加醋地编造杨勇的话:"过去禅让大事要是不顺利,我得先被诛,如今父亲作了天子,竟乃令我不如诸弟,凡事不能作主"。这些极富挑衅性的诬陷,把文帝气得直瞪眼,火冒三丈。满朝大臣听后也都屏息流汗,诚惶诚恐。

隋文帝当即宣布:"此儿不堪承嗣久矣!皇后恒劝我废之,我以布素时生,复是长子,望其渐改,隐忍至今"。接着历数杨勇罪恶,特别是毒害正妃元氏之事。文帝又宣称云定兴的女儿是在外野合生下的私生子,想到她的出身来历,何必用她的后代作为继承杨家基业之人呢?当着群臣的面说他怀疑杨勇与云昭训生的长子杨俨恐非杨家血脉,恐怕乱了皇家血统,事关国家前途命运。最后文帝声言:"我虽德惭尧、舜,终不以万姓付不肖子也。我恒畏其加害,如防大敌,今欲废之,以安天下"。废立之事终于由皇帝亲口说出来了,满朝大臣鸦雀无声,惟有左卫大将军元旻出来谏止:"废立大事,天子无二言,诏旨若行,后悔无及。谗言罔极,惟陛下察之"[①]。自从杨雄被架空,虞庆则被诛后,开皇末年隋文帝将禁卫大权交给了魏宗室后代的元旻和元胄。元胄在杨坚禅代之际就

---

① 《隋书》卷45《文四子·房陵王勇传》。

典禁军,充侍卫,曾虎口拔牙从赵王宇文招的宴会上挺身救出了杨坚,后杨坚称帝时曾称:"保护朕躬,成此基业,元胄功也"①。但右卫大将军元胄为人奸险,在杨广的极力拉拢下参加了其夺嫡阴谋集团。元旻为人则较正直,他"辞直争强,声色俱厉"②,进行了苦谏。但文帝不听,令姬威出来揭发太子的罪恶,并鼓励姬威:"太子事迹,宜皆尽言"。姬威有恃无恐,把根据杨广、杨素旨意早就编造好的诬陷之词,油腔滑调地吐了出来。

姬威先揭发太子"意在骄奢","欲得从樊川以至于散关,总规为苑",营建楼台宫殿,在东宫苑内筑一小城,一年四季,作役不辍,"营起亭殿,朝造夕改"。又告太子曾扬言:"若有谏我者,正当斩之,不过杀百许人,自然就永远清静了"。姬威又揭发太子目无朝廷,前年苏孝慈被解除东宫左卫率,太子气得奋髯扬肘,咒曰:"大丈夫会当有一日,要报此恨"。另外,东宫内所索取的东西,尚书省经常恪守制度不给,太子亦往往发怒,说"仆射以下,吾会杀戮一二人,要叫他们知道怠慢我之祸"。最后,姬威又揭发太子目无皇上,诬杨勇常说:"皇父厌恶我有许多侧庶姬妾,难道高纬、陈叔宝也是庶子吗?嫡出不是同样亡国吗"。又曾令女巫师姥占卜吉凶,妄称:"皇帝的忌日在开皇十八年(598),此期就快到了"。急不可耐巴不得父皇早死。听到这里,文帝不禁泫然落泪,说:"谁非父母生,乃至于此"。又说:"朕近览《齐书》,见高欢纵其子,不胜忿愤,安可效尤邪"③。隋文帝气得青筋直暴,下令将杨勇及其诸子统统拘禁起来,并逮捕杨勇的部分党羽。于是兴大狱"穷治东宫事"。

---

① 《隋书》卷40《元胄传》。
② 《隋书》卷45《文四子·房陵王勇传》。
③ 参见《隋书》卷45《文四子·房陵王勇传》。

左卫大将军元旻感到事有蹊跷,乃苦苦劝谏。杨素见状,乃伙同元胄指使下级官吏诬奏元旻"曲事于勇,情存附托"。说在仁寿宫,杨勇曾派亲信裴弘给元旻送信,信上写着"勿令人见"四字。文帝得报恼怒极了,说:"朕在仁寿宫,有纤介小事,东宫必知,疾于驿马,怪之甚久,岂非此徒邪?"于是将元旻逮捕。右卫大将军元胄当时该下值,怕元旻在文帝面前辩诬,遂故意留在殿中,并诡称自己不下值是"为防元旻",怕元旻发动左卫兵叛乱,文帝更被激怒,当即下令处死元旻,赐元胄帛千匹[1]。

过了些日子,在东宫查出了"火燧"数千。原来,前不久杨勇看见一棵大五六围的枯老槐树,问左右可派什么用场,有人说古槐尤适于作火把,杨勇遂令工匠制做了几千枚火燧,打算分赐左右。这时放在库房被收缴。另外,东宫药藏局还贮存有好几斛引火用的艾绒,杨素问姬威,姬威乃造谣说:"太子此意别有所在",皇上在仁寿宫,太子常饲马千匹,其与诸子往返于京城,急行一夜便至,曾说要打着火把夜围仁寿宫。杨素又以姬威的供词来盘问杨勇,杨勇不服气,说:"我听说你家饲养的马有上万匹,我作为太子,有马千匹就是造反吗?"问得杨素哑口无言。火把实难作为谋反罪证,杨素于是找出东宫的服饰玩器,凡是有雕刻镂画的器物都陈列在宫殿中,展示给文武群臣,作为太子的罪证。文帝和独孤后也屡屡派人责问杨勇,并将罪证诸物出示给杨勇,杨勇辩解不清,内心是极不服气。

开皇二十年(600)十月乙丑(初九),隋文帝派人来召杨勇,杨勇见到使者,惊恐万状,说:"得无杀我耶!"来到朝堂,见文帝身着戎装,陈列军队,百官立于殿东,皇室宗亲立于殿西。杨勇和他的

---

[1] 《隋书》卷40《元胄传》。

几个儿子被带到殿内中央排列,文帝命内史侍郎薛道衡郑重宣读废皇太子诏书:

> 太子之位,实为国本,苟非其人,不可虚立。自古储副,或有不才,长恶不悛,仍令守器,皆由情溺宠爱,失于至理,致使宗社倾亡,苍生涂地。由此言之,天下安危,系乎上嗣,大业传世,岂不重哉!皇太子勇,地则居长,情所钟爱,初登大位,即建春宫,冀德业日新,隆兹负荷。而性识庸暗,仁孝无闻,昵近小人,委任奸佞,前后愆衅,难以具纪。但百姓者,天下之百姓,朕恭天命,属当安育,虽欲爱子,实畏上灵,岂敢以不肖之子,而乱天下。勇及其男女为王、公主者,并可废为庶人。顾惟兆庶,事不获已,兴言及此,良深愧叹!

皇太子杨勇终于被废了,连同他的子女一并废为庶人,成了平民百姓。对于杨勇来讲,这不啻是从高山之巅堕入了万丈深渊。隋文帝又让薛道衡向庶人杨勇传旨:"尔之罪恶,人神所弃,欲求不废,其可得邪!"杨勇再三跪伏在地,说:"我该斩于闹市,以为后人鉴诫,幸蒙陛下哀怜,得保全性命"。说完,眼泪流满了衣襟,随即跪拜,"舞蹈"①而离去,文帝身边的人见状,没有不怜悯沉默的。

接着隋文帝又降下诏书:"自古以来,朝危国乱,皆邪臣佞媚,凶党扇惑,致使祸及宗社,毒流兆庶。若不标明典宪,何以肃清天下!"于是将太子左庶子唐令则、太子家令邹文腾、太子左卫率司马夏侯福、前吏部侍郎萧子宝、前主玺下士何竦等推为罪魁祸首,并处斩,妻妾子女皆收没官。

车骑将军阎毗、东郡公崔君绰、游骑尉沈福宝、瀛州术士章仇

---

① 《朱子语类》卷128《本朝二·法制》:朝见舞蹈之礼,不知起于何时,元魏末年,方见那舞,然恐或是夷狄之风。

太翼等4人"皆是悖恶",虽免死,但每人决仗一百,自身及妻子的资财田宅,统统没官。副将作大匠高龙义、率更令晋文建、通直散骑侍郎元衡皆令自尽。

接着,又在广阳门下召集中下级官僚宣读诏书,层层传达。将被判死刑的人当众处死。此狱受牵连的人还有很多,如太子仆河东柳肃等均坐除官为民①。杨勇则由东宫迁居内史省,遭到软禁,只给他五品官员的俸禄。

观德王杨雄率群臣并代表百官对隋文帝废皇太子表示拥护,杨雄称:"至尊为百姓割骨肉之恩,废黜无德,实为大庆,天下幸甚"!废嗣是一件国家大事,为表彰有功,文帝赐给杨素财物3000段,赐给元胄、杨约财物各1000段,作为审讯杨勇的奖赏②。

皇太子杨勇的被废,是杨广阴谋夺嫡取得的巨大成功,他要阴谋权术算计兄长,以母后独孤氏为后盾,由权相杨素出面,自己躲在幕后,做得可谓天衣无缝。旧史称废杨勇立杨广"皆(独孤)后之谋也"③,其实主谋者就是杨广自己,皇后和权相都只是自觉或不自觉地充当了杨广夺嫡阴谋的工具。嫡长皇太子被废的另一个重要原因则在于杨勇自己不成器,也不争气,自毁前程,给弟弟钻了空子。太子被废也是隋朝政治生活中的一件大事,对后来隋朝的政治发展将产生巨大影响,由于继立的杨广后来成了暴君,并致亡国,故后人评论此事总是带有感情色彩,同情杨勇而斥责助杨广夺嫡的人。有人认为"独孤之妒,杨素之奸,殆天生二人以为亡隋之阶耶"④。唐太宗君臣亦认为:"杨素欺主罔上,贼害忠良,使父

---

① 《隋书》卷47《柳肃传》。
② 《隋书》卷45《文四子·房陵王勇传》。
③ 《隋书》卷36《后妃·文献皇后传》。
④ 蒋瑞藻:《小说考证》卷9引《谭瀛室随笔》。

子之道一朝灭于天性,逆乱之源自此开矣"①。明人徐枋评论说:"杨素之罪浮于江充,汉祚不因易储而亡,隋室寔繇废勇而隳也。独孤后之罪浮于骊姬,晋虽乱而殷忧以启,文公广既立,而毒痛以殄隋祀也,杨素之罪与赵高等,独孤后之罪与贾南风等"②。

其实,以上评论实不足为训。从杨勇的品性和作为来看,即使他当了皇帝也不会是一个好皇帝,虽然他可能不会像其姐夫周天元宇文赟那般残暴胡搞,逞凶于一时,但却有类于北齐后主高纬和陈后主陈叔宝,荒嬉淫乐,置百姓及国家大事于不顾。他缺乏自制力,没有责任感,只顾自己一人之享乐,没有什么治国的政治才能。和弟弟相比,杨勇无论是政绩,还是政治素质才干,都不如杨广,杨广取代其兄杨勇而为皇嗣本有其合理性,也有其历史的必然性。在没有民主制度让贤选举的王朝君主专制时代,阴谋和政变是智者和平获得权力的唯一办法。相比之下,杨广并没有动武,他以情打动母后,以虚假迷惑父皇,以术交结权相杨素,自己不动声色,不出面就把大事办成了,整个过程充分表现了杨广的政治才能。然而,成功固然可庆,但杨广也早就作了失败的准备,"如其不谐,亦须据淮海,复梁、陈之旧"③。事不成就武装割据江南,分裂国家,恢复南北朝局面。幸好事情没有发展到这一步,中国将迎来一个雄武之主,维持一统天下的局面。

四、新太子受册　蜀王被废

开皇二十年(600)十一月戊子(初三),晋王杨广在一个大风

---

① 《贞观政要》卷6《杜谗第二十三》。
② 《读史稗语》卷3《杨素独孤后》条。
③ 《隋书》卷61《郭衍传》。

雪的日子里被册立为皇太子。为了显示自己的节俭和谦慎,投父皇所好,杨广请求免穿礼服,东宫的臣僚对太子不自称臣,文帝欣然应允①。已届晚年的隋文帝这时更加相信佛道鬼神,这个月国内正遭地震,这似乎昭示着不祥,文帝对此忧心忡忡,乃令杨广先到长安附近的大兴县居住,说:"吾以大兴公成帝业"。他希望次子杨广也能以大兴而继承帝业。

十二月辛丑(二十六),隋文帝下诏护持佛、道,佛教天台山寺智者大师的弟子智越等得知杨广进位皇太子,高兴万分,立即派灌顶、智璪等奉启来贺。称:"伏惟殿下睿德自天,恭膺储副,生民庆赖,万国欢宁。凡在道俗,莫不舞忭"②。皇太子杨广让张衡宣令灌顶、智璪来东宫谒见,杨广"自问先师亡后有何灵异"③,并赐给天台寺施香炉、铜钟、胜旛、法衣等物。

太史令袁充也不失时机地上表,称隋朝建立以来,白昼渐长,他引据纬书《京房别对》中:"太平日行上道,升平行次道,霸世行下道"的记载,加以引申,花言巧语地造谣说:"因为大隋启动了天运,感应了上天,所以日影缩短,白昼变长,这是自古少有的好事"。文帝大悦,谓百官曰:"影长之庆,天之祐也。今太子新立,当须改元,宜取日长之意以为年号"。机敏的袁充又上表:"今与物更新,改年仁寿,岁月日子,还共诞圣之时并同,明合天地之心,得仁寿之理,故知供基长算,永永无穷"④。翌年正月初一,文帝下令改元仁寿,大赦天下。由于袁充声称白昼变长,以后百工充役也都延长了工役,增加了工作量,壮丁都苦于"白昼延长",但皇太子

---

① 《隋书》卷9《礼仪四》。
② 《国清百录》卷3《天台众贺启第七十二》。
③ 《国清国录》卷3《僧使对皇太子问答第七十四》。
④ 《隋书》卷69《袁充传》。

杨广却对信口雌黄的术士袁充感激不尽。

也正是仁寿元年(601)正月乙酉(初一)这一天,隋文帝下诏任命尚书右仆射杨素为尚书左仆射,正式担任第一宰相,纳言苏威继任右仆射。丁酉(十三日)改封杨广的长子河南王杨昭为晋王,并任内史令,以杨广次子豫章王内史令杨暕调任扬州总管,接替其父坐镇江都。后又以观德王杨雄之弟杨达为纳言,组成新的宰相班子。

新班子中苏威棱角早已磨得平平,已起不到什么政治作用,朝政大权实独揽于杨素之手。时杨素贵盛"近古未闻",他又将才学之士牛弘、薛道衡拉入宰相班子,虽无宰相之名,却均掌机要参预决策。特别是内史侍郎薛道衡更受杨素推重,"久当枢要,才名益显","声名籍甚,无竟一时",禁内诏书多为薛道衡起草,隋文帝常说:"薛道衡作为文书称我意"[①]。由于薛道衡文才出众,皇太子杨广也仍旧没有停止对这位书呆子的拉拢,与牛弘则更是互相常有诗书唱和,往来不绝[②]。仁寿初年,以杨素为首的宰相班子,实际上是听命于杨广,而不是听命于文帝。

皇太子杨广也开始组建自己的班子,组建东宫官属。杨广的东宫官属基本上是江都晋王府亲信府僚,他先要求将心腹宇文述调任太子左卫率,又任原督晋府军事的于仲文任太子右卫率[③],以张衡为太子左庶子[④],郭衍任太子左监门率,后转太子左宗卫率[⑤]。

---

① 《隋书》卷57《薛道衡传》。
② 《隋书》卷49《牛弘传》。
③ 《隋书》卷60《于仲文传》。
④ 《隋书》卷62《裴肃传》。
⑤ 《隋书》卷61《郭衍传》。

段达任太子左卫副率①,吐万绪任太子虞候率②。原江都晋王府文学柳䛒等人也来到京师,摇身一变,成为"东宫学士",柳䛒更升任检校太子洗马,同样受到皇太子杨广"亲狎"③。杨广还将原杨勇的东宫学士姚察等人召到自己门下,"访以文籍"④。而与自己不同心的藩邸旧臣则被疏远甚至鸩杀。如原总晋王府军事扬州总管司马的李彻,因素与高颎"相善",被文帝疏忌闲居在家,杨广将他召到家中赐宴,"言及平生",结果"遇鸩而卒"⑤。

仁寿二年(602)八月己巳(二十四),独孤皇后去世,享年58岁⑥。这对刚当上皇太子不久的杨广来说,的确是不祥之事。旧史记称太子杨广当着文帝和宫人的面悲痛欲绝,但在自己府内却谈笑如常,恐未必如此⑦。杨广不可能不爱母后,对母后支持自己夺嫡成功他感激不尽,当然,严厉的母后在世时时处处都在对自己进行监督,自己还必须矫饰应付,但母亲既是杨广的政治靠山,是阴谋夺宫的主要支持者,她一死,杨广不但失去了政治上的坚强后盾,而且将直接面对来自各方面的反对派,能否顺利继嗣接班,也成了问题。

---

① 《隋书》卷85《段达传》。
② 《隋书》卷65《吐万绪传》。
③ 《隋书》卷58《柳䛒传》。
④ 《陈书》卷27《姚察传》。
⑤ 《隋书》卷54《李彻传》。按:原文载李彻"后出怨言,上闻而召之,……遇鸩而卒"。不知"上"为文帝或炀帝。从全传李彻的事迹来看,似乃炀帝。其时高颎尚在,文帝没有理由必杀李彻。
⑥ 《隋书》卷36《后妃·文献独孤皇后传》记"年五十",有脱误。
⑦ 《资治通鉴》卷179隋文帝仁寿二年(602)记:"八月甲子,皇后独孤氏崩,太子对上及宫人哀恸绝气,若不胜丧者,其处私室,饮食言笑如平常。又每朝令进二溢米,而私令取肥肉脯鲊,置竹筒中,以蜡闭口,衣袱裹而纳之"。查《隋书》、《北史》,均未见此记载,乃宋人据小说家言。

皇后死后,为了加强对杨勇的管制,隋文帝干脆将他交给杨广,幽禁于东宫。杨勇逐渐明白自己被废的真相,要求面见文帝申诉,却被杨广遏止。杨勇无奈只好爬上大树,大声呼喊叫冤,声音传到文帝寝殿,杨勇希望父皇听到喊冤声能接见他。为此文帝询问杨素,杨素说杨勇已情志昏乱,有疯鬼附身。文帝既对杨勇伤心已极,信以为真,也不想再见到杨勇了。杨勇对杨广已构不成什么威胁。

但对杨广皇嗣地位的威胁还有同胞弟弟,特别是桀骜不驯性情耿介的四弟杨秀和幼弟杨谅,他们得知大哥被废十分震惊,对二哥的阴谋夺嫡极表反感。

蜀王杨秀坐镇西南已20年,虽于开皇末年受到文帝猜疑和监视,但仍在竭力组织自己的集团。对于二哥杨广的夺宫他"意甚不平",于是加紧了应变及日后叛乱的准备,并交通父皇身边的右卫大将军元胄,以为党援。正如文帝所预言,父皇在位,杨秀不敢有异动,但文帝一死,他决不肯臣服于杨广,必然发动叛乱。杨广也清楚这一点,他恐杨秀"终为后变",于是暗中指使杨素搜求杨秀罪过,常在文帝面前诬陷诋毁。文帝早已对杨秀的作为极表不满,经杨素一说,遂于仁寿二年(602)七月下诏征杨秀回京。

杨秀接到诏书十分犹豫,想以有病为由推辞不行,总管司马源师来劝他,杨秀脸色一变厉声说:"此自我家事,何须卿也"。源师流着眼泪苦谏:"我被任为王府幕僚,怎敢不尽心竭力?皇上有敕追究您,已有很久,若仍迁延不去,朝廷内外猜疑骇惧,圣上震怒,再来追究,大王又如何申辩?"[①]朝廷恐杨秀生变,乃于七月戊子(十二日)任命独孤楷为益州总管,乘驿驰至成都接替杨秀。独孤

---

① 参见《隋书》卷66《源师传》。

楷到后,杨秀仍不肯成行,又经独孤楷的苦心劝导,杨秀才上路。但独孤楷察觉杨秀有反悔之意,忙部署军队作应变准备。果然,杨秀启程才走了40余里,在路上自思前途未卜,又打算返回成都袭击独孤楷,他先派人回城探视,知独孤楷已有准备这才作罢。

杨秀回到长安时母亲独孤氏刚去世不久,葬于太陵。文帝见到杨秀时脸色严峻,不与言语,第二天又派使者来严辞责备,后杨秀再见父皇,畏惧万分,叩头谢罪,太子杨广则虚情假意地为杨秀说情,其他几个王则在旁流泪。文帝怒气未消,大吼道:"往日秦王糜费,我曾以父道训斥他,今日杨秀蠹害生民,我当以君道来绳治他"。于是将杨秀交付法官,有人劝谏文帝念及骨肉,不要处罚蜀王,文帝勃然大怒,要割掉他的舌头,并厉声对群臣说:"应当将杨秀推于闹市斩首,以谢百姓"。于是命杨素、苏威、柳述等人对杨秀穷追治罪。

杨广虽假意为四弟开脱说情,但他知道父皇一旦气消原谅了杨秀,杨秀就有可能东山再起,成为与自己争夺皇位的劲敌。为了就此将杨秀一棍子打死,必须加重杨秀的罪状,于是杨广又暗中与杨素精心策划,锻炼成狱,要置杨秀于死地。他们知道隋文帝相信鬼怪巫术,杨广暗中制作木偶人,捆住手脚,用针钉住其心,带上枷锁,并写上文帝及汉王杨谅的姓名,还写上:"请西岳慈父圣母收杨坚、杨谅神魂,如此形状,勿令散荡"。又派人秘密将木偶人埋在华山脚下。然后,诬陷杨秀狂妄地自称应图谶,宣称京师有妖异怪状,造谣说蜀地征瑞吉祥,并写了一则檄文曰:"逆臣贼子,专弄威柄,陛下唯守虚器,一无所知"。自陈蜀中甲兵之盛,要"指期问罪",发动叛乱。这些谋逆的材料都收到伪造的杨秀文中。

杨素又装模作样地搜出了文集,并据文集所提供的"线索",假戏真做地来到华山脚下,发掘出预先埋好的木偶人,于是"铁证如山",全部交到了文帝手中。见到这些"确凿"罪证,文帝异常震怒,叹曰:"天下宁有是耶!"于是重治杨秀,十二月癸巳(二十日),下诏罢杨秀王爵,废为庶人,幽禁于内侍省,不得与妻子相见,仅给两名僚族女婢照应生活起居。受牵连的蜀王党羽百余人,也都受到严厉处罚。如右卫大将军元胄及杨素的政敌治书侍御史河东柳彧,并除名为民。文帝又派司农卿赵仲卿往益州穷究秀党,益州官属除源师外多相连坐。河东柳俭"在职十余年,民夷悦服",也坐免职回乡里,"妻子衣食不赡"①。

隋文帝又下诏数杨秀罪状:

  汝地居臣子,情兼家国,庸、蜀要重,委以镇之。汝乃干纪乱常,怀恶乐祸,瞵睨二宫,伫迟灾衅,容纳不逞,结构异端。我有不和,汝便觇候,望我不起,便有异心。皇太子,汝兄也,次当建立,汝假托妖言,乃云不终其位。妄称鬼怪,又道不得入宫,自言骨相非人臣,德业堪承重器。妄道清城出圣,欲以己当之,诈称益州龙见,托言吉兆,重述木易之姓,更治成都之宫,妄说禾乃之名,当为八千之运。横生京师妖异,以证父兄之灾,妄造蜀地征祥,以符己身之篆。汝岂不欲得国家恶也,天下乱也?辄造白玉之斑,又为白羽之箭,文物服饰,岂似有君?鸠集左道,符书厌镇。

  汉王于汝,亲则弟也,乃画其形象,画其姓名,缚手钉心,枷锁杻械。仍云请西岳华山慈父圣母神兵九亿万骑,收杨谅魂神,闭在华山下,勿令散荡。我之于汝,亲则父也,复云请西岳华山慈父圣母,赐为开化杨坚夫妻,回心欢喜。又画我形象,缚手撮头,仍云请西岳神兵收杨坚魂神。如此形状,我今

---

① 《隋书》卷66《源师传》;《隋书》卷73《柳俭传》。

不知杨谅、杨坚是汝何亲也①。
这份诏书把杨秀数落得禽兽不如,罪莫大焉。不但包藏祸心,刻剥人民,而且肆毒心于兄弟,诅咒父母早死,为得皇位六亲不认,无所不用其极。然而,杨秀固然有许多罪恶,有争权夺位之妄想,但请西岳神兵九亿万骑收杨坚魂神,特别是收幼弟杨谅魂神,则是显而易见的诬陷,明眼人一看便知其荒唐。

当时杨素一手遮天,像诬陷太子杨勇一样诬陷蜀王杨秀。隋文帝盛怒之下,除一味相信之外,便是严厉惩处了。而杨秀既遭"幽逼",却"愤懑不知所为",哑巴吃黄连,有苦无法说。多亏了大姐杨丽华护持,史称"蜀王得罪,帝将杀之,乐平公主每匡救,得全"②。哥哥杨勇被废时只求保全性命,杨秀被废时上表则只求开恩,希望能与爱子"爪子"相见③。

这样,杨广不动声色,由杨素出面,诋毁诬陷,假父皇之手,又除掉了一个争夺皇位的对手,废掉了一个亲弟弟,这对杨广来讲当然是一个不小的胜利,对隋朝政也产生了很大影响。

杨广的幼弟汉王杨谅时坐镇并州,也是杨广的天然对手,杨谅受到父皇的特别宠爱,大哥杨勇被逸废,二哥杨广夺得皇太子位,对年轻的杨谅刺激很大,于是"居常怏怏,阴有异图"。四哥蜀王杨秀又被废,更使他"愈不自安",预感到下一个遭殃被废的将轮到自己,于是暗中作应变准备。杨谅总管 52 州诸军事,自崤山以东,至于沧海,南至黄河北至塞,尽归他统领,所居乃天下精兵之处,他借口防御突厥,上书文帝:"突厥方强,太原即为重镇,宜修

---

① 《隋书》卷 45《文四子·庶人秀传》。
② 《隋书》卷 23《五行下》。
③ 《隋书》卷 45《文四子·庶人秀传》。

武备"①,得到父皇批准。于是招兵买马,缮治器械,收纳亡命,准备父皇一死即以武力争夺帝位,夺位不成则复高齐之旧。皇太子杨广当然明白幼弟的用心和阴谋,但文帝对杨谅十分宠爱信重,杨广已连续除掉了一兄一弟,不便再对幼弟下手。

第四节 抢班争权夺位 弑父屠兄幽弟

仁寿四年(604)对皇太子杨广来讲是最难熬的一年,也是他人生最关键的时刻。宫廷内权力争夺暗流迭起,皇太子位还没有坐稳。古代的政治斗争毫无游戏规则可言,只有强者诈者才可能出奇制胜。杨广阴险诡诈,残忍恶毒,终于喋血宫门登上了帝位。

一、柳述用事 杨广居闲

权力斗争是最复杂最神秘的人间争斗。在夺嫡斗争中,除两个弟弟外,反对杨广夺宫的还有部分朝臣和州郡牧守,他们的攻击目标主要是对准了权相杨素。

杨素与杨广狼狈为奸,废太子杨勇和蜀王杨秀成功后,杨素"威权越盛",朝臣中敢忤逆他的,就会遭到暗算或至处死,甚至诛夷全家。如治书侍御史柳彧蔑视杨素,公开对抗,杨素借口治蜀王党羽,以"内臣交通诸侯"罪,将柳彧除名为民,配戍怀远镇②。而附会杨素的人,即便是无才无德,也会加官进爵。此时,内外大臣都屈从于杨素势力,"朝廷靡然,莫不畏附"③。敢于与杨素对抗的

---

① 《隋书》卷45《文四子·庶人谅传》。
② 《隋书》卷63《柳彧传》。
③ 《隋书》卷48《杨素传》。

只有少数几人。

首先出来反对杨素的,是以性格"刚謇"、历任谏官而有"鲠正"之名的定安乌氏人梁毗。仁寿二年(602),梁毗在任西宁州刺史11年后征为大理卿,入朝后见杨素专权,"恐为国患",乃上"封事"(即密封专呈给皇帝的奏折)指杨素为人阴险。奏章尽管激怒了隋文帝,但所言诚亮有节。梁毗并指陈:太子、蜀王罪废之日,百僚无不震惊惶悚,唯杨素眉飞色舞,喜形于色,是视国家有难而以为自己的荣幸。梁毗发言謇謇,辞气不挠,确实震撼了文帝,动摇了杨素的地位,史称,杨素"自此恩宠渐衰"①。

梁毗首先放炮,少与其"同志友善"的贝州长史河东闻喜人裴肃即起而响应,大胆地上书直接为杨勇、杨秀及高颎开脱,请求给他们"自新之路"。文帝见书,谓杨素曰:"裴肃忧我家事,此亦至诚也"。于是征裴肃入朝。这使杨广紧张万分,对心腹张衡说:"使(杨)勇自新,欲何为也?"张衡认为:"欲令如吴太伯、汉东海王耳"②。也就是将杨勇、杨秀外封藩王,这显然对杨广不利。接踵而来的有尚书左丞李纲,更直接指陈杨勇"才非常品,性本常人,得贤明之士辅之,足嗣皇业。奈何使弦歌鹰犬之徒,日在其侧,乃陛下训导之不足"③。认为是文帝教导无方,非杨勇之过,这更是为废太子申冤。后来文帝召见裴肃,说明自己五子"并皆同母,非为憎爱轻事废立",表明杨勇"不可复收之意"④,但杨广心里仍不踏实。

反对杨广、杨素更有力者,乃是杨广的妹夫、文帝的女婿柳述。

---

① 《隋书》卷62《梁毗传》。
② 《隋书》卷62《裴肃传》。
③ 《大唐新语·节义第十》。
④ 《隋书》卷62《裴肃传》。

柳述,字业隆,河东解人,出身于门阀世家。祖父柳庆为北魏尚书左仆射,父柳机、族叔柳昂在北周皆历官显要。周隋禅代之际,"周代旧臣皆劝禅让,(柳)机独义形于色,无所陈请",而为隋文帝所疏忌。据史书记载:"机、昂并为外职,杨素时为纳言,方用事,因上赐宴,素戏机曰:'二柳俱催,孤杨独耸',坐者欢笑,机竟无言"①。杨素以势欺人,当众奚落柳机,但柳氏既是大门阀,有雄厚的政治文化基础,又通过门阀联姻,提高政治地位。时隋文帝爱女阿五,初嫁王谊子王奉孝,奉孝早卒,阿五新寡,年方18岁,"美姿仪,性婉顺,好读书",文帝于诸女中"特所钟爱",封为兰陵公主。文帝为公主再选新郎,帝室嫁女最讲门第,百里挑二才挑出河东柳述与后梁皇族萧玚为候选人。文帝也曾征求杨广意见,因萧玚是杨广的小舅子、王妃萧氏之弟,杨广当然希望小妹与小舅子成亲,就向父皇说项,文帝"初许之"②。后又征求关中门阀韦鼎的意见,韦鼎是最讲究家族渊源门第婚宦的,他曾"考校昭穆",追溯自己的先祖,从春秋战国时期的楚太傅韦孟以下20余世,作《韦氏谱》7卷。说实在的,南朝帝室兰陵萧氏和河东柳氏联姻帝室都可谓门当户对,韦鼎难以定夺,于是回答:"(萧)玚当封侯,而无贵妻之相,(柳)述亦通显,而守位不终"。文帝听后感到官位还不是自家物,由我封官久远即是,于是将公主嫁给了柳述③。这使杨广很不高兴。

柳述聪敏有才干,爱好文艺,少年时即充任皇太子杨勇的亲卫,与杨勇过从甚密。成为文帝乘龙快婿之后,更官运亨通,任内史侍郎。父亲柳机也征召入京,"礼遇益隆",曾拜纳言出任宰相。

---

① 《隋书》卷47《柳机传》。
② 《隋书》卷80《列女·兰陵公主传》。
③ 《隋书》卷78《韦鼎传》。

另外,兰陵公主又特别争气,史称,公主"诸姊并骄贵,主独折节遵于妇道,事舅姑甚谨,遇有疾病,必亲奉汤药"。文帝得知很高兴,不但对阿五特所钟爱,而且荫及柳述,"于诸婿中,特所宠敬"。柳述在父死后袭爵建安郡公,判吏部尚书事,得到文帝的亲任信用,在政治上渐露头角。他又"怙宠骄豪,无所降屈"①,很自然地成了杨广、杨素的政敌,并且是劲敌,皇太子杨广对柳述用事"弥恶之"②。

杨素"时称贵幸,朝臣莫不詟惮",独柳述以帝婿之重,经常当众给杨素难堪,时柳述在吏部,判事有不合杨素意者,杨素传令柳述改正,柳述即对来者说:"去告诉仆射,就说我柳尚书不肯"③。杨素怒发冲冠,却又没有办法。柳述还经常在文帝身边当杨素的面揭他的短,让杨素下不了台。于是,杨素内心对柳述是恨之入骨。

由于受到柳述的掣肘,杨素在仁寿年间再也没有干成什么大事,对朝政的控制和影响力逐渐削弱,唯有对外作战仍充当统帅。

仁寿元年(601)正月丁酉,突厥又入侵恒安,代州总管韩洪战败,废为庶人。隋文帝令杨素为云州道行军元帅,率归附隋朝的突厥启民可汗北征。但附于启民的斛薛等诸姓叛变,杨素率上大将军梁默等以轻骑追赶,在荒漠上转战60余里,大破突厥阿勿里力俟斤部。又遣柱国张定和、领军大将军刘昇从别路邀击,多有斩获。杨素所率隋军大获全胜,但北突厥步迦(达头)可汗仍频繁南掠启民,隋朝则让启民遣使往北方铁勒诸部策反。

仁寿元年(601)至三年(603),大漠北面铁勒的恩结、阿拔、仆骨等十余部及东面奚、霫等十余部趁突厥步迦汗庭衰弱之际,摆脱

---

① 《隋书》卷47《柳述传》。
② 《隋书》卷80《列女·兰陵公主传》。
③ 参见《隋书》卷47《柳述传》。

可汗统治,纷纷归附隋朝。仅仁寿元年(601)五月己丑(初七)一次,归附隋朝的就有男女9万余口①,北突厥于是大乱。木杆——阿波可汗之裔的泥利可汗遂在西部拥兵自雄,击败步迦(达头)之子咄六叶护,迫其沦为自己的小可汗,又遣兵东进,封闭已众叛亲离的步迦西归之路。步迦可汗无路可走,只好逃奔吐谷浑,后不知所终。南突厥启民可汗在隋朝的支持下,大举北进,尽有蒙古草原之众。隋文帝让长孙晟送启民于碛口安置。至此,突厥又定型为东西两大汗国,而东突厥实际上已是隋朝的附庸。启民可汗对隋王室俯首帖耳,岁遣朝贡。这是杨广夺嫡成功立为皇太子后,隋朝最重大的政治发展。

隋文帝当时60多岁,大权在握,虽晚年家族多故,但明察严整,"蓄疑御下,芟夷有功于己者不遗余力"②。仁寿三年(603)八月,幽州总管燕荣因"性严酷",屈辱大门阀范阳卢氏,暴虐部下,被文帝征还京师赐死③。杨素虽立有大功,但他作威作福,以权谋私,构陷朝臣,树敌太多。梁毗、裴肃的抗表上书及柳述的当面谏言,文帝虽未能尽纳其意,但对杨素的任使信用的确是转变了。"上渐疏忌之,后因出敕曰:'仆射,国之宰辅,不可躬亲细务,但三五日一度向省,评论大事'。外示优崇,实夺权也"。以致"终仁寿之末",杨素"不复通判省事"④,不再主持三省的全面工作。

隋文帝不但"疏忌"杨素,而且开始逐次剪其羽翼,将其弟杨约出为伊州刺史⑤。其从叔杨文纪也由宗正卿兼给事黄门郎判礼

---

① 《隋书》卷2《高祖纪下》。
② 王夫之:《读通鉴论》卷19《隋文帝》。
③ 《隋书》卷74《燕荣传》。
④ 《隋书》卷48《杨素传》。
⑤ 《隋书》卷48《杨约传》。

部尚书事之位外放,"仁寿二年(602),迁荆州总管"①。甚至与杨素友善的薛道衡也被斥出朝廷。史称:"仁寿中,杨素专掌朝政,道衡既与素善,上不欲道衡久知机密,因出检校襄州总管"。书呆子被斥出朝竟不知为何,"一旦违离,不胜悲恋",伤心得哽咽不能言语。其实,隋文帝很欣赏薛道衡的才能,只因他党于杨素,才忍痛割爱,斥往襄阳。为此隋文帝怆然改容曰:"今尔之去,朕如断一臂"。慰勉遣之②。

这时皇太子杨广的日子也很不好过,他在京师居闲,事事处处必须看父皇的眼色行事,凡事都得谨慎小心,以防忙中出错。仁寿初年,杨广曾"奉诏巡抚东南",回了一次江都,算是干了一件实事。后来,文帝每往仁寿宫避暑,都令皇太子杨广在京师"监国"③。但即便是监国,国家大政还是得取决于文帝,杨广在东宫,实际上无事可干。居闲不符合杨广的愿望,也不合他的性格。时杨广的亲信将军史祥,乃北周大将史宁之子,关陇勋贵,正率兵屯弘化以备胡,杨广修书一封给史祥:

将军总戎塞表,胡虏清尘,秣马休兵,犹事校猎,足使李广惭勇,魏尚愧能,冠被二贤,独在吾子。昔余滥举,推毂治兵,振皇灵去塞外,驱犬羊乎大漠。于时同行军旅,契阔戎旃,望龙城而冲冠,眄狼居而发愤。将军英图不世,猛气无前,但物不遂心,俛俛从事。每一思此,我劳如何。将军宿心素志,早同胶漆,久而敬之,方成鱼水。

近者陪随銮驾,言旋上京,本即述职南蕃,宣条下国,不悟

---

① 《隋书》卷48《杨素传》。
② 《隋书》卷57《薛道衡传》。
③ 《隋书》卷3《炀帝纪上》。

皇鉴曲发,备位少阳,战战兢兢,如临冰谷。至如建节边境,征战四方,褰帷作牧,绥抚百姓,上禀成规,下尽臣节,是所愿也。是所甘心,仰慕前修,庶得自效。谬其入守神器,元良万国,身轻负重,何以克堪!所望故人匡其不逮。

比监国多暇,养疾闲宫,厌北阁之端居,罢南皮之驰射。博望之苑,既乏名贤,飞盖之园,理乖终宴。亲朋远矣,琴书寂然,想望吾贤,疹如疾首。①

这封信述说了皇太子杨广闲居东宫"陪随銮驾"、"述职南蕃","监国多暇"的多般情景,杨广向往总戎边塞,驰骋大漠的生活,对自己的闲居多暇感到厌倦。甚至罢驰射,琴书寂然。此信是出自杨广之手的一篇词情并茂的散文,文学水平很高。此时政治上受到压抑的皇太子杨广,也就只能尽情发挥他的文学才能了。闲暇之余,杨广常与牛弘诗书往来,有时编纂书籍,举办佛事,他令东宫学士柳䛒编纂了《法华玄宗》20卷②。

仁寿元年(601),杨广撰文敬告天台山寺先师智者大师全身舍利灵龛之座,曰:

窃闻民生在三,事之如一,皆资圣范,能遂贤功。颜国不值宣尼,岂邻殆庶,尹喜不逢老氏,安致长蛉。况乎乘般若之舟,望菩提之岸,弗有明导岂至宅所。复因信使俱次法城,所谓自利,利他人我兼利。师及弟子智断具足,抑又闻曰疏傅告老,太子赠以黄金,桓师退辞家庭,陈于丧服。斯并有为,方内少用。报恩岂臻。无际空表,尽酬师力。弟子宿植德本,早承道教,身戒心慧,蒙莹明珠。虽复时流岁,永生灭不追。行住

---

① 《隋书》卷63《史祥传》。
② 《隋书》卷58《柳䛒传》。

坐卧伏膺如在。爰以景昧谬齿元良,守器非才,升离多惧,复奉明诏曩经作伯。暂辍监抚还省宸方。瞻望天台有如地踊,僧使续来毫瑞重叠,多宝妙塔如意分身。玉毫金光分霄破暗,应念弹指自室空声。有一于此,已称显应。四者难并,岂非希有。自昙光坐灭之后,道猷身证已来。与公飞锡所不能称,灵运山居未有斯事。盛矣哉!是我大师证道之基趾也。至矣哉!是我良田之报岁也。《诗》云:无言不酬,无德不报。《经》称:知恩报恩。诸佛皆尔。近年虽尊诚约修构,只桓多惭布金。止因山宇庶同,心净力盛。胜土庄严,幸僧众无亏,熏练不辍,冥力深扶,人功多亏①。

这是释家文献保存下来的出自杨广手笔的又一篇散文。皇太子杨广钻研佛学时兼谈孔丘、老子,谈《诗》论《经》,附会佛典。杨广并非真有心于佛学玄理,而是借此寄托自己不得安分的心灵,借此倾吐自己受到压抑的心绪。这又从另一个侧面让我们看到了皇太子杨广居闲无所作为时的焦虑之状。

这时朝廷政治空气凝集。仁寿三年(603),当时大儒王通(逝后谥曰文中子)来到长安见隋文帝,献太平十二策。文帝让公卿大臣议论,公卿们看不起王通,不悦。文中子知谋不能用,于是赋了一首《东征歌》而返归河汾。其歌曰:"我思国家兮远游京畿,忽逢帝王兮降礼布衣,遂怀古人之心兮将兴太平之基。时异事变兮志乖愿违。吁嗟之不行兮垂翅东归。皇之不断兮劳身西飞"②。隋文帝闻知再征文中子,文中子已走,隐居河汾白牛溪,著王氏六经,授徒教学。游其门北面受学者皆天下俊杰,如魏征、薛收等,后

---

① 《国清百录》卷3《皇太子敬灵龛文第七十五》。
② 《乐府诗集》卷86。

皆为唐初佐命大臣①。

二、仁寿宫变　登临大宝

独孤皇后去世之后,已届花甲之年的老皇帝杨坚才终于摆脱了悍妇的管制,得以无拘束地亲近女色,日日欢宴,时时笑歌。隋文帝宠幸两位南国绝色美女,其中宣华夫人陈氏乃陈宣帝之女,是陈后主的妹妹,陈亡之时被配入后宫掖庭,她有两位姐姐也分别被隋文帝赏赐给了灭陈功臣贺若弼、杨素为妾。国破家亡,女人遭殃,虽贵为南朝公主,也免不了沦为奴婢。宣华陈氏入宫后因"性聪慧,姿貌无双",而被选为嫔,成为文帝所宠幸的极少数几个嫔妃之一。文帝曾对裴肃说:"吾贵为天子,富有四海,后宫宠幸,不过数人"②。另一位能列入这少数"后宫宠幸"的是容华蔡氏。蔡氏也是一位南方淑女,丹阳人,陈灭亡之后入宫为世妇。她"容仪婉嫕",也大得文帝亲爱。但是,独孤皇后性妒,她在世时,文帝虽然喜欢这两个绝色美人,却很少和她们亲近。独孤皇后"内擅宫闱,虚嫔妾之位,不设三妃,防其上逼",致"后宫罕得进御"。及"至文献崩后,始置贵人三员",三员之中陈、蔡为最,二人不久进位夫人,加宣华、容华之号,而宣华夫人陈氏更是"专房擅宠,主断内事,六宫莫与为比"。容华夫人蔡氏也"参断宫掖之务,与陈氏相亚"③。

后宫的变化对朝政会产生很大影响,首先是皇帝杨坚由于惑于美色,而使原先谨守俭朴的生活改变了,并"由是发疾"。旧史称文帝"精华稍竭"④,身体渐渐衰弱。文帝病危时,对自己已届花

---

① 《唐语林》卷1《德行》。
② 《隋书》卷62《裴肃传》。
③ 《隋书》卷36《后妃·宣华、容华夫人传》。
④ 《隋书》卷65《儒林传序》。

甲之年沉迷于女色深表悔恨。

皇帝身体衰弱加快了隋朝权力交接的速度。这对刚入储宫不久的皇太子杨广来说未尝不是好事。

善于耍手腕的杨广对于父皇宠爱的宣华夫人陈氏当然不会不加利用。早在江都扬州总管任上,晋王杨广为夺嫡就已设法对陈氏进行拉拢。史称:"晋王广之在藩也,阴有夺宗之计,规为内助,每致礼焉。进金蛇、金驼等物,以取媚于陈氏。皇太子废立之际,颇有力焉"①。杨广无孔不入,充分利用了父皇枕侧女人。陈氏党于杨广,为其夺嫡出过力,至杨广夺嫡成功,当上皇太子,特别是独孤皇后死,宣华夫人陈氏"专房擅宠,主断内事"之后,杨广与这位年龄比自己还小,美丽动人的后母的关系就更加微妙,而且引起了后代史家和小说家的极大关注。

仁寿年间的隋最高统治层既暗藏着不稳,杨广当皇太子才两三年,哥哥杨勇囚禁在东宫并未心服,天天都在企求面见父皇申冤。这对杨广时刻都是潜在的威胁。权相杨素被疏忌,在文帝面前已说不上话了,而一旦有人在文帝面前揭露杨广与杨素的夺宫阴谋,文帝醒悟,则杨广的皇嗣地位就可能发生动摇。在如此严峻的时刻,杨广要进一步拉拢处于皇枕之侧的宣华夫人陈氏,规为内助,显然是十分重要的。

当时还有一点很重要,即柳述用事,他"任寄逾重,拜兵部尚书,参掌机密",实际上是副宰相。驸马宰相柳述年轻有为,"职务修理,为当时所称",但也有缺点,"不达大体,暴于驭下",脾气不太好。柳述"自以为无功可纪,过叨匪服,抗表陈让",文帝虽允其请,但仍令摄兵部尚

---

① 《隋书》卷36《后妃·宣华夫人传》。

书①。柳述在禁中办事,仍是实际上的宰相。柳述"少以父荫,为太子亲卫",其族叔父柳昂亦"开皇初,为太子太保"②。二柳与废太子杨勇有过密切关系。仁寿年间,驸马宰相柳述既为岳父隋文帝宠信,对杨广构成了最现实最严重的威胁。与柳述同时提拔在朝掌政的黄门侍郎元岩也与柳述一样,并不依附杨广、杨素。这位元岩与前蜀王杨秀长史元岩姓名相同,同出河南洛阳,为北魏帝裔,但并不是同一人。蜀王长史元岩封平昌郡公,已于开皇十三年(593)卒于任上,后蜀王杨秀得罪,文帝曾追忆说:"元岩若在,吾儿岂有是乎"③。黄门侍郎元岩封龙涸县公④,年纪要小得多,与柳述一样都是关陇勋贵的后起之秀。随着权力斗争的消长,在杨素被疏后,元、柳用事,隋上层统治集团中出现了一股反对杨广同情杨勇的势力。

仁寿四年(604)正月,隋文帝在大赦天下之后,按例又准备往仁寿宫避暑,留皇太子杨广监国。乙丑(二十八),诏朝中赏罚支度事无巨细,并付皇太子杨广处理。这种安排对杨广当然极为有利,而对以柳述为首反对杨广同情杨勇的势力,则是相当不利的。为了阻止隋文帝往仁寿宫,柳述等竟唆使原杨勇太子东宫术士章仇太翼出来谏止,称"是行恐銮舆不返"。但这反倒触怒了文帝,章仇太翼被囚禁,文帝声言待还朝时再斩首⑤。随即拥着宣华、容华二夫人往仁寿宫避暑享乐去了。

仁寿宫虽恬静安宁,盛夏清凉,但年已64岁的隋文帝因纵欲过度,到四月已感到身体吃不消,不久竟染病不起。六月他又大赦

---

① 《隋书》卷41《柳述传》。
② 《隋书》卷47《柳昂传》。
③ 《隋书》卷63《元岩传》。
④ 《隋书》卷80《列女传·华阳王楷妃》。
⑤ 《隋书》卷78《艺术·卢太翼传》。

天下,到七月甲辰(初七),文帝更病重不治,躺在床上,和左右文武百官诀别,握住大臣们的手歔欷不止。丁未(十三日)在大宝殿驾崩,临死命皇太子杨广赦免了章仇太翼。

关于隋文帝的死,史书记载十分隐晦、简略。如《隋书·高祖纪下》记仁寿四年(604)秋七月乙未(初一):

>日青无光,八日乃复。己亥(初五),以大将军段文振为云州总管。甲辰(初十),上以疾甚,卧于仁寿宫,与百僚辞决,并握手歔欷。丁未(十三日),崩于大宝殿,时年六十四。

据此,则隋文帝疾甚而崩,属自然正常的死亡。但我们知道,《隋书》及《北史》乃唐贞观朝官修的正史,唐太宗李世民"玄武门之变"杀兄屠弟逼父夺得帝位,与后文所揭示的隋炀帝杨广弑逆何其相乃,故对隋文帝的真正死因贞观史臣不得不多方规避,有意支解、闪烁、曲隐隋文帝驾崩的过程,给后人留下了传疑之笔①。

上引《隋书·高祖纪下》所记,《北史·隋高祖文帝本纪》略同,惟不书"己亥,以大将军段文振为云州总管"一事。但是,二书杨素、张衡、宇文述、郭衍、宣华夫人陈氏等列传中,却零散地记载了隋文帝死亡的情况。宋代司马光修纂《资治通鉴》时,即综合了散见于列传中的有关记载。同时,又在《通鉴考异》中收录了唐人野史小说两篇,用以存疑、备考,揭示隋文帝死事。

其一为赵毅《大业略记》,云:"高祖在仁寿宫,病甚,追帝(杨广)侍疾,而高祖美人尤嬖幸者,唯陈、蔡二人而已。(炀)帝乃召蔡于别室,既还,面伤而发乱,高祖问之,蔡泣曰:'皇太子为非礼'。高祖大怒,啮指出血,召兵部尚书柳述、黄门侍郎元岩等发诏追庶人勇,即令废立。帝(杨广)事迫,召左仆射杨素、左庶子张

---

① 参见王光照:《隋文帝之死述论》,载《中国史研究》1993年第2期。

衡进毒药。帝(杨广)简骁健官奴三十人皆服妇人之服,衣下置仗,立于巷之间,以为之卫。素等既入,而高祖暴崩"。

其二为马总《通历》,云:"上有疾,于仁寿殿与百僚辞决,并握手歔欷。是时唯太子及陈宣华夫人侍疾,太子无礼,宣华诉之。帝怒曰:'死狗,那可付后事!'遽令召勇。杨素秘不宣,乃屏左右,令张衡入拉帝,血溅屏风,冤痛之声闻于外,崩"。

司马光引述的这两段秘闻,所记宫闱非礼事主一说蔡夫人,一说陈夫人,两相矛盾,但情节大致相同。引文后司马光又曰:"今从《隋书》。"于是《资治通鉴》综合《隋书》诸列传,又为文云:

> 上寝疾于仁寿宫,尚书左仆射杨素、兵部尚书柳述、黄门侍郎元岩,皆入阁侍疾,召皇太子入居大宝殿。太子虑上有不讳,须预防拟,手自为书,封出问素,素条录事状以报太子。宫人误送上所,上览而大恚。陈夫人平旦出更衣,为太子所逼,拒之,得免,归于上所。上怪其神色有异,问其故,夫人泫然曰:"太子无礼!"上恚,抵床曰:"畜生何足付大事!独孤误我!"乃呼柳述、元岩曰:"召我儿!"述等将呼太子,上曰:"勇也"。述、岩出阁为敕书,杨素闻之,以白太子,矫诏执述、岩,系大理狱。追东宫兵士,帖上台宿卫,门禁出入,并取宇文述、郭衍节度。令右庶子张衡入寝殿侍疾,尽遣后宫出就别室。俄而上崩。故中外颇有异论。陈夫人与后宫闻变,相顾战栗失色……①

---

① 《资治通鉴》卷180 隋文帝仁寿四年。这段文字系综合《隋书》卷36《后妃·宣华夫人传》、卷45《文四子》、卷47《柳述传》、卷48《杨素传》、卷61《郭衍传》、卷56《张衡传》等。其中《宣华夫人传》所述最详。《文四子·房陵王勇传》称文帝"寝疾于仁寿宫,征皇太子(广)入侍医药,而奸乱宫闱",事闻于文帝,文帝抵床曰:"枉废我儿"。因遣使追勇。《柳述传》也载:"时皇太子无礼于陈贵人,上知而大怒,因令述召房陵王"。《杨素传》记文帝"所宠陈贵人,又言太子无礼,上遂发怒,欲召庶人勇"。

《资治通鉴》所记及其《考异》所引二书,虽互有出入,但一致将文帝之死视为宫闱秽事激变引发。历代小说家据此更大肆渲染,演绎成故事。

如明代袁于令评改的《隋史遗文》第 24 回题为"恣烝淫太子迷花,躬弑逆杨广篡位"。十分着力地描述了这段艳情。文中叙杨广谋夺了哥哥杨勇东宫之位,母后独孤娘娘崩后,"把平日妆饰的那一套不好奢侈,不近女色的光景,都按捺不住。况且隋文帝也亏得独孤皇后身死,没有拘束,宠幸了一个宣华陈夫人,一个容华蔡夫人,把朝政渐渐丢与太子,所以越发得意了。到了仁寿四年(604),文帝年纪高大,禁不得这两把斧头。四月间,已成病了。因令杨素营建仁寿宫,却不在长安大内,在仁寿宫养病。病到七月,病势渐渐不支。尚书左仆射杨素,他是勋臣;礼部尚书柳述,他是驸马;还有黄门侍郎元岩,他是近臣,三个人入宿阁中。太子入宿太宝寝殿中,常用是陈夫人、蔡夫人,率领宫嫔伏侍。太子也常进宫侍疾。这两个夫人都不避的。蔡夫人是丹阳人,江南妇女,水色自是异常,不消说是标致的。那陈夫人,不惟是南人,却又是陈高帝之女,随陈后主入隋,她更是玉叶金枝,锦绣丛中生长,说不尽她:'肌如玉琢还输腻,色似花妖更让妍,语处娇莺声睍睆,行来弱柳影蹁跹。'她当独孤皇后在时,已曾宠幸了。故此太子谋夺东宫时,要她在文帝前帮衬,也曾送她金蛇、金骆驼、珠翠首饰、锦绣衣服,她也曾收受。但两边也只闻名,不大见面。到这时同在宫中,便也不相避忌,又陈夫人举止风流,态度闲雅,徐行缓步,流目低眉,也都是她常事。太子见了,都疑是有意于他,一腔心事,被她引得火热。正是:'花弄清香非惹蝶,柳舒密荫易招莺'。那知文皇虽是不起之疾,太子与杨素都书来书去,把他后事尽预备了。但在父皇之前,终有些忌惮。要胆大闯进他宫中去。……不期一日间疾入宫,远远望见一位丽人,步出宫来:'日映朱颜丽,风牵翠带长,却疑巫峡女,行雨逐襄王'。独自缓步雍容而来,不带一个宫女。太子举头一看,却是陈夫人。她是要更衣出宫,故此不带一人。太子喜得心花大开,暗想道:'机会在此时矣!'吩咐从人,且莫随来。自己三步那做两步,随入更衣处。……正在不可解脱之时,只听宫中一片传呼道:'圣上宣陈夫人!'此时太子知道留她不住,只得放手,道:'不敢相强,且待后期'。夫人喜得脱身,早已衣衫皆绉,神色皆惊,太子犹自为她整鬓整衣。陈夫人也稍俟喘息宁贴入宫,不料是文帝睡醒,从她索药饵。如何敢迟?只得举步到御榻前来。那文皇把那朦胧病眼一看,好似:'摇摇不定风敲竹,惨惨无颜雨打花'。……便问道:'为甚作此模样?'此时陈夫人也知道隋主病重,不欲把这件事说知恼他,但一时没甚急智遮掩,只得说一声道:'太子无礼!'文皇听得这句言语,不觉怒气填胸,把手在御榻上敲两下道:'畜牲何足付大事?独孤误我,独孤误我!快宣柳述与元岩到宫来!'太子也怕这事有些决撒,也自在宫门缉听。听得父皇怒骂,又听得叫宣柳述、元岩,不宣杨素,知道有难为他的意思,急奔来寻张衡、宇文述一干计议。这干正打帐做从龙之臣,都聚做一处,见太子来得慌张,还道是大行宴驾,至问起缘故,宇文述道:'这好事也只在早晚间,太子这般性急!只是柳述这厮,他倚着尚了兰陵公主,恃是勋戚重臣,与臣等不相下,断不肯为太子周旋,如何是好?'张衡道:'如今只有一条急计,不是太子,便是圣上'。……正是'势当骑虎不能下,计就屠龙事可为'。"于是一不做,二不休,由张衡入宫拉杀文帝,血溅屏风。

以上所述虽然添油加醋,但基本上还是根据正史所述史实推演而来,距离史实相差不会太远。明朝崇祯年间"无射日吉衣主人"于西湖冶园为《隋史遗文》所作序言称:"史以遗名者何!所以辅正史也。正史以纪事,纪事者何?传信也。遗史以搜逸,搜逸者何?传奇也"①。

明代另一部署名齐东野人著《隋炀帝艳史》,也对杨广趁父皇卧病之机,调戏后母宣华夫人进行了着力描写。此书第3回题"正储位谋夺太子,侍寝宫调戏宣华"。作者把杨广说成是个"色中饿鬼",入宫"看见宣华,早已魂销魄散,如何禁得住一腔欲火!不转珠地偷睛细看,见宣华美丽异常,心头欲火如焚,恨不得一碗水将她吞下肚去"。这个无耻的太子,只顾"人生行乐",竟不管"什么名分不名分",在宫中百般调戏起宣华来,宣华正色说道:"妾虽宫闱妃媵,已经圣上收备掖庭,名分攸关,岂可相犯!殿下请自尊重"。杨广不听,终于闯祸。作者以诗述曰:"一时欲火浇难灭,千载淫风吹不休。试问玉人谁是主?夕阳衰草满宫愁"。在千钧一发废立之际,杨广被迫弑父自立,"当年只道臣如虎,今日谁知子似狼"。称帝王后,杨广做的第一件事就是与后母宣华夫人同枕共寝,遂了他的欲望。作者又以诗讽道:"惠怀无亲天下笑,新台有赋古今羞。长门多少闲姬妾,偏向先皇枕席求"②。

这段史事,也不尽是小说家的胡编乱造,而是出自正史。《隋书·后妃·宣华夫人传》所载最为详细:

> 太子遣张衡入寝殿,遂令夫人及后宫同侍疾者,并出就别室。俄闻上崩,而未发丧也。夫人与诸后宫相顾曰:"事变矣!"皆色动股栗。晡后,太子遣使者赍金合子,帖纸于际,亲署封字,以赐夫人。夫人见之惶惧,以为鸩毒,不敢发,使者促之,于是乃发,见合中有同心结数枚,诸宫人咸悦,相谓曰:

---

① 《隋史遗文》,北京大学出版社1988年版。
② 《隋炀帝艳史》第3、4回,长江文艺出版社1993年版。

> "得免死矣!"陈氏恚而却坐,不肯致谢,诸宫人共逼之,乃拜使者。其夜,太子烝焉。

所谓烝,即淫。杨广迫不及待,在父皇刚死,尸骨未寒的当夜便霸占了后母,而且,容华夫人蔡氏也"自请言事,亦为太子所烝"①。

小说家抓住如此重要的题材加以发挥,大肆渲染,清人褚人获所著并广泛流传于民间的历史演义小说《隋唐演义》更是综合明人的《遗文》、《艳史》,发挥得淋漓尽致。其书第十九回题为"恣烝淫赐盒结同心,逞弑逆扶王升御座"。极尽夸张地描述了隋炀帝烝淫后母的可耻行径。

正史、野史、小说的露骨描写,把一个女子宣华夫人陈氏当成了历史的主角,特别是明清小说广泛流传于民间社会,影响更大。这些小说所依据几乎全是正史所载,其根子却还在于贞观史臣。

弑父淫母,十恶不赦,成为隋炀帝最大的罪恶。著名史学家周一良先生也把此二端列为杨广罪恶"最严重"的。在引述了《隋书·宣华夫人传》烝淫原文后,作者评曰:"这岂是给智𫖮信里所表现的虔诚的佛弟子总持吗?"②对于仁寿宫变,唐人隐讳遮盖,明清人大肆渲染,事情的真实性到底如何,颇值得思量。

仁寿宫变是不是因宫闱秽事而酿成夺位骤变的偶然突发事件呢?考诸史籍,有不少疑点。开皇年间,杨广"矫情饰行"20年,独与萧妃居处,表现出极强的自制力,何以一时糊涂,在自己当上皇太子4年之后,大胆妄为偷吃父皇身边草。常言讲,小不忍则乱大谋,天下美女何其多,极具耐心的皇太子杨广又何至于独独要烝淫自己的后母,置自己于危险境地,将自己20年夺嫡成果毁于一旦

---

① 《隋书》卷36《后妃·容华夫人传》。
② 周一良:《佛家史观中之隋炀帝》,原载1947年1月21日天津《益世报》史地周刊第25期,周著《唐代密宗》一书全文收录,上海古籍出版社1996年版。

呢?杨广既做梦都想嗣位当皇帝,值此父皇病笃,继统在望之时,恐怕更难以萌发淫逼父爱的急切之心,若其如此轻佻,则其行为前后相悖,此于情不合。

再从宣华陈夫人方面来讲,既然夺宫时她已授手于杨广,若果皇太子真爱慕于她,值先君疾甚行将就木,嗣君即将继位之际,"性聪慧"的宣华陈夫人恐亦难以无虑其后身所托,脱口说出"太子无礼"的话,以开罪于皇太子。否则,其行为亦前后相悖,于情理不合。再退一万步讲,皇太子杨广果真与后母宣华陈夫人有暧昧关系,也不一定要闹到弑父夺位的地步。我们知道,唐朝的武则天先是唐太宗的才人、昭仪,也曾与皇太子李治交欢,太宗死后武氏竟堂而皇之地成了唐高宗的皇后。宋儒朱熹说,"唐源流出于夷狄,故闺门失礼之事不以为异"①,不值得大惊小怪,必不致以女色而倾乱国家。大肆渲染此事,有以桃色事件曲隐宫廷政变的真实史迹之嫌。

由于宫禁事秘,正史对于文帝之死,也都是推测之言。如《隋书·杨素传》载:"及上不豫,素与兵部尚书柳述、黄门侍郎元岩等入阁侍疾,时皇太子入居大宝殿,虑上有不讳,须预防拟,乃手自为书,封出问素。素录出事以报太子。宫人误送上所,上览而大恚。所宠陈贵人,又言太子无礼。上遂发怒,欲召庶人勇。太子谋之素,素矫诏追东宫兵士帖上台宿卫,门禁出入,并取宇文述、郭衍节度,又令张衡侍疾,上以此日崩,由是颇有异论"。这里把杨素给杨广的密信误送到文帝之手,说成是夺位骤变的另一原因,史称"颇有异论",亦系传闻,也是不肯定的说法。但是,所有史传都把张衡说成是直接弑君的凶手。明人徐枋曰:"隋张衡建夺嫡之谋,

---

① 《朱子语类》卷116《历代类三》。

后文帝不预,衡独侍疾,无状而崩,此千古乱臣贼子之尤也"①。张衡后来被隋炀帝处死,也曾临刑呼曰:"我为人作何物事,而望久活?"②张衡弑逆连自己也承认,恐怕是实有此事。杨素暮年临死时亦说出"我岂须更活耶"③,对自己助纣为虐,助杨广弑逆感到痛悔。大量史实表明隋文帝的确是死于非命,是杨广命杨素,由张衡动手,拉杀于病榻,血溅屏风。虽史笔曲折,但杨广弑父夺位自古无人否认。如唐宰相陈叔达就曾对唐太宗说:"臣以隋氏父子自相诛戮,以致灭亡"④。明人李贽说:"仁寿四年(604),寝疾暴崩,广为之也"⑤。清儒王夫之谓:"杨广之杀君父,杀兄弟"⑥。但问题的关键在于,杨广何以要下此毒手?既然不是因宫闱秽事所激发,那么原因何在?

前面我们已经述说仁寿年间隋高层出现了以柳述、元岩为首的反对杨广、杨素,同情杨勇的政治集团,在杨广夺嫡的总后台独孤皇后于仁寿二年(602)去世后,反对杨广的势力开始集结,权相杨素被架空,亲党远放,杨广夺嫡阴谋暴露后,首先遭到自己兄弟姐妹的不满和反对。杨勇、杨秀虽被幽禁,但人还健在,幼弟杨谅则手握重兵,"阴怀异图",姐姐乐平公主、妹妹兰陵公主也都站在了杨广的反面。妹夫柳述更事事专与杨广作对,宣华陈夫人的态度似乎也有变化,她在隋文帝驾崩后不足一年也去世,时年29,亦恐怕是死于非命。总之,杨广的奸诈丑行足以令人厌恶,在他爬上

---

① 《读史稗语》卷3。
② 《隋书》卷56《张衡传》。
③ 《隋书》卷48《杨素传》。
④ 《贞观政要》卷5《仁义第十三》。
⑤ 《藏书》卷7《世纪·混一南北》。
⑥ 《读通鉴论》卷19《隋文帝七》。

皇太子位后,兄弟妹婿后母不愿他日后骑在自己头上,团结起来反对他,拥护性宽厚的杨勇,乃是情理之中的事。宣华陈夫人与柳述合势,攻击杨广人面兽心,禽兽不如,试图拥废太子杨勇复位,拉杨广下马。仁寿末年皇太子杨广已处于弱势,新一轮储位之争,在杨广册封之时就已开始,且愈演愈烈,到仁寿四年(604)达于白热化。杨广被迫自卫,由卫宫走向夺位,在隋文帝态度发生转变的关键时刻,肆行弑逆,冒天下之大不韪,乃是势所必然之事。红颜女子宣华陈夫人在政治漩涡中扮演了重要角色,这时在文帝枕侧,她是反对杨广拥护杨勇,而为柳述他们所用的。所谓杨广向她送同心结,当夜烝淫的传说实不足为训。其实反夺宫失败,她也没有得到好的下场。隋文帝死讯传来,陈夫人和诸后宫"皆色动股栗",皇太子送上金盒子,她也惶惧不安,以为是鸩毒,这分明是说宣华陈夫人不附太子,是杨广的反对者,正是她编织了"太子无礼"的罪名,试图"废广立勇"再夺宫,而一旦失败,她又如何能不紧张万分。杨广反夺宫获胜说明杨广棋高一着。弑父继统,没有让拥护杨勇的势力得逞,这亦可谓是一场惊心动魄的宫廷政变。

　　隋文帝被弑之后如何收场,这对杨广、杨素来讲,已不是一件难事。他们很快伪造出一份文帝遗诏,语及平生,安排后事,作最后的政治交待:

　　　　嗟乎!自昔晋室播迁,天下丧乱,四海不一,以至周、齐战争相寻,年将三百。故割疆土者非一所,称帝王者非一人,书轨不同,生人涂炭。上天降鉴,爰命于朕,用登大位,岂关人力!故得拨乱反正,偃武修文,天下大同,声教远被,此又是天意欲宁区夏。所以昧旦临朝,不敢逸豫,一日万机,留心亲览,晦明寒暑,不惮劬劳,匪曰朕躬,盖为百姓故也。王公卿士,每日阙庭,刺史以下,三时朝集,何尝不罄竭心府,诚救殷勤。义乃君臣,情兼父子。庶藉百僚智力,万国欢心,欲令率土之人,永得安乐,不谓遘疾弥留,至于大渐。此乃人生常分,何足言及!但四海百姓,衣食不丰,教化政刑,犹未尽善,与言念此,唯以留恨。朕今年逾六十,不复称夭,但筋力精神,一时劳竭。如此之事,本非为身,止欲安养百姓,所以致此。

人生子孙,谁不爱念,既为天下,事须割情。勇及秀等,并怀悖恶,既知无臣子之心,所以废黜。古人有言,"知臣莫若于君,知子莫若于父"。若念勇、秀得志,共治家国,心当戮辱遍于公卿,酷毒流于人庶。今恶子孙已为百姓黜屏,好子孙足堪负荷大业。此虽朕家事,理不容隐,前对文武侍卫,具已论述。皇太子广,地居上嗣,仁孝著闻,以其行业,堪成朕志。但令内外群官,同心戮力,以此共治天下,朕虽瞑目,何所复恨。

但国家事大,不可限以常礼。既葬公除,行之自昔,今宜遵用,不劳改定。凶礼所须,才令周事,务从节俭,不得劳人。诸州总管、刺史已下,宜各率其职,不须奔赴。自古哲王,因人作法,前帝后帝,沿革随时。律令格式,或有不便于事者,宜依前敕修改,各当政要。呜呼,敬之哉!无坠朕命!①

这篇"遗嘱",可谓是杨广及其帮凶的精心制作。杨广首先肯定父皇结束战乱割据,"拨乱反正",开创大一统局面,使"天下大同"。接着,在赞颂隋文帝"一日万机"、"不惮劬劳"、"罄竭心府"、"诫敕殷勤"的同时,又为自己弑逆进行掩盖,以文帝的口气声称"朕今年逾六十,不复称夭,但筋力精神,一时劳竭",把父皇的死因说成是积劳成疾,而且是"本非为身",即不是为了自己,而是"止欲安养百姓"。既美化了父皇,又为自己弑逆之罪开脱了罪责。下

---

① 《隋书》卷2《高祖纪下》。

面再谴责"恶子孙"杨勇和杨秀的"悖恶",称赞"好子孙"杨广的"仁孝",希望"内外群官,同心戮力",辅佐嗣君杨广,"共治天下",则先帝虽死无恨。最后谈治国,政令沿革,有不便者可作修改,务当政要。为日后杨广称帝后改革典章制度,大兴工役埋下了伏笔。

杨广等对隋文帝之死"秘不发丧"①,先收捕反对自己的柳述、元岩,稳住宫禁中枢。在8天之后,乙卯(二十一),皇太子杨广才于灵前即皇帝位。杨广掌握了无限皇权,想怎么干就怎么干,要什么就是什么,他当然可以立即霸占父皇的后宫嫔妃,也可以当夜烝淫反对过自己的后母宣华陈夫人,但这些都不是最重要的,他心中急于要干的首要大事是除掉心腹大患哥哥杨勇。这天,杨素之弟杨约恰好来朝见,杨广即派杨约入长安,调换了留守者,诈称文帝诏命,赐前太子杨勇死。当杨勇拒绝服毒时,杨约即将他活活勒死。然后陈兵集众,命军队进入战备状态,再发布隋文帝去世的凶信。

八月丁卯(初三),隋文帝的梓宫从仁寿宫运至京师,丙子(十二日),杨广在大兴殿为文帝出殡,宣布柳述、元岩"罪状",二人一并除名。柳述被流放到龙州,元岩被放逐至南海,均在岭南边远,不久死于任所。这是杨广对反对自己当皇帝的人最直接的报复。

杨广还命令兰陵公主和柳述断绝关系,打算将她改嫁他人,公主誓死拒绝,不再朝见炀帝,并上表请免去公主名号,要求与柳述一道放逐岭南。炀帝大怒不从,公主忧愤而死,年仅32岁。兰陵公主留下遗书:"昔共姜自誓,著美前诗,鄎妫不言,传芳往诰。妾

---

① 《隋书》卷45《文四子·房陵王勇传》。

虽负罪,窃慕古人。生既不得从夫,死乞葬于柳氏"①。兰陵公主坚贞不屈,至死从夫,坚决反对杨广,这又从一个侧面让我们看到公主与柳述在隋文帝死前确曾导演了反夺宫,拥大哥杨勇复位的政变。或许正是兰陵公主说动了后母宣华陈夫人,女人和女人对话自有其优越性,加上文帝于诸女中对兰陵公主"特所钟爱",公主有向父皇进言的机会。兰陵公主还说服了比自己大十多岁的大姐杨丽华,杨丽华是周天元的遗孀,开皇六年(586)封乐平公主,也违抗父命坚贞不肯改嫁②。在反杨广拥杨勇保杨秀问题上,姐妹意见一致,3个与隋文帝最亲近的女人不停地诉说,足以倾动帝意,这也许就是仁寿宫变的幕后原因。正因为如此,杨广对自己的同胞小妹才恨之入骨,得其遗书后"愈怒",对小妹的死讯并不伤心,"竟不哭",薄葬于洪渎川,朝野人士对兰陵公主的贞烈,却伤感不已③。

在一切处理停当后,太史令袁充又出来说话了:"皇帝即位,与尧受命年合"。示意百官上表庆贺。但礼部侍郎许善心则认为"国丧刚完,不宜称贺"。佞臣宇文述既一向讨厌许善心,他这时已由太子左卫率迁左卫大将军,于是示意御史弹劾,结果许善心被降职为给事郎,降了两级④。在庆贺杨广登基当皇帝的人群中,当然少不了佛教释家弟子。仁寿四年十一月三日,天台山寺僧智越又派遣僧使智璪及时送来贺信:

  窃闻金轮绀宝,奕世相传,重离少阳,时垂御辨。伏惟皇帝菩萨,圣业平成,纂临洪祚,四海万邦,道俗称幸。

---

① 《隋书》卷80《列女·兰陵公主传》。
② 《周书》卷9《皇后·宣帝杨皇后传》。
③ 《隋书》卷80《列女·兰陵公主传》。
④ 《隋书》卷58《许善心传》。

佛教弟子阿摩,总持菩萨杨广,奋斗20年,现在终于称心如愿当上天子,要成就"菩萨圣业",为此天台僧众无不"喜踊之至"①。

但就在这年十一月壬子(二十日),亡国之君陈后主薨于洛阳,时年52。杨广追赠他为大将军,封长城县公,立谥曰"炀",葬于河南洛阳之邙山②。南朝旧臣许善心、周罗睺、虞世基、袁充、蔡征等同往送葬,由许善心撰写了祭文,仍尊旧主为"陛下",结果又被宇文述参了一本。许善心等援引古例,杨广没有穷究,但内心却十分不快③。隋为陈后主陈叔宝立谥曰"炀",乃恶谥,充分表现了杨广对荒嬉玩乐之君陈叔宝的轻蔑鄙视。但元人胡三省却批注曰:"谥法,好内怠政曰炀,帝(杨广)谥陈叔宝曰炀,岂知己不令终,亦谥曰炀"④。杨广当然无法知道自己死后的谥号,然他既已称帝,谥号虽在死后才有,但按约定俗成的称呼,此后我们只好称杨广为隋炀帝了。

三、杨谅叛乱　羊质兽心

正当仁寿宫和长安城内为办隋文帝丧事及隋炀帝登基忙得不可开交之际,并州总管、炀帝的幼弟汉王杨谅迅即发动了叛乱,这是隋宫帝位争夺的最后一次搏击。

汉王杨谅是一个年轻英俊的将军,父母在世时曾受到特别的宠爱。他二十来岁继二哥杨广、三哥杨俊之后,坐镇天下精兵之处的并州,肩负抵御北方突厥的重任,隋文帝许以他可不拘律令,便宜从事。文帝还为这位幼子"盛选僚佐,前后长史、司马,皆一时

---

① 《国清百录》卷3《仁寿四年皇太子登极天台众贺至尊第八十二》。
② 《陈书》卷6《后主纪》。
③ 《隋书》卷58《许善心传》。
④ 《资治通鉴》卷184隋文帝仁寿四年。

名士"。如以"公正著称"的安定皇甫诞为并州总管府司马,"总府政事,一以咨之"①。以南朝梁元帝名将王僧辩之子王頍为总管府咨议参军②,著名学者吴郡张冲为汉王侍读③,河间尹式任汉王记室④。隋文帝还礼聘关陇勋贵豆卢勋的女儿为汉王妃⑤,做贤内助。汉王杨谅府上可谓人才济济,兵强马壮。

杨谅曾两次充任统帅率领大军出塞作战,但却都只是名义上的统帅,实际统帅都是高颎,杨谅只是见习作战。因此,开皇十八年(598)征高句丽失败责不在他,开皇十九年(599)三月讨突厥,史书称他"竟不临戎",致使突利大败,其实责任也不在杨谅。后来,宰相高颎、杨素都披甲上阵,大破突厥都兰、达头十余万众,汉王杨谅又是名义统帅,大胜也不能归功于他⑥。

开皇二十年(600)杨广阴谋夺嫡成功,特别是蜀王杨秀被废论罪,使杨谅恐惧不安。于是借口防备突厥,在管内"大发工役,缮治器械,贮纳于并州"。又"招纳亡命,左右私人,殆将万人"⑦。隋文帝时或认为杨谅年幼不足为虑,或许认可幼子在外藩拥兵以牵制杨广,总之,其在世时没有采取任何措施制止杨谅的谋叛。

杨谅"潜有异志"亦早已为其部下觉察,其中有王頍、萧摩诃

---

① 《隋书》卷71《皇甫诞传》。
② 《隋书》卷76《王頍传》。
③ 《隋书》卷75《张冲传》。
④ 《隋书》卷76《尹式传》。
⑤ 《隋书》卷39《豆卢勋传》。
⑥ 岑仲勉《通鉴隋唐纪比事质疑》"汉王谅为突厥所败"条考证曰:"《通鉴》卷180仁寿四年八月后'突厥尝寇边,高祖使谅御之,为突厥所败,其所领将帅坐除解者八十余人,皆配防岭表'。按此事不见《隋书》各列传。司马氏殆采自隋末说部,盖追叙也。汉王谅征突厥见《隋书》惟开皇十九年一役,然本传称其'竟不临戎',有传诸将亦未见因谅败绩而谪戍之事,疑未可信"。
⑦ 《隋书》卷45《文四子·庶人谅传》。

最得杨谅信任,也最为杨谅卖力,这一文一武两个得力助手都是南方人。

王府咨议参军王颋,字景文,其父王僧辩在南朝平定侯景之乱后,被陈朝创立者陈霸先谋杀。王颋与诸兄留在江陵,被杨忠率领的西魏军掳往关中。入关后王颋任侠放荡,20岁以后发愤读书,"勤学累载",遍读五经,大为儒者所称。22岁时被周武帝引为露门学士,但入隋后却受到关陇勋贵排挤,官位低卑,因而心怀不满。他又熟读兵书,"常以将相自许",有纵横天下之志,经常自叹生不逢时。开皇五年(585)授著作佐郎,不久迁国子讲授、博士。兄长王颁灭陈时为报父仇掘陈霸先墓,鞭尸扬灰,后居官齐州刺史。王颋因才学雄辩也曾被文帝看重,但后却"坐事解职",配防岭南,数年后才回到北方,授杨谅汉王府咨议参军,官位虽低,但因他"倜傥有奇略",受到汉王的礼遇和尊重。王颋也倾心于汉王,"阴劝谅缮治兵甲"①。平陈之役被俘的陈朝大将萧摩诃,入隋后仅授勋官开府仪同三司,而无实职,亦很不得志,"郁郁思乱",年70时得随汉王杨谅到并州,杨谅正"阴有异图",收纳人士,于是对萧摩诃极为"亲善",士为知己者死,老将萧摩诃遂成为汉王杨谅麾下大将,与王颋一道"赞成"汉王叛乱。

杨谅在太原,时时注意着京师的政治动向,因得不到京师消息,于是天天观察天象。隋文帝驾崩杨谅一点也不知晓,那天,杨谅观察天文,见"荧惑守东井",即正好火星处在井宿的位置,汉王府仪曹傅奕通晓天文星历,杨谅忙问他"是何征兆?"傅奕知汉王有异图,称天象正常。傅奕为自免于祸,不敢胡乱推测,杨谅很不

---

① 《隋书》卷76《王颋传》。

高兴①,内心焦虑万分。

再说隋炀帝登上帝位,自然也不会忘记坐镇并州企图夺位的最后一位对手幼弟杨谅。时隋文帝灵柩及炀帝百官尚留仁寿宫,"京师空虚",为防汉王"起逆",隋炀帝令郭衍驰还京师,"总兵居守"。同时,派遣车骑将军屈突通以文帝的玺书征召杨谅入朝,企图调虎离山,将杨谅骗到京师加以软禁。但炀帝万万没有想到,父皇先前为预防变故,曾与杨谅订有"密约",曰:"若玺书召汝,于敕字之傍别加一点,又与玉麟符合者,当就征"②。所谓符,乃兵符,一般做成鱼、兽之形,分成左、右两半,一半在将军,一半在皇帝,皇帝调兵时派遣使者将自己手中的半块兵符交与在外镇守的将军,两半相合将军才受命,以防假造圣旨发兵叛乱。据史书,开皇七年(587)四月,隋文帝"颁青龙符于东方总管、刺史,西方以驺虞,南方以朱雀,北方以玄武"③。这一制度直到唐朝仍然沿用。隋因并、扬、益三总管均由宗王出镇,统属地域极广,于是有专门的玉麟符。杨广称帝后当然很轻易地就能拿到半边玉麟符,但他无法知道文帝生前与杨谅之间的密约。汉王杨谅见到假造的文帝诏书,见傍边无点,马上察觉有变,于是质问屈突通,屈突通辞气不挠,汉王只好将他放回。

杨谅通过假诏书知道了仁寿宫发生变故,他不愿坐以待毙,于是按早已预谋好的计划,决定叛乱。从当时东西兄弟二人的形势来看,杨谅总管山东旧齐境内52州军事,所居乃天下精兵处,拥有重兵,如果处置得当,充分调动所部将士,鼓行而西,是有可能迅速

---

① 《资治通鉴》卷180隋文帝仁寿四年。
② 《旧唐书》卷59《屈突通传》。
③ 《隋书》卷1《高祖纪上》。所谓驺虞,应作白虎,唐人讳虎,而以驺虞代之。

拿下京师长安,以武力夺得帝位的。而胜败的关键,则在于杨谅能否驾驭自己的部下。起兵伊始,军师王頍就为杨谅谋划:"王所部将吏家属,尽在关西,若用此等,即宜长驱深入,直据京都,所谓疾雷不及掩耳。若但欲割据旧齐之地,宜任东人"①。王頍的两个方案"直据京都"和"割据旧齐"都切实可行,其关键则在于用人。但杨谅不能定夺,在用人方面,他既不重用关陇勋贵,也不重用山东人士,反而重用王頍、萧摩诃等南方失意士人,这不能不说是汉王的一大失策。结果,汉王部下大批关陇勋贵将士对杨谅不是阳奉阴违,就是据城叛变,连其妻兄豆卢毓也在关键时刻出卖他,充当官军内应。豆卢毓时任汉王府主簿,杨谅依王頍谋将发兵作乱,豆卢毓"苦谏"不从,乃与弟弟豆卢懿暗中计议:"吾匹马归朝,自得免祸,此乃身计,非为国也,今且伪从,以思后计"②。

汉王总管司马关陇勋贵皇甫诞更流着眼泪出来谏止:"窃料大王兵资,无敌京师者。加以君臣位定,逆顺势殊,士马虽精,难以取胜。愿王奉诏入朝,守臣子之节,必有松、乔之寿,累代之荣。如更迁延,陷身叛逆,一挂刑书,为布衣黔首不可得也,愿察区区之心,思万全之计,敢以死请"③。说得十分诚恳,但杨谅哪里听得进去,拍案发怒,将皇甫诞逮捕囚禁。就实际情况来看,皇甫诞的分析不无道理,汉王从兵资和名位上讲的确处于劣势,但是,劣势可以转化为优势,兵既不厌诈,当时文帝新死,炀帝新立,且仁寿宫变,杨广弑逆,"中外颇有异论",杨广的帝位也不稳固,若杨谅也矫诏高举义旗,"声元凶之罪而举兵,天下其谁能敌之"④。时并州

---

① 《隋书》卷45《文四子·庶人谅传》。
② 《隋书》卷39《豆卢勣附毓传》。
③ 《隋书》卷71《皇甫诞传》。
④ 《资治通鉴》卷180 隋文帝仁寿四年胡三省注。

流行一首童谣:"一张纸,两张纸,客量小儿作天子"。杨谅所署官皆发告身一纸,别授则发二纸,故有此谣。杨谅闻知,内心窃喜,说:"我幼字阿客,量与谅同音,吾于皇家又最小,应谶语当为天子"①。杨谅以为自己庆谶得天命,也就不考虑许多,一味起兵要夺皇帝位了。杨谅既不采纳王颁的建议,又不认真考虑皇甫诞的劝谏,持其强兵鲁莽行事,开始了军事冒险。

  杨谅没有去作广泛的政治军事动员,暴扬杨广之罪,却唱言"杨素反,将诛之",以谣言惑众造反。这样,尚未起兵,就已使自己处于被动,汉王所辖 52 州,从他反者仅 19 州,仅及其三分之一。而且,既诈众造反,则事不宜迟,应趁部众尚未明白之前迅速解决问题。王府兵曹河东闻喜人裴文安建策分兵略地,杨谅大悦,立即作出四面出击的部署,派遣二路军队南渡黄河略地河南:一路由所署大将军余公理指挥,出太谷,直取河阳(今河南孟县);另一路由大将军綦良指挥出滏口,直到黎阳(今河南浚县)。又派大将军刘建率军东出井陉,略取燕赵之地,派柱国乔钟馗出兵雁门(今山西代县境内),进攻官军李景部。并任命裴文安为柱国,与柱国纥单贵、王聃等率军西向直指京师,兄弟皇位争夺的战幕就此拉开。

  隋炀帝任命右武卫将军丘和为蒲州刺史,镇蒲津(今山西永济县西南)。杨谅挑选精锐骑兵几百人,戴妇人蔽身用的面罩,诈称是杨谅的宫人返回长安,守城的门卫没有觉察,叛军直入蒲州,丘和逾城逃回长安。裴文安等率西征大军欲抢占浦津关西渡黄河,但杨谅却突然改变主意,命纥单贵拆断河桥,据守蒲州,将裴文安召回。杨谅裹足不前,一是京师军情不明,二是后方不稳,因此不敢贸然出击,为求稳还是先巩固后方。于是作据守之策,任命了

---

① 《北史》卷 71《庶人谅传》;《册府元龟》卷 893《总录部·谣言》。

数州刺史,等待杨广派兵来攻,这就使杨谅变主动为被动,处于任人宰割的境地。

杨谅不图进取,不敢进兵关中,为保据河东,占有旧齐之境,又发兵北攻抗拒他的代州总管李景。关陇勋贵李景"臂力过人,骁勇善射",是一员猛将。杨谅先后派刘嵩、乔钟葵率劲勇3万来攻,李景部下不过数千,率军作"殊死斗"①,牵制并屡败大批杨谅军。在南线杨谅采取守势,隋炀帝派杨素率轻骑5000来袭蒲州(今山西永济县西南),杨素乘夜来到河边,士马衔枚渡河,拂晓时发动突然袭击,叛军守将没有准备,王聃以城降,纥单贵逃走。隋炀帝于是任命杨素为并州道行军总管、河北安抚大使,率步骑4万直取太原,讨伐杨谅。

杨谅派出略地的军队也都出师不利,綦良率军进攻慈州(治今河北磁县),遭刺史上官政的顽强抵抗,未能攻克,乃率兵向南转攻行相州事薛胄(相州治今河南安阳),又未攻克。于是从滏口进攻黎州(治今河南浚县),堵塞白马津(今河南滑县黄河南岸)黄河渡口。余公理率军自太行山到河内(治今河南沁阳),屯兵河阳(今河南孟县西),也没有进展。隋炀帝任命亲信右卫将军史祥为行军总管,驻军河阴(今河南孟津县)。两军隔河对峙。

史祥先在黄河南岸大陈渡船,摆出北渡架势,余公理见势即在北岸"聚甲以当之"。史祥随即暗中潜于下流渡过黄河。余公理自恃兵众,马上率军来拒战。史祥趁叛军尚未成列,命将士迅猛出击,在须水大破余公理军。得胜后史祥又移师东攻黎阳(今河南浚县),进讨綦良,綦良军不战而溃,史祥乘势追击,杀万余人。这样,杨谅南路两军很快被击灭。

---

① 《隋书》卷65《李景传》。

在汉王杨谅所据的心脏地区太原城,也出了问题,隋炀帝让显州刺史豆卢贤秘密派人给其弟豆卢毓送诏书,让他充当内应于内起事,使杨谅的妻族豆卢氏坚定地站到了杨广一边,而杨谅却蒙在鼓里。由于南面军事吃紧,杨谅要去介州(今山西介休),于是命令妃兄豆卢毓和总管朱涛留守太原。杨谅走后豆卢毓即对朱涛策反,朱涛不从,被豆卢毓杀死。豆卢毓于是从监狱里把皇甫诞放出来,与一批关陇将领商议闭城拒杨谅。杨谅知情后立即率军回攻太原,时豆卢毓等尚未准备好,见杨谅率军到,便哄骗士兵说贼军来了,城上箭如雨下,杨谅转攻西门,城上士兵认识杨谅,打开城门放杨谅进城,豆卢毓、皇甫诞等均被处死①。然而,豆卢毓的行动打乱了杨谅的阵脚,使太原城人心惶惶,军心不稳。

在东部,幽州刺史窦抗不明京师情况,鼠揣两端,隋炀帝派勃海李子雄往幽州(治今北京市),李子雄到任先将窦抗逮捕,接着发步骑3万,自井陉向西进攻杨谅。时杨谅部将刘建正将井陉守将京兆人张祥包围,企图出井陉东出略地燕、赵。李子雄于抱犊山击败刘建军,刘建逃走。这使杨谅四面受敌。炀帝又任命左领军将军长孙晟为相州刺史,征发山东兵与李子雄合势。长孙晟因儿子在杨谅处,辞不敢当,炀帝推心置腹地安抚说:"公著勤诚,朕之所悉。今相州之地,本是齐都,人俗浇浮,易可骚扰,尚生变动,贼势即张,思所以镇之,非公莫可。公体国之深,终不可以儿害义,故用相委,公其勿辞"②。长孙晟见炀帝对自己不见疑,遂愉快地接受了任命。隋炀帝在此关键时刻,坚定地信用关陇勋贵,收到了很好的成效。

---

① 《隋书》卷39《豆卢勣附毓传》。
② 《隋书》卷51《长孙晟传》。

北面代州总管李景被杨谅围困 1 个多月,隋炀帝命朔州刺史代人杨义臣率步骑 2 万往救。杨义臣也是关陇勋贵,本姓尉迟氏,其父以尉迟迥作乱自请改姓,义臣幼养宫中,文帝赐姓杨氏。时叛将乔钟葵有兵数万,杨义臣见自己兵少,就集中所有的牛、驴,共几千头,命士兵数百各持旗一面,将牛驴隐藏于山谷间。黄昏后两军交战,义臣命士兵驱牛驴狂奔,一时尘埃满天,战鼓动地,叛军以为官军大出伏兵,惊恐溃逃,杨义臣纵兵进击,以少胜多,大败乔钟葵,遂解代州(治今山西代县)之围①。杨义臣与李景合军,从北面压向太原。

在太原以南,晋、绛、石三州的州城均有杨谅的重兵防守,隋军统帅杨素仅向每城各派兵 2000 去牵制,自率大军北进直攻太原。杨谅派部将赵子开率领 10 余万人,用栅栏堵塞山径小路,在高壁山岭上屯兵据守,摆开 1 个长达 50 里的阵势,纵深设防,以为万无一失。杨素命令部下诸将列兵对阵,围而不攻,自己率 1 支骑兵冒险潜入霍邑(今山西霍县)东北的霍山,沿着悬崖山谷前进。官军在峪口扎营,杨素坐在营帐外,挑选 300 人守营,军士们恐惧敌军强盛,不想出战,多数人争着要守营,致使军队行动迟缓。杨素马上把争着留下守营的 300 军士召出军营,不问青红皂白全部斩首。当他再次下令挑选留守人员时,士兵们无一敢留。于是杨素率军驰马疾进,突然出现在叛军背后,直指敌酋赵子开的兵营,鸣鼓纵火。叛军对这突如其来的行动,不知所措,于是大乱,自相践踏,死伤数万人。杨谅所署介州刺史梁脩屯兵介休,听说杨素将至,即弃城逃跑,赵子开军于是溃散。

杨谅闻知赵子开 10 万大军被击溃,惊恐万分,乃亲率 10 万人

---

① 《隋书》卷 63《杨义臣传》。

马赶到蒿泽(今山西平遥西汾河干流上一大湖)抵御杨素,其时双方兵力对比杨谅仍处于绝对优势,正面决战胜负尚不可知,但恰逢天降大雨,杨谅竟打算退兵。军师王颎劝道:"杨素悬军,士马疲弊,王以锐卒亲戎击之,其势必举。今见敌而还,示人以怯,阻战士之心,益西军之气,愿王必勿还也"①。杨谅不听,竟率军大踏步后退,至清源(今山西清徐县,距太原西南约100公里)据守。王颎见杨谅无勇无谋,知大势已去,对儿子说:"气候殊不佳,我军必败,汝可随从着我"。果然,杨素率军直接向杨谅进攻,又以少胜多,大败杨谅,并于战阵中活捉萧摩诃,叛军死者18000余人。杨谅退守晋阳(太原),被杨素四面包围,杨谅束手无策,穷蹙无计,只好乞降,其余党羽随即被全部平定。杨谅起兵,"月余而败"②,几十万大军得不到正确指挥,结果一败涂地,这是隋朝建立以来一场最大的内战。

杨谅的失败完全在于自己的太轻率,毫无军事经验,缺乏谋略,"羊质兽心",他实在不是其二哥的对手。隋文帝在世时所言:"彼(杨广)取尔(杨谅)如笼内鸡雏耳"。说得太准了,杨广取幼弟杨谅,的确就像老鹰抓小鸡一样轻而易举。

论兵力,杨谅的确十分强大,他起事时的兵力估计在30万—40万,杨广出动的兵力总计不到10万。虽然杨广以皇帝之尊可以调动全国兵力,特别是关陇强大的府兵,正如汉王府司马皇甫诞所说:"大王兵资非京师之敌"。但杨广新立,短时间内要调动大批兵力仍很困难,杨谅则作了多年准备,可以在很短时间集中大批军马,就局部而论杨谅兵力处于优势。但官军却处处以少胜多,用

---

① 参见《隋书》卷45《文四子·庶人谅传》。
② 《隋书》卷23《五行志下》。

诡计出其不意,出奇兵取胜,这只能说明杨谅的庸劣无能。

然而,杨谅缺乏指挥经验,他的军师王颁却是旷世奇才,杨谅举兵反,"多颁之计",王颁"数进奇策",但杨谅"不能用",这就使杨谅的失败不可避免。在杨广已具皇帝身份,已处在代表国家正统的优势地位之下,杨谅起兵取胜的唯一希望就是集中兵力突袭长安,此策王颁一开始就倡议了,但杨谅中途变卦,没有决心。继而想划河为界,割据旧齐之地,却又四面出击,自不量力,各方面都没有任何进展。官军统帅杨素则久经战阵,老谋深算,敢于孤军深入,直捣老巢,置敌于死地。在兵临城下众叛亲离的情势下,杨谅只好投降。

王颁在杨谅兵败后,企图投奔突厥,逃至深山,道路断绝,知道自己难以幸免后,乃对儿子叹息说:"我的计谋韬略,不亚于杨素,但坐言不见从,遂至于此。我不能坐受擒执,以成全杨素这竖子之名"。说完悲痛地自杀了①。后杨素得王颁尸,仍残酷地枭首于太原。萧摩诃也被斩首,时年73。

杨谅叛乱,性质是争夺帝位,分裂国家,没有任何正义可言,他的失败不仅是杨广之幸,也是国家之幸,谁还会允许刚统一的国家重又大分裂呢?隋炀帝得到捷报欣喜万分,立即派杨约奉"手诏"到太原慰劳功臣杨素。诏曰:

> 公乃先朝功臣,勋庸克茂。至如皇基草创,百物惟始,便匹马归朝,诚识兼至。汴都、郑州,风卷秋箨,荆南、塞北,若火燎原,早建殊勋,夙著诚节。及献替朝端,具瞻惟允,爱弼朕躬,以济时难。昔周勃、霍光,何以加也!贼乃窃据蒲州,关梁断绝,公以少击众,指期平殄。高壁据险,抗拒官军,公以深

---

① 参见《隋书》卷76《王颁传》。

谋,出其不意,雾廓云除,冰消瓦解,长驱北迈,直趣巢窟。晋阳之南,蚁徒数万,谅不量力,犹欲举斧。公以棱威外讨,发愤于内,忘身殉义,亲当矢石,兵刃暂交,鱼溃鸟散,僵尸蔽野,积甲若山。谅遂守穷城,以拒铁钺。公董率骁勇,四面攻围,使其欲战不敢,求走无路,智力俱尽,而缚军门。斩将搴旗,伐叛柔服,元恶既除,东夏清晏,嘉庸茂绩,于是乎在。昔武安平赵,淮阴定齐,岂若公远而不劳,速而克捷者也。朕殷忧谅暗,不得亲御六军,未能问道于上庠,遂使劬劳于行阵。言念于此,无忘寝食。公乃建累世之元勋,执一心之确志。古有人言曰:"疾风知劲草,乱世有诚臣。"公得之矣。乃铭之常鼎,岂止书勋竹帛哉!功绩克谐,哽叹无已。稍冷,公如宜。军旅务殷,殊当劳虑,故遣公弟,指宜往怀。迷塞不次①。

这是有史可考隋炀帝即皇帝位后,自出其手笔的第一道诏文,也是一篇气势磅礴的优秀散文。杨广文采果然不俗,称帝后更是大放异彩,出手淋漓,一气呵成,再也见不到半点压抑之感。杨广把自己描述为正人君子,幼弟杨谅乃人面兽心,自己是皇帝万民之主,代表国家代表正义,杨谅则是乱臣贼子叛逆奸回,平叛行动是大义灭亲,古有先例。诏文数落了杨谅的罪行,称颂了杨素平叛的功绩,把杨素比着周勃、霍光,其功可书之竹帛,流芳千古。此时的杨广,对杨素的感激真是到了无以复加的地步,没有杨素,就没有自己的皇位,故炀帝引古人言:"疾风知劲草,世乱有诚臣",杨素的确是杨广帝业的第一功臣。

杨素得到隋炀帝褒美自己的手诏,马上惶恐上表陈谢,表示要"百殒微躯"报君之恩。回到京师之后,炀帝赐给杨素物5万段,

---

① 《隋书》卷48《杨素传》。

及杨谅的妓妾20人,并拜其子为仪同三司①。

杨广又亲自写诗赐在南线接连击败杨谅叛军的将军史祥,诗云:

  伯禽朝寄重,夏侯亲遇深。
  贵耳唯闻古,贼目讵知今!
  早标劲草质,久有背淮心。
  扫逆黎山外,振旅河之阴。
  功已书王府,留情太仆箴。②

诗文与赐杨素的"手诏"有异曲同工之妙,赞美史祥的英才大略,虽用典故,但主旨仍然是疾风知"劲草",这与前不久任皇太子居闲时写给史祥的信,判若两人。皇上亲笔手诏题御诗,对于将相大臣来讲,已是最大的恩典了。

对于亡身殉国的皇甫诞、豆卢毓,隋炀帝也下诏"褒显名节",赠官爵封其子孙。其余有功将士李子雄、杨义臣、李景、王仁恭、崔仲方、元寿、陶模、崔彭、赵元淑、麦铁杖等,也都得到不同程度的封赏。

平定汉王杨谅的叛乱,意味着隋最高层权力过渡已经完成。时群臣奏议应将杨谅处死。著作郎王邵为求媚于炀帝,特意上书,请改杨谅姓氏③。但是,已是绝对胜利者的杨广这时可以随意发慈悲,他说:"朕终鲜兄弟,情不忍言,欲屈法恕杨谅一死",于是除名为民,绝其属籍④,不承认幼弟是皇室成员。

隋炀帝对随从汉王叛乱的部下的处罚则毫不手软,官吏臣民

---

① 《隋书》卷48《杨素传》。
② 《隋书》卷63《史祥传》。
③ 《隋书》卷69《王邵传》。
④ 《隋书》卷45《文四子·庶人谅传》。

受牵连获罪被处死和流放的竟有20余万家。甚至连叛乱时态度不明朗的原刑部尚书检校相州事薛胄也被"锁诣大理","除名配防岭南"①。平叛失利战败的将军丘和及上官政也受到除名流放岭南的处分,因蜀王杨秀事除名在家的原右卫大将军元胄对丘和说了一句"上官政,壮士也",被丘和告发,竟获罪处死,而丘和因告发有功则免罪补代州刺史,上官政亦得征为骁卫将军②。

仁寿四年(604)十月己卯(十六日),隋炀帝将父皇安葬于太陵,立庙号称隋高祖,谥号曰文皇帝,与文献皇后独孤氏同坟而异穴。这时,能向父母致祭尽孝的也只有"好子孙"杨广一系了。

杨广以隋文帝次子,经营十多年终于登临大位。他废胞兄杨勇皇太子位,除四弟杨秀蜀王爵,在危急时刻发狠断然弑父,抢班夺位,接着扑灭幼弟杨谅的反叛。杨广在兄弟5人当中最狠最毒,也最有才能,他的皇位完全是靠自己经营夺得。按皇位继承法,杨广不居嫡长,本不能继承皇位,现在他终于夺得了,成功了,应该说他尽了最大的努力,冒了最大的风险,费尽了心机,也要尽了阴谋。他弑父屠兄幽弟,其行为可谓猪狗不如。但他的成功证明他不是一个庸人而是一个强者,一个心狠手毒的强者。若不强,他也可能被自己的亲兄弟剁成肉酱。皇位的争夺可谓残酷无情,不是你死,就是我亡。

在以血缘维系的世袭制君主专制制度下,和平地接班难以保证,在没有民主选举机制的专制帝王时代,兄弟相争阴谋夺位虽说是残酷无情,但经过一番争斗,往往是相对有能力者争得了帝位,如隋炀帝和唐太宗。夺位者虽不能说是有积德,但有才能是毫无

---

① 《隋书》卷56《薛胄传》。
② 《隋书》卷40《元胄传》。

疑问的。皇帝有才比无才好,若有才又有德,那就更好了。一个新皇帝即位,整个天下将会有一番大的变化,后代之人将会从功和德两个方面对其作为进行评价。

第四章 大兴工役 虐用民力

隋炀帝以弑父屠兄幽弟夺得帝位,为了证明自己龙飞九五是合于天道,即皇帝位是当之无愧,乃以拼命的精神试图在短期内建立最伟大的功业,建立"奄吞周汉"的丰功伟绩,成为"子孙万代莫能窥"的千古一帝。翌年正月初一,隋炀帝改元大业,称大业元年(605),宣布大赦天下。大业,是要成就千秋万代瞩目的伟业之意。时有谶者认为大业"于字离合为大苦末也"①,是不吉利,但炀帝并不介意。又立萧妃为皇后,立长子杨昭为皇太子,隋第二代君王的新朝局面开始了。

大业年间创大业,千秋功罪后人评。隋炀帝气度恢宏,志向万千,多年的压抑一扫而去,现在终于可以放手大干了。在即位不到一年时间内,连续大兴工役,掘长堑、置关防、营建东都、广筑离宫、开凿大运河、大造龙舟、巡游江都等,役使男女数百万,干得轰轰烈烈,惊天动地,然而成效如何,自古至今评价不一。

第一节 营建东都 广置离宫

洛阳地处中原大地,是著名的9朝故都。在中国历史上,有许多王朝实行两京制,如西周都镐京(长安),周公姬旦东营洛邑,洛

---

① 《隋书》卷22《五行志上》。

邑后成为东周的都城。东汉亦实行长安、洛阳两京制,隋和唐也一样,除首都长安有中央政府外,在东都洛阳另有一套"东京官",皇帝时而在长安,时而在洛阳坐朝君临天下。后代如明实行南京、北京两京制,清则实行北京、盛京(沈阳)两京制。历代实行两京制的目的都在于强化王朝对国家的统治,被认为是一项成效卓著的重要政治措置。然而,唯独隋炀帝建东都,在历史上却招来了非议,是非曲直,难以定评。

一、营建东都　控扼山东

在平定汉王杨谅叛乱后,籍没流移的晋阳逆党有20余万家,隋炀帝下令将其中大部分迁徙到洛阳附近,以便集中监视控制。

洛阳地处今河南省的西部,在黄河中游的南岸,这里群山环抱,地势平坦,河流纵横,土地肥沃,气候温和,是建都的好地方。仁寿四年(604)十一月乙未(初三),隋炀帝大驾光临洛阳,癸丑(二十一),即发布了营建东京的诏令,详细述说了营建洛阳新城的必要性和紧迫性。《隋书》全文收录了这一诏令。然而,四五百年后的宋朝司马光修纂《资治通鉴》时,几百字的诏文仅收录了不着边际的16个字,编者另采野史小说杜宝《大业杂记》,把炀帝营建东都的原因归之于迷信图谶之说,营造东都成了炀帝的一大罪状。其文云:

> 章仇太翼言于(炀)帝曰:"陛下木命,雍州为木之冲,不可久居"。又谶云:"修治洛阳还晋家"。帝深以为然,十一月乙未,幸洛阳[①]。

这样一来,炀帝营建洛阳的原因不仅荒唐,而且可笑。仅凭此一

---

① 《资治通鉴》卷180隋文帝仁寿四年十月。

点,人们立即就会认为隋炀帝是一个昏庸之徒,是个有如北齐后主、周天元一样的昏君。然而,此事却是一件冤案。

宋代史学家兼理学家司马光不采正史诏令,代之以野史小说的道听途说,是以取舍和选择史料为手段,企图寓褒贬善恶于叙事之中,以贬低隋炀帝的政治眼光和才能,突出炀帝的荒暴无道,以为殷鉴①。当然,上引《资治通鉴》史料的可靠性大成问题,我们不谈《大业杂记》作为小说野史的可信度如何,仅就其所述章仇太翼其人,原是废太子杨勇的门客,又在仁寿宫变前参加柳述集团,反对杨广,却又怎么可能在炀帝刚即帝位不久便出现在炀帝身边,并成为炀帝的亲信,而且由他一言,竟产生了迁都的效力。这样,不仅炀帝成了昏君,历史也成儿戏了。

然而,篡改历史总会留下破绽,后代学者不仅对此提出了质疑,而且进行了详尽考证,说明营建洛阳有其历史发展的必然性和合理性。

既然《隋书》全文收录了隋炀帝于仁寿四年(604)十一月癸丑(二十一)关于营建东京的诏令,为了考证历史真相,我们当然有必要将诏文全文照录,让世人评判:

> 乾道变化,阴阳所以消息;沿创不同,生灵所以顺叙。若使天意不变,施化何以成四时;人事不易,为政何以厘万姓。《易》不云乎:"通其变,使民不倦""变则通,通则久""有德则可久,有功则可大"。朕又闻之,安安而能迁,民用丕变。是故姬邑两周,如武王之意,殷人五徙,成汤后之业。若不因人顺天,功业见乎变,爱人治国者可不谓欤!

---

① 参见高敏:《关于隋炀帝迁都洛阳的原因》,载《魏晋隋唐史论集》第2辑,中国社会科学出版社1983年版。本节对该文多有参引,余不遍注。

然洛邑自古之都,王畿之内,天地之所合,阴阳之所和。控以三河,固以四塞,水陆通,贡赋等。故汉祖曰:"吾行天下多矣,唯见洛阳"。自古皇王,何尝不留意,所不都者盖有由焉。或以九州未一,或以困其府库,作洛之制所以未暇也。我有隋之始,便欲创兹怀、洛,日复一日,越暨于今。念兹在兹,兴言感哽!

　　朕肃膺宝历,纂临万邦,遵而不失,心奉先志。今者汉王谅悖逆,毒被山东,遂使州县或沦非所。此由关河悬远,兵不赴急,加以并州移户复在河南。周迁殷人,意在于此。况复南服遐远,东夏殷大,因机顺动,今也其时。群司百辟,佥谐厥议。但成周墟堳,弗堪茸宇。今可于伊、洛营建东京,便即设官分职,以为民极也。

　　夫宫室之制本以便生,上栋下宇,足避风露,高台广厦,岂曰适形。故《传》云:"俭,德之共;侈,恶之大"。宣尼有云:"与其不逊也,宁俭"。岂谓瑶台琼室方为宫殿者乎,土阶采椽而非帝王者乎?是知非天下以奉一人,乃一人以主天下也。民惟国本,本固邦宁,百姓足,孰与不足!今所营构,务从节俭,无令雕墙峻宇复起于当今,欲使卑宫菲食将贻于后世。有司明为条格,称朕意焉。①

我们只要对这个诏令稍加分析,就可以明白隋炀帝在即位之初决定营建洛阳,乃是出于对当时政治、经济、军事形势,及洛阳对控扼东方的重要性的充分认识,而作出的重大决策。诏令中并提到"民为国本,本固邦宁"的先王之教,以说明炀帝的举措是为国为民。更提起先圣"变则通,通则久",以及"有德则可久,有功则可

---

① 《隋书》卷3《炀帝纪上》。

大"警句,说明变革乃是时代之需要,是合乎天道顺应时代潮流的。

隋炀帝决定营建东都的最直接原因,是刚刚平定的汉王杨谅的叛乱。由于京师长安"关河悬远,兵不赴急",汉王悖逆,"毒被山东,遂使州县或沦非所"。隋府兵多集关中,遇大规模叛乱,由长安调兵,往返费时,不利于迅速作出反应。对汉王悖逆,"从反者十九州",炀帝更心怀畏惧,直到大业三年(607)北巡河北时,仍念念不忘汉王的反叛,说:"自蕃夷内附,未遑亲抚,山东经乱,须加存恤"①。山东地大物博,山东不稳,则帝国的统治基础就不稳。唐人杜牧分析魏晋南北朝以至隋唐的中原形势,指出:"山东者,不得不可为王,霸者不得不可为霸"②。正因为如此,要使隋朝长治久安,也必须安辑山东。

再从隋朝的统治状况来看,营建洛阳实亦为当时政治、军事形势的客观需要。

隋承北周,以僻处西隅的秦陇关中东进南下,统一中国。统治者以关陇勋贵为中心,他们竭力加强关陇的军事优势,以"内重外轻"之势,驾驭四方,长安自然成了西魏、北周、隋以至唐的政治中心。当时外族侵扰亦多来自西北的突厥和吐谷浑,建都长安显然也便于就近指挥抗击。然而,山东地域广大,人口众多,曾长期受东魏、北齐统治,入隋后存在着许多不安定因素。杨坚篡周之际,虽然调集关中府兵很快讨平三方构难,但广大的山东地区对新建的隋政权仍存在很强的离心力。

江南情势的复杂性更超过山东,灭陈后,亡国的江南人士对北

---

① 《隋书》卷3《炀帝纪上》。
② 《樊川文集》卷6《罪言》。

人心怀恐惧,离心力更强。虽然一年后江南地区的全面反叛再次被扑灭,但并没有从根本上铲除江南豪族势力,江南地区的变乱和少数民族叛乱仍时有发生,成为隋王朝的忧患。这说明统一的隋王朝,还需要进一步加强对江南的控制。炀帝诏令中"况复南服遐远"之句,说的就是京师长安对控制江南有鞭长莫及之叹。

东汉光武帝刘秀起于东方,深感中原形势重要,于公元25年建都洛阳,使洛阳很快成为繁盛的都市。古诗《青青陵上柏》描写东汉洛阳市景宫殿云:"洛中何郁郁,冠带自相索。长衢罗夹巷,王侯多第宅。两宫遥相望,双阙百余尺"①。王公百官云集帝王之都,洛阳成为政治经济文化的中心。但东汉末年董卓之乱,洛阳遭到毁灭性破坏,巍峨的宫殿被烧成一片废墟。军阀董卓挟汉献帝并尽徙洛阳人口数百万西走长安。诗人曹植描述洛阳的劫后惨景曰:"步登北邙阪,遥望洛阳山。洛阳何寂寞,宫室尽烧焚。垣墙皆顿擗,荆棘上参天。不见旧耆老,但睹新少年;侧足无行径,荒畴不复田。游子久不归,不识陌与阡。中野何萧条,千里无人烟。念我平生亲,气结不能言"②。后其兄曹丕称帝建魏,于公元220年在废墟上重建新都,此即历史上有名的洛阳"汉魏故城"。西晋继续征用民工扩建,但"八王之乱"后这里又成了兵火战场,重又变成一片废墟。北魏孝文帝由代北迁都洛阳,又加重建,其盛时东西20里,南北15里,城内外寺院共1367所,"金刹与灵台比高,宫殿共阿房等壮"③。洛阳成为金碧辉煌的佛教文化中心和北魏后期的政治统治中心。但魏末尔朱荣之乱和东、西魏战争很快使洛阳

---

① 《古诗十九首》,见《文选》卷29。
② 曹植:《送应氏诗二首》,见《文选》卷20。
③ 杨衒之:《洛阳伽蓝记》,《说郛》卷4。

"城阙为墟",内外官寺民居,存者什二三①。然时人皆以洛阳"世称朝市,上则于天,阴阳所会;下纪于地,职贡路均"②,居天地之中,全国心脏,为最理想的帝王之都。隋炀帝的姐夫周天元在位时已有意恢复洛阳旧都,常役4万人起洛阳宫,并将北齐邺城石经迁至洛阳。但周天元不久死去,史称:"及营洛阳宫,虽未成毕,其规摹壮丽,逾于汉、魏远矣"③。汉魏晋北朝至隋统一,洛阳的都城地位几起几落,数遭兵燹成为废墟,但其天下中心的地位使她又数度重建,立为首都或陪都。隋炀帝为适应由长期分裂到统一政权的政治军事需要,营建东都,采取长安、洛阳两京制,是一项具有长远战略考虑的重要措置。

另外,营建东都也有经济上的原因,可以说是关东地区经济发展水平超过关中地区,中国经济重心逐渐南移的必然结果。一位经济史学专家曾指出:一个政权应当把首都建在什么区域内,以及在这一区域之内把都城定在某一地区,虽然要考虑多种因素,但首先考虑的则是经济因素。长安所在的关中地区的农业经济,战国时秦开郑国渠以后,一向很发达,西汉之世,关中的膏腴之地,亩产达1钟,但关中800里秦川面积有限,当关东黄、淮大平原一望无际的田野被渐次开垦出来后,关中地区的农业经济在全国的重要性便开始日益下降。汉魏之际关中农业倚为命脉的郑国渠、白渠等水利设施,因河床下切等原因,灌溉面积骤减十分之九,面积减少了三万八九千顷之多,导致粮食产量急剧下降,而关中人口的增加,使长安的粮食供给都发生困难,以致不得不仰赖于漕运关东粮

---

① 《资治通鉴》卷158梁武帝大同四年。
② 《周书》卷7《宣帝纪》。
③ 《北史》卷10《周本纪下·宣帝》。

食。到隋唐时代,"地狭人繁"的渭河平原的农业产量更远远不能满足庞大的中央政府和驻军的需要。隋文帝对于如何解决关中的粮食供应更是一筹莫展,史载:开皇十二年(592),"京辅及三河,地少而人众,衣食不给"。开皇十四年(594)八月辛未(初九),关中"大旱人饥",隋文帝只得率关中"户口,就食洛阳"①,成为"逐粮天子",这种窘迫的局面在新即位的隋炀帝看来,的确是难以容忍,必须加以改变。

再则,在魏晋南北朝时期,江南经济得到了长足的发展。隋朝时长江流域各州郡每年都存有足够的余粮,隋文帝以长安为都,粮食和物资供应在一定程度上要依靠漕运南方资粮,此亦为隋炀帝修通南北大运河的重要原因。然而,粮食转输于洛阳好办,洛阳以西达于长安则有不可克服的困难,其中最突出者,就是三门峡,改用陆路绕过三门天险,却运量有限,所费尤多,得不偿失。

上述一系列情况表明,在黄土高坡土地资源日益耗尽且漕运艰难的长安,已不再是国都的最佳地址。隋都长安,在经济上遇到了严重困难。而洛阳的经济条件比长安优越,地域更辽阔,农业生产更发达,又临近山东、河北与江南等产粮地区。与其在长安苦于漕运而不得不频频就食洛阳,不如迁都洛阳,使"水陆通,贡赋等",这不是既利国又利民的大好事吗?

从地理形势来看,洛阳北临黄河,是一个"控以三河,固以四塞"的形胜要地。据《隋书·食货志》记:"初造东都,穷诸巨丽,帝昔居藩翰,亲平江左,兼以梁、陈曲折,以就规摹"。这是说隋炀帝曾对洛阳地理形胜作过实地考察,然后才作出迁都决策。又据唐人李吉甫《元和郡县志》记载:"初,炀帝常登邙山,观伊阙,顾曰:

---

① 《隋书》卷2《高祖纪下》。

'此非龙门邪！自古何因不都于此？'仆射苏威对曰：'自古非不知，以候陛下'。帝大悦，遂议都焉"①。这又再一次证实隋炀帝是作过实地考察。同时，说明唐代学者李吉甫也肯定隋炀帝营建洛阳的原因是基于洛阳有地理形势上的优越性。

大业元年（605）三月戊申（十八日），隋炀帝下诏论政刑得失、考课虚实等事，又提到"关河重阻，无由自达。朕故建立东京，躬亲存问"②。对于好作巡游、躬亲庶政的隋炀帝来说，居天下之中的洛阳当然更便于他君临天下亲临国务。洛阳西走关陇，东达海岱，北通燕赵，南至江淮，其距离大体都相等。隋炀帝由洛阳出发，向四个方向都作过巡视，且几乎年年出巡。再说，洛阳只是作为东都，即第二首都，长安作为第一首都的地位仍未取消。隋炀帝后来又营建江都，作为第三首都，并三游江都。一个王朝设三个都城，也是前所未有的，但洛阳的政治地位看来最为重要。明人陈建在《建都论》中说："建都之要，一形势险固，二漕运便利，三居中而应四方。必三者备，而后可以言建都。长安虽据形势，而漕运艰难；汴居四方之中，而平夷无险，四面受敌。惟洛阳三善咸备"③。据说，早在西周初，周公就认为建都洛邑"天下中，诸侯四方纳贡职，道里均矣"④。隋炀帝又将营建东都和开运河连为一体。同于大业元年（605）三月开工，运河以东都为中心，东都以运河输漕南粮为生命线，使洛阳"三善咸备"。

从以上分析可知，隋炀帝在营建东都诏令中所说关于洛阳政治军事形势、经济状况、地理特征等方面的理由，都符合当时实际

---

① 《元和郡县志》卷5《河南道·河南府》。
② 《隋书》卷3《炀帝纪上》。
③ 《昭代经济言》卷9。
④ 《汉书》卷43《娄敬传》。

状况,说明营建洛阳,的确是经过深思熟虑后作出的决策。为了使臣民信服,隋炀帝营东都诏还引经据典,从哲理上论证"乾道变化"的道理,说明洛阳居天下中,是要开创大事业。由此看来,隋炀帝营建东都决不是轻信什么童谣迷信的盲目偶然举措,也不是单纯出于荒淫逸乐的私欲。

二、洛阳新城　规制宏伟

东都洛阳的正式营建始于隋炀帝即位的第二年。大业元年(605)三月丁未(十七日),隋炀帝诏尚书令杨素、纳言杨达、将作大匠宇文恺以及阎毗、裴蕴、裴矩、何稠、元弘嗣等"营建东京"。这是一个有宰相重臣参加、权力很大的工作班子,充分表明了皇帝的重视。工程至大业二年(606)正月辛酉(初六)竣工,前后历时10个月,可谓神速。按炀帝在前一年发布的诏令,似乎营东都起初尚有务从节俭的打算,要因陋就简短时间内赶造出一个新都城,但实际营造中的情况却并非如此。

营造东都的总监是尚书令杨素,副监为宇文恺,实际规划设计的总工程师则是宇文恺。宇文恺小字安乐,是隋朝建筑艺术大师,他出身于关陇勋贵之家,是隋开国功臣杞国公宇文忻之弟。宇文恺世代为武将,诸兄并以弓马自达,恺独好学,博览群书,多才多艺。曾任太子杨勇的左庶子,营宗庙副监。开皇二年(582)七月,隋文帝在长安城东南的龙首原建大兴城,特任宇文恺为营新都副监,宰相高颎虽任总监,但大兴城营造的规划、工程设计等实际全出于宇文恺。后宇文恺又总领疏通渭河通漕运,因兄宇文忻被诛坐除名于家。开皇十三年(593)修建仁寿宫时,宰相杨素推荐宇文恺规划设计,于是任检校将作大匠,不久充仁寿宫监,迁将作少监。独孤皇后崩殂,其山陵营建又是宇文恺协助杨素完成,因得赐爵安平郡公。炀帝即位营建东都,宇文恺又被杨素推荐充作副手,迁官将作大匠,成为新都建设的总设计师。宇文恺"揣帝心在宏侈,于是东京制度穷极壮丽,帝大悦之"①。炀帝开初"务从节俭"的打算,到开工伊始便代之以"穷极壮丽"了。

据文献和考古资料,隋东都洛阳城的规划基本上是依据了长安新城大兴城,也是由郭城、皇城、宫城三大部分组成。据《隋书·地理志》记载:大兴城"东西十八里一百十五步,南北十五里一百七十五步,周六十七里"。是现存明代西安城的7倍。而这样大的城市仅用了不到两年时间就初步建成,可谓是速战速决。大兴城营建时是先筑宫城,次筑皇城,后筑郭城,布局严谨,宫殿街坊功能区分明确,集中地表现了大一统帝国的政治蓝图,体现了隋统治者的追求。东都洛阳新城和京师大兴城一样,均非在汉魏故城上修建,而是选址于汉魏故城(今白马寺东3里外)之西约10公里重建,其地由隋炀帝亲自选定。

洛阳新城的规划布局由宇文恺在总结大兴城建筑经验的基础上制定的,也是一座精心设计,规模宏大的城市,由于地形不一样,洛阳新城的平面布局与大兴城有明显的不同。我们先来看看历史文献的记载:宫城"在皇城北"②,"在都城之西北隅"③,"宫城有隔城四重"④。宫城北对"曜仪门,号曜仪城。其北曰圆壁门,号圆壁城"⑤;皇城在"都城之西北隅"⑥,其"北即含嘉仓,仓有城,号含嘉

---

① 《隋书》卷68《宇文恺传》。
② 《新唐书》卷38《地理志二》。
③ 元《河南志》卷3。
④ 《旧唐书》卷38《地理志一》。
⑤ 元《河南志》卷3。
⑥ 《唐六典》卷7《尚书工部》。

城"①。郭城则"南广北狭,凡一百三坊,三市居其中焉"②。"都内纵横各十街,分一百三坊"③,"每坊东西南北各广三百步,开十字街,四出趋门"④。"东都丰都市东西南北居二坊之地,四面各开三门,邸凡三百一十二区,资货一百行"⑤。"定鼎门街广百步,上东、建春二横街七十五步,长夏、厚载、永通、徽安、安喜门及当掖门等街广六十二步,余小街各广三十一步"⑥。"筑西苑,周二百里"⑦,等等。上述文献记载,近年已被考古发掘逐步证实⑧。

据考古资料,洛阳新城的规模比大兴城要小四分之一,也是一座四周有高大城墙的封闭式城市。城市的布局大体与长安大兴城相仿,由郭城、皇城和宫城3部分组成,但更突出皇城、宫城的至尊地位。只是限于地形,宫城并不在城市中轴线上,而在西北隅的高坡上,因这里是全城最高处,且风景秀丽,可俯视全城,南望伊阙,故在此建宫殿,显然,这更突出了皇权的至高无上,体现了大隋王朝包容天下的气势。

据测量,洛阳新城的宫城东西壁各长约1270米,城墙内外均包砌砖块,中间夯筑部分宽约15—16米,西南隅厚达20米,宫城北接曜仪、圆壁2城,为宫城北面的隔城,现有遗迹可寻的是南面正中的则天门、其西的光政门及北墙的玄武门。宫城又称禁省,是

---

① 元《河南志》卷3。
② 《唐六典》卷7《尚书工部》。
③ 《旧唐书》卷38《地理志一》。
④ 元《河南志》卷1引《韦述记》。
⑤ 《太平御览》卷191引《两京记》。
⑥ 元《河南志》卷1引《韦述记》。
⑦ 《资治通鉴》卷180隋炀帝大业元年。
⑧ 宿白:《隋唐长安城和洛阳城》,载《考古》1978年第6期,本节所引文献和考古资料,多得自该文。又参见马得志《唐代长安与洛阳》,载《考古》1982年第6期。

皇帝寝宫及御前议事殿阁之所在,宫城内殿堂林立,计有乾阳殿、大业殿、文成殿、文清殿、修文殿、仪鸾殿、观象殿、观文殿、含凉殿等,其中大业殿、文成殿是隋炀帝经常召见大臣,商议军国大事的场所。乾阳殿是皇帝举行大典和接待重要外国和少数民族使团的地方,建得金碧辉煌,最为华丽。据说此殿"基高九尺,从地至鸱尾高一百七十尺,十三间二十九架,三陛轩,六掍镂槛,栾护百重,棨拱千构,云楣彩柱,华榱璧珰,穷轩甍之壮丽,其柱大二十四周,倚井垂莲,仰之者眩曜,南轩垂以珠丝网络,下不至地七尺,以防飞鸟,四面周以轩廊,坐宿卫兵"①。在宫城内,遍植枇杷、海棠、石榴、梧桐以及各种名药奇卉,风景如画,安福门内北院是隋炀帝寝殿,"雕饰最华"②。

皇城则围绕着宫城东西南3面,夯筑城壁,内外砌砖,城墙宽约14—16米,保存较好的西壁约长1670米,这种布局有利于防御。皇城内有贯通南北的3条大道,其内建有社、庙、府、寺等建筑,有许多殿堂和院落,是百官衙署和禁军卫府的驻地。皇城内的省府寺监是由吏部侍郎裴矩监修,前后修了九旬即3个月时间③。皇城东有东城,也建有部分官署。东城之北为含嘉仓城,为国家的大型粮库。皇城正门曰端门,两边是左、右掖门,右掖门内有"子罗仓",也是一座粮库。

郭城也称罗城,是百官府第和百姓街坊。其布局规模宏伟,整齐有序,平面近似方形,东壁长7312米,南壁长7290米,北壁长6138米,西壁因洛水纡曲,长6776米。外郭城的城墙全用夯土版筑,墙垣基址宽15至20米。在东、南各开3门,均为3个门道,

---

① 《大业杂记》,见《说郛》本。
② 徐松:《两京城坊考》卷5《东京·宫城》。
③ 《隋书》卷67《裴矩传》。

北、西因皇城各开3门,共10个城门。其中正南门为建国门,门址宽28米,1门3道,中门道宽8米,两侧门各宽7米,门堵隔墙各宽3米。建国门南通伊阙,渡天津桥,北对端门至建国门的南北大街叫天津街或天街,街宽121米,长约4公里,是全城中轴线上的主干道,"隋时种樱桃、石榴、榆、柳,中为御道,通泉流渠"[①]。不仅夹道成荫,而且流水成渠。有洛水自西而东穿城而过,将洛阳分为南北2区,为连接南北,在洛水上建有4座桥梁。城内除洛水外,还引瀍水、伊水入城,并开凿几条漕渠,这使洛阳新城的水陆交通条件比大兴城更为方便。另外,城内有3处市:通远市在北,丰都市在南,大同市在西,比大兴城多设了1个,并且都傍可以行船的河渠。如北市就南沿洛河,北傍漕渠,南市依通运渠,西市临通津、通济2渠,货船可直达市中。可见洛阳新城的设计,比大兴城更多地考虑了繁荣工商业的问题。时北市"天下之舟船所集,常万余艘,填满河路,商贩贸易,车马填塞"。南市"其内一百二十行,三千余肆,四壁有四百余店,货贿山积"[②]。工商业繁荣,盛况空前。北市附近开设了众多酒店旅馆,成为洛阳最繁华的地方。

另外,在上春门外,建筑了诸郡邸百余所,是接待各郡长官来东都朝见天子的住所,在建国门外还设置了四方馆,以接待外国和少数民族使者。城内佛塔祠庙林立,还建有"胡祆祠"、"祆神庙"、"波斯胡寺"等,住在城里的外国人和少数民族当不在少数。

洛阳新城的里坊数同长安大兴城一样,由郭城内的纵横街道构成,城内103个里坊都大致呈方形,各坊面积相近,约1里见方,较大兴城的坊略小一些,坊分布在洛水南北的东部地段,与市的联

---

① 韦述:《两京新记》。
② 元《河南志》卷4、卷1。

系更方便,城内各功能分区间的关系更加紧凑,坊的四周有坊墙,墙正中开坊门,坊内有纵横交错的十字街,井然有序,以利于管理和控制城内居民。里坊制遵循封闭形制,坊门面临大街,夜间施行宵禁,一般居民不得对街开门,而官僚贵族府第则不受此限。

　　洛阳新城的规划处处以皇帝居住的宫城为主导,宫城处在城内最显赫的位置,由皇城包围,层层屏护,城墙坚固严密,防御措施远在长安宫城之上。宫城、皇城、郭城三环相套,城内有城,宫殿相接,巍峨壮丽,一切配置都体现了皇权的至尊至贵。隋炀帝对新都建设十分重视,从选定地点、制定规划,到具体施工、建筑完成都加过问,并下死命令促期完工。从仁寿四年(604)十一月癸丑(二十一)发布营东京诏,到大业元年(605)三月丁未(十七日)诏杨素、宇文恺正式营造东都,中间4个月隋炀帝亲驻洛阳,亲临指导,参与规划。新都寄托着隋炀帝的理想和抱负,可惜因战火,隋洛阳新城的地上建筑全部不存于后世。

三、西苑离宫　配套工程

　　营造东都洛阳是隋炀帝开创统治新局面而采取的战略性步骤。隋炀帝的眼光注视着东方的中原大地,而不仅仅局限于一座城市,作为第二首都,洛阳新城具有巨大的政治、经济、军事、文化等方面的功能,同时进行的大运河开凿工程及随之而来的置仓储粮、修筑西苑离宫等,都可以看成是东都的配套工程。隋炀帝随之以洛阳为中心马不停蹄地向四周巡游,东都的政治地位实际上超过了京师大兴城。

　　近些年来,考古工作者对隋唐洛阳城的含嘉仓进行了系统发掘,有重要发现。仓城紧靠今洛阳老城区的北侧,残存的城墙厚约17米左右,有些地方残墙高尚有3米上下。仓城总面积约42万平方米,已探出粮窖 259 个,并发掘了其中 6 个。经碳 14 测定,遗物年代多是唐或北宋的。《通典》记唐朝仓贮粮食中,"含嘉仓,五百八十三万三千四百石"①,若按粟每石折合今 81 斤计,约合 23.625 万吨。既有唐宋遗物,说明含嘉仓城在唐宋时代仍在发挥作用,而仓城的规模是在隋炀帝时奠定的。

地窖储粮是我国古代人民在长期生产实践中创造出来的一种方法,隋建含嘉仓时,总结了前人的经验,改进了粮窖的结构,创造出大型密集粮窖的储粮办法,其步骤是先从地面往下挖一个土窖,对窖底加固夯实后用火焙烤,然后铺上黑灰层,窖均作口大底小的圆缸形,窖口直径最大的在 18 米左右,深 12 米左右;最小的口径 8 米左右,深 6 米左右,窖与窖之间成行排列,行距一般 6—8 米,十分整齐,分布相当密集。含嘉仓这种口大底小的缸形窖符合力学原理,它可以使窖内储粮的压力通过板壁分散在土窖的周壁上,以减轻下层的负荷量,这种结构充分体现了当时人的伟大创造力②。

隋唐人还在地窖四壁涂上桐油隔水防潮,下面铺设木板、草和糠,元人王祯《农书》说:"夫穴地为窖,少可数斛,大至数百斛,先令柴棘烧,投其土焦燥,然后周以糠,稳贮粟于内"。这样,地窖储粮就能较长时间保存粮食不变质。据《新唐书·食货志一》载:"粟藏九年,米藏五年,下湿之地,粟藏五年,米藏三年"。隋东都含嘉仓建在高处,既无风雨水火之虑,又省虫鸟啄食之耗,密封后与空气隔绝,使虫害减少,的确是较优越的储粮办法③。含嘉仓城若贮满 20 万吨粮食,足够数十万人 1 年的食用。为了使东南粮赋

---

① 《通典》卷 12《食货典第十二》。
② 河南省博物馆:《洛阳隋唐含嘉仓城的发掘》,见《文物》1972 年第 3 期。
③ 余扶危:《隋唐东都含嘉仓》,文物出版社 1982 年版,第 50 页。

源源不断地输入东都并妥为储藏,随着大运河的开凿,隋又沿运河修筑了一些粮仓,这就确保了东都的粮食供应,彻底解决了当年京师大兴城"逐粮天子"的尴尬局面。

为了改善洛阳与长安之间崤山、函谷之间"峻阜绝涧,车不可方轨"的陆上交通,隋炀帝又下令"废三崤旧道,令开蒿栅道"①。大业三年(607)北巡时,隋炀帝曾令"开直道九十里"②,从太行通沁阳,以改善洛阳与太原之间的交通。再加上以洛阳为中心开凿的南北大运河,使东都洛阳的水陆交通四通八达,成为全国交通枢纽,真正的"天下之中"。在洛阳新城中则修有漕渠,"引谷、洛水,自苑西入,而东注于洛"③,接通大运河。城内河渠上又建有天津桥、通济桥、利涉桥等,其中天津桥是一座浮桥,"以架洛水,用大船维舟,皆以铁锁钩连之"④,这使东都城内外水陆交通十分便捷。

洛阳新城西皇家禁苑——西苑,又称会通苑或显仁宫,也与新城同时修筑,其规模则大大超过了长安大兴城北的皇家禁苑大兴苑。据《隋书·食货志》记称:"又于皂涧营显仁宫,苑囿连接,北至新安,南及飞山,西至渑池,周围数百里,课天下诸州,各贡草木花果,奇禽异兽于其中"。显仁宫实即西苑,《隋书·炀帝纪上》大业元年(605)三月记"又于皂涧营显仁宫",并未记西苑事,《资治通鉴》卷180大业元年五月记:"筑西苑,周二百里,其内为海,周十余里,为蓬莱、方丈、瀛洲诸山,高山水百余尺,台观殿阁,罗络山上,向背如神,北有龙鳞渠,萦纡注海内。缘渠作十六院,门皆临渠,每院以四品夫人主之,堂殿楼观,穷极华丽。宫树秋冬凋落,则

---

① 《大业杂记》。
② 《资治通鉴》卷180隋炀帝大业三年八月。
③ 《隋书》卷24《食货志》。
④ 《元和郡县志》卷5《河南道》。

剪彩为华叶,缀于枝条,色渝则易以新者,常如阳春。沼内亦剪彩为荷芰菱茨,乘舆游幸,则去冰而布之"。《通鉴》所据,乃《大业杂记》等小说,似乎三月筑显仁宫之外,又于五月修西苑,其实西苑与显仁宫是一回事。禁苑是皇家游逸射猎之地,西苑乃为一处承袭汉代皇家苑囿传统的大型园林,供皇室享乐,此亦为帝国首都不可缺少的重要工程。

为使皇家成员称心满意,从大江以南、五岭以北,征集奇材异石,嘉木异草,珍禽奇兽,运送到洛阳,"以实园苑"[①]。隋炀帝起初"务从节俭"、"无令雕墙、峻宇复起于当今"的诏令早已抛到了九霄云外。隋炀帝的宫殿禁苑,可以说是最奢侈的宫苑,明代小说《隋史遗文》据《大业杂记》对西苑十六院的奢华及隋炀帝的荒淫生活,进行了着意描写,其第26回题为"二百里海山开胜景,十六院嫔御斗豪华"。其开首词《满江红》曰:"涂膏砌血,打叠就一人欢悦。苑囿池台,似天角,隐隐云霞层列。水满铜沟,山开玉瓛,琪树寒烟结。景色天然,直是域中奇绝。可堪世换时移,不堪回首处,看残艳竭。萧鼓声希,只换得鸟声蛮语凄咽。春风罗绮,转眼向谁寻觅也?野花黄蝶,世事如伊,笑杀前人拙。"如词所述,西苑建筑得华贵壮丽,但隋炀帝实际上并没有心思在此游玩享受,因为他大部分时间都在外巡游,十六院只能是一座空院。

为使新都尽快繁盛起来,充实东都的人口和经济,大业元年(605)三月,隋炀帝下令:"徙豫州郭下居民以实"东京,又"徙天下富商大贾数万家于东京"。大业二年(606)五月,又"敕江南诸州,科上户分房入东都住,名为部京户,六千余家"。大业三年(607)

---

① 《隋书》卷3《炀帝纪上》。

十月,又"敕河北诸郡送工艺户陪东都三千余家"①。这些措施使得洛阳新城的经济文化很快发展起来。隋炀帝时洛阳有202230户,若每户按5口计算,至少有100万以上人口,这使洛阳很快成为名副其实的与长安并称的东、西二京,成为新的政治、经济、文化中心和国际性都市。

除营建东都洛阳外,隋炀帝还在全国许多地方修建离宫别所,在数年内建立起以洛阳为中心的宫殿群,以供自己巡游驾幸。据《隋书·地理志》,隋时全国各郡有宫室约26所,《资治通鉴》记长安至江都置离宫40余处。这些离宫亦可看作是营建东都的配套工程。当然,所有宫室并非都是隋炀帝新建,如晋阳宫、中山宫,北齐时就有,汾阳宫也建于北齐,大业四年(608)隋炀帝下令扩建。同州宫、长春宫、蒲州宫乃北周所建。但是,隋炀帝对前朝行宫离院不仅全部修缮保留,而且续有扩建。盛治宫室,大兴土木,滥用民力。一个人拥有如此多的离宫,而每座离宫都养了一批宫女,这当然反映了隋炀帝的荒淫。但隋炀帝又把离宫当成了自己的工作场所,因为隋炀帝无日不巡游,在外需要行宫便殿,隋炀帝当皇帝14年,大部分时间都不在长安或洛阳。然而,如果说离宫的修筑有其必要,既然隋炀帝不常住,大兴土木兴建豪华的东都宫殿和西苑,岂不是浪费吗!

第二节 掘长堑置关防 修驰道筑长城

在营建洛阳新城的同时,隋炀帝为拱卫东都,又大兴工役修筑了一系列国防工程。仁寿四年(604)十一月乙未(初三),炀帝亲

---

① 《隋书》卷3《炀帝纪上》。

幸洛阳,丙申(初四),即诏"发丁男数十万掘堑,自龙门东接长平、汲郡,抵临清关,渡河,至浚仪、襄城,达于上洛,以置关防"①。这是隋炀帝即位后兴建的一项大工程。

所谓堑,即阻断交通的长沟,这条沟从黄河东岸的龙门往东延绵数千里,横跨今山西、河北、山东数省,地域相当广袤。在洛阳以北两百里开外修筑一道长壕,横断于华北平原,并在沿线各地设置关防,即岗哨,用以拱卫东都。这是一项工程浩大的国防工事,其作用在于隔阻骑兵,目的在于防止河北一带的叛乱,可能是鉴于汉王杨谅反叛,也可能用以对付北疆游牧族的铁骑。此举亦可以看作是营造东都的配套工程,且先于东都营造。这一浩大工程役丁当不下50万人。

但长堑的作用有限,数年后隋炀帝又大兴工役修筑长城,用以防范塞外的突厥骑兵。

大业三年(607)四月隋炀帝下诏"巡省赵、魏",这次巡幸在外足有两年时间,行旅中隋炀帝念念不忘国家安全,五月戊午(初十),"发河北十余郡丁男凿太行山,达于并州,以通驰道"。在太行山横截开出一条驰道,从河北达于并州太原府,既便于隋炀帝巡行车马的通过,也便于战时调兵。此可谓在掘长堑之后,隋炀帝下令修筑的第二项国防工程。据《隋书·地理志》,黄河以北预此役者估计有恒山、赵、信都、武安、博陵、魏、汲、襄国、雁门、武阳、河间、平原、清河、离石等十几郡,当时各郡合计有190余万户,若平均每两户抽1丁,此役共役丁在100万人左右,费时大约在3个月。另外,在晋东南加上前述穿越太行山通河内(今河南沁阳)的90里直道,及洛阳与长安之间所开蒡栅道,以及修大运河时在运

---

① 《隋书》卷3《炀帝纪上》。

河岸边筑御道,还有大业六年(610)所修西起榆林北突厥牙帐,东达于蓟(今北京市西南)的3000里御道,隋炀帝在修筑道路方面的工程量也是很大的。结合大运河工程,其总体思想是搞网状分布的交通线,在适应开凿运河的东南地区开运河,在不宜开河的西北地区则开驰道,交通四通八达,畅通无阻,以适应国家统一后的形势。而且,这些工程都是同步进行,可以认为是统一规划中的统一举措。

为了确保北部边疆不受游牧族铁骑的侵犯,大业三年(607)七月和大业四年(608)七月,隋炀帝又连续两次下诏大修长城。炀帝亲往塞北,达于燕赵,亲自督促,相当重视。看来,长堑、驰道与长城是一组配套相关的大型国防工程,长城是第一道防线,驰道用以快速调兵,长堑是第二道防线,拱卫东都,确保中原的和平安宁。

我们知道,万里长城是和秦始皇的名字联系在一起的,秦灭六国之后,为了进一步有效地防御北方游牧民族的侵扰,秦始皇下令大规模修筑长城,把从前秦、赵、燕3国的长城连接起来,西起陇西郡的临洮(甘肃境内),东至辽东,筑起一条长达万里的城防,从此,万里长城便巍然雄峙在祖国大地上了。

修长城是秦汉以来历代中原王朝相沿不变的防御工作。隋朝建立后,为防御北方的游牧民族突厥、契丹、吐谷浑的掳掠,也多次修筑长城。隋修筑长城总凡7次,其中隋文帝时修筑了5次。

第一次在开皇元年(581)四月,隋文帝"发稽胡修筑长城,二旬而罢"[①]。所修地段是今山西北部。这年十二月,北齐贵族高宝宁勾结突厥,与沙钵略可汗合军攻陷隋临渝镇,隋文帝命周摇为营

---

① 《隋书》卷1《高祖纪上》。

州总管6州50镇诸军事,敕"缘边修堡鄣,峻长城以备之"①,这是第二次。临渝即今山海关,所修乃河北东段原北齐长城。第三次是开皇五年(585),隋文帝令司农卿崔仲方"发丁三万于朔方灵武筑长城",西距河,东至绥州,"绵历七百里,以遏胡寇"②。朔方在今陕西横山县,灵武在今甘肃灵武县西南黄河东岸,绥州在今陕西绥德县,这是一道西起宁夏川,东至黄河边,横跨黄土高原的长城。第四次是开皇六年(586)二月,隋文帝令崔仲方"发丁男十一万修长城,二旬而罢"③。《资治通鉴》则记"隋复令崔仲方发丁十五万于朔方以东,缘边险要筑数十城"④。开皇七年(587)二月,隋文帝又"发丁男十万余修筑长城,二旬而罢"⑤。这是第五次。

从开皇元年(581)到开皇七年(587),隋文帝5次修长城都集中在隋灭陈之前,其中穿越黄土高原的由灵武至绥德这段长城,一次征发了十几万人。除此以外,工程量都不是很大,一般都是一旬或二旬而罢。突厥降服后,隋文帝就再也没有下令修长城了。

隋炀帝修长城仅两次。大业三年(607)七月,"发丁男百余万筑长城,西距榆林,东至紫河,一旬而罢,死者十五六"⑥。这道长城西起今内蒙古托克托县黄河以南,东至今山西境内的苍头河,源出今山西平鲁县,在今内蒙古凉城县西南,长两百多里,横跨隋定襄郡(治今内蒙古和林格尔北)。据《隋书·地理志》:"定襄郡大利县有阴山,有紫河"。这是一道新筑的长城,目的是防御突厥。

---

① 《隋书》卷1《高祖纪上》。
② 《隋书》卷1《高祖纪上》。
③ 《隋书》卷60《崔仲方传》。
④ 《资治通鉴》卷176陈长城公至德四年。原始史料出自《隋书》卷60《崔仲方传》。
⑤ 《隋书》卷1《高祖纪上》。
⑥ 《隋书》卷3《炀帝纪上》。

担任长城修筑总监的是阎毗①,此役征发民役百余万,用十来天时间筑长城200多里,可谓是兴师动众的急役。

第二次是大业四年(608)七月辛巳(初十),隋炀帝"发丁男二十余万筑长城,自榆谷而东"②。《资治通鉴》引述此文之下有胡三省注:"此榆谷当在榆林西"③。但其具体方位却无法确定。近人王国良依据《水经注》"河水迳西海郡南,又东迳允川西,历大小榆谷北",及《读史方舆纪要》中"陕西西宁镇榆谷注"所云:"榆谷在卫西,西宁镇亦设西宁卫",断定这段长城在今青海省境内④,此乃一家之言。

这年隋炀帝使裴矩说铁勒大破吐谷浑,可汗伏允南奔党项羌,其地皆为隋有,隋炀帝置州、县、镇、戍。按王国良的说法,吐谷浑降服时,于今青海西宁市沿西川河筑一道长城,实在看不出有什么实际作用。我们认为,大业四年(608)修筑的可能还是大业三年(607)所筑的榆林那段长城。这年八月,隋炀帝还亲祠恒岳,在河东、河北一带巡幸。据《隋书·五行志上》:"大业四年(608),燕代缘边诸郡旱。时发卒百余万筑长城,帝亲巡塞表百姓失业,道殣相望"。这里所说可能就是大业三年(607)和大业四年(608)两次修长城,由于缘边诸郡遭到大旱灾,隋炀帝为构筑长久的国防体系竟不顾人民死活,征发百余万民夫忍着饥饿筑长城,结果造成"百姓失业,道殣相望",一片凄惨景象。隋炀帝主观上虽然胸怀壮志,干的是一番伟大的事业,客观上却走向了反面。

但隋炀帝却没有感到自己有什么过错,他意气风发,亲至边

---

① 《隋书》卷8《阎毗传》。
② 《隋书》卷3《炀帝纪上》。
③ 《资治通鉴》卷181 隋炀帝大业四年胡注。
④ 王国良:《中国长城沿革考》第4篇,商务印书馆1931年版。

塞,诗兴大发,随即写了一首古诗《饮马长城窟行》,副标题为"示从征群臣":

> 萧萧秋风起,悠悠行万里。
> 万里何所行,横漠筑长城。
> 岂台小子智,先圣之所营。
> 树兹万世策,安此亿兆生。
> 讵敢惮焦思,高枕于上京。
> 北河秉武节,千里卷戎旌。
> 山川亘出没,原野穷超忽。
> 㧑金止行阵,鸣鼓与士卒。
> 千乘马骑动,饮马长城窟。
> 秋昏塞外云,雾暗关山月。
> 缘严驿马上,乘空烽火发。
> 借问长城侯,单于入朝谒。
> 浊气静天山,晨光照高阙。
> 释兵仍振旅,要荒事方举。
> 饮至告言旋,功德请庙前。①

这首诗大概写于大业四年(608)八月间,史载,三月"乙丑(十二日),车驾幸五原,因出塞巡长城"②,到七月辛巳(初十)诏修榆谷以东长城,炀帝在北部边塞盘桓达半年之久。这首诗气势豪迈,一扫先前当皇太子时出塞诗那种思妇幽怨情怀,豪情壮志,不吐不快,是一气呵成的上乘之作。隋炀帝写诗"示从征群臣",认为长城乃"先圣之所营",是"安亿兆生民"的"万世策"。有了这些坚

---

① 《乐府诗集》卷38,见逯钦立《先秦汉魏南北朝诗》下册,《隋诗》卷3。
② 《隋书》卷3《炀帝纪上》。

固的工事,历代帝王才得以"高枕于上京"。看来,隋炀帝显然不是只顾眼前利益,而是考虑长远的国家利益。于是,在太平时日不惜血本,不顾代价,加紧修筑长城。在炀帝看来,筑长城既是一件神圣伟大光荣、利国利民、造福后代的事业,就要干好干快。

隋长城西起宁夏,向东由陕北经榆林,到黄河西岸,再由偏关而东,分内外两支:外长城利用北魏所筑长城,经紫河、今张家口、独石口、古北口、马兰峪,直到临渝关(今山海关)。内长城利用北齐所筑长城,自偏关向东南经汾阳、崞县、紫荆关、居庸关,与外长城复合。隋长城虽沿袭了北魏、北齐长城,但也新筑了河南和阴山一带的长城。唐朝则因国力强盛,只是后期才感边患,所修筑的长城只是沿袭隋长城而已。

"城上一杆土,手中千万杵"。在崇山峻岭间修长城,其劳动的艰辛可想而知。专制君主用强制手段,使用大批劳力才得完成如此宏大的工程。隋炀帝两次修长城,比其父隋文帝5次修长城为少,但役使的民夫却大大超过文帝时期。文帝修长城是直接抵御突厥,突厥降服后就不再举役。隋炀帝修长城时突厥已降服,并没有侵扰之事,但在太平之时隋炀帝依然举百万之众修长城。后来唐太宗提起此事,也深有感触地说:"隋炀帝性好猜防,专信邪道,大忌胡人,筑长城以避胡"[1]。唐太宗在谈到大将李勣(即徐世勣)守边称职时,又说:"隋炀帝不能精选贤良,安抚边境,唯解筑长城,以备突厥,情识之惑,一至于此!朕今委任李勣于并州,遂使突厥畏威遁走,塞垣安静,岂不胜远筑长城耶"[2]。对筑长城提出批评,认为长城的修筑"卒何所益"[3]。

---

[1] 《贞观政要》卷6《慎言第二十二》。
[2] 《旧唐书》卷67《李勣传》。
[3] 《贞观政要》卷6《慎言第二十二》。

唐太宗认为大兴土木修筑长城得不偿失,对北方游牧胡骑应怀之以德,畏之以威,采用怀柔政策可自享太平。此话虽有一定道理,但并不完全对。历史事实证明彪悍的游牧民族对中原农业居民的侵扰并不是晓以仁德所能阻遏的,国防工程还是有必要修的。在古代主要以弓箭、刀斧、戈矛等冷兵器进行战争时,城墙、关隘、长堑、壕沟对于防御、守备的确具有重要意义。特别是北方游牧民族骑兵非常彪悍,如果没有坚固的防御工事,则中原王朝就随时有被他们攻入的危险。但大型工程要量力而行,不要一哄而上,"一旬而罢",人海战术抢工赶期,搞得民众家破人亡,让民众承受不了。隋唐以后,万里长城仍在继续修筑,明朝修长城前后就有18次之多,把长城西端由隋朝时的宁夏延长到嘉峪关。今天我们看到的长城即明长城,其中东部相当长一段沿用了隋长城。

第三节　开凿南北大运河　千秋功罪后人评

正如万里长城与秦始皇的名字联系在一起一样,大运河是与隋炀帝的名字联系在一起的。万里长城和南北大运河是我国古代两项最宏伟巨大的工程,世界闻名。开凿以洛阳为中心沟通南北的大运河,是隋炀帝即位后大业年间急于要完成的"大业"之一。晚唐诗人皮日休《汴河怀古》诗云:"尽道隋亡为此河,至今千里赖通波。若无水殿龙舟事,共禹论功不较多"[①]。开运河和营东都一样役使了几百万人民,使役夫死亡相继。运河开成后隋炀帝又大造龙舟游江都,耗费了大量钱财,又直接导致了隋朝的灭亡。因此,对于隋炀帝开运河,自古以来评价褒贬不一,皮日休认为如果

---

① 《全唐诗》卷615。

没有巡游耗费之事,则其功不在大禹治水之下,且光此一事,炀帝即可与圣人比美。但唐代诗人秦韬玉《隋堤》诗则云:"种柳开河为胜游,堤前常使路人愁。阴埋野色万条思,翠束寒声千里秋。西日至今悲兔苑,东坡终不反龙舟。远山应见繁华事,不语青山对水流"①。诸如此类的唐诗宋词还有很多,相比之下,还是贬斥批评者为多。

一、远山应见繁华事　　不语青山对水流

大业元年(605)三月辛亥(二十一),隋炀帝几乎在下令"营建东京"的同时,又"发河南诸郡男女百余万,开通济渠,自西苑引谷、洛水达于河,自板渚引河通于淮"②。开始了更大规模的开凿大运河的工程。

隋炀帝一即位就征发百万民工,开挖连接黄河与淮河的通济渠,同年又发淮南民十余万开邗沟,连接淮河与长江。大业四年(608)又开挖北至涿郡(治今北京市)的永济渠,大业六年(610)从京口(今江苏镇江)引长江水直达余杭(今浙江杭州)入钱塘江。形成南起余杭,中经江都、洛阳,北至涿郡,沟通海、河、淮、江、钱塘5大水系,贯穿今浙江、江苏、安徽、河南、山东、河北6省及北京、天津两市,全长4000华里的南北大运河。大运河是世界上开凿最早、航程最长、最雄伟的一条人工运河,成为古代贯通南北交通的大动脉。

运河,就是为了运输而开凿的人工河流,或疏浚自然河流使其达到通航的要求。由河流和运河进行的运输古代称漕运,开运河

---

① 《全唐诗》卷670。
② 《隋书》卷3《炀帝纪上》。

的目的就是为了通漕运。开凿运河,工程量极为浩大,在古代生产工具极为落后的情况下,开挖4000余里的大运河,其困难艰辛可想而知。

隋炀帝即位不久,为什么不遗余力要开挖大运河呢?难道仅仅"种柳开河为胜游"吗?又,唐人小说《开河记》称:"睢阳有王气",开河可"凿穿"王气,而炀帝又"喜在东南",遂诏征北大总管麻叔谋为开河都护①。以后历代小说更大肆渲染,凿穿王气遂被认为是开凿运河的首要原因。一项宏伟硕大的水利工程建设被描绘得如此荒诞不经,历史显然被不负责任的小说诗歌创作者颠倒了。

隋炀帝到底为什么要大兴工役开凿南北大运河?任何一个重大历史事件,总会有它的背景和社会发展的必然性,大运河的开凿也有其客观的社会需要,我们有必要就此进行认真仔细的分析。

我国是一个历史悠久、地域辽阔的文明古国,翻开地图来观察我国的地理地形,西部是青藏高原、黄土高原,地形呈西高东低之势。因此,我国的主要河流都是由西向东,长江、黄河都发源于青藏高原,穿越崇山峻岭,奔腾呼啸,一泻千里,进入东部平原,然后徐徐入海。在没有比舟船更便捷的交通运输工具的古代,用人工开凿南北走向的运河水道以通漕运,也就成为古代中国人的事业和追求。为了沟通主要水系,以形成腹地广阔的水路交通网,就必须开凿南北运河,以弥补东西向河流的不足。

早在春秋战国时期,我们的祖先就开始开挖人工运河。最著名的运河要数邗沟和鸿沟了。春秋末期霸主吴王夫差,在西败楚国,南破越国后,企图继续北上中原,与齐、晋争霸,为了便于军运,

---

① 《开河记》,见《说郛三种》,上海古籍出版社1988年版。

夫差遂于周敬王三十四年(公元前486)征调军民,先在长江北岸筑邗城(今扬州蜀岗),然后引水向北,经螺丝湾黄金坝北上,穿过武广和陆阳两湖之间,北入樊良湖,又东北入博支、射阳两湖再往北,在长江与淮河之间,开了一条运河,直至淮水末口(今江苏淮安县北5里北神堰),运河名"邗沟",又名"渠水",亦称"中渎水"。邗沟全长约400里,是利用沿途一带丰富的湖泊沼泽的自然水源而完成的①,比隋炀帝开运河早1000多年。

周敬王三十八年(公元前482),吴国又在商(今河南商丘)、鲁之间"阙为深沟",开渠道,由淮入泗,北接沂水,西连济水。这段向北延伸的运河称黄沟,这使吴军能不远千里逾淮水入于济,挺进中原。然而吴王虽耗费巨大人力开凿了北通中原的运河,但就在他于黄池争得霸主地位之时,卧薪尝胆的越王勾践却趁机进兵攻占了吴国后方,夫差落了个国破人亡的可悲下场。

春秋末年,大约在公元前360年,魏惠王开始开凿连接黄淮的鸿沟。鸿沟在黄河下游的平原地区,出于蒗荡渠,其地在河南荥阳县境,大致是引黄河水东南流,入圃田泽(今河南中牟西),由圃田泽开大沟东流到大梁(今河南开封)城南,始称鸿沟。公元前340年,魏惠王又由大梁向东南开掘,再往南又折而向东,与自然河流沙水、汴(古作汳)水相交,分为数支,分别由颍水、涡水、泗水入淮。《史记·河渠书》谓:"荥阳下引河水东南为鸿沟,以通宋、郑、陈、蔡、曹、卫。"通过人工引出黄河水,形成以鸿沟为中心的运河网,以蜘蛛网一般的支流,连通济、汝、淮、泗4大河流,组成黄淮之间的水网交通,把春秋时期的中原各国联系起来。鸿沟于是成为中原航运的重要纽带,这条水道又称汴渠,沟通了黄、淮两大水系。

---

① 参见朱偰编:《中国运河史料选辑》,中华书局1962年版。

南北走向的鸿沟,在后来楚汉相争时曾成为两大敌对势力的自然分界线。

江南运河开凿的历史,也可以追溯到遥远的春秋时代,其时的太湖平原分布着远比今天更多的自然河流和湖泊,古时称为"三江五湖"。吴都姑苏(苏州)处于水网地带,早在邗沟开凿之前,吴国已开凿了连接诸自然水道的人工运河。即由今苏州西北行,穿过漕湖,逆太伯渎与今江南运河而上,再经阳湖北入古芙蓉湖,然后由利港入于长江,以达扬州。又据《越绝书·吴地传》:在太湖以南越国属地开百尺渎,从苏州向南,直达钱塘江边,以转运越国的粮食。吴越之间发生的多次战争,都是水战,都利用了运河。后越王勾践灭吴,为加强对吴地的控制,在苏州以南凿"通江陵道",乃苏州至吴淞间运河的前身。公元前334年楚灭越,春申君黄歇在无锡进行军事屯垦,在惠山开凿"西龙尾陵道"。秦灭楚,于始皇三十七年(公元前210)开凿丹徒曲阿,曲阿之名即取自运河"截之直道使之阿曲,故曰曲阿"。这年秦始皇南巡会稽,由云梦顺江而下至丹阳,因令赭衣者凿丹徒,改名丹徒,而其原名乃谷阳。经秦始皇的开凿,今镇江至丹阳的水道已开通,这些地方正是隋江南运河所经之处。秦始皇由运河南下,"丹徒水道入通吴、会"①,上会稽祭大禹,望于南海,立石刻颂秦功德。始皇北归时的一段水路,走的也是江南运河。这样看来,秦始皇对大运河的开凿,也曾有过功劳,这是以往人们很少提及的。

汉朝政府对汴渠、邗沟也进行了多次维修,东汉顺帝阳嘉中(132—135),从汴河以东直到淮口沿岸积石为堰,加固堤防,称

---

① 《南齐书》卷14《州郡志》。关于江南运河,参见许辉:《历经沧桑的江南运河》,载《运河访古》,上海人民出版社1986年版。

"金堤"。灵帝时又"增修石门,以遏淮口。水盛则通注,津耗则辍流"①,使汴渠成为汉代漕运的骨干水道。对邗沟则有东汉永和(136—141)中广陵太守陈登的整治,陈登开挖了一条新道,由江都雷塘经樊良湖改道津湖,再直由末口入淮②,以利漕运。在江南地区,西汉武帝时为了便于征调闽越贡赋,在吴江南北沼泽地带开运河百余里,南接杭嘉运河,基本上接通了苏州至嘉兴间的航运水道。

魏晋南北朝分裂割据时期,漕运网遭到破坏,为了军事目的及通过漕粮解决政府粮食,对修整和开挖运河仍然不遗余力,特别值得一提的是开挖了黄河以北的运河。黄河以北因陆旱水少,人工渠道的开挖晚于黄河以南。建安九年(204),曹操为平定河北袁绍父子,遏淇水东流入白沟,以通粮运。建安十一年(206)为北攻乌桓,曹操又引滹沱河水北入泒水(今大沙河),以利军用,称平虏渠。同年又凿泉州渠,南起泉州县(今天津市武清县西南),从沟河口凿渠接潞河,以通海运,称新河③。建安十八年(213),曹操在邺(今河北磁县南)凿渠引漳水入白沟,名"利漕渠",又引漳水经其所造铜雀台,由城西注入城东,称"长明沟"④。这些渠道贯通了河北平原的运河网,贯通了海河与黄河水系,便利了河北平原的水道运输。

在江南地区,孙吴据江南,恃长江天堑与曹魏抗争,赤乌八年(245),孙权令校尉陈勋率屯田兵3万"凿句容中道"⑤,向东截断

---

① 《水经注》卷5《河水五·蒗荡渠》。
② 《水经注》卷30《淮水注》。
③ 《水经注》卷14《濡水注》。
④ 《水经注》卷10《漳水注》。
⑤ 《三国志》卷47《吴主孙权传》。

山冈,越镇江南境,东接云阳(今丹阳),沿水道筑 14 埭以蓄水,号称"破冈渎",与春秋时吴国所开渠道相接,使建邺(今南京市)和东南诸郡上下船只得避大江风浪之险,成为六朝时期吴、会一带漕粮的重要水道。东晋南朝宋、齐、梁、陈各代都注意维修破冈渎。梁时在句容县东南又开上容渎,并开挖了太湖流域运河网,在常州市至今还保留着的新坊桥,乃始建于梁大同元年(535),现存者虽为元代重修,但可由此推知南朝时江南一带的运河是畅通的。

江北的运河也一直畅通。东晋永和年间(345—356)曾改修邗沟南段,自今仪征境内的欧阳埭引江水,东行至今三汊河、扬子桥北上广陵(今扬州),此为后来仪扬运河的前身。在北周灭北齐之时,南朝陈宣帝曾派大将吴明彻率水军乘舰船北上争地,周武帝派大将王轨南下,率骑兵"轻行自清水(即泗水)入淮口",设置障碍,"遏断船路",断敌归路[①]。这一事实表明,在隋建立前不久,从长江经邗沟运河,再经淮泗水道可至彭城(徐州),这条水道还可直通战舰,北周军正是以截断水道而战胜陈军的。由此亦可见运河水道对于立国水乡的南朝来说,可谓是生命线[②]。

以上所述都是在隋大运河沿线开凿的运河,足见开挖南北运河不仅必要,而且历史上早有此举,隋炀帝开凿连接 5 大水系的大运河在其前已有了相当的基础。古代社会生产力水平低下,陆地交通全靠人力畜力,运输量少,耗费大,特别是远程运输,所运物资尚抵不上路途中运夫和马牛所食,因此,利用河流进行水上运输,在古代是最便捷最经济的运输。行船载量大,航程长,是陆路车马

---

① 《南史》卷 66《吴明彻传》。
② 以上所述多参引扬州师范学院历史系大运河史编写组《隋朝以前的南北大运河——古大运河的形成过程》,载《江海学刊》1961 年第 11 期。又参见《运河访古》,上海人民出版社 1986 年版。

运输无法企及的。为此历代王朝都以国家力量组织漕运,充分利用长江、黄河、淮河、海河等自然河流,行船输运,开挖南北向的人工运河,以弥补东西向河流的自然缺憾。结束了南北朝分裂割据状态之后的大隋王朝,为适应统一王朝各方面的需要,在原有运河基础上整修和开凿一条沟通南北5大水系的大运河,以形成腹地广阔的水路交通网,显然是利国利民顺应历史潮流的宏伟功业。

隋文帝也曾修缮运河,为伐陈统一中国,开皇七年(587)四月,文帝下令沿吴邗沟故道,"于扬州开山阳渎,以通运漕"①,运兵输粮。

如此看来,历代王朝帝王,包括秦始皇、汉武帝、汉光武、曹操、孙权及隋炀帝的父亲隋文帝在内,都不遗余力地开凿运河,隋炀帝即位后也热心于南北大运河的开凿事业,实不足为怪。不同于以往的是,隋炀帝开凿大运河的规模超过任何一代帝王,大运河有全面规划,沟通5大水系,工程非常浩大。促使炀帝定下大决心兴办如此浩大的工程,也有其深刻的经济政治原因。

隋时,已有两大基本经济区,这与秦汉时期只有北方黄河流域得到充分开发不同,南方长江流域已是经济发达区域,是财赋的重要来源。近些年对洛阳含嘉仓城及洛口、回洛城考古发现,所储主要是南方来的租米。南方经济区在全国经济中的地位日益突出。

在全国经济中心经六朝开发逐渐南移之后,政治中心由于各种原因还不能随之南移,隋统一后如何把这两个分离两百多年的经济区联系起来,成为一个整体,更具体地说就是如何以南方的经济来支撑北方的政治,是统一王朝面临的历史任务。隋必须把南

---

① 《隋书》卷1《高祖纪》。

方的经济重心与北方政治军事重心联系起来,使南北成为统一的整体①。另外,入隋以后首都关中地区粮食供给常感不足,营建洛阳开凿运河转漕江淮粮资就都已成为当务之急。为了适应经济自身发展的要求,开凿南北大运河势必成为隋朝统治者的首要事情,沟通南北的运河大工程,正是在这样的客观形势下进行的。所以说运河的开凿是符合时代的需要的,大运河是时代的产物,并非出自某个帝王的主观意志。

开凿南北大运河在政治上军事上也可以加强隋中央政府对江南地方及北部边塞的控制,具有重要的政治军事价值。大业四年(608)开凿的永济渠,"北通涿郡"(治今北京市),就是直接为征伐高句丽的需要。

综上所述,由于魏晋南北朝以来长江流域经济的发展和隋朝的政治统一,必然要求加强南北联系发展交通,促进物资交流,中央集权的君主专制制度的强化也必然要求在全国范围内加强政治和军事统治,在当时以河道为主要交通干线的情况下,连接南北的大运河的开凿已是势在必行,是历史发展的必然产物。

二、厚地剡为沟　万众挖运河

隋炀帝所开运河以东都洛阳为中心,分为南北两个系统,先南后北分阶段进行,前后共费时6年。南运河是洛阳东南方向的通济渠、邗沟、江南运河;北运河为永济渠。大运河设计的总方案是以黄河为基干,向东南、东北作扇形展开,充分利用黄河南北自然地形的特点,使运河顺应地形,由高向低缓缓流去。这种方案,既利用了黄河南北水流的自然趋势,又沟通了不同水系之间的水路

---

① 参见傅筑夫:《中国封建社会经济史》第三册第一章·总论。

交通,使南北运河成为沟通富庶经济地区与国都的纽带,显示了我国运河工程进入了一个新的阶段。大运河凝聚着决策人隋炀帝高瞻远瞩的战略眼光和敢办前人不敢办的大事的自信和决心。同时,也凝聚着运河设计者和千百万挖河民工的智慧与血汗。

大运河是分成4段进行开挖的。

(一)通济渠

通济渠又名御河,是连接黄河和淮河两大水系的运河,是大运河最先开凿的一段。据《隋书·炀帝纪上》,大业元年(605)三月辛亥(二十一),隋炀帝诏"发河南诸郡男女百余万,开通济渠"。《隋书·食货志》也载:"炀帝即位,……始建东都……开渠,引谷、洛水,自苑西入而东注于洛,又自板渚引河达于淮海,谓之御河。河畔筑御道,树以柳"。《隋书》明确地记载了通济渠开辟于大业元年(605)三月。《元和郡县图志》卷6《河南府》亦记通济渠"自洛阳西苑引谷、洛水达于河;自板渚引河入汴口;又大梁之东,引汴水入于泗,达于淮"。这就明确地指明通济渠分为3段:一是自洛阳西苑引谷水、洛水,循阳渠故道东向由洛水注入黄河;二是再自洛口利用黄河自然河流至板渚,这两段河航程较短,只是引水,接通洛阳西苑,便于巡幸。其主干部分是第三段,即由板渚引黄河水向东南注入淮水,长约1300多里。所谓板渚,即板城渚口[1],《元和郡县图志》卷5《孟州汜水县》下云:"板渚在县东北三十五里"。即位于今河阴县的黄河南岸,是古代著名津渡之一。今板渚在荥阳汜水镇东北35里,现已居于黄河北岸。

由于历史久远,隋炀帝所开通济渠故道走向到底如何,历来存在二说,至今也一直难以精确测定,学术界存有不同看法。一般都

---

[1] 《资治通鉴》卷189唐高祖武德四年三月壬午胡注。

认为大运河是循古汴渠"由泗入淮"。唐代诗人白居易著名的《长相思》词云:"汴水流,泗水流,流到瓜洲古渡头,吴山点点愁。"[1]说的就是循运河于汴、泗会合后,过淮河西经山阳渎再过长江到瓜洲(今江苏镇江)。到宋朝,人们干脆就称:"汴水,古通济渠也"[2]。据清代地理学者顾祖禹考证,通济渠源于《禹贡》的雍水,春秋时称邲水,秦汉时称鸿沟[3],后来又叫蒗宕渠、蒗荡渠或汴渠。近人朱偰引经据典,从诸多方面证明了"由泗入淮"说的可靠性,而且宋代文豪苏东坡也曾考证过这条水路,他在《书传》中写道:"自淮、泗入河,必道于汴,世谓炀帝始通汴入泗。……又足见秦、汉、魏、晋皆有此水道,非炀帝所创开也"[4]。强调隋炀帝利用故旧渠道进行修整,开成通济渠。司马光《资治通鉴》也采用此说,记云:"自大梁之东引汴水入泗,达于淮"。元人胡三省注曰:"引河入汴,汴入泗,尽皆故道"[5]。

也有人通过分析文献资料和考古资料后,进行实地考查,声称通济渠并不是遵循旧汴渠故道,而是采取比较直的航道,直接由汴水经商丘东南流入淮河。认为"隋炀帝所开的通济渠,完全是一条新的渠道","无论渠首、渠尾以及主要线路,都和两汉的汴渠不同"。声言隋炀帝开通济渠"在今开封以下即趋向东南,就是要打通一条直接入淮,不再绕道今徐州的捷径"。因为今徐州以下的泗水河道弯曲,"悬水三十仞,流沫九十里",不是理想的航道,撇开泗水河道,径直入淮,不仅路近,而且可利用今商丘东南睢水分

---

[1] 《全唐诗》卷435。
[2] 宋·王存等:《元丰九域志》卷1。
[3] 《读史方舆纪要》卷46《河南道》。
[4] 参见朱偰:《中国运河史料选辑》第6章按语,中华书局1962年版,第17页。又参见潘镛:《隋唐时期的运河和漕运》第2章第3节,三秦出版社1987年版。
[5] 《资治通鉴》卷180隋炀帝大业元年。

出的蕲水。通济渠就是利用蕲水河道而开成的①。

两种意见目前尚难下定论,只能求同存异。但从时间上讲,隋炀帝诏令开通济渠是大业元年(605)三月辛亥(二十一),同年八月壬寅(十五日)就全线完工,前后时间仅171天,如果不利用故旧渠道加以拓宽和连接,纯粹另凿新河,在当时生产力情况下,即便是百万人齐上阵,能在不到两百天时间里完成千里运河,是难以想象的。所以,两种说法都承认是利用了故旧河道,只不过一说是循汴渠,一说是利用蕲水而已。

日本学者青山定雄氏检索了大量中国古代历史文献,经过缜密的考证,也提出了自己的看法。青山定雄首先依据唐代学者李翱《来南录》和当时日本僧人圆仁《入唐求法巡礼行记》等材料,确定了唐代运河河道大概位置。通济渠唐代改称广济渠,宋代称汴河。唐元和四年(809)李翱在去岭南赴任时,取汴河水路,由河阴经汴州、宋州,到达泗州。会昌五年(845)日本僧人圆仁由长安回扬州,"前发去汴河,路次每县,不免自雇船。汴州已来傍河,路次人心急恶不善,能倾所吃汴河水之急浑浊也。京牒不说程粮,在路自持粮食,二十二日到西州,州管东徐节度府。泗州普光寺,是天下著名之处。……二十三日渡淮到煦眙县"②。这里西州、煦眙,青山先生认为是泗州、盱眙之讹误,并据此确认圆仁与李翱两人走的是同一水道,这条水道与宋代汴河完全相同。

然而,唐宋时代除了这条汴河外,还有一条称作"古汴河"的水道,从雍邱(今河南杞县)经宋州(今河南商丘)和徐州注入泗

---

① 参见马正林:《唐宋运河述论》,载《运河访古》,上海人民出版社1986年版。又,本节参考此书之处很多,谨志谢忱。

② 圆仁:《入唐求法巡礼行纪》。

水。这条古汴河就是两汉以来散见于各正史中的汴水。宋人有诗描述这条古汴河："秋晴卷流潦,古汴日向干。扁舟久不解,畏此行路难。此行亦不远,世知方如山"。由此诗我们可以窥见古汴河水道干涸,航行颇为艰难的情况。

那么,隋代通济渠的位置何在呢？青山定雄氏又详尽地从《隋书·炀帝纪》《隋书·食货志》《通典》《元和郡县图志》《太平御览》《册府元龟》《资治通鉴》《宋史》中引述38条史料。其中《隋书》《通典》《册府元龟》《宋史》所记为导黄河入汴河;《元和郡县图志》《太平御览》《资治通鉴》则记导黄河入泗水,然后再注入淮河。前一种说法即与唐宋汴河相当,后一种说法即所谓古汴河。隋炀帝所开通济渠,二者必居其一。青山定雄先生推定前一种说法为正确。认为隋炀帝所开凿的通济渠应如《隋书》所记,是由河阴县的板渚引黄河水东南行,汇入淮河。《元和郡县图志》等所谓"入泗达淮",是把通济渠混同为古汴水道了。理由是:(1)隋炀帝大兴劳役兴修的运河,后世理应照样沿用,唐宋人没有理由一定要放弃便利的新河而非使用古河不可。(2)既然确知唐宋时代与汴河(即通济渠)相对应还存在着另外一条古汴河,而没有任何记载说明唐宋时代重新开凿过新运河,那么,通济渠绝不会是唐宋人眼中的古汴河。这一推论令人信服。

日本学者青山定雄先生从中国古代文献史料中查出唐宋汴河之外还有古汴河,并确定唐宋汴河就是隋炀帝开凿的通济渠,的确是拨开了缭绕在运河身上的层层迷雾,推翻了自古以来通济渠走古汴渠故道的陈说。但青山定雄先生亦不认为通济渠就完全是开凿了一条新河道,他依据唐宋文献进行考证后认为:汴河河道在雍邱分为新、旧两条,新河道是从雍邱(今河南杞县)东南流入淮水。这条河在隋代以前从未见诸文献记载,隋炀帝开凿运河后才为人所知,因而一定是隋炀帝新开挖的。这一带本有睢水、涣水等河流向东南流,因此通济渠有可能利用了一部分原有河道。"从河道的形势来看,利用睢水的可能性更大一些,但不管怎样,仍有相当大一部分应当是隋炀帝新开的"。青山定雄氏据此断定:"隋炀帝开凿通济渠的工程规模一定是极其宏大的",是南北运河间"最为杰出的工程","这条河开凿以后,可以避免以往古汴河与自然河流相似的迂曲状况,同时也可以避开泗水吕梁湍急的水流,为后世兴利之大是不言而喻的"[①]。

中国学者在文献考据基础上又运用考古资料,认为隋炀帝开通济渠利用了今河南商丘东南睢水分出的蕲水而开成,也是比较接近事实的。1984年7月14日至8月25日,中国唐史学会组织了唐宋运河考察队,对大运河南段进行了一次实地考察,行程3000余里,考察成果由上海人民出版社于1986年10月出版了《运河访古》一书。参加考察的青年学者马正林写道:通济渠是隋炀帝新开的一条渠道,不仅有大量文献资料可以证明,而且遗留到今天的实物资料也十分丰富,今河南、安徽沿通济渠一带的群众,都把唐宋汴河故道称为隋堤,现宿州永城公路正好占用了隋堤。考察组在考察中也找到了数段高于地平面3至5米的隋堤遗址。近年来在安徽泗县、灵璧、宿州、濉溪等县市,陆续出土了完整的木船、船板以及唐宋遗物等,都为汴河的具体路线提供了实物证据。濉溪县隋堤河槽宽约35—40米,堤坡较缓,从地面挖下7米均为沙土。马正林先生还以亲身经历证实了唐人李翱《来南录》所记载元和四年(809)从洛阳乘船入黄河,由河入汴,由汴入淮所走完

[①] 青山定雄:《唐宋汴河考》,见《日本学者研究中国史论著选译》第9卷,中华书局1993年版。

汴河全程路线"是完全可信的"。李翱提到汴河岸上的地名有汴梁口、陈留、雍邱、宋州、永城、埇桥、泗州,然后"下汴入淮","转淮上河入扬州"①,这些地名在考察中都得到了证实②。

大量事实表明,通济渠是经过仔细勘探,精心设计,既利用了旧渠,又新开了水道,去曲就直,连接黄淮的人工大运河。通济渠全长1300多里,"河畔筑御道,树以柳"③。白居易《隋堤柳》诗云:"大业年中炀天子,种柳成行夹流水。西自黄河东至淮,绿阴一千三百里"④。所叙正是隋御河御道的壮丽景况。为开凿通济渠,隋炀帝征发了河南、淮北诸郡百万民工,费时约半年完成,其工程之艰巨及其完工之神速,再一次令世人震惊。

(二)邗沟

邗沟是连接江淮的一段运河,也是隋炀帝修凿的大运河的第二段,在大运河4段中邗沟航程较短,但作用却非常重要,历史也最悠久,隋炀帝对其整修开凿的时间与通济渠几乎同时。《资治通鉴》卷180 隋炀帝大业元年(605)三月辛亥(二十一)在述"开通济渠"之后,紧接着记云:"又发淮南民十余万开邗沟,自山阳至扬子入江,渠广四十步"。这条运河与开皇七年(587)隋文帝开的山阳渎处于同一路段,一种说法认为隋炀帝只是征发十余万民工进行疏浚开阔而已。另一种说法则认为山阳渎与邗沟是两条河,两河并存,均连通江淮。

开皇七年(587)隋文帝诏开山阳渎,工程量并不大,只是绕道射阳湖的吴邗沟故道,经宜陵樊汊、湾头,再与旧邗沟相接,为伐陈

---

① 《耒南录》,见《唐代丛书》第三集。
② 见马正林:《唐宋运河述论》,载《运河访古》,上海人民出版社1986年版。
③ 《隋书》卷24《食货志》。
④ 《全唐诗》卷427。

运兵输粮。隋炀帝修邗沟时则又疏浚旧邗沟西线,即循东汉陈登所开的邗沟直道。这种两条水道都可航行的情况,在东晋之时就已存在,诗人谢灵运《西征赋》云:"樊梁、博文亦可通水,白马、射阳并为间道"①,白马湖和射阳湖均在水道上。就沟通江淮的整个运河来说,隋文帝和隋炀帝基本上都还是循邗沟故道,所以,当通济渠凿成时,邗沟亦已修毕,当月隋炀帝就乘龙舟由新修好的运河巡幸江都。

隋炀帝所开邗沟西线意义很大,此乃"为后世运道直径之始"②,也就是说,和通济渠一样,隋炀帝取直了邗沟,缩短了江淮水运的距离,这种做法显然是出于整个大运河的通盘考虑,使长江与淮河、黄河之间航运畅通无阻。由此来看,邗沟亦是御河(通济渠)的一部分,是同时设计同时开工,同时完成的统一工程,估计御道和堤柳也一直延长到了长江边。

邗沟全长300余里,是中国最古老的运河。虽然自春秋吴王夫差以来历代都不断地加以培护修整,但隋炀帝的修整是最彻底的一次。以后唐宋两代的邗沟,也就是隋炀帝所开凿的邗沟西线,江淮物资通过邗沟溯汴西上,源源不断地输往洛阳和汴梁,为维护这条水运生命线,隋以后历代政府仍在不断维修。隋唐之际,由于长江三角洲向海上推移,扬子江江面逐渐变窄,沿江河渠也容易被泥沙阻塞。唐代中叶,由于瓜沙并岸,今扬州城南长出20余里,漕船不得不绕道瓜步。开元二十二年(734)唐润州刺史齐澣在今扬子桥至瓜洲镇之间,开凿了25里的伊娄河,为邗沟增加了一个新的入江运口,方便了漕运。为此大诗人李白写诗赞颂曰:"齐公凿

---

① 《扬州水道记》卷3引。
② 《江苏水利全书》卷12《江北运河一》。

新河,万古流不绝。丰功利生人,天地同朽灭"①。齐澣开了25里新运河就被"诗圣"李白捧为万古长流的不朽伟绩,而隋炀帝整修了300里邗沟千里运河,却没有看到有直接赞颂他的诗词,反倒骂声四起,遗臭万年,岂不哀哉!

(三)永济渠

永济渠是隋炀帝所凿运河的第三段,是隋南北大运河走向东北,沟通黄河、海河两大水系的主干渠。《隋书·炀帝纪》载:大业四年(608)正月乙巳(初一),炀帝下诏"发河北诸郡男女百余万开永济渠,引沁水南达于河,北通涿郡"。同书《食货志》亦载大业四年(608)"发河北诸郡百余万众,引沁水,南达于河,北通涿郡"。涿郡治所在蓟,地在今北京市西南郊。"北通涿郡"就是从今河南武陟县西北的沁水北岸向东北开渠入卫水,再由卫水通淇水、洹水、漳河,接漯水(今永定河)以达涿郡。这段运河工程的总负责是阎毗,开渠的目的则与后来的辽东之役有关②。阎毗开永济渠也是充分利用旧运河故道,据《初学记》记:"隋炀帝于卫县,因淇水之入河,立淇门以通河,东北行,得禹九河之故道。隋人谓之御河"③。

关于永济渠的规制和渠道走向,《元和郡县图志·河北道一·永济县》载:"永济渠,在县西郭内,阔一百七十尺,深二丈四尺,南自汲郡引清、淇二水东北入白沟,穿此县入临清。按汉武帝时,河决馆陶,分为屯氏河,东北经贝州、冀州而入渤海,此渠盖屯氏古渎,隋氏修之,因名永济"。据此可知永济渠也是循旧渠或自

---

① 李白:《题瓜洲新河饯族叔舍人贲》,见《全唐诗》卷184。
② 《隋书》卷68《阎毗传》。
③ 《初学记》卷6《河第三·叙事》。

然水道开凿,有相当的深度和宽度,可以通龙舟。大致说来,自今河南武陟至汲县一段,是用沁水、清水(卫河)凿成;汲县至馆陶一段,是利用曹操所修白沟而成;馆陶与沧州(清池县)一段,是部分地利用了汉代屯氏河而成;沧州以下至涿郡,又部分地利用漳水,至独流口则与漳水别而另辟新道,并折向西北,经信安、永清县与㶟水(永定河)相接,直达涿郡蓟城(今北京市)①。

但是,由于时代久远,史书记载简略,关于永济渠的渠线也是聚讼纷纭。永济渠所以引沁水入渠,一是沁水水源丰富,二是沁水入黄河距离通济渠渠首板渚最近,舟船容易渡过黄河,便于与南运河接通。从沁水下游的地形河势来看,永济渠大约是利用河流的凹岸自流引水,但沁河与清河之间的渠道大约在隋朝末年就已淤塞不通了,这是因为沁水暴涨暴落,容易泛滥,水流往往猛冲向东方,"卫小沁大,其势难容"②,为此隋以后的唐宋再也没有在如此险恶的地段开渠。由于沁水不断泛滥并向东冲出新的水道,加上历史上多次引沁灌溉,今武陟县一带有数条渠道遗迹,已很难辨明哪一条是隋炀帝所开凿的,永济渠的准确位置,只有经过进一步的实际勘探,才能作出准确的回答。

大致来讲,永济渠是以通济渠渠首对岸的沁水入黄河处附近为渠口,其地在今河南武陟西北,向东北方向挖人工运河会合清河(卫河)、淇水,经过新乡、汲县、卫县(今河南淇县),在卫县段的淇水之上修造了分水入渠的淇门,然后流经黎阳(今河南浚县东北),再从内黄县和洹水县之间向北流去,经魏县(今河北大名

---

① 参见马正林:《唐宋运河述论》,载《运河访古》一书。马文及《运河访古》一书本节多有参考引述,作者均为专家,又经实地考查,所言信而有据,读者可直接参考原书。以下行文凡引自该书者,恕不一一遍注。

② 《读史方舆纪要》卷49《怀庆府》。

西)、贵乡(大名东北)过馆陶县,穿永济县,再经临清西门外,过清河东南十里、武城、历亭、漳南(均在今山东德州以南)、长河(德州以东)西10里、东光县西南、白桥、南皮、长芦(今河北沧州),直北过今青县、静海,至独流口折向西北,接桑干水(今永定河)达涿郡蓟城(今北京市),全长2000余里①。

隋炀帝开挖永济渠,成为调运河北地区粮食的主要渠道,同时又可用来加强对北方的军事控制。永济渠的开挖与攻高句丽有关,永济渠终点涿郡蓟城(今北京市)地理位置十分优越,一直就是北方的军事重镇,后隋炀帝进兵高句丽,永济渠也就成为漕粮运兵的主要通道。永济渠是南北大运河4段渠道中最长的一段,虽充分利用了旧渠道,但工程量仍然浩大,其间役使了河北百万民众,"丁男不供,始以妇人从役"②,是男女老少齐上阵,役夫役妇们流血流汗,终于使北运河也畅通无阻。

然而,唐宋时代北运河由于与黄河纠缠不清,迅速淤积,河道衰败不堪,宋代称永济渠为御河,虽也是联系国都开封及洛阳与河北交通的纽带,但其作用远不能与南运河相比,主要是向河北边防运送军粮,发挥巩固国防的作用。元以后因建都北京,对大运河进行了全面整治,整个航线发生了大的改变。

(四)江南运河

江南运河是隋炀帝所开南北大运河最南一段,沟通了长江水系与钱塘江的联系。但是,此河却不载于《隋书》《北史》,最初的

---

① 参见胡乾:《隋炀帝新传》,上海人民出版社1995年版,第92页。胡著参考了张昆河《隋运河考》、岑仲勉《黄河变迁史》、黄盛璋《永济渠考》等近人研究成果,且胡乾先生本人参加了1984年唐史学会组织的运河访古,所述永济渠航线必有所据,故引之。
② 《隋书》卷24《食货志》。

记载是《资治通鉴·隋纪》,该书卷 181 隋炀帝大业六年(610)冬十二月载:"敕穿江南河,自京口(今江苏镇江)至余杭(今浙江杭州)八百余里,广十余丈,使可通龙舟,并置驿宫草顿,欲东巡会稽"。一些江南地方志,如清乾隆《镇江府志》、嘉庆《丹徒县志》都转引《资治通鉴》的记载。这条运河绕太湖之东,穿越于江南最富庶的吴、会地区。江南河修成后,隋炀帝又下令在会稽等地修建离宫别院。

历史上人们一般并不怀疑隋时这条运河的存在,但该运河兴起于何时,却也有争论。南宋诗人陆游在《入蜀记》文中,就认为江南运河始于隋,梁、陈以前京口与钱塘江之间并"不通漕"。但我们前面已述实际上早在春秋时代吴国就开通了姑苏(今苏州)到长江的运河,秦始皇又凿断丹阳一带高地,由"丹徒水道入通吴会",说明自钱塘江至长江,秦汉时就已有运河沟通。六朝都在今南京建都,孙吴曾凿破冈渎,西连秦淮河,东接江南运河,东晋时曾修丁卯埭(在今镇江南)平衡水位。江南河既然在隋以前就早已存在,大业六年(610)隋炀帝"穿江南河",可能只是对六朝以来的江南运河加以开阔、疏浚而已,因工程量不大,故《隋书》未见记载。

江南运河全程 800 里,河宽约 10 余丈,其路线据 1984 年实地考察过此段河道的学者描述,是北起京口(镇江),东南经曲阿(今丹阳)、陵口、吕城、奔牛、常州、戚墅堰、无锡、望亭、浒墅关、苏州、吴江、平望、嘉兴,东绕太湖而折向西南,再经石门、崇德、塘栖、拱宸桥至杭州西南的大通桥附近入于钱塘江。江南运河北渠首京口(今镇江)隔长江与江都(今扬州)的瓜洲渡口相望,使江南河与邗沟直接接通,通过水道可以把江南财赋输送到东都洛阳。

隋唐之际长江三角洲及浙东一带三吴地区已是经济发达地

区,这里四季分明,雨量充沛,加上河网稠密,湖泊众多,资源丰富,是鱼米之乡,其富饶程度早已超过关中八百里秦川。江南运河北接邗沟汴渠,使西北关陇重镇与江南财富紧密联系在一起,其政治意义和经济意义都显而易见[①]。

唐宋以后,特别是安史之乱后及南宋时期,江南河的运输效益更著,历代政府也都不遗余力地加以维修整治,扩大其运输能力,据说时至今日江南运河的货运量已达亿吨,成为大运河4段中货运最繁忙的河段。唐宋时代,随着浙东平原经济的发展,又在古旧渠道的基础上修筑了长约250里的浙东运河,从钱塘江岸的西兴起,向东经萧山、钱清、板桥、绍兴、陶家堰、曹娥至上虞,东向与姚江相接,然后经余姚、半浦至宁波入甬江,由镇海入海。南宋建都临安(杭州),浙东运河遂成为首都入海的唯一水道,明州港(宁波)成为当时最富饶的对外贸易港口。唐宋时代,隋大运河随着经济发展的需要又有新的扩展,以后历代帝王仍在不断地修整开挖运河。

大运河的开凿解决了古代南北大宗货运的大难题。在隋炀帝初即位的短短6年时间,一条南起余杭,北至涿郡,贯通5大水系,全长4000多华里的世界最长的人工运河终于开凿完成。大运河是隋炀帝为了统一帝国的需要而凿通的,修成后遂成为南北交通的大动脉,对隋、唐、宋、元、明、清历代政治、经济、军事和文化的发展,都起着极其重要的作用。隋炀帝开凿的南北运河以洛阳为中

[①] 参见蒋福亚:《三吴地区经济的发展和江南河的开凿》,见《运河访古》,上海人民出版社1986年版。蒋先生称江南运河动工之际,隋炀帝下令废除了丹阳(今江苏南京)与三吴之间的水道,切断这个在将近400年中南方政治和军事中心与三吴地区的联系,以加强对三吴地区的控制,加强三吴与京洛的联系。此一推断有其一定道理,但不知所据何在。

心,加上隋文帝修凿的西通长安大兴城的广通渠,形成一个完整的运河网,与长江、黄河、淮河、海河、钱塘江等自然河流一起,构成了沟通全国水上交通的完整体系,在隋朝之时已是"商旅往还,船乘不绝"[①],其运输效益是巨大的。虽然隋炀帝以前许多王朝都开凿了运河,隋南北大运河许多河段都是循已有故旧水道加以修整,但是,完成纵贯南北的大运河,把全国水网合成完整的水运体系,隋炀帝是第一人。在隋炀帝之前谁也没有做,也不敢做,甚至连想都不敢想。

大运河开凿的工程技术是很复杂的,虽然运河各段都有旧道可循,隋运河是半自然、半人工,又利用了古运河故道,其相当部分并非隋代新创,但在短短 6 年时间要完成连系 5 大水系贯穿各种复杂地形长达 4000 多里的人工运河,在勘察测量、利用天然湖泊和故水道、平衡水位差、节制水量等诸方面,都必须有相当的科学水平。隋运河工程进展的顺利神速表明了当时技术的高超。从史实看,大运河的开凿是有总体规划而又分段进行的,而每一段都是一次设计、一次施工、一次通航的。在隋亡后千余年的漫长岁月中,大运河虽也历尽沧桑,几经改道,但一直顽强地存在到清末,直到近代铁路的修筑并取代它承担南北货运之前,它一直是国内沟通南北的大动脉,为祖国南北的物资文化交流日夜奔忙。虽然现在的作用不如古时显著,但作为文化遗产,千里大运河也是举世公认的古代文明奇迹之一,焕发着耀眼的文明光彩。大运河是中国历史上伟大时代的产物,也是中华民族智慧和力量的结晶,是中国人民的骄傲。当我们在歌颂创造这一伟大奇迹的古代劳动人民时,"当然也不能抹煞当时以极大魄力发动这一伟大工程的具有

---

① 《旧唐书》卷 67《李勣传》。

高瞻远瞩战略眼光的决策人隋炀帝的一份功劳"①。据说,"隋炀帝凿汴河,自制水调歌"②。隋炀帝自作诗歌来赞颂凿运河的丰功伟绩,他自己对这一得意之作,也是十分自豪的。

三、通漕运储仓粮　兴利万世水流长

开运河是为了通漕运,大运河修成后,"自是天下利于转输"③,特别是东南方向的通济渠、邗沟效益更大。在开凿南北大运河的同时,作为配套工程,隋炀帝又在东都及运河沿线修筑了大批官仓,用于储存漕米。除前述东都洛阳含嘉仓、子罗仓外,大业二年(606)隋炀帝又在洛阳附近大运河边新建洛口仓和回洛仓。除此以外,隋朝著名的粮仓还有黎阳、常平、广通等仓,隋文帝时已有修置。

置仓储粮是隋文帝以来的一项重要国策。《隋书·食货志》载:"开皇三年(583),朝廷以京师仓廪尚虚,议为水旱之备,于是诏于蒲、陕、虢、熊、伊、洛、郑、怀、邵、卫、汴、许、汝等水次十三州,置募运米丁。又于卫州置黎阳仓,洛州置河阳仓,陕州置常平仓,华州置广通仓,转相灌注,漕关东及汾晋之粟,以给京师"。除朝廷设置的巨仓名廪之外,州县也设有官仓,如社仓等。另外,隋文帝还普设义仓,"储之闾巷,以备凶年"④。

但是,隋储粮于官的政策有些过头,有时竟不顾人民死活。开皇十四年(594)大旱,关中大饥,"是时仓库盈溢",隋文帝"竟不许赈给,乃令百姓逐粮"关东。后唐太宗就此事提出了尖锐批评:

---

① 参见胡乾:《千秋功罪说隋炀》,载《运河访古》,上海人民出版社1986年版。
② 刘悚:《隋唐嘉话·补遗》。
③ 《通典》卷10《食货典·漕运》。
④ 《隋书》卷46《长孙平传》。

"隋文不怜百姓而惜仓库"①。隋炀帝则更过分,不仅灾年闭仓拒赈,而且"逆取数年之赋"②,在官仓囤聚了大量租米。如此来看,隋仓储那么多的粮食,并不是为了备荒,而是用于皇室百官士兵食用,而非为百姓。那么多的粮食,光靠肩担车推是无法聚集到少数几个大官仓中去的,所依靠的是运河水运。

东都洛阳及大运河修筑开凿之时,隋炀帝已考虑并实施了更大规模系统储粮的办法,在东都附近及运河沿线修建了几处大型粮仓,用以储存由御河、邗沟漕运来的江淮粮赋。

隋粮仓最大者当然是洛阳城内的含嘉仓。这座仓城规模宏大,总面积约43万平方米。清人徐松《两京城坊考》记洛阳城中有一条从含嘉城中流出南注入漕渠的支渠,名为泄城渠,与大运河连接,这条人工渠道当是为运粮需要而专门修凿的。但是,历史文献中并不见含嘉仓在隋代已储大量粮食的记载,考古发掘并经碳14测定的遗物年代多是唐或北宋的。含嘉仓真正作为大型粮仓起作用约开始于唐初。隋时洛阳城官仓所储乃多布帛。另外宫城内子罗仓据考古测定,其形制和结构与含嘉仓粮窖基本相同③,据《大业杂记》:"子罗仓有盐二十万石,子罗仓西有粳米六十余窖,窖别受八千石"。其货源皆出于东南,由大运河漕运而来。

隋炀帝又在洛阳附近新建洛口仓和回洛仓。

洛口仓,又名兴洛仓,其址在巩县东面洛水东岸,因地处洛水入黄河之口,故称洛口仓,建于大业二年(606)十月,仓城周围20

---

① 《贞观政要》卷8《辩兴亡第三十四》。
② 《隋书》卷4《炀帝纪下》;又《旧唐书》卷53《李密传》记李密讨隋炀帝檄文指斥炀帝"逆折十年之租";《册府元龟》卷510《邦计部·重敛》亦有隋炀帝"逆收数年之赋"的记载。
③ 参见余扶危:《隋唐东都含嘉仓》,文物出版社1982年版,第50页。

余里,穿窖3000个,每窖可容粮食8000石,置监官并镇兵千人守卫①。全仓储米2400万石,是隋代最大的粮仓。隋大业年间由运河运来的东南漕米,很大部分都贮藏在这里,由此往西再运往洛阳、长安。当用兵东北时,又可由此运粮渡黄河,经沁水转入永济渠而运往河北,故而洛口仓可谓东都洛阳外围的最大粮仓,又是用兵东北的军粮转运站,地位极为重要。

回洛仓建于大业二年(606)十二月,在洛阳城北约7里,仓城周围约10里,穿窖300个,是隋东都的粮食仓库。

隋炀帝在洛阳附近建的这两处粮仓是隋代主要粮仓,入唐后才逐渐废弃,为含嘉仓所取代。

另外,隋文帝开皇三年(583)即已置河阳仓、常平仓、广通仓、黎阳仓,"转相灌注"②,与洛口仓、回洛仓形成隋代著名的6大官仓。

黎阳仓位于汲郡黎阳县西南大伾山麓(今河南浚县东二里),西濒永济渠,东临黄河,在黄河北岸,水运极为便利,河北租米都先集中于此,用兵东北时,江淮军粮也可先储于此,是河北地区唯一重要粮仓。隋炀帝三征高句丽,这里都是重要军需转运站,曾派重臣在此督运漕粮。

河阳仓在河南偃师县,其北邙山山脉地势高燥,适宜修建粮仓。后来通济渠又由偃师县西入洛水,使其漕储更为方便,此仓满足了从洛口仓转漕粮赋入洛阳的需要。

常平仓位于陕县(治今三门峡市)西南4里,其地临焦水,西俯大河,地势高平,故又名太原仓。"地控两京水陆二运"。漕船

---

① 《资治通鉴》卷180隋炀帝大业二年十月。
② 《隋书》卷24《食货志》。

至三门峡,一般采用陆运,自陕县西至长安则可利用黄河、渭河广通渠,史载此仓乃"蓄巨万之仓"①,是三门峡的转运粮库。

广通仓,大业初为避隋炀帝讳改名永丰仓,位于今陕西华阴县东北35里渭河入黄河处,在今潼关附近。关东漕米入关中,都先集中于此,是关中地区最大粮仓。

另外,在汴河与黄河交会口,还有较小的武牢仓,《旧唐书·李密传》云:"兴洛、武牢,国家储积"。又《隋书·地理志》云:济北郡卢县有成回仓。卢县在今山东茌平县西南50里,西北面临黄河,成回仓应是黄河运道上的一个粮仓。粮仓都是按当时的漕运路线设置、分布,各仓的地理位置与当时的分段运输法有着很大的关系。经唐代改进,从江南来的漕船至汴口即可将租米卸下,输入武牢仓内,再由河船经黄河入洛水,贮于洛口仓,由此而西至陕县太原仓,可再分两条路线:一为溯洛水经河阳仓,入含嘉仓;一为由车或驮陆运至陕,或水运至永丰仓,最后输入长安太仓。所谓"节级转运,水通而舟行,水浅则寓于仓以待,则舟无停留,而物不耗失"②,形成一整套完备的漕运体系③。

但是,隋朝置仓储粮的过头政策却加重了对农民的剥削。隋炀帝还"取社仓之物以充官费"④,使公众储备用于救荒的义仓性质发生变化,成为聚敛的手段。隋虽储积了大量漕粮,但炀帝对仓粮的控制极为严格,并不用于赈济。大业末年遇水灾,"米谷踊贵",齐郡丞张须陁"将开仓赈给",官属不敢,均称"须待诏敕,不

---

① 《朝野佥载》卷2。
② 《新唐书》卷53《食货志》。
③ 参见邹逸麟:《从含嘉仓的发掘谈隋唐时期的漕运和粮仓》,见《文物》1974年第2期。本节关于粮仓的叙述,主要引述该文。
④ 《旧唐书》卷70《戴胄传》。

可擅与"①。开一个郡仓济荒竟要皇上诏敕批准。隋末农民起义瓦岗军领袖徐世勣曾言于李密曰:"天下大乱,本是为饥,公若得黎阳一仓,大事济矣!"②贵族杨玄感亦以督黎阳仓运起兵反。李密夺得黎阳仓、洛口仓,开仓散米,来就食者近百万口,足见隋炀帝储积的漕米多得惊人。这都是通过大运河输来的民脂民膏,唐代诗人李敬方有诗云:"汴水通淮利最多,生人为害亦相和。东南四十三州地,取尽脂膏是此河"③。的确,隋炀帝利用运河沟通南北,肆意掠夺运河沿线人民的财富,隋朝人民为开凿运河付出了艰巨劳动,流尽了血汗,换来的却是剥削的加重,所以唐末学者皮日休说,运河的开凿,"在隋之民不胜其害也"④。

但是,皮日休又说,大运河的开凿,"在唐之民不胜其利也","今日九江外,复有淇、汴,北通涿郡之渔商,南运江都之转输,其为利也博哉"⑤。所谓利,还是利在漕运。继隋而立的唐王朝也是起于关陇,以长安为首都,以洛阳为神都,也要"常转漕东南之粟"⑥,农民负担虽仍旧很重,但并无开河劳作之苦,唐经济重心在江南,政治中心仍在关中,而"天下以江淮为国命"⑦,东南运河系统直接影响到唐王朝的兴衰。为把江淮财赋输送到北方,不得不利用运河。唐统治者对疏凿运河十分重视,但并没有大兴工役大规模开凿运河,而是充分利用了隋炀帝开凿的运河,所以后人称为"隋氏作之虽劳,后代实受其利"。

---

① 《隋书》卷71《张须陁传》。
② 《旧唐书》卷67《李勣传》。
③ 李敬方:《汴河直进船》,见《全唐诗》卷508。
④ 《皮子文薮》卷4《汴河铭》。
⑤ 《皮子文薮》卷4《汴河铭》。
⑥ 《新唐书》卷43《食货志三》。
⑦ 杜牧:《上宰相求杭州启》,见《全唐文》卷753。

隋炀帝开凿的运河网经唐人的培护治理，大部分河段在唐朝都畅通无阻。史书描述当时的盛况说："天下诸舟，舟航所聚，旁通巴、汉，前指闽、越，七泽十薮，三江五湖，控引河洛，兼包淮海，弘舸巨舰，千舳万艘"①。又称："自扬、益、湘南至交、广、闽中等州，私行商旅，舳舻相继"②。唐玄宗开元年间，宰相裴耀卿仿隋代漕运模式，创造"节级转运法"，"三岁漕七百万石，省陆运佣钱三十万缗"③，每年漕粮入关中达230余万石。有学者断言："大唐帝国的繁荣在很大程度上，可以归因于继承和改善了运河体系"④。"大唐帝国的崩溃与运河年运量的衰落有密切关连"⑤。特别是安史之乱后，河北藩镇割据，唐王朝的"赋取所资，漕挽所出，军国大计，仰于江淮"⑥。晚唐大文豪韩愈更称："当今赋出于天下，江南居十九"⑦。通济渠、邗沟成了唐维系其政权的生命线。史学大师陈寅恪先生更以其深邃的洞察力描述了运河与唐亡的关系，称"夫黄巢既破坏东南诸道财富之区，时溥复断绝南北运输之汴路，藉东南经济力量及科举文化以维持之李唐皇室，遂不得不倾覆矣。史家推迹庞勋之作乱，由于南诏之侵边，而勋之根据所在适为汴路之咽喉，故宋子京曰：'唐亡于黄巢，而祸基于桂林'。呜呼！世之读史者傥亦有感于斯言欤？"⑧可以这样讲，大运河畅通，江南物资能源源不断地充实关中，唐朝就出现繁荣昌盛，统一局面就得到维

---

① 《旧唐书》卷94《崔融传》。
② 《元和郡县图志》卷5《汴渠》。
③ 《旧唐书》卷98《裴耀卿传》。
④ 英·崔瑞德主编：《剑桥中国隋唐史》，中国社会科学出版社1990年译本，第135页。
⑤ 史念海：《河山集》，三联书店1963年版，第208页。
⑥ 权德舆：《权载之文集》卷47《论江淮水灾上疏》。
⑦ 《韩昌黎集》卷19《送陆歙州诗序》。
⑧ 陈寅恪：《唐代政治史述论稿》下篇。

系。运河受阻,则王朝就岌岌可危,运河断绝,则统一局面瓦解,王业于是荡然矣!

直到宋朝,隋炀帝所开运河仍然作用很大。宋人张洎说:"唯汴水横亘中国,首承大河,漕引江湖,利尽南海,半天下财赋,并山泽之百货,悉由此路而进"①。宋都大梁(今河南开封),就是因为它濒临汴河,大大缩短了江淮漕运的路程。通过汴河,"岁漕江、淮、湖、浙米数百万,及至东南之产,百物众宝,不可胜计,内外仰给焉"②。所以,张洎又说:"炀帝开甽,以奉巡游,虽数湮废,而通流不绝,于百代之下,终为国家之用者,其上天之意乎"③。

对于隋炀帝开凿的大运河在经济上的积极作用,唐、宋时代也有人作出了公正评价。如唐人许裳《汴河十二韵》诗云:"昔年开汴水,元应别有由。或兼通楚塞,宁独为扬州"④。否认当时流行的炀帝开运河只是为了到扬州游玩的说法。宋人陈昂作《隋河论》,"谓浚治之病民,游观之伤财,乃天之所以亡隋,然使隋不兴役财,以害其民,则又安有今日之利"⑤。宋人卢襄看到大运河"每岁漕上给京师者数千百艘,舳舻相衔,朝暮不绝"的壮丽景观,也不禁叹道:"盖有害于一时,而利于千百载之下哉"⑥。的确,大运河使隋民"不胜其害",但唐宋以后历代之民确实是"不胜其利"啊。

---

① 《宋史》卷93《河渠志·汴河》。
② 《宋史》卷93《河渠志·汴河》。
③ 《宋史》卷93《河渠志·汴河》。
④ 《全唐诗》卷604。
⑤ 《宋史》卷439《陈昂传》。
⑥ 卢襄:《西征记》,见《说郛》卷24。

第四节　万舸东南行　锦帆下扬州

隋炀帝开凿南北大运河,虽功在中华,利在千秋,但古人有"种柳开河为胜游"的诗句,今人亦有开河"出于君王游幸之私意"①的评说。这些批评又不能说是没有根据,因为隋炀帝在通济渠和邗沟刚一贯通时,便乘龙舟率领皇后妃主、百官大臣、僧尼道士和大批军队,大讲排场,扬帆启程往江都巡游去了。并且,隋炀帝还3次循着运河巡游江都。

唐代诗人杜牧有诗云:"锦缆龙舟隋炀帝,平台复道汉梁王;游人闲起前朝念,折柳孤吟断杀肠"②。在诗人看来,不仅隋炀帝开运河是为了巡幸游玩,而且直接造成了亡国的祸端。历代野史小说更是对隋炀帝开河巡游进行了大肆描绘和渲染。明人袁于令《隋史遗文》第25回《新皇大逞骄奢,黔首备遭涂毒》,其后总评说:"秦政之筑长城,为防胡计,非为游娱也。开河之役,诚有功于后人,若论杨广,则只为流连之乐耳,未可与秦皇并也"。如此说来,虽然开运河客观上利在千秋万代,但隋炀帝的主观愿望并不在利国利民,而是为了一己之利。秦始皇筑长城为国防,隋炀帝开运河只是为了玩乐。虽然万里长城和大运河都是举世闻名的伟大工程,但秦始皇因长城而永垂不朽,隋炀帝却因大运河而遗臭万年。这种看法亦有确凿的正史史料为佐证,隋炀帝巡游江都大讲排场,奢华浪费的确是十分惊人的。

然而,隋炀帝下江都铺张浪费大讲排场,是不是仅仅只是为了

---

① 张昆河:《隋运河考》,载《禹贡》卷7,1、2、3合期。
② 杜牧:《汴河怀古》,见《全唐诗》卷670。

玩乐,在铺张排场的背后,抑或还有更重大的政治背景和更深刻的文化使命,这就成了评价隋炀帝和运河工程的关键问题之一。

我们先来看看隋炀帝是怎样首游江都的。

据《隋书》记载,早在大业元年(605)三月戊申(十八日),即丁未(十七日)令杨素营建东京的第二天,隋炀帝即发布了"巡历淮海"的诏书:

> 听采舆颂,谋及庶民,故能审政刑之得失。是知昧旦思治,欲使幽枉必达,彝伦有章。而牧宰任称朝委,苟为徼幸以求考课,虚立殿最,不存治实,纲纪于是弗理,冤屈所以莫申。关河重阻,无由自达,朕故建立东京,躬亲存问。今将巡历淮海,观省风俗,眷求谠言①。

炀帝声言自己"昧旦思治",营建东都目的就在于"躬亲存问",就近听政。为了进一步体察民情,眷求谠言,宣布将"巡历淮海,观省风俗",听采舆论。看来,隋炀帝要巡视江淮是早有准备,并预先诏告了天下的。

为了方便南下巡游,几天后,辛亥(二十一),隋炀帝就下诏开凿连接黄淮的通济渠,开通自洛阳达于江都的河运。为实现南巡愿望,几天后,庚申(三十日),隋炀帝又"遣黄门侍郎王弘、上仪同於士澄往江南采木,造龙舟、凤䴊、黄龙、赤舰、楼船等数万艘"②。这样看来,营建东都、开凿运河、巡游江都3件事在隋炀帝头脑里是放在一起通盘考虑的,都是刚即皇帝位的炀帝所要成就的宏伟大业之一。隋炀帝既有魄力一声令下征发百万民众营造东都,又征发百万民夫开凿运河,当然同样有魄力下令为不久运河开通后

---

① 《隋书》卷3《炀帝纪上》。
② 《隋书》卷3《炀帝纪上》。

的巡游而建造各色船舰数万艘。粗略计算一下,造船所役船工亦当在数十万,加上后来巡游路上所费,当是不亚于营东都、修运河的又一大工役。

果然,历时5个月,通济渠凿成,连接江淮的邗沟也修复,自洛阳至江都水路全线贯通,王弘、於士澄在扬州督造的船队也按时5个月完成了。一切都在隋炀帝的规划之中,在官吏的促役之下,役夫加班加点赶工夺时,南运河和船只都有了,于是诏发龙舟等各类船只"数千艘",往洛阳"奉迎"炀帝。大业元年(605)八月壬寅(十五日),隋炀帝即开始了他的第一次巡游江都。

隋炀帝首游江都和通济渠的开凿在时间上是如此之紧凑,且开运河前隋炀帝就发布诏书宣布将"巡历淮海",所以,历来人们认为"种柳开河为胜游",也就不能不说是言之有理了。依正史所载及炀帝大业元年(605)三月戊申(十八日)诏书,通济渠的开凿及其急役5个月完工,的确与炀帝急于要巡游江都有关。在建造数万艘船舰的同时,又"自长安至江都,置离宫四十余所"[1],也是为巡游而备,使隋炀帝掖庭宫人无论走到哪里,都有像样的住处,亦可谓考虑得十分周到。

为了巡游江都,隋炀帝不惜血本,动用大量资财,征发大批工役,作了周密的准备。开通自洛阳至江都的运河完全可以被认为就是为巡游所做的重要准备,不然,何至于要急役5个月,役使百万民众,挖渠2000里,这样巨大艰难的工程本来花上二三年时间又有何不可呢?而且,通济渠和邗沟"渠宽四十步,渠旁皆筑御道,树以柳"[2],御道和种柳显然不是为了通漕运,而是为了皇家巡

---

[1] 《资治通鉴》卷180 隋炀帝大业元年。
[2] 《资治通鉴》卷180 隋炀帝大业元年。

游大型编队所预备的重要排场。这样说来,隋炀帝开凿通济渠疏通邗沟的直接主观目的,就是为了这次大规模的巡游。

大型龙舟的制造,更完全是为了这次大规模巡行而事先特意制作的。龙舟船队据《隋书·炀帝纪》记载,有:龙舟、凤䑼、黄龙、赤舰、楼船"数万艘"。其中送往东都奉迎隋炀帝的各类船只就有"数千艘",组成规模庞大的龙舟船队。杜宝《大业杂记》记龙舟船队有"五千余艘",并对这支船队的各类船作了较详细的记载:有龙舟1艘,翔螭1艘,浮景舟9艘,漾水彩舟36艘,五楼船52艘,三楼船120艘,二楼船250艘,板舱200艘,朱鸟航24艘,苍螭航24艘,白虎航24艘,玄武船24艘,飞羽舫6艘,青凫舸10艘,凌波舸10艘,黄篾舫2000艘,平乘5000艘,青龙500艘,艨艟500艘,艚舟500艘,八櫂舸200艘,舴艋舸200艘,总计为5191艘。也有人统计为5245艘[1]。

龙舟船队不仅数量庞大,而且规制特别,用工精致,各色船只如舟、航、舫、舸、船、舱、艚等,在形制、功用、大小、花色上均有明显区别。舟和船是古代对水上航运工具的通称,但一般来说,舟乃尊称,船乃俗称。龙舟船队中冠以舟者,都是皇帝、皇后、妃嫔、贵人、美女、夫人乘坐之船;而冠以船者,则为一般官吏士兵所乘,其规制有明显的不同。航,一般指方形的船,或两船相并而行之船。舫,原指竹木筏,后用以称呼船,一般也指两船相并。舸,一般指大船,但后来可用来称呼小船。舱,也是一种大船,炀帝船队中的舱是用来装载"羽仪服饰、百民供奉之物"的,则其规制,当不会太小。艚,既用来称呼货船,也指一般战船。艨艟又称"蒙冲斗舰",则是

---

[1] 杨文安:《从"隋炀帝艳史"一书看笔记、小说对隋炀帝形象之歪曲》,载《隋唐五代史管窥杂稿》第一辑。

一种典型的战船,其形制外狭而长,用以冲突撞击敌船。舴艋是一种小船,形似蚱蜢之状,也用以作战①。隋炀帝为巡游江都在不到半年时间内制造了大大小小形制不一的这么多种类的船只,龙舟凤䲙,货船战舰,琳琅满目,其数量之多,规模之大,制作之速,在中国古代造船史上,实属罕见,这显示了隋代造船工人的聪明才智和当时造船业的高超水平。当然,船工劳役之苦,亦可想见。

隋炀帝乘坐的龙舟,规制巨大,豪华至极,堪称水上宫殿。据《大业杂记》:"龙舟高四十五尺,阔五十尺,长二百尺"②。共四重,上一重有正殿、内殿、东西朝堂,周以轮廓;中二重有160房③,皆饰以丹粉,装以金碧、珠翠,雕镂奇丽,缀以流苏、羽葆、朱丝网络;下一重,长秋内侍(宦官)及乘舟水手,以青丝大绦绳6条,两岸引进。按隋开皇尺长约29.5厘米,200尺合长59米,阔50尺合14.75米。这样大的船在渠广40步的邗沟中,只能两岸纤引而行。龙舟完全是按照宫殿形制来设计制造,将宫殿建筑技术运用于造船中,也显示了设计者和造船工人的聪明才智。旧小说有诗称赞龙舟之妙:"牙作帆樯锦作缆,兰为橹楫桂为桡。繁华不信人间有,疑是龙宫蜃气高"④。

皇后乘坐的船取名"翔螭舟",翔者,盘旋而飞也,螭者,无角之龙,是人们常用来作为器物装饰之用的一种祥物,用这种盘旋而飞的无角之龙来刻画船首,作为仅次于皇帝的供皇后乘坐的船的代称,是名副其实的,其规制虽较龙舟"差小",但其装饰却与龙舟

---

① 参引自方亚光:《漫谈隋炀帝下扬州时的龙舟船队》,载《文史知识》1987年第4期。
② 《资治通鉴》卷180隋炀帝大业元年记为长二百丈,错。中华书局标点本校记注宋刊12行本作"尺"。
③ 同上书,记作120房。
④ 《隋炀帝艳史》第25回,长江文艺出版社1993年版。

无异。位卑于皇后的妃嫔所乘之船名"浮景舟",又名"小水殿",虽有朱丝网络其上,但每艘船皆比龙舟、翔螭舟少一重;而贵人、美女、十六夫人乘坐的漾水彩舟则一般只有二重,又名大朱航。以上各色舟船也都是按照宫殿形制设计建造,只是等级差别不同。随行官吏所乘船只也按官品高低而有别,诸王公主和三品以上的官吏乘五楼船,四品官人和一些僧尼、道士乘三楼船,五品官吏和各国来宾蕃客乘二楼船,六品以下九品以上的从官和五品以上官吏的家属,只能乘黄篾舫①。乘船者总数依最低限度的估计也在10万人以上。

大业元年(605)八月壬寅(十五日),隋炀帝自洛阳西苑出发,乙巳(十八日),炀帝先乘小朱航由漕渠出洛口至黄河,在黄河上换乘王弘来"奉迎"的龙舟,庞大的龙舟船队沿着大运河浩浩荡荡向扬州驶去。在通济渠上,"舳舻相接二百余里,照耀川陆,骑兵翊两岸而行,旌旗蔽野"。50天后,最后一条船才驶出。隋炀帝命"左武卫大将军郭衍为前军,右武卫大将军李景为后军"②,负责护卫船队,河道上千舸竞发,两岸彩旗招展,真是威武雄壮极了。

船除载人外,还载有"内外百司供奉之物",及士兵的"兵器帐幕",船由两岸挽夫牵引着行进,共有挽船士8万余人。由于船只规制不一,乘坐者身份有尊、卑高低,挽引各类船只的船夫也分成了不同的等级。如挽引"龙舟"的称"殿脚",有1080人,分为3番,每番360人,皆"著杂锦采装子袄行,缠鞋袜"。挽引"翔螭舟"的名"殿角",有900人,挽引"浮景舟"的称"船脚",每船100人。

---

① 以上材料均依据《大业杂记》,见《说郛》第120。参引自方亚光《漫谈隋炀帝下扬州时的龙舟船队》,见《文史知识》1987年第4期。
② 《资治通鉴》卷180隋炀帝大业元年;《隋书》卷3《炀帝纪》。

龙舟四重的"下二重安内侍及船脚","船脚即水工之名"①。挽引百官大臣、僧尼道士、蕃客所乘之船的船夫每艘约40至50人不等,称"黄夫人",士兵所乘之船则不给挽纤夫,由其自己纤引。船队鱼贯而行,错落有致,两岸御道上是骑兵护卫着纤夫,水中行进的船队按一定的规制排列,如船队中有朱鸟舫、苍螭舫、白虎舫、玄武舫,古代常以朱鸟、青龙、白虎、玄武指四方之位,龙舟船队中以这些代表方位的宿名命船,且各为24艘,规制如一,当是有意安排,表示它们在行进中的方位。又有飞羽舫、青凫舸、凌波舸,从船名来看是快捷之意,它们在船队中为"宫人、习水者乘之,往来供脚",以供应船员之饭食,防备航行之意外,这类船在航行中可方便地四处移动②。

南巡船队和两岸士兵总计在二三十万人,像一股洪流滚滚而来,沿新修的运河徐徐东南行。为供给这么多人的食宿生活,沿途民众苦不堪言,隋炀帝命令"所过州县,五百里内皆令献食,多者一州至百轝,极水陆珍奇",劳民伤财。佳肴丰盛,"后宫厌饫,将发之际,多弃埋之"③,浪费极大,献食从役者每天都在十数万众,以致沿途骚然,农事抛荒,民不得安居。

如此规模的船队,空前盛大的仪仗,这在中国历史上可谓是空前绝后。千年后的明三保太监下西洋的船队也难以企及,郑和的宝船虽较龙舟为大,但华美豪奢则等而下之远矣,清乾隆皇帝下江南的船虽豪华,但却没有那么大的规模。隋炀帝有《泛龙舟》诗描述其巡行船队:

---

① 宋·曾慥编:《类说》卷4《船脚》条。
② 参见方亚光上揭文。
③ 《资治通鉴》卷180隋炀帝大业元年。

舳舻千里泛归舟,言旋旧镇下扬州。
借问扬州在何处,淮南江北海西头。
六辔聊停御百丈,暂罢开山歌棹讴。
讵似江东掌间地,独自称言鉴里游。①

侍臣虞世基及其弟虞世南亦写有《奉和幸江都应诏诗》,虞世基诗有"泽国翔宸驾,水府泛楼船"句,虞世南诗有"安流进玉舳,戒道翼金吾"句②,都是描述巡游队伍的。时隋君臣上下对巡游尽是一片赞扬之声。

唐人亦有大量诗篇对隋炀帝巡游江都进行了着力的描绘,但唐人与隋人不同,唐诗不是赞美龙舟船队的壮丽,而是惋惜炀帝此行的荒唐。最著名的是大诗人白居易的《隋堤柳》,可谓传诵一时。当然,白居易指斥隋炀帝巡游江都不只是指大业元年(605)这一次,而是三次南巡江都合在一起批。请看:

隋堤柳,隋堤柳,岁岁年深尽衰朽;
风飘飘兮雨萧萧,三株两株汴河口;
老枝病叶愁杀人,曾经大业年中春。
大业年中炀天子,种柳成行夹流水,
西自黄河东至淮,绿阴一千三百里。
大业末年春暮月,柳色如烟絮如雪,
南幸江东恣佚游,应将此柳系龙舟;
紫髯郎将护锦缆,青娥御史直迷楼,
海内财力此时竭,舟中歌笑何日休;
上荒下困势不久,宗社之危如缀流。

---

① 《乐府诗集》卷47。
② 《文苑英华》卷170。

炀天子！
自言福祚长无穷,岂知皇子封酆公;
龙舟未过彭城阁,义旗已入长安宫;
萧墙祸生人事变,晏驾不得归秦中。
土坟数尺何处葬,吴公台下多悲风;
二百年来汴河路,沙草和烟朝复暮;
后王何以鉴前王,请看隋堤亡国树。①

诗句义正辞严,发人深省。在诗人笔下,"大业年中炀天子"成了个大昏君。不能说诗人白居易批得没有道理,特别是将三游江都合在一起来批,指出其时"海内财力此时竭",鞭辟入里。历史已证明隋炀帝有错,而错就错在心中不存百姓,游幸而亡国,值得后王鉴诫,这是后话。

然而,在旧小说中,隋炀帝的江都巡游则是满章淫秽。本来《隋书·食货志》记龙舟船队挽船纤夫皆为招募来的水工,谓之"殿脚",《大业杂记》亦记引舟殿脚"并取江淮以南壮者为之",并详细记载了各色舟船纤夫的不等数目。但是,署名颜师古撰的唐小说《大业拾遗记》则改成了:"每舟择妙丽长白女子千人,执雕板镂金楫,号为殿脚女"②。并编造了隋炀帝在船舷上观赏两岸引纤的"殿脚女"的情节。这一情节立即为明清小说提供了素材,明朝署名齐东野人撰的小说《隋炀帝艳史》第25回即题为《王弘议选殿脚女》,述王弘向隋炀帝提议选取吴越15—16岁的女子牵缆,并说:"用女子牵缆原要美观,若添入男人便不韵矣。若虑女子牵挽不动,莫若再选一千嫩羊,与美人相伴而行,岂不美哉"。炀帝听

---

① 《全唐诗》卷427。
② 《大业拾遗记》,香艳丛书本。

罢大喜,于是选1000名吴越少女充作殿脚女,1000只嫩羊伴其间。清褚人获撰《隋唐演义》第49回更将此编成如此一段艳诗:"蛾眉作队,一千条锦缆牵娇;粉黛分行,五百只纤腰挽媚。香风蹴地,两岸边兰麝氤氲;彩袖翻空,一路上绮罗荡漾。沙分岸转,齐轻轻斜侧金莲;水涌舟回,尽数款低横玉腕,袅袅婷婷,风里行来花有足;遮遮掩掩,月中过去水无痕。羞杀凌波仙子,笑他奔月姮娥。分明无数洛川神,仿佛许多湘汉女。似怕春光将去,故教彩线长牵;如愁淑女难求,聊把赤绳偷系。正是珠围翠绕春无限,更把风流一串穿"。并述炀帝与萧后在龙舟船楼中细细观看:只见两岸上"锦牵绣挽,玉曳珠摇,百样风流,千般袅娜,真个从古已来,未有这般富丽,帝后倚栏赏玩,欢喜无限"云云。

明清小说的无聊杜撰只是迎合庸俗的小市民口味,将隋炀帝的巡游丑化至无可复加的地步。当然,也就进一步把炀帝描绘成了一个典型的昏君。《艳史》第25回开篇诗云:"天子风流不让仙,看花特地泛龙船。绿荫两岸垂杨度,红袖千行锦缆牵。丽胜西池羞穆主,富于牛头笑张骞。君王岂不欣欣乐,只是斯民实可怜。"帝王为逞一己之欲行一时之乐而不顾百姓死活,虐待黄花少女,当然也是个昏暴之君。

然而,诗歌小说虽然传诵千百年,但其描述的并不是真实的历史。隋炀帝不惜耗资巨万,造就如此盛大空前的船队仪仗,即位之初就匆忙下江都巡游,表面上看是浮华之举,是游山玩水寻求快乐。但仔细分析一下,筹划得如此周密有步骤,如此大规模的巡游仅仅是帝王一时兴到之举,是隋炀帝心血来潮玩乐于一时,这是无论如何也说不通的。

前面我们已经点出,大规模巡游江都和营造东都、开凿大运河紧密联系在一起,是"大业年中炀天子"初即皇帝位时头脑中通盘考虑的"大业"之一。玩是无论如何玩不出这么高的水平来的。我们在前几节分析了营建东都在于就近控扼山东,开通南北运河则在于加强对江淮新经济区域的联系和控制,都具有积极的意义。顺着这条思路,我们如果也从积极的方面加以考虑,南巡亦具有安抚江南,加强对江南的控制,以维护王朝大一统局面的积极意义。隋炀帝盛张仪卫,大讲排场,是要以皇帝至高无上的尊严威慑江南,稳固江南的统治,这与秦始皇统一全国后东巡山东、南祭禹陵的政治意图和基本精神,是完全一致的。正是因为如此,隋炀帝还特意带上了陈后主的遗孀沈婺华。陈叔宝死后,沈后"自为哀辞,文甚酸切"①,隋炀帝几次南巡,都没有忘记带上这位出身大家闺秀、谨守礼法的亡国皇后,其用意则显然是用以联络南人感情,更好地怀柔江南士族。如果是为了游玩,带此老妇又有何用。

当然,隋炀帝初登九五即以如此大的规模巡游江都,显然还有一种炫耀功业显示自己的心理,当年的藩王阿麼如今成了皇上,变态炫耀符合隋炀帝的心理状态,大讲排场就是为了炫耀。同时,南巡也可联络旧部,赏赐对自己夺嫡立过功的藩邸旧臣,如龙舟船队行至东平郡(治今山东郓城东)时,太守吐万绪迎谒于河岸傍,隋炀帝让他登上龙舟,问长问短,吐万绪"因顿首,陈谢往事",令炀帝激动不已,遂加吐万绪金紫光禄大夫②。总之,终于坐了江山当了皇帝的隋炀帝不能不对成就自己帝业的江都故旧要有所表示,看一看江东父老。

隋炀帝来到江都,带给江东父老的第一件礼物是于大业元年(605)十月乙丑(初二),在江都宣布大赦江淮已南,扬州给复5

---

① 《陈书》卷7《皇后·后主沈皇后》。
② 《隋书》卷65《吐万绪传》。

年,旧总管内给复3年①。所谓给复,即免除租赋。

第二件令江东父老深感荣幸的事,是大业二年(606)初,隋炀帝盛张礼仪,纳陈后主第六女陈婤为贵人。炀帝对陈贵人"绝爱幸",并为此特诏灭陈时被隋文帝流放至边远的陈皇室子弟,"尽还京师,随才叙用"。于是,陈氏子弟算是翻了身,"并为守宰,遍于天下"②。据统计,大业年间陈宗室子弟得为县令者21人,郡守、通守者7人,郎官4人,卿5人。旧史臣将陈朝子弟命运的巨变归功于一女子的得宠,然而,隋文帝时陈宣帝之女宣华夫人得宠,却并没有能给陈皇室子弟带来什么政治上的好处,这说明政策的变化具有更深刻的动因。隋炀帝纳陈婤是政治联姻,这一举动显然又大大疏通了大隋皇室与南朝人士的感情,令旧陈遗旧感恩戴德,对融合南北士人,维护国家统一,具有深远的意义。

值得大书特书一笔的是,隋炀帝在江都对典章文物、制礼作乐特别重视。大业二年(606)二月丙戌(初一),隋炀帝命尚书令杨素、吏部尚书牛弘、大将军宇文恺、内史侍郎虞世基、礼部侍郎许善心"制定舆服"③。又令"太府少卿何稠、太府丞云定兴盛修仪仗"。炀帝对何稠说:"今天下大定,朕承洪业,服章文物,阙略犹多。卿可讨阅图籍,营造舆服羽仪,送至江都"④。让这么多显要的宰相大臣及仪礼专家修订舆服仪卫制度,足见隋炀帝的重视。制礼作乐既是政治大事,也是文化大事,为了向江南人民显示朝廷盛大的礼乐文明并使其叹服,炀帝不惜血本,耗费了大量人力和财

---

① 《隋书》卷3《炀帝纪上》。
② 《陈书》卷28《鄱阳王伯山传》。
③ 《隋书》卷3《炀帝纪上》。
④ 《隋书》卷68《何稠传》。

力,"所役工十余万人,用金银钱帛巨亿计"①。隋炀帝还特派兵部侍郎明雅等前往勾覆检查,"毫厘无舛"才最后交差②。结果造出各色舆服五花八门,"始备辇路及五时副车。上常服,皮弁十有二琪,文官牟服,佩玉,五品以上给犊车、通幰,三公亲王加油络,武官平帻,袴褶,三品已上给瓟槊。下至胥吏,服色皆有差。非庶人不得戎服"③。又制定五品以上文官的车驾,上朝时的礼服、佩玉等品级规划;武官的马要用珂来装饰,人须戴头巾,穿骑服。

至于仪卫,则由何稠总其成。太府卿何稠的先祖是西域胡人,他聪慧精巧,博览群书,贯通古今文物典章制度。对于隋炀帝交给他制礼作乐的任务,何稠亦多有创见,多所改作,他在天子礼服上画日、月、星、辰,用漆纱制成皮帽。又制做36000人的黄麾仪仗,以及辂辇、车舆和皇后的仪仗,文武百官的礼服,也都务求华丽壮美,以使隋炀帝满意。为制作豪华的仪卫,何稠向各州县征收羽毛,百姓为了搜捕鸟兽,水上陆上都布满了罗网,可用作羽毛装饰的鸟兽几乎一网打尽。《太平广记》记大业元年(605)隋炀帝"初造羽仪,毛氅多出江南,为之略尽"④。其时"禽兽堪氅毦者,殆无遗类"。据说乌程县(今浙江湖州市)有棵很高的树超过百尺,树周没有可攀附的枝枒,树顶有鹤巢,有人要上树捉仙鹤,因无法攀顶而要将树砍倒,仙鹤怕伤及幼仔,就自己把羽毛拔下来扔到地下,时有阿谀者遂称为吉祥之兆,说:"天子制羽仪,鸟兽自献羽毛"⑤。此虽系传闻,但足见其扰民之深。

---

① 《资治通鉴》卷180隋炀帝大业元年。
② 《隋书》卷68《何稠传》。
③ 《隋书》卷3《炀帝纪上》。
④ 《太平广记》卷460《乌程采捕者》。
⑤ 《资治通鉴》卷180隋炀帝大业元年。

何稠将各种羽仪衣冠皆依期送于江都[1],为按时完成任务,所役十数万工匠没有少流血汗。自后,隋炀帝每次出行,羽仪仪仗队就把街巷填满,连绵20余里,光怪陆离,观者莫不为其豪奢华丽所倾倒,"文物之盛,近世莫及"[2]。旧史和小说往往将隋炀帝的这些举措述为别出心裁的玩乐,玩得是如此的荒唐,若视为玩笑,则隋炀帝的昏荒足可与其姐夫周天元比高下了。然而,隋炀帝的用心并非如此,制作羽仪非但不是为玩乐,反倒与隋炀帝要成就的"大业"有关。大型精美的羽仪令一向以文物自傲而看不起关陇武力勋贵的江南士人也不能不心服口服,虽然铺张耗费的金银钱帛不计其数,连鸟兽的毛都剥了个精光,但北方征服者南巡不再是向南人炫耀武力,而是盛陈文物,不仅是友善的表示,而且客观上也必将促进南北文化的交流,这就使隋炀帝首游江都具有大型官方文化巡礼的性质[3],大大加强了南北人士的融合和团结,有利于国家的统一。隋炀帝甚至还将后来收藏于东都宝碛、妙楷二台的名画书法"尽将随驾"[4],以在南方展示。作为总导演的隋炀帝,亦可谓用心良苦。

隋炀帝南巡既具有重大的政治文化使命,随行人员既有中原硕学鸿儒,如大文豪薛道衡,博学通识的牛弘,同时,还随身带来大批僧尼道士,回到江都四道场,讲经弘法,好不热闹。当年的总持菩萨现在是佛徒天子,炀帝莅临南方,也没有忘记对天台山僧团的眷顾,释史有载:"大业元年(605)九月,銮舆幸巡淮海,目光瞩江

---

[1] 《隋书》卷68《何稠传》。
[2] 《资治通鉴》卷180隋炀帝大业二年。
[3] 参见王光照:《试论隋炀帝三巡江都》,载《江海学刊》1987年第1期。
[4] 唐·张彦远:《历代名画记》。

南,惆怅台岳"①。

　　智者大师智𫖮圆寂后,杨广并没有放松对天台僧团的拉拢,当了皇太子后,也一刻没有中断与天台僧团的联系,信使不断,系情日深。仁寿元年(601)十一月初三,皇太子杨广遣太子右庶子张衡向天台山僧使灌顶、智璪宣令,问先师智𫖮"亡后有何灵异?"②十二月十七日,皇太子杨广又撰文敬告天台山寺先师智者全身舍利灵龛之座,并遣员外散骑侍郎兼通事舍人张乾威送僧使灌顶还山③,到天台山寺敬设蔬饭,并向山寺赐物,计有"大铜钟一口、鸦纳袈裟一领、鸦纳褊袒二领、四十九尺幡七口、黄绫裙一腰、毡二百领、丝布祇支二领、小幡一百口、和香二合、胡桃一笼、衣物三百段、柰麨一合、石盐一合、酥六瓶"④。天台山寺僧智者弟子上首智越收到赐物,于仁寿二年(602)正月六日奉启一封致谢⑤。不久,杨广又遣太子右庶子王弘往天台山施物,计有"飞龙绫法衣一百六十领、幡一百五十张、光明盐一石、酥五瓶"⑥。智越等于仁寿二年(602)四月十五日再奉启致谢⑦。这年八月十八日,皇太子杨广又遣右庶子张衡向天台山寺宣令,称江都慧日道场僧慧庄、法论二大师于东宫讲《净名经》,用的全是智者大师的疏,判释经文,杨广一日两次躬亲临听。为更好地理解经义,杨广令天台寺选派一谙熟智者法华经义者,入京讲论,并又赐物若干,遣扬州司功参军蔡恪

---

① 《国清百录》卷4《敕造国清寺碑文第九十三》。
② 《国清百录》卷3《僧使对皇太子问答第七十四》。
③ 《国清百录》卷3《皇太子敬灵龛文第七十五》。
④ 《国清百录》卷3《皇太子令书与天台山众第七十七》。
⑤ 《国清百录》卷3《天台众谢启第七十八》。
⑥ 《国清百录》卷3《皇太子重令书第七十九》。
⑦ 《国清百录》卷3《天台众谢启第八十》。

入山为智者设千僧斋①。大业元年(605)正月十三日,已即帝位的隋炀帝又遣内史侍郎虞世基、内史舍人封德彝向天台僧使智璪宣敕,让他传达圣旨,请智者弟子们"勿损先师风望"。又令右仆射苏威宣敕赐天台寺物五百段②。三月十七日,智越等得报又启奏陈谢圣恩。当隋炀帝巡幸江都的消息传到天台山,沙门智越等于八月三十日即派智璪奉启致贺,书曰:"仲秋已冷,伏惟皇帝陛下起居万福,越等早蒙垂覆,曲荷慈恩,山众常能安心奉国行道,伏闻舆驾巡抚,江都寺众欣踊,不任驰恋之诚"③。为迎銮舆,天台寺僧忙得不可开交。

从大业元年(605)九月到大业二年(606)三月在江都的半年时间,炀帝以帝王之尊广泛地接触了江南各界人士,特别是南方宗教人士,而与天台寺僧的接触更是频繁,不仅书信、使者往来不断,炀帝还亲自接见了天台寺使者及各路僧使。大业元年(605)九月十九日,天台寺僧使智璪等于楚州(今江苏淮安)华林园向隋炀帝呈送"起居表",炀帝让通事舍人李大方宣敕让他们至扬州相见。九月二十六日智璪与江南诸州其他寺院的僧使一大批人,"引对大牙殿前",受到皇帝亲切接见。隋炀帝称江南各寺院高僧为"师",自己谦称"弟子",他让宰相苏威向众高僧宣敕云:"和南师等,天气渐冷,师等各堪行道,弟子巡抚旧住,师等故能来相览,师等好去"④。已龙飞九五、身踞九鼎之上的隋炀帝能如此谦恭地尊称江南各路高僧为"师",自己谦称"弟子",不能不引起我们的注意。隋炀帝的这一姿态表明他并没有忘记当年藩居江都时为安定

---

① 《国清百录》卷3《皇太子弘净名疏书第八十一》。
② 《国清百录》卷3《至尊敕第八十三》。
③ 《国清百录》卷3《舆驾巡江都宫寺众参启第八十五》。
④ 《国清百录》卷3《僧使对问答第八十六》。

江南局势而延揽佛道人士,极具耐心地做天台智者大师工作时的努力,为了融合南北差异,维护国家统一,已当上皇帝的总持菩萨杨广更是深感责任重大,我们完全有理由认为,隋炀帝迫不及待地巡游江都,躬亲存问巡历淮海,就是他早年藩居江都时所从事的感化笼络江南人士以成天下一统伟大事业的继续和扩大。

释史《国清百录》卷4《僧使对问答第八十六》比较详细地记叙了隋炀帝接见存问天台僧使智璪的情况。大业元年(605)十一月二十日,通事舍人李大方引智璪入江都宫内,隋炀帝亲切地尊智璪为"师",揖让"师上座坐"。坐定,炀帝让张衡发问:"师等是先师之寺僧,众和合不?相诤竞是非不?"智璪欲起身回答,隋炀帝让智璪坐下,说:"师坐勿起"。智璪于是答称:"门人一众扫洒先师之寺,上下和如水乳,尽此一生奉国行道,不敢有竞是非,常以寒心战惧"。炀帝听罢大喜,连声称赞"好,好,好!"炀帝又问:"师等既是先师之寺,行道与诸处同,为当有异?"智璪又答:"先师之寺与诸寺有异,六时行道四时坐禅,处别行异,道场常以法奉为至尊"。炀帝听罢更为高兴,连称"大好,大好!"即让张衡宣敕,云:"弟子为先师度四十九人出家。"接着又宣布:"弟子欲为先师造碑"。并问智璪:"先师有若为行状?"智璪回答:"先师从先以来,讫至无常,其间灵异非止一条,并是弟子灌顶记录,为行状一卷,放在山内未敢看"。炀帝听罢又连称"大好,大好,弟子正欲为先师造碑"。接着炀帝又问:"灌顶师何在?"智璪答称灌顶在寺患痢疾40余日,本应出奉参见,却因病不堪在道。炀帝听罢又说了一声"好",接着又问寺中戒约,智璪回答:"先师在世有十条制约,名系于寺,若身居别处则不同止"。炀帝听后又连连点头称"大好,大好!"接着又问寺庙检修如何,当智璪答称屋顶有漏雨时,炀帝即表示:"弟子即敕使人检校"。接着,炀帝又对天台山寺诸多方面关照提问,智璪一一作答,最后宣敕:"弟子遣使送师等还寺,为先师作功德碑"。智璪辞出居栖灵寺,隋炀帝又派秘书监柳顾言来看望,请智璪回天台寺后即送智者行状,以便撰写功德碑云云①。

以上隋炀帝与智璪的对话,是我们现今所能见到的唯一一件隋禁内谈话的实录,是佛教天台宗僧侣以当时实情所作的比较可信的记录。我们今天见到的记载隋炀帝与天台宗往来书信及对话的释史《国清百录》编于隋朝,初为智者大师的门徒智寂编集的"先师遗迎信命",后因智寂在搜访未周的情况下圆寂,再由智𫖮的另一弟子灌顶续更撰次,意在"贻示后昆,知盛德之在兹"②。《国清百录》收录了陈、隋诸帝及诸王与天台僧众之间的往来敕疏书启,特别是隋炀帝与天台宗的每一次交往,都有详细记载,是不可多得的第一手资料,可以补正史之缺,其史料价值远在隋唐小说《大业杂记》、《开河记》、《海山记》等之上,应当受到学界重视。

从隋炀帝与佛教天台宗僧使智璪的对话来看,当年的总持菩萨倒是没有因当了皇帝而摆架子,显威风,而是平易近人,和蔼可亲,仍然保持了当年延揽智者大师时的谦恭样子,口称弟子,尊佛教长者为师。隋炀帝于大业元年(605)九月二十六日在大牙殿接见南方各大寺院的僧使,十一月二十日又单独引见天台智璪于禁内,推之于上座,苦口婆心,促膝谈心。这哪里是游玩,分明是工作,是在对江南宗教界做意识形态文化融合的工作。这一工作从开皇十一年(591)移镇江都开始,杨广极具耐心地做了十多年,现在终于收到了成效。如果说当年智者大师对弟子杨广的百般延揽视而不见,凛然不附,对大隋王权心存观望,至死也没有依附隋朝,

---

① 《国清百录》卷3《僧使对问答第八十六》。
② 参见徐三见:《国清百录之初步研究》,载《东南文化》总102期。

那么天台宗智者大师的门徒弟子们在大师死后却积极主动地向皇权靠拢。杨广当了皇帝后在政治上对天台宗更是大力扶植,据《国清百录》记载,智者大师生前设计并得到当时的晋王杨广资助的天台山新寺庙,正好于大业元年(605)建成,时在江都的隋炀帝即下敕征求佛教界意见,为山寺题名,敕称:"前为智者造寺,权因山称,经论之内,复有胜名,可各述所怀,朕自详择"①。天台山僧使智璪立即奏称:"昔陈世有定光禅师,德行难测,迁神已后,智者梦见其灵云:今欲造寺未是其时,若三国为一家,有大力势人当为禅师起寺,寺若成国即清,必呼为国清寺,伏闻敕旨欲立寺名,不敢默然,谨以启闻"②。天台智者大师的弟子们编造大师生前指示:"王家造寺,陈、齐俱灭,隋方代周,此三国成一是也"③。这说明起于南朝的佛教天台宗智者大师的弟子们已完全认同了大隋皇统,隋炀帝十多年坚持不懈的努力,终于结出了丰硕的成果。在得到智璪的启奏后隋炀帝欣喜万分,立即表示同意以"国清"命寺名,以应验智者大师"三国成一"的美意。显然,隋炀帝自己便是智者预言起寺的"大力势人",是南方佛教的最有力的保护者,大檀越(施主),法轮王。于是即下敕云:"此是我先师之灵瑞,即用即用,可取大牙殿榜,填以雌黄书以大篆,付使人安寺门"④。隋炀帝御笔亲题"国清寺"三个大字,自后国清寺名历尽千载,至今山寺仍屹立在佛教圣地天台山中。

山河一统,举国澄清,隋炀帝南巡江都,顺应了南北朝以来南北文化区域发展必然融合的大趋势,炀帝不惜糜费,造作龙舟,编

---

① 《国清百录》卷3《敕立国清寺名第八十七》。
② 《国清百录》卷3《表国清启第八十八》。
③ 《佛祖统记》卷6《四祖天台智者》。
④ 《国清百录》卷3《表国清启第八十八》。

制羽仪,制礼作乐,南国采风,抚慰南人,其实质是以文化联络来巩固政治统一,具有重大深远的历史意义。

特别是隋炀帝对南方佛教天台宗的政治扶植,终于使天台宗最早形成独立的佛教宗派。天台宗以天台山为基地,起于南朝融合了南北佛教各家,智者大师独创方便法门的"三谛圆融"之说,使天台宗销铄了几百年的南北偏好,树立起不同于印度佛教的具有中国特色的新宗派,这标志着真正意义的中国佛教的诞生,而统一王朝正需要这样的学说来建立隋最高神学。隋炀帝对智者大师及其天台宗教义"亲所闻见,众咸瞻仰","荆楚莫不归伏",对智顗独创的佛教学说他曾深有体会地说:"智者融合甚有阶差,譬若群流归乎大海"①。为此,隋炀帝对天台宗不遗余力地加以扶植,这就使历史出现了巨大反差,起于北方关陇地域的隋王朝虽以强大武力征服吞并了南方佛国陈朝,但十多年后在意识形态特别是宗教文化思想上,南方教派和学风却以其精深反客为主,融合北学,成为统一王朝的官方神学,并且让北人心服口服,南人欣欣鼓舞,这就使得隋朝大一统的局面更加巩固。这与隋文帝朝的情况也形成了鲜明的对比,说明隋炀帝一即皇帝位就以其最高皇权适时进行了重大政策调整,南巡江都正是这一重大政策调整的重要政治步骤。如果我们能以这样的大背景分析隋炀帝开运河下扬州,拨开因历代诗人小说家不负责任的随意编造所萦绕在炀帝身上的迷雾,深入洞察隋炀帝南巡的重大政治文化意义,我们就不会简单地认为巡游江都是隋炀帝个人的骄奢矜伐荒淫之举,而是和营建东都、开凿大运河工程一样,也是功在当代,利在千秋的伟大事业。

隋炀帝首巡江都在南方度过了一个冬天,于第二年春天,即大

---

① 隋·灌顶:《隋天台智者大师别传》。

业二年(606)三月庚午(十六日)离开江都,乘龙舟溯运河而上北返。四月庚戌(三十一),隋炀帝一行大陈法驾礼仪,备千乘万骑,车声辚辚,马声笃笃,缓缓进入刚竣工的洛阳新城,大张旗鼓地搞了一个隆重的入城式,算是胜利结束南巡,验收了新都洛阳。次日,隋炀帝又亲御皇城正南的端门,宣布大赦,免除天下今年租税①,给全国人民减轻负担,以示喜庆。丰硕伟业大功告成,隋炀帝自己更是万分高兴。

第五节　帝王若竭生灵力　大业沙崩固不难

隋炀帝即位之初,就以其非凡气度,惊人的魄力,征发数百万男女,大干快上,举办了好几件前人不敢放手大干的工程。像营建东都、开凿南北大运河、掘长堑、置关防、开驰道、筑长城、置粮仓、造龙舟、巡游江都、制羽仪等,几乎每一件事都有其正当理由,几项大工程也都是功在当代、利在千秋的大事业,广置离宫亦是为了巡狩之方便,也未必可一笔抹煞。然而,隋炀帝所干每一件事既都是大好事,为什么千年来却是一片叫骂声?把隋炀帝描绘成一个昏君暴君,岂不怪哉?冤哉?

隋炀帝蒙受了许多不白之冤,使许多有识之士奋起为他翻案。的确,只要比较一下与隋炀帝同处一个时代的其他君主,如同是亡国之君的北齐后主高纬、北周天元宇文赟、南陈后主陈叔宝,是鹰是鸡就一目了然。这3个亡国昏君的共同特点是全无政治抱负,没有建功立业之心,唯知一味享乐,天下大事国家政务全抛到九霄云外,他们才是真正的昏君,当了皇帝拥有无上权力却没有半点责任心,没有

---

① 《隋书》卷3《炀帝纪上》。

想为子民办一件好事,与隋炀帝相比,真可谓天地之间天壤之别。

隋炀帝区别于历史上诸多昏君的一个最大特点是,他不是一个只顾个人享乐而无所作为的君主,他想干好事干大事成圣王之业,想大有作为。但干好事的心太大,结果走向了反面,成为亡国之君。旧小说有诗云:"禹王治水争言利,炀帝修城尽道荒。功业相同仁暴异,须知别自有商量"①。旧史评隋炀帝曰:"山陵始就,即事巡游,以天下承平日久,士马全盛,慨然慕秦皇、汉武之事,乃盛治宫室,穷极侈靡"②。古人批隋炀帝侈靡荒暴,但也承认隋炀帝想仿效大禹、秦皇、汉武,成就一番圣王之业。然"功业相同仁暴异",其结果是走向了反面,仁政和暴政的区分似乎就在于一念之差。不能说古人的论断就没有其一定道理,但旧史旧小说从正面提出了深刻的问题,却不能从正面去作科学分析。何以圣王之业会变成亡国之政,古人只好归于宿命,隋炀帝于是被描绘成一个天生的大坏蛋,所干的好事也都只能是为了一人之淫乐,和周天元及高纬、陈叔宝两个后主差不多,是昏暴之君,天生祸国殃民,以致亡国。因此对隋炀帝举办的所有"大业"都予以无情的否定,进而是大肆丑化污蔑,使之与历史事实相去甚远。

近几十年来,中外史学界本着实事求是的治学态度,纠正旧史特别是旧小说的谬误,试图对隋炀帝营建东都、开凿大运河、修长城、巡游等事以及炀帝本人重新作出公正的评价,写出了相当多的翻案文章。自从1959年第一篇公开为隋炀帝翻案的学术论文发表后,在60年代初及80年代以后,国内史学界就评价隋炀帝问题进行了两轮学术讨论。有不少学者提出,隋炀帝"虽是亡国之君,

---

① 《隋炀帝艳史》第14回。
② 《隋书》卷4《炀帝纪下》史臣曰。

却是有为之主",他即位后顺应历史潮流,迅速把隋朝的政治、经济、文化推向了极峰,"是很有才能和气魄的政治家"。是一位"同秦始皇、汉武帝一样的具有雄才大略的政治家和军事家"。他一生"作了不少有利于中国古代经济文化发展的事业,对促进历史的发展是有贡献的"。他的"一系列国事活动,无不具有建设和发展统一国家的历史内容,是个有重大历史贡献的杰出人物"。

关于营建东都洛阳,不少学者认为这是当时政治经济形势所决定,有其必然性和合理性。隋炀帝营东都是战略眼光远大,是为了更好地控制山东及江南地区,以稳固隋王朝的统治基础,是继承其父隋文帝的未竟之业,不失为明智之举。关于开运河,也是适应当时政治、经济发展的需要。有学者指出,隋炀帝在条件已成熟时不失时机地发起和组织了这一雄伟工程,完成了时代赋予的重大使命,建立了不可抹煞的功绩。大运河的开凿加强了南北经济文化交流,促进了社会进步,权衡利弊,还是利大于弊。关于巡游,也是有明确的政治目的,是为了加强对地方和边防的控制,为了求治。巡游与营造东都、开运河一样,都不是单纯为了游玩享乐。学者们也都承认隋炀帝确有种种恶政,但历史功绩不容抹煞,不应全盘否定,等等。于是提出隋炀帝是一个"功大于过"的历史人物。旧史旧小说在隋炀帝脸上抹了不少黑,把颠倒的历史再颠倒过来是历史学者的神圣责任。有学者呼吁天下人还隋炀帝一个公道,不要以成败论英雄,不要总把隋炀帝当反面教员。然而,要给历史人物翻案或作最后结论,并不那么简单,尚有许多问题亟待解决。有的学者宣称对历史人物思想和活动应有具体分析,不但否认开运河、建东都、巡游是"暴政",而且否认隋炀帝是一个"千古暴君",有人干脆宣言:"暴君乎?英主乎?荒淫乎?雄杰乎?浮言不可枉信!"认为隋炀帝有功于民族国家,不但不是暴君,而且是一位伟大的皇帝。当然,这种过了头的评价,学术界并不是一致同意,也有不少学者撰文认为隋炀帝"过大于功",是一个"不折不扣"的暴君,论者就隋炀帝"功大于过"还是"过大于功"论争相当激烈,意见分歧很大①。

---

① 笔者检索并参考过的论文,主张隋炀帝"功大于过",或对炀帝所兴诸役进行辨析的论文有万绳楠《论隋炀帝》,载《史学月刊》1959 年第 9 期;赵克尧《隋炀帝再评价》、《隋炀帝评价的再探索——对吴恩强异议的质疑》,分别载《温州师专学报》1986 年第 4 期和 1989 年第 1 期;韩隆福《论隋炀帝的历史作用》,载《安徽史学》1986 年第 3 期;胡乾《千秋功罪说隋炀》,载《运河访古》一书,上海人民出版社 1986 年版;赵云旗《论隋炀帝评价中的几个问题》,载《学术月刊》1984 年第 7 期,又《评隋炀帝的历史功绩》,载《晋阳学刊》1986 年第 1 期;韩乐学《试评隋炀帝》,载《西北师院学报》1985 年第 4 期;刘勇《试论隋炀帝》,载《湖北师院学报》1989 年第 1 期;武伯纶《略论隋炀帝及其葬地》,载《文博》1992 年第 5 期;华世铫《关于评价杨广的几个问题》,载《中国史研究》1995 年第 4 期;高敏《关于隋炀帝迁都洛阳的原因》,载《魏晋隋唐史论集》第 2 辑,中国社会科学出版社 1983 年版;伯岳《隋炀帝为何营建东都洛阳》,载《西北大学学报》1987 年第 2 期;童毅之《隋炀帝营建东都与山东士族》,载《历史教学》1987 年第 3 期;王义耀《关于隋炀帝开运河评价中的几个问题》,载《学术月刊》1964 年第 8 期;洪学《关于隋炀帝开运河的评价综述》,载《学术月刊》1964 年第 9 期;樊树志、徐连达《从隋炀帝开运河谈起》,载《文汇报》1964 年 1 月 7 日;翁俊雄《也谈隋炀帝开运河的问题》,载《文汇报》1964 年 3 月 5 日;晏金铭《隋炀帝开运河的历史评价》,载《求索》1982 年第 3 期;胡乾《炀帝西巡》,载《丝路访古》,甘肃人民出版社 1982 年版;王光照《论隋炀帝三巡江都》,载《江海学刊》1987 年第 1 期。主张"过大于功"并对前论提出商榷的论文有:魏福昌《隋炀帝是不折不扣的暴君——与万绳楠同志商榷》,载《史学月刊》1959 年第 9 期;曹永年、周增义《论隋炀帝的功与过——兼与万绳楠同志商榷》,载《史学刊》1960 年第 1 期;黄惠贤《略论隋炀帝之暴政》,载《武汉大学学报》1983 年第 4 期;褚祖煜《隋炀帝时期民役的特点及形成原因》,载《历史教学问题》1987 年第 6 期;吴恩强《隋炀帝的再评价异议》,载《温州师院学报》1989 年第 1 期;何灿浩《评炀帝之政的性质及成因》,载《宁波师院学报》1989 年第 1 期;罗嗣忠《浅谈铸成隋炀暴君的客观历史必然性》、《隋炀帝的个性特征及其社会后果》,分别载《青海师范大学学报》1991 年第 2 期、1994 年第 1 期;等等。上述论文对笔者启发很大,不少论点为本书所吸收并引述,谨志谢忱。

本书对学界的论争作了广泛收集整理,试图在吸收学术界已有研究成果的基础上,再作进一步分析。正如前几节所述,我们认为隋炀帝兴建的东都、堑道、长城、运河、龙舟等每一项大工程在当时都有其一定理由,都不是单纯为了享乐、游玩,可以说没有一件不是利在治国,而且实际上也是功在当代,利在千秋,隋炀帝可谓对中华民族,对子孙后代作出了突出贡献。特别是从主观上看,隋炀帝的用心可以说都是好的,而且干好事的心很大,很迫切,不是有如北齐后主高纬、北周天元宇文赟那样不负责任地瞎胡闹。营东都、凿运河、巡江都等大役都不是一时心血来潮、随心所欲之举,而是经过通盘考虑精心策划的"大业",是出于国家利益的考虑。在营造东都、开凿运河、巡游江都之前数月,隋炀帝发布了诏书,事先诏告天下。我们可以推测,从仁寿四年(604)十一月癸丑(二十一)诏发,至大业元年(605)三月丁未(初五)正式启动营东都工程,辛亥(二十一)启动运河工程,其间炀帝君臣对诸大工役是进行了详细论证的。隋炀帝志向非凡,试图追秦皇、汉武,成不世之功,这没有什么不好,像隋炀帝这样雄心勃勃想干大事业的皇帝在中国历史上实在不多。况且所干的每一件大业都是顺应了历史发展潮流,适应了当时统一后王朝政治经济文化发展的需要。别人想干不敢干,甚至连想也不敢想,隋炀帝狠狠心,一下子全都付诸实施,确实表现了隋炀帝是一位有为的君主,是具有远见卓识有魄力的杰出政治家,这是他与高纬、宇文赟、陈叔宝等亡国昏君的根本区别。如果说要为隋炀帝翻案,我赞成先摘掉昏君的帽子,他不但不昏庸,而且有才有能,敢作敢为,是当时第一流的政治家。

隋炀帝决不是一个昏君,然而,他暴不暴就是另外一个问题了。昏和暴并非同义词,是两个不同概念,不能混为一谈。昏是昏聩无所作为,只顾玩乐荒政祸国,暴指残酷无情,不恤民力,驱民于水火。当然,有的皇帝既昏又暴,如周天元宇文赟,但周天元没有什么才能,施暴的范围有限,掀不起狂风大浪。昏君既无德又无才,而暴君则可能有才而无德,隋炀帝的政治才能是无可怀疑的,但他为君仁德如何,他对被统治的千百万子民的态度如何,就成为评价他暴不暴的关键问题了。

要在理论上说明隋炀帝是一个暴君似乎比较容易,因为按照阶级分析的观点,隋炀帝残酷压榨剥削役使百姓,最后被农民起义推翻,他怎么能不是一个暴君呢?然而,否认隋炀帝是"千古暴君"的学者却提出:"试想,历史上哪有一个有作为的封建帝王的丰功伟绩不是和'民不聊生'联系在一起呢?那些威震一代的英雄豪杰,有谁不是以光辉和阴影为表里呢?再说,在古代修好一条数千里的运河不付出极大代价是不可能的,那种要求隋炀帝既要完成这一工程又不许加重农民负担的论点是不合情理的"。翻案者将阶级分析的观点放到了一边,却又宣称是根据马克思主义对历史人物思想和活动应进行具体分析的要求和对英雄史观的批判的观点立言[1],这显然造成了理论上的混乱。为了将道理讲述得更清楚,我们还是以历史事实来说话。

隋炀帝是卓越的政治家,他高瞻远瞩有魄力,顺应历史潮流要干大事干好事创大业,"大业"年号意味着辉煌繁盛。然而,如何完成其大业,如何把炀帝心中的好事、大事都干好,流芳千古,成不世之功,就不是一个简单的问题了。历史没有玩笑可开,好事可能变成坏事,事情可能走向反面。虽然皇帝权大无边,可以调动一切,但也不能心想事成。特别是办大事创大业更要付出沉重代价。所以,一个有责任心的最高统治者,在办大事之前,就不能不考虑

---

[1] 赵云旗:《论隋炀帝评价中的几个问题》,载《学术月刊》1984年第7期。

成就大事的主客观条件。大业初年有没有财力和物质条件支持如此浩大的一系列工程呢?从役的劳动人民是否承受得起?天下子民到底愿意付出多少血汗作出多少牺牲来为后代造福,为今上建功?这是兴办大役的唯一决策者隋炀帝必须首先考虑的问题。

隋炀帝是否考虑了成就大业的客观条件呢?我们认为像他这样卓越的政治家,是不会不加考虑的。首先是物质条件,隋炀帝即位时,隋立国已25年,天下一统亦几近20年,由于先皇隋文帝的节俭储积,隋国库的确拥有巨大的财富。开皇十七年(597),"中外仓库,无不盈积"①,到隋文帝末年,"天下储积得供五六十年"②。所以元人马端临说:"古今称国计之富者,莫如隋"③。清人王夫之也说:"隋之富,汉、唐之盛未之逮也"④。到大业初年,正值"天下承平日久,士马全盛","赤仄之泉,流溢于都内,红腐之粟,委积于塞下"。这就为炀帝大兴工役提供了必要的物质条件。于是炀帝"负其富强之资,思逞无厌之欲,狭殷周之制度,尚秦汉之规摹"⑤。得以下决心大干快上,大兴工役,成不世之业。后来唐太宗曾对侍臣王珪说:"炀帝恃此富饶,所以奢华无道,遂致灭亡"。认为"炀帝失国亦此之由"⑥。

唐太宗所说虽有一定道理,但并不完全对,物质条件具备,不以丰富的财力筹办大事,而死守库房,是昏庸的表现。隋炀帝不至于当守财奴,失国原因也并不在此。但财力充沛,还必须考虑民力能否承受,对此,隋炀帝的考虑恐怕就未必尽当,其失国原因恐怕

---

① 《隋书》卷24《食货志》。
② 《贞观政要》卷8《辨兴亡第三十四》。
③ 《文献通考》卷23《国用考》。
④ 《读通鉴论》卷19《隋炀帝》。
⑤ 《隋书》卷4《炀帝纪下》史臣曰。
⑥ 《贞观政要》卷8《辨兴亡第三十四》。

也可追溯于此。

隋全盛时有人口约4600余万,人力资源也是丰富的,但并非取之不尽。举办大型公共工程虽可说民力能够承受,如隋立国之初文帝就营造了比东都洛阳规制更大的长安大兴城。但如果连续举办大型工程,民众从役的承受能力就有一定限度。然而,隋炀帝考虑的不是民役的限度,而是其强大的皇权到底能征集到多少人。隋炀帝相信,权力无限,征调的人力也就无限,因此,民役是没有限度的,皇帝可以随心所欲地举办他想办的一切大型工程。

隋炀帝手中有钱有粮,而且有权,不仅具备了经济条件,更加具备了政治条件,政权力量令人生畏,即使没有经济条件,也可用政治强力实行超经济强制,只要有了权,没有条件可以创造条件。皇权可以支配一切,只要皇帝一声令下,就可能化作全民行动,君权无限,国家人力、财力、物力高度集中,当然也就具有巨大的能量,干出一般人难以想象的大事业。

从主观上讲,隋炀帝是想干好事,干大事,利国利民,成圣王之业。然而,要成就大业举办大型工程,必须役使千百万子民来贡献体力,否则,将一事无成。我们知道,封建专制国家的基础是一家一户从事个体生产的小农,小农经济最脆弱,经不起折腾,正如马克思所言:"对小农来说,只要死一头母牛,他就不能按原来的规模来重新开始他的再生产"[①]。在生产力极其低下,没有大型机械的古代,要开凿千里运河,修筑万里长城,谈何容易,全靠劳动者一双手,一锹一锹地铲,一石一石地搬,专制政府只能依靠政治强力,行政命令,征集大量役夫,搞人海战术,才可能兴办大型工程。于是几十万、几百万农村丁壮被迫离开农业生产,被官府征调从役,

---

① 《资本论》第三卷,人民出版社1987年版,第678页。

每征发一次大役,不但必然要影响农业生产,致使"耕稼失时"而破产,而且必然有大批青壮劳动力因工伤劳累而死亡。而农业是古代社会的基础,农民是国家的基石,先儒宣言的"民为邦本,本固邦宁"的道理,王朝统治者不是不知道。因此,举办大型工程理应慎重,皇帝必须首先考虑子民能否承受,要考虑子民的生存状态。大型公共工程不是不能办,但要掌握一个"度",这个"度"就是子民的承受能力,不计成本滥用民力,驱民于水火,役黔首于死地,无视人民最起码的生存权利,就必然产生暴政。隋炀帝错就错在这里,暴就暴在这里,亡国之由亦在于此,他大兴工役,虐用民力,大大超出了人民的承受"度",从而形成苛暴之政。

有史家指出:"使用民力过度,妨碍生产自然不好,但不能这样就把开运河这件事否定掉,斥之为暴政。古代各王朝土木工程没有一件不是使用民力过度的,秦始皇、隋炀帝的大兴土木是两个突出的例子,只要这种土木工程对当时与后代有利,就应该肯定。如果简单斥为暴政,劳民伤财,那古代就不应该有什么土木工程建筑了。如果没有那些大大小小的工程,社会也谈不到能有什么发展"①。此话初一看,似乎很有道理,但若仔细分析,就会发现言过其实。古代大大小小的工程固然要搞,更何况利国利民,功在当代,利在千秋的大工程呢!但是大工程为什么不可以在当时民众能承受得起的限度内有计划地适当地搞,而要争时间,抢速度,役使百万民众一哄而上,不顾人民死活搞人海战术,使民众死亡相属呢?民众最起码的生存权利不能不受尊重,不能因成一人之功业而叫万民就死。也不能为造福后代就要叫当代人作无谓的牺牲。大运河工程固然重要,但为什么就不可以搞得慢一点,10年工期

---

① 万绳楠:《论隋炀帝》,载《史学月刊》1959年第9期。

不算长,至少可使被役民众喘口气,得以保全性命,留给一点最起码的生存权,也算是皇帝给人民的德政。况且,历史也并没有要求隋炀帝一人一朝去完成千里运河工程,实际上南北大运河也是春秋至清几千年不断挖掘的成果。要人民付出代价可以,但不能付出死亡的代价。

然而隋炀帝不顾人民死活,不但好大喜功,而且急功近利,大兴工役来得十分急,且多而集中,在大业初年半年内,连续下令掘长堑、营东都、凿运河、造龙舟、巡游江都、制羽仪等,役使男女数百万。而且,此役绵绵无绝期,一项工役尚未完成,新的工役又起,一次巡游刚完马上又接着另一次巡幸。百役繁兴,六军不息,竭尽国力,大兴土木,惟权力意志是用,根本不考虑民众的承受能力,"视亿兆如草芥"①,不把民众最起码的生存权利放在眼里。因"土木之功不息",隋炀帝时的民役苛重不仅远远超过文帝之时,而且在中国古代历史上也是罕见的。

明代学者李贽辑录史料,述隋炀帝劳民伤财之事最为详备②。今人胡如雷先生对仁寿四年(604)隋炀帝即位起至大业八年(612)第一次东征高句丽,8年时间所役用的人力,也作了一个大致的估算,虽然不一定十分准确,但这种量化极有利于我们作进一步的分析。胡先生统计8年时间的22项力役共征用人力约3012万余人,并宣称没有明确记载而无法计算的工程还有很多,除外还有郡县正常的徭役、兵役,劳役之苦,人民负担之重,实难以想象。大业年间隋全国人口4600万,22项劳役就征用人力3000余万,

---

① 《隋书》卷71史臣曰。
② 《藏书》卷7《世纪·隋炀帝杨广》。

几乎是全民就役①。由于劳役不息,不堪重负,当时人称"天下死于役"②。而四海从役,天下骚动,为的就是要成就隋炀帝一人之功业。

虽然隋炀帝兴办的每一项工役都对国家有利,功在当代,利在千秋,营东都、开运河、修长城、巡行都可谓大好事,但如果将这些大好事相加,人们就不难发现,其劳役总量惊人,规模空前,大大超出了当时劳动人民能够承受的限度。而且工役空前严急,修千里运河仅用几个月,为如期完工,督役官吏必然苛暴残忍,稍有怠慢便举鞭打人促工,不仅是严政、苛政,而且是急政。孔子讲苛政猛于虎,我们要再加上一句,急政狠如狼。

大规模的急政,使诸多德政统统走向了反面,成为系统的暴政。隋炀帝慕秦皇、汉武之功,大兴工役要创不世之业,结果以严急,不顾民众死活而形成空前规模的暴政。当然,炀帝必须对此暴政负责,而他的暴,不是对国家暴,也不是对民族暴,更不是对后代暴,相反,对国家、对民族、对后代他是有功的。他的暴是对人民暴,对被他统治下的活生生的子民施之以暴政,他为国家民族的利益,为自己建千秋万代之功,不惜驱其统治下的千百万生灵就死,为后代牺牲当代人,急功近利,好大喜功,把自己的功业建立在千百万人的白骨之上,结果形成大规模的系统的暴政。

隋文帝修仁寿宫,"役使严急,丁夫多死",但文帝感到内疚,适可而止。而隋炀帝对民夫从役死亡却无动于衷,营东都时每月役丁200万,"役使促迫,僵仆而毙者十四五"。大业三年(607)发丁百余万修长城,"死者十五六"。十之四五、十之五六是古人夸

---

① 胡如雷:《关于隋末农民起义的若干问题》,载《文史》1981年第11辑。
② 《隋书》卷24《食货志》。

张之笔,死亡人数虽不可能半数以上,但其数当不会太少。虽然隋炀帝营东都时宣言"务从节俭",又宣言"轻徭薄赋"①,但都不过是一纸空文,他置自己亲手制定的法令条规于不顾,行非常之役。

按隋文帝开皇初年定的赋役,以一床(一夫一妇)为单位,田租粟3石,户调绢2丈;男子18岁成丁服役,岁役20日,"不役者收庸"。开皇十年(590)又规定,民年50,"免役折庸"。炀帝即位后对文帝规定的租调力役,又以法的形式加以减轻,据《隋书·食货志》:"炀帝即位,是时,户口益多,府库盈溢,乃除妇人及奴婢、部曲之课,男子以二十二成丁"。成丁由18岁增为22岁,推迟了4年,这意味着男子可以减少征4年赋役;妇女不授田也不课税,是减轻了人民的负担。如果从法制上看,炀帝之赋役轻于文帝朝,据此从表面上"看不出炀帝是一个暴君"。但这并不说明问题,因为炀帝行法外之法,举非常之役,营东都、凿运河、修长城所征发的力役,都不是农民的正役,而是役外之役,其役外之役规模之大,是正役的数十百倍②。

隋炀帝表面上装着仁君模样,仁者爱人,经常宣布大赦,免除民众部分赋役。据《隋书·炀帝纪上》,大业元年(605)秋七月丁酉(初九),"制战亡之家给复十年",即免征赋役10年;冬十月己丑(初二),赦江淮以南,扬州给复5年,旧总管内给复3年;大业二年(606)四月辛亥(二十七),大赦,免天下今年租税。大业三年(607)四月甲申(初六),大赦天下,关内给复3年。大业四年(608)八月辛酉(二十一),巡幸河北,大赦天下,车驾所经郡县,免1年租调;九月,诏免长城役者1年租赋。大业五年(609)西巡,六

---

① 《隋书》卷3《炀帝纪上》;卷24《食货志》。
② 黄惠贤:《略论隋炀帝之暴政》,载《武汉大学学报》1983年第4期。

月戊午(二十三),大赦天下,陇右诸郡给复1年,行经之所,给复2年①,5年之中凡7次下诏免役。隋炀帝每巡游一次,所过郡县往往给复免征赋役若干,但实际上,所过郡县皆令献食,不仅比正常赋役重数倍,郡县吏更"竞务刻剥,以充贡献",耗费之大,无以数计。结果是租赋之外,征税百端,"奸吏侵渔,内外虚竭,头令箕役,人不聊生"②。诏纸上的承诺落不到实处,如本有丁岁役20日的规定,但炀帝征役从无限制,横征暴敛,虽然明令"除妇人之课",但大业四年(608)凿永济渠,却"丁男不供,始以妇人从役"。一方面大赦天下给复免除租税,减轻人民负担,另一方面又大征工役向子民大规模无偿索取,二者几乎是同时同步进行。炀帝言行相悖,表里不一,说话不算数,自己违反自制的法规诏令,因此,我们不能仅凭几道赦文诏令就认同隋炀帝的德政,认为是皇恩浩荡。从实际政治来看,纸上的恩惠根本没有具体落实到百姓,说的是尧舜之言,行的却是桀纣之事,对人民是狠毒至极。大赦、给复、蠲免等等,亦不过是"矫情饰行,以钓虚名"而已。

清人王夫之称:"隋之毒民极矣,而其殃民以取灭亡者"③。隋炀帝以其政治强力率意孤行,随意向人民索取,不考虑人民的承受能力,不顾百姓的死活,为成一人之功业而虐用民力,人民苦不堪言,死亡相属,惨不忍睹。如营东都总计10个月,每月役丁200万人,总役丁数达2400万人次,搞的是人海战术,为抓时间抢速度赶造出新都城,役夫每日无夜拼命地干仍然紧急。隋炀帝"又命黄门侍郎王弘、上仪同於士澄往江南诸州采大木,引至东都,所经州

---

① 《隋书》卷3《炀帝纪上》。
② 《隋书》卷4《炀帝纪下》。
③ 《读通鉴论》卷19《隋炀帝七》。

县,递送往返,首尾相属,不绝者千里"①。大江南北从役者更不计其数。宫殿的梁柱要从豫章(今江西)采伐,两千人曳一柱,下施铁毂,若用木毂,很快就因磨擦生火,烧坏不能用,但就是铁毂也往往走一两里就坏了,要有数百人专门拿着铁毂更换,一天只能走20—30里,这样计算,一根木柱的运输就要花数十万工②。为促期完工,东都督役官吏督役严急,在凶颜恶煞的督役皮鞭下,役丁僵仆而毙,"所司以车载死丁,东至城皋,北至河阳,相望于道"③。东都虽营造得十分宏伟,但它是在人民白骨上建立起来的,这样大的工程用10个月完工,只有极权专制的皇帝,用行政强暴手段,超经济强制的办法才能实现。唐人胡曾《阿房宫》诗云:"新建阿房壁未干,沛公兵已入长安。帝王若竭生灵力,大业沙崩固不难"④。建立在人民白骨之上的"大业",像沙崩一样容易轰然而垮。

开凿大运河也一样,当时劳动人民为此付出了巨大的牺牲。大运河在开凿过程中,动用了民夫数百万,大业元年(605)开通济渠征发"河南诸郡男女百余万"(见前引);修邗沟又征发了淮南民夫10余万(见前引);大业四年(608)开永济渠征发了河北诸郡男女百余万(见前引);大业六年(610)开通江南河役民数目缺载,估计亦在百万,合计总数在300多万。"丁男不供,始以妇人从役",运河所经之地几乎男女老少齐上阵。隋炀帝完全是以政权力量,不计报酬就驱使了数百万民众从役,而且工役如此严急,通济渠和永济渠这样长达千里的运河都是几个月就完成了的。可以想象,在官吏不顾民夫死活严厉督役之下,从役男女没日没夜地干,经久

---

① 《隋书》卷24《食货志》。
② 《隋书》卷24《食货志》。
③ 《隋书》卷24《食货志》。
④ 《全唐诗》卷647。

不息地劳作,受冻挨饿,加上疾病侵袭,死亡相属。唐人小说《开河记》描绘开通汴渠征发劳役的情况:"炀帝有敕,朝堂有谏开河者斩之,诏以征北大总管麻叔谋为开河都护。诏发天下丁夫,男年十五以上,五十以下者皆至,如有隐匿者斩三族。炀帝以河水经于卞,乃赐卞字加水(汴)。丁夫计三百六十万人,乃令五家出一人,或老幼、或妇人等,供馈饮食。又令少年骁卒五万人,各执杖为吏,如节级、队长之类,共五百四十三万余人。麻叔谋乃令三分取一,分人自上源而西,至河阴,通连古河道。至渠成,点检丁夫,约折二百五十万人,其部役兵士,旧五万人,折二万三千人,下塞之处,死尸满野"[①]。小说中的死亡人数虽有夸张,不可全信,但人民的劳苦牺牲确实很大。后代小说对此又加以渲染,正如孟姜女哭倒长城的故事一样,在民间流传。

1984年运河访古考察队在隋运河所经的泗县听到了民间"哭孩头"的传说故事,说是安徽泗县东北20里古汴河边上有小镇叫枯河头,隋朝时称"哭孩头"。据说隋炀帝所命开河都护麻叔谋不但杀了完不成任务的民夫的头,而且杀百姓的小孩吃,百姓为记住这个仇,把镇名命曰"哭孩头"。直到解放后镇名才改为枯河头。又宿县文物工作者说,1950年冬疏浚濉河时,发掘出许多稷子,群众传说隋炀帝下扬州时因此段河道地势较高,水枯不通船,乃命用稷子拌香油铺在干河床上,再纤挽龙舟滑行,有歌曰:"隋炀帝下扬州,楚国稷子伴香油"[②]。民间传说不见得是真实的历史,但表达了人民的爱憎。人民最痛恨统治者滥用民力,耗费民财,不顾百姓死活。隋炀帝兴大役虽功在国家,但遭到了人民痛恨。

[①] 《开河记》,见《说郛三种》,上海古籍出版社1988年版,第5096页。
[②] 《运河访古》,上海人民出版社1986年版,第48页。

有学者以大业六年(610)前没有爆发农民战争,来论证隋炀帝大兴工役尚未超出当时农民所能承受的限度,农民大起义是大业七年(611)征辽引发的,以此来说明炀帝大兴工役并未构成对人民的暴政。这也不能令人信服。我们在前面论证了大业年间举办的一系列大型工程,都是经隋炀帝通盘考虑,并亲自决断实施的。以洛阳新城为中心,以运河为双臂,四方巡游,加强控制,巩固统一,每一项工程包括修建一座座离宫这样相对较小的工程,都在炀帝宏伟规划之中,具有建设和发展统一国家的历史内容,后来的征讨高句丽更是隋炀帝心目中的大事业之一,而开永济渠就是为了兴辽东之役,大兴兵役征辽和大兴工役营建大工程之间,并非没有联系,都是炀帝急于要干的大业。隋炀帝狂妄自大,予智争雄,为所欲为,功业好事他想一个人成就,要气吞宇宙,功盖万代。他巡游江都3次,征讨高句丽也是3次,接二连三,实在是太过分了。隋炀帝想建功立业但心中不存百姓,所举办的所有工役没有一件是与生产的发展直接相关,丝毫不考虑人民的生计,不考虑现实民生。大役迫使无数农民离开土地,脱离生产第一线,致使百姓穷困,财力俱竭。由于役重,为避役,青壮农民竟自残肢体,谓之"福手"、"福足",到唐初贞观盛世,"遗风犹存"[①],最后实在活不下去,只有铤而走险,造反起义,反抗暴政。

主张为隋炀帝翻案的学者都强调,隋炀帝所兴每一项大役,他的一系列活动,都顺应了历史潮流,主张凡顺历史潮流而动者就是进步事业,就应加以肯定。的确,隋炀帝所兴每一项大工程,他的每一项国事活动,无不具有发展和建设统一国家的历史内容,都不是逆时代潮流而动。但是,以往人们评价历史人物,只注意到顺应

---

① 《资治通鉴》卷196 唐太宗贞观十三年。

时代潮流和逆历史潮流而动二者,而忽略了超越历史、跨时代潮流而动者。凡不顾历史条件,不顾当代人民的承受能力,把子孙后代的事业都包揽下来,以成一人功业者,就是跨越时代潮流的人。这种人和顺应时代潮流的人有本质不同,好事一人干,欲速则不达,其后果是造成社会的总崩溃,其危害与逆时代潮流而动一样,都会对社会发展造成巨大破坏。看不到跨越时代追求不世功业的危害,认为顺应历史潮流干得越多越好,正是长期以来"左"的思想的流毒。干过了头会翻车,本是明显的道理,但"左"的思想倾向蒙住了不少同志的眼睛,这是应该深刻反省的。进步事业超越了历史条件,干得太急,也会转化为反动,越想建立一个人间天堂,就越会造成一个人间地狱。隋炀帝正是超越时代,企图在短期内建立"奄吞周汉"的圣王之业,结果造成暴政的。

有人将大业年间的徭役归结为侈大性、集中性、急迫性、苛酷性、耗亡性5个特点①。隋炀帝为创大业不顾百姓死活,自己也不辞辛劳四处巡行不肯休息,然而,伟大功业为什么不可以留一些让后人去做呢?试想如果隋炀帝在其诸多工役中仅仅只是完成了一两项,仅仅开通了南北大运河,其他留给后人去做,隋炀帝或许可以不朽。但问题的关键在于隋炀帝干好事的心太大,超出了当时人民的承受能力,他用政治强制力把人民拖入绝境,造成毁灭性后果。大业三年(607),礼部尚书宇文弢就私谓高颎曰:"长城之役,幸非急务"②。当时国内人民"久厌严刻,喜于宽政",大役之后本应适可而止,好事可留待来年,许多大役亦可留待子孙去完成。但隋炀帝为成一己之功,一而再,再而三地举办大役,诸多大工程几

---

① 褚祖煜:《隋炀帝时期民役的特点及形成原因》,载《历史教学问题》1987年第6期。
② 《隋书》卷56《宇文弢传》。

乎是同时上马,大兴工役加上苛政、急政,终于形成系统的大规模暴政。

隋炀帝暴就暴在从不考虑子民的生死,在他眼中,千百万人民只不过是他用以实现宏伟功业的工具,芸芸众生有如牛马牲畜。他无视子民的生存权利,"不以百姓为念",只要自己一人能立事立功,死人再多也在所不惜,这就是暴君的本质,暴是对人民暴,对他所统治的千百万子民施暴。贾谊《过秦论》评秦始皇"仁义不施",古诗称大禹和隋炀帝兴办水利"功业相同仁暴异",所谓仁与暴的区别,就是对人民的态度。对于统治者来讲,"仁"的政治含义就是统治者对被统治者要有起码的怜悯,最低限度要让子民得以存活。儒家大讲仁政,在君主专制时代,仁的要求就是希望统治者怜惜被统治的千百万民众。隋炀帝不讲仁政,急功近利,以苛政急政形成系统的暴政,结果走向了反面。

第五章 大修文治 厘定制度

在大兴工役,建不世之功的同时,隋炀帝登基伊始,又大修文治,改定典章制度,力求在统治方式上要有所创新。其内容包括兴办教育、恢复州县学、推崇儒业、三教并重、扶持佛教和道教以助教化,禁绝谶纬、整理图籍、修订《大业律》、统一度量衡,在文化气氛高涨的情势下兴办科举、创立进士科,改定官制、修订法令、检括户口、大索貌阅等。这一切也都是隋炀帝要成就的圣王之业的重要组成部分。

隋朝是改革的时代,隋文帝和隋炀帝都锐意改革。旧史往往把隋代改革的成就归之于文帝,现今为炀帝翻案者又把改革的功劳划归炀帝,这都不对,炀帝的改革是在文帝改革的基础上进行的,二人都有贡献。由于炀帝改革典章制度是在文帝基础上进行,韩昇先生《隋文帝传》多有叙述,且唐朝又推翻炀帝改作的制度而从文帝开皇之制,有关大业制度的史料有限,笔者另有考证文章①。故而对官制、法制、户籍、地方行政等改制内容从略,而专就大兴文治、举办科举作较详细的考论。

---

① 参见拙文《隋朝监察制度述论》,载《北京大学学报》1996 年第 6 期;《大索貌阅新解》,载《江西社会科学》1996 年第 9 期;《隋代考课制度述略》,载《烟台大学学报》1997 年第 3 期;《隋朝政府体制的改革和机构编制的调整》,载《政治与行政管理论丛》第 1 辑,天津人民出版社 1999 年版;《隋唐地方行政的调整改革》,载《政治与行政管理论丛》第 3 辑,天津人民出版社 2001 年版;《论隋唐政府的宗教事务管理》,载《贵州社会科学》2013 年第 1 期。

第一节　三教并重　移风易俗

隋炀帝既追求圣王之业,先圣贤哲治国皆以教化为先,制礼作乐,他当然不会甘居落后。隋炀帝在统治思想意识形态方面继承了文帝制定的多元一统,三教并重,内法外儒的方针,同时也试图有所创新,在文教政策上作出了重大调整。

大业元年(605)正月戊申(十七日),隋炀帝在坐稳了皇位后,即下诏称:"昔者哲王之治天下也,其在爱民乎?既富而教,家给人足,故能淳俗厚,远至迩安。治定功成,率由斯道。朕嗣膺宝历,抚育黎献,夙夜战兢,若临川谷"[①]。当即发8使巡省风俗。紧接着就采取了一系列移风易俗的措施,卓有成效地开展了文化建设。

一、兴学办校　敦奖名教

大业元年(605)闰七月丙子(十八日),隋炀帝在即将巡游江都之前,在东都洛阳发布了兴办教育、拔擢人才的诏令,把兴学作为教化民众、移风易俗的最主要措施。

兴办教育的社会功用现时代人已看得十分清楚,科教兴国业已提高到决定国家兴亡的战略高度。而1300多年前的中国最高统治者也能从移风易俗的角度对教育事业大加倡导,是颇足称道的,请看隋炀帝的兴学诏书:

> 君民建国,教学为先,移风易俗,必自兹始。而言绝义乖,多历年代,进德修业,其道寖微。汉采坑焚之余,不绝如线,晋承板荡之运,扫地将尽,自时厥后,军国多虞,虽复黉宇时建,

---
① 《隋书》卷3《炀帝纪上》。

示同爱礼,函丈或陈,殆为虚器,遂使纡青拖紫,非以学优,制绵操刀,类多墙面。上陵下替,纲维靡立,雅缺道消,实由于此。

朕纂承洪绪,思弘大训,将欲尊师重道,用阐厥繇,讲信修睦,敦奖名教,方今宇宙平一,文轨攸同,十步之内,必有芳草,四海之中,岂无奇秀!诸在家及见入学者,若有笃志好古,耽悦典坟,学行优敏,堪膺时务,所在采访,具以名闻,即当随其器能,擢以不次。若研精经术,未愿进仕者,可依其艺业深浅,门荫高卑,虽未升朝,并量准给禄,庶夫恂恂善诱,不日成器,济济盈朝,何远之有,其国子等学,亦宜申明旧制,教习生徒,具为课试之法,以尽砥砺之道①。

这是有关文教事业,培养和选拔人才的一整套施政纲领。诏令追溯了教育发展的历史,谈到魏晋南北朝因战乱学业荒虚的情况,强调统一王朝要有全新的教育,思弘大训,尊师重道,兴办学校,奖掖人才。显然,这是一个令莘莘学子倍感振奋的诏令。

当然,兴学并不是一纸诏令就能解决的问题,隋炀帝到底在兴办教育方面做了哪些事,哪些事是前人所未做,哪些是在前人基础上做的,其成效如何?炀帝诏书既追溯了历史,并认为前代状况不尽如人意,我们也就有必要简单地追述一下隋文帝朝教育发展的情况。

早在传说时代,华夏儿女就开始了有组织的教育活动。《尚书·舜典》记载,虞时设学官管理教育,命契为司徒,"敬敷五教"。西周时逐渐形成一个以礼、乐、射、御、书、数为主体的"六艺"教育体制。春秋战国之时"私学"兴起,出现诸子百家思想学派。但秦

---

① 《隋书》卷3《炀帝纪上》。

始皇焚书坑儒,废除私学,求学者只能"以吏为师"。汉武帝"废黜百家,独尊儒术",元朔五年(公元前124)开创太学,作为王朝的最高学府。除太学外,地方政府办的学校郡曰学,县曰校,乡曰庠,聚曰序。在分裂战乱的魏晋南北朝,文化教育时兴时废,但学制仍有所发展。晋代中央学制分为两种,一为国子学,一为太学,国子学是贵族学校。南朝宋文帝在京师设儒学、史学、玄学、文学,称为四门学制,打破了儒学一统教育的状况。梁合儒、佛、道于一堂,三教并重,讲经坐禅,进德修业。然而,分裂时期学校屡遭破坏,教学不成系统也是事实。

  隋统一,为文教事业的发展提供了有利条件,开皇初年,隋文帝对教育也很重视。时河东柳昂上表请文帝"劝学行礼",文帝阅后十分赞赏,于是下诏:"建国重道,莫先于学,尊主庇民,莫先于礼"。下令"始自京师,爰及州郡,宜祗朕意,劝学行礼"[①]。其兴学诏书与隋炀帝大业元年(605)闰七月丙子(十八日)诏的立意主旨差不多。"自是,天下州县毕置博士习礼焉"[②]。隋文帝的劝学行礼诏大概颁于开皇三年(583)四月。[③] 据《隋书·百官志下》,隋开皇官制序列中有国子寺,是专管文教事业的独立机关,设祭酒1人为主管,属下有主簿、录事各1人,统领各官学,这可以说是我国历史上设立专门教育行政部门和设置专门教育行政长官之始。朝廷官办学校除国子学、太学、四门学外,还设有书学、算学和律学,这是专科学校教育的新创举,另外,太医署也招收生徒传授医术[④]。

[①] 《隋书》卷47《柳昂传》。
[②] 《隋书》卷47《柳昂传》。
[③] 《隋书》卷1《高祖纪上》。
[④] 《隋书》卷28《百官志下》。

然而,隋文帝虽劝学兴教,但当时官学教育质量却很差,开皇九年(589)文帝称生徒"未有灼然明经高第",究其原因,则是"教训不笃,考课未精"①。到仁寿元年(600)六月乙丑(十三日),文帝认为诸生"多而未精","今宜简省",采取了严厉措施,"国子学唯留学生七十人,太学、四门及州县学并废。其日,颁舍利于诸州"。七月戊戌(十七日),又下令"改国子为太学"②。全国唯留太学1所,置博士5人,从五品,学生72人,其余中央和地方学校统统废弃。学者刘炫上表,"言学校不宜废,情理甚切,文帝不纳"③。这就是著名的废学事件。

旧史对隋文帝废学多有批评,认为文帝"不悦诗书,废除学校","不达大体"④,特别是暮年,"精华稍竭,不悦儒术,专尚刑名,执政之徒,咸非笃好"⑤。其实,文帝废学另有原因,唐人封演归结为"诸生多不精励"⑥。开皇初文帝大倡文教,费了很多钱办学,但官学生员"徒有名录,空度岁时",20多年来学校并未培养出文帝所期望的人才,一生简朴的文帝不能容忍学校糜费,断然加以"简省"。文帝的行动有可理解之处,但也有些过分,因为学校的社会功效人尽皆知,应加强管理来提高教学质量,对不精于学、空度岁时的生员可以开除,不能因噎废食,大规模废除学校。在简省学校的同时,文帝又"颁舍利于诸州",将化民易俗的希望更多地寄托于佛教,史称文帝朝"民间佛书,多于《六经》数十倍"⑦,这当

---

① 《隋书》卷2《高祖纪下》。
② 《隋书》卷2《高祖纪下》。
③ 《隋书》卷75《儒林·刘炫传》。
④ 《隋书》卷2《高祖纪下》。
⑤ 《隋书》卷75《儒林传·序》。
⑥ 《封氏闻见记》卷1《儒教》。
⑦ 《资治通鉴》卷175。

然不会有什么好的作用。

隋炀帝即位后纠正了文帝之失,于大业元年(605)复开学校。《隋书·儒林传·序》:"炀帝即位,复开庠序,国子郡县之学,盛于开皇之初"。但我们也不能夸大文帝简省学校的失误,用以捧高隋炀帝。文帝开皇年间兴学崇儒功不可没,炀帝的政教方针还是继承了文帝朝,恢复了开皇学校体制。

隋炀帝的文化素养毕竟比文帝高,虽然也推行三教并重的文教政策,但对儒学教育化民易俗更加重视。大业三年(607)改制,炀帝将国子学改为国子监,"依旧置祭酒,加置司业一人,丞三人,并置主簿、录事各一人"[1],加强教育行政管理。国子监置博士、助教、学生,并下诏征集学行优敏者,予以不次待遇,"并量准给禄",地方郡县各级学校也设有儒官,有的学官秩在九品以下,虽属流外官,但也由朝廷发给俸禄,"流外给廪,皆发自于(刘)炫"[2],这一措施使各地办学积极性空前高涨。如江都人曹宪为秘书学士,聚徒教授,诸生数百人,当时公卿以下亦多从之受业[3]。在偏僻山区办学校有成绩的,还受到特别奖赏,如柳旦大业初年拜龙川郡太守,"民居山洞,好相攻击,旦为开设学校,大变其风,炀帝闻而善之,下诏褒美"[4],这使大业年间的学校教育,"盛于开皇之初",学校培养出了一大批有用人才,如大学者颜之推的儿子颜思鲁、颜愍楚、颜游秦学业最精,在学校时与温氏三兄弟同学,颜思鲁与温大雅同在东宫伴读太子;颜愍楚与温彦博同直内史省;颜游秦与温彦

---

[1] 《隋书》卷28《百官志下》。
[2] 《隋书》卷75《儒林·刘炫传》。
[3] 《旧唐书》卷189上《曹宪传》。
[4] 《隋书》卷47《柳旦传》。

将均典校秘阁，"二家兄弟，各为一时人物"①，少时学业，颜氏为优，但后来到唐朝温氏兄弟俱为大官，传为佳话。

由于对儒学教化作用的重视，隋炀帝继承其父隋文帝的做法，竭力抬高孔子及其后代的社会地位。隋学制规定，每岁以四仲月"释奠于先圣先师"，年别举行乡饮酒礼，十分恭敬隆重。而且又大封孔子后裔，隋文帝时封"孔子后为邹国公"，炀帝时"改封为绍圣侯"，并为此下诏称孔子为"先师尼父"。大业四年（608）十月丙午（初六），隋炀帝诏曰："先师尼父，圣德在躬，诞发天纵之姿，宪章文武之道。命世膺期，蕴兹素王，而颓山之叹，忽逾于千祀，盛德之美，不存于百代。永惟懿范，宜有优崇。可立孔子后为绍圣侯，有司求其苗裔，录比申上"②。炀帝还令牛弘等作了一首《先圣先师歌》，其辞云："经国立训，学重教先，三坟肇册，五典留篇，开凿理著，陶铸功宣，东胶西序，春诵夏弦，芳尘载仰，祀典无骞"③。由于隋炀帝敦奖名教，使儒学之徒倍感荣耀，从学之风日炽。

当然，隋文帝和炀帝的儒是内法外儒，儒学用于教化但并未用于治国，两个皇帝虽都兴学行礼，却都未施行仁政，因此，不能因隋敦奖名教就误把儒学看作隋统治思想。近人章太炎先生就一针见血地指出，隋炀帝"尊事孔子，奉行儒术"，是为了"便其南面之术，愚民之计"④。

隋炀帝本人文化程度高，素好风雅，因而对各种学术也相当重视，在国子监除儒学外，还有史学。如东海人包恺从王仲通受《史

---

① 《旧唐书》卷61《温大有传》。
② 《隋书》卷3《炀帝纪上》。
③ 《东府诗集》卷4。
④ 章太炎：《驳康有为论革命书》，见《章太炎政论选集》上册，中华书局1977年版。

记》《汉书》,"尤称精究",大业中为国子助教,"于时《汉书》学者,比萧、包二人为宗匠,聚徒教授,著录者数千人"①,足见史学在隋炀帝朝也得到了较大发展。炀帝还下令潘徽与著作佐郎陆从典、太常博士褚亮、欧阳询等协助杨素修撰《魏书》②,后因杨素病死而未修成。在炀帝倡导下,国子监统领下的国子学、太学、四门学以及其他专科学校重又振兴起来。隋炀帝的举措顺应了历史潮流,在推进文教事业发展方面作出了贡献。

隋祚虽短,然在教育事业方面的建树却不少,如教育行政管理机关的创设,专科学校的创办,除设立专门研习儒家经典的国子学、太学及四门学之外,还设有书、算、律学、史学等,又在有关业务部门设博士,招收学生,进行职业性训练等,均由隋开其端。这些新学校的设置及其教育制度,都为唐代所继承和发展,并为后世所效法,应当予以肯定。但这些创置,既有隋炀帝的功劳,也有隋文帝的功劳,总之,在两代帝王的倡导下,有隋一代的文教事业有了长足的发展。

二、统一经学　整理图籍

隋统治者敦奖名教,内法外儒,在思想文化领域采取措施加强统治,其内容还包括对南北经学的统一融合,对天下图书文籍的整理,以适应统一王朝的政治需要。

西汉时期,儒家经典被钦定为"经",于是有了经学,自后经学一直是我国古代学术思想的主流。魏晋南北朝虽出现玄学取代经学,佛教、道教盛行于世,先后成为显学,但在学术上儒家思想的统

---

① 《隋书》卷75《儒林·包恺传》。
② 《隋书》卷76《文学·潘徽传》。

治地位并未动摇,国家太学生修习的课目仍是儒家经典,经学的研究不但没有中断,而且南北朝形成了南北学术的不同风格,清代经学家皮锡瑞把魏晋南北朝说成是"经学的分立时代"①。

经学南北学风迥异会造成思想观念的歧见,这与统一王朝所要求的思想意识形态的高度统一不相符合。南北学风的不同本来就是分裂历史所造成,《隋书·儒林传·序》记南北学风曰:"大抵南人约简,得其英华,北学深芜,穷其枝叶"。南朝经学受玄学影响较大,不拘一家之说,重义理,有一些新颖的见解,北朝经学遵循汉代训诂章句之学,注意历史考证,显得比较保守、烦琐。由于流派众多,三教并立,隋统一前尚不能产生一种足以统领全部文化的儒家学术思想体系。学风的不同也影响到学者的价值取向和民间风俗。苏威曾对隋文帝讲:"江南人有学业者,多不习世务,习世务者,又无学业"②。隋初大学者颜之推云:"今北土风俗,率能躬俭节用,以赡衣食,江南奢侈,多不逮焉"。这种情势当然不符合统一王朝的政治需要。

隋统一南北,中央集权的君主专制国家要求意识形态、学术思想的统一,南北学风的合流成为势所必然。清末经师皮锡瑞所称"经学分立时代"到"经学统一时代",实际上是在隋朝开始,至唐朝而完成的。隋祚虽短,但文帝和炀帝对经学进行了两轮大的整治,经学出现了两期繁荣。《隋书·儒林传》有一段长序讲述了有隋一代学术和文教的兴衰状况。学术和文教紧密结合在一起,相比而言,隋文帝更崇佛、道,对儒学的提倡前后有波动,而隋炀帝对儒学的推崇和扶植则是一贯的。

---

① 《经学历史》目录,中华书局1959年版。
② 《隋书》卷66《柳庄传》。

隋文帝对学术的贡献最值得一提的是聚众讲论,倡导自由辩论,由政府出面组织对儒经、佛经的学术论辩。如"吴兴沈重名为硕学,高祖尝令(辛)彦之与重论议"①。有一次"释奠礼",文帝"亲幸国子学,王公以下毕集,(马)光升座讲《礼》,启发章门,已而诸儒生以次论难者十余人,皆时硕学,光剖析疑滞,虽辞非俊辨,而理义弘赡,论者莫测其浅深,咸共推服,上嘉而劳焉"②。官方组织的辩论既可识别人才优劣,又可通过辩论消除歧见,统一思想,这比以行政手段强求学术思想统一要高明得多,也较合情理。隋炀帝继承了这一学术政策,并将辩论场所由国子监迁到了内史省,经常"征天下儒术之士,悉集内史省,朝次讲论"③,展开争鸣。辩论内容多为领略经义短长,考定经本,争论时由"纳言定其差次,一以闻奏",通过辩论求同存异,这对于统一歧义滋生的南北经学,效果极著,当然,辩论的目的在于统一,而不是继续纷争。

隋炀帝于时广招明经儒士,四方至者甚众。大业元年(605),许善心为礼部侍郎,奏荐儒者徐文远为国子博士,包凯、陆德明、褚辉、鲁世达之辈并加品秩,授为学官④。这批学者先前多为南朝人,据《旧唐书·徐文远传》:文远等各主一经,"时人称文远之《左传》、褚辉之《礼》、鲁世达之《诗》、陆德明之《易》,皆为一时之最"。国子监和太学平时都大摆讲席,欢迎辩论。如"文远为所讲释,多立新义,先儒异论,皆定其是非,然后诘驳诸家,博而且辨,听者忘倦"⑤。由于炀帝的倡导,演讲儒家经典的活动空前盛行,其

---

① 《隋书》卷75《儒林·辛彦之传》。
② 《隋书》卷75《儒林·马光传》。
③ 《隋书》卷75《儒林·褚辉传》。
④ 《隋书》卷58《许善心传》。
⑤ 《旧唐书》卷189上《徐文远传》。

盛况超过佛教高僧大师的说禅论经。如以《三礼》学称著江南的褚辉在讲论堂上,知博善辩,"无能屈者"①。有一次隋炀帝征集诸郡儒官集于东都,令国子秘书学士与之论难,结果孔子后裔孔颖达为最,补太学助教②。又如杨汪为国子祭酒,炀帝"令百僚就学,与汪讲论,天下通儒硕学多萃焉,论难锋起,皆不能屈"。炀帝令御史将杨汪的论辩写下来阅览,"省而大悦",赐良马一匹③。炀帝还让陆德明与鲁世达、孔褒均"会于门下省,共相交难",结果论辩无出陆德明右者,授国子助教④。

时有"二刘"刘焯、刘炫,皆北方人,学通南北,博极今古。年轻时曾在武强交津桥刘智海家闭门读书10年,并曾问礼于北齐河北大儒熊安生,入隋后受到内史令李德林的重视,杨素、苏威等也"莫不服其精博"⑤,但隋文帝看不起他们,令往成都教授蜀王,受到杨秀侮辱。直到隋炀帝即位,二刘才重新受到尊重,均授太学博士,讲授经义。从师承关系或学术渊源上看,二刘之学显然更多地继承了北学,其师刘轨思、熊安生等,都是北方经学大师,但二刘对北学并不满意,从师"皆不卒业而去",二人对北学"多所是非",又兼通南学。在隋代经师中,刘焯较系统地撰写了《五经述义》,刘炫则对诸经分别撰写了"述义",及《五经正名》12卷,可谓集南北经学之大成,代表了隋代经学最高成就。时"天下名儒后进,质疑受业,不远千里而至者,不可胜数,论者以为数百年已来,博学通儒,无能出其右者"⑥。二刘的经学对唐代的影响极大,孔颖达入

---

① 《隋书》卷75《儒林·褚辉传》。
② 《旧唐书》卷73《孔颖达传》。
③ 《隋书》卷56《杨汪传》。
④ 《旧唐书》卷189上《陆德明传》。
⑤ 《隋书》卷75《儒林·刘焯传》。
⑥ 《隋书》卷75《儒林·刘焯传》。

唐后作《五经正义》,其中《尚书正义》、《毛诗正义》皆本二刘,并说"诸公旨趣或多因循,帖释注文,义皆浅略,惟刘焯、刘炫最为详雅"①。二刘在隋统一的条件下,对南北经学进行了综合,孔颖达云:"刘焯组织经文穿凿孔穴,……使教者烦而多惑,学者劳而少功"。刘炫嫌刘焯烦杂,"就而删焉,义既太略,辞又过华,虽为文笔之善,乃非开奖之路"。在孔颖达看来,二刘继承北学朴实说经之体,染上了以浮华说经的陋习。这说明二刘经学兼综南北,如此学风,正是隋炀帝所喜爱并提倡的。

南北经学统一的标志是唐初孔颖达等作《五经正义》,而孔颖达的义疏多承隋人,其先驱当首推隋炀帝所信用的学士陆德明及其所撰《经典释文》。

陆德明(550—630)为南方苏州吴(今江苏吴县)人,历仕陈、隋、唐三代,隋炀帝时为秘书学士,后迁国子助教,在隋炀帝发起的经学辩论会上曾获头名,受到炀帝的重视。陆德明年轻时在江南陈朝即开始撰写经学著作《经典释文》,入隋国子监获教职使他能充分利用炀帝秘府收藏的大量书籍。陆德明宗南学,善言玄理,《经典释文》是为14部儒家典籍注音、释文。陆德明集诸家之成,兼采南北,曾采集汉魏六朝音切,凡230家,又兼采诸家儒士训诂,考证各本异同,工程浩大,他的工作得到了隋炀帝的支持。

陆德明在《经典释文·序录》中详述了经学传授源流,该书所选经注《周易》用王弼注,《尚书》主孔安国传,《诗经》主毛传郑笺,《三礼》俱主郑玄注,《春秋左氏传》用杜预注,《公羊传》用何休注,《穀梁传》用范宁注,《孝经》用郑注18章本,《论语》用何晏集解,《老子》用王弼注,《庄子》用郭象注,《尔雅》用郭璞注。上

---

① 《尚书正义·序》,见《十三经注疏》。

述14种经注,汉人注本占6种,魏晋人注本占8种。若除去道家经典《老子》《庄子》注本不算,后唐宋人注本除《孟子》注外,《孝经》后来采用了唐玄宗注本,皆承陆德明所选。《经典释文》成为唐孔颖达《五经正义》及宋人所编《十三经》所依据的注本。这些注本的选定,说明陆德明远见卓识,也反映了经学在长期发展和筛选后积累的成果,为历代学者推重。陆德明《经典释文》兼综汉、魏两大学术传统,将南、北学风融汇于一体,这是南北经学统一在隋代的表现,成为唐代经学统一的先声。当然,从学风上看,陆德明更多地反映了南学的特点,如他把《老子》《庄子》也放进儒家经典中,这在魏晋以前、唐宋以后的儒家经典中是不可能的。南朝承绪魏晋玄学,把《老子》《庄子》与《周易》并列,称为"三玄",陆德明的著作除《经典释文》外,尚有《老子疏》《易疏》,反映了南学风尚,从思想源流来看,更多地染上了王弼一派的风格。陆德明注经注重分析义理,不惟作音注,且兼释经义,务求内容详尽充实,其治学风格及其取舍,实开隋唐经学之先河,对后世的影响不容低估①。

隋唐经学统一,从本质上讲也是南学压倒了北学。这一发展的关键正是隋炀帝之时。炀帝即位前在江都10年受南方学风熏陶,即位后虽包兼南北,但更注重南学,以其强大的政治影响力,推动了南学对北学的统一。清代经学家皮锡瑞《经学历史》叙曰:至隋经学统一,则"有南学,无北学"。又说:"北人笃守汉学,本近质朴,而南人喜谈名理,增饰华词,表里可观,雅俗共赏,故虽亡国之余,足以转移一时风气,使北人舍旧而从之"。就是说尽管北方在

---

① 参见章权才:《魏晋南北朝隋唐经学史》第8章第3、4节,广东人民出版社1996年版。

军事上压倒南方,但南学却以"喜谈名理"、"表里可观"而俘获了北人。南学既具有理论上的创造性和智力上的启发性,而其表达形式上又能获得雅俗共赏,所以更具学术活力,又逢王朝统一的历史条件和隋炀帝的政治助力,迅速在学坛上占了上风,在思想意识形态领域巩固了统一局面。皮锡瑞又说:"学术随世运为转移,亦不尽随世运为转移,隋平陈,而天下一统,南北之学,亦归终一,此随世运为转移也。天下统一,南并于北,而经学统一,北学反并于南,此不随世运为转移也"①。在此学风流变的关键时刻,隋炀帝的作用不可低估,南学虽以精审取胜,但炀帝在政治上的扶植也作用重大,后来历史也曾发生反复,如清乾嘉考据之风兴起,深芜的汉学又占统治地位,这亦与当时的政治环境有关,说明政治能够左右学术。学术流变即不可忽略政治的作用,所以隋炀帝可谓是中国学术史上具有重要影响的人物。

  隋祚虽短,但经学上的成就不小,除以上列举的二刘、陆德明外,据《隋书·儒林传》,隋经学著作还有太学博士吴郡褚辉撰《礼疏》100卷,秘书学士余杭顾彪撰《古文尚书疏》20卷,国子助教余杭鲁世达撰《毛诗章句义疏》42卷,国子祭酒何妥著《周易讲疏》13卷、《孝经义疏》3卷、《乐要》1卷,吴郡张冲撰《春秋义略》、《论语义》10卷、《孝经义》3卷,陇西辛彦之撰《六官》1部、《礼要》1部、《新礼》1部、《五经异义》1部,并行于世。平原王孝籍注《尚书》及《诗》,遭乱零落。另外,由梁入北的明克让著《孝经义疏》1部②,及王颋撰《五经大义》30卷,因兵乱不存③。可谓学者辈出,著述不断。这些学者"洞幽究微,钩深致远",其学术价值在唐朝

---

① 《经学历史》第7章《经学统一时代》。
② 《隋书》卷58《明克让传》。
③ 《隋书》卷76《文学·王颋传》。

得到高度评价。

隋朝又广求逸书,并组织学者对经籍图书进行了大规模整理,亦是一大文化盛事。

隋以前的长期分裂战乱给学术文化载体的图书文化事业造成了巨大破坏,隋建立后,广求遗书,整理图籍当然就成为一项重要的文化事业。开皇三年(583),秘书监牛弘给隋文帝奉上《请开献书之路表》,第一次系统地阐述了自上古至隋图书事业的发展简史,陈述了自秦始皇焚书至南北朝战乱对书籍造成的5次大灾难,即所谓"五厄"。经此五厄,至隋,"今御书单本,合一万五千余卷,部帙之间,仍有残缺,此梁之旧目,止有其半"。牛弘向隋文帝建议通过"勒之以天威,引之以微利"的办法,向民间征集图书。隋文帝同意牛弘所请,于是"诏购求遗书于天下"①。

据《隋书·经籍一》记:"隋开皇三年(583),秘书监牛弘表请分遣使人,搜访异本。每书一卷,赏绢一匹,校写既定,本即归主,于是民间异书,往往间出,及平陈已后,经籍渐备"。大开献书之路使朝廷获得大量图书,但也有不少伪书出现,如当时学者刘炫就"伪造书百余卷,题为《连山易》、《鲁史记》等,录上送官,取赏而去"②。这就有必要以国家力量组织专门学者对图书进行整理,对此,隋朝二代君主都做了不少有益的工作。

隋主持图书整理事业的国家机构是秘书省,秘书省在南朝时即专"掌国之典籍图书",在北朝也"典司经籍"。隋文帝时秘书省置"监、丞各一人,郎四人,校书郎十二人,正字四人,录事二人。领有著作、太史二曹。著作曹,置郎二人,佐郎八人,校书郎、正字

---

① 《隋书》卷1《高祖纪上》;卷49《牛弘传》。
② 《隋书》卷75《儒林·刘炫传》。

各二人。太史曹,置令、丞各二人,司历二人,监候四人。其历、天文、漏刻、视祲,各有博士及生员"①。博士是专家,生员是学生兼助手,其他则是官员和办事人员。作为朝廷主管文化事业的机构,秘书省除管理图书外,还主管修史、天文、历法等,国家既有专门修史的机构,开皇十三年(593)五月癸亥(二十四),隋文帝下诏:"人间有撰集国史、臧否人物者,皆令禁绝"②。禁绝民间修史及广求天下遗书,并由官方统一整理,都是旨在加强思想文化统一的重大措施。

隋炀帝即位后,继续执行文帝的各项思想文化政策,继续搜寻逸书,图书事业有了更大的发展。大业三年(607)官制改革,炀帝调整扩大了秘书省人员编制,原来的28人增加为120人。由于炀帝崇尚南朝文化,秘书监一职长期选南人担任,大业初先拜藩邸亲信柳䛒(顾言)为秘书监③,柳䛒死后,以著名学者虞世南主持秘书省事务。

大业年间,长安嘉则殿藏书已达37万卷,经挑选、配补,其正御本(标准本)亦已达37000卷,比牛弘上表时已有大幅度增加。隋炀帝对国家藏书进行了系统的整理,"秘阁之书,限写五十副本",以便传布。为便于保存,图书按质量分为上、中、下三品,上品用红琉璃做轴,中品用黑紫色琉璃做轴,下品用黑漆圆木做轴,以区别分藏,另将副本藏于东都观文殿,并按内容分库管理。如观文殿前书室,东屋藏甲、乙(经、史),西屋藏丙、丁(子、集)。甲乙丙丁四部分类自西晋荀勖首创,并无经、史、子、集之名,到隋时,可能有了类的分目。唐人修《隋书·志》,袭隋旧首次按经、史、子、

---

① 《隋书》卷28《百官志下》。
② 《隋书》卷2《文帝纪下》。
③ 《隋书》卷58《柳䛒传》。

集分类,《隋书·经籍志》记唐武德五年(622)克平东都王世充,尽收其图书及古迹,并收得图书目录,"今考见存,分为四部,合条为一万四千四百六十六部,有八万九千六百六十卷",隋末因战乱已亡佚了很多,而其中经部(甲部)共存书627部,5371卷。若通计亡书合950部,7290卷,分为易、书、诗、礼、乐、春秋、孝经、论语、纬书、字书共10种,是为分目。其中《易经》69部,551卷,若通计亡书则合94部,829卷;《书经》32部,247卷,若通计亡书则合41部,共296卷;《诗经》39部,442卷,若通计亡书则合76部,683卷;《礼经》——《周礼》《礼记》《仪礼》共136部,1622卷,若通计亡书则合211部,2186卷;《乐经》42部,142卷,若通计亡书,则合46部,263卷;《春秋经传》97部,983卷,若通计亡书,则合130部,1192卷;《孝经》18部,合63卷,若通计亡书则116部,1207卷;另有《纬书》13部,92卷,通计亡书合32部,共232卷;小学字书108部,共447卷,若通计亡书合135部,569卷。以上经学、小学之书627部,乃是经隋炀帝朝秘书省编目整理过的。其中经部《孝经》注本,就包括伪孔安国传和北魏拓跋鲜卑语本,藏入秘府,以备考订。为收集汉魏南北朝历代注本,隋官府费力不少。

隋炀帝还广集人才从事各类图书编纂,共成书31部,17000卷,他"为帝前后近二十载,修撰未尝暂停,自经术、文章、兵、农、地理、医、卜、释、道乃至蒲博、鹰狗,皆为新书,无不精洽"[①],其中有大型类书《长洲玉镜》和《区宇图志》。《长洲玉镜》400卷,由原晋王府文学虞绰、柳䛒、虞世南、庾自直等参预编撰,以南朝梁武帝时所编《华林遍略》为底本。《华林遍略》有700卷,北齐后主高纬曾依据此书加上北朝著作,编成《修文殿御览》360卷。隋炀帝令

---

① 《资治通鉴》卷182隋炀帝大业十一年正月。

人重新编纂,除去芜杂重复部分,增加不少新的内容,故所记多于《遍略》,而卷帙却有减少,堪称精洽。可惜此书至宋代不传。据《隋书·经籍志二》:"隋大业中,普诏天下诸郡,条其风俗、物产、地图上于尚书"。隋炀帝据此组织编纂了《区宇图志》129卷,由炀帝敕纂,分类记叙地理情况,另有《诸郡物产土俗记》151卷、郎蔚之的《诸州图经集》100卷。隋炀帝还倡导编纂大型类书,时有杜台卿撰《玉烛宝典》12卷,杜公瞻撰《编珠》4卷,其类目有音乐、器玩、酒膳、忝稷、车马、舟楫等,很有实用性,可惜都不传于世。隋代类书《北堂书钞》是我国现存最早的大类书,作者虞世南是隋炀帝的宠臣,在其任秘书郎时,抄集经史百家之事以备用,撰成173卷,所取材料皆注有出处,并加解释和按语。隋炀帝本人也有文集编辑成书,并流传于世,唐太宗曾阅读过《隋炀帝集》,称赞说:"文辞具博"。大业年间,在隋炀帝倡导下,从事编纂的学者很多,隋炀帝以宝橱收藏臣下新编的书,可惜的是真正流传下来的著作不多。

三、禁焚谶纬　热心技艺

隋代广求逸书,炀帝整理图籍,对于保存和发展中华传统学术文化作出了重要贡献,也是功在当代,利在千秋的事业。但是,在广求诗书的同时,隋炀帝却又大规模地烧书,这岂又不是一件怪事。

然而,隋炀帝所烧的书和其所求书性质大不相同,求的是经书,烧的是纬书。所谓纬书,系对儒家经书而言,《诗》《书》《礼》《乐》《易》《春秋》和《孝经》等7经均有相对的纬书,总称"七纬"。又有《论语谶》及《河图》《洛书》等,合称《谶纬》。从广义来讲,纬书泛指一切讲术数占验的书。

所谓谶纬,乃是把儒家经学神学化的一种学说,是儒生与方士混合所形成的一种迷信风气。"谶"是一种隐秘的语言,假托神仙圣人,预决吉凶,告人政事,谶书是占验书,"纬"是相对"经"而言,由于纬与儒家六经相连,汉儒多推"仲尼所作",认为"孔子既叙六经,以明天人之道,知后世不能稽同其意,故别立纬及谶,以遗来世"①,但孔子从未言及谶纬。西汉末年方士化的儒生大量造作谶纬,并编辑成书,东汉光武帝刘秀更以图谶起兵,这就使谶纬从卜者的先验之辞演化为帝王的政治工具。中元元年(56),光武帝"宣布图谶于天下",计有《河图》9篇,《洛书》6篇,还有伪托伏羲到孔子演绎的30篇,再加上《经纬》35篇,共80篇,形成系统的迷信体系。但由于其荒诞无稽,东汉以来就遭到有识之士的责难质疑,魏晋以降,统治者也开始明令禁谶,到隋文帝受禅,"禁之逾切"。然而,历代帝王在禁谶纬前,莫不托命图谶以取得帝位,开皇元年(581)隋文帝诏曰:"朕应箓受图,君临海内"②。史称:"时高祖作辅,方行禅代之事,欲以符瑞以耀之,其或造作而进者,不可胜计"。对此,周一良教授分析说:"杨坚父子夺取政权时迷信并宣扬图谶,而天下既定后,又严禁图谶,并非有意于破除迷信,乃畏惧民间利用图谶起义,或大臣利用之以叛乱,危及隋王朝统治"③。

隋文帝以外戚篡位得天下,在心理上总怀有心病,为慑服臣民,当然也利用符瑞,甚至不惜造作图谶,把自己能当皇帝说成是上帝的旨意。但谶纬之术的继续流行又会给最高统治者以巨大压力,隋文帝唯恐有人也借图谶谋夺帝位,于是又反过来禁止谶纬,只许自己利用,不许别人沾边。开皇十三年(593)二月丁酉(二十七),隋文帝"制私家不得隐藏纬候图谶"④。开皇十八年(598)五

---

① 《隋书》卷32《经籍志一》。
② 《隋书》卷1《高祖纪上》。
③ 周一良:《魏晋南北朝史札记·隋书札记》,中华书局1985年版,第427页。
④ 《隋书》卷2《高祖纪下》。

月又"诏畜猫鬼、蛊毒厌魅、野道之家,投于四裔"①。

隋文帝的禁令是严厉的,其儿女亲家王谊得罪被诛,就是因为巫觋盈门,"鬼言怪语,称神道圣"②。倒霉的皇太子杨勇也听信"能占候"的新丰人王辅贤,辅贤占曰:"太白袭月,皇太子废退之象也"③。愚蠢的杨勇于是"以铜铁五兵造诸厌胜",结果被文帝所置"候人"察知,杨素又据此添油加醋,促成其罪,终于废太子而立晋王杨广为嗣。

然而,隋文帝杨坚本人却也非常迷信,他不但相信佛道、符瑞、阴阳五行及各种鬼怪,而且对民间流行的包括山神、土地、河海龙王等神,也深信不疑,曾诏称"敢有毁坏偷盗佛及天尊像、岳镇海渎神形者,以不道论"④。皇后独孤氏与杨素之妻同时染疾,御医认为是有人故意利用猫鬼妖术作怪,为此文帝下令到处驱鬼。隋文帝既如此迷信,所以他禁纬并不是破除迷信,只是政治上加强控制的一项措施而已。

因此,隋文帝一方面禁止图谶占候厌胜之术,另一方面却允许臣下以谶语赞颂吹捧自己。门阀士族太原王劭四处采集民间歌谣,"引图心谶纬,依约符命,捃摭佛经,撰为《皇隋灵感志》合三十卷,奏之"。这杂合佛经谶纬为一体的"灵感志"立即受到文帝重视,"命宣示天下"⑤,成为专门解说杨隋天下符合天意的理论著作。开皇十六年(596),侍臣许善心又宣扬文帝之治是"祥图瑞史,赫赫明

---

① 《隋书》卷2《高祖纪下》。
② 《隋书》卷40《王谊传》。
③ 《隋书》卷45《文四子·房陵王勇传》。
④ 《隋书》卷2《高祖纪下》。
⑤ 《隋书》卷69《王劭传》。

明"①。薛道衡也上颂称文帝是"著在图箓,彰乎仪表"②。

隋炀帝即位后,也"尝言及高祖受命之符,因问鬼神之事"③。但炀帝并不迷信鬼神,相反,对于谶纬流行,蛊惑人心,危害社会稳定,破坏国家统一局面的危害性有更深的认识,于是采取断然措施,史称:"炀帝即位,乃发使四出,搜天下书籍与谶纬相涉者,皆焚之,为吏所纠者至死,自是无复其学,秘府之内,亦多散亡"④。凡与谶纬相关的书统统烧掉,不烧而被人检举者也定死罪。而所谓"秘府之内,亦多散亡",则是指后来的情况,据史载,大业元年(605)炀帝"于东都置道士坊,凡五行、占候、卜筮、医药者皆置此中,遣使检查,不许出入"⑤。在禁绝民间图谶纬书的同时,国家设馆保存了一部分,但作为禁书严加看管,一般人不得出入。

隋炀帝的禁令十分严厉,据《朝野佥载》记载:

> 隋大业之季,猫鬼事起,家养猫为厌魅,颇有神灵,递相诬告,京都及郡县被诛戮者,数千余家,蜀王秀皆坐之。隋室既亡,其事亦寝。

凡以鬼怪巫术蛊惑人心者皆严惩不贷,就是皇亲国戚也不例外。隋炀帝初即皇位就以其雷电般的政治魄力和严厉的行政手段禁绝谶纬,特别是对纬书采取了一焚了之的做法,使儒家谶纬之学在历史上"寝传寝微,几乎灭绝"。炀帝焚纬是历史上最彻底的一次禁绝谶纬的行动,其成绩超过以往历朝历代,使东汉以来风靡盛行的

---

① 《隋书》卷58《许善心传》。
② 《隋书》卷57《薛道衡传》。
③ 《隋书》卷58《许善心传》。
④ 《隋书》卷32《经籍志一》。
⑤ 《长安城坊考》卷5;《旧唐书》卷191《方伎·乙弗弘礼传》。

谶纬之学彻底沦丧了。

谶纬迷信的泛滥曾多次造成社会动荡,并严重阻碍了我国学术思想的发展,隋炀帝禁绝谶纬,客观上有利于社会稳定,是意识形态领域巩固王朝统一的又一有效措施。禁纬搬掉了一块障碍我国传统文化健康发展的绊脚石,扫除了迷信,促进了唐代经学、佛学、史学和文学的繁荣。清除谶纬也恢复了汉初形成的儒家学说的本来面目和淳朴学风,使唐宋以后的经学研究得以沿着哲学义理、名物训诂的道路向前发展,逐渐建立起来一套谨审严肃、实事求是的科学方法,这在我国文化史上具有极为重大的意义。

由于隋炀帝的禁纬相当严厉,流传中国1000多年的大量谶纬之书几乎烧了个精光,朝廷秘府收藏的后亦因战乱而散失,到唐朝修《隋书·五朝史志》,其《经籍志一》附于六经之末的纬书尚有13部92卷,加上亡书存有目录的则32部,共232卷。然到宋代,纬书更散失殆尽,仅存《易纬》。禁绝纬书虽是好事,但亦不无遗憾之处,纬书杂有神学迷信,书名既诡异,内容又庞杂,谶纬诸篇在我国古代文化典籍中大部分是糟粕,但其中也保存有许多有用的学术文化资料,记录了不少天文、历法、医学和地理知识。如《河图》云"地恒动不止"、"阴阳相薄为雷",《春秋元命苞》云"阴阳激为电"等,包含着一些宝贵的古代自然科学知识。即使是迷信的内容也有不少古代神话传说和风俗人情的记述,从中也多少可以窥见汉代学术思想的风貌。而特别是在秦汉史籍匮乏的情况下,不加整理就一焚了之,也是文化上的一次损失。清儒康有为站在今文经学的立场,将隋炀帝焚纬夸张为"再遇秦焚"①。康有为的

---

① 《新学伪经考》卷12。

说法显然有偏颇,隋炀帝焚纬与秦始皇焚书坑儒有本质不同,秦始皇是不要学术,隋炀帝旨在发展学术,扫除邪说,但二人以此加强意识形态的统一的目的则是一致的。

明朝时,开始有人杂采旧文,辑录纬书,清代辑佚学兴,纬书又大略可考,作为学术史料,而不再用作诡异之术。后人的辑本有明代孙瑴的《古微书》,清代孙在翰的《七纬》、马国翰的《玉函山房辑佚书》、黄奭的《逸书考》。日本学者安居香山、中村璋八于20世纪70年代合编的《纬书集成》,综合各家辑本,加以校勘、索引,是现今最完备的辑本。上海古籍出版社1994年影印了《纬书集成》。这些工作似乎是补炀帝之过,然而,隋炀帝在国家图书馆是保存了部分纬书的,这部分保存本的散失,责任并不在炀帝。作为一项文化政策,隋炀帝禁纬焚纬无可指责,是足可称道的善举,是有功于民族文化发展的大好事。

当然,汉以来流行中国千年的谶纬之学至隋朝灭绝,除隋炀帝的禁绝政策外,也另有深刻的社会文化原因。这就是佛教、道教的广泛传播,使一种更加精致的宗教神学在人们社会生活和精神生活中逐渐占据了重要位置,南北朝隋唐五代时虽也发生过"三武一宗毁佛",却并没有像谶纬那样被禁绝。佛经的研习日益精湛,并逐渐中国化。荒诞不经的谶纬较之精致的佛教神学,显得粗疏多了,对民众和统治者都缺乏吸引力,自然要遭到淘汰衰亡的命运[1]。

然而,和隋文帝一样,隋炀帝在禁纬的同时,并不反对秘书令袁充为自己占星。大业末年袁充"假托天文,上表陈嘉瑞,以媚炀

---

[1] 参见周予同:《纬书与经今古文学》,载《周予同经学史论著选集》,上海人民出版社1996年版。又李勤德:《隋代的禁纬和焚纬》,载《郑州大学学报》1986年第2期。本节写作主要参引二文,余未一一详注。

帝"。炀帝每欲征讨,袁充立即"假托星象,奖成帝意"①。传当时社会上有图谶言"李氏当为天子",隋炀帝以为李浑、李敏"名当袄谶"②,竟残酷将他们冤杀。这又说明隋炀帝禁纬主要还是出于政治上的考虑,他自己也有迷信的一面。当然,他并没有料到他这么一禁,就把谶纬连枝带根全挖了。

隋炀帝禁纬虽然不能说是破除迷信,提倡科学,但隋炀帝的确是中国历史上少有的热心于工艺技术的皇帝。清康熙皇帝热爱科学,从西洋人学几何、算术、绘画。隋代科学当然不如清朝发达,热心的隋炀帝主要是对工程技术、天文历算及医学表现出极大的兴趣,是工艺技术的大力倡导者。

据记载,隋炀帝的图书馆和书库有"飞仙"装置,"于观文殿前为书室十四间,窗户床褥厨幔,咸极珍丽,每三间开方户,垂锦幔,上有二飞仙,户外地中施机发。帝幸书室,有宫人执香炉,前行践机,则飞仙下,收幔而上,户扉及厨扉皆自启,帝出,则垂闭复故"③。有人把这说成是"机器人"。这种装置还见于炀帝卧室,据载,柳䛒以诗文最受炀帝宠爱,二人"言宴讽读,终日而罢",有时竟"同榻共席,恩若友朋",而炀帝"犹恨不能夜召,于是命匠刻木偶人,施机关,能坐起拜伏,以像于䛒"。这个木偶人柳䛒,经常与炀帝对酒欢笑④。如果这两条史料所述确实,则隋炀帝御用的飞仙木偶当是世界上最早的"机器人"。

由于隋炀帝的倡导,隋时工艺技术领域出现了不少发明,《隋书》何稠传、宇文恺传都记载了一些游艺性实用性自动机械,均是

---

① 《隋书》卷69《袁充传》。
② 《隋书》卷37《李浑传》、《李敏传》。
③ 《资治通鉴》卷182隋炀帝大业十一年。
④ 《隋书》卷58《柳䛒传》。

奉炀帝之命造作。如宇文恺所造"观风行殿"是一座活动宫殿,可在草原上移动,供炀帝巡行北塞之用,能"容侍卫者数百人,离合为之,下施轮轴,推移倏忽,有若神功"①。辽东之役,隋炀帝命何稠造桥渡辽水,何稠"二日而就",又造"行殿"及"六合城",城周围8里,高10仞,成为一座活动的城堡,上布甲兵,六仗建旗,四隅置阙,"高丽望见,谓若神功"。何稠很有巧思,"时中国久绝琉璃之作,匠人无敢厝意,何稠以绿瓷为之,与真不异"②。

隋炀帝对天文历法也很重视,他曾"征天下历算之士,咸集于东宫",刘焯所修《皇极历》深得他的嘉奖。大业年间刘焯上所著《历书》,与太史令张胄玄多有不同,被驳不用③。又据史载:"隋大业中,耿询造浑(天)仪成,进之,(炀)帝召太史令袁充、少府监何稠等检验,二辰度数,昼夜运转,毫厘不差,帝甚嘉之"④。据说,耿询制作的是不用人力的水运浑象,放于室内其运转显示的星象与实际相契合,使汉代张衡的杰作得以继承和发展。耿询又与宇文恺合作,制造出可以方便携带的马上刻漏和固定于乾阳殿前的称水漏器,只要向盘中滴漏出一斤水,就是时间过了一刻,这种计时仪器比浮箭法读刻划计时要灵敏得多,隋唐时得到广泛应用。以上发明,在在都反映了隋炀帝时的技术水平⑤。

隋炀帝对医学也很重视,隋最高医学管理机构是太医署,由太常寺统辖,下有主药2人、医师200人、药园师2人、医博士2人、助教2人、按摩博士2人、祝禁博士2人等员。炀帝时太医署又置

---

① 《隋书》卷68《宇文恺传》。
② 《隋书》卷68《何稠传》。
③ 《隋书》卷75《刘焯传》。
④ 《太平广记》卷146《定数一·耿询》。
⑤ 参引自《中华文明史》第5卷,河北教育出版社1992年版,第355页。

监5人、正10人。太医署的医师除负责传授医术教育学生之外，还必须参加医疗工作，并以医疗成绩作为考核标准。药园师和主药，主要负责药物的种植、采收、炮制、贮存，以备应用，各科博士、助教则主要负责本专业的教学工作。另外还有尚药局，是御用保健机构，炀帝时属殿内省，其长官称奉御，增设了司医和医佐等职，说明炀帝对医学的重视。炀帝自己也懂一点药方，有一次在观文殿设宴，炀帝对侍臣诸葛颖说："朕昔有寿禅师，为之合诸药，总纳一竹筒内"①。又据史载，有陈亡入隋的名医许智藏，隋炀帝经常向他"询访"有关病理，并"以辇迎入殿"，为自己治病，智藏所开药方"用无不效"②。在炀帝朝任太医博士之职的名医巢元方，更受炀帝诏旨，于大业六年(610)主持编撰了《诸病源候论》一书，共50卷，此书将内、外、妇、儿、五官、皮肤等科1700余种病证分为67门，分别从病因、病理、临床表现、演变过程及预后等方面进行了确切的论述，代表了隋代对疾病的认识水平。唐以后的重要医著对病因病理的论述，大多以此书为依据，宋代太医局还将《诸病源候论》定为学生的必修课程。另隋唐之际的昝殷也在继承前人成果的基础上，广泛收集民间单方验方，撰成《经效产宝》，这是现存最早的较系统的妇产科专著，对后世妇产科学的发展具有重要影响③。隋炀帝对医学的重视，促进了隋代医学的发展。

为便于发展和管理财政经济，隋炀帝还对度量衡制作了改革，统一标准。史称大业三年(607)"改度量权衡，并依古式"④。关

---

① 《太平广记》卷76《寿禅师》。
② 《隋书》卷78《艺术·许智藏传》。
③ 参见《中华文明史》第5卷，第385—386页。
④ 《隋书》卷3《炀帝纪上》。

于量器,"开皇以古斗三升为一升,大业初,依复古斗"①。关于衡制,"开皇以古秤三斤为一斤,大业中,依复古秤"②。

四、尊崇佛道　融并寺塔

由于佛教、道教在魏晋南北朝时期广泛传布于民间和各王朝官僚贵族之中,隋唐王朝在思想文化方面一贯施行多元一统、三教并重的政策,在尊崇儒学的同时,也弘扬佛道。虽然出现过多次毁佛事件,但为时很短,佛教很快就得到恢复。如北周武帝灭佛,至隋不仅复兴佛法,而且得到更大发展。宗教既为千百万民众所信奉,用帝王手中的一时权力和简单粗暴的行政手段是根除不了的,因势利导在政治上加以利用和控制,才是统治者的最佳选择。

隋两代帝王文帝和炀帝都崇信佛教,实行三教并重政策,但推崇的程度和顺序却有不同。隋炀帝的三教顺序是儒、佛、道,炀帝兴学崇儒的同时,佛教、道教也得到倡导和发展。但是,其父文帝的三教顺序却是佛、道、儒,自称"我兴由佛法",尊为"转轮圣王"。释史记文帝"因集业故,得生人中,王领国土,故称人王。处在胎中,诸天守护,或先守护然后入胎,三十三天,各以己德分,兴是王以天护故,称为天子"③。开皇元年(581)隋文帝即位之初,即普诏天下,任听出家,仍令计口出钱,营造经像,官写一切经,置于各寺,天下之人,从风景慕。开皇五年(585)文帝敕云:"佛以正法,付嘱国王,朕是人尊,受佛付嘱。自今以后,迄朕一世,每月常请二十僧,随番上下,经师四人,大德三人,于大兴善殿,读一切经,虽目览

---

① 《隋书》卷16《律历志上》。
② 《隋书》卷16《律历志上》。
③ 《历代三宝记》卷12;《胜天王经》引《金光明经·正论品》。

万机,而耳喰法味,每夜行道。皇后及宫人,亲听读经,若有疑处,问三大德"①,表现出无比的虔诚。隋文帝甚至"每日临朝,于御床前,置列高座二所,一置经师,令转大乘,二置大德三人,通三藏者"②。念佛成了文帝起居生活中的首要大事。开皇二十年(600)十二月,文帝又诏曰:"佛法深妙,道教虚融,咸降大慈,济度群品,凡在含识,皆蒙覆护"。但仁寿二年(602)闰十月又降诏称:"礼之为用,时义大矣。黄琮苍璧,降天地之神,粢盛牲食,殿宗庙之敬,正父子君臣之序,明婚姻丧纪之节,故道德仁义,非礼不成,安上治人,莫善于礼"。于是下令载缉经史,"修定五礼"③。对道教、儒家也一并加以推崇。佛、道、儒皆有时用,三教并重,故时人李士谦论三教优劣曰:"佛,日也;道,月也;儒,五星也"④。

然而,隋文帝尊佛重在修功德,并不研习佛教义理,唐僧道世总结隋文帝兴佛之功行曰:"隋文帝开皇三年(583),周朝废寺,咸乃兴立之。名山之下,各为立寺。一百余州,立舍利塔。度僧尼二十三万人,立寺三千七百九十二所,写经四十六藏,十三万二千零八十六卷,修故经三千八百五十三部,造像十万六千五百八十区。自余别造不可具知矣"⑤。隋文帝可谓功德无量,但其所推崇的乃北方风格的佛教,注重修行、造像等宗教实践,而少究经义。

和隋文帝不同,炀帝信佛却不佞佛,三教并重以儒为先,既修功德却更重义理。隋炀帝更重南方风格的佛教,自认是天台智者大师的虔诚弟子。早在江都受戒之时,杨广即从智者研习法华经

---

① 《辩正论》卷3。
② 《大唐内典录》卷5。
③ 《隋书》卷2《高祖纪下》。
④ 《隋书》卷77《李士谦传》。
⑤ 《法苑珠林》卷100;参见《辩正论》卷3。

义。杨广在《受菩萨戒文》中有两句话值得注意,即"耻崎岖于小径,希优游于大乘"①。按印度佛教有大乘小乘之分,所谓乘,有"运载"和"道路"的意思。"小径"就是小乘,这两句话的意思是,杨广耻于走崎岖不平的小乘的道路,不愿做小乘人,而希望"优游于大乘",普度众生。按照佛教的说法,小乘只能度自己或很少一些人,比较"自私",车小,路窄。大乘则不仅能度自己,而且能普度众生,车大,道路宽广。这表明了杨广敬从佛法要为天下苍生寻得正果的博大胸怀。智者大师亦说过:"匹夫行善,止度一身;仁王弘道,含生荷赖"②。佛教也需要大势之人的政治庇护。按照智𫖮的意思,只有隋炀帝这样的"仁王"出来弘道,才能"泽及群生"。若此,隋炀帝也就是"含生荷赖"的菩萨了。

隋炀帝敬奉的天台宗即源于大乘佛教,并以印度大乘中观派创始人龙树为始祖,以下慧文、慧思,智𫖮为四祖。智𫖮圆寂后,弟子灌顶对大师的著作进行了整理,并一直得到隋炀帝的关注和支持,灌顶在理论上没有什么创见,主要是阐发智𫖮思想。智𫖮的重要著作"天台三大部"——《法华主句》《法华玄义》和《摩诃止观》,均系由智𫖮口述,灌顶笔录成书。灌顶,字法云,俗姓吴,生于陈文帝天嘉二年(561),死于唐太宗贞观六年(632),祖籍常州义兴(今江苏宜兴),后迁居临海章安,故又称章安大师。他20岁出家,3年后投智𫖮门下,之后到智𫖮圆寂,一直没有离开过智𫖮,成为智𫖮创立天台宗的得力助手。由于灌顶继承了智𫖮的事业,受到隋炀帝的重视,炀帝经常延请他入京传授《法华经》义,称"禅师既是大师(智𫖮)高足,法门委寄,今遣延屈,必希翛然随使入

---

① 《广弘明集》卷27。
② 《国清百录》卷2《让请义书第四十九》。

京"①。这使灌顶成为极有影响的高僧,后被天台宗人尊为"五祖"。天台宗以折中的态度调和三教,破斥南北,以方便圆通为名,任意发挥,构成自身的宗教思想体系,反映了南北统一后的时代需要,因而最合隋炀帝口味。

隋文帝和炀帝都十分重视对宗教的政治控制,在政治统一之后更谋求思想意识形态领域的统一,用炀帝的话来说,即"孔老释门咸资镕铸"②。对思想文化实行专制是秦汉以来专制君主的一贯国策,只是方式各有不同而已。相比而言,隋炀帝在这方面做得最为成功。

在隋朝的政治中心长安大兴城,有隋文帝所建大兴善寺、玄都观等佛教道教中心寺观,猥集了大批高僧。当杨广被立为皇太子时,也于京师大兴城内建日严寺,成为太子杨广佛事活动的中心。据说,日严寺居于朱雀门街东第四街的青龙坊内,仁寿元年(601)杨广营造府邸时施材而建③。日严寺一切供给皆出杨广,像江都四道场一样,也"四海搜扬"各地佛教俊杰。除招揽到彦琮、法显、慧常、辩义、法侃等北方高僧外,多数是自江都慧日道场聘来的原南朝高僧,如智脱、法澄、道庄、法论、吉藏等。杨广并令中书舍人王延寿到江都,把在江南搜集到的佛像送往日严寺收藏④。因此,有人说日严寺实际上是江都慧日道场在长安的延伸⑤。

杨广把他坐镇扬州时所经营的江都四道场的佛教文化遗产移入日严寺,并在寺里组织僧人进行译经活动,到杨广继位皇帝,日

---

① 《天台九祖传·灌顶传》。
② 《广弘明集》卷27《受菩萨戒疏》。
③ 《长安志》卷8《青龙坊》条,按日严寺毁于唐贞观元年。
④ 《集神州三宝感通录》卷中。
⑤ 山崎宏:《炀帝の四道场》,东洋学报第34卷,1952年。

严寺的声望就超过大兴善寺,成为京师的佛教文化中心。释史有云:"日严大德四十余人,皆四海宗师,一时翘楚"①。日严寺聚集众多南北高僧及许多杂科艺僧,各个宗派都在寺内讲道,如"慧业超悟"的天台智者弟子智脱就随杨广入京,住日严寺,杨广经常"遣学士诸葛颖赍书请讲"。智脱于是"即奉命成化宣誉王朝,自江南成实并述义章"②。在皇太子杨广支持下,智者大师手下高足智脱得以在长安讲述江南天台宗教义,把南方教风引到北方。

除灌顶、智脱等天台大德外,另一位南方高僧,三论宗的宗师嘉祥大师吉藏(549—623),也来到日严寺讲述三论要旨。吉藏与智颉齐名,俗姓安氏,据说是"安世高苗裔"③,祖先是安息(波斯)人,因避仇移居南海,在交、广居住,迁居建康。吉藏于梁武帝太清三年(549)生在建康(今江苏南京市),史载他"貌像西梵,言实东华",外表长得像西域人,说话却完全是汉语。他父亲也是个虔诚的佛教徒,法名道谅,吉藏7岁由父亲送给法朗法师门下出家,年14即习《百论》,19岁开始讲经,颇富辩才,他在建康兴皇寺住了20多年,法朗圆寂(581)后,吉藏继承了法朗的衣钵,成为三论宗的宗师。开皇九年(589)陈亡时吉藏41岁,与智颉一样都离开了建康,智颉西去,他却东游吴越,然后住会稽(今浙江绍兴)秦望山的嘉祥寺,此寺乃东晋琅邪王荟所造,吉藏在此一住就是15年,因而被称为嘉祥大师。吉藏在嘉祥寺曾开讲《法华经》,开皇十七年(597)曾致书智颉请讲《法华》,智颉死后,吉藏只好从智者的弟子灌顶学习天台宗教义。这时,吉藏已是江南最有声望的高僧,杨广于是极力延揽。开皇末年,吉藏终于被杨广召到江都主持慧日道

---

① 《续高僧传》卷11《辩义传》。
② 《续高僧传》卷9《隋东都内慧日道场释智脱传》。
③ 日·安澄:《中论疏记》,载《大正藏》第65册。

场,三论宗的宗典《三论玄义》就是吉藏主持慧日寺时写的。为了把南方的三论宗弘扬到北方,吉藏也愿意借助王权来传布他的学说,所以吉藏后又随杨广迁居长安,主持日严寺,在寺讲经。结果道俗云集,声振中原,人们纷纷向他布施供养,吉藏因此大兴佛事,写2000部《法华》,并造25尊佛像。据说京师有位名昙献的禅师,所住寺宇太小,于是邀吉藏到该寺主讲《三论》,却乘机募化建寺经费,不几天便募足了。长安曲池有人建大佛像,高10余丈,单金刚宝座就有1丈多高,但座刚建好就没钱了,吉藏知道后主动来住了十多天,所在附近州县人闻讯便带来许多功德钱,使佛像不久就完成了。可见吉藏感召力之大。

三论宗宣扬印度大乘佛教中观派的"空论",以"三论"——《中论》《十二门论》《百论》为主要经典,故名三论宗。从鸠摩罗什译出《三论》,到法朗,是为"古三论",到了嘉祥吉藏大师写《三论疏义》,阐明"三论"的奥义,才大成了三论空宗,而叫做新三论。吉藏可谓奠定了中国空宗思想的基础,他的著作《三论玄义》《大乘玄论》《三谛章》,是三论宗的宝典,吉藏从"空"的观点建立思想,采用否定的方式,以论证"无所得"。三论宗强调一切事物都是因缘和合而生,因而是无自性的,即性空的,无所得的;但为引导众生而用假名以说有,这样,不离性空而缘生的一切现象历然可观,虽有假名,仍是无得,这才是一切事物的真实本相。吉藏和智颉是同一时代人,都在独创新宗派,并都受到隋炀帝的延揽和支持。天台宗以《法华》为宗经,统一南北朝佛教,受到炀帝赞许;三论宗则以三论(空)为中心,统一各派佛学,也符合隋朝的要求。吉藏的名气虽不及智颉,但二人的学说都符合隋统一后新的历史条件下要求融合一切教派以建立最高神学的主旨,杨广亦不因二人是南朝亡国之余而心存偏见,而是在政治上大力扶持,在"王途既一,佛法重兴"①的局面下,三论宗亦与天台宗一同成为中国最早形成的佛教宗派。

杨广延揽吉藏并把他带到长安讲经,主持日严寺,目的正是利用吉藏去统一佛教各流派,因为专制帝国的统一政权,要求有相应的统一的宗教。继智𫖮之后,杨广要利用吉藏的名声及其学说,设法集中南北各地名僧,建立统一的佛教,以巩固大一统局面。杨广即皇帝位后,吉藏在隋炀帝支持下即成了隋朝佛教界的首领人物。

起于南方的天台宗和三论宗在隋炀帝扶植下最先形成宗派,并成为统一王朝的最高神学,也使南方教派彻底压倒了北方教派。和儒家经学一样,南方教风从此战胜北派教风,"有南学,而无北学",亦为北人认同,这无疑在思想文化领域起到了巩固统一的作用,应该说,这是隋炀帝文化政策的又一大成功。

吉藏一直活到唐初,并与唐高祖李渊结交甚深,唐武德六年(623)他75岁时逝世,唐为他举行了隆重葬礼,吉藏死后三论宗在与天台宗等佛教宗派的竞争中日趋衰微,其学说被其他宗派批判、吸收从而失去了其存在意义,但它传到日本后却流传久远。

隋炀帝扶植天台宗和三论宗,为建立王朝最高神学不遗余力,同时也举办了不少其他佛事,唐僧道世总结炀帝的功德为:"隋炀帝于长安造二禅定,并二木塔,并立别寺十所,官供十年。修故经六百一十二藏、二万九千一百七十二部,治故像十万零一千区,造新像三千八百五十区,度僧六千二百人"②。其度僧尼、立寺、造像较之文帝要少得多,但整理佛教典籍、综理教派教义等更有意义的事上却较文帝做得多,而更具社会意义。隋炀帝新造佛像很少,而

---

① 《隋天台智者大师别传》。
② 《法苑珠林》卷100。

是修治故像,这表明在这项功德上所费人力财力并不多。

还有一件更有意义的佛道事业值得一提,隋炀帝在营造东都时,在洛阳新城新建了四道场,道场建在宫廷之内,所以又叫内道场。早在东汉延熹九年(166),桓楷上汉桓帝的奏文中,曾建议于宫中建黄老浮屠之祠。西晋太康元年(381),晋武帝曾筑精舍殿内,但为时不长。隋东都内道场实为中国佛教史上最早的内道场,其始建于隋炀帝之时,以后唐宋历代非常盛行①。这反映了佛、道与王朝的双重联系,一方面是与皇宫关系更紧密了,另一方面也意味着受王朝政治控制更进了一步。

关于东都内四道场的方位,《大业杂记》云:"入景运门,入道左有内史内省、秘书内省……道右命妇朝堂,惠日、法云二道场,通真、玉清二玄坛"。据此,则四内道场在宫禁中与(中书)内省和秘书内省左右平列。东都内道场与江都四道场一样也是佛、道各二部,佛教叫东都内慧日、法云道场,道教则有通真、玉清玄坛,其名虽异,但仍是基于隋炀帝佛、道并信的宗教政策,实际上是江都四道场的延长。法云道场、通真玄坛极可能为女尼及女冠道场,玉清玄坛可能是道士道场,而现存资料,则以内慧日道场为多。实际上四道场以佛教活动为主,是僧侣活动的中心。许多僧侣直接来自江都慧日道场,也有来自长安日严寺,从江都——京师——东都,又含有晋王——皇太子——皇帝地域及政治上的意义。江都四道场收纳了众多江南高僧道士,长安日严寺亦以江南僧侣居多,而东都内道场收纳的僧道则已是遍及全国各地。如智脱、法澄、道庄、法轮、智炬、立身、智果来自江南,道宗、智国、智骞、敬脱、辩相、法护、道基、三慧、智徽、志宽、法安则为北方僧人。上述18人中,有

---

① 高雄义坚:《支那内道场考》,《龙谷史坛》第18辑。

6人来自江都慧日道场,另外,上清道教首领第10代宗师王远知也从江都来到了洛阳,住在玉清玄坛,来时炀帝"亲执亲子礼",并让皇孙代王杨越拜王远知为师①。

东都四道场除招引了大量高僧"盛弘法席",讲经解经外,还招致了大量"道艺"之人。释史有载:"大业之始,帝弥重之,威轹王公,见皆屈膝。常侍三卫奉之若神,又往名山,召诸隐逸。……时总萃慧日,道艺二千余人,四事供给,资安而立"②。书法家智果也以艺僧的身份来到了东都内道场。所有寺僧皆由国家供养,隋炀帝还不时赏赐大量财物,智果就记得炀帝1次就给东都内慧日道场赐钱1万,金钟2枚。隋炀帝与后妃、大臣还经常与内四道场的僧、尼、道士、女冠及各类杂科艺人游玩,咏诗演唱。每年正月十五的花灯,更是热闹非凡,隋炀帝诗兴大发,写了一首《正月十五日于通衢建灯夜升南楼》诗:

　　法轮天下转,梵声天上来。
　　灯树千光照,华焰七枝开;
　　月影凝流水,春风含夜梅,
　　幡动黄金地,钟发琉璃台。③

炀帝吟后,大臣接着唱和,诸葛颖写了《奉和通衢建灯应敕》诗:
　　芳衢澄夜景,法炬烂参差,
　　逐轮时徒焰,桃花生落枝。
　　飞烟绕定室,浮光映瑶池,
　　重阁登临罢,歌管乘空移。④

---

① 赵道一:《历代真仙体道通鉴》卷25《王远知》。
② 《续高僧传》卷26《隋东都宝扬道场释法安传》;《华严经传记》卷47。
③ 《广弘明集》卷30。
④ 《广弘明集》卷30。

比较这两首诗,隋炀帝咏元宵花灯结合梵天佛法,内涵更深,诸葛颖只是一味称颂良宵美景,内容平平。隋炀帝兴致极高,把自己看成为万民景仰,普度众生的法轮王,而与民同乐。

隋炀帝最值得称道的佛事功德是整理佛典经籍,他在东都洛水之滨上林园设置翻经馆,将原在江都道场系统翻译佛经的事业转移到东都洛阳进行。"四事供养,无乏于时"①。法琳说隋二君37年共译经82部②,道宣则说"所出经、论、传法等合九十部,五百一十五卷"。又说:"隋朝传译道俗三十一人,译出经论等一百七十部,七百卷"③。而唐智昇却说隋朝译经"缁素九人,所出经论及传录等,总共六十四部,三百一卷"④,其说法出入很大。看来,隋新译的佛经不是很多,但整理的佛经总数可观,据《隋书·经籍志》记载,隋已有大乘、小乘佛教经典1950部,6198卷。其中大乘经617部,2076卷;大乘律52部,91卷;大乘论35部,141卷;小乘经487部,852卷;小乘律80部,472卷;小乘论41部,560卷。共1312部,4199卷。其余600多部,2000来卷著作,《隋书·经籍志》都把它们列入杂、疑类著作。又据隋费长房《历代三宝记》,隋代共有佛经2146部,6235卷,其中包括注、疏、史等。而据隋僧法经《众经目录》的记载,隋共有佛经2257部,5310卷,其总量既多,整理所费功力显然是巨大的⑤。《隋书·经籍志》载:"于内道场集道、佛经,别撰目录"。不仅佛教典籍,对道教典籍也进行了编目整理。

---

① 念常:《佛祖历代通载》。
② 法琳:《辩正论》卷3。
③ 道宣:《大唐内典录》卷5《隋朝传译佛经录第十七》。
④ 智昇:《开元释教录》卷7。
⑤ 参见郭鹏:《中国佛教思想史》中卷上编《隋代佛教思想》,福建人民出版社1994年版。

道教在隋代虽然受到崇奉和扶植,但在三教序位上始终居于佛教之下。《隋书·经籍志》称:"高祖雅信佛法,于道士蔑如也"。这是与佛教相比,显得道教被冷落,实际上,文帝开皇、仁寿两个年号,都是得之于道经①。隋建国之初,文帝也曾利用道教编造"受命之符",为他篡夺北周制造舆论。隋长安大兴城有玄都观,承北周设通道观。研究三教学术,集义学道士,研讨道教教义。隋炀帝继承了文帝扶植道教的政策,东都四道场养了不少道士,道士刘进喜、李播此时皆注疏《老子》,以"重玄"为宗,采用佛教的思辨方法和词旨发挥老庄哲学。刘进喜并造《太玄真一本际妙经》,述说道教哲理,但其中大部分内容是窃取了佛教教义。当时所编《玄门大义》体系已较完备,包罗宏富,这为唐代道藏的完成准备了前提条件。到了唐朝,道教被定为三教之首,册封老子为玄元皇帝、圣祖,攀为同宗,在政治上利用道教,神化老子以达到神化唐皇室的目的。然而,三教次序虽有变,但三教并重的总方针仍承隋朝,没有大的变化②。

隋唐道教炼养术也有较快发展,据说隋炀帝也曾利用道士合炼金丹,以求长生不死,史载:"初,嵩高道士潘诞,自言三百岁,为帝合炼金丹。帝为之作嵩阳观,华屋数百间,以童男童女一百二十人充给使,位视三品,常役数千人,所费巨万。云金丹应用石胆、石髓,发石工凿嵩高大石深百尺,都数千处,凡六年,丹不成。帝诘之,诞对以'无石胆、石髓,若得童男女胆、髓各三斛六斗,可以代之'。帝怒,锁诣涿郡,斩之"③。这则故事惟见于《资治通鉴》,不见于《北史》《隋书》,所采乃小说家言,真假参半。然古代帝王如

---

① 周一良:《魏晋南北朝史札记·隋书札记》"开皇年号"条,中华书局版。
② 参见任继愈主编:《中国道教史》第6章,上海人民出版社1990年版。
③ 《资治通鉴》卷181 隋大业八年正月。

秦始皇、唐太宗都曾信用方术金丹,上当受骗求不死药,唐太宗甚至被丹药毒死。相比而言,隋炀帝纵使有求丹不死药之事,却也不致迷信至深,最后将托言用童男童女胆髓炼丹的道士潘诞斩首,没有上当受骗,就这一点来讲他比秦始皇和唐太宗强。

隋炀帝与文帝在宗教问题上的最大区别就在于,炀帝虽尊佛道,但并不迷信,虽信佛但并不佞佛,而是把佛教作为他统治国家的手段。但文帝却迷信至深,"始龙潜之日,所经行处四十五州,皆造大兴国寺"①,除佛寺命名大兴外,新建都城名大兴城,皇宫曰大兴殿、大兴门,又有大兴县、大兴园等,似乎有了大兴之名,国必大兴旺,大发达。

隋文帝认为得天下、统一天下是由佛教之力,开皇二十年(600)下诏沙门坏佛像、道士坏天尊者,以恶逆论。仁寿元年(601)废学校时,诏天下诸州名藩建灵塔,分送舍利于31州,并诏曰:"朕归依三宝,重兴佛教,思与四海之内一切人民,俱发菩提,共修福业"②。连高句丽、百济、新罗3国使者将还,亦各请舍利,于本国起塔供养,诏并许之③。日本学者山崎宏统计仁寿年间建立舍利情况:仁寿元年(601)十月十五日正午起塔30所,二年(602)四月八日51所,四年(604)四月八日30所,前后诸州起塔111所④。所谓舍利,乃佛之身骨,即佛祖释迦牟尼的遗骨,全国各地甚至国外高句丽都起塔供养,哪有那么多的舍利,是真是假,只有天知道。据说舍利一裹文帝得之于"潜龙"之时⑤,更令人怀疑。

---

① 法琳:《辩正论》卷3。
② 《广弘明集》卷17《隋国立舍利塔诏》;《法苑珠林》卷53。
③ 《广弘明集》卷17;又见《释氏通鉴》卷6"仁寿元年"条。
④ 山崎宏:《支那中世佛教の展开》第1部第6章,第333页,日本清水书店刊行,昭和17年。
⑤ 《广弘明集》卷17《庆舍利感应表》。

隋炀帝不但不迷信佛道,而且在尊崇佛道于政治上加以利用的同时,还加以严格限制。大业三年(607)正月二十八日,隋炀帝又下了一道《行道、度人天下敕》,虽自称"菩萨戒弟子、皇帝总持",要建立胜缘,度僧立寺,大济苍生,但同时正告僧众"无始恶业","皆得清静",而不要沾染"罪垢"①。隋炀帝十分重视佛教戒律,在剃度僧人的同时又严格限制度僧数量。早在大业元年(605)十一月二十日于江都宫引见天台僧使智璪时,炀帝即询问天台寺内常规,并让张衡宣敕云:"师等既是行道之众,勿容受北僧及外州客僧,乃至私度出家,冒死相替,频多假伪,并不得容受"。又敕云:"弟子(炀帝自谓)为先师(智𫖮)度四十九人出家,停寺受业继于后,师(智璪)可检校,有道心者必系籍人,非私度者"②。

据道世统计,隋代二君度僧尼 236200 人,其中炀帝仅度 6200 人,不及文帝的零头。炀帝要求剃度出家者必有道心,必系有僧籍者,而不允许私度,并进行严格管制。在江都宫与智璪亲切交谈仍不失时机地正告天台僧团,不要"容受北僧及外州客僧","不要容受假伪私度"。炀帝为恩师智𫖮特别剃度的僧人不过 49 人,其他庙有官方度牒的僧人数目可想而知。又据道世统计,隋代两君 47 年,有寺 3985 所,其中文帝立寺 3792 所,炀帝仅立寺 193 所③。与文帝相比,炀帝又仅及零头。不仅如此,大业五年(609),隋炀帝还曾下敕"融并寺塔",凡僧数不及 50 人的小寺统统废除,将其合并于邻近大寺,无德行的僧侣勒令还俗④。时隋炀帝正大兴工役,

---

① 《广弘明集》卷 28。
② 《国清百录》卷 3《僧使对问答第八十六》。
③ 《法苑珠林》卷 100。
④ 《法苑珠林》卷 18 引高临《冥报记》。

拆毁寺院,沙汰僧尼,可以用于充工役,充实国用。炀帝甚至下令"屏除流徒隐逸",禁止僧侣游历。"菩萨戒弟子皇帝总持"的隋炀帝对佛徒不讲丝毫情面,一切必须纳入他的政治控制之下,不听命者后果难以设想。为此庐山神林寺僧大志专程来东都洛阳上表,燃臂烧身进谏①,但炀帝不为所动。据《长安志》,光大业七年(611)京师大兴城拆毁的佛寺就在22座以上,有东一光福坊的圣敬寺、东三来庭坊的仁法寺、永宁坊的明觉寺、昭国坊的香海寺等②。隋炀帝的"融并寺塔"令是确实无疑地实施了。

当了皇帝的"总持菩萨"对佛教徒如此严厉不大度,致使炀帝统治时发生了多起僧侣造反的事。大业六年(601)正月初一凌晨,有数十人自称弥勒佛,皆素冠练衣,焚香持华,自建国门来到皇宫,监门卫兵见佛皆稽首,这些人入宫门后即夺卫士兵仗举行叛乱,想入宫杀炀帝,被齐王杨暕发觉而追斩,"于是都下大索,与相连坐者千余家"③。大业九年(613)又有唐县人宋子贤自称弥勒佛出世,以幻术惑众,"聚众数千百人,遂潜作乱"④。至隋末农民起义,有大批佛徒参加到了起义者的行列⑤。

但隋炀帝自始至终没有放弃对佛教道教的拉拢。大业七年(611)炀帝为征高句丽来到涿郡,"遣使迎道士王远知至涿,见之于临朔宫,亲执弟子礼,命于中岳修斋仪,复诏京师置玉清玄坛以处之"⑥。炀帝又招请天台高僧灌顶、智璪至涿郡大本营中,互述

---

① 《续高僧传》卷29《隋庐山释大志传》。
② 参见山崎宏:《隋の高句丽远征と佛教》。
③ 《隋书》卷3《炀帝纪上》。
④ 《太平广记》卷285《宋子贤》。
⑤ 参见姜伯勤:《隋末农民战争与反佛浪潮》,载《历史研究》1978年第2期。
⑥ 《旧唐书》卷192《王远知传》。

同学之欢,并施寺物五百段①。

然佛僧对隋炀帝仍不放心,担心北周武帝那样的毁佛浪潮的到来,正当隋炀帝在涿郡招见佛僧道士,重申维护佛道之旨的同时,幽州沙门智菀即开始"发心造石经藏之,以备法灭",他"于幽州北山,凿岩为石室,即磨四壁,而以写经,又取方石,别更磨写,藏诸室内,每一室满,即以石塞门,用铁锢之"。智菀"精练有学识",当隋炀帝率大军齐集涿郡时,他找到萧皇后"同母弟"内史侍郎萧瑀,萧后与萧瑀既出之于佛教世家,"性笃信佛法",萧瑀即将智菀之请告白萧后,萧后立即带头"施绢千匹,及余钱物,以助成之"。萧瑀也施绢500匹,虽未见有炀帝赐物的记载,但他默许了,实际上是赞许此事,结果"朝野闻之,争共舍施,故菀得遂其功"。所造石经已满7室,智菀高寿,至唐贞观十三年(639)卒。"其弟子犹继其功"②。萧瑀唐朝时仍为宰相,继续从中赞助,这项工程一直持续到明朝时,刻出的石经总字数超过现今的百科全书,这就是北京驰名中外的房山石经。

房山石经始刻于隋炀帝大业年间,唐朝人唐临《冥报记》卷上《隋释智菀》条作了记载,此乃房山云居寺石经的最早历史记载,《冥报记》后在中国失传,宋人所编《太平广记》卷91征引了这条史料。可幸的是《冥报记》唐朝时由日本留学僧带到日本,得以保留至今。

又据明朝人德清《涿州西石经山雷音窟舍记》记载,隋仁寿年间,智菀(又记静菀)从隋文帝处得到印度僧人所赠佛舍利3粒,于大业年间安置于雷音洞内。明万历二十年(1592)三月六日,慈

---

① 《续高僧传》卷19《唐天台山国清寺释灌顶传》、《智璪传》。
② 《太平广记》卷91《释知菀》条引《冥报记》。

圣太后令将佛舍利迎入宫供养3日,后放回原处。1981年我国文物工作者在修缮雷音洞时发现舍利两粒,乃明万历年间封藏的隋舍利,以函套函的方式密封,函有5个,分别为石函、银函、玉函等。第二层青石函的盖上刻有"隋大业十二年岁次丙子四月丁卯朔八日甲子于此函内安置佛舍利三粒愿住持永劫"36字铭文,经学者反复考证,确认为1300余年前智菀安置在雷音洞的佛舍利,所失一粒可能是明万历年迎入宫供养时留在宫内①。

云居寺在今北京市房山县,寺东石经山高约500米,共开凿了9洞,分上下2层,以雷音洞为中心,雷音洞开凿最早,乃隋智菀首启,刻有《涅槃经》、《华严经》、《维摩经》等146块,唐、辽、金及明朝代有续刻,现9个洞内及洞外共贮藏经碑1.4万余块,是佛教石经中规模最大,历史最久的文化珍品。而这项伟大的文化工程,是起始于隋炀帝之时的,当然,此役并非炀帝之初衷,相反,倒是出于对炀帝的防范,也是炀帝始料所未及的。但是,此役与隋炀帝有关,则是肯定的。

隋炀帝大修文治,三教并重,移风易俗,重视思想文化建设,在意识形态领域大做巩固国家统一的工作,对中国古代的文化发展产生了巨大影响,也作出了杰出贡献。隋炀帝的这些作为既影响历史甚巨,我们也应该予以客观公正的评价,对他的业绩不应一味抹煞,有不少功绩亦应实事求是地予以基本肯定。

第二节 选贤任能 开科取士

隋炀帝大修文治的最突出成就,恐怕要算举办科举,创立进士

---

① 见1987年4月28日《光明日报》刊赵朴初文。

科了,这一伟大变革使我国古代选官方式发生了历史性转折,从而深刻地影响到社会政治的各个方面,并对唐宋以后的历史发展产生了巨大的影响。但科举制的产生也有其深刻的社会历史文化背景,它是直接由汉魏晋南北朝以来的察举制发展而来,至隋文帝废除九品中正制,新的选官方式按照封建官僚体制内部的发展规律也就必然要产生。对此,隋文帝和炀帝作了许多有益的创革,到唐宋时代科举遂成为选官体制的主流。

隋炀帝创立进士科,其功不可没,但也有人怀疑进士科创自隋朝。进士科到底创立于何时?其意义如何?隋前后选官制度发展的情况如何,学术界对此有过激烈的争论。为求公正,我们有必要较详细地作一番历史叙述和考证,以对隋炀帝这一最突出的文治成就作一番客观评价。

一、从察举到科举　文帝罢中正

随着门阀制度的衰落,选官制度至隋时面临历史性转折。在隋以前,我国古代选官方式先后曾出现过贵族世卿世禄制、征辟察举制、九品中正制等,均在不同时期占据过主导地位。

上古三代国家机构实行"亲贵合一"的组织原则,依据血缘关系的亲疏远近来调整统治阶级内部的权力关系,所以商周实行的是贵族世卿世禄制度。但是,在贵族内部也选贤贡士,据《礼记·王制篇》,世卿世禄制也存在考选,只是范围局限在极少数贵族中,而且进士、秀才、贡士之名古已有之。

战国至秦,由于各国变法征战,任官赐爵主要按军功大小,破除了宗法血亲体制,同时,举荐客卿也成为常制。有一个叫毛遂的人荐举的是他自己,于是有了"毛遂自荐"这一成语,而名传千古。两汉以后,为适应专制集权官僚政治对人才的需要,发展了以察举为主体,以辟署、征召、举荐、军功、纳赀、任子等为辅助的,多种途径的官吏选拔制度。而"察举制便是科举制的前身和母体"①。察举存在于两汉魏晋南北朝,至隋以前长达700—800年之久。

察举又名贡举、荐举,是一种由下向上保荐人才的制度,并在推荐和甄核两个环节上逐渐展开并规范化。汉武帝罢黜百家,独尊儒术,接受了儒家意识形态,强调以孝治天下,选官优待孝子廉吏。汉察举科目繁多,有孝廉、秀才、察廉、光禄4常科,取人标准是德行和才能,而尤以德行孝廉为重,而对德行的考察无法依赖于考试,只能依赖于举主的了解和社会评价。但察秀才有的是对策后任用,对策则是一种考试方式,问以政事或经义,以对策成绩优异分派官位。东汉顺帝阳嘉元年(132),尚书令左雄改革察举制,使举孝廉也建立了考试制度。但"当时未有黜落法,对策者皆被选,但有高下尔"②。对考试的作用不能估计太高,入仕的关键还在于举荐。

三国魏文帝曹丕采用吏部尚书陈群的建议,实行"九品官人法",任用"贤有识鉴"的乡贤担任本籍州郡的大小"中正",由他们按九品来评定当地人才等级,把人物分成上上、上中、直至下下九品,由小中正报大中正核实,大中正上报司徒核实,再交吏部尚书选用。以后,选用标准除因循东汉察举所要求的德行、经学等以外,又增加了家世、才实等内容,并据士人德才行状及地方清议写出评语,叫做"状",选用人才时须将品、状结合起来,建立人事档案制度③。这种办法一度曾使"儒雅并进",收到了一定效果。

---

① 参见阎步克:《察举制度变迁史稿》引言,辽宁大学出版社1991年版。本节写作多参引该书,以下不一一遍注。
② 叶梦得:《石林燕语》卷9。
③ 参见陈仲安:《汉唐职官制度研究》第3章第2节,中华书局1993年版,第263页。

然而,中正品评人才多以门第为重,而选用者也是士族,后来"台阁选举,徒塞耳目,九品访人,唯问中正,故据上品者,非公侯之子孙,则当涂之昆弟也"①,致使"公门有公,卿门有卿","上品无寒门,下品无势族"②。高门子弟凭藉门第获上品,门阀垄断了仕途,九品中正制遂成为巩固门阀阻塞寒素人才入仕的工具。

南北朝后期,随着门阀政治的衰败,按照德才而不是依据门第选任官吏的问题又被提出。南朝梁武帝对此改作最多,曾一度废除中正,用"无复膏粱寒庶之隔"代替了门第选人,"不通一经,不得为官"③。天监八年(509),梁武帝诏曰:"其有能通一经,始末无倦者,策实之后,选可量加叙录,虽复牛监羊肆,寒门后品,并随才试吏,勿有遗隔"④。诏书中把能通一经作为参加策试的唯一条件,并特别指出,虽寒门后品,都可随才试吏。隋宰相苏威之父苏绰在西魏时所拟《六条诏书》第四条也指出,"自昔以来,州郡大吏,但取门资",而门资者,"乃先世之爵禄,无妨子孙之愚瞽"。指出"今之选举者,当不限资荫,唯在得人"⑤。可见南北朝后期都恢复了察举秀才、孝廉的制度,一些寒门子弟通过明经试策的方式进入了仕途,说明南北朝都已出现科举制度的萌芽⑥。

隋建立后,如何选拔新一代官吏,自然提到了文帝面前,开皇二年(582)正月甲戌(三十日),隋文帝"诏举贤良"。开皇七年

---

① 《晋书》卷48《段灼传》。
② 《晋书》卷45《刘毅传》。
③ 《通典》卷14《选举》。
④ 《梁书》卷2《武帝纪中》。
⑤ 《周书》卷23《苏威传》。
⑥ 参见万绳楠:《魏晋南北朝文化史》第二章第3、4节,安徽教育出版社版,第66页。

(587)正月乙未（二十日），文帝又"制诸州岁贡三人"①。学者刘焯开皇时"以儒学知名，为州博士，刺史赵煚引为从事，举秀才，射策甲科"②。崔赜开皇初由秦王杨俊荐举，"射策高第"，授校书郎③。王贞由汴州刺史樊叔略引为主簿，"后举秀才，授县尉"④。窦威由内史令李德林"举秀异，射策甲科，拜秘书郎"⑤。又有韦云起"隋开皇中明经举，授符玺直长"⑥。开皇十八年（598）七月丙子（初七），隋文帝又下诏："京官五品已上，总管刺史，以志行修谨，清平干济二科举人"⑦。看来隋文帝旨在恢复汉代的察举制，所察者孝廉、秀才，被举者要"射策"，即考试才能"高第"，但仍须由州县或中央官员的荐举，并设立了每年岁贡3人的常贡，科目则有甲科、秀才、明经、志行修谨、清平干济等名目。举后即授官，所谓射策高第。开皇末年，贺德仁由仆射杨素推荐，授豫章王府记室参军⑧；温彦博由秦王杨俊荐，授文林郎⑨；其兄温大有仁寿中因尚书右丞李纲表荐，授羽骑尉⑩；高俭仁寿中"举文才甲科，补治礼郎"⑪。有杜正伦者，仁寿中与兄正玄、正藏一家3兄弟"俱以秀才擢第"⑫。以上人才的涌出，既有举荐，也有考试，历史已推进到察

---

① 《隋书》卷1《高祖纪上》。
② 《隋书》卷75《儒林·刘焯传》。
③ 《隋书》卷76《文学·崔赜传》。
④ 《隋书》卷76《文学·王贞传》。
⑤ 《旧唐书》卷61《窦威传》。
⑥ 《旧唐书》卷75《韦云起传》。
⑦ 《隋书》卷2《高祖纪下》。
⑧ 《旧唐书》卷190上《贺德仁传》。
⑨ 《旧唐书》卷61《温彦博传》，又《新唐书》卷91《温彦博传》云："开皇末，对策高第"。
⑩ 《旧唐书》卷61《温大有传》。
⑪ 《新唐书》卷95《高俭传》。
⑫ 《旧唐书》卷70《杜正伦传》；《太平广记》卷179引《谭宾录》。

举向科举转化的前夜。

仁寿二年(602)七月丙戌(初十),隋文帝又"诏内外官各举所知"①。仁寿三年(603)七月丁卯(三十日),文帝又下诏选拔人才,其令州县搜扬贤哲,皆取明知今古,通识治乱,究政教之本,达礼乐之源。不限多少,不得不举,限以三旬,咸令进路,征召将送,必须以礼②。所举包括隐迹江湖、洁身自好者,是全国范围大规模的推举人才。宰相苏威之子苏夔开皇时因议乐得罪在家,逢此时文帝下诏举天下"达礼乐之源"者,于仁寿末年被雍州牧、杨广之子晋王杨昭所举,"与诸州所举五十余人谒见"了文帝③,文帝对他最为满意。从诏书来看,隋文帝仁寿末年举荐人才的措置与开皇初已大有不同,一是贡举人数"不限多少",凡有"闾阎秀异之士,乡曲博雅之儒",不得不举。这些才士不一定出自贵族高官子弟,可以是闾阎乡曲之人,也可以是浪迹江湖者。开皇十六年(596)六月甲午(十三日),隋文帝曾"制工商不得进仕"④,除工商户外,凡国家编户不问门第寒素,凡有才之人都可以举。"搜扬贤哲","各举所知",就是要尽揽天下人才,这与科举制的精神是一致的。要中外官员举人,也不能简单地理解为仍为他荐,这里只是要他们分别负责中外制科报名事务,有才者闻风自往官府报名也是可以的,以使尽揽天下人才。虽然隋文帝旨在恢复汉代察举制,但经过700—800年的发展,其制度程式依照某种规律已向更新形态发展,九品中正制衰落之后,察举制在隋唐之际发展为科举制已是顺其自然、水到渠成之事了。

---

① 《隋书》卷2《高祖纪下》。
② 《隋书》卷2《高祖纪下》。
③ 《隋书》卷41《苏夔传》。
④ 《隋书》卷2《高祖纪下》。

由察举向科举的转折,关键在隋代,而其标志之一则在隋文帝废除九品中正制。有人以隋文帝、炀帝恢复的是汉代察举而否认隋代科举制度的产生,把察举和科举看成为本质上截然不同的选官方式显然是误解。所谓科举制度,就是由国家设立科目,定期地进行统一招考,即"分科举人","开科取士",考中者得以入仕,察举制也要考试并分有科目,但其与科举不同在于察举制主要在荐举,考试是次要的。科举则关键在于考,是一种考选入仕的制度,南北朝后期南北政权都更重视举秀才考试,可以看作为科举制的萌芽,但九品中正荐举制度还存在,所以不能认为科举制已成立。

　　南北朝后期,九品中正制无论在南朝还是在北朝都已式微,但最后罢除是在隋文帝之时,《文献通考》断言:"九品及中正,至开皇中方罢"①。日本学者滨口重国氏结合隋朝地方行政制度的改革,特别是隋文帝废止了被称为"乡官"的州县自辟的僚属,确立了流内官以上一切由中央任命的制度,从而确认隋文帝开皇十五年(595)"罢州县乡官",正是完全废止九品中正制度的确切年代②。唐人刘秩指出:"隋氏罢中正,举选不本乡曲,故里闾无豪族,井邑无衣冠,人不土著,萃处京畿。……五服之内,政决王朝,一命免拜,必归吏部"③。九品中正制的完全废除,是对魏晋南北朝以来的士族门阀制度的沉重打击,《通典》记隋文帝废除地方中正及地方流内官均由吏部选署后的情况说:"自是海内一命以上之官,州郡无复辟署矣"。又追叙说:"自后周以降,选无清浊,初卢恺摄吏部尚书,与侍郎薛道衡、陆彦师等,甄别物类,颇为清简,

---

① 《文献通考》卷28《选举一》。
② 滨口重国:《所谓隋的废止乡官》注文第21,见《日本学者研究中国史论著选译》第四册,中华书局1992年版。
③ 《通典》卷17《选举五·杂议论中》。

而谮愬纷纭,恺及道衡皆除名"①。此事《隋书·陆彦师传》记为"隋承周制,官无清浊,彦师在职,凡所任人,颇甄别于士庶,论者美之"。这是站在门阀士族的立场说话。但《隋书·卢恺传》记卢恺,"甄别士流,故涉党固之谮",遭到攻击,当为事实。虽然门阀士族赞成卢、薛、陆等人甄别清浊的举动,但隋文帝和关陇勋贵深为反感,卢、薛、陆俱出身门阀世族,所以被告为朋党受到了处分。

九品中正制的废除使门阀士族不再能垄断仕途,但士族仍以家世相矜,在社会风俗中、人们的意识中仍然有其地位。如赵郡李氏"宗党豪盛,每至春秋二社,必高会极欢"②。京兆韦氏代有人物,"世为关右著姓"③。隋文帝为子孙婚配,多求诸门阀世家。开皇十七年(597)隋文帝又聘山东门阀博陵崔氏女为杨广长子河南王杨昭妃,崔氏"闺门整肃,为当时所称"④,太府卿崔弘度以1门2妃,还有1位乃秦王杨俊妃,得意得很。文帝又为杨广第二子豫章王杨谏纳京兆韦氏女为妃⑤,即韦孝宽的孙女。文帝十分看重京兆韦氏门第,称之为"百世卿族"⑥。曾亲令韦世康和韦鼎回京兆杜陵光宗耀祖。由此看来,隋文帝虽然在政治上打击门阀士族,但在思想观念上仍颇重门第,其子孙婚姻都是求之于门阀世族。门阀贵族制和专制皇权在政治上必然不能相容,大隋王权越巩固,门阀制在政治上就必然无容身之地。然而,社会风俗观念并非一时能除去,重门第仍然在统治阶级上层婚俗中盛行。

---

① 《通典》卷17《选举五·杂议论中》。
② 《隋书》卷77《李士谦传》。
③ 《隋书》卷47《韦世康传》。
④ 《隋书》卷74《崔弘度传》。
⑤ 《隋书》卷74《崔弘度传》。
⑥ 《北史》卷64《韦孝宽传》。

皇室如此,大臣也仿效,越国公杨素时方贵幸,重清河崔儦门第,为其子杨玄纵娶崔氏女为妻,聘礼甚厚,迎亲之日,公卿满座,杨素亲往迎接崔儦,崔儦却"故敝其衣冠",倒骑驴慢慢而来,表示对亲家翁的轻视①。崔儦的另一女儿嫁仆射子赵元楷,因"家有素范",遵礼度,被列入列女传②,受人尊敬。

但是,家世门第只是在人们思想观念上受推重,门阀失去特权,自矜地望,这种观念一直顽固地延续到唐初。贞观十一年(637)吏部尚书高士廉等曾奉命撰《氏族志》,但这并不能保证门阀的政治地位,如开皇年间关陇勋贵燕荣对代为著姓的范阳卢氏就毫不客气,"皆署为吏卒以屈辱之"③。大业中,隋炀帝命段文操督秘书省学士,粗暴的关陇勋贵武夫段文操看不起学士的儒雅,竟鞭挞士族子弟,前后至千数,段文操并未因打人受处分,仅仅是受到社会舆论的谴责,"时议者鄙之"④。

以上事实表明,制度变革并非轻而易举,要受到意识形态、社会风俗及经济基础各方面的牵制,隋文帝思想观念上重门阀,但在实际政治上破除门阀,废除九品中正制,这为科举制的创立提供了必要前提。虽然我们不能就此认定文帝朝已有了科举,但是科举制创立的前夜,到隋炀帝即位,创设进士科,终于在隋朝完成了从察举到科举这一划时代的历史转变。

二、从重德到重才　创设进士科

隋炀帝是一个很有才学也最重视才学的皇帝,据史书记载,

---

① 《隋书》卷76《文学·崔儦传》。
② 《隋书》卷80《列女·赵元楷妻》。
③ 《隋书》卷74《燕荣传》。
④ 《隋书》卷60《段文振传》。

"炀帝自负才学,每骄天下之士,尝谓侍臣曰:'天下当谓朕承藉余绪而有四海耶?设令朕与士大夫高选,亦当为天子矣'"①。炀帝认为自己当皇帝并不见得依靠父子血统,若以文才进行考试选举,也是非我莫属。这一方面表明炀帝以才学自负,另一方面也表示炀帝对科举选士的热心。隋炀帝是科举制度创立的关键人物。

作为一种选官制度,科举举人重在才能,分科公开考试,张榜公布成绩,得官的关键在通过考试,榜上有名。科举制以文辞和经术设科大比,士人之进退系于程文之科第。而世卿世禄制所重者为血统,征辟察举制重在德行,九品中正制重在门第。与科举于考场见高低相比,其他各种选官办法都显得不够公平。

隋炀帝对以门第平流进取坐享清官最看不起,即位后继承文帝的政策,着力打击门阀士族。大业初,通事谒者韦云起上疏曰:"今朝廷之内多山东人,而自作门户,更相剡荐,附下罔上,共为朋党"。并开列了那些以门第自矜者的姓名,炀帝于是下令大理推究,结果使不少名门子弟配流免官②。大业五年(609)二月,隋炀帝又"制魏、周官不得为荫"③,使一部分无功受禄的关陇勋贵武夫也受到沉重打击,其子孙不得再门荫得官爵。

隋炀帝认为得官主要应依靠自己的才能,并着力搜刮才智之士。大业元年(603)正月,炀帝诏:"若有名行显著,操履修洁,及学业才能,一艺可取,咸宜采访,将身入朝。所在州县,以礼发遣"。同年闰七月,炀帝又诏曰:"方今宇宙平一,文轨攸同,十步之内,必有芳草,四海之内,岂无奇秀。诸在家及现入学者,若有笃

---

① 《隋书》卷22《五行志上》。
② 《旧唐书》卷75《韦云起传》。
③ 《隋书》卷3《炀帝纪上》。

志好古,耽悦典坟,学行优敏,堪膺时务,所在采访,是以名闻,即当随其器能,擢以不次"①。在兴办学校,敦奖名教的同时,选拔优秀学人,随其才能,任以官职。

如何征召选拔人才呢?大业三年(607)四月甲午(十六日),隋炀帝下了一道诏书:

> 天下之重,非独治所安,帝王之功,岂一士之略,自古明君哲后,立政经邦,何尝不选贤与能,收采幽滞。周称多士,汉号得人,常想前风,载怀钦伫,朕负扆凤兴,冕旒待旦,引领岩谷,置以周行,冀与群才共康庶绩。而汇茅寂寞,投竿罕至,岂美璞韬采,未值良工,将介石在怀,确乎难拔?永鉴前哲,怃然兴叹!凡厥在位,譬诸股肱,若济巨川,义同舟楫。岂得保兹宠禄,晦尔所知,优游卒岁,甚非谓也。祁大夫之举善,良史以为至公,臧文仲之蔽贤,启父讥其窃位。求诸往古,非无褒贬,宜思进善,用匡寡薄。

> 夫孝悌有闻,人伦之本,德行敦厚,立身之基。或节义可称,或操履清洁,所以激贪厉俗,有益风化。强毅正直,执宪不挠,学业优敏,文才秀美,并为廊庙之用,实乃瑚琏之资。才堪将略,则拔之以御侮,膂力骁壮,则任之以爪牙,……文武有职事者,五品已上,宜令十科举人。有一于此,不必求备。朕当待以不次,随才升擢,其现任九品已上官者,不在举送之限②。

这份诏令充分表达了隋炀帝思贤若渴之心,要征召天下贤才,包括垂钓的隐士都出来做官,以匡辅自己。应举的贤才应德才兼备。这里虽仍以道德为先,但实际上炀帝看重的还是才能。隋炀帝要

---

① 《隋书》卷3《炀帝纪上》。
② 《隋书》卷3《炀帝纪上》。

求地方官依令10科举人,10科是:孝悌有闻、德行敦厚、节义可称、操履清洁、强毅正直、执宪不挠、学业优敏、文才美秀、才堪将略、膂力骁壮。这里德、才各占一半,10科之中文才美秀1科,有人认为是进士科①,为10科的重点,但只是推测。重德的目的是移风易俗,推行教化,如《隋书·孝义传》所举几个丁父忧哀毁骨立,养母以孝闻的孝子,都得到了皇帝表彰,却并没有授与实际理政的职事官,可见重德倡孝只是表面文章。两年以后,大业五年(609)六月,隋炀帝又诏"诸郡学业该通、才艺优洽,膂力骁壮、超绝等伦,在官勤奋、堪理政事,立性正直、不避强御,四科举人"②。10科举人改为4科举人,减去的全是有关德行的科目,足以证明炀帝所重还在才能,其中"才艺优洽",有人又认为可能与进士科有关。

10科举人向4科举人的变化,反映了隋选官向实际操作化方向转化,虽然其操作程式过程史书不载,无法测知,但可以肯定其中必包含着重大的变革,进士科大约在此时创立了。

进士是科举中的一科,由隋炀帝创立,唐人已置信不疑,如武则天天授年间(690—692)薛登上疏曰:"炀帝嗣兴,又变前法,置进士等科"③。唐人杨绾于唐肃宗即位之初上疏中也提到:"炀帝始置进士科"④。杜佑《通典》称:"炀帝始建进士科"⑤。其后郑樵《通志》、马端临《文献通考》,都说隋炀帝创立了进士科。小说则有刘肃《大唐新语》云:"隋炀帝改置明(经)进(士)二科"⑥。其后

---

① 范文澜:《中国通史简编》修订本第3编第1册。
② 《隋书》卷3《炀帝纪上》。
③ 《旧唐书》卷10《薛登传》。
④ 《旧唐书》卷119《杨绾传》。
⑤ 《通典》卷14《选举典二·历代制中》。
⑥ 《大唐新语》卷10《厘革》。

如五代王定保《唐摭言》云:"进士科,始于隋大业中"①。北宋李昉撰《太平广记》亦云:"进士科,始于隋大业中"②。王谠《唐语林》亦载:"隋置明经、进士科,唐承隋"③。正史则有欧阳修《新唐书·选举志上》云:"进士科起于隋大业中"。朱熹《通鉴纲目》卷36更认为进士科始建于隋炀帝大业二年(606)。《金史·移剌履传》也追叙说:"进士之科,起于隋大业中"。另外,《元史·选举志一》,明清人的考辨札记,如明人冯梦祯著《历代贡举志》、董其昌《学科考略》,以及清人陶福履《常谈》等书"进士"条,均明言进士科始置于隋。大学者顾炎武《日知录》云:"隋炀帝置明经、进士二科"④。甚至《清史稿·选举志二》也称进士科始置于隋。无论是正史,还是野史、小说、笔记,隋以后诸多史书都明白无误地记载了进士科创立于隋炀帝之手。文献记载不乏可征信者,说明古人对此已深信不疑。

但是,近人却有不相信进士科首创于隋炀帝者,作文进行考辨,谓进士科首创于唐。1983年《历史研究》第2期刊发了何忠礼先生《科举制起源辨析》一文,引发了学术界的一番论争⑤。何忠礼否认隋炀帝创设进士科的理由大约有3点:

一曰:唐代杜佑、五代王定保、宋人欧阳修及至清初顾炎武等

---

① 《唐摭言》卷1《散序进士》。
② 《太平广记》卷178《贡举一·总叙进士科》。
③ 《唐语林》卷8《补遗》。
④ 《日知录》卷16《明经》条。
⑤ 何忠礼文刊发后,《历史研究》又连续刊发了多篇论文进行了争鸣,如金旭东《科举制起源辨析之商榷》、周东平《关于科举制度起源的几点意见》,均见《历史研究》1984年第6期;徐连达、楼劲《汉唐科举异同论》,载《历史研究》1990年第5期。阎步克《察举制度变迁史稿》一书第14章,对有关科举创立之时间的学术争论作了概括,其书辽宁大学出版社1991年版。本节综合参引了上述论著。

均因袭唐初薛登旧说,但"薛登之说看来是个孤证",因为遍检自隋炀帝到薛登时的大量文献资料,包括《隋书》、《北史》和隋唐之文人士大夫的有关奏章、文集,至今尚未发现能证明隋有进士科的材料。自隋至唐长达1个世纪的时间里,十分引人注目的进士科,"竟然没有留下一点踪迹"。

对此,不少学者提出了不同意见,关于薛登以前的资料,有人提到唐高祖武德四年(621)四月发布的敕令:

> 诸州学士及早有明经及秀才、俊士、进士,明于理体,为乡里所称者,委本县考试,州长重覆,取其合格,每年十月随物入贡,斯我唐贡士之始也①。

这里所谓"早有明经及秀才、俊士、进士",就是先前已有的修明经、秀才、进士业的人。由于此前唐政权尚未举办科举,所以这些修明经、秀才、进士业者,是唐以前就存在的,既已有修进士业的人,必定已经有了进士科。唐人苏鹗更明确地说:"近代以诸科取士者甚多。武德四年(621),复置秀才、进士两科"。"复置"既非"创置",唐人所谓"近代"也不指本朝,这说明隋代已有进士科,唐武德四年(621)只是恢复了前朝的秀才和进士两种科目。据武德敕令可以认为,最早承认进士科创置于隋者恐怕就是唐高祖,武德四年(621)敕令距隋亡仅4年,其可信程度比薛登更大。因此,薛登之说并非孤证。况且其时唐尚未统一全国,四处征战,创设新制尚未提上议事日程,其包括选官制度在内的其他多数典章制度,基本上都是"唐沿隋旧"。

再从另一个角度推论,在唐朝人心目中,隋炀帝为一个暴君,贞观君臣一直将他引为殷鉴,武则天朝薛登的奏章公然称隋炀帝始创

---

① 《唐摭言》卷1《统序科第》。

进士科,如果不是因进士科果真是炀帝所创,在举进士已蔚为士子竞趋之鹄的时代,——薛登必不敢凭空杜撰胡说,将唐朝优良典制的发明权,拱手让给隋炀帝。即使说了,也应有人出来反驳,然而在文献记载中,却未发现任何不同看法。到唐代宗宝应二年(763),礼部侍郎杨绾在上疏中再次点明"炀帝始置进士科",皇帝将此疏交给诸朝臣加以讨论,仍然无人提出反对意见,可见唐人认为隋炀帝创置进士科,已成共识①。这就不能说是"没有留下一点踪迹"。

何忠礼先生的第二条理由是认定隋炀帝不可能以诗赋选取进士,进而否定隋炀帝始置进士科,认为"考进士以试诗赋为主,是盛唐间的事,与隋炀帝毫不相干"。不少学者认为这是把设置进士科同进士科的考试内容与方法混为一谈了。事实上隋文帝时考秀才,炀帝时考进士,主要不是考诗赋,而是试策。开皇末杜正伦举秀才,"尚书试方略"。唐人薛登上疏称炀帝创置进士科,"于是后生之徒,复相仿效,因陋就寡,赴速趋时,辑缀小文,名之策学"②。杨绾说隋炀帝置进士科,亦称"当时犹试策而已"③。策试即时务对策,即有关国是对策的问答,这要求应试者对国情大势具有敏锐的观察力和决断力,又因为要写在考卷上,辑为策学。薛登追忆旧事,指责策学"不以指实为本,而以浮虚为贵"④,这是有人在考卷上作文字游戏,并不是朝廷所倡导的。开皇中,李谔对隋文帝说:"魏晋文风尚存",朝廷以之取士要乱政,文帝于是下令禁断浮辞,这是整肃文风,而不是不要文辞策试。实际上从南北朝以

---

① 参见金旭东:《科举制起源辨析之商榷》,载《历史研究》1984年第6期。
② 《旧唐书》卷101《薛登传》。
③ 《旧唐书》卷119《杨绾传》。
④ 《旧唐书》卷101《薛登传》。

来,凡举秀才,均为对策中第,如南朝梁江淹举秀才,"对策上第"①,许善心在陈,由太子詹事江总"举秀才,对策高第"②。隋科举起先也是以策试高下来取舍授官的,至隋炀帝即位,策试中加以文采非但不会遭指斥,反而更有效用。实际上隋科举有时也考诗赋,如杜正玄举秀才,主考官左仆射杨素"乃手题使拟司马相如《上林赋》、王褒《圣主得贤臣颂》、班固《燕然山铭》、张载《剑阁铭》、《白鹦鹉赋》,曰:'我不能为君住宿,可至未时令就'。正玄及时并了,素绎数遍,大惊曰:'诚好秀才',命曹司录奏"③。范文澜先生推测:"隋炀帝本人是个文学家,创立进士科,以考试诗赋为主,是不足为奇的"④。

何忠礼先生的第三条理由是否认史书所载房玄龄、温彦博、侯君素、孙伏伽、张损之、杨纂诸人的进士身份,认为除《旧唐书》本传关于杨纂为隋大业中进士的记载,因文献阙如,无从查考,其他人的进士身份很可能是子虚乌有。按旧史对上述人的进士出身记载如下:《新唐书》卷106、《旧唐书》卷77《杨纂传》"大业中,进士举,授朔方郡司法书佐,坐杨玄感近属除名"。《祁阳县志·乡贤传》记温彦博为隋进士。《唐摭言》卷1有"如侯君素、孙伏伽,皆隋之进士也明矣"语。《全唐文》卷393独孤及《唐故河南府法曹参军张公碑》记张损之"隋大业中进士甲科"等。何忠礼先生考辨说,其中侯君素者,本名侯白,《隋书》和《北史》均记为"举秀才"。《太平广记》引《启颜录》也记"隋侯白,州举秀才,至京畿,辩捷,时

---

① 《梁书》卷14《江淹传》。
② 《隋书》卷58《许善心传》。
③ 《北史》卷26《杜铨附杜正玄传》。
④ 范文澜:《中国通史简编》(修订本)第3编第1册。

莫之比"①。史书已明载他在隋举秀才而非进士。另孙伏伽,清人徐松据《玉芝堂谈荟》所记,考出他系唐武德五年(622)进士②,而非隋进士。又邓嗣禹在20世纪30年代发表的《中国科举制度起源考》一文中,通过考证,否定了张损之、温彦博2人的进士身份③。何忠礼后又专门撰文论《张损之并非隋进士》④。另外,旧史记隋举秀才入仕的尚有许敬宗⑤、李孝贞⑥、薛收⑦、岑文本⑧等。察孝廉者有王绩⑨、张行成⑩等。大业十年(614)五月庚子(初三),隋炀帝又诏:"举郡孝悌廉洁各十人"⑪。何忠礼先生于是认为隋虽摒弃九品中正制,但除新增一些取士科目外,只能是重新恢复了汉代征辟察举制。

然而,杨纂为进士的记载否认不了,房玄龄的情况则更复杂,新、旧《唐书》本传都记载他"年十八,举进士","薨年七十",或记71。房玄龄卒于唐太宗贞观二十二年(648),则举进士当在开皇十五年或十六年(596)。何忠礼据《金石萃编》卷50中的《房玄龄碑》"年十有八,俯从宾贡",而认为把"宾贡"理解为"举进士"为不确切,此碑立于唐高宗永徽年间,应是较两《唐书》更具权威的有关房玄龄生平的第一手资料,两《唐书》作者把"宾贡"误作举进

---

① 《太平广记》卷248《诙谐四》。
② 徐松:《登科记考》卷1。
③ 《史学年报》第2卷第1期,1934年。
④ 见《历史研究》1986年第3期。
⑤ 《旧唐书》卷82《许敬宗传》。
⑥ 《隋书》卷57《李孝贞传》。
⑦ 《旧唐书》卷73《薛收传》。
⑧ 《旧唐书》卷70《岑文本传》。
⑨ 《旧唐书》卷192、《新唐书》卷196《王绩传》。
⑩ 《旧唐书》卷78《张行成传》。
⑪ 《隋书》卷4《炀帝纪下》。

士,所记不可靠。

但也有人认为两《唐书·房玄龄传》与房玄龄碑不同处尚多,史传多据实录,未必就采用了房玄龄碑。且"宾贡"一词隋以前是举秀才、孝廉的代名词,隋唐之时也可指代进士。何忠礼所称科举兴后,宾贡的"乡饮酒礼"渐告废弃与事实不符,唐初宾贡一般可泛指参加"乡饮酒礼"的所有被举者,当然也包括进士。宾贡的"贡",实乃"贡士",即地方州县向中央推举人才,这在制度上称为"乡贡",《册府元龟》载:"唐循隋制,诸郡贡士"①,隋开皇七年(587)正月,"制诸州岁贡三人",唐武德四年(621)四月十一日,唐高祖敕诸州学士及白丁,有明经及秀才、俊士明于理体为乡曲所称者,委本县考试,州长重复,取上等人,每年十月入贡。武德五年(622)十月,"诸州共贡明经一百四十三人,秀才六人,俊士三十九人,进士三十人,十一月引见,敕付尚书省考试"②。由此可见,参加"宾贡之礼"者不仅有明经、秀才,还有俊士、进士,足见房玄龄之进士出身为可靠③。

除杨纂、房玄龄史有明载为隋进士外,有人还发掘出新史料。如中华书局《文史》集刊第3辑载有陈直先生文《古籍述闻》,其中有一节题为"隋进士科开始于隋炀帝大业元年考",云:"1920年洛阳出土隋北地太守陈思道墓志,文字残缺很多,有云'公弱冠及进士第,授北地太守,迁谏议大夫,以大业二年卒'"。并据此以为隋代进士科开始于炀帝大业元年(605)。再《北史·杜铨附杜正藏传》记大业中"正藏弟正仪充进士,正伦为秀才,兄弟三人同时应

---

① 《册府元龟》卷639《贡举》。
② 《唐摭言》卷15《杂文》。
③ 参见周平:《关于科举制起源的几点意见》,载《历史研究》1984年第6期;又参见庄昭:《进士科起源试探》,载《史学月刊》1985年第2期。

命,当世嗟美之"。则还有杜正仪是大业进士。《太平广记》引《谭宾录》云:"隋代举进士总一十人,正伦一家三人"①。但《旧唐书·杜正伦传》记为"隋代举秀才止十余人,正伦一家有三秀才"。另外,大业年间举明经入仕的孔子后裔的孔颖达,他于大业初年即举明经高第,授河内郡博士②。又《资治通鉴》记有"明经刘兰成",胡三省注曰:"刘兰成盖尝应明经科,因称之,新唐志曰:'唐制取士之科,多因隋旧,则明经科起于隋也'"③。

由于隋末战乱,隋图籍散失严重,隋人关于进士科的记载,大多被湮没,今人所得隋创设进士科的史料虽多,但实际内容却十分贫乏,人们只能据简单的史料作推测。如岑仲勉先生以房玄龄年十八"本州举进士"的记载,认为进士科创立于隋文帝开皇年间,而不是隋炀帝大业年间④,并称"余谓开皇七年(587)制定之贡士,实唐代进士科之先声也"⑤。韩国磐先生也据此推测,"开皇三年(583),隋文帝在地方行政组织中裁省了郡这一级,实行州县两级制,炀帝改州为郡,实行郡县两级制,故选举时,文帝间称'州举'","炀帝年间则记为'郡举'"。也认为进士科在开皇十五六

---

① 《太平广记》卷179杜正玄条引《谭宾录》。
② 《旧唐书》卷73《孔颖达传》。
③ 《资治通鉴》卷186唐高祖武德元年。
④ 岑仲勉:《隋唐史》上册唐史第十八节注。
⑤ 《通鉴隋唐纪比事质疑》"进士之始"条,原文为:"《通鉴》卷176陈祯明元年(开皇七年)正月乙未,隋制诸州岁贡士三人"。按《通典》十四,隋炀帝始设进士科,但不能举其年。近人或疑开皇已有,所据者亦不过房玄龄传等。今考《通鉴》此条,实本自隋纪。考《隋书·食货志》开皇十二年条称,"令尚书其(均田)事案问四方贡士"。《芒洛遗文续》中卷《贞观二十年李护志》:"隋开皇中应诏举秀才"。唐人称得解者为"乡贡进士",则与隋制称贡士相同。又中唐后世数仅及三百,除子州外,每州约举三人。故《云溪友议》卷8有"八百孤寒齐下泪"之咏。征诸此两点相类,"余谓开皇七年制定之贡士,实唐代进士科之先声也"。

年(596)出现①。

进士科始创于隋文帝开皇末年的可能性也是有的,但目前只有房玄龄一个孤证,且古代典籍大都载明进士科创立于隋炀帝,从各方面全面分析,隋炀帝创立进士科的可能性更大,况且,即使进士科创于文帝朝,炀帝对科举也继续进行了创革,仍有功劳,我们就不必为文帝、炀帝的发明权再作论争。然而,除隋唐之争外,还有西汉说,徐连达、楼劲著文认为科举制应创始于汉朝,认为汉代察举也有考试,汉唐科举一脉相承。在科举体系、组织步骤、考试环节三大要素上,汉代察举与唐代科举基本一致。唐代科举只是在怀牒自投、举选相分、科举与学校紧密结合等技术环节上有重大发展,认为汉代才是科举的初创期,唐代则系完善期②。徐连达等先生的说法不能说没有道理,然而察举制虽也有考选,但荐举更为重要,还是不能等同于考场见高低的科举制。我则比较赞同阎步克先生的观点,认为"察举制是科举制的前身与母体"。既然古代文献一致认定隋炀帝创设了进士科,在目前史料不足以推翻这一结论之前,不必为此再作争论。

我们还认为,隋炀帝不仅创置了进士科,而且明法、明算、明字等科也可能创置于隋炀帝时。《唐语林》卷8记云:"隋置明经、进士科,唐承隋,置秀才、明法、明字、明算,并前六科"。6科之中,明经、秀才两科实际上汉以来的察举制中就有,进士科创于隋,我们在前面讲到,书、算、律三学专科学校的创办始于隋,就此我们也完全有理由认为明算、明书等科与进士科一样,也都是首创于隋,将

---

① 《关于科举制度创置的两点小考》,韩国磐:《隋唐五代史论集》,三联书店1979年版,第297页。
② 徐连达、楼劲:《汉唐科举异同论》,载《历史研究》1990年第5期。

科举与学校制度紧密结合,也是隋炀帝的突出贡献。

当然,科举制的产生发展有一个过程,隋朝时由于录取名额很少,尚未成为入仕主要途径,当时也并非十分引人注目。五代人王定保说科举制创于隋,"然彰于武德而甲于贞观"①,又说:"进士科始于隋大业中,盛于贞观、永徽之际"②。唐初,科举制也并未成型,唐高祖李渊甚至试图恢复九品中正制。武德七年(624)正月曾诏:"依周、齐旧制,每州置大中正一人,掌知州内人物,品量望第,以本州门望高者领之,无品秩"③。但不久废弃。隋及唐初的科举并不是取士的主流,不完善也不成熟。直到盛唐之时,门荫和勋官上番入仕、杂色入流中的品子等身份性因素仍起强大作用。隋代科举也并没有选出什么高官,不少人如岑文本、薛收等大业时"郡举秀才",竟"不应"④。而且,隋朝虽有进士之科,却尚无科举之名,科举之名,唐人时或有之,如李肇《国史补》卷下记贞元十二年(796)唐德宗怒,"欲废科举"。但更多的是以"科第"、"科选"称之,官方多称贡举,至宋代才流行科举称呼,贡举也可谓是旧的察举制留下的胎记。唐武则天以后,大开制科,才通过科举广泛地选拔人才,唐玄宗开元以后,科举入仕才逐步成为高级官吏的主要来源,天宝年间确定进士科以诗赋取士,进士科才终于发展成为选拔官吏的主要途径⑤。科举选官按照封建官僚体制内部的要求,经过几百年的发展演变,经过好几代人的改革终于出现并成型。科举制的创立不能归功于某一个帝王,但隋炀帝顺应历史潮流,不

---

① 《唐摭言》卷1《述进士・上》。
② 《唐摭言》卷1《序进士科》。
③ 《资治通鉴》卷190 唐高祖武德七年。
④ 《旧唐书》卷70《岑文本传》;卷73《薛收传》。
⑤ 参见吴宗国:《科举制与唐代高级官吏的选拔》,载《北京大学学报》1982年第1期;又参见吴宗国著:《唐代科举制度研究》,辽宁大学出版社1991年版。

失时机地创立进士科,对于推进我国古代选官制度的变革,创立科举,其功劳是不可湮没的。

隋以后,历代统治者都运用科举来选拔具有才学、见识和有能力的人才,将他们安排到各级政府,组成一个强有力的文官系统。科举把读书、考试、当官三者联系在一起,使不少知识精英通过考试当了官,有了做官管理国政的机会,从而提高了国家机构管理人员的素质。科举又把权力、财富、地位和学识结合起来,造就了中国古代官僚重才重教育的优良传统。通过科举,中央和皇帝把选官大权抓在自己手里,加强了全国政权的集中和统一。

明代初次来华的西方传教士利玛窦等看到当时井然有序的科场考试,十分震惊和钦佩,认为中国是"文凭社会",把秀才、举人、进士直译为学士、硕士、博士,并介绍给西方人,认为中国人的社会等级是以受教育的程度来划分的。的确,唐末宋初之时,由于科举兴盛,使东汉末年到魏晋南北朝直至隋唐都一直存在的门阀贵族阶级在中国社会最后消失了。18世纪西方启蒙学者对科举制造就的中国专制官僚政体推崇备至,认为是除皇帝外人人平等的"开明专制"社会,皇帝把国家交给通过考试录用的"哲学家"(儒生)来管理,这些认识,当然仅仅是看到了表面。

然而,科举制打破门第、地域、年龄界限,具有相当大的开放性和一定程度的竞争性,学子通过考试公平竞争,优者当官,这在古代社会不能不说是一个公平的、最好的选官制度,为充分选拔人才提供了条件。历代科举也的确选拔了不少人才,如唐宋八大家等,宋以后宰相多进士出身,这些人虽不一定个个都是哲学家,但的确为巩固统治出了大力。科举笼络了大批知识分子,也缓和了不少社会矛盾,使社会最低层的庶人也有机会通过考试步入统治阶级上层,为社会提供了合法状态下阶层流动的可能性,使统治阶级及其机构内部不断得到更新,从而更有活力,有利于社会的稳定和统治的长期延续。科举制度的创立,对中国古代政治产生了巨大影响。

第六章 天子风韵 权力意志

隋炀帝追求圣王之业，大兴文治，要致天下以太平。他也完全具备了圣王的某些主客观条件，承绪大业，个人资质也属上乘，可谓才华横溢。唐太宗后来看到《隋炀帝集》，认为"文辞奥博，亦知是尧、舜，而非桀、纣"。但在君主专制制度下，大权集于一人，皇帝的个性关系到天下的存亡，其个人意志又成为政治好坏的决定性因素，当好皇帝实不容易。唐太宗在讲了上面一番赞叹隋炀帝文才的话之后，又疑惑不解地发问："然行事何其反也？"①意思是说，一个有才能的皇帝，为何成了暴君，以致亡国？显然，皇帝有才能未必能成圣人，言行虽效尧、舜，但滥用权力，就可能走向反面。

第一节 热爱文学 倡导艺术

"亡国之主，多有才艺，考之梁、陈及隋，信非虚论"②。这是唐史臣魏征考查史实后发出的感叹。政治才能和艺术爱好虽不是一回事，有人不可兼得，但也有人能兼容得很好。隋炀帝就是一位既有政治才能，又有诗人气质，热心艺术的皇帝。然而，和历史上许多才艺出众的皇帝一样，都是亡国之君，其前代如梁元帝、陈后主

---

① 《资治通鉴》卷192唐太宗贞观二年。
② 《陈书》卷6《后主本纪·史臣魏征曰》。

的艳诗,北齐后主亦能亲执乐器,绮弦而歌;后代如南唐李后主的词,北宋徽宗的书画,都是冠绝一时。而隋炀帝则不仅诗文并茂,而且有多方面的艺术爱好和才能,他称得上是一位有影响的文学家和艺术家。

一、文辞具博　诗赋绮丽

杨广自小"好学,善属文",受过良好的教育,具有极高的文化素养。当了皇帝以后,杨广曾极口自夸说:"就是与士大夫比才学,我也该当皇帝",自认文才天下第一。事实上,隋炀帝也的确是隋代文坛重镇,流传至今的诗歌有44首,而其实际创作绝不止这些,隋炀帝的创作和他的文风对隋代文坛产生了巨大影响。

隋代文坛的主要特点是南北不同文学风格的汇流融合,200多年的南北朝政治上的对峙,使隋以前的文学发展呈现出各自不同的发展趋向。但南北文风融汇在南北朝后期就已开始,西魏大将杨忠攻入江陵,将南方诗人王褒、庾信等掳至长安,这些身怀家国之痛的诗人将北方苍凉、沉郁的感受,与南朝流风余韵相结合,使诗歌成为发于肺腑的感情倾吐。庾信的一曲《哀江南赋》,风靡当时文坛,而"暮年诗赋动江关"。庾信融合南朝诗歌的精密华美与北地民歌的质朴刚健为一体,开拓了崭新境界,而极大地影响了北方文风。庾信的诗成为长安贵游子弟模仿的样本。据说,杨广初为文时,即"为庾信体"①,就是说,杨广少年时代就已深深地热爱江南风格的诗歌艺术,这与他行伍出身的父祖"好武少文"的家风大不相同。

隋统一,更多的南方诗人北上,促成了进一步的交流和互相学

---

① 《隋书》卷58《柳䛒传》。

习,文坛很快出现南北混一局面。最后,南方文风在隋炀帝扶持下又占了上风。当然,南北融合是主流,而在隋文帝朝,情况则正好相反。

隋文帝时,晋王杨广招揽柳䛒、庾自直、诸葛颖、虞世基、虞世南等梁、陈旧宫体文人,暗自形成一个文人团体。太子杨勇及诸王也都招揽了一些文人,从事一些创作。所谓"宫体诗",是南朝梁武帝时集结于皇太子萧纲(即后来的简文帝)周围的一群贵族诗人,如庾信和他的父亲庾肩吾、徐陵等"文并绮艳"之徒,彼此模仿提倡形成的一种文学,他们以太子东宫为中心,故称"宫体"。宫体文学追求声律,夸耀辞藻,但格调则伤于轻靡。宫体诗的内容较多描写男女艳情和妇女生活,其中有的模拟南朝乐府民歌,有的则从感官愉悦的角度描写宫廷女性的声色姿态。到陈朝,后主陈叔宝好为艳诗,与宫廷诗人"狎客"唱和,集中反映了南朝上层统治者淫侈颓废的生活。但宫体诗中也还有许多咏物写景诗,刻画精细,有独到之处,形式上讲究声律、对仗和辞藻,艺术上很有讲究。

南朝宫体诗不仅大为青年杨广所倾倒,也影响了北朝作家的创作。薛道衡(539—609)是声誉最高的北方诗人,文坛宗匠,他出身于河东门阀士族,父祖出仕北齐。薛道衡在北齐与范阳卢思道、安平李德林齐名。北齐亡后入周、隋,因其诗名闻南北,文帝让他出使陈朝,以文会友,受到南朝诗坛的赞誉。薛道衡作诗注意吸收南朝诗歌音律、技巧,思想性虽平淡,但艺术上有独创,善于用精巧的语言表达细腻的感情,史称:"江东雅好篇什,陈主尤爱雕虫,道衡每有所作,南人无不吟诵"[①]。薛道衡最著名的代表作是《昔昔盐》,内容是写独守空闺的少妇思春,其中"暗牖悬蛛网,空梁落

---

① 《隋书》卷57《薛道衡传》。

燕泥"一句,以白描手法把春闺独守、空寂难耐的少妇情态写得跃然纸上,成为脍炙人口的名句。这首诗也深得杨广喜爱,他即位后,薛道衡被召入宫廷充作御用诗人,有应诏而作的奉和应制诗5首:《从驾晋阳诗》、《奉和月夜听军乐应诏诗》、《奉和临渭源应诏诗》、《秋日游昆明池诗》、《从驾天池应诏诗》等。但薛道衡的诗友是权相杨素,相互之间诗词唱和,友谊很深。杨素的边塞诗代表的是另一种风格境界,其《出塞》二首雄浑雅健,慷慨粗犷。二人的诗代表了隋朝北方诗人的最高成就。

  隋炀帝喜好南朝诗风,聚集在他身边的文人多为南士,如徐陵之子徐仪,陈亡后隐居于钱塘赭山,杨广特派人将他召到身边①。这批由梁、陈入隋的文人诗风与杨素大为不同,他们以词采华丽,对仗工整,雕琢精美为工,有宫体余韵。如柳䛒《阳春歌》云:

  春鸟一啭有千声,春花一丛千种名。

  旅人无语坐檐楹,思乡怀土志难平②。

诗大概写于杨广坐镇江都之时,诗歌内容较空泛,而用力于雕琢词句,吟咏花草,流连光景,与梁陈宫体轻绮诗风一脉相承。但柳䛒的诗却大得杨广赞赏,"唯当文共酒,暂与兴相迎",杨广每有诗作,必令柳䛒润色,然后才公开示人。有一次杨广朝京师还江都,诗兴大发,作《归藩赋》,即命柳䛒作序,赋和序均辞藻典丽,王府学士大肆奉承了一番。由于柳䛒艳诗的影响,竟使杨广的"文体遂变"③。

  隋文帝杨坚则不爱好文学艺术,对淫声艳辞深恶痛绝,认为文风不良是亡国的祸端。开皇四年(584),文帝"普诏天下公私文

---

① 《册府元龟》卷98《帝王部·征聘》。
② 《文苑英华》卷193。
③ 《隋书》卷58《柳䛒传》。

翰,并宜实录"。治书侍御史李谔也上书指陈北魏以来"崇尚文词,遂成习俗",而南朝齐、梁文风更"竞一韵之奇,争一字之巧,连篇累牍,不出月露之形,积案盈箱,唯是风云之状","体尚轻薄"。文帝阅后大加赞赏,立即把李谔这篇奏文颁发全国,使"四海靡然向风,深革其弊"①。文帝用行政手段强制推行文风改革,并令御史纠察,闻风即劾,大臣"莫不钻仰坟集,弃绝华绮,择先王之令典,行大道于兹世"②。使风靡一时的南朝艳曲暂告匿迹。隋文帝本人并不作诗,开皇十年(590)幸并州,设宴与秦王杨俊及王子相聚,一时兴起,出口一诗:"红颜讵几,玉貌须臾;一朝花落,白发难除。明年后岁,谁有谁无"③。此诗感叹人生短暂,写得朴实犹如大白话。

杨广为取悦父皇也曾假正经地批评轻薄不正的文风,但在江都藩邸却搬弄南朝艳曲,多因旧曲而改填新词。如《春江花月夜》,原为陈后主所造曲,杨广填词二首:

(一)

暮江平不动,春花满正开。

流波将月去,潮水带星来。

(二)

夜露含花气,春潭漾月辉。

汉水逢游女,湘川值两妃④。

这两首诗虽艳,但杨广笔下的春水、春花、夜雾、月色和传说中的动人故事也具有一种清新、明快的美,具有江南民歌的素质,冲淡了

---

① 《隋书》卷66《李谔传》。
② 《隋书》卷66《李谔传》。
③ 《隋书》卷22《五行志上》。
④ 《乐府诗集》卷47。

宫体格调,给人以欢悦之感。

南朝萧梁时的宫体诗人沈约《四时白纻歌》5 首,描写欢情舞态,配以辞曲以舞女演唱起舞,曾大得梁武帝欣赏,其中《夏白纻》:"朱光灼烁照佳人,含情送意遥相亲。嫣然一转乱心神,非子之故欲谁因?翡翠群飞飞不息,愿在云间长比翼。佩服瑶草驻颜色,舜日尧天欢无极"①。这首歌舞辞曲也大得杨广喜爱,即因其曲填新辞,作有《四时白纻歌》,其中《江都夏》:

黄梅雨细麦秋轻,枫树萧萧江水平。
飞楼绮观轩若凉,花簟罗帷当夜清。
菱潭落日双凫舫,绿水红妆两摇漾。
还似扶桑碧海上,谁肯空歌采莲唱②。

这首诗虽写宫廷生活,但其江南明瑟水木的清新气息还是冲淡了宫体格调,意境比沈约要高。另外,杨广又填有《东宫春》,当是他当了皇太子后所作:

洛阳城边朝日晖,天渊池前春燕归。
含露桃花开未飞,临风杨柳自依依。
小苑花红洛水绿,清歌婉转繁弦促。
长袖逶迤动珠玉,千秋万岁阳春曲③。

此诗也颇为清新明快,内容上与旧宫体诗是有区别的。

隋炀帝即位时,原来在江都聚集在他身边的南朝宫体诗人都得到了提拔,在朝当官成为幸臣,如诸葛颖迁官著作郎,甚见亲幸,出入宫禁,炀帝高兴时常留他在宫内用膳,"赐之曲宴",经常与皇后嫔妃连席同餐。炀帝曾赐诸葛颖诗一首:

---

① 《乐府诗集》卷 56。
② 《文苑英华》卷 193。
③ 《文苑英华》卷 193。

参翰长洲苑,侍讲肃成门。

名理穷研核,英华恣讨论。

实录资平允,传芳导后昆①。

对诸葛颖的才华深表赞赏。另一位出自南朝高门的诗手王胄在炀帝即位后也迁官著作佐郎,其诗文受到炀帝重视,有一次炀帝从东都还长安,赐天下大酺,乘兴写了一首五言诗:

东都礼仪举,西京冠美归。

是月春之季,花柳相依依。

云跸清池道,雕辇御晨晖。

嘹亮铙箛奏,葳蕤旌旆飞。

后乘趋文雅,前驱厉武威②。

炀帝对自己的诗颇感满意,于是令王胄唱和。王胄写道:

河洛称朝市,崤函实奥区。

周营曲阜作,汉建奉春谟。

大君苞二代,皇居盛两都。

招摇正东指,天驷迤西驱。

展轸齐玉辂,式道耀金吾。

千门驻罕罼,四达俨车徒。

是节春之暮,神皋华实敷。

皇情感时物,睿思属枌榆。

诏问百年老,恩隆五日酺。

小人荷镕铸,何由答大钌③。

炀帝对王胄的唱和深表满意,认为王胄诗"气高致远"。待诏禁宫

---

① 《隋书》卷76《文学・诸葛颖传》。
② 《初学记》卷13《巡狩第七》。
③ 《隋书》卷76《文学・王胄传》。

的旧南朝宫体诗人还有虞绰、虞世南、庾自直、蔡允恭等,炀帝命虞绰和虞世南、庾自直等在秘书省修纂类书《长洲玉镜》等多部,由虞绰笔削总纂,以便寻查典故①。炀帝对自己周围文士的诗歌也都分别有所评价,他说:"气高致远,归之于(王)胄;词清体润,其在(虞)世基;意密理新,推庾自直。过此者,未可以言诗也"②。

由于隋炀帝的大力倡导,一批宫体诗手十分活跃,与炀帝相唱和。诗人庾自直,五言诗写得特别好,深为炀帝喜爱,后炀帝每有诗作,都先给庾自直看,让他对诗进行"诋诃",指陈缺点,提出修改意见。炀帝对庾自直的批评往往虚心采纳,有时为写好一首诗往来修改好几次,直到双方都感满意为止。一个帝王能如此虚心,确为"人之所难"③,也难能可贵。然而,炀帝周围的宫体诗人的应制诗大都内容贫乏,虽词采华丽,却了无情思。如炀帝写了一首《月夜观星》诗:

> 团团素月净,悄悄夕景清。
> 谷泉暗惊石,松风动夜声。
> 披衣出荆户,蹑履步山楹。
> 欣见月堂亮,喜见泰阶平。
> 觜参犹可识,牛女尚分明。
> 更移斗柄转,夜久无河横。
> 徘徊不能寐,参差几种情④。

诗中描述的是今夜月色好,出门观星,满天星斗可见,再附会以"泰阶平"等套话,虽对仗工整而未见境界,没有韵味,感觉不到真

---

① 《隋书》卷76《文学·虞绰传》。
② 《隋书》卷76《文学·王胄传》。
③ 《隋书》卷76《文学·庾自直传》;明·徐枋:《读史稗语》。
④ 《初学记》卷1《天部上·星四》。

情的流露。或许是一次诗会,围绕着炀帝此诗,竟引出一大批应诏奉和之作,现保存下来的诗便有诸葛颖、虞世南、萧琮、袁庆等所作[①],都是应制唱和,内容均是月夜观星,然而观星又没有触发真实感情,为完成任务只好硬凑。又由于是命题作诗,无话可说,又不得不说,只好用典,排比富丽的辞藻,而处处都是拼凑的痕迹。这些诗均无可取之处。其他的大量应制诗,也大都如此[②]。

隋炀帝平时有灵感时,写的一些描述四季感受的诗,倒是颇为真挚。如:

洛阳春稍晚,四望满春晖。
杨叶行将暗,桃花落未稀。
窥檐燕争入,穿林鸟乱飞。
唯当关塞者,溽露方沾衣。

——《晚春诗》

夏潭荫脩竹,高岸坐长枫。
日落沧江静,云散远山客。
鹭飞林外白,莲开水上红。
逍遥有余兴,怅望情不终。

——《夏日临江诗》

故年秋始去,今年秋复来。
露浓山气冷,风急蝉声哀。
鸟击初移树,鱼寒欲隐苔。
断雾时通日,残云尚作雷。

——《悲秋诗》

---

① 《初学记》卷1《天部上·星四》。
② 参见罗宗强等:《隋唐五代文学史》,高等教育出版社1990年版,第19—20页。

不觉岁将至,已复入长安。
月影含冰冻,风声凄夜寒。
江海波涛壮,崤潼坂险难。
无因寄飞翼,徒欲动和銮。

——《冬夜诗》[1]

这4首诗把春、夏、秋、冬四季的不同感受写得惟妙惟肖,人性意味十足,也很有气势。诗在宫廷及文士中吟唱,不仅萧后和后宫妃主爱好,连炀帝年幼的小儿子赵王杨杲也能背诵[2]。

隋炀帝的诗在艺术上取得了一定成就,他的一首断句小诗"寒鸦飞数点,流水绕孤村,斜阳欲落处,一望黯消魂",为历代传为名句。后宋朝词人秦观将其点化到自己的《满庭芳》中:"斜阳外,寒鸦数点,流水绕孤村。消魂,当此际"[3]。可谓意境万千。隋炀帝的《春江花月夜》对唐代诗人张虚若的同题乐府也不无诱发力。可见历代诗人对隋炀帝的诗还是十分钟爱的。

隋炀帝的边塞诗则给我们展现出另一种风貌,如《饮马长城窟行》及《白马篇》、《纪辽东》、《云中受突厥主朝宴席赋诗》、《临渭源诗》、《季秋观海诗》、《望海诗》等,均写得气势恢宏,风格刚健,其中《季秋观海诗》,风格别致,诗云:

孟轲叙游圣,枚乘说愈疾。
遐听乃前闻,临深验兹日。
浮天迥无岸,含灵固非一。
委轮百谷归,朝宗万川溢。
分城碧雾晴,连洲彩云密。

---

[1] 《初学记》卷3《岁时部上》。
[2] 《隋书》卷59《炀三子·赵王杲传》。
[3] 《词林纪事》,成都古籍书店1982年版,第183页。炀帝诗见《笔尘》。

欣同夫子观,深愧玄虚笔。

这首诗辞藻典丽,但内容深奥,想象力极为丰富,是感情的倾吐,而非矫揉造作的宫体诗所能比。清代评论家沈德潜云:"隋炀帝艳情篇什,同符后主,而边塞诸作,矫然独异,风气将转之候也"[1]。

隋炀帝热爱文学,工诗能文,奖掖文士,又开创以策问诗文取士的进士科,对隋唐诗歌的发展起了一定的促进作用。隋炀帝自己的创作水平也相当高,其现存44首诗中,艳诗约仅4—5首,大部分写得都有一定意境,有一定技巧,很有特色。魏征在论及隋炀帝诗文时说:"其与越公书、建东都诏、冬至受朝诗及拟饮马长城窟,并存雅体,归于典制"。其诗"虽意在骄淫,而词无浮荡"[2]。隋炀帝诗有一定的思想性和艺术性,初步突破了齐、梁诗风,从绮丽的宫体中升华出内容充盈的新篇章,在隋代诗坛可谓独步一时。隋祚虽短,隋文帝又"素无学术",厌恶华美辞文,诗坛只是在大业年间才出现了十来年的繁盛,虽然未见到多少令人神往的诗篇,宫廷御用文人们亦难以突破应制宫体的窠臼,但炀帝诗还是多少有些突破,炀帝朝诗坛的创作可以说为盛唐文学的繁荣作了铺垫和准备。当时隐居山林的大儒王通对隋炀帝时流行的绮丽文风持批评态度,认为"诸侯不贡诗,天子不采风,乐官不达雅,国史不明变,其则久矣,诗可以不续乎?"[3]但他们自己创作不多,作用不显。

隋炀帝以帝王之尊创作诗文,据说十分恃才骄傲,史载:"帝善属文,而不欲人出其右,司隶薛道衡由是得罪"。薛道衡诛死后,炀帝恶狠狠地说:"更能作空梁落燕泥否?"又炀帝为《燕歌行》,文士皆和,著作郎王胄独不下帝,帝每衔之,胄竟坐此见害,

---

[1] 《古诗源·例言》,中华书局1977年版,第3页。
[2] 《隋书》卷76《文学传·序》。
[3] 《玉海》卷38《隋文中子续诗》条。

而诵其警句曰:"庭草无人随意绿,复能作此语邪?"这段记载见于《隋书·五行志》,唐代小说《隋唐嘉话》卷上亦有记载,《资治通鉴》卷182大业九年记事也收录了,似乎真有其事,其实,都与史实相悖。薛道衡的死另有原因,我们下面将详述,王胄的死更与写诗无关,我们前面提到炀帝喜欢王胄的诗,并虚心向庾自直学诗,王胄恃才恃宠的确也相当自负,史载王胄"性疏率不伦,自恃才大,郁郁于簿宦,每负气陵傲,忽略时人,为诸葛颖所嫉,屡潜之于帝,帝爱其才而不罪"[①]。由此来看,炀帝不但不妒王胄之才,反而"爱其才而不罪",真正妒忌王胄才华的是其文人同类诸葛颖等,王胄发牢骚是由于嫌官小,而其死则是后来杨玄感叛乱受到株连。由此看来,关于王胄、薛道衡死于隋炀帝妒才,又是小说家的编造。

隋亡唐兴,唐太宗对隋炀帝的诗最为欣赏,曾作宫体诗令群臣唱和,由隋炀帝身边入唐的虞世南谏曰:"圣作诚工,然体非雅,正恐此诗一传,天下风靡"。唐太宗领悟,对侍臣说:"群臣皆若世南,天下何忧不理"[②]。然而,比较隋炀帝和唐太宗诗,会发现二人风格相近,而论文采,唐太宗不如隋炀帝。

二、赏析书画　百戏繁盛

隋炀帝不仅诗文并茂,而且对书法、绘画、音乐、歌舞等也都十分热爱。本来他可以朝文学艺术方向发展,但帝王之路改变了他的生活道路,他的艺术造诣因其暴虐亡国而多所湮没,这是需要着力发掘并重新给予评价的。

隋炀帝为了实现他理想中的美的生活,即位后以国家财力赞

---

① 《隋书》卷76《文学·王胄传》。
② 《玉海》卷29《唐宫体诗》。

助书法、美术、雕塑等各项艺术活动,他大力罗致海内各方面的艺术家和专门学者,以供御用。又于东都观文殿后筑二台,东曰妙楷台,收藏自古书法帖迹;西曰宝迹台,收藏自古以来的名画。隋炀帝本人虽然没有流传下来什么书画作品,但据载他曾亲自主编了《古今艺术图》50卷,"既画其形,又说其事"①,可惜此书早已不存。隋炀帝召集南北艺术家齐集东都,互相交流,进一步促进了南北艺术风格的融合和进一步发展。如画家展子虔和董伯仁,一个来自河北旧齐之地,一个来自江南陈朝,初被召入隋宫互相瞧不起,后经过在一起作画,各有所长,成为互相学习互相推重的好友,时人并称"董展"。

隋炀帝宫廷的书法家有虞世基、虞世南、欧阳询、丁道护、阎毗、智果等,在炀帝倡导下,东晋"二王"书风,由陈入隋,风行全国。虞氏兄弟早年师从僧智永,而智永则为东晋"书圣"王羲之第五子王徽之的后裔,生于陈,住绍兴永欣寺,闭阁学书30年,"秃笔成塚",其书法"笔力纵横,真草兼备,绰有祖风"。他的墨迹有一件唐时由鉴真和尚带到日本,流传至今。永欣寺另一艺僧智果,"工书铭石,甚为瘦劲",也得王羲之真传。二僧均得炀帝赞赏,据说炀帝曾评论说:"和尚(指智永)得右军肉,智果得右军骨"②。智果被延揽到宫廷,但墨迹不存。智永虽没有被延揽到炀帝宫廷,但他的学生虞世南等将王羲之以来的江南书法艺术带到隋宫苑,在炀帝倡导下使隋代真草书传"二王"衣钵。后虞世南、欧阳询入唐,既成为唐太宗的书法老师,又直接影响了唐代书法。隋代书法搀杂诸体,南北混融,以南朝风格为主逐渐统一规范化,这与隋炀

---

① 唐·张彦远:《历代名画记》。
② 唐·张怀瓘:《书断》。

帝喜好南朝"二王"风格是分不开的①。

隋炀帝延揽的画师有来自南方、师承南朝风格的董伯仁、郑法士、杨契丹、孙尚子等；也有经历北齐、北周入隋的展子虔、田僧亮、阎毗、杨子华等，另外还有来自西域于阗的尉迟拔质那等，这些宫廷画师擅长宗教画，也都从事其他题材的创作，且各有专长，他们传世的作品今日已难以见到，但著录于画目中秉承炀帝旨意而作的《游春图》一类全景画很多。如展子虔的《长安车马人物图》、《杂宫苑南郊白画》，郑法士的《洛中人物车马》、《游春苑图》，杨契丹的《幸洛阳图》、《贵戚游宴图》，及其他许多《畋猎图》。这类作品有的可能是寓有故事的风景画，有的则是南北朝以贵族生活为主题的风景画的进一步发展。隋代绘画开始摆脱汉代原始稚拙之气，摆脱了人物画初期朴素的状态，一方面继承了传统技法，另一方面又大量吸收了随佛教传入而来的西域艺术风格，表现方法更为丰富多彩。如展子虔的风景画"动笔形似，画外有情"，看上去"咫尺千里"，为唐代山水画的发展奠定了基础。展子虔是隋朝最负盛名的画师，他描绘的车马能在静止的画面上呈奔飞之状，他的人物画能生动地捕捉各种情态，隋炀帝曾召他往江都，为宠臣王世充画肖像②。

隋炀帝不是将御用画师禁锢在宫廷，而且给予充分的创作自由。除在宫廷创作的大量卷轴画外，大多数画师都与佛、道二教有密切关系，为寺庙道观画了大量壁画。如展子虔就曾在长安定水寺、海觉寺、光明寺，东都龙兴寺、天女寺，作过壁画，画过《法华经

---

① 参见《中国美术全集·书法篆刻编》第3卷《隋唐五代书法》，杨仁恺文《隋唐五代的书法艺术》，人民美术出版社1984年版。
② 参见《中国美术全集·绘画篇》第2卷《隋唐五代绘画》，金维诺文《隋唐时期的绘画艺术》，人民美术出版社1984年版。

变图》。董伯仁画过《弥勒变》。郑法士与杨契丹在佛教壁画方面也享有盛名,他们与田僧亮一同在京城光明寺小塔合作一幅画,郑法士画东壁、北壁,田僧亮画西壁、南壁,杨契丹画外边四面,当时称为"三绝"①。这些经变图与佛教故事结合在一起,如表现极端华丽的净土和极端悲惨的地狱,其中神仙鬼怪、鸟兽昆虫都凝集着丰富的想象力,呈现出广阔的生活画面。

大量佛寺道观的壁画,也得到隋炀帝的喜爱,江都慧日道场就有"张善果画壁"②,炀帝外出行幸,也常往寺观欣赏壁画,并曾写了一首《谒方山灵岩寺诗》:

梵宫既隐隐,灵岫亦沈沈;
平郊送晚日,高峰落远阴。
迥廊飞曙岭,疏钟响画林;
蝉鸣秋气近,泉吐石溪深。
杭迹禅枝地,发念菩提心。

炀帝的近侍诸葛颖随即和了一首:

名山镇江海,梵宇驾风烟。
画栱临松盖,凿牖对峰莲。
雷出阶基下,云归梁栋前。
灵光辩昼夜,轻衣数劫年。
一陪香作食,长用福为田③。

炀帝欣赏壁画的方山灵岩寺在什么地方,大概是山西太原以西约40公里外的天龙山石窟,或甘肃兰州西南方永靖县境内的炳灵寺石窟,二者必居其一。据考,所谓方山,梵名为毘布罗山(vipula),

---

① 《太平广记》卷211《郑法士》。
② 《江都县志》卷17《寺观》。
③ 《广弘明集》卷30。

又作毘富罗山，意译为方山、大山，为中印度摩揭陀国王舍城五山之一。而太原天龙山石窟原名就叫方山，北齐时建天龙寺，故改天龙山，石窟凿于北齐、隋唐间，以漫山阁九连洞的佛像和浮雕著称。兰州附近的炳灵寺石窟，唐宋时曾叫灵岩寺，为我国现存最古老的石窟，它处于黄河上游永靖县之西的红砂岩小积石山中，存有大量石刻艺术、塑像和壁画，现存最早的古愿文"摩崖刻石"之记载为"大代（北魏）延昌二年（513）岁次癸巳六月甲申朔十五庚戌"。寺院西南北三壁有北魏时代的精美造像，风格与云冈、龙门、敦煌等处略有不同，隋唐时代的造像亦有不少。隋炀帝曾北巡、西巡，这两处石窟都有可能到过，这些精美的艺术品在千年之前曾吸引得炀帝流连忘返，虽然炀帝和他的幸臣诸葛颖诗中所描述的"画林"、"画栱"究竟是哪一处壁画尚无法确定，但炀帝对这一佛教艺术形式十分热爱，并大加提倡，则是可以肯定的。

  炳灵寺石窟所凿佛龛极多，作为印度覆钵式之塔形，由于隋代复兴佛教，龛窟造像遍地兴起，除天龙山石窟和炳灵寺石窟外，在敦煌莫高窟、天水麦积山石窟、广阳北石窟寺、洛阳龙门、安阳宝山灵泉寺、邯郸响堂山以及山东历城神通寺千佛岩、益都驼山、云门山、东平白佛山、长清五峰山等地均有造作，光敦煌莫高窟现存隋窟就多达70窟，尤堪瞩目。由于皇帝提倡，隋朝野竞相修建寺窟，推动和提高了佛教造像艺术的精进，隋代盛行白大理石造像，在太行山东麓的定县周围发现很多，炀帝的宫殿离苑以佛教为题材的壁画也不少[①]，当然，这也耗费了不少钱财。

  在音乐歌舞方面，隋炀帝的造诣更高，其醉心于此可谓达到了

[①] 参见《中国美术全集·雕塑》第2卷《隋唐五代雕塑》，史岩文《隋唐的雕塑艺术》，人民美术出版社1984年版。

狂热的地步。但是隋炀帝之父隋文帝本质上并不爱好艺术,也不懂音乐。鉴于北齐后主高纬、周天元宇文赟及陈后主等因乐曲玩物丧志,编制艳曲以致亡国的教训,文帝把乐舞艺术统统视为祸国害君的淫技。开皇元年(581)四月戊戌(十九日),隋文帝下令将太常演奏散乐的乐工统统放免为百姓,凡非正声清商及燕乐七部四舞之类的太常乐工,也一皆罢遣,由牛弘主持此事,禁止演奏杂乐和百戏[①],唯留太常雅乐,供朝庆大典使用。

所谓雅乐,乃登封祭祀朝会等正式场合演奏的乐舞,被称为正调。在古王朝时代,音乐被用作推行王化的重要手段,制礼作乐向来被看成是一件政治大事,《隋书·音乐志上》曰:"圣人因百姓乐己之德,正之以六律,文之以五声,咏之以九歌,舞之以八佾。实升平之冠带,王化之源本"。文帝于是郑重其事地让朝臣公开讨论整理雅乐。

开皇二年(582),历经梁、北齐、北周入隋的大学者颜之推上言,称华夏之域礼崩乐坏已久,太常雅乐尽是西域胡乐,请求依据南朝梁武帝时的古乐考求华夏正声。然而,隋文帝却以为枭枭梁音乃亡国之音,还是袭用北周雅乐为好。不久下诏征知音之士集尚书省,参定音律,结果争论了七年,最后采纳的竟是不懂音乐的何妥的主张。何妥诌媚道:"黄钟者,以象人君之德"。及奏黄钟之调,文帝听后说:"滔滔和雅,甚与我心会"。最后规定雅乐只准用黄钟一调,不得转调[②]。

开皇九年(589)灭陈,获号称华夏正音的南朝旧乐,发现与隋乐大不相同,晋王杨广于是上表请求重议正乐,为此太常寺增设了

---

① 《隋书》卷1《高祖纪上》。
② 《隋书》卷14《音乐志中》。

清商署,进行校定,受命校乐的牛弘请求雅乐可以旋宫转调,但文帝仍以为何妥宿儒不会有错,只许用黄钟一宫,高兴得何妥写诗庆贺:"八行陈树羽,六德审知音。天道兼韶濩,充庭总觟觟。高天渡流火,落日广城阴。百神谐景福,万国仰君临。天乐非城鼓,且用戒民心"①。极尽谄媚之能事。以权力来裁定艺术,最后只能是扭曲艺术。文帝之时,隋朝的艺术气氛极端压抑、沉闷,杨广也矫情饰行,在父皇面前竭力装出不好声色的样子。但仁寿元年(601)杨广被立为皇太子时,在太庙听到单调的雅乐,也深表不满,曾上言"请更议定"②。

隋炀帝即位后,于大业元年(605)下诏重修高祖庙雅乐,"增多开皇乐器,大益乐员,效届乐悬,并令新制"③。文帝时乐队需要用悬挂编钟、磬鼓的木架20个,炀帝增至36架,并令宠臣柳䛒、何稠、诸葛颖、袁庆隆负责礼乐之事。被文帝废弃不用的梁武帝时的可以旋宫转调的雅乐随即恢复了,时会稽人孔德昭在太常观看了新制作的雅乐,写诗赞云:"大君膺宝历,出豫表成功。钧天金石响,洞庭弦管清。八音动繁会,九变叶希声。和云留睿赏,薰风悦圣情。盛烈光韶濩,易俗迈咸英。切吹食无取,率舞朴轻生"④。其浩然气势和华丽乐章可谓令人耳目一新。卞斌和之曰:"小臣滥清耳,长奉南风弦"⑤。由此可推知,炀帝雅乐大量采用了南朝音律。

大业六年(610)二月庚申(二十八),因太常少卿裴蕴之议,隋

---

① 《初学记》卷15《雅乐第一》。
② 《隋书》卷15《音乐志下》。
③ 《隋书》卷15《音乐志下》。
④ 《初学记》卷15《雅乐第一》。
⑤ 《初学记》卷15《雅乐第一》。

炀帝下令将文帝时罢为编户的前北魏、北齐、北周及梁、陈的乐户及其子弟,统统配入太常,在长安专门置乐坊供他们居住,凡有技能歌善舞者均萃集乐府,并置乐府弟子,转相教授,使太常乐工达到3万余人①,其数目大大超过先前任何朝代。

隋炀帝尤其醉心于燕乐,所谓燕乐,乃游宴时演唱的比较自由的音乐歌舞,又称宴乐或俗调。燕乐又泛指雅乐以外的全部艺术性音乐,其较之庙堂雅音正调更具娱乐、欣赏性,其基础来自民间,大量地吸收了外来成分,形式多样,内容更丰富,配以歌舞,又成为大型乐舞,而最具魅力。乐舞的主要特征是规模大,乐部多,民族和地方特色各具,异彩纷呈。

开皇初,隋教坊宫廷燕乐被定为7部:一曰国伎、二曰清商伎、三曰高丽伎、四曰天竺伎、五曰安国伎、六曰龟兹伎、七曰文康伎,称"七部乐",又杂有疏勒、扶南、康国、百济、突厥、新罗、倭国等伎。负责制礼作乐的大儒牛弘为迎合隋文帝情趣,冲淡外来及少数民族味道,加进了4个汉魏以来中国的传统舞,奏称:"四舞,按汉魏以来,并施于宴飨"。然而,文帝仍感燕乐"声不正",而大加排斥,希望"亲宾宴欢,宜奏正声"②。

炀帝对宫廷燕乐大加整理,将7部扩大为9部,即清商、西凉、龟兹、天竺、康国、疏勒、安国、高丽、礼毕。称"九部乐",其中清商为"清商三调",乃"汉来旧曲",为汉族传统的民间音乐,以下除最后"礼毕乐"外的7部,则均为外来或少数民族乐舞,而特别以"龟兹乐"为最优美。龟兹在今新疆,地处古丝绸之路上,南北朝时,西域各处音乐先汇集于此,与本地乐融合后再传入中原,据林谦三

---

① 《隋书》卷3《炀帝纪上》;卷67《裴蕴传》。
② 《隋书》卷15《音乐志下》。

氏考证,龟兹所接触的外来音乐文化,以随佛教文化东传的印度音乐的影响更多一些①。前秦吕光灭龟兹,中原"因得其声",至隋有"西国龟兹、齐朝龟兹、土龟兹等三部",有乐工曹妙达、王长通、李士衡、郭金荣、安世贵等,都是演奏龟兹乐的能手。他们佸炫于王公之间,"举时争相慕尚"②。"西凉乐"是以敦煌为中心的西北胡汉杂居地区的音乐,其乐调主要得自于龟兹乐而加以变通,使胡乐与汉乐得到进一步融合,为此林谦三氏认为:"隋代之俗乐调大抵是借用着龟兹乐调为中心的胡调而稍稍汉化了的"③。另外,疏勒乐也出自今新疆,康国乐、安国乐则出自今中亚,加上天竺(印度)、高丽(朝鲜),九部乐汇集四面八方,可以说是万方乐奏,盛况空前。最后一部"礼毕"又称"谦后",出自晋太尉庾亮家,带假面具"执翳以舞",谓之"文康乐",后被用于多部乐舞的结尾④。

乐器是构成乐曲风格的重要因素,用于演奏九部乐的乐器更是中外合流,盛况空前,这些乐器大概可分为管乐、弦乐、打击乐3大类。管乐器有笛、笙、箫、篪、筚篥、角、笳、贝、叶等;弦乐器有琴、瑟、筝、琵琶、箜篌、五弦、三弦、筑、击琴等;打击乐器有钟、磬、铃、钲、铎、铙、钹、方响、錞于、拍板、节鼓、腰鼓、羯鼓、毛员鼓、都昙鼓、答腊鼓、鸡娄鼓、齐鼓、担鼓、连鼓、鞉鼓、桴鼓、铙鼓、桨鞞、王鼓等⑤。在这些乐器中,笛的演奏占有重要地位,笛又称横吹,隋炀帝的幸臣姚察有一首《赋得笛诗》:"作曲是佳人,制名由巧匠;鹍弦时莫并,风管还相向。随歌响更发,逐舞声弥亮;宛转度云窗,透

---

① 参见林谦三:《隋唐燕乐调研究》第2章,商务印书馆1955年版。
② 《隋书》卷15《音乐志下》。
③ 参见林谦三:《隋唐燕乐调研究》第3章,商务印书馆1955年版。
④ 《隋书》卷15《音乐志下》。
⑤ 参见杨荫浏:《中国音乐史稿》上册,第9章,人民音乐出版社1980年版。

迤出黼帐。长随画堂里,承恩无所让"①。看来,笛声在乐曲中是格外响亮。乐器中有很多来自少数族,有些更远自波斯、印度,数百年来经中原人民的消化改造,已和传统乐器融为一体,每奏一部乐,所用乐器不同,乐工数目不等,且每部乐曲调风格不一,合奏出的优美旋律,令人赏心悦耳,美不胜言。

隋代燕乐以传统汉族音乐为基础,大量吸收西域音乐及少数民族音乐,在大业年间初步形成新的音乐体系。外来音乐在隋炀帝倡导下登上大雅之堂,冲击了传统礼乐定于一尊和归于雅正的音乐观,使乐律、乐器多有改革,丰富了音乐的表现力。

九部乐之外,燕乐中含有多段的大型歌舞曲叫"大曲",是综合声乐、器乐和舞蹈而为一体连续表演的大型乐舞,通常分为散序、中序、破3大部。散序节奏自由,为器乐部分;中序歌唱为主,器乐伴奏,又称歌头;破以舞为主,器乐伴奏,节奏渐快,也称舞遍。炀帝时曾有《水调歌》《斗百草》《泛龙舟》等大曲出现,其中《水调歌》词曲均为炀帝亲作,《斗百草》《泛龙舟》则为炀帝令西胡乐师白明达创作,大概由炀帝写词,白明达配曲,二人合作,妙造新声。另外,还有《万岁乐》《藏钩乐》《七夕相逢乐》《投壶乐》《舞席同心髻》《玉女行觞》《神仙留客》《掷砖续命》《斗鸡子》《还旧宫》《长乐花》《十二时》等大曲,"辞极淫绮",配以龟兹调,演唱起来令人听来"掩抑摧藏,哀音断绝"②,而大得炀帝赞赏。炀帝亲作艳篇,被之管弦,歌舞其中,流连忘返,他还作诗描写歌舞中舞女的姿态:

步缓知无力,脸曼动余娇;

---

① 《初学记》卷16《笛第十》。
② 《隋书》卷15《音乐志下》。

锦袖淮南舞,宝袜楚宫腰①。
看来,炀帝的确在歌舞艺术中陶醉了。

　　除多部乐和歌舞外,广义的燕乐还包括与民间音乐有关的一切音乐杂戏,其中重要的是鼓吹和散乐。宫廷宴会一般先奏雅乐,接着是歌舞大曲,余兴未尽,鼓吹和散乐也接着上演。隋炀帝规定宫廷宴飨设鼓吹,依照梁武帝的规制设熊罴十二案,主要用打击乐器和管乐,敲打演奏起来声音威武雄壮,热闹非凡,犹如"熊罴驱豹,腾倚承之,以象百兽之舞"②。而且,隋代的鼓吹开始与散乐结合。

　　散乐指散于四方之俗乐,品种繁多,又称百戏,它包括各种戏弄,也包括各种杂技。散乐始盛于汉代,魏晋南北朝时大量西域幻术散乐输入,同汉族音乐伎艺汇合。北齐武平年间(570—576)有鱼龙烂漫、俳优、侏儒、山车、巨象、拔井、种瓜、杀马、剥驴等杂技戏目。北齐亡后数年,郑译向周天元奏请将北齐散乐人征集到长安,隋开皇初文帝下令全部放免。大业二年(606)突厥启民可汗来朝,炀帝欲夸耀一番,下令"总追四方散乐,大集乐都",起初先在宫内华林苑积翠池侧表演,炀帝与宫女们观赏,后来就到大街上表演。有一出大型杂技:"有舍利先来,戏于场内,须臾跳跃,激水满街,鼋鼍龟鳖,水人虫鱼,遍覆于地,又有大鲸鱼,吐雾翳日,倏忽化成黄龙,长七八丈,耸踊而出"。叫做"黄龙变"③。这场大型杂技,场面宏大,变化万端,热闹异常,大概就是所谓鱼龙漫延之乐。

　　又有"俳优"戏,"以绳系两柱,相去十丈,遣二倡女,对舞绳

---

① 《喜春游歌》之二,见《乐府诗集》卷77。
② 《隋书》卷15《音乐志下》。
③ 《隋书》卷15《音乐志下》。

上,相逢切肩而过,歌舞不辍",又有"夏育扛鼎":"取轮石臼大瓮器等,各于掌上而跳弄之,并二人戴竿,其上有舞,忽然腾透而换易之"。还有"神龟负山"、"幻人吐火"等场景,千变万化,"旷古莫俦",足使观众犹如坠入云雾之中,进入神仙境界。突厥启民可汗等惊骇万分,钦佩得五体投地。炀帝更十分得意,于是下令各种杂技到太常寺排练教习,由官司供给。每年正月,万国来朝,炀帝即将各国使者留至十五日,于端门外建国门内,"绵亘八里,列为戏场,百官起棚夹路,从昏达旦,以纵观之,至晦而罢"。杂技艺人全都穿上太常配置的锦绣衣裳,歌舞艺人为示滑稽多穿妇人之服,各类化了装的演员"殆三万人"。为了配齐这些演艺人员的道具服装,炀帝下令课河北、河南民户制作,两京官库"缯锦,为之中虚"①。大业四年(608)九月辛未(初一),炀帝又征集天下驯鹰师齐集东都,结果"至者万余人"②,为此炀帝专门写了一首《咏鹰诗》:

> 迁朔欲之衡,忽投罻罗里。
> 既以羁华绊,仍持献君子。
> 青骸固绝俦,素羽诚难拟。
> 深目表兹称,阔臆斯为美。
> 惊兽不及奔,猜禽无暇起。
> 虽蒙鞲上革,无复凌云志③。

上万只鹰隼搏击长空,情景足为壮观。

诗人薛道衡有一首《和许给事善心戏场转韵诗》,相当生动地描述了长安洛阳正月十五元宵闹花灯的场景:"京洛重新年,复属

---

① 《隋书》卷15《音乐志下》。
② 《隋书》卷3《炀帝纪上》。
③ 《文苑英华》卷328;《初学记》卷30《鸟部·鹰四》。

月轮圆"。"万方皆集会,百戏尽来前;临街车不绝,夹道阁相连。""佳丽俨成行,相携入戏场"。"竟夕鱼负灯,彻夜龙衔烛。欢笑无穷已,歌咏还相续。羌笛陇头吟,胡舞龟兹曲;假面饰金银,盛服摇珠玉"。"抑扬百兽舞,盘跚五禽戏。"①诗中描绘了千姿百态的杂技和千奇百怪的花灯,真是异彩纷呈。这种百花齐放的狂欢场面,不仅"振古无比",而且后世难匹。百戏由官方举办,若不是皇帝以国家财力资助,任何个人任何团体都负担花费不起的。

然而,隋炀帝倡导艺术的目的是粉饰太平,或向四夷炫耀,并且在很大程度上是追求享乐,他讲究排场,耗费巨大,穷极侈靡,可谓触目惊心。他曾多次"大会蛮夷,设鱼龙曼延之乐",每年正月十五盛陈百戏,举国歌舞,夸示四夷,"其营费钜亿万",而毫不顾惜。他对发展古代文化艺术作出了重大贡献,在艺术发展史上应有其不可磨灭的地位。但作为万民之主的皇帝,不能致天下以太平使百姓富足安乐,又何如以节俭著称的隋文帝。

三、宫廷风流　四方巡游

皇帝也是人而不是神,皇帝也有自己的生活,但皇帝的生活与平常人不同,皇帝拥有三宫六院,妃嫔成群。隋炀帝可谓是风流天子,他一即位就营造东都,耗费民脂,建豪华的宫苑,其宫廷生活奢侈可想而知。

隋炀帝追求美的生活是无所顾忌的,不仅东都宫苑金碧辉煌,豪华无比,还妙选风景幽雅之地,遍置楼台亭阁,据说其晚年侈心更重,所建迷楼"千门万户,上下金碧,金比伏于栋下,玉兽蹲乎户

---

① 《初学记》卷15《杂乐第二》。

旁,壁彻生光,锁窗射日,工巧之极,自古无有"①。有小说记载:炀帝殿内房中悬有120颗大珠以照明,光比白日,"又有明月宝夜光珠,大者六七寸,小者犹三寸,一珠之价,值数千万"②。旧史称炀帝"无日不治宫室,两京及江都,苑囿亭殿虽多,久而益厌,每游幸,左右顾瞩,无可意者,不知所适,乃备责天下山川之图,躬自历览,以求胜地可置宫苑者"③。又据史书记载:炀帝"性多诡诘,所幸之处,不欲人知,每之一所,辄数道置顿,四海珍羞殊味,水陆必备焉,求市者无远不至。郡县官人,竞为献食,丰厚者进擢,疏俭者获罪"④。史书的这些记载,不能完全说是无中生有的凭空捏造,虽有夸张或虚构的成分,但炀帝的生活作风与其父文帝的简朴节俭大不一样,形成鲜明对照则是尽人皆知的,所以清人王夫之说:"炀帝即位,侈靡即至"⑤。

隋炀帝在衣、食、住、行各方面都极讲排场,铺张浪费。在饮食上务求"精丽",他对东南西北各地名吃佳肴都了如指掌。"吴郡献松江鲈,炀帝曰:所谓金齑玉脍,东南佳味也"⑥。又曾将茄子改名曰"昆崙紫瓜"⑦。

隋炀帝经常设宴会群臣,表兄李渊是西魏八柱国李虎的孙子,袭爵唐国公,长得很帅气,也很有才能,经常被招来参加宴会。李渊面皱,炀帝在宴席上竟当众污辱他,称他"阿婆"⑧。实际上炀帝

---

① 《迷楼记》,历代小史本。
② 《太平广记》卷236《隋炀帝》。
③ 《资治通鉴》卷181隋炀帝大业四年。
④ 《隋书》卷4《炀帝纪下》。
⑤ 《读通鉴论》卷19《隋炀帝》。
⑥ 《隋唐嘉话·补遗》。
⑦ 《太平广记》卷411《昆崙紫瓜》。
⑧ 《隋唐嘉话·补遗》。

与李渊不仅是亲戚,而且自小就很友善,但当时"图谶多言姓李将王",炀帝心存猜忌,对李渊加以排斥,呼为"阿婆面"。李渊受辱当然心里不高兴,回家后告诉妻子窦氏,窦氏却解说:"此可相贺,公是袭唐公,唐之为言堂也,阿婆面是堂主"。一番笑话说得李渊不禁大悦①。隋炀帝还在宫中做无聊的拆字游戏,据说有一次令取左右离合之意,谓杳娘曰:"我取杳字为十八日"。时有宫婢罗罗侍立,杳娘取罗为四维,帝又谓萧妃曰:"尔能拆朕字乎?"萧妃乃应声曰:"能,但移左画居右边,岂非渊字耶"。后验之,乃唐公李渊之渊字②。这个李渊,就是后来创立唐朝的唐高祖。

当然,以上传说真假难辨,但隋炀帝经常大摆宴席当为事实。隋炀帝有一首《宴东堂诗》,描写他的宴会:

雨罢春光润,日落暝霞晖。

海榴舒欲尽,山樱开未飞。

清音山歌扇,浮香飘舞衣。

翠帐全临户,金屏半隐扉;

风花意无极,芳树晓禽归③。

风花雪月时常吟,山珍海味食不休。御用文人围着隋炀帝团团转,成天是诗画歌舞欢宴。一位外国汉学家这样描述隋炀帝:"他是一位有成就的诗人和独具风格的散文家,他可能有点像政治美学家,……带有强烈的艺术成分的政治个性具有一种炫耀性的想象力,它能使其个人的历史具有戏剧性,并使一切现实服从野心勃勃的计划"④。隋炀帝不是一个刻板威严的皇帝,而是爱美并极富想

---

① 《唐语林》卷4《贤媛门》。
② 《新编分门古今类事》卷13引《南部烟花记》"隋帝拆字"条。
③ 《初学记》卷24。
④ 见《剑桥中国隋唐史》第2章,芮沃寿语,中国社会科学出版社1990年版,第119页。

象力的风流天子。

隋炀帝写了不少诗描述他的宫廷生活,如《喜春游歌》云:
> 禁苑百花新,佳期游上春;
> 轻身赵皇后,歌曲李夫人①。

佞臣虞世基和了两首,其中《长安秋》有"玉人当歌理清曲,婕妤恩情断还续"句,写的是帝王与妃嫔的情爱。再看隋炀帝《杨叛儿曲》:
> 青春上阳月,结伴戏京华。
> 龙媒玉珂马,凤轸绣香车。
> 水映临桥树,风吹夹路花;
> 日昏欢宴罢,相将归狭斜②。

这都是真实的生活写照。隋炀帝是风流才子,能诗能歌,这使他的宫廷生活充满了艺术情趣。

隋炀帝喜欢以月夜从宫女数千骑游西苑,作《清夜游曲》,用曹植《清夜游西园》之诗配以名曲,于马上奏之,歌声传数里之外,这又与其父文帝在皇宫内死守着独孤皇后的枯燥宫廷生活形成鲜明的对照。东都西苑周围200里,其内有人工湖海,湖里有蓬莱、方丈、瀛洲诸岛仙山,台观殿阁,罗络山上,北有龙鳞渠,萦行注海内,缘渠有十六院,每院的大门都临着水渠,以四品夫人主院,苑内美女如云。"铜壶滴滴禁漏起,三十六宫争卷廉";"一声宫漏珠帘下,院院烧灯待至尊"。皇帝妃嫔成群,享有不同于凡人的优裕生活,这在君主专制时代被认为是理所当然的。历代君王无论优劣都拥有三宫六院,在女色方面都不是好东西。然而隋炀帝似乎更超凡异群,是帝王的情种,旧史旧小说把他描绘成荒淫无度的淫

---

① 《乐府诗集》卷77。
② 《乐府诗集》卷49。

魔,是"色中饿鬼",以各种异想天开的方式沉迷于女色。如《隋书》说炀帝"所至唯与后宫流连耽湎,惟日不足,招迎姥媪,朝夕共肆丑言,又引少年,令与宫人秽乱,不轨不逊,以为娱乐"①。据史书记载,炀帝的内侄梁公萧钜和外甥千牛左右宇文皛自小生长于宫中,为炀帝所宠爱,炀帝每于西苑林亭间设宴,盛陈酒馔,总是让萧钜、宇文皛及燕王杨倓与文帝的嫔御们为一席,内道场的僧尼、道士及女宾为一席,炀帝自己与诸宠妃为一席,略相连接。每次罢朝后总是要大宴热闹一番,酒酣骰乱,靡所不至,以后习以为常。美少年宇文皛是关陇勋贵宇文庆之子,宇文庆曾赞助文帝篡周,其子宇文静礼得尚文帝女广平公主,宇文皛为宇文庆第三子,字婆罗门,时人号曰宇文三郎。长大出入宫掖,不限门禁,淫乱宫中,以至于妃嫔、公主皆有丑声,流传于宫外。宇文皛自己也畏罪数日不敢见人,后来萧后看不下去,言之于炀帝,但炀帝竟不加罪,待之如初②。这大概就是"引少年令与宫人秽乱"之事。

隋炀帝本人宣淫的记录史书有确凿记载的倒是不多。前面我们已经考证出开皇九年(589)灭陈时20岁的杨广企图纳30多岁的后主宠妃张丽华的艳事纯属子虚乌有。仁寿宫变,35岁的杨广急不可耐要与后母宣华夫人陈氏交欢的丑事也纯系传闻,没有确实根据,即便有此事,在隋唐宫廷也并非独此一回。然而,除以上两则被后代小说家大肆渲染的艳事之外,史书还是记载了几则炀帝喜好女色的事实。如炀帝姐姐原周天元皇后乐平公主杨丽华曾进美女柳氏给炀帝,后却送给了炀帝次子杨暕,为此炀帝十分恼怒。大业八年(612)十一月,隋炀帝下密诏,令江、淮以南诸郡地方官"阅视民间

---

① 《隋书》卷4《炀帝纪下》。
② 《隋书》卷50《宇文庆传》。

童女",凡姿质端丽者,每岁贡献朝廷,配入后宫①。这是正史明确记载的有关炀帝"好内"好色宣淫的不光彩记录。唐人杜牧作诗二首对隋炀帝的纵欲好色作了辛辣的讽刺,其第一首题为《隋苑》:

> 红霞一抹广陵春,定子当筵睡脸新;
> 却笑吃亏隋炀帝,破家亡国为谁人②。

第二首题为《隋宫春》:

> 龙舟东下事成空,蔓莫萋萋满故宫;
> 亡国亡家为颜色,露桃犹自恨春风③。

诗人直把女人看作祸水,把隋炀帝家破国亡的原因说成为宣淫女色。千年来流传于民间的俗讲小说更是把隋宫描绘成淫窟,用各种争奇斗艳的字眼描述隋炀帝这个"色中饿鬼"如何如何随心所欲地玩弄女性,如何如何地贪恋女色。明朝一部署名齐东野人著的《隋炀帝艳史》,其淫秽描写不下于《金瓶梅》,书中的"色中饿鬼"隋炀帝的贪淫不下于登徒子、西门庆,其实,这都是迎合小市民口味的不负责任的胡编乱造,并不是历史真实故事。隋炀帝文才秀丽,兴趣广泛,贵为天子,国事繁忙,不可能如井市流氓无赖西门庆那般一心猎艳,一生只为女色奔忙。

人们还应注意到,即使古代对隋炀帝怀有偏见的修史者和哗众取宠的小说家,均不能掩盖这样一个事实,即炀帝的正妻、皇后萧氏,一个聪慧有教养的妇女,从14岁结婚,直到炀帝死时,从来没有遭到炀帝的冷落而被宫内其他年轻的宠妃取代,她始终被尊

---

① 《隋书》卷4《炀帝纪下》。
② 《全唐诗》卷524。此诗又作"浓檀一抹广陵春,定子初开睡脸新;却笑吃亏隋炀帝,破家亡国为何人。"
③ 《全唐诗》卷525。

重,而且显然受到宠爱①。相比于历史上许多因皇后年老色衰而以庶代嫡的皇帝,隋炀帝在女色方面还算比较正经的,绝不会因女色误国。这方面隋炀帝虽比不上父皇隋文帝,文帝惧内与独孤氏誓无异生子,但独孤皇后死后文帝还是禁不住女色,以致"精华稍竭"而致衰亡。然即使是与历史上的英明君主汉武帝、唐太宗、唐玄宗相比,炀帝也不逊色。史书明确记载了隋炀帝仅有3个儿子,两个是萧后所生,一个为萧嫔所生。女儿南阳公主亦出自萧后,另有一女后为唐太宗妃,不知所出。在古代没有避孕安全措施的情势下,盛壮之年当了十多年皇帝的隋炀帝,如果如传说的那样好色,成天与女人鬼混,决不会仅有5个子女。要知道唐高祖光儿子就生了22个,唐太宗生了14个,还不包括女儿。由此可推知隋炀帝决不是那种一天到晚惟与女人厮混寻欢作乐的昏君。当然也不能说炀帝不近女色,清心寡欲,炀帝是人而且是可以任意支配世间所有男人女人,拥有无限权力的天子,对女色他几乎可以随心所欲。他拥有后宫佳丽成千上万,他也侈靡玩乐,但在古代帝王中他决不是最荒淫的一个,决不是好色帝王的典型,他建立了豪华的东都西苑,却并没有一头栽进这只有女人和宦官仆役的禁闭宫苑,他当皇帝十多年,大部分时间都是在外奔波,为国事操劳。

自大业元年(605)八月壬寅(十五日)隋炀帝御龙舟首巡江都后,即"东行西幸,靡有定居",他鄙夷江东诸帝"多傅脂粉,坐深宫,不与百姓相见",在位14年中,炀帝三下江都南巡,又北巡4次,西巡1次,共8次巡游。这样,以隋炀帝为中心的政治集团,大部分时间是在到处巡游,不在京师。据《隋书·炀帝纪》,我们来看看隋炀帝在位时的踪迹:

---

① 参见前揭《剑桥中国隋唐史》第2章,第119页。

大业元年(605)八月,从洛阳御龙舟游江都。

大业二年(606)四月,车驾回洛阳。

大业三年(607)三月,自东都洛阳到京师长安,四月又北巡,由榆林出塞,入楼烦关,经太原,九月回到洛阳。

大业四年(608)三月,出塞巡长城,八月,祠北岳恒山。

大业五年(609)正月,由洛阳出发,经京师西巡,破吐谷浑,越祁连山入河西,直到张掖以西。九月回京师,十一月到洛阳。

大业六年(610)三月,二游江都。

大业七年(611)二月,由江都御龙舟直入通济渠,四月到大涿郡之临朔宫。

大业八年(612),一攻高句丽。九月回到洛阳。

大业九年(613)三月,御驾再到辽东,二攻高句丽。九月回到上谷,后转高阳。

大业十年(614)三月,赴涿郡三攻高句丽,后班师经北平、怀远,十月回到洛阳,旋回京师长安,十二月又回洛阳。

大业十一年(615)五月,赴太原,巡北塞,至雁门被突厥围困。十月回东都洛阳。

大业十二年(616)七月,三游江都,至大业十四年(618)在江都被弑,收葬雷塘。

根据以上不很精确的统计,隋炀帝在位14年前后断断续续在京师长安的时间总计不足1年,在东都洛阳的时间累计亦不超过4年,其他大部分时间既不在京师,也不在东都,而在江都的时间累计却在4年以上①。为此,宋人叶适说:"炀帝以巡游亡天下"②。

---

① 岑仲勉:《隋唐史》,中华书局1982年版,第40—41页。
② 《习学记言》卷36《隋书一》。

巡行又称巡狩,自秦始皇巡狩全国名山大川以来,历代有作为的皇帝都亲自巡行,以统驭天下,但像隋炀帝这样年年巡游的皇帝还难以找到第二个。隋炀帝也可谓帝王中勤政的模范,巡行不能简单地视为游山玩水,主要方面还是操劳国事,有时甚至有艰险,如大业五年(609)西巡至青海北跨祁连山过大斗拔谷,遇上暴风雪,从行者死伤不少。又如大业十一年(615)北巡,在马邑被突厥围困更险象环生,一个皇帝甘冒如此大的风险巡行边塞,确是不容易。巡狩显然有其政治意图,自秦始皇汉武帝以来,帝王都以巡狩为手段,了解国情民俗,以统驭天下。大业三年(607)四月庚辰(初二)炀帝下诏曰:"古者帝王观问风俗,皆所以忧勤兆庶,安辑遐荒。自蕃夷内附,未遑亲抚,山东经乱,须加存恤"[1]。巡抚民夷、存问风俗是巡游的重要目的,在巡行途中就地视察,现场听政,发布政令,亲自处理棘手的政务,也未尝不是好事。巡狩可以用庞大的皇家仪仗威慑人民,压服群雄,威服四夷,为此隋炀帝不惜工本,造龙舟,列仪仗,讲排场,他跑到荒凉僻远的陲塞,更不是为了寻欢作乐,寻求刺激。炀帝四次北巡都与突厥有关,大业四年(608)三月他巡视了长城;八月回都的路上祭祀了恒岳。按照隋礼制:行幸所过名山大川,则有司致祭,岳渎以太牢,山川以少牢[2]。祭名山大川之礼最隆重莫过于封禅,炀帝虽没有封禅泰山,但祭恒岳之礼颇采文帝拜岱宗仪,命道士女官数十人于坛中设醮,由熟悉礼制的阎毗设坛场,但后代礼官认为:"事乃不经,盖非有司之定礼也"[3]。

当然,隋炀帝巡游天下也绝非成天忙于繁琐的政务,有时也寻

---

[1] 《隋书》卷3《炀帝纪上》。
[2] 《隋书》卷8《礼仪志三》。
[3] 《隋书》卷7《礼仪志二》。

猎欢宴,情趣横生,而作为诗人的隋炀帝在行途中留下了许多寄托豪情壮志的诗篇。如《江都宫乐歌》:

> 扬州旧处可淹留,台榭高明复好游。
> 风亭芳树迎早夏,长皋麦陇送余秋。
> 渌潭桂楫浮青雀,果下金鞍跃紫骝。
> 绿觞素蚁流霞饮,长袖清歌乐戏州①。

又有《步虚词二首》,既歌咏自然美景,也抒发政治豪情,很有气势。跟在炀帝后面的御用文人自然免不了应制唱和一番。歌功颂德,奉承炀帝。在现今流传下来的隋诗中,随炀帝巡游中写下的应制唱和诗占了很大一部分。秀丽山川激发了诗人的情思,虽然应制诗内容有些僵化,但较之宫廷吟唱的卖弄风骚思妇情色诗来,内容是充实多了,显然,巡游促进了诗歌创作。

隋炀帝巡游有时也含有寻欢作乐、游山玩水的成分,如大业三年(607)炀帝"避暑"汾阳宫,六月辛巳(初四)"猎于连谷",申辰(二十七)"观鱼于河,以宴百僚"②。隋炀帝每次巡游都兴师动众,带上僧尼道士、鼓吹乐队,"从行宫掖,常十万人,所有供须,皆仰州县"③。劳民伤财,亘古未有。炀帝虽勤政,却不爱民,只顾自己风流、奢侈,不顾百姓死活。史载炀帝北巡,刺史丘和"馈献精腆",至朔州时,刺史杨廓无所进,炀帝极不高兴,接见郡县长官时就盛赞丘和而冷淡杨廓,并提升丘和为博陵太守,让杨廓以丘和为楷模。后炀帝再次北巡路过博陵(今河北定县),丘和奉贡的馔食更丰美,炀帝也越高兴,这样一来,所过之处,"竞为珍侈献"④。大

---

① 《乐府诗集》卷79。
② 《隋书》卷3《炀帝纪上》。
③ 《隋书》卷24《食货志》。
④ 《新唐书》卷90《丘和传》。

业五年(609)西巡,天水太守乞伏慧"献食疏薄",炀帝大怒,命推出斩首,但见乞伏慧因劳累"无发",才释罪除名①。这样,每一次巡游的膳食供役,都使所过百姓难以承受,其役不下于营东都、开运河。作为老百姓来讲,并不希望皇帝动不动就兴师动众巡狩勤政,而是希望皇帝修心养性,静坐皇宫为好。

唐太宗后来总结隋亡之"殷鉴",曾对侍臣说:"隋炀帝广造宫室,以肆行幸,自西京至东都。离宫别馆,相望道次,乃至并州、涿郡,无不悉然。驰道毕广数百步,种树以饰其傍,人力不堪,非复已有,以此观之,好行幸,竟有何益?"②隋炀帝的巡游虽然主要是政治威慑,文化巡礼,游乐是其次,但过于频繁,并规模巨大,劳民耗费,其效果只能是负面的。炀帝的藩邸旧臣摄江都赞治张虔威对炀帝数巡幸,致百姓疲敝,深感忧虑,上封事以谏,但炀帝不听,自后疏斥了张虔威③。

隋炀帝不愿久居后宫享乐,后宫佳丽也只能空床独守,成为专制帝王的牺牲品。她们长居深宫,没有人身自由,没有爱情,只能默默忍受寂寞、孤独的痛苦。《迷楼记》记宫女侯夫人不能忍受迷楼的孤寂,自缢身亡,留下宫怨诗8首,其中《妆成诗》曰:"妆成自多惜,梦好却成悲。不及杨花意,春来到处飞"④。侯夫人的宫怨诗代表了千万个宫女的心声。唐太宗贞观初年曾对侍臣评论过隋炀帝幽闭成千上万宫女之事,说:"妇人幽闭深宫,情实可愍。隋氏末年,求采无已,至于离宫别馆,非幸御之所,多聚宫人,此皆竭

---

① 《隋书》卷55《乞伏慧传》。
② 《贞观政要》卷10《行幸第三十七》。
③ 《隋书》卷66《张虔威传》。
④ 见逯钦立辑:《先秦汉魏晋南北朝诗》下册,中华书局1983年版,第2739页。

人财力,朕所不取,且洒扫之余,更何所用?"①

第二节 予智予雄 除谏饰非

唐代诗人白居易自编类书《六帖》,收集有关谏诤的格言。如"忠言逆耳利于行,良药苦口利于病";"开谏诤之道,辟忠谠之门";"有谏而无讪,谏而无骄";"唯木从绳则正,后从谏则圣";"直能寤主,仁有杀身";"明主不恶切谏以博观,忠臣不避重诛之直谏";"众人之唯唯,不如一士之谔谔";"为臣不易,一言兴邦,量而后入"②,等等。这些都是对君王的药石之言。但隋炀帝个性极强,权力欲极大,自信自己不会有什么错误,听不得半点逆耳之言,而一意孤行。又猜忌臣下,诛戮功臣,甚至骨肉至亲,也横加夷戮。在诗情画意的背后,我们看到的又是一个令人生畏凶恶可怕的皇帝。

一、猜防功臣 杨素绝医

皇帝虽居九五之尊,握无上大权,却又如临高山之巅,有着很强的危机感。常言讲:爬得高摔得狠。当皇帝的人往往提心吊胆,时刻在提防着任何可能有篡位野心的人图谋不轨。《韩非子·内储说下》指出,帝王的"权势不可以借人,上失其一,臣以为百"。臣下随时都在窥视皇权,帝王必须严加防范。

皇帝最担心的就是掌握实权的宰相和将军,生怕皇权旁落,皇位被篡。因此千方百计要削弱和分割宰相权力,收夺将帅兵

---

① 《贞观政要》卷6《仁恻第二十》。
② 《白氏六帖》卷11《谏诤第三十六》。

权,为强化皇权,有时不惜采取断然手段,毫不留情地杀戮功臣宿将。隋炀帝予智予雄,唯我独尊,史书称他"猜忌臣下,无所专任,朝臣有不合意者,必构其罪而族灭之。故高颎、贺若弼先皇心膂,参谋帷幄;张衡、李金才藩邸惟旧,绩著经纶,或恶其直道,或忿其正议,求其无形之罪,加以刎颈之诛。其余事君尽礼,謇謇匪躬,无辜无罪,横受夷戮者,无可胜见"①。在夺位当上皇帝之初,隋炀帝的内心焦虑异常,朝中任何潜在的危险,都触动着他敏感的神经,促使他利用一切阴谋权术和暴力手段,去消除潜在的敌手。

隋炀帝疑虑和关注的首要人物,就是为他夺位立有大功,且大权在握的权相尚书左仆射杨素。

杨素与杨广的交情始于开皇九年(589)灭陈之时,开皇十年(590)扫灭江南叛乱,两人配合得很好,起先是杨广巴结杨素,后来是杨素附会杨广,最后结成死党,组成阴谋集团,争权夺位。杨素不仅在炀帝谋取帝位的过程中立了头功,炀帝即位后又是他不顾年高统兵迅速扑灭了汉王杨谅的叛乱,使得炀帝的皇位坐得稳当当的。然而,飞鸟尽,良弓藏;狡兔死,走狗烹。正是在炀帝坐稳了皇位之时,杨素就立刻失宠了。史载杨素"虽有建立之策,及平杨谅功,然特为帝所猜忌,外示殊礼,内情甚薄"②。老相公此时已成了新皇帝的眼中钉、肉中刺,成了无上威严的皇权发挥效能的障碍。功高震主,杨素成了多余的人。

大业元年(605)二月己卯(十八日),杨素升任尚书令,秩正二品,已是官僚职事系统中最高的品秩,为端揆之官。魏晋以来,尚

---

① 《隋书》卷4《炀帝纪下》。
② 《隋书》卷48《杨素传》。

书令位极人臣,正是因其权任太重,南北朝后期已不轻易授人,成为荣誉虚衔。而隋及唐朝300余年荣登此位的除杨素外,仅有唐太宗李世民和平定安史之乱的功臣郭子仪,而子仪当尚书令之日,也正是兵权被削夺之时。实际上,真正稳稳当当做了端揆之官尚书令的,仅有秦王李世民一人而已。杨素当尚书令,是明升暗降,虽尊崇备至,但实权被剥夺了。

杨素在升尚书令的同时,隋炀帝还赐给他东京甲第1区,物2000段。其实,杨素的宅第财物已多不胜计,史载杨素"负冒财货,营求产业,东西二京,居宅侈丽,朝毁夕复,营缮无已,爰及诸方都会处,邸店、水硙并利田宅以千百数,时议以此鄙之"[①]。杨素如此贪得无厌,这是不是他的家风或个人作风,却又都不像。因为杨素自小"有大志,不拘小节",不至于老了反而如此庸鄙。杨素的举动与汉初萧何遭刘邦猜忌后,为子弟买田宅的举止可谓如出一辙。另一方面,隋炀帝明知杨素有的是田宅金钱,还要赏了又赏,其用意一是赏功,再就可能是希望杨素向萧何学习,只要不对皇权抱非分之想,富贵荣华听之任之,朝廷提倡。

杨素当了尚书令后不久奉诏营建东都,但实际营造总管是将作大匠宇文恺,工成后杨素却并未受到一钱一物的奖赏,可知只是挂名而已。正因为闲坐无事,大业元年(605)闰七月甲子(初六),隋炀帝任杨素为太子太师;又以观德王杨雄为太子太傅;河间王杨弘为太子太保。时元德太子杨昭居于京师长安,炀帝和杨素俱在东都,加三位元老为太子师傅,也只能是荣誉虚衔。况且,观德王杨雄也早已被猜忌,冷落多年,境况与杨素差不多,只是表面上炀帝对他们尽量优宠。年已老迈的杨素跟随炀帝的龙舟巡游了江

---

① 《隋书》卷48《杨素传》。

都,在江都他受命与牛弘等制定舆服。制礼作乐,朝之大事,从许多记载看,杨素积极参预了这项工作,这可谓杨素所做的最后一件有意义的事,无非是为皇帝的威仪及君臣官民等级制度张目,为大隋王朝的全盛张灯结彩。

大业二年(606)三月庚午(十六日),杨素随炀帝及大批官员离开江都,至四月回到东都,自后他再也没有出都。六月壬子(二十九),炀帝又加给杨素司徒的荣誉虚衔,品秩加到了正一品,已到了顶。这时太史造出舆论,说隋分野有大丧,预言朝中要死一位大员,炀帝于是改封杨素为楚国公,其食邑2500户,对杨素的赏赐,已到了尽头,除了皇位,炀帝再也拿不出什么东西来优礼这位功臣宰相了,只能是巴不得杨素快死。

杨素终于病倒,寝疾之时,炀帝仍假惺惺地经常派名医来为杨素诊治,并赐以宫廷御药,然太医回宫时,炀帝又密问杨素病情,生怕他苟延不死。杨素也自知名位已极,不为皇上所容,于是不肯服药,毫不珍惜自己的病体,只是对伺候在病榻旁的弟弟杨约说:"我岂须更活邪!"躺在床上等死。

杨素算得上是一位风流宰相,出身门阀世家弘农杨氏,文武双全,好学多识,战功赫赫。他佐命隋两朝皇帝,建树很多。虽位极人臣,但私生活也很有情趣。杨素本人工草隶,善作诗文,和隋炀帝一样有诸多艺术爱好。他家的仆役鲍亨、殷胄是江南士人,因从高智慧叛乱被俘配没为奴,在杨素家以笔墨侍候。鲍亨善作文,殷胄善书法,最得杨素欢喜。杨素为人豪爽,爱才不爱金钱美女,据说李德林的儿子李百药因杨素宠妾的勾引,入其室私会,被杨素当场捉住,时李百药年未满20,长得眉清目秀,杨素并未气恼对他用刑,而是对李百药说:"闻汝善为文,可作诗自叙,称吾意,当免汝死"。于是授以纸笔,李百药即刻立就,杨素阅后极表称许,不食己言,欣然将自己的爱妾送给了李百药,并资助数十万钱①。

杨素本人经常作诗,是隋代诗坛上一位重要诗人,有文集10卷行于当世。但杨素却从未和同样能诗的隋炀帝唱和,除独自吟唱外,便是与薛道衡唱和。《隋书·杨素传》记杨素尝以五言诗700字赠薛道衡,"词气宏拔,风韵秀上",被认为是一时盛作,这14首诗正是杨素临死前卧病时所写。其最后几首写得词情真切,感人至深;薛道衡得诗感慨良多,说:"人之将死,其言也善"。人到老来情最深,天鹅死前的鸣叫最悦耳。大业二年(606)七月乙亥(二十三),杨素终于沉思于诗中命归黄泉。

在杨素去世的前一天,正巧元德太子杨昭也去世了。杨素是杨昭的太师,师生二人前后两天相继谢世,《资治通鉴》卷180考异引《大业杂记》云:"初,太子之遘疾也,时与杨素同在侍宴,帝既深忌于素,并起二厄同至,传酒者不悟是药酒,错进太子,既饮,三日而毒发,下血二斗余。宫人闻素平常,始知毒酒误饮太子,秘不敢言。太子知之,叹曰:'岂意代杨素死乎?命也'。数日而薨。后素亦以毒毙"。这则故事太离奇了。当时皇太子在回长安的路上,杨素在洛阳已卧病不起,不可能同宴,太子的死是另有原因,《通鉴》考异认为:"按他书皆无此说,盖时人见太子与(杨)素相继薨,妄有此论耳"②。

杨素的死使隋炀帝高兴万分,认为是除去了心腹大患,但表面上却表示痛惜,追赠杨素散爵光禄大夫、太尉公、十郡太守。给辒车、班剑40人、前后部羽葆鼓吹、粟麦5000石、物5000段,由鸿胪监护杨素的丧事。炀帝又下诏:"夫铭功彝器,纪德丰碑,所以垂

---

① 《隋唐嘉话》卷上。
② 《资治通鉴》卷180 隋炀帝大业三年。

名迹于不朽,树风声于没世。故楚景武公素,茂绩元勋,勷劳无室,竭尽诚节,协赞朕躬,故以道迈三杰、功参十乱。夫臻遐寿,邈戢清徽。春秋递代,方绵岁祀,式播彤篆,用图勋德,可立碑宰隧,以彰盛美"①。对杨素的功勋来了个盖棺定论。但这都是官样文章,在背后,炀帝却恶狠狠地说:"使素不死,当夷九族"②。

杨素死后收葬于原籍华阴老家。但杨素生前得罪的人不少,特别是南方才士,被杨素起用的不多,太府少卿萧吉在杨素死后用天象在炀帝面前咕叨,说在杨素坟冢上见到有"白气属天",炀帝忙问其故,萧吉放言:杨素家当有兵祸,是"灭门之象"③。炀帝半信半疑。

后杨素之弟杨约路过华阴,见到杨素墓,想起兄长临死前对自己说的那一番话,不禁暗自一阵心酸,不觉爬上墓道失声痛哭,当地监察御史见状弹劾,杨约竟为此免官,不久拜淅阳太守,出朝任地方官。杨约为隋炀帝夺嫡也立下了汗马功劳,仁寿宫变后奉命缢杀杨勇,在长安为文帝布丧,事办得很干练。虽然自小受伤未能成为男子汉,但家学渊源,略有学术,兼达时务,也算得上是一个有能力的官僚,曾一度受到炀帝信任,官拜宰相。杨素的长子杨玄感也风流倜傥,才艺出众,时官拜礼部尚书,与叔父杨约"恩义甚笃",父亲绝医自求速死和叔父无故撵出朝廷,使他内心极感不平,上朝时忿忿之色形于表面,炀帝见杨玄感忧瘁之状,问是否因叔父被贬,杨玄感再拜流涕说:"诚如圣旨"。炀帝追念杨约先前为自己夺嫡功劳很大,于是又征他入朝,但杨约归朝后不久就去世,乃以杨素之子杨玄挺为其后袭其爵位。

① 《隋书》卷48《杨素传》。
② 《历代小史》卷9。
③ 《隋书》卷78《萧吉传》。

死了两个佐命元勋,隋炀帝绷得很紧的神经总算轻松了一些。

二、傲狠明德　高颎被诛

大业三年(607)七月丙子(二十九),隋炀帝以"谤讪朝政"的罪名,诛杀文帝时的元老重臣高颎和功臣武将贺若弼、宇文弼,并免去苏威宰相之职,是为轰动一时的大冤案。

高颎在隋文帝晚年因卷入太子储宫之争而失宠于皇帝和皇后,在杨广阴谋夺嫡文帝犹豫不决之际,高颎以"长幼有序"为由进行过劝阻,高颎出于道义良知,完全是为国家考虑,但他的儿子娶杨勇女为妻,自己是太子杨勇的亲家翁,因而被目为有私,不仅失去文帝的信任,免去宰相职务,而且遭到杨广的忌恨。接着又有小人谮毁,文帝诛王世积时险遭株连丧命。"除名为民"后高颎反倒如释重负,自以为从权力中心舞台退了下来,得免于祸。的确,伴君如伴虎,宰相再忠诚也难免遭到皇室的猜忌,稍有不虞便会招来杀身之祸。高颎在文帝朝能保全性命已是不易,自后他居家一言不发,但却心存社稷,忧国忧民。

文帝死后炀帝即位,为撑门面,或许是杨素的建议,闲置已久的老宰相高颎被拜为太常卿,这虽是一个掌管礼乐清商的闲职,但既有职,高颎也就认真负责地去管理。当炀帝下诏,收集旧北周北齐的乐人及天下的散乐时,高颎即上奏曰:"此乐自文帝以来久已禁废,若要征集,恐怕无识之徒弃本逐末,递相教习"。高颎怕由此造成奢靡之风,于国于民都没有益处。他的奏言当然未能劝阻炀帝,却惹得炀帝老大不高兴。高颎心存国家,对炀帝继位三年来大兴工役,游乐侈靡甚为忧虑,曾对副手太常丞李懿说:"周天元以好乐而亡,殷鉴不远,安可复尔!"当隋炀帝北巡至榆林,造千人大帐,召突厥启民可汗宴饷,以鱼龙漫延之乐厚待突厥时,曾多次统率大军征讨过突厥深知突厥情性的高颎更是按捺不住,他怀着无限的忧虑对太府卿何稠说:"此虏颇知中国虚实,山川险易,恐为后患"。高颎的这些话不能说没有道理,也没有丝毫恶意,但在一片颂扬声中头脑已很不冷静的隋炀帝那里,是难以听得进去的。高颎心直口快,又对观德王杨雄说:"近来朝廷殊无纲纪"①。结果被人奏告。同时被奏的还有礼部尚书宇文弼、光禄大夫贺若弼,宰相苏威也在其列。这几人均为先朝文武重臣,功勋卓著,时已老矣。

贺若弼和高颎一样,在文帝朝已被疏斥。贺若弼因平陈头功,有些居功负气,虽位望隆重,贵盛无比,兄弟数人并为刺史列将,但他并不满足,"每以宰相自许",目中无人。杨广为皇太子时曾问贺若弼,杨素、韩擒虎、史万岁三位良将优劣,贺若弼毫不客气地说:"杨素是猛将,非谋将;韩擒虎是斗将,非领将;史万岁是骑将,非大将"。杨广又问大将为谁,贺若弼再拜,说:"唯殿下所择"②。其意惟有自己才堪称大将。这种毫无掩饰的自负狂妄当然令杨广极不高兴。杨广即位后,对这位桀骜不驯的宿将更是忌恨,"尤被疏忌",在北巡榆林时贺若弼与高颎、宇文弼私下议论炀帝饷突厥"太侈",被人揭发,论以死罪。

宇文弼字公辅,与北周皇室同宗,出自关陇勋贵之家,父宇文珍为北周宕州刺史。宇文弼博学多才,仕周官至南定州刺史,入隋后任尚书右丞,参加了北击突厥、南平陈朝的多次战役,以有谋略见称,立有战功。宇文弼文武双全,著有辞赋20余万言,又为《尚书》、《孝经》作注,行于当世。曾继王韶之后出任并州总管府长

---

① 《隋书》卷41《高颎传》。
② 《隋书》卷52《贺若弼传》。

史。开皇十八年(598)任汉王杨谅元帅府司马,参加辽东之役,军还后历任朔、代、吴3州总管,治军领政皆有能名,是一位办事干练的官僚。炀帝即位后,宇文弨以有才能征为刑部尚书,后转为礼部尚书,成为尚书"八座"之一,得参预国政。宇文弨作为关陇勋贵历职显要,声望日隆,物议时谈,多见推许,但却遭到了炀帝的猜忌。宇文弨对炀帝大兴工役,尤勤远略及渐好声色颇为不满,声言"长城之役,幸非急务",又私谓高颎曰:"昔周天元好声色而国亡,以今方之,不亦甚乎"①。与高颎一唱一和,结果被告发。

当时隋炀帝北巡游兴正高,造大帐,宴突厥,备仪卫,建旌旗,威风凛凛,权力意志得到了最大的伸展,欲望得到了最大的满足。当听到告发,炀帝不禁勃然大怒,竟有人敢在皇上高兴得意时忤逆圣颜,唱反调,这还得了。盛怒之下,炀帝下令将高颎、贺若弼、宇文弨3人一齐处死,并株及后代。高颎诸子徙边,长子高盛道徙柳城(今辽宁朝阳市)而卒,三子高表仁徙蜀郡。贺若弼妻没为奴,子怀亮亦免官为奴,不久也株死,群从徙边。这三位老臣都可谓是先帝心膂,名重天下,一朝就刑诛死,"天下冤之"。特别是高颎,是开国元勋,在文帝朝立事立功者,不可胜数,当朝执政将20年,朝野推服,物无异议,治致升平,论者以为是真宰相。"及其被诛,天下莫不伤惜",称冤不已②。

高颎等人案是一件大冤案,受此案牵连的还有仆射苏威、光禄卿吐万绪等。苏威生性懦弱,以告饶而免死,但免去了宰相之职。吐万绪则在好友贺若弼遇谗时,勇敢地站出来证明贺若弼无罪,结果被免官③。

---

① 《隋书》卷56《宇文弨传》。
② 《隋书》卷41《高颎传》。
③ 《隋书》卷65《吐万绪传》。

被杀被贬的都是北方人,是关陇勋贵集团成员,有一种观点认为隋炀帝继位后排斥关陇勋贵集团,引用关东江南人士,并以此案为证。然而,仔细分析一下我们会发现,这并不符合事实,高颎、贺若弼等人的被杀,关键原因是炀帝早已将他们视为异己,因而必置之死地而后快。高颎反对杨广夺嫡,贺若弼居功自傲自不必说,宇文弢亦早年当过汉王杨谅的元帅司马,他们都不被炀帝视为自己的忠臣,而是实现自己权力意志的障碍,不屈从炀帝的权力意志者不死也得死。"君要臣死,臣不得不死"。只有软骨头苏威表示愿意屈从炀帝的权力意志,不仅免死,以后还得继续为相,而苏威也是关陇勋贵成员。这说明隋炀帝最痛恨的就是敢忤逆不附从自己权力意志的人。

还有一则故事更能说明问题,杨勇的岳父即云昭训的父亲云定兴在杨勇被废后"除名配少府"。应该说云定兴肯定是隋炀帝最讨厌的人,云定兴自己也明白女儿女婿垮台后自己的处境难以设想。他本是一个井市小人,不像高颎、贺若弼那样有浩然正气,于是主动贿赂宇文述,通过宇文述向炀帝表忠心。宇文述得到云定兴奉送的明珠就为他求官;对云定兴说:"兄所制器仗并合上心,而不得官者,为长宁兄弟犹未死耳"。意思是云昭训生的儿子杨俨尚在。云定兴听后竟无耻地说:"此无用物,何不劝上杀之"。宇文述于是奏请杀杨勇诸子。云定兴不久得授官少府丞,并步步高升,代何稠为少府少监,转卫尉少卿,迁左御卫将军知少府事。大业十一年(615)授左屯卫大将军。只要归附自己,昔日的宿怨也照样可以升大官,对不附己者则尽杀不赦,由此可见隋炀帝的权力意志。

本来,高颎、贺若弼、宇文弢等虽不附于隋炀帝,但他们对先帝对隋朝忠心耿耿,并无二心。他们都饱经世故,历经征战,文武齐备,又都是开创江山大业的功臣,对隋朝政治掌故、文物典章、四夷情势都最为了解,是隋朝最有经验的政治家,应该说是隋朝的政治财富,足可备顾问。他们对炀帝好大喜功,不顾人民死活大兴工役深表不满,提出意见也都很有针对性,是药石之言,很难说是为一己之利,不是怨望泄愤,而是忧国忧民。这些人也并不握有兵权实职,对炀帝早已不会造成现实的政治威胁,不过是背后说了几句真话而已。清代思想家唐甄说:"直言者,国之良药也;直言之臣,国之良医也"。"除肤伤,不除症结者,其人必死;称君圣,谪百官过者,其国必亡。……是故国有直臣,百官有司莫不畏之,畏之自天子始"①。隋炀帝若能虚心纳谏,时常听一听直臣对政治的意见,必有益于治理。即使高颎他们形成一个在野的政治反对集团,只要不谋逆篡位,也并不会有损于隋炀帝的政治权威,若处之于谏议之位,聊备顾问,愿听就听,不听拉倒,也不碍事,以高官虚位优宠先帝重臣的事例可谓史不绝书。但是,个性极强、权力意志极度膨胀的隋炀帝,听不得半句逆耳之言,不但不设谏官,而且除谏官以掩其过,难怪后来有人认为"隋以恶闻其过而亡天下"②,认为"隋炀帝拒谏而亡"③。

高颎等人的被杀,天下称冤,实际上是严重削弱了隋炀帝的统治基础。上下都要与皇帝保持一致,不再有人敢提反对意见,形成政治上的"一言堂",表面上看隋炀帝的威权更重了,权位更稳了,但自后炀帝有错无人谏净,而人即使是圣人也不可能不犯错误,没有人谏就不能及时纠正,必然酿成大祸。"于斯之时,虽有善鸣者,不得闻于九天;虽有善烛者,不得照于九渊,臣日益疏,智日益

---

① 《潜书》上篇下《抑尊》。
② 《资治通鉴》卷185唐高祖武德元年。
③ 《邵氏闻见后录》卷9。

蔽,伊尹、傅说不能诲,龙逢、比干不能谏,而国亡矣"①。

唐贞观二年(628),政治作风与隋炀帝截然不同、善于纳谏的唐太宗读到《隋书·高颎传》时,对侍臣房玄龄等说:"朕比见隋代遗老,咸称高颎善为相者,遂观其本传,可谓公平正直,尤识治体。隋室安危,系其存没。炀帝无道,枉见诛夷,何尝不想见此人"②。唐太宗也对高颎等功勋大臣的冤死叹息不已。

三、内怀险躁　张衡屈死

除政治上的反对者必遭刀锯之祸,身首异处之外,政治上的拥护者或稍不称心如意,也可能加以刎颈之诛。违背隋炀帝权力意志而死得最冤枉的要数书呆子薛道衡和为炀帝夺嫡建立奇功的藩邸旧臣张衡了。

薛道衡是北方文坛宗匠,但他起先不是关陇集团成员,而是来自北齐的山东门阀士族。他的经历颇似李德林,但李德林得隋文帝知遇,入隋为相,而薛道衡入隋时却"坐事除名",后终以文才回朝任内史舍人,典作军书。伐陈之役,薛道衡在高颎帐下"掌文翰",草写檄文,和晋王杨广有了接触。后杨广坐镇江都,多次延揽他,都遭到拒绝。薛道衡后来值宿内史省,掌诏敕起草,不久任内史侍郎,掌握了一定权力,其时杨广虽然爱慕薛道衡的文才,但对他不附从自己甚为怨恨。

薛道衡在文帝朝以文才久当枢要,满朝文武大臣及诸王都争相与交,宰相高颎、杨素也雅相推重,使薛道衡的名声如雷贯耳,竟于一时。但文帝晚年因薛道衡与杨素太近密,而不愿让薛道衡知

---

① 《潜书》上篇下《抑尊》。
② 《贞观政要》卷5《公平第十六》。

枢密太久，出为襄州总管。炀帝嗣位时，转番州刺史。时薛道衡已老，上表请求致仕退休，不久，炀帝征他入朝，内定为秘书监。但书呆子薛道衡却不识时务地上《高祖文皇帝颂》赋，盛赞先帝杨坚功德。其句有："天性弘慈，圣心恻隐，恩加禽兽，胎卵于是获全，仁沾草木，牛羊所以勿践。至于宪章重典，刑名大辟，申法而屈情，决断于俄顷。故能彝伦攸叙，上下斋肃。左右绝谄谀之路，缙绅无势力之门，小心翼翼，敬事于天地，终日乾乾，诚慎于亢极。陶黎萌于德化，致风俗于太康，公卿庶尹，遐迩岳牧，佥以天平地成，千载之嘉会，登封降禅，百王之盛典"①。全文对仗工整，文辞华丽，直把隋文帝比作圣人。而其中所述文帝的德政，又与炀帝现时的作为形成鲜明的对比。

隋炀帝看到薛道衡所上赋，极不高兴，对苏威说："道衡致美先朝，此鱼藻之义也"。鱼藻为《诗经·小雅》的篇名，《诗序》以为讽刺周幽王，"言万物失其性"，"故君子思古之武王焉"。隋炀帝认为薛道衡的赋是以极力赞美文帝的方法，来贬低自己，这显然是不附于自己，是冒犯当今天子，如何能容忍。于是，炀帝先给薛道衡以小鞋穿，任薛道衡为容易得罪人的监察官司隶大夫，借以寻求他的罪过。薛道衡毕竟是一介书生，书呆子气，未能领悟。司隶刺史房彦谦与薛道衡友善，知道衡必及祸，劝他有所收敛，少说话，杜绝宾客。但薛道衡听不进去，仍然耿直恃才，信口开河。有一次三台讨论监察条例，经久不决，薛道衡瞧不起诸多胸无笔墨的众官僚，出口说了一句："若高颎不死，早就解决了"。此话当即被人奏告到炀帝处。炀帝本来就对薛道衡恃才傲物光火，现在竟然公开为已被处决的高颎鸣冤叫屈，这还得了，于是大怒道："汝忆高颎

---

① 《隋书》卷57《薛道衡传》。

邪!"即令有司将薛道衡逮捕审问。薛道衡自以为一句牢骚话没有什么了不起,催促宪司早断,认为炀帝不至于为此小事与自己过不去,并转告家人备好酒菜,候自己回家与宾客共进晚餐压惊。岂料炀帝小题大作,旧恨新仇图报于一日,手敕令薛道衡自尽。书呆子不知道自己的傲慢会引起皇上如此长久的怨恨,他不认为自己有罪,当然不愿就死,宪司重奏,炀帝不许,结果被缢杀而亡,妻子流配西域且末。此年大约为大业五年(609),时薛道衡年70岁,有文集70卷行于世。对于这位文坛高才的死,"天下冤之"①。

据史书记载,办理薛道衡案的是御史大夫裴蕴,裴蕴知道隋炀帝厌恶薛道衡,于是奏称:"道衡负才恃旧,有无君之心,见诏书每下,便腹非私议,推恶于国,妄造祸端。论其罪名,似如隐昧。源其情意,深为悖逆"②。小事化大,无限上纲,刻意置薛道衡于死地。显然,薛道衡死于不附会炀帝,甚至"腹非私议"也成了罪状,更何况薛道衡恃才自负,曾经轻视过"童稚"的杨广。如今天下一统,炀帝威风八面,可怜书呆子薛道衡只能是枉死了。

薛道衡以惜高颎一句话罹祸,张衡则以一句"薛道衡枉死"获罪,亦致于死。

隋炀帝的藩邸旧臣张衡为炀帝夺嫡继统居功最大。炀帝即位后,曾重用藩邸旧臣。如上柱国独孤楷之弟独孤盛以"藩邸之旧,渐见亲侍",累转为右卫将军③。虞庆则的儿子虞孝仁在父亲遭诛时除名为民,炀帝嗣位后也以"藩邸之旧,授候卫长史,兼领金谷监,监禁苑"④。张衡的名位、功劳远过于独孤盛、虞孝仁,炀帝嗣

---

① 《隋书》卷57《薛道衡传》。
② 《隋书》卷67《裴蕴传》。
③ 《隋书》卷71《独孤盛传》。
④ 《隋书》卷40《虞庆则传附虞孝仁传》。

位时,即召张衡入朝任给事黄门侍郎,进散官位银青光禄大夫,不久又迁官御史大夫,"甚见亲重",成为炀帝最亲近的心腹近臣,优礼过于百僚。大业三年(607)炀帝北巡榆林郡,还东都路过太原时,对张衡说:"朕欲过公室,可为朕作主人"。当今天子愿意到一个大臣家去作客,对于臣僚来说,的确是莫大的荣耀。兴奋不已的张衡于是赶紧回到老家河内郡,与宗族亲属摆好牛酒来迎炀帝。炀帝上太行山,专门开了一条长90里的直道,直达张衡宅第。御驾亲临张衡家,炀帝见附近山泉优美,乃留宴3日,并对张衡说:"往从先皇拜太山之始,途经洛阳,瞻望于此,深恨不得相过,不谓今日得谐宿愿"①。一番话说得张衡深为感动,俯伏辞谢,奉觞上寿。炀帝又赐张衡田30顷,御食器1具,还有许多衣物,以酬张衡襄助夺位的功劳,以后还不断有赏赐,使张衡贵盛无比。

张衡以为隋炀帝真心以自己为股肱,伴君处事,并不谨慎。大业四年(608)炀帝巡幸汾阳宫,游乐之余嫌行宫规制太小,欲扩大,令张衡规划,并又赐绢500匹。张衡眼见几年来炀帝大兴工役,修筑了不少宫殿,却不常居住,浪费太大,百姓有怨言。作为炀帝的忠臣,张衡也不能不尽忠尽责有所谏诤。于是在一个休闲时张衡乘机进谏:"比年劳役繁多,百姓疲敝,伏愿留神,稍加折损"。这些话正是隋炀帝最不愿听的,逆耳之言竟然出自"恩宠莫与为比"的心腹近臣,足使骄横不可一世的隋炀帝恼怒。后来炀帝曾指着张衡对侍臣说:"张衡自谓由其计画,令我有天下也。"对张衡的恩宠自此渐消。

炀帝次子齐王杨暕违法乱制,炀帝以此严辞谴责御史大夫张衡失职,又借口祭祀恒山时父老谒见者衣冠多不整齐,认为宪司不

---

① 《隋书》卷56《张衡传》。

能举正,于是将张衡贬官出为榆林太守,使他再也不能在身边进令人讨厌的逆耳之言。

大业五年(609)隋炀帝再游汾阳宫,张衡因督役筑楼烦城,得谒见炀帝,炀帝见张衡贬官后"不损瘦",认为是对自己的错误没有认识,不念咎,于是没有好气地对张衡说:"公甚肥泽,宜且还郡"。当张衡回到榆林不久,炀帝又敕令张衡到江都督役筑江都宫。

在江都,有人向张衡告宫监督役严急,催人死命,张衡不能理,反而将讼书交给宫监,使告状人受到打击报复。炀帝派杨素之子礼部尚书杨玄感来到江都,告状人又向杨玄感鸣冤,但玄感与张衡相见还未有所言,张衡先说一句:"薛道衡真为枉死"。这一举动说明张衡在江都无心督役,而是心在朝政,对朝中发生的各种事忧心忡忡。但杨玄感却私恨张衡任御史大夫时,所部御史奏劾其叔父杨约,使叔父丢官,因此即奏告张衡怨望。江都丞王世充也添油加醋,一阵乱咬,炀帝于是发怒,火气头上先是要将张衡锁往江都市问斩,火气稍消后又下令将张衡除名为民,放还田里。自后张衡不再任官,但炀帝还是派人严密监视张衡动静。大业八年(612),张衡的小妾又上言张衡怨望,"谤讪朝政",炀帝于是赐张衡于家自尽[①]。

张衡和高颎一样以"谤讪朝政"之罪被诛,罪名虽同但性质却不一样。高颎、贺若弼、宇文弢虽心存社稷、忠诚于隋室,但内心却瞧不起杨广,他们没有当面向炀帝直谏,也不敢当面提意见,而是在背地里私下议论,忤逆皇上,命归黄泉。薛道衡更恃才傲物,不把炀帝放在眼里,口出狂言,以致遭诛。张衡却不一样,他对隋炀

---

① 《隋书》卷56《张衡传》。

帝忠心耿耿，为炀帝赞成帝业，视为股肱，亲密无间，本可无话不说，实际上张衡也是出于对炀帝的忠心，当面向皇帝提意见，在炀帝高兴时"承间进谏"，这显然是尽忠尽职，本应提倡，得到奖赏。张衡的举动说明这位当年为炀帝夺嫡耍尽阴谋，并干出十恶不赦"拉杀"文帝勾当的阴谋家还有点人情味，还能说点人话，他所干的一切都是为杨广着想，是想成就炀帝的圣王之业，"众人之唯唯，不如一士之谔谔"。然而，就是这样一个一心一意为皇上着想，隋炀帝个人的大忠臣，说了几句逆耳之言，也不能为炀帝所容忍，那么，天下人还有谁敢再说话了呢？

宋人范祖禹说："谏者使下情得以上通，上意得以下达，如气血流于一身。故言路开则讼，言路塞则乱者，系乎言路而已"。所以，"国将兴必赏谏臣，国将亡必杀谏臣。故谏而受赏者兴之祥也，谏而被杀者亡之兆也"[①]。隋炀帝听不得任何逆耳之言，认为自己不可能会犯什么错误，狂妄自大，予智予雄，凡敢于指出他的缺点或对他有什么建议者，轻则被斥责，重则遭杀身灭族之祸，亲信近臣也不例外。隋炀帝曾对秘书郎虞世南曰："我性不欲人谏。若位望通显而来谏我，以求当世之名者，弥所不耐。至于卑贱之士，虽少宽假，然卒不置之于地，汝其知之！"[②]这与他文学上的虚心求教好学不倦，判若两人。当了皇帝的杨广在政治上绝对专制独裁，他迷信自己的权力，认为历史的发展进程完全取决于他个人的意志和活动，历史由他主宰，这使隋朝政治几乎完全靠炀帝个人的才智来支撑。作为君主，隋炀帝是当然的最高决策者，他不听匡辅之言，实际上又是唯一的决策者，宰相大臣对政策的影响力微乎

---

① 《唐鉴》卷1。
② 《隋书》卷22《五行志上》。

其微,这就使天下之安危系于隋炀帝一人之身。唐人杜牧《与人论谏书》曰:"人君一悟而至于治,不悟则烹身灭族,自秦汉以来千百辈,怒谏而激乱生祸者累累皆是,纳谏而悔过行道者不能百一。"①。

皇帝既身系天下之安危,为社稷为百姓本应行事谨慎,多听听不同意见,但隋炀帝特别自负,个性特殊,他行事不能说不是为社稷为国家。他要成就丰功伟业,但他不是依靠群策群力,而是迷信主观意志的支配力量,无视并否认客观的社会力量,傲视群臣,把君主的权力意志看作为一种足以支配一切而可以不受任何制约的超级力量,隋炀帝妄图心想事成,要实现他想实现的一切,消灭他想消灭的一切。由于他拥有无上权力,他的强意志必然会转化为支配性的强力,转化为巨大的物质力量。隋炀帝除谏饰非,一意孤行,一旦他认定非要干不可的事是错了,则全民族都将被引入灾难的深渊,这种专制独裁的君主专制制度使国家万民时时处在危机之中。

四、疏忌骨肉　储宫陵夷

治国平天下的圣人,必先修其身、齐其家。隋炀帝有文武才能,却不修其德,仁义不施而终不能治好国。在齐家方面,在对待儿女骨肉至亲及处理家庭亲属关系方面,隋炀帝同样搞得是一团糟。虽然对皇后萧氏的尊宠始终如一,无可指责,但对儿孙子侄却未能尽善,以致父子相猜,骨肉相残,储宫陵夷,最后都不得好死。

隋炀帝的皇位竞争者兄长杨勇和小弟杨谅均败死,四弟杨秀被囚禁,但炀帝仍不放心,对宗室诸王也加强了戒备,因为这些人

---

① 《樊川文集》卷10。

是最可能觊觎皇位的人。炀帝即位后对同姓诸侯王"恩礼渐薄，猜防日甚"，其中曾为炀帝为萧后姻缘牵线为使致礼的堂兄杨纶"尤被猜忌"。杨纶父滕穆王杨瓒是隋文帝同母弟，因反对文帝篡周，"遇鸩以死"。杨纶虽嗣父爵，在文帝朝就"每不自安"，炀帝即位后更"忧惧不知所为"，心里害怕极了。于是召神问鬼，占卜凶吉，术士王琛安慰杨纶"相禄不凡"，因为"滕即腾也，此字足为善应"。又和尚惠恩也为杨纶占候。然而没有不透风的墙，杨纶的举动立即就有人汇报给炀帝，炀帝的神经本来就绷得很紧，闻讯大怒，即令黄门侍郎王弘穷究此事。王弘揣测到炀帝忌刻诸侯王的心理，于是奏劾杨纶"厌蛊恶逆"，罪当死①。

炀帝的另一位堂弟旦王杨集的处境与杨纶一样不妙，他是文帝异母弟卫昭王杨爽之子，并嗣爵。杨集对炀帝的猜防也忧惧不知所措，呼术士俞普明祈福，结果被人告发。当时朝廷严禁谶纬咒诅，有犯者要处死罪。官司对杨集的举动穷加追究，锻炼成狱，奏杨集恶逆，罪当死②。

隋炀帝要扫灭任何觊觎皇位者的异想，但当坐罪者已不能形成对自己皇位的威胁时，又不妨给点慈悲。对于骨血堂兄弟杨纶、杨集，炀帝表示不忍加诛，于是下诏："虽复王法无私，恩从义断，但法隐公族，礼有亲亲，致之极辟，情所未忍"③。虽然宰相大臣议按旧章前律，依照法律，叛逆罪在必死，但炀帝权在法上，"法隐公族，礼有亲亲"，最后还是皇帝说了算，大业元年（605）七月丙午（二十三），滕王杨纶、卫王杨集夺爵徙边，虽免一死，却被赶出了朝廷。杨纶被流放到了海南岛，其诸弟也都散徙边郡，其中杨温在

---

① 《隋书》卷44《杨纶传》。
② 《隋书》卷44《杨集传》。
③ 《隋书》卷44《杨纶传》。

零陵(今湖南境)作《零陵赋》,抒发自己的忧郁,其辞哀思,传到炀帝手里,炀帝读了大为愤怒,将杨温转徙南海边荒。他们兄弟几人在乱世中苟全性命,杨纶隋亡后归唐,封怀化县公①。

炀帝的另一堂弟高阳公杨智明乃文帝弟杨整子,因交游太广被猜忌,竟致夺爵。智明兄智积在险恶的环境中,每自贬损,不问政治,凡事委政僚佐,清静自居。智积生有5个儿子,止教读《论语》、《孝经》而已,不让他们交游宾客,生怕儿子有才能而致祸。大业十二年(616)从驾江都,生病不呼医,死时竟对所亲曰:"吾今日始知得保首领及于地矣"②,为自己得安然去世感到庆幸。

隋炀帝对兄弟无情,对子侄辈更是残忍。

废太子杨勇生的10个儿子,长子杨俨6岁时被文帝封为长宁王,杨勇被废时杨俨的爵位也被废去。但文帝对自己的长孙心存怜悯,留在身边常从宿卫。炀帝即位后杨俨仍跟着炀帝的卫队护卫,有一次被炀帝看见,在路上赐给一杯毒酒,鸩杀于路。9个弟弟也都分别流徙于岭外,到流放地后又被所在长官统统杀死③。汉王杨谅的儿子杨颢则禁锢终生,惟秦王杨俊生前未参与帝位争夺,两个儿子均被炀帝封以爵位,其长子杨浩袭父爵为秦王,庶子杨湛封济侯。但是,这些与炀帝有血亲的宗王的存在,仍然对炀帝的皇统存在潜在威胁,即使他们自己并无夺位野心,也会有别的野心家利用他们的皇家血统谋叛,老实巴交的秦王杨浩就曾被人利用。后江都宫变,文帝、炀帝的儿孙辈遂几乎被全部杀光。

隋炀帝忌刻同姓宗王,但对外姓亲属却十分优礼,因为相对而言他们对皇位的威胁较少。炀帝特别追念舅族独孤氏,得罪早逝

---

① 《隋书》卷44《杨纶传》。
② 《隋书》卷44《蔡王智积传》。
③ 《隋书》卷45《文四子·房陵王勇传》。

的独孤陁在炀帝即位之初即被"礼葬",赠正议大夫,葬后炀帝仍对舅家衰落怜惜万分,再下诏:"舅氏之尊,戚属斯重,而降年弗永,凋落相继。缅惟先往,宜崇徽秩。复赠银青光禄大夫"。独孤陁之弟独孤整大业初去世,也追赠金紫光禄大夫,平乡侯①。

隋炀帝对后族萧氏更是优礼有加,被废闲居的后梁主萧琮以萧后之兄的缘故,"甚见亲重",炀帝嗣位之初即官拜内史令,改封梁国公。萧琮之宗族,"缌麻以上,并随才擢用,于是诸萧昆弟布列朝廷。"萧琮之弟萧璟拜朝请大夫,尚衣奉御,后历任卫尉卿、秘书监。萧瑀更以外戚有才行,曾奉侍炀帝于东宫,累迁官至内史侍郎。但萧琮因以后梁帝王降阶为臣,崇信佛教,性淡雅,不愿理政,退朝惟纵酒而已。炀帝曾让杨约宣旨诫励,但萧琮依然我故。萧琮以帝王之裔羁旅于北方,见朝廷豪贵,无所降下,独与名将贺若弼深相友善,后贺若弼被诛杀,时有童谣云:"萧萧亦复起"。意思是后梁萧氏将恢复帝业,虽然系子虚乌有的谣言,但触及最高皇权,犯了大忌,炀帝于是大加猜疑,废萧琮于家。萧琮不久死去,赠左光禄大夫。梁国公的爵位由萧后养于宫中的侄儿萧钜承袭②。

凡是触及皇位皇权,就是最敏感的问题,骨肉至亲也要提防。在这个问题上,隋炀帝甚至对自己的亲生儿子也严加防范,其做法尤甚于其父文帝。

隋炀帝生有3个儿子,若干个女儿。其中萧皇后生晋王杨昭(又称元德太子)、齐王杨暕;萧嫔生赵王杨杲。萧嫔有可能是萧后的血亲家人,赵王杨杲生于大业二年(606),年龄尚幼,深得帝后喜爱。长子杨昭生而被文帝养于宫中,深得文帝和独孤后喜欢。

---

① 《隋书》卷79《外戚·独孤陁传》。
② 《隋书》卷79《外戚萧琮传》。

据说在宫中每见祖父、祖母扶抱亲热时,杨昭都自觉避开,自小就这么懂事,文帝因而叹曰:"天生长者,谁复教乎"。12岁时被文帝封为河南王。杨广被立为皇太子时,杨昭徙为晋王,并拜内史令,兼左卫大将军,后三年,转雍州牧。炀帝即位之时,留杨昭守京师长安,自己住东都洛阳。大业元年(605)遣使立杨昭为皇太子。杨昭为人仁厚,性格谦让,从不露愤怒之色,且生活俭朴,有祖父母之遗风,本是一位理想的皇位继承人,但杨昭生得肥胖,虽有武力,能引强弩,但身体并不好。大业二年(606)杨昭由长安朝于洛阳,数月的往来拜会使胖太子应酬不暇,竟致劳疾。将还京师,杨昭请求留下休息几天,炀帝不许,病体迁延,致卧床不起。隋炀帝没有及时派御医诊问,却派巫师来探视,得出的结论竟是"房陵王为祟",即已死去的杨勇鬼魂在闹,最后不治,于大业二年(606)七月二十三日病死于行宫。炀帝深为痛惜。

太子杨昭是个仁德之人,死得太早十分可怜,他为炀帝留下了三个孙子:大刘良娣生燕王杨倓,小刘良娣生越王杨侗,韦妃生陈王杨侑,后徙为代王①,时皆幼小。

隋炀帝第二子杨暕字世朏,小字阿孩,自小就长得眉目清秀,姿容端丽,也深得祖父文帝喜欢,开皇年间立为豫章王,邑千户。杨暕年少时受到良好的教育,颇涉经史,尤工骑射,初任内史令,挂宰相衔见习朝政,仁寿年间拜扬州总管沿淮以南诸军事,接替已进京为皇太子的父亲杨广坐镇江都。炀帝即位后封杨暕为齐王,深得炀帝器重,迁豫州牧。

不久,元德太子去世,杨暕以正宫所育次子理当接嗣,而为朝野注望,大家都认为他将是未来的皇太子,炀帝也令吏部尚书牛弘

---

① 《隋书》卷59《炀三子·元德太子昭传》。

为齐王府妙选府属。这年,炀帝备礼拜柳謇之为齐王府长史,拜师的那一天,敕柳謇之:"今以卿作辅于齐,善思匡救之理,副朕所望。若齐王德业修备,富贵自当钟卿一门,若有不善,罪亦相及"。① 看来炀帝对杨暕是寄予了厚望,公卿贵族也争相将自己的子弟送入齐王府,以求富贵。炀帝并将杨昭太子东宫僚属2万余人全部配属于杨暕名下。于是,自乐平公主及诸贵戚竞相至齐王府致礼,百官称谒,填咽道路。大业三年(607)转雍州牧,不久迁河南尹,开府仪同三司,宠遇越益隆重。

但杨暕的个性涵养较之其兄差之甚远,是一个骄恣放荡的公子哥。史称:"时上无太子,天下皆以暕次当立,公卿属望,暕遂骄恣,呼术者令相,又为厌胜之事"②。杨暕昵近小人,所行多不法,他将柳謇之放在一边,派遣其亲近小人乔令则、陈智伟、刘虔安、裴该、库狄仲锜等人,四处寻求声色狗马。乔令则等一群歹徒因得齐王撑腰,胆大妄为,凡访知人家有漂亮女子,即假传是齐王杨暕之命召之,载入齐王宅第,隐藏于别室,恣行奸淫,数日后才放归。库狄仲锜、陈智伟二人更窜到陇西,责令胡酋进名马,得数匹进献给杨暕,杨暕问来历,不明,就责令送还原主,库狄仲锜等见齐王不要,干脆将马牵回家,诈言是王赐,杨暕也不知道。齐王府群小的胡作非为,使杨暕的声名日坏。

杨暕也不像当年父皇杨广那样能矫情饰貌。有一女子姓柳,貌美娇艳,乐平公主寻得,曾向炀帝言及,炀帝因公务繁忙当时未作回答,许久之后公主以为炀帝对柳氏女不感兴趣,转而进献给杨暕,杨暕很高兴地收纳了。不久炀帝想起公主献美女之事,就问安

---

① 《隋书》卷47《柳謇之传》。
② 《隋书》卷22《五行志上》。

乐公主柳氏女何在？公主只得据实答"在齐王府"，炀帝扫兴很是光火。有一次炀帝于汾阳宫进行大猎，诏杨暕率千骑入围场，杨暕受宠若惊，恣意猎射，大获麋鹿以献，而炀帝却没有猎获到任何野兽，于是迁怒于跟从自己的侍卫官，侍从们都诉说野兽全被齐王左右所遏阻，根本就不能到炀帝射程范围来。杨暕竟是这样一点心计都没有，一点也不会讨好父皇。骄横无比的隋炀帝于是怒不可遏，刻意求杨暕过失，想整治一下骄纵的儿子。时被炀帝信用的太史令庾质送儿子庾俭为齐王府属，炀帝竟对庾质说："汝不能一心事我，却使儿子去服事齐王，为何向背如此？"庾质十分惶恐，且不解，回答说："臣事陛下，儿子事齐王，实乃一心一意为陛下，不敢有二心"。但炀帝怒色不减，将庾质出为合水县令[①]。

皇帝求人过失当然是不费吹灰之力，不久就找到了杨暕不少过错，如伊阙县令皇甫诩违禁擅离职守到齐王宅，京兆人达奚通出入齐王府，与贵游宴聚。王侯交通外臣是违制，于是御史韦德裕根据炀帝之旨奏劾杨暕，炀帝即令甲士千余人对杨暕的府第进行了一次大搜索，结果在穷治猛追之下，查出了齐王不少丑事恶行。

原来，炀帝为杨暕娶得关中世族韦冲的女儿为妃，但杨暕却与王妃的嫂嫂元氏私通，生下一个女儿，外人一概不知。杨暕又经常私自引乔令则到齐王府第内吃喝酣宴，乔令则快活时竟得意忘形，脱杨暕的帽子以为欢乐。又召术士向后庭女子相面占卜，术士指着元氏说："这位生子者当为皇后，大王贵不可言"。当时朝廷未立皇太子储宫，杨暕自以为太子应轮到自己，但又顾忌兄长元德太子的3个儿子，内心常不自安，于是暗中安排术士做"厌胜"之事，希望咒死3个侄儿。这些事全部被揭发，炀帝听后大怒，下令斩乔

---

① 《隋书》卷78《庾质传》。

令则等数人,赐妃嫂元氏死,齐王府僚属全部流放边远,长史柳謇之及将军董纯等亦皆以不能匡正坐除名,惟贺德仁以忠谨免罪,出为河东郡司法①。

当时赵王杨杲还是个孩子,炀帝对左右侍臣说:"朕唯有杨暕一子,要不然,就当于市朝斩首,以明国家法度"。自此以后,炀帝对杨暕从没有好脸,杨暕虽仍挂京兆尹衔,但不再参预时政。炀帝还派一位武贲郎将经常坐镇齐王府监视,凡小有过失,立即汇报。炀帝又忧虑杨暕会有异动,配给齐王左右的府属全是老弱,凑数而已②。杨暕因失爱于父母,也内心不安,常有危惧之感。父子关系犹如寇仇,直到炀帝死葬雷塘,预立储宫册封皇太子之事再也没有人敢提,大业十多年中国家没有储贰,却也省去了储位的生死血腥争夺。

第三节　屋在乎柱　国在乎相

隋文帝朝从"四贵"辅政到杨素独揽朝纲,再到架空杨素,柳述用事,朝廷中枢的权力争斗此起彼伏。隋炀帝即位后,也着手对领导班子进行改组,建立以自己为核心的政治中枢。

经过大业初年的大清洗,隋炀帝按照自己的意愿对中枢辅政的官僚班子进行了筛选调整,宰相体制因此也发生了很大变化。"屋在乎柱,国在乎相"③,宰相是官僚系统中最重要的职官,"掌丞天子,助理万机",处一人之下,万人之上,位极人臣,是王朝的顶梁支柱。宋代军事家陈傅良说:"宰相得人则百官正"。又说:"人

---

① 《旧唐书》卷190上《贺德仁传》。
② 《隋书》卷59《炀三子·齐王暕传》。
③ 《北堂书钞》卷49《设官部一·宰相第二》。

主之职论一相,一相之职论百官,一相不得其人,则百官不得其正"①。可知宰相在官僚体系中的重要作用。大业元年(605)炀帝任用的三省首长是:尚书令杨素,内史令杨约和萧琮,纳言杨文思、杨达,另外,右仆射苏威仍留任,这6人皆为三省首长,为正宰相,这可以说是一个以关陇亲贵为主体的辅政班子。

然而,这个班子很快就发生了变化,首先是首揆杨素遭猜忌,大业二年(606)任司徒,已是荣誉虚衔,空名宰相,不久以病拒服药而去世,其弟内史令杨约也很快失势,不久免官并死去。纳言杨文思是杨素从叔,大业初杨素一家3人为相,几乎独占了三省枢要,然而这不是炀帝所能长期容忍的。杨文思为政廉正,有足疾不能上殿奏事,加上年老,没有管多少事,实际上没有参加权力核心,不久死去,时年70②。杨达是观德王杨雄之弟,炀帝即位时由工部尚书转纳言,兼领营东都副监,甚得炀帝信重。其兄杨雄一直闭门不通宾客,杨达虽当了一段时间的纳言,但没有任何政绩可言,也没有真正进入朝廷政治中枢。内史令萧琮有大度,博学能文,很有才能,但不以职务自任,后遭猜忌罢相废于家,不久死去,三省首长于是凋谢大半。

大业四年(608),隋炀帝又以元寿补内史令,元寿为元魏帝裔,平陈之役曾任晋王行台左丞,炀帝即位后从杨素讨杨谅,奋勇争先,以功授大将军,迁太府卿,是炀帝的亲信。拜内史令后从炀帝西讨吐谷浑,除军事征讨外,元寿并没有参预有关政事决策的事迹。

再说苏威,文帝崩驾时任右仆射,炀帝嗣位后加勋官上大将

---

① 《八面锋》卷12。
② 《隋书》卷48《杨文思传》。

军,大业三年(607)曾劝谏炀帝不要修长城,后因高颎案受牵连,被免去宰相职。苏威是一个软骨头,自后附和炀帝,一年后复任鲁郡太守,不久召还朝廷参预朝政,拜太常卿。苏威是先朝老臣,熟悉典章制度,是不可多得的顾问,故几年后炀帝再委他以宰相之职,任纳言,"与左翊卫大将军宇文述、黄门侍郎裴矩、御史大夫裴蕴、内史侍郎虞世基参掌朝政,时人称为五贵"①。

到大业中后期,"五贵"成为事实上的宰相。值得注意的是,除苏威任纳言外,"五贵"中的其他4人均不是三省首长,甚至不是三省官,有的干脆就是武职。三省首长之一的内史令元寿反倒不在"五贵"之列,这明显地反映出宰相体制已发生重大变化。炀帝于大业三年(607)对律令官制进行了重大改革,宰相制度的变化亦当在此后,这种变化显然也是随炀帝个人的权力意志为转移,但也沿袭了文帝朝的做法。

以他官加临时称号入相,这些称号很不规整,史书记载也很不划一,如前面我们提到苏威任纳言前以太常卿"参预朝政",又据《旧唐书·裴矩传》:"大业初,拜民部侍郎黄门侍郎,参预朝政";《隋书·宇文述传》:"还至江都宫,敕述与苏威常典选事,参预朝政,述时贵重,委任与苏威等,其亲爱则过之";《隋书·虞世基传》:"帝重其才,亲礼逾厚,专典机密,与纳言苏威、左翊卫大将军宇文述、黄门侍郎裴矩、御史大夫裴蕴等专掌朝政"。又《隋书·裴蕴传》:"未几,擢授御史大夫,与裴矩、虞世基参掌机密"。所谓参预朝政、参掌朝政、专典机密、专掌机密,意思一样,即得入禁中参与朝廷中枢机密,辅政决策。这些衔名既不规整,显然不是正式官号,也没有品秩,因人而命,皆出于临时,属临时性差遣,我们将

---

① 《隋书》卷41《苏威传》。

其皆归之为差遣宰相。如裴矩,民部尚书(正三品)是其本官,"参掌机密"、"参掌朝政"等是差遣衔,加此衔即可任宰相职事。宇文述以一介武职加"参预朝政"衔,其权势竟甚于纳言苏威,许善心的儿子许敬宗在唐高宗朝上言:"陛下不见隋室乎,宇文化及父宰相……"①说明唐人也确认宇文述的宰相身份。隋炀帝大业中,宰相以他官兼任,已形成制度,并为后来的唐朝所继承。通过这一办法,炀帝可以得心应手地将品秩较低而便于使唤的心腹引入禁中,参预决策,发号施令。终大业之世,尚书左右仆射已不再授人,纳言、内史令实授者也很少,宰相以他官兼任几乎成惯例。然而,这种做法并非创于炀帝,文帝时"四贵"之一的杨雄即以右卫大将军"参预朝政"为相,后柳述以兵部尚书加"参掌机密",亦被视为宰相,《通典》和《新唐书》也都确认柳述的宰相身份②。不同的是文帝朝宰相仍以三省首长为主,而炀帝朝则以差遣宰相为主,并成为普遍现象。这从一个侧面说明国家制度成法屈从于帝王的个人意志,皇帝可以随意改变制度。

"五贵"之中,苏威、宇文述出自关陇勋贵,苏威是先帝重臣,也是惟一由文帝"四贵"转炀帝"五贵"行列中的宰相。宇文述是炀帝的藩邸旧臣,夺嫡主谋,也是最亲信的将领。裴矩则出自山东,为河东门阀大族,由北齐而入周,再入隋。虞世基和裴蕴则来自江南,由陈入隋。可以明显看出,炀帝最高统治集团已不限于关陇集团,其基础明显地扩大了。当然也不能由此就认定隋炀帝排斥关陇集团,关陇勋贵在统治集团中仍占主导地位。裴矩早已融入关陇集团,虞世基和裴蕴也主动向他们靠拢。而炀帝的藩邸旧

---

① 《新唐书》卷105《长孙无忌传》。
② 《通典》卷19、21《职官一、三》;《新唐书》卷73《宰相世系三·上》。

臣南朝文人柳顾言、庾自直、诸葛颖等因行政能力差,反倒没有更大的发展。如诸葛颖虽为炀帝宠爱的佞幸,时常与皇后嫔妃同席共宴,但人品不好,常以接近帝后的机会进谗言,潜毁他人,时人称为"冶葛",与虞绰等宫体诗人为争宠而互相倾轧,互相揭短。虞绰恃才任气,王胄也自恃才大,看不起诸葛颖,结果遭到诸葛颖的短毁。后诸葛颖又与柳誓(顾言)忿气相斗,炀帝亲自出面劝解也不能使之和好,于是渐渐失宠,只是诗歌唱和,政治上不再任用。

"五贵"中的三位新人裴矩、裴蕴、虞世基都是以才能、办事干练而得升任宰相的。

裴矩,字弘大,河东闻喜人,祖父裴佗为北魏都官尚书,父裴纳之任北齐太子舍人。裴矩虽出身于官宦之家,但襁褓而孤,家境并不优裕,他自己好学多才,有智术,并留心世事,年长后仕北齐为地方掾吏,齐亡入周后久未居官,杨坚为定州总管时才得入其府为记室,后得参杨坚相府记室事,隋成立时迁给事郎,奏舍人事,得入中枢挥翰舞墨。伐陈之役得从晋王,曾受杨广之命与高颎收集陈朝秘府图籍。江南叛乱时,裴矩巡抚岭南平定俚帅王仲宣叛乱,绥集20余州,受到文帝嘉奖,任民部侍郎,不久迁内史侍郎。后又奉命抚慰突厥,成为民族事务专家,转吏部侍郎,在炀帝未即皇帝位前,裴矩以其出色的政治才能步步高升,逐渐步入最高领导层。炀帝即位后,受命营建东都,圆满完成了政府衙署修建的任务。后炀帝方勤远略,命裴矩专管外事,经略西域,转民部侍郎又迁黄门侍郎,参预政事,进入中枢最高决策圈子。

裴蕴与裴矩同姓同宗,亦为河东闻喜人,但不同的是裴蕴的先祖晋末丧乱时南徙江表,成为江南侨姓门阀。裴蕴的祖父裴之平仕梁任卫将军,父亲裴忌仕陈任都官尚书,随吴明彻北伐被周军俘虏,降周入隋,在北方任官。裴蕴在陈朝任官,明辩机敏有才干,但因父亲在北朝,裴蕴暗中奉表隋文帝,向北方提供南军情报,故陈亡后以"夙有向化之心"超授仪同。左仆射高颎不知内情,以为文帝搞错了,忙进谏:"裴蕴无功于国,宠逾伦辈,臣未见其可"。文帝反倒又加裴蕴勋上仪同,高颎再进谏劝止,文帝却说:"可加开府"。高颎这才不敢再说什么,足见裴蕴在南方提供的情报,对隋灭陈是起了相当作用的。作为陈朝臣子,裴蕴是内奸,而对隋文帝来说,裴蕴自然是功臣了,所以"即日拜开府仪同三司,礼赐优洽"。后历任洋、直、棣3州刺史,都有政绩。到大业初年,作为地方官的裴蕴"考绩连最",炀帝也闻知他善于理政,于是征入朝任太常少卿,成为太常卿高颎的副手。任官后裴蕴专与高颎唱反调,他揣知炀帝喜好音乐歌舞,乃上奏将散布民间的前周、齐、梁、陈乐家子弟,皆搜括齐集太常为官乐户,六品以下的官家及民间有善音乐及倡优百戏者,也统统到太常报到。虽然高颎上表反对,认为是"弃本逐末",但炀帝却大加赞赏,于是"异技淫声咸萃乐府,皆置博士弟子,递相教传,增益乐人至三万余"。裴蕴因功迁民部侍郎。在民部侍郎任上,裴蕴又干了一件深得炀帝欢心的大事,即著名的"大索貌阅",检出大批丁壮户口,由此更得炀帝亲委,拜官京兆赞治,在任上又发摘纤毫,有罪必究,使吏民慑惮。不久即取代张衡任御史大夫,主管宪台,与裴矩、虞世基等"参掌机务",步入朝廷中枢最高决策层。在御史大夫任上,裴蕴"善候伺人主微意"[①],国家律令典制成了儿戏,于是锻炼成狱,制造了不少冤假错案,薛道衡的冤死,就是裴蕴一手操办,为此却大得炀帝信任。

虞世基,字茂世,会稽余姚人,为江东门阀士族,父虞荔仕陈任太子中庶子。世基博学有高才,兼书草隶,被陈人叹为"南金之

---

① 《隋书》卷67《裴蕴传》。

贵",宰相徐陵妻之以侄女,仕陈历太子中舍人、散骑常侍、尚书左丞。曾为陈后主作《讲武赋》,受嘉奖。陈亡后来到长安,任小官,受歧视,家贫无产业,以致经常上街卖书法字帖以养家糊口,而怏怏不平。又写诗诉怨,辞情悽切,传到上层士人中,开始引起注意。因文才出众,思维敏捷,虞世基被荐为内史舍人,为隋文帝掌文翰草诏书,开始步入隋决策圈。炀帝即位后,柳顾言雅相推重,以文才愈受炀帝信用,不久迁官内史侍郎。适值母亲病逝,辞职而去,哀毁骨立,炀帝感其至孝,诏令进肉。世基哀痛吃不下,炀帝派人劝道:"方相委任,当为国家惜身"。前后敦劝了好几次,足见炀帝对其才艺的爱惜。虞世基与隋炀帝先前并无太多交往,君臣之间先前也无什么恩遇,其受爱重完全是因为世基旷世逸才。虞世基以内史侍郎"专典机密",进入"五贵"行列,史载:"于时天下多事,四方表奏日有百数,帝方凝重,事不庭决,入阁之后,始召世基口授节度,世基至省,方为敕书,日且百纸,无所遗谬,其精审如是"。虞世基的弟弟虞世南亦文才与书法超群,但没有任职中枢,清贫守素。

　　隋炀帝虎戴数珠,假冒伪善,虽收罗了不少人才,但只能是充当专制皇权的爪牙,"五贵"也个个人性扭曲,充当走狗。其中御史大夫裴蕴为人最奸,史论说他"务于聚敛,且肆刑诛"。"素怀奸险,巧于附会,作威作福,唯利是视"。内史侍郎虞世基则"徒唯诺取容","参机衡之职,预帷幄之谋,国危未尝思安,君昏不能纳谏。方更鬻官卖狱,黩货无厌"。黄门侍郎裴矩虽较廉洁,"然承望风旨,尤好功利",怂恿炀帝兴师远略,劳民伤财。纳言苏威是个软骨头,虽有才智却不能用,"已为无气节者"。左翊卫大将军宇文述更"贪鄙于附会"[①],既无宰相之才,也无为臣之节,却最得炀帝

---

① 《资治通鉴》卷180 隋炀帝大业三年;《隋书》卷67《史臣曰》。

信任。

宇文述追随隋炀帝最久,居功最多,情好益密,前后赏赐不可胜计,炀帝并以女儿南阳公主下嫁宇文述之子宇文士及,封宇文述为许国公,每年冬至正衙朝会,都赏给宇文述鼓吹一部。宇文述是一介武夫,不像杨素那样有心计,虽优宠而不遭炀帝猜忌,凡有重大征讨,辄令宇文述领兵出征,使宇文述成为炀帝手下第一员武将。炀帝第二次巡游江都时,令宇文述与苏威常典选举,参预朝政,使武夫宇文述步入"五贵"行列,任宰相。史书记炀帝对宇文述的信重及宇文述的权势曰:"述时贵重,委任与苏威等,其亲爱则过之。帝所得远方贡献及四时口味,辄见班赐,中使相望于道,述善于供奉,俯仰折旋,容止便辟,宿卫者咸取焉。又有巧思,凡有所装饰,皆出入人意表,数以奇服异物进献宫掖,由是帝弥悦焉。时述贵幸,言无不从,势倾朝廷,左卫将军张瑾与述连宫,尝有评议,偶不中意,述张目叱之,瑾惶惧而走,文武百僚莫敢违忤"。君臣之间亲密宠遇到这种地步,可谓上下趣味相投。但宇文述并没有什么治国良策,而品性特别贪鄙,凡打听到别人家里有珍异之物,必强求夺取到手。富商大贾及陇右诸胡子弟,宇文述也施以恩惠,呼他们为"儿",于是富商子弟竞相贿赠,使宇文述家"金宝累积,后庭曳罗绮者数百,家僮千余人,皆控良马"①。

宇文述公开贪污受贿,使朝政日益败坏。"五贵"加上张瑾和吏部侍郎杨恭仁等7人共掌选举官吏,宇文述掌武官,虞世基掌文官,欲求官者,凡宇文述所荐,皆可得大官。太常乐户赵行枢有家财亿计,认宇文述为父,宇文述称他为儿,多受其贿赂,结果入选为

---

① 《隋书》卷61《宇文述传》。

府兵折冲郎将①。选官多以贿成,致使士流嗟怨,惟杨恭仁雅正自守,他是文帝时"四贵"观德王杨雄的长子,与父亲一样守正,结果不为裴蕴等所容,被贬出朝廷,出为河南道大使②。

　　文士出身的虞世基表面上看很深沉谨慎,但骨子里也贪鄙无耻,他的继室夫人孙氏性骄淫,虞世基惑于她的淫荡,任其奢靡无度,雕饰器服,冠于士林,孙氏还将她与前夫所生儿子夏侯俨带到虞世基家,夏侯俨更是顽鄙无赖,依仗宰相后爸,公开聚敛,使宰相虞世基府宅"鬻官卖狱,贿赂公行,其门如市,金宝盈积"③。

　　上梁不正下梁歪,最高统治层宰相"五贵"公开纳贿,使整个官场日益腐败,使君子被斥,小人得志。同样来自南朝的门阀士族袁充也是一个佞臣,他学裴蕴,"候炀帝意欲有所为,便奏称天文见象,须有改作",以此来取媚于炀帝,如他指天上"荧惑守太微者数旬",于时炀帝正缮治宫室,征役繁重,袁充即上表阿谀:"陛下修德,荧惑退舍"。百僚跟着祝贺,炀帝大喜,前后赏赐将万计④。炀帝还信用专以占星之术骗人的术士章仇太翼,赐姓卢氏⑤。与杨玄感一起诬陷张衡的江都宫监王世充,本西域胡人,姓支氏,父幼从其母姓王氏,因冒其姓。王世充性情谲诈,有一条如簧之舌,善言谈口辩,颇涉书传,并喜好兵法,学过律令,颇有才干。炀帝两次巡游江都,王世充都能伺候颜色,阿谀奉承,为炀帝选江南美女,雕饰池台,奉献珍物,因而深得炀帝宠爱信用。左武卫大将军郭衍是炀帝藩邸旧臣,也"能揣上意,阿谀顺旨",事事顺从炀帝,炀帝

---

① 《隋书》卷61《宇文述传》。
② 《旧唐书》卷62《杨恭仁传》。
③ 《隋书》卷67《虞世基传》。
④ 《隋书》卷69《袁充传》。
⑤ 《隋书》卷78《卢太翼传》。

常对人说:"唯有郭衍,心与朕同"①。萧后之弟萧瑀以外戚迁内史侍郎,委以机务,与虞世基等人一样成为差遣宰相,但萧瑀"性刚鲠",虽为炀帝的小舅子,却"数言事忤旨"②,而遭到疏离,未能列入"五贵"之伍,不久出为河池太守。

由于政治中枢、领导班子的不健全,佞幸小人当道,使"隋政不纲,彝伦斯紊,天子事巡游而务征伐,具僚逞侧媚而窃恩权。是时朝廷无正人,方岳无廉吏,跨州连郡,莫非豺虎之流,讽紫怀黄,悉奋爪牙之毒,以至土崩不救,旋踵而亡"③。

---

① 《隋书》卷61《郭衍传》。
② 《旧唐书》卷63《萧瑀传》。
③ 《旧唐书》卷185上《良吏上·序》。

第七章　方勤远略　威振八纮

隋炀帝"规摹宏侈,掩吞秦汉"之业不仅表现为对内大兴工役,大修文治,而且表现在对外威服四夷,扩张远略。中国历代王朝都认为自己居于世界的中央,而称四周的异族为东夷、西戎、南蛮、北狄。华夷的区别在"礼教",礼仪之邦的中华王朝因文化高于四夷,是高高在上的天朝上国,四夷必须接受册封,向中原王朝朝贡,华夷册封体制是中国王朝时代的国际秩序体系。隋朝经过20多年的蓄积,府库盈溢,国力强盛,炀帝即位之初就改变了文帝保守的对外政策,他置四方馆于东都建国门外,以待四方使者,使"蛮夷朝贡,前后相属"。大业年间,中外文化交流盛况空前,使隋朝地广三代,威加八荒。

第一节　出塞北巡突厥　镇抚启民可汗

隋朝的外患主要来自北方草原游牧民族。《隋书·北狄传》称:"四夷之为中国患也久矣,北狄尤甚焉。种落实繁,迭雄边塞,年代遐邈,非一时也"。他们皆以畜牧为业,侵钞为资,倏来忽往,云飞鸟集,让中原王朝大为头痛。《北狄传》所列草原游牧民族,除突厥外还有铁勒、奚、契丹、室韦等,其时均役属于突厥,突厥成为隋朝对外经略的最大课题。

然而,经过20多年的战争与招抚,隋炀帝之时东突厥已臣服。

在步迦可汗崩溃之际,北方突厥、铁勒诸部及东北属于东胡种族的奚、契丹、室韦等部纷纷向隋要求内附,文帝将他们统统归于启民可汗牙帐之下。如开皇末有契丹别部4000余家背突厥来降隋朝,文帝"悉令给粮还本,敕突厥抚纳之"①。仁寿元年(601)突厥男女9万口内附,三年(603)思结、伏利具、仆骨等铁勒部归附,隋将这些内附族系统统置于启民可汗直接管辖之下。启民可汗完全是由隋朝扶植而立,逐渐稳固地控制了蒙古草原,称为东突厥。启民一再向文帝表示"愿保塞下",于是在文帝仁寿年间,隋已将对突厥的离间政策改为羁縻政策。

隋炀帝即位后,启民可汗一方面在隋廷领导下统治草原突厥牧民,另一方面则为隋保卫北部边疆。大业初年,契丹入抄营州(治今辽宁朝阳),炀帝诏韦云起率突厥兵往讨,启民可汗发骑兵2万,交韦云起调遣,韦云起将其分为20营,四道俱发,实施突袭,结果"尽获契丹男女4万口,女子及畜产以半赐突厥,余将入朝,男子皆杀之"。炀帝大喜,嘉奖韦云起②。

启民可汗拜伏于大隋王权之下,对隋室忠心耿耿,然而,游牧社会的突厥和农业社会的隋王朝,无论是社会生活还是政治制度都迥然不同,不能视为同一的政治实体。突厥全部经济生活的支柱是畜牧,生活所需主要取给于牲畜,而尤以羊马为主,拥有羊马也是衡量贫富的依据,多者为富。突厥的最高首领称可汗,可汗名号始自柔然,犹古匈奴之单于,和皇帝一样,具有至高无上的权力。可汗合天命、天力、天智于一身,为天神在人间的代表。为对广袤的草原实行有效统治,可汗分封其子弟、近亲为小可汗,相当于诸

---

① 《隋书》卷84《北狄·突厥传》。
② 《旧唐书》卷75《韦云起传》。

侯。可汗的子弟称"特勤",各有封地、部曲。可汗以下最高官爵是"叶护",相当于小可汗,一般由可汗之弟充任,叶护是登上可汗宝座的重要阶梯,居于"储副"的地位。可汗王庭建于於都斤山(今鄂尔浑河上游杭爱山之北山),为汗国的政治中心,全国一般分为东、中、西三部,各置一"设",领兵驻扎。设是职位仅次于叶护的典兵武官,建有牙帐,有权在辖区内征税。设统精兵,任者必为可汗血亲。可汗又分派"吐屯"到被征服各部"监国",有的吐屯世领其部,成为该部实际君王。突厥政权组织的职官见于记录的还有啜、俟斤、俟利发、梅录、达干、阎洪达凡10等,后发展为28等,俱是贵族,官位皆世袭。大小官员无不统领军队,带兵打仗。行政组织方面以数帐为1落,数十落为1氏族,数氏族为1部族,部族酋长称大小匐,即伯克,由大小可汗、贵族伯克组成的贵族会议,可决定和战及汗位继承等重大问题。

东突厥启民可汗既自认为隋朝臣属,经常入朝拜见皇帝。大业二年(606),启民可汗入东都朝隋炀帝,炀帝试图以中原的文明繁盛使突厥更心悦诚服,史书记炀帝"欲夸戎狄","总追四方散乐,大集东都",进行百戏表演,有喷雾翳日、神龟负山、幻人吐火,千变万化,旷古莫俦,使启民一行"大骇"①,乐不思蜀,一直住到大业三年(607)正月元旦。炀帝又令"大陈文物",启民可汗及其下属经几个月的耳濡目染,对中华文物典章佩服得五体投地,于是"请袭冠冕"。炀帝没有同意,第二天,启民竟率所部特勤众僚并拜谢,"固请衣冠"。看来,炀帝的"夸示"没有白费。他见启民如此殷情,抑制不住内心的喜悦,对侍臣说:"昔汉制初成,方知天子

---

① 《隋书》卷15《音乐志下》。

之贵,今衣冠大备,足致单于解辫"①。其得意之情溢于言表。但风俗难移,启民等少数贵族请改汉人衣冠不一定会得到突厥牧民认同,充当傀儡也有失可汗身份,数典忘祖更可能遭到部民唾弃。隋炀帝没有同意启民可汗的请求,但却决定要亲往草原去突厥巡狩。

大业三年四月丙申(十八日),隋炀帝由京师出发,进行首次北巡,这次出塞巡狩是想在草原"耀武",所以巡行队伍庞大,不仅有百官,还有大量军队,甲士50余万,马10万匹,旌旗辎重,千里不绝,另外,还有僧、尼、道士、女官及百戏班子从行。炀帝的预定路线是先到榆林(今内蒙古托克托旗黄河南岸边),再出塞外,"陈兵耀武",绕道由突厥走草原东至涿郡(今北京市),这就要在今内蒙古草原上兜一圈子。而50万大军出塞,亘古未有,隋炀帝怕突厥启民可汗及其部众惊恐,先派长孙晟往启民牙帐喻旨。

五月丁巳(初九),启民可汗即遣儿子拓特勤来到炀帝行在朝见,丙寅(十八日),又遣其兄子毗黎伽特勤来朝,辛未(二十三),再遣使请求亲自入塞"奉迎舆驾"。炀帝没有同意,继续向塞外行进。六月辛巳(初四),炀帝一行在连谷游猎,这里是陕北高原与鄂尔多斯草原的结合部,以前是胡汉交兵的古战场,这时却是一片和平景象,炀帝和皇后嫔妃在此围猎,兴致勃勃,由此联想到致天下以太平的父皇文帝,炀帝知道自己"嗣承平之基,守已安之业",胡汉一家,天下晏如的大好局面完全是得之于父皇的恩惠,于是下令为文帝"别建庙宇,以彰巍巍之德"②。在此之前,炀帝还视察了仁寿元年(601)朔州总管韩洪与达头可汗交战的战场,见"白骨被

---

① 《隋书》卷12《礼仪志七》。
② 《隋书》卷3《炀帝纪上》。

野",不禁驻马遥望,感慨万分,即令收葬骸骨,命5郡沙门为设佛供,超度阵亡将士亡灵①。和平局面得之不易,当然要万分珍惜。

六月戊子(十一日)盛夏季节,炀帝一行来到黄河南岸的榆林郡城。丁酉(二十日),启民可汗及义成公主率突厥各部酋领来朝行宫,献上骏马3000匹,炀帝十分高兴,赐给启民绢帛12000段。己亥(二十二),吐谷浑、高昌也遣使入贡。甲辰(二十七),炀帝登上郡城北楼观赏黄河上的鱼群,并设宴款待百僚和各方使者。七月辛亥(初四),启民可汗上表:

> 已前圣人先帝莫缘可汗(指隋文帝)存在之日,怜臣,赐臣安义公主,种种无少短。臣种末为圣人先帝怜养,臣兄弟妒恶,相共杀臣,臣当时无处去,向上看只见天,下看只见地,实忆圣人先帝言语,投命去来。圣人先帝见臣,大怜臣,死命养活,胜于往前,遣臣作大可汗坐著也。还养活臣及突厥百姓,实无少短。臣今忆想圣人及至尊养活事,具奏不尽,并至尊圣心里在。臣今非是旧日边地突厥可汗,臣即是圣尊臣民,至尊怜臣时,乞依大国服饰法用,一同华夏,臣今率部落,敢以上闻,伏愿天慈不违所请②。

表文从陈述语言来看,像是从突厥文翻译过来。启民追叙了自己当年败落窘困孤身一人受到文帝扶植,成为突厥大可汗的过程,从表文可知隋朝为"养活"突厥百姓,使其"实无少短",耗费巨大。而启民得恩惠之余,钦慕中华文化,称臣仍嫌不够,再次希望"变服袭冠带",一同华夏,其心意也的确是诚恳的。

炀帝将启民的表文交付群臣讨论,满朝公卿都认为应依启民

---

① 《隋书》卷51《韩洪传》。
② 《隋书》卷84《北狄·突厥传》。

所奏,"混一戎夏",使华夷一家,独炀帝以为不可,乃下诏:"先王建国,夷夏殊风,君子教民,不求变俗。断发文身,咸安其性,旃裘卉服,各尚所宜,因而利之,其道弘矣"。隋炀帝的目的不是要让草原变郡县,牧民成编户,对于已降伏的游牧民族,炀帝要继续实行羁縻政策,让他们实行民族自治,保存风俗,只求其政治上世世代代服从大隋王权。于是玺书答启民,以为"碛北未静,犹须征战,但使好心孝顺,何必改变衣服也"①。

但隋炀帝既"欲夸戎狄",乃令将作大匠宇文恺率中夏名工巧匠于榆林郡城之东草地,按突厥牙帐形式,设立大帐,帐里可容数千人。相比之下,可汗的牙庭实在太小,真是天壤之别,不可同日而语。"又造观风行殿,上容侍卫者数百人",可以拆并离合,下面装有轮轴,"推移倏忽,有若神功"②。突厥人看见,莫不警骇,直感到自己骑马太粗疏简陋,而更仰慕中华文明。

七月甲寅(初七),炀帝亲御千人大帐,在帐内备仪卫,建旌旗,设宴款待启民及其酋领3500人,赐物20万段,其下各有差。又设百戏之乐,帐内欢声动地,华夷无隔,好不热闹。宴席上,炀帝又下诏,表彰启民可汗"梯山航海,请受正朔,袭冠解辫,同彼臣民"的赤胆忠心,赐给启民路车、乘马、鼓吹、幡旗,待之殊礼,可"赞拜不名",即朝拜时不必唱名,位在诸侯王之上。这是把启民可汗当作藩君,把东突厥当作附属国,让他们保持高度的自治,华夷既异俗,夷不乱华,华夷无隔,但风俗有别,隋炀帝因而始终没有同意启民改换汉族衣冠的请求。

七月丙子(二十九),隋炀帝忽又下诏发丁男百余万修榆林以

---

① 《隋书》卷84《突厥传》。
② 《隋书》卷68《宇文恺传》。

东的长城,炀帝一方面视启民为藩君,一方面又修长城加以防范,进一步表明华夷有别。高峻的长城既是隔断华夷的城墙,又是显示帝国凛凛威风的艺术品,隋炀帝的民族思想并不是混一戎夏,而是确立汉民族中原王朝的正朔,让夷狄都听命于大隋皇帝。

八月秋高气爽,是草原最好的时节,壬午(初六),隋炀帝从榆林出发,出塞北巡。启民可汗召所部诸国及奚、霫、室韦等种落数十酋长齐集牙帐,恭候迎接天子的到来。隋使长孙晟见启民牙帐杂草丛生,指着帐前杂草说:"此根大香"。启民急忙去闻,说:"殊不香也"。长孙晟趁机开导说:"天子行幸所在,诸侯躬亲洒扫,耘除御路,以表至敬之心。今牙中芜秽,谓是留香草耳"。其意为让启民修整御道,以表对天子的至诚崇敬,启民即刻醒悟,拔佩刀亲自芟草,所部酋领"争仿效之"。启民又发动全境牧民"举国就役",为隋炀帝"开御道",从榆林北境直至启民牙帐,又从牙帐达于蓟(今北京市),开辟了一条长 3000 里,宽 100 步的御道。对此,隋炀帝欢喜万分,特别嘉奖了长孙晟[①]。天子大驾光临塞外草原,的确是一大盛事,太府卿元寿劝炀帝大肆张扬,分 24 军。日发一军,首尾相属,千里不绝,以显威风。定襄太守周法尚则提请不可麻痹,长亘千里,首尾未知,一旦有事,难以相救,主张结方阵而行[②]。炀帝考虑再三,采纳了周法尚的建议,将宫掖百官列成方阵,外围是士兵,滚滚向北行进。炀帝后妃乘宇文恺制作的"观风行殿",百官乘"行城",城周围 2000 步,四面有板,蒙上布,饰以丹青,有楼橹。行殿和行城连接,外围铁骑,固若金汤。牧民们远远望见,警以为神,每望御营,10 里之外,"屈膝稽颡,无敢乘马"。启

---

① 《隋书》卷 51《长孙晟传》。
② 《隋书》卷 65《周法尚传》。

民更"奉庐帐以俟车驾"。八月乙酉(初九),隋炀帝一行经御道来到大利城(今内蒙古和林格尔西北)可汗牙帐,萧皇后也来到义成公主帐前,启民可汗"奉觞上寿,跪伏恭甚,王侯以下袒割于帐前,莫敢仰视"。所谓"袒割",胡三省注:"袒而割肉"①,即露臂割下自己的臂肌奉献给炀帝。炀帝的兴致高到了极点,即赋诗一首:

　　鹿塞鸿旗驻,龙庭翠辇回。
　　毡帐望风举,穹庐向日开。
　　呼韩顿颡至,屠耆接踵来。
　　索辫擎膻肉,韦韝献酒杯。
　　何如汉天子,空上单于台②。

看到慓悍的突厥降服,王公屈膝在自己面前,隋炀帝的权力意志得到了最大的舒展,最大的满足。

炀帝赐启民可汗和义成公主金瓮各一个,还有衣服被褥锦彩,突厥贵族特勤以下也各有不同的赏赐。炀帝在启民牙帐还接见了附属于突厥的契丹、室韦、霫、奚等各部酋领。时高句丽也遣使私通于突厥,启民不敢隐瞒,将使者引来见炀帝,入见后炀帝令牛弘宣旨:"朕以启民诚心奉国,故亲至其所,明年当往涿郡。尔还日,语高丽王知,宜早来朝,勿自疑惧。存育之礼,当同于吾民,如或不朝,必将启民巡行彼土"③。向高句丽王发出了警告。

由于天气渐冷,隋炀帝没有按预定计划东走涿郡回朝,而是就近取马邑道入塞,启民可汗一直护驾至入塞后才回牙庭。癸巳(十七日),炀帝一行入楼烦关(今山西静乐县境),壬寅(二十六)至太原。为方便明年再次北巡,炀帝下诏营建晋阳宫,回途中炀帝

---

① 《资治通鉴》卷180隋炀帝大业三年。
② 《隋书》卷84《北狄·突厥传》。
③ 《隋书》卷84《北狄·突厥传》。

开直道上太行山,一路巡游,所费极为浩大,于九月己巳(二十三)回到东都。

大业四年(608)启民可汗又朝炀帝于东都,到三月开春,隋炀帝又开始了第二次北巡,来到太原。关于这次北巡,史书记载不多,史实也多有错误,如《隋书·炀帝纪上》记三月乙丑(二十二)车驾幸五原,因出塞巡长城,《资治通鉴》卷181也从《隋书》,胡三省注:"帝改丰州为五原郡"。按五原在今内蒙古河套平原,已在塞外很远,附近没有长城,炀帝不可能三月开春就跑那么远。岑仲勉先生据《隋书·律历志》及《太平寰宇记》卷50校正,认为五原乃太原之误①,是对的。炀帝去年八月在太原建晋阳宫,可以说早就准备了这次巡行,半年时间,离宫修成,炀帝率后妃宫掖及百官来此,是去年北巡的继续。

这次巡行准备得更加周到,行宫设六合城,还有虾须、击警等名目。六合城方120步,高4丈2尺,以木板搭成,是活动的城堡,"门楼槛皆丹青绮画"。此外,又造六合殿、千人帐,所谓虾须、击警则是可施旋机连弩十分灵巧的机器人。六合城吸收了周法尚去年提出的方阵思想,功能齐备,机关众多②,可谓冠绝一时,但并没有派上用场,因为这年炀帝并未出塞。

四月丙午(初四),隋炀帝下令在太原之北建楼烦郡,并在汾水之源营造汾阳宫(今山西宁武县境),汾水源头有大池,称天池,汾阳宫环池而建,作为消夏离宫。由于启民可汗未应约前来朝觐,乙卯(十三日),炀帝下诏褒美启民,为可汗"置城造屋",各种用度"随事量给,务以优厚"。至七月辛巳(初十),再发丁男20余万筑

---

① 岑仲勉:《隋唐史》上册,第11节。
② 《隋书》卷12《礼仪志七》。

长城。八月辛酉（二十一）亲祠恒岳，大赦天下，凡北巡所经郡县，免一年租调，九月辛巳（十一日），又下诏免长城役者一年租赋①。

这次巡狩炀帝始终未能与启民可汗见面，此时可汗已年老，染上了风疾，大业四年（609）冬十一月②以疾甚逝世。炀帝得报十分痛苦，"为之废朝三日"，立其子咄吉世为始毕可汗，可汗表请按突厥风俗尚义成公主，炀帝下诏同意并诏立。第二年，隋突厥事务的专家长孙晟也谢世，炀帝的目光也就由突厥转向了西域。始毕可汗册立后，继续奉行启民可汗与隋友好的政策，双方频频遣使，贸易也有所发展。

第二节　经通西域　丝路巡礼

人类文明的进程是文化联系、冲突、借用、转移的结果，由于东西文明的交汇，隋代西戎的情势较之北狄更为复杂。《隋书·西域传》称："汉氏初开西域，有三十六国，其后分立五十五王"，"魏晋之后，互相吞灭，不可详焉"。打开隋代地图，黄河以西广大区域种落繁多，小国林立，有游牧民族突厥、吐谷浑、党项羌、铁勒，其中铁勒种落最大，分布在蒙古草原西部及至中亚广大区域。往南中亚两河流域有昭武九姓胡及沙漠绿洲的城邦国家，在今吐鲁番盆地则有汉人建立的高昌国，往南塔克拉玛干大沙漠中有疏勒、于阗等小国，今青海高原则是强大的吐谷浑汗国，再往南西藏高原还有党项、苏毗、附国等羌人部落。

隋成立时，西域广大区域的霸主是突厥，包括吐谷浑在内的各

---

① 《隋书》卷3《炀帝纪上》。
② 《隋书》卷84《北狄·突厥传》。按《资治通鉴》卷181记启民卒于大业五年，不知所据为何，今从《隋书》。

族都臣服于突厥。突厥分裂后,西突厥是西域的主人,他们控制了沟通东西方交通的丝绸之路。隋文帝虽成功地降服了东突厥,但对西突厥及西域广大地区的经营尚顾不上。炀帝继位,值天下承平,士马全盛,随即对西域开始了大规模有系统的经略。

一、西突厥和丝绸之路

西突厥在地理上位于中国、印度、波斯、东罗马等4大文化之间,处在国际商业贸易、宗教文化思想交流的枢纽位置。西突厥始祖室点密(公元562—576年在位)西征中亚时,拥众10万,分由10首领统率,10首领分为5咄陆和5弩失毕两厢,两厢之下又各分为5个小部,号为"十姓"。此外,尚有葛罗禄、处月、处密、咽面、莫贺达干、沙陀、伊吾等部,由可汗委派"设"进行监管。西突厥疆域横跨天山南北,雄踞中亚,虽不与隋朝接壤,但对隋边境政治影响极大,并影响波及于东罗马和印度、波斯。

室点密是突厥大可汗土门之弟,兄弟俩各自向东西两个方向扩张。室点密没有请示大可汗就与东罗马查士丁尼皇帝签订了条约,又单独向外互派使者,批准和战。室点密死后,其子玷厥更自行继位,号达头可汗。西突厥从立国伊始就是一个独立政权,在公元563—567年曾联合波斯攻灭并瓜分嚈哒汗国,后又联合东罗马夹击波斯。由于征服了西域诸胡并控制了丝绸之路,西突厥搜括和积聚了大量财富。公元568年东罗马使臣蔡马库斯(Zemarchus)在特克斯河谷的汗庭谒见了室点密可汗,可汗在3个金碧辉煌的牙帐3次接见了他,使者看见可汗坐在装有轮子可以移动的金椅上,帐幕四周挂着各色美丽的丝织品,金床上摆着金瓶、金坛等饮器,雕镂之工,不亚于东罗马。其牙帐较之隋炀帝的"观风殿"也一点不逊色。奢华的排场展示出西方世界也出现了令人生畏的王权。由于受突厥、波斯的阻隔,隋朝与东罗马帝国没有官方往来,但通过突厥中介的民间商业往来不绝,据现代考古发掘,在咸阳张湾隋墓曾出土了罗马帝国的金币。以君士坦丁堡为中心的西方世界需要大量的中国丝绸,一条从长安通往君士坦丁堡的陆上丝绸之路早在西汉之时就已开通,东西文化通过草原沙漠游牧民族的中介传播交汇。正是在隋朝时,一个波斯人将蚕子藏于竹杖中携带到东罗马,使西方世界的养蚕织丝业也缓慢发展了起来①。

隋初,文帝曾派太仆元晖出使西突厥达头可汗处,与其通好,开皇三年(583)东突厥沙钵略可汗南侵隋朝失败,部众叛散,达头亦与隋朝通款。但开皇末年达头与都兰结盟,联兵攻隋,都兰败死,达头乘机占据漠北,自立为步迦可汗,暂时统一了东、西突厥,严重威胁隋的北部边境。但好景不长,这种没有坚实基础的统一只是昙花一现,在隋军反击下,漠北牧民和铁勒诸部纷纷叛逃漠南启民可汗,在众叛亲离之下达头逃入吐谷浑,突厥重又分为东西两大部,西突厥的汗位被阿波系的泥利夺取,并迫使达头之裔咄六叶护降为小可汗。泥利死,子达漫立,是为泥橛处罗可汗。

处罗更加穷兵黩武,他西破趁达头败亡之机而试图自立的石国、铁勒诸部,东破启民可汗,一度有重新统一东、西突厥之势,成为隋朝的重大隐患。隋炀帝继位后,如何对付西突厥,又成为严峻的课题。

隋炀帝根据前期成功分裂突厥汗国的历史经验,认为对西突厥这一强大势力,军事进攻不如政治分化。而西突厥自身又存在木杆—阿波和室点密—达头两大汗系,及咄陆和弩失毕两厢部落,

---

① 参见齐思和:《中国和拜占庭帝国的关系》,载《北京大学学报》1955年第1期。

其固有矛盾正可利用,于是任用长孙晟的副手裴矩经略西突厥,继续使用离强合弱、远交近攻的政策。在西突厥方面,处罗为政"苛察多忌",又"抚御无道,其国多叛",其武功也只是昙花一现。大业元年(605),处罗引兵击铁勒,厚税其物,引发铁勒契苾部和薛延陀部的联合暴动,他们连败西突厥,建立了铁勒汗国。此时咄六叶护之子射匮也不服处罗的统治,使西突厥处罗可汗面临崩溃之局。

裴矩在敦煌了解到西突厥的内乱情况,又打听到处罗可汗的母亲向氏本为内地汉人,原为泥利可汗婢妾,生处罗,泥利死后再嫁泥利之弟婆实特勤,仁寿末年与婆实一同入隋,现留居长安,而处罗十分思念母亲,据此,裴矩即向炀帝奏言,请利用向氏招怀处罗可汗。

大业四年(608)二月己卯(初六),隋炀帝派司朝谒者崔君肃持诏书前往西突厥处罗可汗处慰谕,并求致汗血马。时处罗虽因内乱自己处境十分艰难,但对隋使十分傲慢,不肯跪受诏书。崔君肃即以东突厥启民可汗故事,晓以利害,并进行挑拨,最后软硬兼施,说:"可汗母向氏本中国人,归在京师,处于宾馆,闻天子之诏,惧可汗之灭,旦夕守阙,哭泣悲哀。是以天子怜焉,为其辍策。向夫人又匍匐谢罪,因请发使以召可汗,令入内属,乞加恩礼,同于启民。天子从之,故遣使至此"。来意既如此,"可汗若称藩拜诏,国乃永安,而母得延寿。"不然则当发大隋之兵西讨,母子都要遭殃。值此又何惜两拜之礼,何吝一句称臣呢?崔君肃这一番话是隋君臣早就精心设计好了的,用以打动处罗之心。处罗亦是一个孝子,一番话也正切中要害,时其处境已十分困难,更怕老母有什么不测,最后终于从坐垫上起身,向隋使"流涕再拜,跪受诏书"①。

---

① 《隋书》卷84《北狄·西突厥传》。

崔君肃又利诱说:先前启民内附,得到文帝嘉奖,赏赐极厚,现在兵强国富,而"可汗后附,与之争宠",应该立一功,"深结于天子"。处罗问如何立功。崔君肃即按炀帝的喻旨,要处罗率西突厥骑兵助隋东攻吐谷浑,立功后再入朝,又可见到老母,一举两得。一番话,说得处罗大喜,遂遣使随崔君肃入朝朝贡,进汗血马。

隋炀帝兵不血刃,以外交手段成功地招抚了西突厥处罗可汗,是其经通西域计划的一个巨大成功。

隋炀帝了解到波斯与西突厥为世仇,即位之初就派司隶从事杜行满和云骑尉李昱出使西域。李昱来到了波斯国都,记称其"都城方十余里",国王"著金花冠,坐金师子座,傅金屑于须上以为饰。衣锦袍,加璎珞于其上"。其国盛产真珠、颇黎、瑠璃、码磁、水精等。隋使者在波斯国进行了友好访问,波斯国王不久亦遣使隋李昱到隋朝"贡方物",以后"每遣使贡献"[1],关系相当密切。但《隋书》记波斯受到突厥羁縻,则不确。

隋使杜行满则访问了中亚两河流域的昭武九姓国。这些沙漠绿洲中的城邦国家均处丝绸之路要道上,受西突厥的羁縻。杜行满越葱岭先到罽宾国,得码磁杯;来到王舍城,获佛经;再经昭武九姓的史国,国王赠以10位美女、狮子皮、火鼠毛等礼物;又到安国,见其国王"坐金驼座,高七八尺,每听政,与妻相对,大臣三人评理国事",不像东方那样专制。最后"得五色盐而返"[2]。《隋书》记安国为"汉时安息国",亦不确,安息为波斯,安国是昭武九姓国之一,地在今乌兹别克斯坦的布哈拉。

隋炀帝"召募行人,分使绝域",遣使远至中亚、波斯等地,招

---

[1] 《隋书》卷83《西域·波斯传》。
[2] 《隋书》卷83《西域传》。

引昭武九姓及波斯等国来隋朝"朝贡",提高了隋朝的国际威望,促进了中西文化交流,应该说是很有意义的事。

二、《西域图记》 招诱西胡

西域昭武九姓及诸多胡族,魏晋以来就不断地入居内地经商。隋国子博士何妥即西域胡人后代,其父"细脚胡"通商入蜀,梁朝时号为"西州大贾"①。又有三藏法师,"父本商胡",法师生于中国,但仪容面目,犹作胡人,三藏深通佛法,每讲经"朝官及道俗观者千余人"②。隋炀帝时,西域诸蕃胡商仍成群结队地赶着骆驼,到河西张掖,与隋交市。为加强管理,大业元年(605)隋炀帝专命吏部侍郎裴矩往张掖,监护西域商人的贸易。

隋炀帝早有经略西域之心,裴矩心领神会,得命后即有意识地广泛地和往来胡商接触交谈,"诱令言其国俗山川险易",君长姓族、物产服章等,然后根据搜集到的材料整理写成《西域图记》3卷,同时还附有详细的地图,奏上炀帝。称:"皇上膺天育物,无隔华夷,率土黔黎,莫不慕化。风行所及,日入以来,职贡皆通,无远不至。"裴矩编写了西域44国的概况,并说:"今者所编,皆余千户,利尽西海,多产珍异,其山居之属,非有国名,及部落小者,多亦不载"③。有些小国只能略而不叙。裴矩是一位办事干练很有才能的官僚,虽然本人未曾去过西域,但通过广泛采访,有所疑问即详察于众口,核实资料,掌握了西域大量真实情况,没有凭据的宁可暂付阙如,态度十分严谨。《西域图记》从增进对西域各国的了解、弥补史籍缺佚等方面来看,算得上是一部重要文献,可惜此书

---

① 《北史》卷82《何妥传》。
② 《太平广记》卷248《赵小儿》条引《启颜录》。
③ 《隋书》卷67《裴矩传》。

后来亡佚,仅《隋书·裴矩传》存有该书序言。裴矩于此简要概述了起自隋西垂敦煌,至于西海的丝绸之路,当时共分三条道路,"各有襟带"。

第一条道路是北道,又叫伊吾道,它开辟于公元6世纪。裴矩记曰:"北道从伊吾,经蒲类海(巴里坤湖)铁勒部、突厥可汗庭,渡北流河水,至拂菻国(东罗马,拜占庭)。达于西海"。这条道走天山以北,通过里海的草原路,其路段是由伊吾(今新疆哈密西南)通过天山北麓,经巴里坤湖,到达突厥可汗弓月城(今伊宁东北),再渡伊犁河,向西越过中亚草原,到达黑海之滨的东罗马拜占庭帝国疆域。

第二条道路是中道,又叫高昌路。裴矩写道:"其中道从高昌、焉耆、龟兹、疏勒,度葱岭,又经钹汗(费尔干纳)、苏对沙那国、康国(撒马尔罕)、曹国(伊什特汗)、何国(阿克塔什)、大小安国(布哈拉和卡尔什)、穆国(马里),至波斯,达于西海"。这条路沿天山南麓,通往伊朗高原,顺沙漠边缘的绿洲抵达波斯湾。中间经龟兹(库车)、疏勒(喀什),出葱岭后遍历中亚昭武九姓国,再往西南亚。

第三条路为南道,又叫鄯善路。裴矩写道:"其南道从鄯善、于阗(和田)、朱俱波、喝槃陀,度葱岭,又经护密(瓦罕)、吐火罗(昆都士)、挹怛、帆延(巴米安)、漕国(喀布尔),至北婆罗门,达于西海"。这条路沿塔里木盆地南缘,经阿富汗进入印度河流域,抵达南亚次大陆西部各港口。

裴矩总结道:"其三道诸国,亦各自有路,南北交通。其东女国、南婆罗门国等,并随其所往,诸处得达。故知伊吾、高昌、鄯善,并西域之门户也。总凑敦煌,是其咽喉之地"[①]。敦煌是隋朝的西

---

① 《隋书》卷67《裴矩传》。

部边陲,是丝绸之路、中西文化交流的重要中转站。

裴矩揣知炀帝"方勤远略",在《西域图记》中又极力颂扬隋炀帝威德,激荡其心,怂恿炀帝大规模经略西域。他写道:"以国家之威德,将士骁雄,汛濛而扬旌,越昆崙而跃马,易如反掌,何往不至!"只是由于突厥、吐谷浑阻遏了丝路,使朝贡不通。而西胡皆"引领翘首,愿为臣妾","故皇华遣使,弗动兵车,诸蕃既从,浑、厥可灭。混一戎夏,其在兹乎!"①这些话都说到好大喜功的隋炀帝心坎里去了。唐人魏征说:"自古开远夷,通绝域,必因宏放之主,皆起好事之臣"②。隋炀帝见到《西域图记》,果然欣喜不已,除予重赏外,还"每日引(裴)矩至御坐,亲问西方事"。裴矩又当面向炀帝诉说西域宝物,分析吐谷浑的虚实并说明其容易被征服,一番话说得炀帝更是心花怒放。于是着手经略丝路,开通西域,并将此事务委交裴矩具体操办。裴距因此升任民部侍郎,还未及上任,又迁官黄门侍郎,步入"五贵"宰相行列。

炀帝君臣是如何来经营西域的呢?大致有两种方法,一是使用武力,开通丝路;二是劝说、收买、招诱西域各国遣使来隋朝觐。大业二年(606)裴矩在张掖一次就招徕了西胡十余国使者,大业三年(607)炀帝北巡祠祭恒岳时,曾有西域十余国使者前来助祭,使炀帝高兴极了。随后,炀帝又令裴矩亲往敦煌经略,裴矩乃"遣使说高昌王麹伯雅及伊吾吐屯设等,啗以厚利,导使入朝"③。

下面,我们就分别来谈谈高昌、伊吾、铁勒以及吐谷浑的情况。

(一)高昌

高昌是碛西西域唯一以汉人为主体的城郭国家,地处今新疆

---

① 《隋书》卷67《裴矩传》。
② 《隋书》卷83《西域传·史臣曰》。
③ 《隋书》卷67《裴矩传》。

吐鲁番盆地,是车师前王庭。西汉通西域,初于此置壁垒,贰师将军李广利西征大宛,以其地安置老弱病员,其后即留居屯耕。晋置高昌郡,因汉时有高昌壁而得名,遂成碛西汉族居民的最大聚居地。后五胡纷争,晋室南渡,高昌郡为河西诸凉王朝版图,公元441年北凉被北魏攻灭,沮渠无讳、沮渠安周西渡流沙,据高昌为都,此为高昌建国之始。公元460年柔然灭沮渠氏,立敦煌汉人阚伯周为高昌王,公元481年高车人另立张孟明,后国人杀张氏拥立马儒,马儒遣使降魏,又为国人所杀,改立金城榆中人麴嘉为王,是为高昌麴氏王朝。麴嘉并遣其第二子为焉耆王,其势渐大,为求自存,麴氏先后臣服于柔然、高车、北魏,后突厥兴起,又改臣于突厥。突厥内战初期,阿波可汗得势,高昌王麴乾固臣于阿波,开皇十年(590)突厥攻破高昌城,有2000人东走归降隋朝。开皇十七年(597)达头可汗反攻胜利,高昌复又臣于达头,达头妻之以女,以结和亲。仁寿元年(601)高昌王麴乾固薨,子麴伯雅继位,是为高昌麴氏王朝第八代君,突厥要求麴伯雅按突厥风俗续娶达头可汗女为妻,迎娶庶母是汉人所不齿的,但迫于突厥压力,麴伯雅不得已立老母为自己的王后。直到仁寿三年(603)达头覆灭,麴伯雅才得解除与庶母阿史那氏的婚姻。但不久又不得不改臣于泥橛处罗可汗。

其时隋朝国势日盛,政治影响远播于西域。高昌已建国100多年,其语言、文字、风俗、典章制度一如中原,史载高昌王宫内国王坐室"画鲁哀公问政于孔子之像"。但由于长期孤悬碛外,不得不依违于各大胡族势力之间,"男子胡服,妇人裙襦,头上作髻","俗事天神(摩尼教),兼信佛法"[①]。炀帝即位后,引致西蕃,首先

---

① 《隋书》卷83《西域传·高昌》。

招致的就是高昌。大业四年(608),高昌王遣使贡献,炀帝"待其使甚厚",高昌遂欲摆脱突厥、铁勒,向隋朝靠拢。

(二)伊吾

伊吾即今哈密,其地靠近河西,四周是戈壁滩。伊吾的历史可以追溯至匈奴属部伊吾庐,东汉窦固伐北匈奴,夺其地,始筑城郭留兵戍守,置伊吾司马,大开屯田,后历魏、晋,皆为中国版图。伊吾扼丝绸之路咽喉,西域商客往来,多取伊吾路。十六国时期伊吾隶河西诸凉,西凉王裔汉人李宝在其国亡后在此建国,附于柔然,封伊吾王,维持了20多年的统治。及北魏兴,李宝率众东徙敦煌降魏,北魏遣重兵镇守伊吾,以御柔然。和高昌国一样,伊吾居民主体是汉魏屯田士卒遗黎,但中亚昭武九姓胡商侨居于此的也不少。北魏衰亡后其地先后没于柔然、突厥。西突厥可汗遣吐屯设世监其地。炀帝大业初年,伊吾吐屯设为处罗可汗所委,但处罗的统治受铁勒打击发生严重危机,在裴矩招诱下,伊吾吐屯设和高昌王一样,亦向隋朝贡献。

同时向隋朝贡献的还有沙碛之南的绿洲小国于阗、疏勒、龟兹、焉耆等。这些小城邦均是汉时旧国,时均信奉佛教。传说于阗西500里有比摩寺,乃是"老子化胡成佛之所"[①],这些小国自西汉张骞通西域后即与中原王朝往来密切,魏晋之后因战乱阻隔,很少通使。隋炀帝既要恢复汉武之业,方勤远略,乃派裴矩招诱西域,使中原与西域的关系有了新的发展,大业年间,西域诸国"频遣使朝贡",炀帝因置西域校尉,专门负责接待。

(三)铁勒

铁勒是西域最大种落,分布最广,人口最多。《隋书·北狄·

---

① 《隋书》卷83《西域传·于阗》。

铁勒传》记:"铁勒之先,匈奴之苗裔也,种类最多,自西海(里海)之东,依据山谷,往往不绝"。突厥实则为铁勒的一支,唐时崛起的回纥也是铁勒的一支。北朝时又称敕勒,他们"居无恒所,随水草流移",为迁徙方便,普遍使用高大轮子的车,故又称"高车"。著名的北朝民歌:"敕勒川,阴山下,天似穹庐,笼盖四野;天苍苍,野茫茫,风吹草低见牛羊"。就是北齐高车人斛律金唱出来的。公元552年突厥土门可汗征服铁勒诸部,但隋朝时,铁勒人在西域历史舞台上有过精彩表演,建立过自己短暂的汗国,并与隋炀帝发生了关系。

隋时铁勒部落约在40个以上,他们散布在整个丝绸之路上,可谓丝路民族。各部铁勒酋长由突厥委以"俟斤"官号,统领本部。但突厥可汗对铁勒的奴役十分残酷,激起了铁勒人民的反抗。隋开皇末年强大的突厥汗国崩溃,一方面是隋强大军事力量的打击,另一方面是隋离间政策的成功,离间政策也包括离间被突厥统治的铁勒诸部造反。史载:"开皇末晋王广北征,纳(启)民,大破步迦可汗,铁勒于是分散"[1]。分散即逃散,当步迦(达头)可汗与隋军接战时,被挟持的铁勒人乘机四散逃跑,以摆脱突厥,导致了达头的总崩溃。开皇二十年(600),隋命启民分遣使者"往北方铁勒等部招携取之",仁寿三年(603),漠北铁勒十余部尽背达头,在隋的斡旋下,归附了启民,使启民可汗帐下"人民羊马,遍满山谷"[2]。

另外,继达头而立的西突厥泥利可汗及其子泥撅处罗可汗也为铁勒所败。大业元年(605),处罗可汗因猜忌铁勒而借口薛延

---

[1] 《隋书》卷84《北狄·铁勒传》。
[2] 《隋书》卷51《长孙晟传》。

陀部谋反，"集其魁帅数百人，尽诛之"。处罗的暴行激起了铁勒诸部的反抗，白山契苾部和金山薛延陀部结成联盟，推契苾酋长哥楞为莫何可汗，成立了契苾—薛延陀汗国。莫何大败处罗，很快肃清了准噶尔盆地及天山东麓的西突厥残余势力，高昌、伊吾、焉耆等"悉附之"。莫何遣重臣驻高昌，抽丝路商旅之税。大业三年（607），莫何可汗的军队东向侵犯了隋敦煌要塞，隋炀帝派将军冯孝慈出敦煌御敌，结果隋军战败。但莫何可汗感到铁勒汗国新立，夹在东、西突厥两大敌国之间，若再结仇于隋朝，于己不利，所以虽击败隋军，并未乘胜追击，反倒"遣使谢罪请降"。这年，又"遣使贡方物，自是不绝"①。隋炀帝又派裴矩出使铁勒，"慰抚之"，并讽令莫何可汗东击吐谷浑汗国以自效，莫何听命，即勒兵经且末东入青海，大破吐谷浑伏允可汗，使国威远播于青海和西域。

而就在此时，隋炀帝也派兵西攻吐谷浑了。

（四）吐谷浑

在广大的青藏高原，居住着众多羌人部落。吐谷浑是羌化鲜卑人建立的大国，又称吐浑，至隋已立国300多年。其始祖即名吐谷浑，是西晋时鲜卑慕容部酋长涉归的庶长子，涉归嫡子为慕容廆，由于兄弟不和，吐谷浑负气由徒河（今辽西锦县西）西走，越阴山，经上陇，止于枹罕（今甘肃临夏县枹罕山），驻牧于洮河以西的甘松草原，当地人称之为"阿柴虏"，以后同化于被其征服的羌人中，其子孙又向西征服青海草原，以其始祖为号建立吐谷浑汗国，拓地至塔里木盆地东缘，地兼鄯善、且末，西北有流沙数百里。至隋吕夸可汗时已历18代可汗，其国势仅亚突厥，并与突厥互为唇

---

① 《隋书》卷84《北狄·铁勒传》。

齿。史称"突厥、吐浑分领羌、胡诸国"①。开皇之初吐谷浑曾多次随突厥入寇,成为隋仅次于突厥的第二号敌国。

隋文帝对吐谷浑采取安抚政策,保境安民,不轻易挑起战端。开皇十一年(591)吕夸可汗卒,子世伏继位,遣其侄无素"奉表称藩,并献方物",又请以女儿备后庭,文帝收其礼而拒纳其女,并遣使持节往吐谷浑抚慰,推行怀柔政策。开皇十六年(596)隋文帝册宗女为光化公主,嫁世伏可汗,然翌年世伏为其弟伏允所杀,伏允继立,是为吐谷浑第20代君,又遣使请依俗继尚光化公主,文帝从其请。时吐谷浑朝贡使"常访国家消息",转送突厥,文帝深为厌恶。至仁寿三年(603),突厥达头可汗众叛亲离,无路可走,伏允却纳其入境。突厥重分东、西,伏允又同西突厥泥利及泥撅处罗可汗关系密切,仍以隋朝为敌。

隋炀帝继位后,伏允遣其子顺入朝,炀帝即将顺扣留在京师,准备对吐谷浑动武,并前后两次遣使招西突厥处罗可汗和新建立的铁勒莫何可汗出兵,与隋东西夹击吐谷浑。处罗虽口头承诺,却实未出师,铁勒则不久依约从且末突入柴达木盆地,伏允一败涂地,被迫遣使向隋请降。隋炀帝见伏允已成穷寇,即遣安德王杨雄出浇河(治今青海贵德),许国公宇文述出西平,以迎降为名,行奇袭之实。

大业四年七月,宇文述率军至临羌城(今清海湟源县),与吐谷浑残军相遇,伏允见宇文述拥强兵,惧不敢降,率众西遁,宇文述领鹰扬郎将梁元礼、张峻、崔仁师等引兵穷追,连拔曼头(今青海共和县南)、赤水(今兴海县东)二城,斩首3000余级,吐谷浑余党逃丘尼川,宇文述又追来,俘其王公以下200人,掳男女4000口。

---

① 《隋书》卷67《裴矩传》。

伏允南奔雪山,"其故地皆空",自西平临羌城以西,且末以东,祁连以南,雪山以北,东西4000里,南北2000里,皆为隋有。隋"置郡县镇戍,发天下轻罪徙居之"①。

这是隋炀帝对吐谷浑的第一次讨伐,此役之后,吐谷浑已元气大伤,伏允在国土尽失后"无以自资",遂率余众数千骑客居于一直役属于己的党项羌。

党项羌散居在吐谷浑之南东起松州(今四川松潘),西至叶护(今新疆若羌)的广大区域,其人众较吐谷浑还多,分为拓跋、细封、宕昌、白狼等8部,其下更有小部落,其中以拓跋部为最强。公元1038年党项拓跋氏首领元昊建立西夏国,在向北宋皇帝呈献的表文中自称其先祖出于元魏拓跋氏,据此则党项羌与吐谷浑一样也是由羌化鲜卑人统治着,其俗约同,"牧养牦牛、羊、猪以供食,不知稼穑"②。在吐谷浑役使下羌人也常参与寇掠隋境,隋也不时发兵征讨。开皇十七年(597)二月,隋将史万岁讨袭西宁羌,羌人又相率请降,愿为臣妾,隋对诸羌复采羁縻政策。由于山高绝远,伏允虽逃入党项羌,但隋炀帝仍坚持对其招抚,未肯轻易对党项羌用兵,"自是朝贡不绝"。

党项羌以南西藏高原尚有羌人建立的附国和苏毗,再往南有吐蕃政权,在这三大政权之间尚散布有诸多羌人部落。大业四年(608),附国王宜缯遣使素福等8人入朝贡献,附国在今四川西部,西藏东部,其国南北800里,东西1500里。在其西部的苏毗开皇元年(586)曾遣使朝贡,后因路途绝远不再有联系。大业五年(609),附国王又遣其侄宜林率嘉良夷60人朝贡,欲献良马,因路

---

① 《隋书》卷83《西域·吐谷浑传》。
② 《隋书》卷83《西域·党项传》。

险不通,请开山道以修职贡,隋炀帝以其"劳人",不许①。因为有附国、苏毗两大国阻障,处于其南的吐蕃没有与隋发生关系,隋对吐蕃情况尚不详悉②。由于大业年间西南诸羌纷纷遣使朝贡,隋炀帝于是"缘西南边置诸道总管,以遥管之"③。茫茫高原崇山峻岭阻断了隋王权的延伸,当隋军横扫青海草原之时,青藏高原的羌人还是依其自然习俗生活繁衍着,炀帝只是羁縻而已。

三、炀帝西巡　设置四郡

隋炀帝在即位后的头4年对西北边陲采取的一系列军事、外交行动,最终导致了大业五年(609)的西巡,其规模与北巡突厥、南巡江都不相上下。隋炀帝亲自到了青海和河西走廊,往返有半年之久,是炀帝8次巡狩的第四次,也是最重要的一次,意义十分重大。中国历史上统一王朝的皇帝不畏艰险亲自巡视大西北,也唯有隋炀帝一人而已。

西巡经过充分酝酿和精心准备,隋炀帝"慨然慕秦皇、汉武之功,甘心将通西域",即位之初就希望开通丝绸之路,派人出使西域,远至波斯,又令裴矩专门进行经略。时隋版图最西端为敦煌郡,沿河西走廊置张掖、武威二郡,北有突厥,南有吐谷浑,呈孤立单薄形势。在有效羁縻突厥,扶植启民,削弱处罗之后,裴矩不失时机地提出消灭吐谷浑汗国,威振殊域,使西域诸胡及党项、附国等万方来朝。经大业四年(608)的打击,吐谷浑地悉空,伏允已成穷寇,这使炀帝亲巡青海成为可能。

---

① 《隋书》卷83《西域·附国传》。
② 参见汤开建:《隋书之附国非吐蕃》,载《思想战线》1986年第4期。
③ 《隋书》卷83《西域·附国传》。

大业五年(609)正月戊子(二十日),隋炀帝自东都洛阳回到京师长安,处理了两个月的政事,三月开春,即开始了西巡。此距去年北巡尚不足一年,炀帝风尘仆仆,又踏上新的征程。西巡队伍仍然庞大,有大批军队,文武百官,还有掖庭后妃、僧尼道士及百戏乐舞演员。但西巡绝不是享乐游玩,炀帝后来下诏称:"朕亲巡河右,观省民风,所历郡县,访采治绩,罕遵法度,多蹈刑纲"①。和南巡北巡一样,都是为国事奔走操劳,现场视事听政。

炀帝一行三月己巳(初二)从大兴城出发,庚午(初三)来到武功县,存问风俗,地方官报称有男子史永遵与叔父堂弟同居一屋,得到炀帝嘉奖褒扬,"表其门闾"。乙亥(初八)过扶风(今凤翔)旧宅,到天水郡,家在天水的右武卫大将军李景向炀帝献食,炀帝即以客人的身份向主人致谢。凉州太守樊子盖也献来青木香,上言炀帝吐谷浑多鄣气,用以"御雾露"②,也得到嘉奖。四月乙亥(初三),车驾西至陇川宫,即在陇西郡举行了一次大狩猎,李景和左武卫大将军郭衍对大猎有"难言",被人告发,竟被"揲之",李景坐免官③。炀帝既下定决心要狩猎,就容不得别人气馁,即使是亲信也不行。

四月壬寅(初六),高昌、吐谷浑、伊吾并遣使来朝,乙巳(初九),炀帝一行来到金城郡濒临洮河的狄道(今甘肃临洮),又有党项羌使节来行在所贡方物。炀帝兴致极高,在渭水源头写了一首《临渭源诗》:

西征乃届此,山路亦悠悠。

地轩纪灵异,同穴吐洪流。

---

① 《隋书》卷63《樊子盖传》。
② 《隋书》卷63《樊子盖传》。
③ 《隋书》卷65《李景传》。

> 滥觞何足拟,浮槎难可俦。
> 惊波鸣涧石,澄岸泻岩楼。
> 滔滔下狄县,淼淼肆神州。
> 长林啸白兽,云径想青牛。
> 风归花叶散,日举烟雾收。
> 直为求人隐,非穷辙迹游。①

隋炀帝走到哪里歌到那里,使旅途充满了诗意。癸亥(二十七),巡行大军过洮河,又过枹罕郡的大夏川和漓水,来到临津关,渡过黄河,再沿黄河向西至西平郡(治今青海省乐都县),已深入少数民族聚居地。为向当地羌人夸示,炀帝下令"陈兵讲武"。

五月乙亥(初九),隋炀帝率后妃、三军在黄河北岸的拔延山(今化隆马场山)举行大规模的围猎,猎场周长有200多里,天子巡狩围猎,可以说是炀帝亲自指挥下的军事演习,投入的军队在十数万,观者无不惊骇。

五月庚辰(十四日),隋炀帝西入长宁谷(今西宁北川),壬午(十六日)度星岭(今达坂山),甲申(二十日)来到金山之上(在今西宁西),炀帝大宴群臣和诸领兵将帅,部署对吐谷浑的最后围剿。丙戌(二十二),巡行队伍北上来到浩门川(今大通河)。有消息传来说吐谷浑王率残部保据覆袁川(今俄博河),炀帝即调动军队,令内史元寿屯兵于南面的金山,兵部尚书段文振屯兵北面的雪山,太仆卿杨义臣屯于东面的琵琶峡,将军张寿屯于西部的泥岭,连营80里,将伏允可汗四面团团围住。然而,所围并不是伏允,他早已逃入山南积石山,被围的是冒称可汗的吐谷浑残部。

五月壬辰(二十六),隋炀帝亲自下令右屯卫大将军张定和围

---

① 《初学记》卷6《地部中·渭水八》。

攻车我真山(在俄博河南),张定和先劝山上浑主投降,吐谷浑不理,张定和为在炀帝面前表示忠勇,竟不披甲挺身登山,在半山腰被伏兵射死。亚将柳武建继续登山攻击,拿下山头后将守军数百人斩首。甲午(二十八),被围困的吐谷浑仙头王穷蹙,率部落男女10万余口、六畜30余万头投降,隋炀帝亲自指挥的对吐谷浑残部的围剿大获全胜。

六月丁酉(初二),隋炀帝又遣大将军梁默、右翊卫将军李琼深入南山擒吐谷浑主,因山峻路险,敌情不明,结果皆力战而死。

另外,隋炀帝又遣行军总管赵才率兵部侍郎明雅出合川道,卫尉卿刘权出伊吾道,由西向东进逼吐谷浑,一路横扫残留的小股吐谷浑游骑,西路隋军这时也来到青海边,乘胜追击到汗庭伏俟城(青海湖西四新)①。参加这次大规模合围吐谷浑作战的将领还有右监门将军薛世雄、鸿胪卿史祥。史祥军由"间道出房,俘吐谷浑男女千余口"②。左武卫将军周法尚则率军出松州道(今四川松潘),由南向北进军讨击,逐捕亡散,这时也到了青海湖③。

十几万大军跋山涉水,走过人烟稀少的高原峻岭,千里行军,汇集青海,其艰难险阻可想而知,其后勤工作量是多么巨大。隋炀帝的确不简单,没有超乎寻常的魄力,是不敢出如此举动的。然而,青海并不是巡行的目的地,隋炀帝还要亲自率这批人马穿越祁连山,北上河西走廊。

六月癸卯(初八),炀帝一行经琵琶峡(今青海门源)西上到达祁连山脚下,十数万人排成一条长蛇阵,开始了穿越祁连山大斗拔

---

① 《隋书》卷63《刘权传》。
② 《隋书》卷65《薛世雄传》;卷63《史祥传》。
③ 《隋书》卷65《周法尚传》。

谷(今民乐县扁都口)的人间壮举①。

  大斗拔谷南北纵深40公里,贯通祁连山,地高天寒,山路隘险,气候变化无常,白天阳光普照,夜里就可能阴霾密布。祁连山海拔高,有积雪,只有少许几个隘口盛夏天雪化才能穿越。但天有不测风云,碰到天气有变,盛夏季节也会出现大雪霜冻。因此要求天黑之前必须走出山口,以免不测。隋炀帝率领十数万人马从大斗拔谷由南而北穿越祁连山,显然是一个极大的冒险行动。贵为天子的隋炀帝以惊人的气魄,硬是率领包括后妃宫女在内的队伍要闯这道鬼门关。由于路太窄,有时只能走一人,队伍排成长蛇阵,自早至晚,"鱼贯而出",人流不断,到夜幕降临,队伍仍在行走,结果天气骤变,"风霰晦冥",寒风刮来,直刺筋骨,文武百官"饥馁沾湿",队伍全乱了,后宫妃嫔公主迷失在后面的,也只好与士兵抱成一团,"杂宿山间","士卒冻死者太半",马驴死者十八九。虽然这是夸张的描述,但损失极大不容置疑。炀帝的胞姐、先前的周天元皇后乐平公主杨丽华,即是于此次巡行殂于河西,时年方49②,很可能与在大斗拔谷出事有关。然而,虽然牺牲很大,但隋炀帝最后还是成功穿越了祁连山。敢冒如此大的风险爬雪山,穿峡谷,在古代帝王中,也只有隋炀帝一个人干过。

  六月丙午(十一日),胜利穿越祁连山的隋炀帝一行来到了张掖郡城,结束了对吐谷浑地区的巡行。据《隋书·炀帝纪上》记:

---

① 关于穿越大斗拔谷的时间,史书记载有异。《隋书》卷3《炀帝纪上》记为六月丙午,《资治通鉴》卷181记为八月东返时。《隋书》的记载较确切,若按《通鉴》,则炀帝往返曾两次穿越大斗拔谷,不知有何根据,今不取。本节巡行路线多参见胡乾:《炀帝西巡》,载《丝路访古》,甘肃人民出版社1982年版;日·佐藤长:《隋炀帝征讨吐谷浑的路线》,载《青海社会科学》1992年第1期。

② 《周书》卷9《杨皇后传》。

"壬子(十七日),伊吾吐屯设等献西域数千里之地。上大悦。癸丑(十八日),置西海、河源、鄯善、且末等四郡"。由于设4郡紧接在伊吾吐屯设献地之后,容易造成4郡乃其所献地上设置的误解,其实,新设4郡均设置在吐谷浑故地。查《隋书·地理志上》所记4郡:

鄯善郡。大业五年(609)平吐谷浑置,置在鄯善城,即古楼兰城也(今若羌)。并置且末、西海、河源,总四郡,有蒲昌海(今罗布泊)、鄯善水(今车尔臣河,由南而北注入罗布泊)。统县二:显武、济远。

且末郡。置在古且末城(今且末南),有且末水(即车尔臣河)、萨毗泽(今青海阿雅格库勒湖)。统县二:肃宁、伏戎。

西海郡。置在古伏俟城(青海湖西吐谷浑国都),有西王母石窟、青海盐池。统县二:宣德、威定。

河源郡。置在古赤水城。有曼头城(今青海共和县西)、积石山,河所出,有七乌海。统县二:远化、赤水。

4郡均为原吐谷浑辖境,地跨今青海、新疆。其中河源、西海在今青海,鄯善、且末在今新疆东部,已在碛西。4郡的设置是我国古代疆域史和民族关系史上的重大事件,青海地方除了两汉曾将东部湟水流域列为郡县外,是隋炀帝第一次将几乎全部青海纳入中原王朝版图,归入郡县体制之下。炀帝要"掩吞秦汉",恢复汉武帝时的旧疆域,此其已过矣。司马光在记此事时,特别强调:"隋代之盛,极于此矣"[①]。

隋炀帝在吐谷浑故地设置4郡8县的同时,还设置了镇、戍,

---

① 《资治通鉴》卷181 隋炀帝大业五年。

"遣兵戍之,每岁委输巨亿万计"①,又移民实边,"发天下轻罪徙居之",大开屯田。留将军刘权于积石镇(今青海兴海县),镇戍屯田,招抚羌人。隋炀帝又立伏允之子顺为王,让他统领吐谷浑余众,并令早已降服的大宝王尼洛周为辅,然而,他们来到西平郡(治今乐都),所部不服杀尼洛周,顺不敢久居掉头逃回中原。一望无际的柴达木盆地水草丰盛,隋炀帝于此"置马牧",纵牝马2000匹于草原川谷,希望能育得龙种好马,虽然最后"无效而止"②,但隋炀帝想象力丰富,胆子大,什么事他都敢试一试。

吐谷浑的灭亡和4郡的设置促进了羌汉民族融合,又在河西走廊之南开辟了一条由青海出且末的新的丝绸之路,同时,对河西走廊也起到了拱卫作用,促进了丝路贸易的繁荣。吐谷浑汗国的灭亡也震撼了西域诸国及山南诸羌,使胡羌朝贡相属,极大地满足了隋炀帝个人的权力扩张欲和建功成为圣王的理想。

四、万乘西出玉门关　万方来朝有处罗

炀帝西巡的第二个目标是经通西域,招徕西域各国万方来朝,这项工作一直是交由裴矩来主持。从史书记载来看,裴矩并没有随炀帝巡行吐谷浑,而是一直在张掖为炀帝的到来张罗,作准备。另外,阎毗等部分官员和大批工匠也按预定计划,由河西走廊带着炀帝的观风行殿、大型营帐、服装道具等先行到达张掖。先期到达的还有被裴矩招来的西域各国使节。

大业五年(609)六月丙午(十一日),隋炀帝一行终于穿过大斗拔谷,来到张掖郡地界,由于队伍狼狈,没有立即接见各方使者。

---

① 《隋书》卷83《西域·吐谷浑传》。
② 《隋书》卷83《西域·吐谷浑传》。

经过约一周的休整,隋炀帝于壬子(十七日)率后妃百官及大批军队沿弱水向北来到燕支山(今甘肃山丹县境达黄山),此山不算高峻,山外北边汉长城外,就是一望无际的大戈壁滩。长城内是农耕绿洲,炀帝在此搭起庐帐行宫,还有观风行殿,几十万人马扎营戈壁,营帐连接数十里,旌旗招展,人山人海,昔日荒凉的戈壁滩也换上了新装。行宫之外,由左翊卫大将军宇文述设置"斥候"(哨兵)进行警戒。敦煌莫高窟出土的中世纪文书中有一件隋大业五年(609)六月十五日《甲具弓箭勘检牒》残片,记有当时对弓箭武器严格管理的事项①,此时正是隋炀帝在河西巡行之时,这一珍贵的实物史料从一个侧面说明当时整个河西处在戒严状态,以确保皇帝的安全万无一失。

随后,隋炀帝即以盛大的典礼接见了来朝的高昌王麴伯雅、伊吾吐屯设及西域27国(一说30多国)使者。炀帝令阎毗"持节迎劳"②,以威严典雅的中华礼仪作盛情的接待。

裴矩也不愧为优秀导演,他让高昌王及西域各国使者皆排列于隋炀帝经过的道路之左迎候,让他们皆"佩金玉,被锦罽,焚香奏乐,歌舞喧噪"。各国使节各着民族服装,排列一行,足为奇观。裴矩又令武威、张掖士女百姓"盛饰纵观",个个穿上节日的衣服来看热闹,衣服车马不鲜者,"郡县督课之"。结果"骑乘填咽,周亘数十里"③。戈壁滩从未有过如此热闹的场景,巨大的排场是向西胡显示大隋王朝的强大和繁盛,显示隋炀帝的威武,皇帝亲至河西巡视丝绸之路,这是千年未有的盛事。

---

① 唐耕耦编:《敦煌社会经济文献真迹释录》第4辑,书目文献出版社1990年版,第416页。
② 《隋书》卷68《阎毗传》。
③ 《隋书》卷67《裴矩传》。

六月丙辰(二十一),炀帝登上观风行殿,大摆宴席,像前年招待突厥启民可汗一样,款待高昌王麹伯雅和伊吾吐屯设,各国使节也请来"陪列"。殿上大陈中华文物,让人目不暇接。接着大奏九部乐,并表演百戏,设鱼龙曼延,场面热闹非凡,足使西胡个个惊叹钦服。宴后,炀帝又分别赏赐各国使节,诸胡个个受宠若惊,感恩戴德不尽。

从大业五年(609)六月到九月盛夏的两个多月,隋炀帝一直在河西巡视,具体巡幸了哪些地方史书缺载。炀帝既敢于冒险穿越大斗拔谷,则可以肯定他尽其所欲去了他想去也能去的任何地方。《隋书·西域传·史臣曰》称"万乘西出玉门关",故宋人傅佐良《武经总要》说炀帝最西到了玉门关,这是中国皇帝足迹向西所止最远的地方。

九月秋凉,隋炀帝一行才沿着河西走廊往回走。癸未(二十五),车驾回到长安。从三月由此出发,到九月归来,前后半年时间,西巡结束了,但后头还有好戏。随炀帝回京的还有高昌王麹伯雅、伊吾吐屯设、西域各国使节及大批胡商。十一月丙子(十三日),炀帝又把他们带到东都参观。为了进一步让四夷威服,裴矩向隋炀帝建议在东都大演百戏,盛陈文物,大开市禁,着力表现隋朝的富庶,进一步提高王朝的威望。

这年底,郡国朝集使也毕集东都,隋炀帝下令"征四方奇技异艺,陈于端门街",结果,衣锦绮、珥金翠者,以十数万。大业六年(610)正月丁丑(十五日),炀帝令于端门外盛陈百戏,戏场周围5000步,执丝竹器乐者18000人,如此众多的演员一齐表演,其鼓乐声闻数十里,令人耳目晕眩,夜里灯火光烛天地,繁华似锦。炀帝又命令百官及洛阳士女百姓坐在街两旁搭好的"棚阁"上观看,观众也个个"被服鲜丽",表演一直持续到月终,所费巨万,直看得西域胡人神魂颠倒。

诸国使者又请求入丰都市交易做买卖,炀帝盛情恩准。为了款待西域胡商,先命东都"整饰店肆,檐宇如一","三市店肆皆设帷帐,盛列酒食",各个店铺日夜开业,摆出最好的货物,珍宝充积,人物华盛,连卖菜人的坐席也用上等的龙须草织成。胡客皆由官府的官员带领,"所至之处,悉令邀延就坐,醉饱而散,不取其直"。酒足饭饱不要一分钱,走时美言一句:"中国丰饶,酒食例不取直"。胡客皆惊叹,"谓中国为神仙"①。但有些狡黠者也发现其中有弄虚作假处,"见以缯缠树"时,说,"中国亦有贫者,夜不盖形",还不如以此物给贫者,"缠树何为?"市场小贩们惭不能答②。

为威服四夷,隋炀帝不惜血本,虽然"诸蕃慑惧,朝贡相续",但人民为此付出了沉重代价。然而,大肆铺张,怂恿炀帝极侈靡的裴矩等却受到了嘉奖,炀帝对裴矩的想象力及其所作的安排大为满意,"称其至诚",对侍臣说:"裴矩大识朕意,凡所陈奏,皆朕之成算。未发之顷,矩辄以闻,自非奉国用心,孰能若是"③。意思是说裴矩和皇帝想到了一处,谋划到炀帝心坎里去了。

和巡游江都安辑南方一样,隋炀帝不用武力或少用武力,以大陈中华文物来威服四夷,通过精彩的歌舞百戏展示中国文化的无穷魅力,营造出欢欣富庶,万方同乐的气氛,使来自荒漠的胡羌惊叹不已。艳羡之余,自觉地靠拢大隋王权,这是隋炀帝的成功。为使四夷钦服,炀帝甚至不惜弄虚作假,大业六年(610)高昌国使来献《圣明乐》曲,炀帝"令知音者,于馆所听之,归而肆习,及客方

---

① 《隋书》卷67《裴矩传》。
② 《资治通鉴》卷181 隋炀帝大业六年。
③ 《隋书》卷67《裴矩传》。

献,先于前奏之,胡夷皆惊焉"①。但是,民族关系相当复杂,夸示四夷虽能取得一时成效,却不能持久地维系华夷朝贡体制,还是有人不买账。就在隋炀帝西巡归来不久,西域形势就发生了变化。

铁勒莫何可汗出兵协助隋击破吐谷浑,吐谷浑灭亡后隋炀帝于其境设置4郡,铁勒却一无所得。炀帝西巡时伊吾吐屯设又向隋朝献地,使隋西境直接与铁勒接壤,加上高昌王归附大隋,阻断了铁勒南进之路,莫何可汗大为不满,趁伊吾吐屯设和高昌王随炀帝往内地之机,乘虚攻占伊吾,并进逼高昌。隋炀帝不能甘心花费巨大钱财经略西域所获得的成果付之东流,即命右翊卫将军薛世雄会同东突厥,发兵联合征讨伊吾。东突厥因启民可汗已死,新立的始毕可汗并未如约发兵,薛世雄孤军越过流沙,以奇袭夺得伊吾城,并于汉旧城东筑新城,留将军王威戍守,裴矩散布说:"天子为蕃人交易悬远,所以城伊吾耳"。诸胡信以为真,不再来争夺,于是隋设伊吾郡,控扼丝路。

为了对付铁勒,隋又向西突厥泥撅处罗可汗联络,但处罗另有所图,不肯从命,裴矩于是又向隋炀帝献计分化瓦解西突厥。

炀帝西巡时,曾遣侍御史韦节召处罗可汗来张掖朝见,处罗找借口不赴,炀帝大怒,但也无可奈何。时达头之孙射匮在中亚石国北建牙,杀石国王,令特勤甸职摄石国国政,甸职遣使到张掖朝贡,并代表射匮可汗向隋炀帝致意②。大业六年(610),射匮派使者向隋朝求结和亲,裴矩认为这又是离间西突厥的好机会,向炀帝建议先许婚,令射匮发兵讨伐处罗,然后结亲。炀帝赐使者一支桃竹白羽箭,令射匮早发。射匮得箭十分欢喜,立即起兵袭击处罗,处罗

---

① 《隋书》卷15《音乐志下》。
② 《隋书》卷83《西域·石国传》。

猝不及防,弃妻子仅率数千骑逃走,屯于高昌东面的时罗漫山。高昌国即将情况告知隋朝,隋炀帝派裴矩带上处罗母向氏的亲信使者,使者来到处罗帐中,传达向氏的晓谕叮嘱,无路可走的处罗可汗思母心切,于是随使者入朝。这已是大业七年(611)十二月了。应该说,这是隋朝离间突厥获得的又一次大胜利。

处罗朝见隋炀帝时向炀帝稽首谢罪,炀帝则说:

> 今四海既清,与一家无异,朕皆欲存养,使遂性灵。譬如天上止有一个日照临,莫不宁帖;若有两个三个日,万物何以得安?①

天无二日,地无二主,傲慢的西戎霸主西突厥处罗可汗终于拜倒在自己脚下,"溥天之下,莫非王土;率土之滨,莫非王臣",万方来朝有处罗,隋炀帝的权力意志可谓得到了最大的满足。大业八年(612)元旦大朝会,处罗可汗向隋炀帝奉觞上寿,口中念念有词:

> 自天以下,地以上,日月所照,唯有圣人可汗。今是大日,愿圣人可汗千岁万岁常如今日也②。

继启民称隋文帝"圣人可汗"之后,处罗又称炀帝为"圣人可汗","圣人可汗"与唐太宗"天可汗"称号的内涵一样,但隋炀帝为四夷之主却早于唐太宗30多年。炀帝将信义公主嫁给处罗,赐号曷娑那可汗,本想以启民模式让他回西突厥,"复其故地",但由于忙于东征高句丽,炀帝没有心思再对西域作大的经略,处罗竟随从炀帝征辽,四处巡行,成为炀帝的一名高级侍卫官。

高昌王麹伯雅也随从炀帝征高句丽,大业八年(612)冬归蕃时,得尚宗女华容公主,并受炀帝所封官爵光禄大夫,弁国公,这意

---

① 《隋书》卷84《北狄·西突厥传》。
② 《隋书》卷84《北狄·西突厥传》。

味着高昌国也成了隋朝的附庸。麴伯雅归国后令国人"解辫削衽",恢复华夏风俗正典。而这次隋炀帝也没有劝阻,因为高昌"本自诸华",不像启民出于夷狄。于是下诏褒扬:"伯雅逾沙忘阻,奉贽来庭,观礼容于旧章,慕威仪之盛典。于是袭缨解辫,削衽曳裾,变夷从夏,义光前载。……弃彼毡毳,还为冠带之国"①。但是,高昌国不敢得罪强邻铁勒和西突厥,解辫削衽只是说说而已。

再说射匮以武力赶走泥撅处罗可汗之后,即自立为西突厥大可汗,使汗位由阿波系转回到达头系。射匮可汗随即着手恢复祖业,向东扩张,统一西突厥两厢十姓。处罗可汗失位托庇于隋,但炀帝正专注于东方的高句丽,没有利用处罗并纠集西域高昌、铁勒等共同对付复兴的西突厥,致使铁勒契苾、薛延陀二部"并去可汗之号",臣服于射匮,铁勒汗国犹如昙花一现消失了。高昌国也被迫重新承认西突厥为宗主国。令人哭笑不得的是,刚从隋朝归国的国王麴伯雅非但没有解辫削衽,反而又要硬着头皮依突厥习俗认自己的"大母"阿史那氏为自己的正妻王后,而隋炀帝所赐年轻貌美的华容公主却只能做庶妻了。

归降隋朝的突厥阿波系处罗可汗残部人马不多,既无力回归故土,隋炀帝遂于大业八年(612)正月将其人众一分为三:令处罗弟阿史那阙度设率羸弱万余口驻牧于会宁(今甘肃靖远县),又令特勤阿史那大奈率余众入塞居于楼烦郡(治今山西静乐),处罗赐号曷娑那可汗后率500余骑常随炀帝巡游。然而,西突厥阿波—处罗一系是东突厥启民—始毕一系的冤家仇敌,炀帝不用处罗来对付西突厥射匮,却部署于靠近突厥的北境,必然引发东突厥新任可汗始毕的疑虑。东突厥在铁勒汗国灭亡之际收纳了大批东徙的

---

① 《隋书》卷83《西域·高昌传》。

契苾、薛延陀部众,势力也骤然强大,隋炀帝对此也只能听之任之。

的确,民族关系最为复杂,顾到了一头却顾不到另一头。隋炀帝的扩张野心太大,西域开拓事业在耗费了巨大财物之后已达到了其光辉的顶点,本应珍惜并着力维护,但隋炀帝的政策没有一贯到底,而是四面出击,得不偿失,在紧要关头突然将经略的重点转向了东方的高句丽,从此忽略了突厥,忽略了西方而专注于高句丽,使经通西域的成就前功尽弃。对此,唐人总结说:"至于隋室,早得伊吾,兼统鄯善,且既得之后,劳费日甚,虚纳致外,竟损无益"①。好大喜功最后竟一无所获。

第三节　通使海洋　交流文化

隋炀帝在经略西域的同时,对南疆海域也进行了经略,史称"大业中,南荒朝贡者十余国,其事迹多湮灭而无闻"②。虽事多湮没,但经中外学者的多年研究,现亦大致可叙。魏征评论说:"高祖受命,克平九宇,炀帝篡业,威加八荒。甘心远夷,志求珍异。故师出于流求,兵加于林邑,威振殊俗,过于秦汉远矣"③。隋炀帝的扩张野心虽超过了秦始皇、汉武帝,但南方热带瘴疠之气候和涛涛海洋万顷波浪却阻断了其权杖的延伸。加兵林邑,师出流求(台湾),有关这些本书皆从略。但通使海洋却大大促进了中外文化的交流,兹作详述。

---

① 《贞观政要》卷9《安边第三十六》。参见薛宗正《隋朝与西域》,载《新疆社会科学》1989年第3期。
② 《隋书》卷82《南蛮传》。
③ 《隋书》卷82《南蛮传·史臣曰》。

一、常骏出使赤土　招徕南洋诸国

仁寿末年隋文帝发动了对林邑国(今越南中南部)的攻略,由于瘴疠之气,士兵水土不服,隋军统帅刘方等病死,炀帝即位后适时停止了这场战争。但炀帝仍"甘心远夷,志求珍异",招募"能通绝域者"下海探险。大业三年(607)有屯田主事常骏、虞部主事王君政等请求出使赤土国。炀帝大为欢喜,即备礼派出了使团。

赤土国在何处?由于史书记载不详,至今众说纷纭。《隋书·南蛮·赤土传》记:"赤土国,扶南(今柬埔寨)之别种也。在南海中,水行百余日而达所都,土色多赤,因以为号,东波罗剌国,西婆罗娑国,南诃罗旦国,北拒大海,地方数千里,其王姓瞿昙氏,名利富多塞,不知有国近远"。赤土建国于南洋红壤地带,是一个地方数千里,不知国界远近的大国。陈碧笙教授综合分析前人研究,认为赤土国在今印尼苏门答腊岛①。日本学者桑田六郎《赤土考》首次指出,《隋书》所记赤土就是唐之室利佛逝、宋之三佛齐、明之旧港和占碑。因为据我国旧史赤土仅隋时存在,隋以后却不见记载,由于古代交通梗阻和语言隔阂,古籍中同名异译的现象屡见不鲜,唐时赤土被译为室利佛逝,宋时译为三佛齐就不足为奇了。否则就很难解释南洋大国赤土何以突然在历史上消失。据此陈碧笙教授进一步推论,南朝诸史所记的斤陁利或千陀利是赤土的前身。斤陁、千陀与赤土可能是同音而异字。陈教授又从《隋书》所记疆域、四至及常骏南行的航程、物产、交通等方面证明赤土应在苏门答腊岛。

---

① 参见陈碧笙:《隋书赤土国究在何处》,载《中国史研究》1990 年第 4 期。本节写作主要参引该文,余不一一遍注。

赤土处在东南亚交通的要冲,在中外文化交流史上具有重要地位,东晋时著名高僧法显西行印度取经,回国时从师子国(今斯里兰卡)搭船,泛海80天到达耶婆提,即千陀利的异译,其实就是赤土。法显在此住了半年,公元412年搭乘大船回国。

赤土是一个深受印度文化影响,文明程度很高的古国,法显在其所著《佛国记》中描述了其佛教文化繁盛的景况。南朝时曾5次遣使至建康(今江苏南京)贡献,与中国早就有密切的文化交流。但南海行船风险很大,法显归国时原拟于广州上岸,途中遇大风,结果飘到今山东青岛才登岸,在海上漂流了两个多月,所以两国通使并非易事。

大业四年(608)三月壬戌(十九日),赤土国遣使向隋贡方物,丙寅(二十三),炀帝遣常骏出使赤土,并往罗刹国。炀帝接见赤土使者在前,派常骏出使在后,这是一种友好互访。十月,常骏等自南海郡(治今广州)扬帆出发,"昼夜二旬,每值便风,至焦石山而过,东南泊陵伽钵拔多洲,西与林邑相对,上有神祠焉。又南行,至师子石,自是岛屿连接,又行二三日,西望见狼牙须国之山,于是南达鸡笼岛,至于赤土之界"①。常骏所过岛屿地名今难以详考,学界亦多异说,大概船队是沿现越南海岸南行,再下马来半岛,师子石可能是今新加坡岛,"自是岛屿连接"则可能来到廖内群岛中的一系列小岛。再行,便到了苏门答腊岛。

赤土国王利富多塞闻知隋使前来,十分欢喜,即遣婆罗门鸠摩罗率30艘船来迎接,"吹蠡击鼓,以乐隋使",又"进金锁以缆骏船",一路上吹吹打打,热闹非凡。大约一个月左右来到国都僧祇城,国王又派王子那邪迦先与隋使礼见,并送来金盘、金花以接收

---

① 《隋书》卷82《南蛮·赤土传》。

隋炀帝所致诏函。来到王宫,常骏奉诏上殿,国王以下皆坐,"宣诏讫,引骏等坐,奏天竺乐",礼仪相当隆重。几天后,利富多塞国王又亲设盛大国宴招待隋使,宴席上"以金钟置酒,女乐迭奏,礼遗甚厚"。宾主之间始终洋溢着热情友好的气氛。

　　赤土国地处南海交通枢要,南朝时,佛教文化和印度乐舞艺术也由此海路传到中国。国都僧祇城,"有门三重,相去各百许步,每门图画飞仙、仙人、菩萨之像"。赤土是一个强大的海上帝国,《隋书》描述其王宫的豪华奢丽景况曰:"王宫诸屋悉是重阁,北户,北面而坐,坐三重之榻。衣朝霞布,冠金花冠,垂杂宝璎珞。四女子立侍,左右卫兵百余人。王榻后作一木龛,以金银五香木杂钿之,龛后悬一金光焰,夹榻又树二金镜,镜前并陈金瓮,瓮前各有金香炉。当前置一金伏牛,牛前树一宝盖,盖左右皆有宝扇"①,可谓金碧辉煌,庄重森严,较之西突厥室点密可汗的牙帐一点也不逊色。显然,这是隋炀帝的权杖染指不到的海上又一专制王权,其豪奢显示了赤土国王的无上权力。当然,利富多塞国王对隋使很友好,不像室点密可汗对东罗马帝国使者那样傲慢。

　　访问结束,常骏等启程归国,赤土国王派王子那邪迦随船同行,入隋回访,其国书用"铸金为罗叶,隐起成文以为表,金函封之"。并献上大批珍贵礼物,启程时更以盛大仪礼相送,充分显示出赤土国和隋朝一样,也是礼仪之邦,而不是化外蛮荒。

　　常骏的回程是放洋直驶越南,再沿海岸北行,越过林邑至交趾登陆,再改由陆路,于大业五年(609)春与那邪迦王子一道在弘农(治今河南灵宝)谒见了西巡路上的隋炀帝。炀帝十分高兴,赐常骏等物 200 段,俱授秉义尉,那邪迦王子更受到优厚的礼遇,跟随

---

① 《隋书》卷 82《南蛮·赤土传》。

炀帝一路观光。自后，两国往来不绝。

常骏南行的使命并不是仅到赤土为止，隋炀帝还要求他们通使加里曼丹西部的罗刹国（婆罗剌）。隋时南洋的政治地图大约是以赤土为中心，东有加里曼丹的婆罗剌，西有苏门答腊西部的婆罗娑，南有爪哇岛上的诃罗旦国，赤土则处在南洋诸国的中心，东西水上交通的要冲。常骏是否到了或遣分使到了罗刹国，完成炀帝所交使命，史书不载，但据《隋书》所载，南荒朝贡者有10余国，除林邑、赤土外，还有崇信佛教和道教受印度和中国文化双重影响、居于林邑之西南的真腊国（今柬埔寨），位于马来亚半岛的丹丹国和北加里曼丹岛的盘盘国，巴厘岛上的婆利国及迦罗舍国等①。

常骏出使赤土是中外关系史上的一件盛事，大大促进了隋与南洋诸国的文化交流，促进了海上丝绸之路中国与南洋的贸易发展。常骏的出使招徕了南洋10余国朝贡使，也大大满足了隋炀帝万王之王的圣王追求，提高了大隋王朝的国际地位。

二、日出处天子致书日落处天子

在涛涛的东海之滨太阳升起的地方有日本国，中国古代史籍称倭国，《隋书·东夷传》记有倭国与隋朝关系始末，日本史籍《古事记》和《日本书纪》也记载了这段交往。此时，正值日本推古天皇时代，推古朝至大化改新这段历史时期在日本被称为飞鸟时代，也是大规模引进中华文明推进日本改革的时代，其初推动改革的是圣德太子。中日关系源远流长，在隋炀帝和圣德太子当政时，两国的文化交流有了进一步发展。

---

① 《隋书》卷82《南蛮传》。

日本吸收先进的中国文化最早可以追溯到秦汉时代,据说秦始皇遣方士徐福入海求神药,率童男童女3000来到日本福冈,现福冈市有徐福的塑像以资纪念。公元前108年,汉武帝在朝鲜半岛设立郡县,先进的汉文化更直接影响到日本。《汉书·地理志》有"乐浪海中有倭人,分为百余国,以岁时来献见"的记载。其中倭奴国于东汉光武帝中元二年(57)遣使来朝,光武帝赐予刻有"汉委奴国王"5字的金印,这枚金印于1784年在福冈市的志贺岛上发现,现藏于福冈市美术馆。

先进的汉文化传入促进了日本社会的发展,约在公元2世纪初,九州北部出现邪马台国,其第二位君主是女王,称卑弥呼,曹魏时"译通中国",魏明帝封女王为"亲魏倭王",并遣使回访。后大陆汉人为避战乱移居日本的也不少。约在4世纪末,起于东方的大和国灭邪马台国并称霸日本,甚至派兵入侵朝鲜半岛,通过半岛输入汉文化。最早将中国典籍带入日本的是一个名叫王仁的学者,他从朝鲜半岛的百济携《论语》10卷赴日。公元538年,百济圣明王遣使向大和国献佛像和经论,自此佛教也传入日本。

南朝时,大和国倭五王多次向南朝皇帝朝贡,上表自称"使持节、都督倭、百济、新罗、任那、秦韩、慕朝六国诸军事、安东大将军、倭国王",请求皇帝"除正",也就是要求南朝皇帝承认倭国有权统辖朝鲜半岛,但由于百济也向南朝朝贡,一直保持友好关系,宋、齐、梁诸帝只同意倭王都督5国诸军事,而不包括百济[①]。倭五王求得南朝的册封,增强了其在日本列岛的威望,征服了上百个小国,成为海上强国。但进入6世纪后,由于大姓贵族势力扩展,倭国社会矛盾日趋尖锐。据《日本书纪》记载,公元562年日本在朝

---

① 《南史》卷79《夷貊下·倭国传》。

鲜半岛的据点任那被新罗所灭,导致了长期执掌朝政的大姓大伴氏失势。公元592年,新兴的大姓贵族苏我马子暗杀了崇峻天皇,立马子的外甥女御食炊屋姬继位,是为推古女皇,女皇立厩户皇子为太子,即圣德太子,与苏我马子共同掌政,推行改革。此时隋已统一南北,但隋对东邻日本发生的事一无所知。

开皇二十年(600),倭国遣使向隋朝贡,隋文帝才知道东方大海中有个倭人国,于是令有关官司寻访倭国风俗,但从《隋书·倭国传》所记看来,隋所获倭国情报相当皮毛。文帝听说倭王以天为兄,以太阳为弟,倭王天未明时出朝听政,日出才停止处理政务,据说是要把政务委交太阳弟弟去处理,文帝觉得"太无义理",竟高高在上以天子对臣民的口气训令倭王改正工作作风,这显得相当荒唐。

其实此时的日本已发展成为一个相当文明的国家,朝鲜半岛的"新罗、百济皆以倭为大国,多珍物,并敬仰之,恒通使往来"①。执政的圣德太子年轻有为,和隋炀帝一样很有文化素养,他曾分别向高句丽僧惠慈和五经博士觉哿学习佛经和儒家经典,积极输入大陆先进文化,倡导政治改革。推古天皇十一年,即隋仁寿三年(603),圣德太子制定了《冠位十二阶》,即按德、仁、礼、信、义、智表示官位的高低,并分别配以紫、青、赤、黄、白、黑六种冠色,每种又分大小,共12阶。官阶依据功绩和才能,不看门第,这有助于加强王权,推进了贵族的官僚化和以天皇为中心的官僚制的形成。第二年圣德太子又颁布了《十七条宪法》,它广泛地综合了中国的儒、法、道及佛家思想,强调以礼治国,以君为天,以臣为地。其中14条涉及各级官吏的行为准则,归纳起来就是治心、治身、敦教

---

① 《隋书》卷81《东夷·倭国传》。

化、尽地利、擢贤良、恤狱讼、均赋役,显然是直接受到西魏北周宰相苏绰"六条诏书"的影响。《十七条宪法》是改革的纲领,为以后的大化改新奠定了思想和理论基础。

此时的日本佛教已广泛流行,各地都兴建了高大的寺庙,著名的法隆寺建筑样式深受隋朝影响。据考古发掘报告,日本最近在奈良县发现了飞鸟时代的百济大寺正殿遗址,其规模东西长36.2米,南北宽27米,为历来所称道的法隆寺的两倍,从出土瓦片年代判断,应是日本最早的皇家寺院,据日本文献,百济大寺是早期天皇创建的集飞鸟时代建筑工艺技术最高成就的宏伟工程,有九重塔①,这表明当时日本已具备很高的文明并已出现强大的王权。正是此时的隋大业三年(607),遣隋使大礼小野妹子被派往中国,同来的还有通事(翻译)鞍作福利,《隋书·倭国传》记载了大业三年倭国"遣使朝贡",并记其使者朝贡时所言:"闻海西菩萨天子重兴佛法,故遣朝拜,兼沙门数十人来学佛法"。《宋史·日本传》也记圣德太子"遣使泛海至中国,求法华经"。

但是,遣隋使向隋炀帝递交的国书,却一改先前以中国王朝臣属自居,请求册封的做法,倭王称"日出处天子致书日没处天子无恙"云云。这反映了雄心勃勃的倭国执政圣德太子要推行平等自主的外交政策。隋炀帝接到国书自然是"不悦",定于一尊被四夷尊为"圣人可汗"而傲视一切的隋炀帝,决不会允许夷王与自己平起平坐。但对以海相隔的绝域远夷却也无可奈何,只好对负责接待远夷朝贡的鸿胪卿说:"蛮夷书有无礼者,勿复以闻"。即让下面的官署将不识礼义的蛮夷挡驾于外。当然,隋炀帝当时更不知道上国书要与自己平起平坐的倭王竟是一个女人,否则更要气坏

---

① 参见《上海译报》1997年4月7日号。

的。《隋书·倭国传》记"倭王姓阿每,字多利思比孤,号阿辈鸡弥",可能是推古女皇御食炊屋姬的讹读。大业四年(608)三月辛酉(十八日),倭国与百济、赤土等国使者一起向隋炀帝"贡方物",受到炀帝的正式接见,炀帝将小野妹子和百济、赤土使者摆在一起,接受朝贡,仍然是把倭国放在藩属朝贡外臣的位置,时小野妹子取了一个中国名字,叫苏因高。

令小野妹子惊喜万分的是,这年四月隋炀帝派文林郎裴世清为使,一行13人,同倭国、百济使者一道,取道百济出使日本。朝鲜《三国史记》也记:"百济三十世武王九年春三月,遣使入隋朝贡,隋文林郎裴世清奉使倭国,经我国南路"。又据《隋书》记载,裴世清与小野妹子启程,经过百济之后,"行至竹岛,南望𨈭罗国,经都斯麻国,向在大海中,又东至一支国,又至竹斯国,又东至秦王国,其人同于华夏"。秦王国可能是日本列岛上接受汉文化很深的小国,或中国移民聚居地,裴世清疑以为是古书上所记"夷洲",但不能断定。后"又经十余国,达于海岸,自竹斯国以东,皆附庸于倭"①。这反映了日本列岛诸侯林立的状况。

隋使到达筑紫(今北九州),日本朝野得知后异常欢欣。据《日本书纪》记载,大和朝廷得知隋使到来立即派吉士雄为特使前往迎接,圣德太子还命令在难波(今大阪)修筑迎宾馆供隋使下榻。裴世清一行在吉士雄导引下于六月十五日航抵难波,即由大和朝廷派出的35艘银装"舫船"迎入宾馆,受到殷勤款待,小野妹子则先行晋京飞鸟(奈良)禀报。据说,小野妹子奏称隋炀帝回致推古天皇的国书途经百济时被掠,这就是所谓"国书遗失"事件。日本学界有人认为倭王的国书自称"日出处天子"令隋炀帝"不

---

① 《隋书》卷81《东夷·倭国传》。

悦",炀帝的回书可能措辞严厉地加以训斥,故小野妹子不敢呈交,伪称被百济掠去①。另一种意见认为隋使裴世清本人带去了致倭王的国书,炀帝没有必要另修国书一封交小野妹子带回。当时隋、倭国力相差悬殊,日方大可不必也没有力量与隋炀帝分庭抗礼,其意不过是想借助平等外交,提高日本皇室的权威,削弱国内大姓和地方"国造"的势力②。然而,隋使裴世清一行在难波一住就是50来天,于8月3日才被迎至飞鸟。

从史书所记实际情况来看,大和朝廷不仅对隋使裴世清的接待十分隆重,而且态度诚恳、谦恭。隋使进抵京城飞鸟,先是受到推古女皇派去的小德阿辈台为首的官员数百人的隆重欢迎,设仪仗,鸣鼓角。后10天又受到大礼哥多毗为首的200余骑的郊迎。八月十二日入朝,圣德太子和诸王大臣头戴金髻花,身穿锦绣绫罗出宫迎接,裴世清呈上隋炀帝致倭国国王的国书:"皇帝问倭皇,使人长吏大礼苏因高等至具怀,朕钦承宝命,临御氏宇,思弘德化,覃被含灵,爱育之情无隔遐迩,知皇介居海表,抚宁民庶,境为安乐,风俗融和,深气至诚,远修朝贡,丹款之美,朕有嘉焉。稍暄比如常也,故遣鸿胪寺掌客裴世清等,指宣往意,并送物如别"③。隋炀帝仍以凌人之气把倭国看成为修职贡的属国,以天子口气嘉奖倭王。国书称日本天皇为"倭皇",甚为可疑,估计是后来日本使臣篡改,将王改为皇。就像国书被劫事件一样,《日本书纪》出于抬高天皇的需要,也存有大量不实之辞。

没有史料记载裴世清见到的是女王还是太子,隋一直不清楚

---

① 参见木宫泰彦:《中日交通史》上卷第5章,商务印书馆1980年版。
② 参见黄尊严:《隋日交往中的"国书"问题研究述评》,载《北方论丛》1996年第5期。
③ 《日本书纪》卷22《推古天皇纪》。

君临倭国的是一位女主,但《隋书·倭国传》记倭王会见隋使时"大悦",态度十分谦恭诚恳,说:"我闻海西有大隋,礼义之国,故遣朝贡。我夷人,僻在海隅,不闻礼义,是以稽留境内,不即相见,今故清道饰馆,以待大使,冀闻大国惟新之化"。在这里倭王根本没有摆出"日出处天子"的架子要与隋炀帝分庭抗礼,而是自称夷人,称大隋是礼仪之邦,而自己是不闻礼义的蛮荒之地,要虚心向文明大国隋朝学习,甘为藩臣。裴世清当仁不让,代表隋炀帝抚慰倭王说:"皇帝德并二仪,泽流四海,以王慕化,故遣行人来此宣谕"①,云云。礼毕,隋使被引至宾馆休息。当然,这段记载是隋朝的一面之词,裴世清回命时是否添油加醋贬低对方抬高自己,也未可确知。

撇开礼仪不谈,隋、倭互使总的来讲是友好的。约 1 个月后,裴世清向倭王辞行归国,圣德太子于是设宴为隋使饯行。九月十一日启程时,倭国又任命小野妹子为遣隋使,吉士雄为副使,鞍作福利为通使,另有 4 名留学生,4 名学问僧,作为第二次遣隋使团,陪同裴世清回国。据《日本书纪》,这次大礼小野妹子转呈的国书用汉语书写:"东天皇敬白西皇帝,使人鸿胪寺掌客裴世清等至,久忆方解,季秋薄冷,尊何如想清念,此即如常,大礼乎那利等往,谨白不具"。这是日本首次以"天皇"名义向中国王朝致书。

然而,中国史书对此却未作记载,只是说日方"复令使者随(裴世)清来贡方物,此后遂绝"。"贡方物"是隋一相情愿的说法,倭国未必承认来隋就是"朝贡"。第二批遣隋使的到来及其复命情况我们所知不多,隋炀帝是否看了以天皇自居并与隋东、西对称的倭国第二封国书,若看了又是如何表现,我们就不得而知了。但

---

① 《隋书》卷 81《东夷·倭国传》。

第二批遣隋使到隋朝后受到了隋热情接待则是事实。隋为什么两次接待了不愿以臣属朝贡名义而来的倭国遣隋使小野妹子,可谓是千古之谜。

《隋书》所记"此后遂绝",其实也不是事实,大业五年(609)九月小野妹子大使回国,但《隋书·炀帝纪上》记大业六年(610)春正月己丑(二十七),"倭国遣使贡方物"。日本史书记公元614年6月13日(大业十年)还有以大使犬上御田锹、副使矢田部造为首的一次遣隋使,他们到翌年七月才回国。又据《日本书纪》,随第二次遣隋使来的留学生和留学僧,大都是"渡来人",即汉人后裔,他们多通汉语。他们在中国留学少则10多年,多则30余年,有的直到唐贞观年间才学成回国,成为后来大化改新的重要顾问。频繁的遣隋使活动成为以后更大规模遣唐使的先声,学成归国的学生鼓吹以中国为蓝本建立"法式备定的天皇制国家",使日本进入了更加文明的"律令时代"①。

应该说,隋朝时的中日文化交流取得了重大成果,隋炀帝对促进日中邦交的发展作出了重要贡献。炀帝优容倭国遣隋使,对倭王的"无礼"采取了少有的克制宽容态度,并主动派出使团回访日本,没有计较两次国书东、西皇帝对称的问题。当然,隋炀帝并没有承认倭国主的天皇地位,而是仍然视为朝贡藩国。隋炀帝毕竟是一个很有心计的政治家,他的权杖既无法伸向岛国日本,也就只能忍气吞声适可而止。而此时隋炀帝对外征讨的重点已经转向了与隋接壤的高句丽,他知道倭国与高句丽素来不和,在拉拢百济、新罗的同时,也刻意拉拢倭国,或可引为外援,至少可以牵制高句丽,所以,隋炀帝派遣裴世清出使日本,可以看成是针对高句丽的

---

① 参见依田憙家:《简明日本通史》,北京大学出版社1989年版。

一次重大外交举动。

第四节　二游江都　朝野皆以辽东为意

随着炀帝北巡和西巡取得巨大成功,大业五年(609)隋朝已达极盛,"地广三代,威振八纮,单于顿颡,越裳重译"。王朝经济力量也空前强盛,"赤仄之泉,流溢于都内,红腐之粟,积委于塞下"。炀帝于是"负其富强之资,思逞无厌之欲,狭殷周之制度,尚秦汉之规摹"①,筹划着干更大的事。

开春三月,闲不住的隋炀帝又开始了第二次巡游江都,史书没有详细记载这次巡行的具体情形,但炀帝为这次巡行事先作了充分准备,大业五年(609)就大兴土木建筑了江都宫,而其随从队伍和排场也肯定不会亚于第一次,龙舟船队又是延绵几十里,两岸车马簇拥而行。炀帝写了一首《早渡淮诗》:

平淮既淼淼,晓雾复霏霏;

淮甸未分色,泱漭共晨晖。

晴霞转孤屿,锦帆出长圻;

潮鱼时跃浪,沙禽鸣欲飞。

会诗高秋晚,愁因逝水归②。

大概就是这次巡行路上写的。唐代诗人杜牧也有诗描述炀帝的巡行船队:"夹岸垂杨三百里,秖应图画最相宜。自嫌流落西归疾,不见东风二月时"③。对炀帝再次南巡不以为然。

这次巡行江都和大业元年(605)首巡相距已有5年,5年中炀

---

① 《隋书》卷4《炀帝纪下·史臣曰》。
② 《初学记》卷6《地部中·淮五》。
③ 《樊川文集》卷5,《隋堤柳》。

帝威服四夷,被突厥尊为"圣人可汗",威加四海,春风得意。特别是经通东南海洋绝域,招徕远夷来朝,更使炀帝感觉光彩,常骏通赤土,陈稜至流求,裴世清使倭国,都带来了令人欣喜的好消息。此时称藩臣服的高昌王麴伯雅、伊吾吐屯设及西域各国使者均在身边,炀帝决定带他们往锦绣江南去看一看,好让他们归蕃时宣扬中原的繁盛,更加心悦诚服地向"圣人可汗"朝贡。在江都宫隋炀帝接见了来访的赤土国王子那邪迦及寻访流求归来的朱宽,还有由海路到来的林邑、倭国、百济等国使者。

相比而言,大业初年隋炀帝对东南海域的经略较之西域规模要小得多,派往林邑和流求的军队均仅万余人,较之出兵数十万破击突厥和吐谷浑来看,算不得大的行动。领兵将领刘方、陈稜也只是二流偏将,出使赤土、倭国的使者常骏、裴世清也为官品秩很低,这都说明大业初年隋炀帝经略的重点在西域,在北方。

在江都宫,隋炀帝适时地把注意力用在了对南方蛮俚等少数民族的抚慰上。由于民族融合进展缓慢,南方湿热,北方人不耐其气候,如贝州配防岭南的罪徒千人,至岭南后,"遇瘴疠死者十八九"①。不服南方水土使北方关陇人士把岭南视为畏途。史载:"自岭已南二十余郡,大率土地下湿,皆多瘴疠,人尤夭折"②。而江南腹地的蛮、僚、俚、越各族人民入隋后仍不断反隋。大业四年(608),黔安郡(治今四川彭水县)蛮人向思多起义,杀隋将鹿愿,围攻太守萧造,炀帝派左武卫将军周法尚、加右武卫大将军李景分路进讨,双方激战于清江,向思多战败,造反者被斩首3000级③。黔安郡前称黔州,与鄂西清江郡(治今湖北恩施)接近,清江统县

---

① 《隋书》卷74《库狄士文传》。
② 《隋书》卷74《库狄士文传》。
③ 《隋书》卷65《周法尚传》。

五:盐水、巴山、清江、开夷、建始,有户2658①,乃今土家族先民聚居区。向思多起义失败后不久,又爆发了黔安夷酋田罗驹领导的起义,他们沿清江设防,夷陵诸郡民夷多响应,隋炀帝又派郭荣率重兵前往进剿,费了很大劲才将义军打败②。大业六年(610)十二月,珠崖(海南岛)人王万昌发动俚人起义,时海南岛上的珠崖郡统有10县,有编户19150,多为土著俚人。隋炀帝时正在江都,即遣从驾的陇西太守韩洪前往镇压,王万昌被镇压后其弟王仲通又举兵反,炀帝再次诏韩洪征讨③。隋炀帝在江都发布命令,将珠崖郡析为珠崖、儋耳、临振3郡,以加强对海南岛的政治控制,使海南岛与内地的联系进一步密切了。为了镇抚俚越,隋炀帝还特地将曾任桂州总管17州诸军事、任上使"民夷悦服"的侯莫陈颖再调往岭南,出任南海太守④。

为了加强对江南的统治,隋炀帝又将江都的行政地位提高一级。大业六年(610)六月甲寅(二十四),"制江都太守秩同京尹"⑤。这使江都具有陪都的地位,成为隋在南方统治的政治中心,隋炀帝本人此次在江都一住就是1年,在江南现场视事听政。

这一年,隋炀帝虽没有将龙舟驶向蔚蓝色的大海,但却在对江南水乡交通状况大量调查研究的基础上,于大业六年(610)十二月下敕开挖江南运河,使大运河向长江以南延伸到钱塘江,可直通龙舟。隋炀帝欲东巡会稽(今浙江绍兴),并建置了驿宫。但炀帝并没有寄情于山水之间,而是公务繁忙日夜处理着国内外大事。

---

① 《隋书》卷31《地理志下》。
② 《隋书》卷50《郭荣传》。
③ 《隋书》卷3《炀帝纪上》。
④ 《隋书》卷55《侯莫陈颖传》。
⑤ 《隋书》卷3《炀帝纪上》。

他在江都接见了各国朝贡使者,却唯独未见高句丽使者的到来。前年他在启民帐中曾向高句丽使者宣旨,要高丽王亲自来朝,但高丽王置之不理,两年没有派使朝贡。高句丽不朝激起了炀帝君臣的极大不满,此时"朝野皆以辽东为意"①。早在巡幸启民牙帐时,隋炀帝已作出征讨高句丽的决策,在江都,炀帝开始了讨伐高句丽的准备,并积极进行军事部署和人力调动。这年,炀帝"诏山东置府,令养马以供军役",又下令"课天下富人买武马",以供远征,致使马1匹至10万钱。又下令"简阅器杖,务令精新,或有滥恶,则使者立斩"②。在全国范围内征集武装,赶造军器,开始了大规模的军事动员。

由于日夜操劳,炀帝辛苦,身边的大臣也很辛苦,这年底,又有两位亲信大臣在江都病故,一位是号称关西孔子的文臣牛弘,一位是武将郭衍。牛弘是先朝大臣中唯一始终受到炀帝信任的人,他学识精博,宽厚恭俭,为炀帝掌文翰,制礼作乐,因积劳成疾,于大业六年(610)十二月病故于江都宫,享年66岁,炀帝十分伤惜,令归葬陇西安定。翌年元旦过后不久的正月壬寅(十六日),藩邸旧臣郭衍又病卒,郭衍也深得炀帝宠信,作为亲侍武卫,他见炀帝整日操劳辛苦,就劝炀帝5日一视朝,"无效高祖,空自勤苦"。郭衍的劝告并不完全是出于谄谀邀宠,文帝时杨尚希见文帝"每旦临朝,日侧不倦",也曾谏曰:"愿陛下举大纲,责成宰辅,繁碎之务,非人主所宜亲也"。文帝听后欣然说:"公爱我者"③。炀帝在江都一年大小政务缠身,忙得不可开交,在高负荷的工作日程的重压下,炀帝累瘦了,郭衍也累病了。炀帝见旧臣郭衍自己病了还如此

---

① 《隋书》卷75《儒林·刘炫传》。
② 《资治通鉴》卷181 隋炀帝大业六年。
③ 《隋书》卷64《杨尚希传》。

爱惜皇上身体,越以为忠,说:"惟有郭衍心与朕同"①。郭衍的病死使炀帝十分伤心,原藩邸夺嫡亲信,现只剩下宇文述一人了。

炀帝于是竭力拉拢南方籍的将领,他将名将江都人来护儿带在身边,赐牛酒让他回家宴乡里父老,谒先人墓,并令三品以上官"并集其宅,酣饮尽日,朝野荣之"②。又召远镇武威的庐江人樊子盖来江都,当众夸耀说:"富贵不还故乡,真衣绣夜行耳"。于是敕庐江郡(治今安徽合肥)设3000人大会,让樊子盖谒先人墓宴故老③。隋炀帝让南方籍将官衣锦还乡,炫耀功名,营造出一种南北一体的气氛,在出征高句丽前大肆拉拢南人,意在巩固后方。大业六年(610)四月丁未(十六日),炀帝在江都宫"宴江淮已南父老,颁赐各有差"④,对南方社会各界展开政治抚慰。这些做法,应该说都是深谋远虑的。

隋炀帝对佛教天台僧团更是关怀备至,这时柳顾言奉敕撰写的《天台国清寺智者禅师碑》已树立,其开头文云:"臣闻在天成象,经纬之法存焉,在地成形,区方之均仿矣。二仪既尔,三才同然,上圣缵极,明王所以敷教,光觉授道契会,方乃升仙"。其意是说在隋炀帝浩荡皇恩庇护下,天台宗才得以发扬光大,得到了最大的发展。最后作四言颂辞:"龙图画卦,载荫五典,金轮拯溺,止弘十善。岂若我皇,树功宏缅,还源来净,归途今显。镜鉴先哲,筌源本净"⑤。这篇奉敕而作的颂歌,表面上看是称颂智者大师智顗,但实际上是歌颂大隋皇帝杨广,"岂若我皇,树功宏缅","皇思睿

---

① 《隋书》卷61《郭衍传》。
② 《北史》卷76《来护儿传》。
③ 《隋书》卷63《樊子盖传》。
④ 《隋书》卷3《炀帝纪上》。
⑤ 《国清百录》卷4《敕造国清寺碑文第九十三》。

赜,帝师既沃"。在"王道既清"、"混成一乘"的大好形势下,南北佛徒弟子,芸芸众生,同沐王化,共创宏伟大业。隋炀帝并不像梁武帝那样消极出世,卖身佞佛,而是利用佛教,驱使众生,以达到自己的政治目的。

总而言之,隋炀帝在江都,围绕着巩固后方,调动一切可以调动的力量,准备东征高句丽这一中心工作,足足忙了一年,包括派人出使日本,联络与国,也是为了对付高句丽。在作了充分动员和准备之后,隋炀帝于大业七年(611)二月乙亥(十九日)踏上了征讨高句丽的征程。炀帝由江都御龙舟北返,没有回到东都洛阳,而是直入刚刚开凿好的通济渠,跨过黄河直接北上,前往地处前线的涿郡(治今北京市)。壬午(二十六),隋炀帝下达了亲征高句丽的诏文:

> 武有七德,先之以安民。政有六本,兴之以教义。高丽高元,亏失藩礼,将欲问罪辽左,恢宣胜略。虽怀伐国,仍事省方,今往涿郡,巡抚民俗。

发布诏文是要让全国民众知晓,炀帝兴兵问罪"亏失藩礼"的高丽是正义的,以礼义之师讨击不臣,必然胜利。炀帝北征仍不忘一路上现场听政,加恩于长者,版授虚位,又于船前补选,考课官吏。龙舟行进了两个多月,一路巡抚民俗,于四月庚午(初十)到达涿郡(治今北京市)的临朔宫。

第八章 三征高丽 四海糜沸

隋炀帝即位后短短几年时间,使大隋皇威播于四夷,这是自汉武帝以来700—800年无人可以比拟的。同时,天下苦役,苛政急政使人民付出了巨大代价。隋炀帝没有让民众休养生息,喘一口气,而是在接二连三地举办大役之后,紧接着又投入更多的人力物力,亲征东夷高句丽,致使天下骚动。炀帝于大业八年、九年、十年连续三次大规模长途远征,海内耗尽,却均归于失败。隋王朝也由极盛而剧转为败亡,反抗暴政的起义一时竞起,征高丽之役成为隋朝历史的转折点,也是隋炀帝一生荣辱的转折点。

第一节 东夷有失藩礼 大兴问罪之师

高丽即立国朝鲜半岛北部及辽东300—400年之久的高句丽王国,因其王朝贡于中国,被南北朝及隋唐历代王朝封为高丽王,因而中国史书按其所封称为高丽国,《隋书》将其列入东夷传。按照中国传统的华夷体制,藩国必须向宗主国朝贡,像中国臣民一样四夷也得尽君臣之礼,否则,就是失礼,要兴师问罪。隋文帝、隋炀帝、唐太宗、唐高宗都对高丽大兴问罪之师,而其中隋炀帝则是火气最大,兴兵规模最大者,这位高高在上的"圣人可汗"竟盛气凌人地将高丽王高元轻蔑地称之为"小丑"。

一、朝鲜半岛三国鼎立　东胡涉貊各族朝贡

隋炀帝为何一而再,再而三,不惜一切代价要征讨东夷高句丽呢?我们有必要先来考察一下朝鲜半岛和东北亚的地缘政治形势。

隋朝时,东北亚地区居住着许多民族集团和民族国家,统称东夷。其中高句丽是国力最为强盛并与隋朝接壤的国家。高句丽地跨鸭绿江两岸,西至辽水,领有今辽东半岛和朝鲜半岛北部,建都于平壤。其南面朝鲜半岛南端是百济国,东南面是新罗国,另有任那国,在半岛上鼎足而立。高句丽北面松花江流域是靺鞨部族,嫩江和黑龙江上游一带是室韦部族,其西面是契丹、霫、奚等游牧部族。

东夷部族和国家语言风俗各不相同,从种族上划分,契丹、室韦、奚、霫属东胡系统,他们和先前的鲜卑、柔然及后来的蒙古为同族。高句丽、百济、新罗及靺鞨属涉貊系统。

公元前11世纪,周武王灭殷商,殷宗室箕子率族人5000东走朝鲜,教涉人田桑礼教,建朝鲜国,后受周封爵。战国时,涉貊附属于燕,秦灭燕,在辽东设有郡县。秦末大乱,燕、赵、齐人赴朝鲜避难者数万人,时箕子40余世孙侯准收纳流民,势力大增,自称为王。汉初燕人卫满东渡浿水(今鸭绿江),击破侯准自立,定都王俭城(平壤),称朝鲜王。汉武帝元封三年(前108)出兵灭卫氏朝鲜,于其地分置乐浪、临屯、玄菟、真番4郡,后又罢临屯、真番,以其地并入乐浪、玄菟。东汉末建安九年(204),辽东太守公孙康在乐浪郡南另设带方郡,三国曹魏于正始五年(244)灭公孙氏,一直到魏晋,中原王朝仍控制着辽东半岛和朝鲜半岛北部,实行和内地一样的郡县制度。先进的汉文化及典章制度由此直接输入朝鲜,

并对周围地区产生重大影响。所以,当大业三年(607)隋炀帝巡视突厥在启民可汗帐见到高句丽使者时,裴矩就说:"高丽之地,本孤竹国也,周代以之封箕子,汉世分为三郡,晋氏亦统辽东"①。意思是说朝鲜是中国的旧疆。

但是,朝鲜半岛南部却从来未被中原王朝领辖过。约在公元1至2世纪时,半岛南部涉貊族中出现许多部族国家,有马韩、辰韩、弁韩三大区域,中国官员通过乐浪郡和带方郡同三韩打交道,4世纪时,三韩分别形成百济、新罗和任那三个王朝,百济和新罗与中国各王朝都有来往,而特别是与南朝交往更多,任那则依附隔海相望的倭国以自重。

三韩以北的高句丽兴起于公元1世纪,也是从涉貊部落发展起来的国家,创业君主名朱蒙,从夫余南逃,在汉朝郡县管不了的朝鲜北部及今吉林东部长白山地区建立政权,东汉时与中国多次发生战争。晋末丧乱,高句丽也乘机南下攻占乐浪郡(313年),翌年又占领带方郡,不久将都城迁到乐浪郡城平壤,使中国直接统治朝鲜半岛的历史宣告结束。

高句丽与我国南北朝频繁通使,派往东晋、南朝访问贡献方物的使团前后有30多次,刘宋元嘉十六年(439),高句丽王一次就由海路赠送给宋文帝战马800匹。派经北朝都城朝贡的使团更多达90余次,有时一年就派出2—3次。另外,中原人为避战乱逃亡到高句丽的也相当多,他们给朝鲜半岛带去了先进的汉族文化。高句丽从建国以来就大力吸收中国文化,并很早就接受了儒家思想,在国都平壤设有太学。约公元4世纪,佛教也从中国前秦王朝传入高句丽,高句丽不但自己吸收中国文化,还把中国文化介绍到

---

① 《隋书》卷67《裴矩传》。

南方的百济、新罗及倭国。

百济和新罗也都分别向南北朝派遣使团朝贡,学习中国文化,百济国更成为中国文明东传日本的孔道;新罗国模仿中国设郡县,"其文字,甲兵同于中国"。南朝陈时有新罗僧玄光法师,从天台宗三祖南岳慧思学习天台法华法门,同智𫖮一起名列南岳门下28大弟子之一[1]。玄光学成后回国传授法华经义,一时门下也聚集了不少弟子。隋时,又有高句丽释波若,于开皇十六年(596)入天台山从智者大师学天台教义,"以神异闻",但学成后没有回国[2]。由于长期受中华文明影响,朝鲜半岛文化水平高于四夷,高句丽、百济、新罗也派留学生、学问僧来隋朝学习,他们"好尚经述,爱乐文史,游学于京都者,往来继路,或亡不归"[3]。隋炀帝为此在鸿胪寺专门设馆,聘请名僧,"教授三韩"[4],"训开三韩方士"[5]。隋文士杜正藏所著《文章体式》被学人号为"文轨"。传入高句丽、百济,"亦共传习,称为杜家新书"[6]。中华文化不断地向朝鲜半岛和日本列岛传布,到隋唐时已形成了以汉字为载体的东亚文化圈。

从政治上看,中国南北朝对峙时,朝鲜半岛也三国鼎立,各国都结交与国来牵制敌手。时南朝文化优于北朝,故百济、新罗及倭国多往南朝朝贡。高句丽与北朝接壤,故向北朝朝贡多,但也常渡海通使南朝,北魏曾多次在海上擒获高句丽派往南朝的使者,但除了诏书责让外,并不能阻止高句丽向南朝朝贡。南朝亦愿意与高句丽、百济往来,用以牵制北朝。高句丽也阻止百济与北朝通使,

---

[1] 《佛祖统记》卷9。
[2] 《三国遗事》卷5。
[3] 《隋书》卷82《东夷传·史臣曰》。
[4] 《续高僧传》卷15《唐京师弘福寺释灵润传》。
[5] 《续高僧传》卷13《唐京师大庄严寺释神迥传》。
[6] 《隋书》卷76《文学·杜正藏传》。

为此百济曾遣使请求北魏攻打高句丽,遭到拒绝。时中国南北朝统治者和朝鲜半岛对立三方都希望对方长久分裂,以求自己的发展和安稳。而隋统一中国,必然打破几百年来的东亚秩序。

高句丽北面的靺鞨有7大部落,各有酋长,不相统一,常遣使朝贡中原,并南下侵寇高句丽。高丽王想招抚他们,但力不从心。高句丽西面的契丹、奚、霫和西北面的室韦也互为雄长,其中契丹有8大部落,而以大贺氏最强,《辽史·太祖纪》追溯契丹先世出自炎帝,但实际上汉化程度较奚、霫诸部为低,最为"无礼顽嚚"。与契丹同类的室韦文明程度更低,人民贫弱,分为5大部,不相总一。隋时,契丹、奚、霫、室韦诸部皆依附于东突厥,启民可汗置吐屯设总领他们,并得到隋朝的认可。

朝鲜半岛内部的矛盾冲突也很激烈。在公元5世纪,高句丽联合新罗,百济联合倭国,在半岛曾进行了长时间的争霸战,倭国曾派兵渡海,以任那国为据点,与百济组成联军向北推进,结果被高句丽好大王击败。公元562年,新罗吞并了任那,将日本势力逐出了朝鲜半岛。高句丽的势力深入到半岛南部,进一步统一半岛也就提上了议事日程,为此又与新罗交恶[①]。高句丽甚至想西联东突厥,与东突厥划分势力范围,以安抚西北契丹、靺鞨之众。这样,就使得高句丽在成为东北亚最为繁盛强大的国家的同时,也处于各种矛盾的中心。

天上无二日,高句丽谋求地区霸权的野心显然不见容于隋朝,隋建立后,东北亚诸国都关注中原局势的发展,争相朝贡,想借助隋天子的威权为自己谋取好处。如高句丽王汤在北周武帝扫灭北

---

① 参见山中顺雅:《日本古代一千五百年史》,中国社会科学出版社1994年版,第147页。

齐后即"遣使朝贡,武帝拜汤上开府,辽东郡公,辽东王"。至隋文帝"受禅,汤复遣使诣阙,进授大将军,改封高丽王。岁遣使朝贡不绝"①。不甘落后的百济王余昌也遣使朝贡,被封为"上开府,带方郡公,百济王"②。东北亚各族纷纷主动向隋贡献方物,据《隋书·高祖纪上》:

开皇元年(581)秋七月庚午(二十三),靺鞨酋长贡方物。冬十月乙酉(初九),百济王扶余昌遣使来贺,十二月壬寅(二十七),高丽王高阳遣使朝贡。

开皇二年(582)春正月辛未(二十七),高丽、百济并遣使贡方物。十一月丙午(初六),高丽遣使贡方物。

开皇三年(583)春正月癸亥(二十四),高丽遣使来朝。五月甲辰(初七),高丽遣使来朝。五月丁未(初十),靺鞨贡方物,八月丁丑(十一日),靺鞨贡方物。

开皇四年(584)夏四月丁未(十六日),宴突厥、高丽、吐谷浑使者于大兴殿。五月癸酉(十二日),契丹主莫贺弗遣使请降,拜大将军。

开皇五年(585)夏四月甲午(初八),契丹主多弥遣使贡方物。

开皇初年高句丽几乎每年都来朝贡,有时一年遣使二次,表现最为主动最为积极。但值得注意的是,百济和高句丽同时也向江南的陈朝朝贡。史载陈后主至德二年(584)十一月戊寅(二十日)和至德四年(586)九月丁未(三十日),百济国两次遣使向陈献方物。至德三年(585)十二月癸卯(二十一日),高丽国遣使向陈献方物③。高句丽和百济在与隋交接的同时没有中断与南朝的交往,

---

① 《隋书》卷81《东夷·高丽传》。
② 《隋书》卷81《东夷·百济传》。
③ 《隋书》卷6《后主纪》。

并在交往中互通情报,同时根据各自的利害,寻找战略伙伴。

开皇初隋文帝对四夷的政策方针是息事宁人。时有北齐宗室高保宁据营州(今辽宁朝阳市),连结契丹、靺鞨兴兵反隋,文帝"以中原多故,未遑进讨,以书喻之"①。契丹与靺鞨互相劫掠,文帝对来朝的靺鞨使者说:"我怜契丹与尔无异,宜各守土境,岂不安乐,何为辄相攻击,甚乖我意"。但文帝君临天下为四夷主的立场也是坚定的,说:"朕视尔等如子,尔等宜敬朕如父"②。文帝对外以突厥和陈朝为主要敌手。值得注意的是,开皇九年(589)灭陈后,高句丽等国的朝贡使者与隋的往来断绝了好几年。特别是高丽王汤闻陈亡,"大惧,治兵积谷,为守拒之策"③。南朝与北朝汉晋时本为一家,辽东汉晋时也是中国领土,隋灭陈统一中国,原亦为中国郡县的高句丽自然感到震恐,高丽王预感到隋兵锋马上就要转向自己,开始了备战。

最早建议灭高句丽的是曾为晋王杨广安辑江南立有大功的吴人陆知命,他曾直诣朝堂向隋文帝上表,请使高丽,说:"陛下当百代之末,膺千载之期,四海廓清,三边底定。唯高丽小竖,狼顾燕垂,王度含弘,每怀遵养者,良由恶杀好生,欲谕之以德也。臣请以一节,宣示皇风,使彼君面缚阙下"④。文帝虽没有派陆知命出使高丽,但对他的言论是赞赏的。

直到开皇十一年(591)春正月辛丑(十八日),高句丽才又遣使入隋朝贡,五月,高句丽又遣使贡方物,恢复了与隋的朝贡关系。这一年高句丽来朝贡两次,但以后就很少来了,与开皇初"频有使

---

① 《隋书》卷39《阴寿传》。
② 《隋书》卷81《东夷·靺鞨传》。
③ 《隋书》卷81《东夷·高丽传》。
④ 《隋书》卷66《陆知命传》。

入朝"的情况判若两人。同年十二月丙辰(初九),有靺鞨遣使贡方物。开皇十二年(592)十二月,靺鞨又遣使贡方物。十三年(593)春正月丙午(初五),契丹、奚、霫、室韦并遣使贡方物,其中契丹在开皇十年(590)十一月丙午(二十二)亦曾朝贡一次。十三年七月戊申(初十),靺鞨遣使贡方物①。开皇十四年(594),新罗遣使贡方物,隋文帝拜新罗王金真平为"上开府,乐浪郡公,新罗王"②。隋统一后东夷各族都来朝贡,以靺鞨为最积极,高句丽来得显然少了。直到开皇十七年(597)五月己巳(二十三),高句丽才又一次遣使贡方物③。说明隋与高句丽的关系已呈紧张。

隋文帝既对东夷采取怀柔政策,所以始终没有主动出击征讨各部,时韦冲任营州总管,"怀抚靺鞨、契丹,皆能致其死力,奚、霫畏惧,朝贡相续"④。对于高句丽的治兵积谷拒隋举动,文帝派出使团往高句丽"抚慰",美其名曰:"欲问彼人情,教彼政术"。实际上是进行侦察。但高丽王却将隋使置之"空馆","严加防守,使其闭目塞耳,永无闻见"⑤。开皇十七年(597)文帝给高丽王汤修玺书一封加以责备。高丽王汤收到隋文帝的玺书惶恐万分,将奉表谢罪,却因病谢世。太子高元嗣立,文帝又册封高元袭爵辽东郡公,高元奉表谢罪,请求封王,文帝又再册高元为高丽王⑥。

但开皇十八年(598)高元却率靺鞨之众万余骑入寇辽西,被隋营州总管韦冲击退⑦。隋未先击高句丽,高句丽何以敢先举兵

---

① 《隋书》卷2《高祖纪下》。
② 《隋书》卷81《东夷·新罗传》。
③ 《隋书》卷2《高祖纪下》。
④ 《隋书》卷47《韦冲传》。
⑤ 《隋书》卷81《东夷·高丽传》。
⑥ 《隋书》卷81《东夷·高丽传》。
⑦ 《隋书》卷47《韦冲传》;卷81《东夷·高丽传》。

侵隋,这件事颇值得思量,高元恐怕不致如此鲁莽。据史书记载,原依附于高句丽的"契丹别部出伏等背高丽,率众内附,高祖纳之,安置于渴奚那颉之北"①。高丽率靺鞨之众讨击背己入塞依附隋朝的契丹,而不是侵犯隋疆,恐怕才是事实的真相,这反映了高句丽试图让契丹、靺鞨之人依附于己,显然,这不符合隋朝的利益。高元不仅入侵了隋边境,而且违背了文帝"自化尔藩,勿忤他国"的训示,使文帝勃然大怒。开皇十八年(598)六月丙寅(二十七),文帝下诏黜高丽王元官爵,大兴问罪之师,命汉王杨谅为元帅,高颎为元帅长史,总领水陆2路30万大军讨伐高句丽。由于准备不足,王师不振,损失惨重,而高元亦"惶惧",遣使谢罪,上表称"辽东粪土臣元"。隋文帝于是罢兵,恢复对高元的册封,高句丽也恢复了对隋的朝贡。

隋文帝征辽虽事起仓促,宰相高颎等曾"固谏",但隋还是曾联络高句丽南面的百济国。百济王昌"遣使奉表,请为军导"。但战事很快结束,文帝下诏给昌:"往岁为高丽不供职贡,无人臣礼,故命将讨之。高元君臣恐惧,畏服归罪,朕已赦之,不可致伐"。隋与百济国陆上不接壤,关系处理得好一些,平陈之役,隋有一艘战船飘至海东聃牟罗国(今济州岛),被送到百济,百济王昌资送他们回国,并遣使奉表祝贺隋平陈,受到文帝褒扬,其情形与高句丽正好相反。但高句丽得知百济与隋的这些交往,即"以兵侵掠其境"②。

开皇二十年(600)正月辛酉(初一),突厥、高丽、契丹并遣使贡方物,时契丹别部又背突厥降于隋,文帝"悉令给粮还本,敕突

---

① 《隋书》卷84《北狄·契丹传》。
② 《隋书》卷81《东夷·百济传》。

厥抚纳之",这表明文帝对边境四夷的政策始终还是安境保民。隋炀帝即位后,国家殷富强盛,朝野皆以辽东为意,惟独有刘炫以为辽东不可伐,作《抚夷论》以讽,已是绝无仅有的少数派。

隋文帝晚年和炀帝大业初年何以朝野皆以辽东为意:从地缘政治学来看,高句丽立国四五百年,在东北亚局部地区建立了霸权,百济、新罗不能抗衡,倭国的干涉也被击退,靺鞨、室韦俯首称臣,契丹虽叛附不一,亦不能兴风作浪,特别是高句丽西联突厥,又曾南结陈朝,在东北边境出现了俯瞰中华的形势,一旦中原有变,有如后来清朝入关,真可谓"狼顾燕垂",虎视眈眈。所以大业三年(607)隋炀帝在塞外启民可汗帐见到高句丽使者,即引起了警觉。

到隋炀帝即位后,攻灭高句丽遂成为当时的共识,所以裴矩说:"高丽本箕子所封之地,汉晋皆为郡县,今乃不臣,别为异域"。孰不可忍。而当大业全盛之时,"安可不取?使冠带之境,遂为蛮貊之乡乎"①。炀帝表示完全同意,正如他对处罗可汗所言:"譬如天上止有一个日照临,莫不宁帖;若有两三个日,万物何以得安?"隋绝不能容忍比邻高句丽,隋出兵征讨高句丽,事所必然。从历史上看,不仅炀帝之先已有文帝派汉王杨谅征辽,而且在隋之后又有唐朝唐太宗的数次征辽,太宗以"今天下大定,唯辽东未宾"为辞,一而再,再而三地要征讨高句丽,其决心与隋炀帝竟无二致。唐太宗死后,继位的唐高宗又连续发兵征辽,直到总章元年(668)灭亡高句丽,攻拔平壤才算了事。隋唐好几代帝王都把征高句丽当作大事,而大动干戈。这至少可以让我们明白,把这场战争完全归结为隋炀帝个人的随意念头,权力意志,是没有根据的。征辽有其深

---

① 《隋书》卷67《裴矩传》。

刻的历史背景,炀帝后来三征高句丽失败,对宫女说,"征辽亦偶然",只是自我解嘲。

二、全国总动员　耀武儆四夷

如何变高丽"蛮貊之乡"为隋朝的"冠带之境",在隋炀帝的外事顾问裴矩看来易如反掌。大业三年(607)裴矩在突厥启民可汗帐前向隋炀帝策划并献计:"今其使者朝于突厥,亲见启民。合国从化,必惧皇灵之远畅,虑后伏之先亡,胁令入朝,当可致也"。而只要让高丽使突厥使者回国向国王传话,"令速朝觐,不然者,当率突厥,即日诛之"①。似乎只需一声恫吓,高句丽就会乖乖降服,高元也只好乖乖来朝。

隋炀帝当即采纳了裴矩的意见,下令征高丽王元入朝。结果,事情并不像裴矩幻想的那么简单,高元惧,"藩礼颇阙",不但不像突厥启民可汗、高昌王麴文泰那样"亲诣阙贡献",反而断绝了朝贡使者,干脆不与隋往来了。

这当然激怒了大隋皇帝。

隋炀帝定下讨伐高句丽的决心大约就在大业三年(607)之后。大业四年(608)元月,炀帝诏发河北诸郡男女百余万开永济渠,显然就是为征讨高句丽作准备。《隋书·阎毗传》记阎毗"以母忧去职,未期,起令视事。将兴辽东之役,自洛口开渠,达于涿郡,以通运漕,毗督其役"。同书《五行志下》记这年太原厩马死者大半,炀帝令巫者视之,"巫者知帝将有辽东之役,因希旨言曰:'先帝令杨素、史万岁取之,将鬼兵以伐辽东也'。炀帝大悦,因释牧马者"。这是正史中有关征辽的最早史料。

---

① 《隋书》卷67《裴矩传》。

永济渠北通涿郡,隋炀帝宣布声讨高句丽及发兵的地点,都在涿郡,永济渠的开凿,有利于隋征调全国兵力及运送全国物资到涿郡。炀帝既在大业五年(609)将吐谷浑纳入隋郡县体系中,将高句丽重新归入王朝版图也自然已在他的通盘计划之中。炀帝先巡江都,作军事调度,然后沿大运河直达涿郡,正式总动员令随即下达了。《资治通鉴》记炀帝的军事动员和调动情况云:

> (大业七年二月)壬午,下诏讨高丽。敕幽州总管元弘嗣往东莱海口造船三百艘,官吏督役,昼夜立水中,略不敢息,自腰以下皆生蛆,死者什三四。夏四月庚午,车驾至涿郡之临朔宫,文武从官九品以上,并令给宅安置。于是,诏总天下兵,无问远近,俱会于涿。又发江淮以南水手一万人,弩手三万人,岭南排镩手三万人,于是四远奔赴如流。五月敕河南、淮南、江南造戎车五万乘送高阳,供载衣甲幔幕,令兵士自挽之。发河南、北民夫以供军须。秋七月,发江淮以南民夫及船运黎阳及洛口诸仓米至涿郡,舳舻相次千余里,载兵甲及攻取之具,往还在道常数十万人,填咽于道,昼夜不绝,死者相枕,臭秽盈路,天下骚动①。

征调范围遍及全国,其动员人数之众,规模之大,远远超过开皇九年(589)平陈,可以说是"扫地为兵"。这在历史上是不多见的。仗还没有打,已经兴师动众,搞得天下骚然。

由于频兴工役,大业五年(609)大索貌阅虽搜括出大批人口,但仍感人役不够,有总持菩萨法号的隋炀帝这时甚至打起佛教寺院的主意。据初唐人高临《冥报记》记载:"大业五年(609),奉敕融并寺塔"。释家史料记载了隋炀帝诏天下僧徒无德业者并令罢

---

① 《资治通鉴》卷181隋炀帝大业七年二月。

废的诏令,拆毁寺院,沙汰僧尼,用于充工役,充实国用①。直到大业七年(611),裁汰僧尼的命令仍在全国推行。据《隋书·王文同传》:"及帝征辽东,令文同巡察河北诸郡。文同见沙门斋戒菜食者,以为妖妄,皆收系狱。比至河间,求沙门相聚讲论,及长老共为佛会者数百人,文同以为聚结惑众,尽斩之。又悉裸僧尼,验有淫状非童男童女者数千人,复将杀之,郡中士女号哭于路"。王文同敢于"收系沙门","裸僧尼",肯定是有上方的指示,但做过了头,民愤极大,被隋炀帝斩首,成为替罪羊。

大量裁汰僧尼也可能引起社会不稳,为防止有人利用佛教聚众闹事,隋炀帝又将天台宗智者大师上首弟子灌顶召到涿郡,"远至行所,引见天庝,叙以同学之欢"②。炀帝还专门派遣员外郎崔凤举将道士王远知请到涿郡临朔宫,亲执弟子之礼③。随即,炀帝令跟随着他的大批佛、道人士在涿郡摆起了四道场,用以安抚人心。

隋炀帝还把鼓吹、乐队带到了临朔宫,在江都的各国朝贡使者也都来到涿郡,其中还有高昌王麴伯雅、伊吾吐屯设、吐谷浑王太子顺。大业七年(611)十二月己未(初八),西突厥处罗可汗也来到临朔宫朝见,炀帝"备设天下珍羞,盛陈女乐,罗绮丝竹,眩耀耳目",举办了盛大的歌舞宴会。由于隋炀帝对征辽胜利毫不怀疑,招各国使者和藩属君王随军,就是要让他们看一看"圣人可汗"的厉害,亲眼见一见不事藩礼的高丽王元的下场,以收杀一儆百之效。

---

① 《法苑珠林》卷18引《冥报记》。
② 《续高僧传》卷19《唐天台山国清寺灌顶传》。
③ 《旧唐书》卷192《王远知传》。

但让人疑惑不解的是,东突厥始毕可汗没有遣使来朝贡,也没有如约派兵参战。大业三年(607)隋炀帝在启民可汗帐前向高句丽使者宣旨,令高丽王元来朝,说"如或不朝,必将启民巡行彼土",意即要与东突厥联兵攻打高句丽。此前隋将韦云起亦曾率东突厥骑兵征讨契丹,大获全胜。征讨高句丽果真能得突厥骑兵相助,沿辽河上游快速突击,对高句丽将是致命的打击,在塞外天寒地冻环境下作战,突厥骑兵的战斗力无疑优于隋朝府兵。但三次征辽竟未见东突厥以一兵一卒相助,这是大有问题的。时启民可汗已死,继立的始毕可汗虽仍受隋册封,但与隋的关系已经疏远,大业五年(609)始毕就没有如约派兵协助隋军攻伊吾铁勒军。特别是年轻的始毕可汗看出隋炀帝扶植西突厥处罗可汗,是惯施的远交近攻、离强合弱伎俩,对隋已有警惕。另一方面,高句丽既与东突厥通使,双方面对强隋在战略上共同利益更多,实际上是唇亡齿寒的关系。始毕可汗从自己的切身利益出发,严兵不动,坐山观虎斗,显然,这又是对隋炀帝的不恭敬,并将受到严峻的考验。

　　隋炀帝不能得到突厥骑兵助力,仅能邀得靺鞨渠帅度地稽所部有限人马从征,度地稽虽"每有战功",但力量太小于大局无关轻重。在这场战争中,外藩诸夷多考虑自身的利益,大多都只是作为观众。高句丽的世仇百济是隋天然的战略伙伴,百济王余璋,也很有积极性,大业三年(607)就曾主动遣使请求征讨高句丽,炀帝令他"觇高丽动静"。但百济是小国,在朝鲜半岛仰仗倭国支持,既不敢单独开罪比自己强大得多的高句丽,且余璋也深知高句丽若灭亡,下一步就会转到自己,不如保持现状于己有利,于是首鼠两端,暗中与高句丽通款,反倒"挟诈以窥中国"。大业七年(611),百济王余璋又假惺惺地遣使问隋炀帝征高丽的军期,实际上是为高句丽探听军事情报,蒙在鼓里的隋炀帝反而"大悦,厚加赏赐,遣尚书起部郎席律诣百济,与相知"①。翌年隋大军渡辽,余璋也集兵边境,声言助隋,但实际上按兵未动,没有助隋军一丝一点。

然而,虽然没有外援,隋炀帝却并不在乎。高句丽蕞尔小国,隋以大击小,必将势如破竹,炀帝自信心极足,认为只要强大的隋军齐集,吓也会吓得高丽王屁滚尿流,屈膝投降。而且,隋炀帝也有意向包括东突厥、倭国等不驯服者在内的四夷显示力量,征辽之役与其说是征讨高句丽,不如说是杀鸡给猴子看,在消灭高句丽的同时,威服四夷,一举建立以隋为中心的朝贡体制。

正因为如此,隋炀帝进行了超乎寻常的军事调动。炀帝的期望值甚高,试图通过充分显示大隋国力,调集庞大军力来威吓高丽王,"胁令入朝",以期不战而屈人之兵,迫使高丽王就范。大业七年(611)夏秋之际山东河南发生大水灾,漂没30余郡,但这并没有改变隋炀帝讨伐高句丽的决心,大规模集兵仍在进行。炀帝并决定御驾亲征,皇帝亲征,这在专制王朝时代是非同小可的大事。

按照王朝礼仪,巡狩亲征有造庙致祭之礼,据《隋书·礼仪志三·军礼》记载:"大业七年(611)征辽东,炀帝遣诸将于蓟城南桑乾河上,筑社稷二坛。设方墠,行宜社礼。帝斋于临朔宫怀荒殿,预告官及侍从,各斋于其所。十二卫士并斋,帝衮冕玉辂,备法驾。礼毕,御金辂,服通天冠,还宫。又于宫南类上帝,积柴于燎坛,设高祖位于东方。帝服大裘以冕,乘玉辂,祭奠玉帛,并如宜社。诸军受胙毕,帝就位,观燎,乃出。又于蓟城北设坛,祭马祖于其上,亦有燎"。隋炀帝的御驾亲征大讲排场,军礼仪式搞得如此隆重浩大,各国使节及诸藩王在旁观看,这其实就是向四夷发出信息,

---

① 《隋书》卷81《东夷·百济传》。

不向大隋皇帝低头是不行的,敢于违抗"圣人可汗"的权力意志是绝对没有好下场的。

第二节　御驾亲征辽东　山东农民起义

隋炀帝大兴问罪之师,调集全国力量,要踏平有失藩礼的高句丽,以儆告四夷。对于炀帝来讲,这场战争只能胜,不能败,也只会胜,决不会败。隋炀帝对取胜没有半点怀疑,为此,不仅御驾亲征,还带上各国使者前往观战。然而,战争的结果完全出乎炀帝的意料之外,百万之众溃不成军,生还者仅十之一二。败绩不仅使"圣人可汗"大丢面子,而且造成国内政治动乱,波澜壮阔的农民反暴政求生存的起义,像烈火一样燃烧起来了。

一、下诏讨"小丑"　武装大游行

大业八年(612)正月辛巳(初一),从全国各地调集来的征讨大军齐集涿郡(治今北京市),总计达1133800人,号称200万。这么多军队在辽东一隅其实无法展开,也用不着,反倒徒然增加了后勤馈运的困难。馈运者"填咽于道,昼夜不绝",供输军粮等物资,其数比军队还多。隋炀帝亲征还带着后妃宫女、公卿百官及僧尼道士、仪卫鼓吹等,这哪里像是打仗,简直是在演戏。炀帝只是期望以大军压境,令高丽王胆怯心寒,以求不战而胜[①]。

如此兴师动众又如此滑稽的征讨,也有人以为不可,并出来谏止。如右尚方署监事耿询随车驾至涿郡时,即上书称:"辽东不可

---

① 参见刘健明:《一场求不战而胜的攻战——隋炀帝征高丽试析》,载《唐研究》第1卷,北京大学出版社1995年版。

讨,师必无功"。炀帝得书大怒,要将耿询斩首,幸何稠苦谏才得免①。给事中许善心也上封事谏炀帝不必御戎东讨,结果也"忤旨免官"②。术士庾质被召到临渝宫(今河北抚宁县境)行在所,问以吉凶,炀帝问:"朕承先旨,亲事高丽,度其土地人民,才当我一郡,卿以为克不?"庾质回答:"以臣管窥,伐之可克,切有愚见,不愿陛下亲行"。炀帝听了很不高兴,板起脸孔说:"朕今总兵至此,岂可见贼而自退也!"庾质于是分析说:"陛下若行,虑损军威。臣犹愿安驾住此,命骁将勇士指授规模,倍道兼行,出其不意,事宜在速,缓必无功"③。其所分析可谓切中时弊,很有道理,但炀帝根本听不进。

隋炀帝任命兵部尚书段文振为前敌总指挥,从军事指挥员的角度,段文振也同意庾质"出其不意,事宜在速"的战略思想,而不同意隋炀帝的耀武威吓战术。他在后来出师途中遇疾,上表炀帝分析征战的天时地利人和说:

> 窃见辽东小丑,未服严刑,远降六师,亲劳百乘。但夷狄多诈,深须防拟,口陈降款,心怀背叛,诡伏多端,勿得便受。水潦方降,不可淹迟。唯愿严勒诸军,星驰速发,水陆俱前,出其不意,则平壤孤城,势可拔也。若倾其本根,余城自克,如不时定,脱遇秋霖,深为艰阻,兵粮又竭,强敌在前,靺鞨出后,迟疑不决,非上策也④。

段文振的分析可谓极具远见,辽东地处塞外北方高寒地带,冬季严寒无法出兵,从时间上讲只有半年用兵时间,且夏季多雨,道路泥

---

① 《隋书》卷78《艺术·耿询传》。
② 《隋书》卷58《许善心传》。
③ 《隋书》卷78《艺术·庾质传》。
④ 《隋书》卷60《段文振传》。

泞,行军住宿扎营都很不便,加上路途遥远,以牛车人力运送军需困难,若不速战速决则自己就会陷于被动。开皇十八年(598)杨谅出师就因天时不利,"霖潦疾疫","馈运不继,六军乏食",30万大军尚未接战即自行溃散,是为前车之鉴。对此,陈寅恪先生有独到分析:"中国东北方冀辽之间其雨季在旧历六、七月间,而旧历八、九月至二、三月又为寒冻之时期,故以关中远距离之武力而欲制服高丽攻取辽东之地,必在冻期已过雨季未临之短时间获得全胜而后可。否则,雨潦泥泞冰雪寒冻皆于军队士马之进攻糇粮之输运已甚感困难,苟遇一坚持久守之劲敌,必致无功或覆败之祸"①。由于天时地利不在隋一方,人海战术派不上用场,人再多也斗不过老天爷,所以段文振认为宜出奇兵,星驰速发,水陆俱进,直取平壤。可惜段文振在行军途中病故,未能肩负起前敌总指挥的责任,实际最高指挥者正是不顾天时地利人和头脑发昏的隋炀帝本人。

隋炀帝根本没有认真考虑战役的战术问题,在完成了一切调动之后,于大业八年(612)正月壬午(初二)正式下诏宣布讨伐高句丽:

> 粤我有隋,诞膺灵命,兼三才而建极,一六合而为家。提封所渐,细柳、盘桃之外,声教爰暨,紫舌、黄枝之域。还至迩安,罔不和会,功成治定,于是乎在。而高丽小丑,迷昏不恭,崇聚勃、碣之间,荐食辽、獩之境。虽复汉魏诛戮,巢窟暂倾,乱离多阻,种落还集。萃川薮于往代,播实繁以迄今,眷彼华壤,翦为夷类,历年永久,恶稔既盈,天道祸淫,亡征已兆。乱常败德,非可胜图,掩慝怀奸,唯日不足,移告之严,未尝面授,

---

① 《唐代政治史述论稿》下篇《外族盛衰之连环性及外夷与内政之关系》。

朝觐之礼,莫肯躬亲,诱纳亡叛,不知纪极,充斥边垂,亟劳烽候,关柝以之不静,先人为之废业,在昔薄伐,已漏天纲,既缓前禽之戮,未即后服之诛,曾不怀恩,翻为长恶,乃兼契丹之党,虔刘海戍,习靺鞨之服,侵轶辽西。又青丘之表,咸修职贡,碧海之滨,同禀正朔,遂复夺攘琛赆,遏绝往来,虐及弗辜,诚而退祸。轺轩奉使,爰暨海东,旌节所次,途经藩境,而拥塞道路,拒绝王人,无事君之心,岂为臣之礼!此而可忍,孰不可容!且法令苛酷,赋敛繁重,强臣豪族,咸执国钧,朋党比周,以之成俗,贿货如市,冤枉莫申。重以仍岁灾凶,比屋饥馑,兵戈不息,徭役无期,力竭转输,身填沟壑,百姓愁苦,爰谁适从?境内哀惶,不胜其弊。迴首面内,各怀性命之图,黄发稚齿,咸兴酷毒之叹。省俗观风,爰届幽朔,吊人问罪,无俟再驾。于是亲总六师,用申九伐,拯厥阽危,协从天意,殄兹逋秽,克嗣先谟①。

隋炀帝直把高句丽国王高元称之为"小丑",诏文轻蔑愤怒地声讨"小丑"罪状,指斥高元不修职贡,无事君之心,无为臣之礼,掩匿怀奸,招纳亡叛,穿着靺鞨衣服侵扰辽东,这些内容和开皇十八年(598)文帝诏责高元差不多。值得注意的是诏文后半部指责高元"小丑"内政不修,法令苛酷,赋敛繁重,百姓愁苦,冤枉莫申,则和当年讨陈檄文差不多。暴虐不堪为国主,炀帝于是有理由协从天意,拯民于水火,"取乱侮昏",亲总六师进行讨伐,这就把隋军变成了王者正义之师。隋炀帝甚至把自己比作商郊问罪的周武王姬发,成文王之志灭商纣,自己当然也要承先帝之志灭高元"小丑",

---

① 《隋书》卷4《炀帝纪下》。

"二代承基,志包宇宙"①。

诏文既是写给高句丽看的,也是给四夷各国看的。隋炀帝的诏文甚至公开了用兵作战部署,百万大军分成左右两翼,每翼又分12路军,各路大军都要"先奉庙略,骆驿引途,总集平壤"。诏文云:"今宜授律启行,分麾庙路,掩勃懈而雷震,历夫余而电扫。比戈按甲,誓旅而后行,三令五申,必胜而后战。左第一军可镂方道,第二军可长岑道,第三军可海冥道,第四军可盖马道,第五军可建安道,第六军可南苏道,第七军可辽东道,第八军可玄菟道,第九军可扶余道,第十军可朝鲜道,第十一军可沃沮道,第十二军可乐浪道。右第一军可黏蝉道,第二军可含资道,第三军可浑弥道,第四军可临屯道,第五军可候城道,第六军可提奚道,第七军可踏顿道,第八军可肃慎道,第九军可碣石道,第十军可东暆道,第十一军可带方道,第十二军可襄平道"。24路大军全面展开,铺天盖地,诏文吹嘘隋大军为百战百胜之雄师,"顾眄则山岳倾颓,叱咤则风云腾郁",且炀帝"躬驭元戎",总其节度,控弦待发,摧枯拉朽,似乎一口可将高丽吞下。隋炀帝要"解倒悬于避裔,问疾苦于遗黎",建立圣王可汗不朽功业。

诏文最后称"王者之师,义存止杀,圣人之教,必也胜残","若高元泥首辕门,自归司寇,即宜解缚焚榇,弘之以恩,其余臣民归朝奉顺,咸加慰抚,各安生业,随才任用,无隔夷夏"。就是说,炀帝不是立足于打,而是立足于抚,百万大军首先考虑的不是如何打败敌人,而是如何接受敌人投降。因为在隋炀帝看来,面对如此强大的"圣王之师",高丽"小丑"根本不敢负隅顽抗。于是,隋炀帝又要求各路隋军,"营垒所次,务在整肃,刍荛有禁,秋毫勿犯,布以

---

① 《隋书》卷81《东夷传·史臣曰》。

恩宥,喻以祸祸",而"若其同恶相济,抗拒官军,国有常刑,俾无遗类,明加晓示,黎朕意焉"①。隋炀帝全盘公开军事部署,不关注取胜的战略战术,而强调义师形象。作为总指挥,隋炀帝导演了世界历史上前所未有的出师的仪式。

一月癸未(初三),征讨大军的第一军出发,隋炀帝根本不考虑快速进军,出其不意,而是"每天遣一军发,每军相去四十里,连营渐进",24天才使左右两翼24路军发尽,结果是排成了一条长蛇阵,根本没有战斗力。隋各路军"首尾相继,鼓角相闻,旌旗亘九百六十里",24路军之后又有天子六军次发,前后相置"又亘八十里,通诸道合三十军,亘一千四十里"。炀帝又令诸军各以帛为带,长尺5寸,阔2寸,题其军号为记。御营内者,合十二卫、三台、五省、九寺,并分隶内、外、前、后、左、右六军,亦各题其军号,不得自言台省。王公以下,至于兵丁厮隶,悉以帛为带,缀于衣领,名"军记带"②。这样,光大军出发就用了40天,百万大军,整齐划一,秩序井然,"近古出师之盛,未之有也"。然而,这哪里是去打仗,简直就是武装大游行,是一次军事大检阅。

更有甚者,连绵1000多里的长蛇阵皆由隋炀帝"亲授节度",每军设大将、亚将各1人。骑兵40队,每队百人置一纛,10队为团,团设偏将1人,并有仪仗队,"前部鼓吹一部,大鼓、小鼓及鼙、长鸣、中鸣等各十八具,掆鼓、金钲各二具。后部铙吹一部,铙二面,歌箫及笳各四具,节鼓一面,吴吹笙箫,横笛各四具,大角十八具"。带这么多乐器当然不是为了打仗,这和西巡在河西摆鱼龙漫延,南巡在江都制羽仪是同一意思,隋炀帝是要用中华礼乐感召

---

① 《隋书》卷4《炀帝纪下》。
② 《隋书》卷8《礼仪志三·军礼》。

威服东夷,征讨不如说是巡狩。

由于根本就没有立足于打,隋炀帝没有设想这是一场大仗恶仗,不是费心思去考虑如何制敌的战术,却十分注重礼仪排场,当大军行进至望海镇(今辽宁辽西县境),炀帝又于秃黎山设坛,祀黄帝,行祃祭,设轩辕神座,炀帝与诸预祭臣近侍诸军将,皆斋一宿①。由于轻敌,炀帝甚至允许主将宇文述以妇人"家累"自随②。苏威年老,上表乞骸骨,想退休,炀帝不许,让他以本官领左武卫大将军从征③。二月甲寅(初四),炀帝又下诏:"朕观风燕裔,问罪辽滨,文武协力,爪牙思奋,莫不执锐勤王,舍家从役",表彰从征官兵,并令郡县存问从征士兵家口,使行役无后顾之忧④。

三月癸巳(十四日),隋炀帝来到前线,因怕军将贪功出击,令各路军主帅有事皆须禀报,诸将互相牵制,不设统帅,不许擅自挥师挺进。炀帝以为高丽"小丑"高元及部下大臣见到隋军盛大架势,必自动瓦解投降,因此在每军设"受降者一人,承诏慰抚,不受大将制,战时为监军"⑤。如左骁卫长史游元即为盖平道监军⑥。仗还没有打,隋炀帝先给自己的军队捆住了手足。为防止百万大军中有人开小差,各军并发给幡旗数百,有事往回走者要执幡而行,无幡而擅离本军者斩。

二、兵败平壤城下 "圣皇"威风扫地

大业八年(612)三月甲午(十五日),隋炀帝率领征讨大军经

---

① 《隋书》卷8《礼仪志三·军礼》。
② 《隋书》卷61《宇文述传》。
③ 《隋书》卷41《苏威传》。
④ 《隋书》卷4《炀帝纪下》。
⑤ 《隋书》卷8《礼仪志三·军礼》。
⑥ 《隋书》卷71《游元传》。

过两个月行军,齐集辽河边,虽声势甚盛,但高丽"小丑"却并未投降,而是阻水拒守。"小国惧亡,敢同困兽",高元"扫境内兵以拒之"①,高句丽上下同仇敌忾,将隋师挡在辽河以西。

隋炀帝来到辽河旁,令工部尚书宇文恺造浮桥三道,但桥短不及岸丈余,高句丽军前来骚扰,隋军赴水接战,高丽兵在岸上乘高射杀,隋兵无法登岸。这时右屯卫大将军江南人麦铁杖请为先锋,跳上东岸与高句丽军搏战,因接济不上,与武贲郎将钱士雄、孟金叉皆战死。隋炀帝在河西岸驻足观战,亲眼看到麦铁杖等战死的惨景,为之流涕,"圣人可汗"这才体验到战争的惨烈。

麦铁杖是江南始兴人,出身寒庶,虽不识书,但骁勇有膂力,曾在杨素麾下驱使,从讨汉王杨谅,以功进位柱国,隋炀帝又提拔为右屯卫大将军,受到器重。麦铁杖以江南寒庶得到重用,"自以为荷恩深重,每怀竭命之志",渡辽河时他对3个儿子留下了遗嘱:"吾荷国恩,今是死日,我既被杀,尔当富贵,唯诚与孝,尔其勉之"。炀帝得报也深为感动,称麦铁杖"先登陷阵,节高义烈,身殒功存"②,让铁杖长子麦孟才嗣爵,弟仲才、季才也拜官,赏赐巨万,并举办了隆重的葬礼。麦铁杖等战死是征辽第一仗,虽仅为一次小接触,但隋军损兵折将,出师不利。

隋炀帝又令何稠继续造桥,两天后桥造成,大军渡过辽河,蜂拥而进,大战于辽河东岸,高句丽军大败,死者万余。隋诸路军乘胜进围辽东城(今辽宁省辽阳市),即汉时的襄平城。隋炀帝车驾也渡过辽河,并引突厥曷娑那可汗和高昌王麴伯雅、吐谷浑太子顺等以及西域南洋各国使者前往观战,"以慑惮之"③。

---

① 《北史》卷76《来护儿传》。
② 《隋书》卷64《麦铁杖传》。
③ 《资治通鉴》卷181 隋炀帝大业八年。

何稠又为隋炀帝制造了行殿和六合城,与高句丽辽东城相对而立。六合城造于夜中,"周围八里,城及女垣合高十仞,上布甲士,立仗建旗。又四隅有阙,面别一观,观下开三门。其中施行殿,殿上容侍臣及三卫仗,合六百人。"这么大的工程仅一夜就完成,诸夷使者虽亲眼所见却不敢相信,天亮之时,高句丽人远远望去,忽见一座城楼从天而降,大为惊骇,"谓若神功"①,但这也并没有动摇高句丽军民抵抗的决心。

辽河东岸作战的一时胜利令隋炀帝兴奋万分,特下诏大赦天下,命刑部尚书卫文升、尚书右丞刘士龙抚慰辽左之民,给复10年,并在占领区建置郡县,以相统摄。

四月丙子(二十七),隋炀帝驻跸临海顿(今辽宁省辽西县渤海边)。见到两只大鸟翱翔于天空,感觉心情格外舒畅,于是诏虞绰作铭文,勒于海上,以记功德,其文云:"来苏兴怨,帝自东征,言复禹绩,乃御轩营。六师薄伐,三韩肃清,袭行天罚,赫赫明明。文德上畅,灵武外薄,车徒不抗,苛慝靡作。凯歌载路,成功允铄,反旆还轩,遵林并壑。停与海溁,驻跸岩阯,眘想遐凝,藐属千里。金台银阙,云浮岳峙,有感斯应,灵禽效祉。飞来清汉,俱集华泉,好音玉响,皓质冰鲜。狎仁驯德,习习翩翩,绝迹无泯,于万斯年"②。读了虞绰歌功颂德的铭文,炀帝十分高兴,一时诗兴大发,作了一首《望海诗》:

> 碧海虽欣瞩,金台空有闻。
> 远水翻如岸,遥山倒似云。
> 断涛还共合,连浪或时分。

---

① 《隋书》卷12《礼仪志七·宫卫》;卷68《何稠传》。
② 《隋书》卷76《文学·虞绰传》。

驯鸥旧可狎,卉木足为群。

方知小姑射,谁复语临汾。①

诗中所叙是亲眼目睹的海边景观,有一种粗犷高亢的壮大之气。隋炀帝又作《纪辽东二首》②,征途吟诗,寄托了炀帝的圣王之志,侍臣们也随即唱和。在紧张的征战之余,炀帝有如此诗兴,心情是那样的轻松,字里行间显示出的是必胜的信心。

但隋师渡辽后高句丽仍未见投降,这是炀帝事先万万没有料想到的。下一步如何进讨,炀帝心中并无计划,也没有作战方案。五月,炀帝令隋军水陆二路并进。水路由右翊卫大将军来护儿为总管,周法尚为副总管,率江淮水军,舳舻数百里,浮海先进,入浿水(今朝鲜大同江)。陆路诸将也分路齐头并进,长驱直赴高句丽都城平壤,炀帝仅留樊子盖在身边宿卫。然即使大军已展开了攻势,隋炀帝仍怕诸将深入敌境后贪功,破坏他的招降部署,又下诏告诫:"今者吊民伐罪,非为功名。诸将或不识朕意,欲轻兵掩袭,孤军独斗,立一身之后名以邀勋赏,非大军行法。公等进军,当分为三道,有所攻击,必三道相知,毋得轻军独进,以致失己。又,凡军事进止,皆须奏闻待报,毋得专擅"③。于是诸将各奉诏旨,互相监督,不敢赴机,高句丽军民据城坚守,使隋军进展缓慢,辽东城亦围攻了数月不能攻下。

隋炀帝于是下令隋军猛攻辽东城,但同时又敕诸将,高句丽若降,即宜抚纳,不得纵兵。在实施打击的同时,仍未抛弃招降的幻

---

① 《初学记》卷6《地部中·海二》。
② 《纪辽东二首》见《文苑英华》卷201。其一"辽东海北翦长鲸,风雪万里清。方当销锋散马牛,旋师宴镐京。前歌后舞振军威,饮至解戎衣。判不徒行万里云,空道五原归"。其二"秉旄仗节定辽东,俘馘变夷风。清歌凯捷九都水,归宴雒阳宫。策功行赏不淹留,全军藉智谋。讵以南宫复道上,先封雍齿侯"。
③ 《资治通鉴》卷181 隋炀帝大业八年五月。

想。结果,隋军进围辽东城,眼看就要拿下,高句丽人即诈称请降,因有炀帝明旨在先,诸将不敢再攻,先令驰奏于炀帝请旨,待报批准回来,城中已重新调整好城防,继续顽抗。"如此再三,帝终不悟",坐失战机,空劳将士血汗,却终未能将辽东城攻下。

来护儿水军溯浿水而上,来到平壤以西60里,与高句丽军相遇。来护儿派其第六子来整和武贲郎将费青奴出击,大破敌军。小胜后来护儿轻敌,不听副总管周法尚的劝阻,违背事先制定的"俟诸军至俱进"的旨令,挑选精甲4万人,乘胜直赴平壤城下。高句丽伏兵于城内郭空寺中,出兵与来护儿战佯败,诱隋军入城。隋军入城后纵兵大掠,无复部伍,高丽王弟高建武率伏兵乘乱出击,大破隋军,来护儿侥幸逃脱,生还者不过数千人。高句丽军追到浿水隋船队前,周法尚严兵列阵拒战,高句丽军也不硬拼,即退走。但来护儿经此一败已不敢按原计划留屯平壤城下接应陆军,只好引兵还屯海边。

陆上宇文述、于仲文、薛世雄、崔弘昇等各路将军攻城不下,遂率军绕过高句丽城池东进,会于鸭绿江西,试图跨江南下直趋平壤,会合水军翻动敌军根本。但人马众多,后勤补给困难,高句丽坚壁清野,远征军需自负资粮。大军由泸河(今辽宁锦州市)、怀远(今辽宁辽阳西北)二镇出发时,各路人马皆给百日粮,还有排甲、枪稍等武器装备,及帐篷衣服等,每个士兵负重在3石以上,长途跋涉,人马皆不胜负荷。行军时又立下军令状:"士卒有遗弃米粟者斩"。但实在背不动,士卒宿营时皆在帐篷下偷偷地掘坑,将粮食掩埋,以减轻行军负担,期望到高句丽境内能抢劫米麦受用。结果,大军才行至中路,就快断炊了。

隋军有9路约30万人渡过鸭绿江南下,兵出乐浪道的老将于仲文较有谋略,他率军来到乌骨城(今辽宁凤城县),故意挑选赢马驴数千置于军后,自己率大军向东进发,高句丽出兵掩袭后路辎重,于仲文挥师回击,大破高句丽军①。高丽王遣大臣乙支文德来到隋军营帐前诈降,实为探听军情,由于炀帝大张旗鼓,以势压人,本无军事机密可言,乙支文德是来查看隋进军的决心及士气的。高句丽也知道炀帝有投降不杀的诏令,知道诈降的效果,所以身为高句丽宰相的乙支文德敢于来到隋军大营,旁若无人。但是,隋炀帝事先也密向于仲文布置,"若遇高元及文德来降,必擒之"。于仲文想趁机逮捕乙支文德,但监军的慰抚使尚书右丞刘士龙不知炀帝密旨,只知"高丽若降,即宜抚纳,不得纵兵"的明旨,出面制止了于仲文的企图。宇文述等诸将也意见不一,当时也没有一个统帅,没有敢拍板负责的,结果白白错失了擒获敌军主帅的机会。乙支文德被放走后,诸将反悔,派人追文德,说:"更有言议,可复来也"。孤身闯虎口的乙支文德哪里肯依,急速回营。于仲文和宇文述等放走了敌宰相,心里很不踏实,宇文述以粮尽欲退兵,于仲文则不甘心无功退还,议以精锐追击文德,并冲着宇文述怒斥:"将军仗十万之众,不能破小贼,何颜以见帝?"他见诸将面有难色,又大吼:"仲文此行,固知无功,何则?古之良将能成功者,军甲之事,决在一人,今人各有心,何以胜敌!"辞气慷慨激昂,诸将亦为之动容,大家平起平坐,互不统辖,但于仲文敢负责,诸将也就不好意思撤退,宇文述虽知军中粮食维持不了几天,仍不得已而附从了于仲文。于是,隋诸将挥师渡过鸭绿江追击乙支文德。乙支文德老谋深算,他在隋营已察看到士卒面有饥色,于是故意打疲劳战,一有接触便佯败,引诱隋军追击,一日七战,隋军皆捷,隋诸将于是放开脚步,恃胜长驱直入,东渡萨水(今清川

---

① 《隋书》卷60《于仲文传》。

江),追到距平壤城30里处,傍山扎营,但却没有见到应来接应的来护儿水军。

狡猾的乙支文德再次遣使来诈降,声称只要隋军撤退,便奉高丽王高元前往隋炀帝驻跸处朝见。宇文述等见士卒疲惫不堪,军中已无粮草,来护儿水军又未按期来接应,在高句丽南面答应出兵北上夹击的百济军队也迟迟未发,而平壤城防险固,一时无法攻拔,于是即因高句丽使者口头承诺的投降条件而退军,算是不失体面的班师。

但撤退时,高句丽军趁机四面抄袭,隋军结成方阵且战且退。乙支文德派人送于仲文等诗一首:"神策究天文,妙算穷地理,战胜功既高,知足愿云止"[①]。气得于仲文等隋将嗷嗷叫。

秋七月壬寅(二十四),隋军退至萨水(今清川江),军刚半渡,高句丽军向后路发起总攻击,隋军大溃,右屯卫将军辛世雄战死,各路军将争相逃命,不可禁止。落荒而逃的隋军将士一日一夜跑了450里,真可谓一泻千里,至鸭绿江才站住脚。多亏殿后的将军王仁恭、李景在后面拼命抵抗,高句丽兵才未穷追上来。猛将薛世雄军在白石山被围百余重,四面矢下如雨,薛世雄选200骑为敢死队,纵击冲锋,破围而还[②]。陆上诸路军惟卫文升一军独全。来护儿水军闻知陆军溃败,只好渡海回师。

隋首征高句丽是彻底失败了,而且败得很惨,当初渡过辽河的隋9路军共355000人,这时回到辽河以西的仅2700人,资储器械巨万计,也亡失殆尽。唯一的战果是攻拔了辽河以西的武厉逻(今辽宁法库南),隋在此置辽东郡及通定镇而已。其余皆一败涂

① 《隋书》卷65《薛世雄传》。
② 《隋书》卷65《薛世雄传》。

地,一无所获。这次随驾出师还因劳累病死了好几位元老大臣,除兵部尚书段文振外,还有工部尚书宇文恺、内史令元寿,司空、观德王杨雄也在随驾途中病故,其弟纳言杨达竟卒于师,炀帝叹惜久之①。士兵死者,更不计其数,直到唐贞观十九年(645),其战场依然是"骸骨相望,遍于原野"②。

惨败令不可一世的隋炀帝羞愧难言,但他诿过于领兵将领,下令将宇文述等锁系引还。七月癸卯(二十五),下令班师。

垂头丧气的隋炀帝带着后妃宫女及僧尼道士等一大批人先回到燕郡(治今辽宁义县),检校郡事的柳謩之因没有及时招待打了败仗的皇帝人等,"坐供顿不给,配戍岭南",竟致死于路上③。

隋炀帝对于失败极不甘心,八月,班师途经涿郡(治今北京市)时即下敕运黎阳、洛阳、洛口、太原等仓谷向辽西望海顿(今辽宁辽西县),令民部尚书樊子盖留守涿郡,准备明年再举兵,要复仇挽回面子。

九月庚寅(十三日),炀帝车驾回到东都,开始追究征辽失败责任,当然,责不在己而全在臣下,斩尚书右丞刘世龙以谢天下,败将于仲文、宇文述"除名为民",由监军的游元任御史加以审讯,杨义臣等皆坐免官。来护儿"坐法受戮",炀帝还欲尽诛其子,以解其恨,但皆未执行④。宇文述因与炀帝情深,又为儿女亲家,虽系狱却不忍加刑,不久释放。诸将皆将败绩罪过诿于于仲文,仲文忧愤发病而卒。

有功的将领也得到封赏,卫文昇拜金紫光禄大夫,王仁恭进授

---

① 《隋书》卷42《观德王雄传》。
② 《唐大诏令集》卷114《政事·牧瘞》。
③ 《隋书》卷47《柳謩之传》。
④ 牛僧孺:《玄怪录》卷1。

左光禄大夫,赐绢6000段,马40匹①,李景赉物3000段,进爵滑国公②。战前曾劝谏炀帝而免官的耿询也升任太史丞③。靺鞨渠帅度地稽亦因功"赏赐优厚"④。

高昌王麹伯雅从头到尾观看了隋军的溃败,回到东都后于十一月己卯(初三)得尚隋宗女华容公主,启程回去。隋炀帝原企图以征讨高句丽耀武夸示四夷,此次大败,威风扫地,圣人可汗纸老虎的面目被戳穿了,各国使者纷纷回国。

三、无向辽东浪死歌　豆子䴚中英雄多

隋炀帝发动的规模空前的征讨高句丽的战争遭到空前惨败,致使威信大降,不仅损兵折将,还引起天下骚动,造成国内政治失控和动乱,一场深刻的政治危机笼罩在王朝周围。炀帝为耀武而"扫地为兵",民众则"苦于上欲无厌,下不堪命,饥寒交迫,救死萑蒲"⑤。兵徭役征使农民难以承受,一场反隋农民大起义揭开了序幕,这是隋炀帝征辽最严重、也是最直接的政治后果。

攻打高句丽的徭征始于大业四年(608),这年正月,诏发河北诸郡百余万人,穿永济渠,北通涿郡(今北京市),"丁男不供,始役妇人"。沉重的力役使河北山东一带农民不堪重负。大业五年(609)三月,长白山(今山东章丘、邹平境内)大洞内,"有狂寇数万",估计是逃役的农民,隋炀帝命陈杲仁将兵"平之"⑥,但避役者

---

① 《隋书》卷65《王仁恭传》。
② 《隋书》卷65《李景传》。
③ 《隋书》卷78《艺术·耿询传》。
④ 《隋书》卷81《东夷·靺鞨传》。
⑤ 《隋书》卷70《史臣曰》。
⑥ 《全唐文》卷915,德宣《隋司徒陈公余宝造寺碑》。

仍然不绝如缕。大业六年(610)六月,雁门(今山西代县)人尉文通"聚众三千,保于莫壁谷"①。炀帝又遣鹰扬杨白泉领兵讨击镇压。大业七年(611)二月炀帝来到涿郡后,全国范围的兵役征发正式开始,青壮男子几乎全数就役。士兵从四远奔赴如流,民工夫役往返馈运,填咽于道。

这年天公也不作美,秋季在山东、河南发生大水,大业七年(611)十月乙卯(初三),黄河大水冲垮了砥柱,出堤逆流数十里,人或为鱼鳖。但隋炀帝并没有因天灾而停止徭役征发,灾区人民无以为生,相卖为奴婢,在水深火热中挣扎。炀帝不顾人民死活,又发民夫运米往前线,"车牛往者皆不返,士卒死亡过半",加上饥馑,"谷价踊贵",东北边尤甚,斗米值钱数百,"所运米或粗恶,令民粜而偿之"。要运米车夫自己花钱买米赔偿,少一两也不行。因大军百万粮资太多,炀帝又征发辘车夫60余万,两人共推米3石,但路途险远,这3石米还不足供车夫自己吃。好不容易到达北镇,输米短少无可交差,辘车夫们只得亡命四野。再加上官吏贪残,趁机因缘侵渔,使"百姓困穷,财力俱竭,安居则不胜冻馁,死期交急,剽掠则犹得延生。于是始相聚为群盗"②。

官逼民反,不得不反。农忙之季征役,行者不归,使"耕稼失时,田畴多荒",加上天灾,造成饥馑,瘟疫流行,饿殍遍地。隋炀帝为惩罚对己不恭的高元"小丑",已经红了眼,"征税百端,使人往来,责成郡县。于时王纲弛紊,吏多赃贿,所在征敛,人不堪命"③。民众"弱者自卖为奴婢",强者也只好铤而走险,暴政之下广大人民实在活不下去了,波澜壮阔的隋末农民大起义就是在这样的背景下爆发了。

---

① 《隋书》卷3《炀帝纪上》。
② 《资治通鉴》卷181 隋炀帝大业七年。
③ 《隋书》卷73《魏德深传》。

征讨高句丽之役是隋末农民起义的导火线,但其根源却在隋炀帝不顾子民死活的苛重力役和操之过急的所谓圣王之业。炀帝即位后连兴大役,虐用其民,营东都,凿运河,筑长城,开驰道,每项工程都是役民百万,加上其他工程役民在3000万以上,几乎年年都有大役。隋的几项主要大工程在大业六年(610)基本结束,紧接着大业七年(611)就征发兵役攻打高句丽,兵役徭役超过前几年几项大工程的总和,几乎全国就役。一役未消,一役又起,三征高丽,搞得田畴荒芜,海内怨叛。苛政猛于虎,急政狠如狼。农民起义首先爆发在遭受严重水灾,而兵役、徭役又最严重的山东一带。史称:"是岁,大旱,疫,人多死,山东尤甚"①。大业七年(611)秋,山东邹平人王薄自称"知世郎",即自谓是通晓当今世事之人,编了一首《无向辽东浪死歌》,在民间传唱:

长白山头知世郎,纯著红罗锦背裆。

横稍侵天半,轮刀耀日光。

上山吃獐鹿,下山食牛羊。

忽闻官军至,提剑向前荡。

譬如辽东死,斩头何所伤②。

歌谣鼓动煽惑水深火热中的民众奋起反抗,不要去辽东为隋炀帝卖命,要拿起刀枪造反,不抗役只有死,反暴政虽斩头也荣光。歌谣唱出了挣扎在死亡线上的广大民众的心声,农民拥护王薄,于是王薄和孟让拥众据长白山(今山东章丘东北),"避征役者多往归之",一时众至数万,首先揭起了反抗隋炀帝暴政的大旗,横行于齐郡(治今山东济南)和济北郡(治今山东东阿北)之郊,揭开了反

---

① 《资治通鉴》卷181隋炀帝大业七年。
② 曾慥:《类说》卷6《知世郎》。

隋大规模农民起义的序幕。

齐郡以北的平原郡(治今山东陵县)有豆子䴚(今山东商河、惠民二县间),为一个盐泽,"负海带河,地形深阻"。自北朝高齐以来,这里就是逃避徭役的人的藏身之地。逃役者既有穷人,也有富豪,如刘霸道虽"累世仕宦,赀产富厚",但征辽的繁重徭役也使他破产。刘霸道为人豪爽,远近避役的农民纷纷来依附于他,于是据豆子䴚为根据地,反抗官役,也揭起了反隋炀帝暴政的大旗,有众10余万,号"阿舅贼"。

鄃县(今山东夏津县东北)人张金称,聚众于河曲(即黄河边),蓚县(今河北景县)人高士达聚众千余人于清河(今河北清河北)境内,也揭起反隋义旗,不久,义军扩至数万,称"东海公"。

贝州漳南(今山东德州西南)人窦建德,世代为农夫,本人"耕于田中",少时就尚义气,胆力过人。有乡人因贫无以葬父,窦建德主动帮助操办丧事,大为乡党所称。他曾任里长,大业七年(611)募兵时以勇力过人选为二百人长。时山东大水,人多流散,同县人孙安祖的家被水漂没,妻子饿死,但县府仍要孙安祖从征高丽。孙安祖向漳南县令诉苦,县令竟大怒,鞭挞孙安祖,安祖激怒之下刺死县令,逃奔到窦建德处,建德将他藏于家中。面对天下汹汹之势,窦建德很有远见地向孙安祖作了分析,"文皇帝时,天下殷盛,发百万之众以伐辽东,尚为高丽所败。今水潦为灾,黎庶困穷,加之往岁西征,行者不归,疮痍未复,主上不恤,乃更发兵亲击高丽,天下必大乱"。他劝孙安祖与其等死,不如造反。说:"大丈夫不死,当立大功,岂可为逃亡之虏也,我知高鸡泊中广大数百里,莞蒲阻深,地势险要,可以避难。承间而出虏掠,足以自资,既得聚人,且观时变,必有大功于天下"①。孙安祖经此点拨,豁然开朗,

---

① 参见《旧唐书》卷54《窦建德传》。

遂决定举旗反抗隋炀帝暴政。窦建德于是招集数百名逃亡士兵和逃役无业者,让孙安祖率领进入高鸡泊(今河北故城县西),孙安祖号"摸羊公"。

窦建德暗中筹划反隋起义,同时应付县衙门的差役。当时往来于漳南的农民军,都不侵扰窦建德乡间,郡县吏于是怀疑窦建德与义军通谋,竟残酷地将窦建德的家属收捕,全部杀死。窦建德无比悲愤,怀着对隋暴政的极大仇恨,率麾下 200 人投奔清河高士达,高士达任建德为司兵。不久,孙安祖被张金称火并,其部数千人尽归于窦建德,自后窦建德独自领兵,势力渐盛,有众万余人。建德"能倾身接物,与士卒均劳逸"[①],同甘苦,于是逃役之人争相归附,为致死力,高士达、窦建德领导的农民起义军遂成为河北山东间一股强大势力。

也是在大业七年(611),韦城(今河南滑县东南)人翟让、章丘(今山东章丘县西北)人杜伏威等也相继起兵。反隋小股武装不可胜数,他们多聚保山林川泽,部伍均为逃避征役的农民,分布在今山东、河南、河北间。史称:"自是所在群盗蜂起,不可胜数,徒众多者至万余人,攻陷城邑"。这年十二月甲子(十三日),隋炀帝敕各地都尉、鹰扬与郡县"相知追捕,随获斩决",对起义农民进行残酷镇压,但"莫能禁止"[②]。

隋炀帝不顾天下义军竞起的严重局势,为挽回面子,在大业八年(612)征高句丽失败回来后,又下诏征天下兵集涿郡,修缮兵器,贮运军粮,准备明年再征。这就进一步激化了国内社会矛盾。炀帝一意孤行,为逞一己之欲而不顾人民死活。民众大饥,米谷踊

[①] 《资治通鉴》卷 181 隋炀帝大业七年。
[②] 《资治通鉴》卷 181 隋炀帝大业七年。

贵,却闭仓拒赈。"是时百姓废业,屯集城堡,无以自给。然所在仓库,犹大充牣,吏皆惧法,莫肯赈救,由是益困。初皆剥树皮以食之,渐及于叶,皮叶皆尽,乃煮土或捣藁为末而食之;其后,人乃相食"①。子民的生存都成问题,炀帝不是首先解决民众的吃饭问题,而是念念不忘自己的"圣王"之业,非要叫高元"小丑"认输降服不可,这无疑导致当时阶级矛盾极度尖锐化,使社会动乱进一步蔓延。

至大业八年(612),见诸史籍记载的新的农民起义军有21支之多,其中山东14支,江淮4支,河南、关中、河西各1支,起义的地区也有扩大,起义群众除避役的贫苦农民外,还有身份不自由的牧子(牧民)和下层僧侣。到大业九年(613)隋炀帝不顾一切第二次征辽及六月杨玄感起兵造反,农民起义已成燎原之势,掀起了第一次高潮,据近人整理②,其中比较大的义军有:

平原郡(治今山东陵县)李德逸,"聚众数万,称阿舅贼,劫掠山东";又杜彦冰、王润率另一支义军,于大业九年(613)正月壬午(初七)攻陷平原郡城,大掠而去。

灵武(今宁夏灵武县西南)白瑜娑领导"奴贼""劫掠牧马,北连突厥,陇右多被其患"③。隋炀帝遣将军范贵前往镇压,"连年不能克"。

江宁(江苏南京)人乐伯通,聚众10万,朝请大夫陈杲仁奉诏讨伐。

---

① 《隋书》卷24《食货志》。
② 参见王永兴:《隋末农民战争史料汇编》,中华书局1980年版;李斌城主编《中国农民战争史·隋唐五代十国卷》,人民出版社1988年版。本书各章有关农民起义的写作多参考二书,以下未能遍注。
③ 参见姜伯勤:《隋末奴军起义试探》,载《历史研究》1963年第4期。

济北(今山东聊城一带)人韩进洛聚众数万起义。

渤海(治今山东阳信西南)人孙宣雅,在豆子䴚聚众数万反隋。

齐郡(治今山东济南)人裴长才、石子河率义军2万攻打章丘县城,齐郡丞张须陁仓促拒战,"身中数创",援军赶到,张须陁督军再战,农民军败走。

北海郡(治今山东益都)人郭方预聚众3万,攻陷郡城。又与秦君弘等部义军合围北海郡,但恃强无备,被张须陁袭破,数万义军被杀。

济阴郡(治今山东定陶西南)人孟海公,保据周桥城(今山东曹县东北),众至数万。

河间郡(治今河北河间)人格谦在豆子䴚举兵反隋暴政,有众10余万。

其时因天子承平日久,兵不习战,郡县官吏都尉率军与农民军交战,皆"望风沮败"。武阳郡丞元宝藏"受诏逐捕盗贼",却每战必败,武器也全部遗弃,于是又发郡内百姓重新打造,交不出者军法从事。郡县吏递相督责,昼夜喧嚣,犹不能备齐,反倒激起人民更加愤怒的反抗①。唯有齐郡丞张须陁较有勇略,数有战绩。

张须陁曾从史万岁征讨云南西爨,又从杨素讨击杨谅,以功授仪同。当王薄率农民军围攻鲁郡(治今山东兖州)时,张须陁蹑其后,乘义军不备在泰山袭破王薄,杀数千人。又追至临邑(今山东济阳西南)击败义军,杀5000余人。王薄收集亡散,北联豆子䴚的孙宣雅、石秪阇、郝孝德等部10余万,进围章丘,张须陁率步骑2万来袭,又大破各路农民军。

---

① 《隋书》卷73《魏德深传》。

但是,义军败后复起,起义者越来越多。隋炀帝又令段达进剿张金称等部,反为义军击败,农民军轻蔑地戏称他为"段姥"①。张金称又引孙宣雅、高士达等众数十万,攻破黎阳(今河南浚县东北)。隋炀帝命武贲郎将王辨、平原通守杨元弘、清河郡丞杨善会联兵进剿,又被义军击败。在暴力镇压的同时,隋炀帝还以"抚慰"伎俩瓦解义军,如命崔颐"抚慰高阳、襄国(今河北境内),归首八万余人"②。又招降渤海格谦、孙宣雅等十余路农民军,没有成功。

大业九年(613)五月己卯(初六),当隋炀帝再次御驾亲征高句丽时,济北人甄宝车又"聚众万余,寇掠城邑"③。农民起义的星星之火,先由山东豆子䴚、高鸡泊中点燃,两年之内即已成燎原之势,向全国各地蔓延。

第三节　御驾再出辽东　贵族杨玄感造反

隋炀帝的个人意志不可屈,既已挥手定策,臣民必须万死不辞。早在第一次征辽失败班师时,隋炀帝已开始部署明年的第二次亲征,水旱灾害、民变蜂起并不能改变炀帝的决心。他看不起手拿刀枪的农民的力量,也没有看到其统治集团内部出现的裂痕,"骄怒之兵屡动",一意孤行,御驾再出辽东,规模不减当年。但是,已故宰相杨素之子杨玄感起兵反隋,再一次使炀帝的权力意志受挫,征辽计划被打乱,而反暴政的农民起义则推向了新的高潮。

---

① 《隋书》卷85《段达传》;卷71《杨善会传》。
② 《隋书》卷77《崔颐传》。
③ 《隋书》卷4《炀帝纪下》。

一、出师未捷　后院起火

大业九年(613)正月过完元旦之后,丁丑(初二),隋炀帝令修辽东古城,以贮军粮,并诏"征天下兵,募民为骁果,集于涿郡"①。骁果即骁勇果敢之士兵,与府兵不同。府兵是更番宿卫的义务兵役制,骁果则是募兵制,向社会广泛招募士兵。这一方面说明隋炀帝征辽需动员大量兵员,原府兵已不敷需要,而募及平民,另一方面也标志着隋兵制发生重大变化。

为统辖指挥应募的大量骁果,辛卯(十六日),隋炀帝令"置折冲、果毅、武勇、雄武等郎将官"。骁果分置左右雄武府,以雄武郎将、武勇郎将为正副长官,上属于左右备身府,有的更充当宿卫禁军。炀帝又下诏蠲免骁果之家的赋役,领骁果的郎将待遇也很优厚,吸引了不少富家子弟前来应募。如吴兴人沈光,因交结前太子杨勇和汉王杨谅被废于家,此次征募骁果对于沈光来讲,是建功立业的好机会,于是很快报名,应募时宾客相送者百余骑,沈光酹酒而誓:"是行若不建立功名,当死高丽,不复与诸君相见"②。辞气相当豪迈。

正月戊戌(二十三),隋炀帝宣布大赦天下,己亥(二十四),任命刑部尚书卫文升等辅佐代王杨侑留守长安,拜京兆内史,许以"便宜从事"之权。敕代王待之以师傅之礼。因"奴贼寇陇西",又诏元弘嗣率兵往剿。到三月丁丑(初三),又"发丁男十万修复加固大兴城"。这些都是为远征高句丽而先巩固根本所采取的措施。

---

① 《隋书》卷4《炀帝纪下》。
② 《隋书》卷64《沈光传》。

隋炀帝又诏恢复败将宇文述等人的官爵,让他们继续征辽将功补过。隋炀帝对再次征辽决心很大,说:"高丽小虏,侮慢上国,今拔海移山,犹望克果,况此虏乎?"①真是恨不得一口把高句丽吞下。

但高句丽真是好吃的吗？满朝大臣经上次溃败,心存疑虑。左光禄大夫郭荣认为"中国疲弊,万乘不宜屡动",谏炀帝说:"戎狄失礼,臣下之事,臣闻千钧之弩不为鼷鼠发机,岂有亲辱大驾以临小寇?"②但炀帝不听。炀帝又问术士庾质,庾质仍执前见,并认为"陛下若亲动万乘,糜费实多"。众大臣都认为炀帝不必御驾亲征,派一得力将领充当总指挥也就行了。但隋炀帝却大为震怒,吼道:"我自行尚不能克,直遣人去,岂有成功也"③。炀帝自视甚高,我办不了的事别人怎么能行？他听不进任何劝告,一切仍按他的个人意志行事。

三月戊寅(十六日),炀帝启程,任民部尚书樊子盖等辅佐越王杨侗留守东都,任命阴世师代樊子盖为涿郡留守。樊子盖父祖皆仕于南朝,侯景之乱后由南入北。樊子盖参加过平陈战役,后在边远州郡任职有政绩,受到炀帝的提拔和重用,非常时期任以非常之任。

隋炀帝安排好一切,于是率后妃百官和大队人马兼程北上。夏四月庚午(二十七),渡过辽水,第二次征讨高句丽的战争又在隋炀帝的亲自指挥下开始了。

但二次征辽隋炀帝并没有什么新的招数,部署和第一次几乎一样。陆路主力以宇文述为主帅,杨义臣为副帅,率大军渡鸭绿江

---

① 《资治通鉴》卷182隋炀帝大业九年。
② 《隋书》卷50《郭荣传》。
③ 《隋书》卷78《艺术·庾质传》。

直赴平壤。水路仍由来护儿率舟师自东莱(胶东半岛)海路进发,期与宇文述合围平壤。隋炀帝自率后路在后督战,其他各路分道出击,攻掠高句丽的城池。和上次不同的只是"听诸将便宜从事",炀帝收回了军事进止必须奏报,不许诸将专擅的成命。另外,没有再设招降慰抚使,但仍设有监军,如王仁恭军出扶余道,有房彦谦"监扶余道军"①。

王仁恭不愧为一员猛将,大战开始,他率军进到新城(今辽宁抚顺北),高句丽军数万背城结阵,王仁恭仅率1000劲骑扑阵冲击,将敌阵冲垮。高句丽军退回城中,婴城拒守,王仁恭乃指挥后续大军四面围攻,军威甚盛。战报传到行在所,隋炀帝大悦,遣舍人往王仁恭营劳问,赐以珍宝②。

高句丽方面则仍然采取坚壁清野,据城坚守的战术,隋炀帝亲自统率后路大军来到辽东城(今辽宁省辽阳市)下,重新布置围攻。攻防战斗打得无比惨烈。为克城立功,隋将郭荣甚至"亲蒙矢石,昼夜不释甲胄百余日"③。隋炀帝也十分焦急,一方面派人"窥诸将所为",督促他们拼命围攻,一方面经常亲临战场观战。有一天,隋炀帝看见骁果沈光用冲梯攻城,士兵们用一个长15丈的竹竿将沈光系在顶端,升临城墙与敌短兵相接,杀十数人。高句丽兵涌上来将沈光从杆头推下,但沈光还未及跌于地,又抓住杆上的垂绠,紧接着又爬上去,就像耍杂技。这一动人场景为隋炀帝亲眼看到,叹为观止,即召到身边加以鼓励表彰,当天就拜朝请大夫,御赐宝刀良马。自后更选作左右宿卫,亲顾渐密,成为隋炀帝的

---

① 《隋书》卷66《房彦谦传》。
② 《隋书》卷65《王仁恭传》。
③ 《隋书》卷50《郭荣传》。

近侍①。

就在攻防战最紧张的时刻,隋炀帝同样大有诗兴,他在辽东城下御制《白马篇》诗一首,歌颂征辽战士:

白马金贝装,横行辽水傍;
问是谁家子,宿卫羽林郎。
六犀六属铠,宝剑七星火;
山虚弓响彻,地迥角声长。
宛河推勇气,陇蜀擅威强;
轮台受降虏,高阙翦名王。
射熊入飞观,校猎出渔阳;
进军随日晕,挑战逐星芒。
阵移龙势动,营开虎翼张;
冲冠入死地,攘臂越金汤。
尘飞战鼓息,风交征旆扬;
转斗平华地,追奔扫大方。
本持身许国,况复武功彰;
曾令千载后,流誉满旗常②。

诗中描写的骁果战士应募从军,血战沙场,为国立功,名留青史,正是沈光等应募骁果的真实写照。从炀帝的诗判断,当时隋炀帝的情绪十分高昂,仍充满必胜的信心。去年的溃败炀帝认为是偶然失手,怪就怪在当时一心期望高元"小丑"主动投降,没有立足于打,反倒束缚了将士手足。现在不同了,隋炀帝下令隋军骁果将士使出浑身解数积极进攻,看他高丽"小丑"如何能顶得住?

---

① 《隋书》卷64《沈光传》。
② 《文苑英华》卷209。

在辽东城下,隋军用飞楼、橦、云梯、地道四面俱进,但高句丽军民随机应变,顽强抵抗。攻了20多天,仍没能攻下。隋炀帝于是命令士兵造布囊百余万个,贮满土,一袋一袋地堆成阔30步,高与城齐的鱼梁大道,使士卒可以登而攻城。又命工匠赶造八轮楼车,更高出城墙,可以俯射敌城内。隋军在城外围了一层又一层,用人海战术,连续进攻,势在必得。辽东城内危蹙数四,眼看就要顶不住了。

在围攻辽东城的同时,隋其他各路大军也在按计划向纵深进军,宇文述、杨义臣率军再次进至鸭绿江边。来护儿的水军也齐集东莱海角,张帆待发。高句丽在隋数路大军的猛烈进攻下,其势"日蹙",国家已到了危亡之秋。但就在这紧要关头,形势突然发生逆转。

大业九年(613)六月乙巳(初三),在后方督运粮草的礼部尚书杨玄感在黎阳(今河南浚县东北)举兵造反了,并进逼东都,这是隋炀帝万万没有料想到的,这使炀帝精心策划并调集了全国一切力量的灭高句丽计划被全盘打乱,再一次受挫。

《隋书·高丽传》记载隋炀帝二征高句丽事云:"九年,帝复亲征之,乃敕诸军以便宜从事。诸将分道攻城,贼势日蹙。会杨玄感作乱,反书至,帝大惧,即日六军并还"。为应付贵族杨玄感的反叛,隋炀帝不得不马上停止正在进行中的对高句丽的全面进攻,令各路军回还平叛。

隋炀帝又听说达官子弟皆在杨玄感处,怕因此动摇军心,更加忧惧,将老臣苏威叫到身边,第一次露出了恐惧之色,问:"此小儿聪明,得不为患乎?"苏威回答:"玄感粗疏,非聪明者,必无所虑,但恐寖成乱阶耳"。苏威认为杨玄感成不了大事,但身为朝廷大官也起兵造反,恐怕引起其他人也相继叛乱,产生连锁反应,最后无法控制。老宰相苏威头脑较清醒,他眼见这几年"劳役不息,百姓思乱"①,希望以此警告炀帝息兵止役,但炀帝并未领悟。

戊辰(二十六),在隋炀帝身边又发生了兵部侍郎斛斯政逃奔高句丽的严重事件。斛斯政是北魏太保尚书令斛斯椿的孙子,出身代北官宦世家,因有才能器干而为杨素所重,大业中升任尚书省兵曹郎,并因奉称旨渐得炀帝信任,杨素之子杨玄感兄弟俱与之交结。隋炀帝第一次征辽时,兵部尚书段文振病逝于途,兵部侍郎员雅后也以兵败罢职。炀帝于是将兵部军机要务委交斛斯政,不久升任兵部侍郎。虽然段文振死前曾多次提醒炀帝:斛斯政为人险薄,不可委以机要。但炀帝只当作耳边风。炀帝更相信自己的眼力,认为斛斯政不错,委以重任。杨玄感谋反时,曾与斛斯政通谋,当时杨玄感之弟杨玄纵、杨万硕并从征在辽东,杨玄感暗中派人到辽东,让他们找机会逃归。兄弟二人找到斛斯政,请他帮忙。斛斯政于是伪造文牒,将杨氏兄弟放走。但杨万硕在途经河北高阳县时被监事许华所执,斩于涿郡。杨玄纵则轻装逃脱。

事后,隋炀帝追查,穷治杨玄纵党羽,斛斯政内不自安,遂连夜逃奔高句丽②。斛斯政久知兵部机要,对隋军事部署内外情况十分熟悉,他的叛逃意味着隋军全部机密作战方案都泄露给了敌方。这对高句丽当然是意外的收获,对隋军则是巨大的损失。隋炀帝得悉斛斯政叛逃,大为震怒,即命将作少监阎毗率二千骑追击,但未能追上。斛斯政据高句丽柏崖城,阎毗攻了两天未能拿下,隋炀帝无可奈何,只好命阎毗速退,阎毗在退军路上暴卒,时年50③。隋炀帝对斛斯政恨之入骨,严厉查办其党羽,有高士廉平时与斛斯

---

① 《隋书》卷41《苏威传》。
② 《隋书》卷70《斛斯政传》。
③ 《隋书》卷68《阎毗传》。

政多有交游,炀帝将他谪至边远①。

隋炀帝改任裴矩知掌兵部机事,诏宇文述等班师,令驰驿赴河阳(今河南省孟县南),又发诸郡兵以讨杨玄感,并派苏威为大使去安抚关中。因苏威年老,炀帝又以其孙尚辇直长苏儇为副使,苏威之子苏夔早先已为关中简黜大使,出于关中门阀的苏氏祖孙3人俱奉使关右,足见当时隋炀帝对关中之牵挂,生怕杨玄感挥师倾动根本,想利用苏氏威望安抚关中。隋炀帝还将术士庾质召来询问天文,庾质回答:"玄感因百姓之劳苦,冀侥幸而成功,今天下一家,未易可动","终必无成"②。一贯傲视一切的隋炀帝这时心里直打鼓,眼前的大敌不再是高句丽,而是自己的臣下杨玄感,炀帝在辽东开始全面布置对杨玄感的围剿。

退兵是秘密进行的。六月庚午(二十八)夜二更,隋炀帝密诏诸将,令各引军速归,军资、器械、攻具积如丘山,营垒、帐幕,全部弃之而去,撤退时众心恟恟,争相夺路,乱成一团。诸道分散,人流滚滚,无复部伍,高句丽人在城头上看见,聚为奇观,但未敢贸然出城追击。当炀帝御营全部渡过辽水,高句丽才敢进逼后军,杀走在最后的羸弱之卒数千。

在东莱尚未出海的来护儿闻知杨玄感反状,自动放弃了出海攻击高句丽的计划,速回师返救东都。

于是隋百万大军又一次狼狈地退回,由于后院起火,出师未捷先退兵,隋炀帝第二次征讨高句丽又遭到失败,一无所获,皇帝的无上威权再一次扫地以尽,蒙上了羞辱。

---

① 《旧唐书》卷65《高士廉传》。
② 《隋书》卷78《艺术·庾质传》。

二、黎阳督粮　扯帆举兵

大贵族杨玄感的起兵,标志着隋统治集团内部出现大分裂,分化出反对隋炀帝的集团,从而使反炀帝暴政的斗争掀起新的高潮。

杨玄感是杨素的长子,长得体貌雄伟,留一副很潇洒的大胡子。他自小喜欢读书,又精于骑射,是一个能文能武的贵族公子。杨玄感荫父军功位至柱国,朝会时和父亲杨素同列于前排,受到隋文帝的器重,初任官即拜郢州刺史。杨玄感很有心计,常布置耳目潜察属吏言行,使部下不敢欺瞒枉政,吏民敬服。后转宋州刺史,以父丧丁忧去职。大业二年(606)起拜鸿胪卿,袭父爵楚国公,不久迁礼部尚书。

作为一个家世显赫的贵族官僚,杨玄感深刻地察知上层统治集团惊心动魄的倾轧。父亲身经百战,位居宰相,晚年受到文帝斥忌,参与杨广夺嫡阴谋,而炀帝即位后复又遭到猜忌,以致有病不喝药,期望速死。就是死后炀帝还说:"使素不死,终当夷族"。这话也传到了杨玄感耳里。叔父杨约晚年也凄惨,死非其所。这一切都使玄感深为痛心,萌发出要复仇造隋炀帝的反的强烈欲望。

父亲死后,杨玄感像是换了一个人,突然变得更加深沉。他性情骄倨,倾心结交天下豪杰。弘农杨氏既是累世尊显的门阀士族,而在朝文武又多是父亲的门生故吏,玄感本人更爱重文学,有盛名于天下,使四海知名之士多趋其门。杨玄感还虚襟结交怀才不遇之士,如诗人王胄遭炀帝幸臣诸葛颖妒嫉,居官低微,杨玄感却不以他是南朝降人,结为密友,"数游其第"①。虞绰也遭诸葛颖潜毁不得志,玄感"虚襟礼之",友谊深厚。虞绰甚至将禁中兵书拿出

---

① 《隋书》卷76《文学·王胄传》。

借给杨玄感阅读,其族弟虞世南告诫说:"上情猜忌,而君过厚玄感,若与绝交者,帝知君改悔,可以无咎,不然,终当见祸"①。但虞绰不听。文士南人褚亮因才遭妒,也得到杨玄感保护,与玄感情好日欢②。受其呵护的还有孔子后裔的儒生孔颖达③。对朝中官僚子弟,杨玄感更是倾心交结,关陇勋贵子弟蒲山公李密与杨玄感更是"刎颈之交"。

李密字玄邃,是西魏北周八柱国之一李弼的曾孙,父李宽为隋上柱国,号为名将。李密以父荫入仕,但他认为大丈夫应以才学取官,遂闭门读书,拜国子助教包恺为师,受《史记》、《汉书》,尤好兵法,励精忘倦,"绮襦纨绔,非其好也,屏居一室,势不营利"④,有一次乘黄牛往老师包恺家求学,将《汉书》10 帙挂于牛角,一手捉牛绳,一手翻书阅览,被越国公杨素看见,杨素觉得奇怪,自后追及问道:"何处书生,耽学若此"。李密下牛再拜通报姓名,杨素又问所读何书?李密回答是《项羽传》,老将军与小后生因而倾谈多时。杨素对李密的志趣大为赞赏,回家后对儿子杨玄感等说:"吾观李密识度,汝等不及"。于是杨玄感更倾心结托,与语天下事⑤。另外,猛将贺若弼、韩擒虎等人的儿子也与杨玄感情好甚欢。

对朝中官僚,杨玄感更竭力交结,如任职兵部的斛斯政、民部尚书李子雄及司农卿赵元淑等,杨玄感送给他们金宝,潜谋寻找机会废黜隋炀帝,立秦王杨浩为帝。大业四年(608)从炀帝西巡,经过大斗拔谷时,暗怀深仇大恨的杨玄感曾想乘机袭击行宫,被叔父

---

① 《隋书》卷76《文学·虞绰传》。
② 《新唐书》卷102《褚亮传》。
③ 《旧唐书》卷73《孔颖达传》。
④ 1969年卫河清淤,在河南浚县城关罗庄西发现李密墓志。参见王兴亚、任思义:《李密墓志的发现及其学术价值》,载《郑州大学学报》1986年第4期。
⑤ 《旧唐书》卷53《李密传》。

杨慎制止。杨玄感的反逆之状曾为其堂弟杨岳察觉,杨岳曾上表"称杨玄感必为乱"①,但拿不出证据,炀帝没有相信,自后玄感更竭力伪装。

大业七年(611)隋炀帝将举兵御驾亲征高句丽,杨玄感伪装积极,主动请缨求为将领,声称"玄感荷国恩,宠逾涯分,自非立效边裔,何以塞责"。炀帝大为赞赏,当众夸耀说:"将门必有将,相门必有相,故不虚也"。于是得到信任,颇预朝政。大业九年(613)第二次征高句丽,炀帝委杨玄感在后方黎阳(今河南浚县东)督运军粮的重任,终于给了杨玄感报仇雪恨造反的机会。

当隋炀帝率百万大军再次御驾亲征辽东,国内异常空虚,"百姓苦役,天下思乱"。杨玄感遂与身边的武贲郎将王仲伯、汲郡赞治赵怀义等谋议乘机造反。他故意滞留运河上的漕运,不按时发送,企图造成辽东百万隋军无粮断炊,因饥馁而自动瓦解。隋炀帝遣使来催促,杨玄感又托辞水路多盗,船不可前后单独发送,须武装保护,不但按下粮船不遣,还暗中派家僮将从征辽东的弟弟杨玄纵、杨万硕召回,又密遣家僮往京师长安召弟弟杨玄挺和李密等人。为使部众听命,又遣家僮伪装使者,从东方来,假称水军总管来护儿因攻高丽失期而谋反,好以镇压叛军名义发兵起事。

大业九年(613)六月乙巳(初三),杨玄感入据黎阳城(今河南浚县东),闭门大索男夫,取船上的帆布为衣甲,署官属,皆复用开皇时的官号,移书傍郡,以讨伐来护儿为名,令郡县各发兵会于黎阳仓城。郡县吏有才干者,杨玄感皆以运粮名义召他们集中,又任命赵怀义为卫州刺史,东光尉元务本为黎州刺史,河内郡主簿唐祎为怀州刺史,经略州县。时治书侍御史游元也在黎阳督运军粮,杨

---

① 《旧唐书》卷77《杨弘礼传》。

玄感劝他一同造反,说:"独夫肆虐,天下士大夫肝脑涂地,加以陷身绝域之所,军粮断绝,亦天亡之时也。我今亲帅义兵以诛无道,卿意如何?"游元是北魏儒臣游明根之孙,注重君为臣纲的为臣之道,不同意所谓"诛无道"的说法,加以拒绝,杨玄感即将他杀了,这是杨玄感造反所杀第一个隋官,却是一个不该杀的清官。

杨玄感迅速从漕运船夫中选得少壮者5000人,又选得江南丹阳、宣城篙梢手3000人,于是揭竿而起,聚众刑猪、牛、羊而祭天誓师,宣布:"主上无道,不以百姓为念,天下骚扰,死辽东者以万计。今与君等起兵以救兆民之弊,何如?"受苦役的民众听后激动得踊跃高呼万岁。杨玄感于是编整军队,有众1万,准备偷袭洛阳,但所署怀州刺史唐祎却逃归河内,并向东都告密。

正当举兵之际,李密等赶到了黎阳,杨玄感大为欢喜,以为谋主。杨玄感问以行动方针,李密提出了上、中、下三计。其上计为:"今天子出征,远在辽外,去幽州犹隔千里,南有巨海之限,北有胡戎之患,中间一道,理极艰危。今公拥兵出其不意,长驱入蓟,据临渝之险,扼其咽喉,归路即绝,高丽闻之,必蹑其后,不过旬月,资粮皆尽,其众不降则溃,可不战而擒"。杨玄感听后又问中计,李密言:"关中西塞,天府之国,虽有卫文升,不足为意,今帅众鼓行而西,经城勿攻,直取长安,收其豪杰,抚其士民,据险而守之,天子虽还,失其根本,可徐图也"。杨玄感未置可否,又问下计,李密回答:"简精锐,昼夜倍道,袭取东都,以号四方,但恐唐祎告之,先已固守,若引兵攻之,百日不克,天下之兵四面而至,非仆所知,此计之下也"。杨玄感听后兴奋地说:"公之下计,乃上策也。今百官家口,并在东都,若不取之,安能动物,且经城不拔,何以示威"[①]。

---

① 《资治通鉴》卷182隋炀帝大业九年。

杨玄感对李密所呈扼隋炀帝辽东退路、直取长安、袭取东都上、中、下三策中，偏偏选中下策，这的确如苏威所言，杨玄感性格"粗疏"，非聪明人，成不了大事，若能按李密上计，直取涿郡，扼炀帝退路，很可能一举使炀帝政权土崩瓦解。可惜杨玄感不能审成败，也可能对貌似强大的隋炀帝心存畏惧，而失去了置敌于死地的绝好机会。

杨玄感既采下策，于是引兵攻东都洛阳，又派弟杨玄挺率骁勇千余人为前锋，先攻河内郡（治今河南沁阳），但唐祎据城防守，玄挺攻之不克。东都越王杨侗和留守樊子盖得唐祎报，惊恐万分，慌忙整顿军备。唐祎又督河内郡的修武县（今河南修武）民守临清关，使杨玄感军不得渡黄河，又使东都赢得了宝贵的准备时间。

杨玄感只好改从汲郡以南渡黄河，由于当时百姓苦役，天下思乱，结果"从乱者如市"。杨玄感遣弟杨积善率兵3000自偃师南沿洛水西取洛阳，又派弟杨玄挺由白司马坂越邙山南攻洛阳，自己率3000余人为后路，自称大军。大军士兵多是农民役夫，并没有受过军事训练，武器装备也很差，仅人手一刀一棒而已，盾牌也是用柳条编织的，没有弓矢甲胄。但是，这些农民役夫个个痛恨隋炀帝的暴政，群情激愤，士气很旺。东都留守樊子盖派河南令达奚善意来抵御杨积善，有众5000，其士卒虽多，但士气低落，不明叛军底细，达奚善意也很心虚，率军渡到洛河南岸的汉王寺扎营。第二天，杨积善的军队赶到，官军见叛军来势不善，不敢交战，竟不战自溃，铠仗兵甲皆为杨积善所获。义军改善了装备，势力大增。隋裴弘策军来到白司马坂，与杨玄挺战，也一经接触就败走，铠仗兵器丢弃大半。杨玄挺也不追，先收拾战利品武装自己，然后整军收拾裴弘策残军。六月丙辰（十四日），杨玄挺军已直抵东都太阳门，裴弘策仅率10余骑逃入东都宫城，其余士兵皆降于杨玄感。隋内史舍人韦福嗣被俘,杨玄感大喜,因韦福嗣出身于关中门阀世家,是韦洸之侄,与杨氏为世交,杨玄感于是厚礼韦福嗣,置于左右与自己的亲信胡师耽共掌文翰。

杨玄感屯军于东都东面的上春门,经常向群众演说誓辞:"我身为上柱国,家累钜万金,至于富贵,无所求也。今不顾破家灭族而起兵者,但为天下解倒悬之急,救黎元之命耳"!说得慷慨激昂,极富蛊惑力,听者皆悦,父老争献牛酒,子弟诣军门请自效者,日以千数。杨玄感又让韦福嗣代自己修书一封给留守东都的隋主将樊子盖,历数隋炀帝罪恶,劝樊子盖倒戈。书曰:

> 玄感世荷国恩,位居上将,先公奉遗诏曰:"好子孙为我辅弼之,恶子孙为我屏黜之"。所以上禀先旨,下顺民心,废此淫昏,更立明哲。四海同心,九州响应,士卒用命,如赴私仇,民庶相趋,义形公道。天意人事,较然可知。公独守孤城,势何支久!愿以黔黎在念,社稷为心,勿拘小礼,自贻伊戚。谁谓国家一旦至此,执笔泫泫,言无所具。①

信中还提出要像伊尹放太甲、霍光废昌邑王那样黜废杨广,"废昏立明"。但樊子盖由江淮寒素受到炀帝提拔,感恩戴德,收到杨玄感极富煽动性的信竟不为所动,乃加强城防,调遣军队出战。

然樊子盖既非关陇集团核心成员,由外郡刚调来任京官,人情不熟,东都官僚多对他有怠慢,有的甚至不听调遣。如裴弘策任官与樊子盖级别差不多,朝会同班,出城拒杨玄挺失利,樊子盖再命其出战,裴弘策竟不肯再出,樊子盖于是发狠心,下令推出斩首。国子祭酒杨汪小有不恭,樊子盖又将推出斩首,杨汪叩头流血求哀才得免死,于是东都将吏皆震肃,不敢仰视,令行禁止。但住在城

---

① 《隋书》卷70《杨玄感传》。

外的达官子弟40多人,听说樊子盖杀人立威,皆不敢入城,并降于杨玄感。他们中有观德王杨雄之子杨恭道、韩擒虎之子韩世咢、虞世基之子虞柔、来护儿之子来渊、裴蕴子之裴爽、周罗睺之子周仲、大理卿郑善果的儿子郑俨等,都是关陇勋贵或新贵子弟,他们的父亲有的竟是隋炀帝左右心腹重臣。杨玄感大喜,悉委之以重任,又收兵得5万余人,于是分兵5000守慈磵道、分5000兵守伊阙道,又派韩世咢率兵3000进围荥阳,派顾觉率5000兵攻取虎牢要塞,虎牢守军投降,杨玄感遂任命顾觉为郑州刺史,镇守虎牢。杨玄感初起就取得不少胜利,力量在不断壮大。曾任民部尚书,随来护儿水军出海征辽的右武侯大将军李子雄因受炀帝猜忌,也从东平羁旅逃到杨玄感军中,杨玄感十分欢喜,委为左右手。

但杨玄感没有达到攻取东都的目标,虽挑选精锐攻城,然樊子盖婴城拒守,城高坚固,杨玄感一时不能攻克,时间拖延对自己不利。这时,留守京师长安的代王杨侑已派刑部尚书卫文升率步骑7万来救东都。卫文升兼程疾进,至华阴先将杨素的坟冢挖了,焚其尸骨,捣毁陵园,以向士卒誓以必死之心。大军出潼关,有人提醒恐崤山、函谷关有伏兵,但卫文升却信心十足地说:"以我推度,设伏奇计非竖子所能及"。于是大踏步鸣鼓而行,如其所料安全地度过了函谷关,驰援东都。

远在辽东的隋炀帝是在杨玄感起兵后约半个月才接到报告,退兵时即令左翊卫大将军宇文述、右候卫大将军屈突通、虎贲郎将陈稜乘驿传快马先行,发河北郡县兵以讨杨玄感。来护儿在东莱得知杨玄感诬自己而谋反,围困东都,大为震怒,立即召部下商议回兵援救。同时令其子来弘和来整乘驿传向炀帝奏告,而此时隋炀帝已还涿郡(治今北京市),已经下敕派来护儿回救东都,见到来弘、来整兄弟,大为高兴,赐来护儿玺书道:"公旋师之时,是朕救公之日,君臣意合,远同符契,枭此元恶,期在不遥"①。来护儿遂加快了行军步伐。

一个月之内,隋各路讨逆大军即四面向杨玄感围来,杨玄感很快丧失了起兵之初的战略主动,因不用李密上策,使隋炀帝得以腾出来调动军队部署对叛乱的镇压。

杨玄感在东都城外,吏民从之如市,然而"至于郡县,未有从者",附近隋地方政府并没有像他原来指望那样传檄而定。东都城内樊子盖一次又一次顶住了杨玄感的进攻,军心也趋于稳定,对于东都留守来讲,坚守待援就是胜利,而对于杨玄感来讲,拖延时间就是失败。原先杨玄感盘算自己振臂一呼,必然天下响应,但一个月后才有江南余杭民刘元进起兵响应,然而相去太远,未能起到支援作用。

刘元进是一个颇有野心的庶民,长得"臂垂过膝",自以为相表非常,阴有帝王之志,遂聚合亡命逃役之徒,试图起事。当炀帝第二次征高丽征兵于吴、会之时,士卒多结伴逃散,郡县吏四处缉拿,官民关系如同水火。当杨玄感起兵的消息传到江南,刘元进知天下思乱,于是举兵,三吴地区苦役逃亡者莫不响应,旬月之间有众数万。刘元进整顿部伍,准备北渡长江会合杨玄感②,但路途遥远,一时难以到达。后又有梁郡(治今河南开封)民韩相国举兵响应,杨玄感任命他为河南道元帅,旬月之间也拥众10万,攻略郡县,虽声势不小,但起兵太晚,也未能对杨玄感攻东都给予有力配合,亦未能牵制宇文述等隋援军。韩相国振臂一呼能聚兵10万,时河南山东农民起义武装声势不小,若杨玄感能联络利用,加以部

---

① 《北史》卷76《来护儿传》。
② 《隋书》卷70《刘元进传》。

署指挥,本可大有作为,但杨玄感并没有加以联络。

在强大隋军四面合围的严峻形势下,杨玄感没有考虑向山东农民起义军靠拢,共同推翻隋炀帝暴政,实际上处于孤军作战的窘境。然而自视甚高的杨玄感并未察觉自己的危险状况。杨玄感自得韦福嗣,委为心腹,言听计从,不再专任李密。而韦福嗣却是个两面派,凡为杨玄感策划,皆鼠持两端,李密知道韦福嗣并非尽心竭力为义军考虑,私下对杨玄感说:"明公初起大事,而奸人在侧,听其是非,必为所误矣"。请求将韦福嗣斩首。杨玄感哪里听得进去。李密退出帐后对所亲哀叹:"楚公好反而不欲胜,吾属今为虏矣"。这时李密已预感杨玄感将要失败。

另一个被杨玄感信用的关陇勋贵李子雄也拿不出什么好主意,竟劝杨玄感速称尊号当皇帝,杨玄感问于李密,李密认为此非所急,又陈言请杨玄感实施中策,早定关中,但杨玄感只是笑而止之。

这时,从长安来的卫文升军已攻到洛阳城北,屯于金谷,杨玄感率军精锐来攻,卫文升因众寡不敌,又多次中计,频战不利,死伤大半。杨玄感虽不善于谋断,但作战勇敢,每战都亲运长矛,身先士卒,喑呜叱咤,所向摧陷,人们都将他比为项羽。又善于抚慰部下,于是每战皆捷,众至10万,但其弟杨玄挺却在阵战中中流矢死。隋将卫文升经苦战得脱,屯于邙山之北。而这时隋陈稜军已攻破黎阳(今河南浚县东),斩杨玄感所署刺史元务本。屈突通率军屯于河阳(今河南济源东南),宇文述率大军继其后,杨玄感这才开始感到恐惧,问计于李子雄,子雄请杨玄感分兵拒敌。杨玄感于是发兵拒屈突通,但大军刚开拔,东都城内樊子盖即开城袭击杨玄感营寨,掩护屈突通军安然渡过黄河。就这样,杨玄感西拒卫文升,东拒屈突通,但樊子盖却又出城袭击,杨玄感军屡败,死者数万人,处境更加危险了。直到这时,杨玄感才肯考虑李密所提出的中策。李子雄也说:"直入关中,开永丰仓以赈贫乏,三辅可指麾而定,据有府库,东面而争天下,亦霸王之业也"。李密更献计说:"弘化留守元弘嗣握强兵在陇右,可声言其反,遣使迎公,因此而入关,可以给众,使部众听命"。事也凑巧,这时正好有华阴杨氏宗亲来,愿为向导,于是在七月壬辰(二十日),杨玄感下令解东都之围,集合军队10余万西取潼关,并扬言:"我已破东都,取关西矣!"隋宇文述、卫文升、屈突通、来护儿、周法尚等合军共10余万,紧跟在后面追击,这时,杨玄感已相当被动了,其所信用的韦福嗣也趁乱潜逃,到东都自首去了。

杨玄感军西进至河南郡陕县弘农宫,突然窜出一群"父老"遮道劝说杨玄感:"弘农宫城空虚,又多积粟,攻之易下"。杨玄感竟轻率地听信不明身份者言,改变主意先攻下弘农宫再说。其时弘农宫太守为隋宗室蔡王杨智积,在杨玄感军未到之前,已策划"以计縻"住杨玄感,使不得西进,"不出一旬,自可擒耳"。拦路的"父老"正是杨智积所派。当杨玄感来到弘农宫城之下,杨智积又"登陴詈辱之",破口大骂以激怒杨玄感。恼羞成怒的杨玄感像激怒的雄狮,执意攻城,李密苦谏:"公今诈众入西,军事贵速,况乃追兵将至,安可稽留,若前不得据关,退无所守,大众一散,何以自全"。杨玄感听不进,亲自指挥士兵四面围攻并放火烧宫城,城门被烧毁,杨智积于是加柴益火,使杨玄感军不得入,攻了3天,终未攻拔。杨玄感这时气也消了,逐渐清醒,乃引军向西,但为时已晚。3天宝贵的时间已错过,军至阌乡(今河南灵宝县西),宇文述等官军已追上来了。

宇文述、卫文升、来护儿、屈突通等隋军于皇天原布阵,杨玄感走槃豆,两军对峙亘延50里,杨玄感一日3败,且战且行。八月壬寅(初一),杨玄感又布阵于董杜原,隋各路大军联合进击,宇文述与来护儿列阵于前,屈突通以奇兵掩袭杨玄感军之后。杨玄感大败,部众溃散,玄感仅率10余骑奔走上洛(今陕西商县),至葭芦戍时,只剩弟弟杨积善与他徒步而行,玄感自知不能逃脱,绝望之余对弟弟说:"我不能受人戮辱,汝可杀我"!杨积善抽刀砍死了哥哥,然后自杀,未死,被追兵所俘,与杨玄感首级一同送往涿郡。

杨玄感所署河南道元帅韩相国率10余万众转战至襄城(治今河南临汝),得知杨玄感败讯,部众溃散,韩相国被隋吏所执,传首东都。这样,杨玄感起兵前后两个多月,结果轰然而败。

隋炀帝在涿郡得到平定杨玄感的驿奏报,一块石头落了地,这时天气渐冷,炀帝起驾南返东都。九月甲午(二十三)至上谷(治今河北易县),因地方官"供费不给",炀帝大怒,免太守虞何等人官爵。闰九月己巳(二十八),车驾幸博陵(今河北定县)。庚午(二十九),隋炀帝追抚往事,竟当众"流涕呜咽",侍卫者也跟着"泣下沾襟"。虽然镇压了杨玄感叛乱,但隋炀帝内心仍十分沉重,他的脸面已丢得干干净净,两次征讨高句丽不成功,外国使者也走了,耀武夸示四夷却得了个如此结果。炀帝不甘心,也不肯认输,他感到无脸回东都,于是在半路上停了下来,涿郡的军资尚在,炀帝考虑明年再举,一定要挽回面子。十月乙酉(十五日),隋炀帝下诏改博陵郡为高阳郡,"赦境内死罪已下,给复一年"[①]。这时越王杨侗等来高阳行在所朝见,炀帝任杨侗为高阳太守,又征卫文升、樊子盖来行在所,赏赐极厚。不久,炀帝又让杨侗回东都任留守,自己留在高阳过冬。炀帝并诏陈稜往江南营造战舰,为明年再征高句丽作准备,卫文升、樊子盖也都回任原职。

---

① 《隋书》卷4《炀帝纪下》。

隋炀帝在高阳行在所对杨玄感叛党进行了严厉惩处,受株连者不计其数。杨玄感起兵是隋统治集团的一次大分裂,强烈地震撼了隋统治集团,内部分裂自此不可收拾,炀帝除残酷报复反叛者外,对手下将领的猜疑更甚。因司农卿赵元淑放走了自辽东潜逃南归的杨玄纵,八月辛酉(二十日),炀帝亲临审问,将其斩于涿郡,籍没其家①。炀帝又因留守弘化郡的殿内少监元弘嗣与斛斯政为亲戚,派卫尉少卿李渊驰往弘化(治今陕西庆阳),将元弘嗣逮捕,由李渊代为留守,关右天水、陇西、金城、枹罕、临洮、汉阳、灵武、朔方、平凉、延安、雕阳、上郡、弘化等13郡兵一时皆受李渊节制。李渊是炀帝的表兄,御众宽简,人心多附,炀帝又加忌刻,征还行在所。李渊知炀帝对自己不放心,乃纵酒纳贿以自韬晦。两次征讨高句丽都立有军功的将军王仁恭,因其侄王仲伯参预杨玄感叛乱,坐免官爵②。

隋炀帝的亲信、藩邸旧臣文士王胄和虞绰因平时与杨玄感友善,俱徙边③。王胄在路上逃亡,潜还江左,结果为县吏所捕,被处死,时年56。虞绰被捕后远谪且末(今新疆境内),至长安而逃亡,改名换姓,匿于信安县令辛大德家,一年后因与人争田相讼,被人认出告发,执送江都斩首,时年54④。虞绰作有《囚诗》一首:"穷达虽有命,捕逃诚负累;背恩已偷光,临危未能死。得罪既不测,中心怅无已。厚颜羞朋友,囚心愧妻子。圣日始东拱,徂年迫西汜。方违盛明代,永向幽泉里。况当此春节,物候惊田里。桃蹊日影

---

① 《隋书》卷70《赵元淑传》。
② 《隋书》卷65《王仁恭传》。
③ 《隋书》卷76《文学·王胄传》。
④ 《隋书》卷76《文学·虞绰传》。

乱,柳径秋风起,动植皆顺性,嗟余独沦耻。投笔不重陈,此情害知己"①。两位时时与隋炀帝唱和的诗人,只因与乱臣友善而死于非命。又江南缙绅康抱因其兄受杨玄感官,竟坐当死②。

杨玄感叛乱时,秦王杨浩在河阳(今河南济源东南),宇文述修书给杨浩,杨浩遂赶到宇文述军中。但因杨玄感曾打算废炀帝后立杨浩为帝,事虽未成,但有司弹劾杨浩,以诸侯交通内臣的罪名,"竟坐废免"③。

隋炀帝对反叛分子的处理更加严厉,可以说是报复性的,组成了以御史大夫裴蕴、大理卿郑善果、刑部侍郎骨仪及民部尚书樊子盖为首的专案组,负责推鞫乱党。杨积善、李密、王仲伯以及韦福嗣等10余人被捕后押往高阳行在所,准备交炀帝亲自处理。李密在半路逃走,韦福嗣自以为无罪,但炀帝拿出他起草的给樊子盖书草稿,韦福嗣只好低头,没有得到好下场。杨积善则自言手刃杨玄感乞求免死,炀帝没有理会。宇文述奏请对"凶逆之徒"用重法,以肃将来,炀帝于是将杨积善等交宇文述处置。十二月甲申(十五日),宇文述将杨积善等绑在刑格上,用车轮套于犯人颈上,让文武九品以上官皆持弓箭来射,一时矢如雨下,韦福嗣等肢体糜碎,而身躯仍在车轮之中,又将他们的身躯加以车裂,五马分尸,最后皆焚烧成灰,抛洒于地。杨玄感则于东都市陈尸3日,剁成肉酱后焚而扬之。

叛将李子雄被锁送行在所,伏诛,籍没其家④。杨玄感弟杨民行虽未参加造反,但也在长安家中被抓住斩首,"并具枭磔"。另

---

① 《初学记》卷20《政理部·囚十》。
② 《冥报记》下《隋康抱》条。
③ 《隋书》卷45《文四子·秦王俊传》。
④ 《隋书》卷70《李子雄传》。

一个弟弟杨玄奖为义阳太守,起事时想归其兄杨玄感处,被郡丞所杀。杨氏兄弟遂被全部杀光。公卿中有人奏请改杨玄感兄弟姓"枭"氏,隋炀帝诏可①。

三、举天之下 十分九为盗贼

杨玄感的造反对隋炀帝打击很大,不仅使炀帝精心策划志在必得的第二次征讨高句丽的战争计划成为泡影,而且极大地削弱了隋统治者的力量。隋统治集团公开分裂,杨玄感公开打出推翻隋炀帝的口号,要"废昏立明",大扫了隋炀帝的威风,极大地削弱了隋炀帝的统治地位,客观上推动了农民起义的进一步发展,使日益壮大的农民起义由经济斗争转为推翻隋炀帝残暴统治的政治斗争,而不再是单纯的避役抗税,剽掠资财。农民领袖纷纷称王称帝,敢于主动向隋军发动攻击,夺取重要城镇,反隋炀帝暴政的斗争由此掀起了第二次高潮。

杨玄感起兵对隋朝灭亡影响甚大,起兵虽很快被镇压,但其造成的冲击波对隋政权的打击无可估量。当时"山东遂大乱",各地农民起义风起云涌。如河北有张金称、王须拔等农民军27支,多者10余万,少者好几万,屯据州县,建营山泽,其下酋帅也有名称,或云乞见敌、嫌头才、彻春顽、勿惜死,又结聚村落,百十为群,如黑社、白社、青特、胡驴之号,浮云贼、忽律贼②。大小山头林立,隋在河北的郡县系统陷于瓦解。大业九年(613)八月戊申(初七),隋炀帝下诏:"盗贼籍没其家",但并没有吓倒造反的农民。

隋炀帝这时决定要以人民为敌,他对负责推鞫杨玄感党羽的

---

① 《隋书》卷70《杨玄感传》。
② 《类说》卷6《知世郎》。

御史大夫裴蕴等说:"玄感一呼而从者十万,益知天下人不欲多,多即相聚为盗耳,不尽加诛,无以惩后"。裴蕴得旨后,设大狱严刑推审,凡与杨玄感有牵连者,皆籍没其家,杀3万余家,流徙者6000余人,枉死者大半,杨玄感围东都时曾开仓赈给百姓,裴蕴和樊子盖等竟下令"凡受米者",皆抓来集于城南活埋。时小股农民起义到处都有,"郡县官因之各专威福,生杀任情"①。但疯狂的镇压更激起了农民的反抗,起义迅速蔓延到江南、岭南及西北秦陇一带。八月乙卯(十四日),有陈瑱等率农民军3万,攻陷信安郡(今广东高要)。九月己卯(初八),山东济阴(治今山东定陶西)人吴海流、东海(治今江苏连云港)彭孝才举兵起义,有众数万。庚辰(初九),有梁慧尚率众4万,攻陷苍梧郡(治今广东封开县)。丁酉(二十六),东阳(今浙江金华)人李三九、向但子聚众至万余。一个月之间,就有数起农民反隋暴政的起义在全国不同地区同时爆发。

响应杨玄感的余杭(今浙江杭州市)刘元进10万农民军虽未渡江北上,得知杨玄感败后,即"转掠江左"。时有吴郡(治今江苏苏州市)还俗道士朱燮,曾任昆山县学博士,也率学生数十人起兵,苦役者"赴之如市"。又有晋陵(今江苏武进)民管崇隐居常熟,志气倜傥,自吹有王者相,被乡党捧为首领起义。隋炀帝命虎牙郎将赵六儿率兵马屯江都县扬子,分5营以防备江南造反者。管崇派其部将陆颉北渡长江夜袭赵六儿,攻破其两营,收缴军器物资,众至10万。朱燮、管崇共迎刘元进,推为盟主,占据吴郡(治今江苏苏州),刘元进称天子,朱燮、管崇各为尚书仆射,署置百官,毗陵(治今常州)、东阳(治今浙江金华)、会稽(治今浙江绍

---

① 《资治通鉴》卷182隋炀帝大业九年。

兴)、建安(治今福建福州)豪杰多响应,杀隋郡县长吏,隋对江南郡县逐渐失去控制。

隋炀帝又派将军吐万绪、鱼俱罗率兵南渡长江进剿江南农民军,刘元进率军频战,互有胜负。朱燮、管崇合军10万,退保曲阿(今江苏丹阳),结栅以拒官军,相持百余日,被吐万绪击败,后屯毗陵(今常州市),又败,管崇等5000余人战死。子女被俘者3万余口。隋军乘胜解会稽郡围,数战皆捷,恢复隋在江南的郡县。"然百姓从乱者如归市,贼败而复聚,其势益盛"。刘元进退到福建境内,隋炀帝命吐万绪、鱼俱罗再进剿,但士兵疲弊,吐万绪请求息甲稍作休整,明年春天再剿。鱼俱罗也认为造反农民非一年一岁能平定,他眼见天下渐乱,竟遣家僮用船从江南运米至东都贩卖,以聚财货。又将儿子偷偷接到江南,为自己寻找后路,隋炀帝得知大怒,将鱼俱罗斩首,又征吐万绪诣行在所,吐万绪忧愤死于途中①。

隋炀帝于是改任江都宫丞王世充发淮南兵数万渡过长江,进剿刘元进,刘元进率军拒战,杀官军数千,王世充退保延陵栅,义军各持茅草因风纵火,官军大败,窘迫中将弃营逃遁,突然风向改变,火势直扑义军,刘元进退走,王世充乘机反扑掩击,大破义军,自后连战皆捷,越杀越多,刘元进、朱燮败死于吴(今苏州)。余众或降或散,王世充召先降者于通玄寺焚香起誓,约降者不杀,散走的义军原欲逃入海岛,听说王世充誓不杀降,相继出来投诚,结果被王世充全部抓了起来,活埋于黄亭涧,死者3万余人。幸存者转相警告,复相聚起义,据险为寨,官军讨伐不尽。王世充杀人虽多,却并

---

① 《隋书》卷64《鱼俱罗传》《吐万绪传》,卷70《刘元进传》。《资治通鉴》卷182隋炀帝大业九年。

未平息江南叛乱,反而使民变越来越多。但隋炀帝却认为刽子手王世充有将才,益加宠任。

隋炀帝在不断调兵遣将镇压各地农民起义的同时,又命天下郡县和驿站筑城,加强防卫力量。大业九年(613)十月丁丑(初七),有吕明星率领的农民军数千人围攻东都,被隋武贲郎将费青奴击败斩首。这时,山东境内以长白山(今章丘县东北)为根据地的王薄、孟让等领导的农民军又发展到10余万人,渤海格谦和孙宣雅也都各拥众10万。格谦自称燕王,孙宣雅自号齐王,四出攻击隋郡县,使"山东苦之"。

有的义军把攻击矛头直接对准隋炀帝。河北唐县人宋子贤善幻术,自称弥勒佛出世,能变佛形,远近信奉者"日数百千人"①,准备以召开佛教的无遮大会为名,举兵袭击隋炀帝高阳(今河北定县)行在所,因密泄被捕遇害,其党千余家受到株连被杀。佛教徒反隋炀帝的还有扶风(今陕西凤翔)桑门(和尚)向海明,自称弥勒出世,"人有归心者,辄获吉梦",吸引大批信徒,京畿王辅地区的民众翕然奉之,称为大圣。向海明举起反隋旗帜,众至数万,十二月丁亥(十八日),向海明和尚也自称皇帝,改元白乌。隋炀帝诏派太仆卿杨义臣前往进剿。

这时山东章丘人杜伏威和临济人辅公祏亡命后参加下邳人苗海潮领导的农民军,被苗部众奉为主帅,杜伏威自称将军,转战淮南,用火攻烧死进剿的隋将宋颢,力量逐渐壮大②。

大业九年(613)这一年,随着贵族杨玄感的起兵和隋炀帝二征高句丽的失败,农民起义向纵深发展,不仅广度上大大超过以

---

① 《隋书》卷23《五行志下》。
② 《旧唐书》卷56《杜伏威传》。

前,起义烽火燃遍大江南北,而且质量上也有明显提高,不少义军突破保山守泽的框框,联合其他义军共同作战,多次击破官军的围剿,使起义烽火越烧越旺。隋炀帝的镇压也越来越疯狂,对造反民众的惩罚也更加野蛮。炀帝认为犯上作乱必用严刑,不久前自己亲自主持修定的比较宽仁的《大业律》被抛在一边,要用严刑峻法制服民众的反抗。然而,"譬如辽东死,斩头何所伤",人不畏死,奈何以死畏之。人的最基本的生存权都被暴君剥夺,处在死亡线上挣扎的广大民众只能以死相拼。既把生死置之度外,严刑峻法又算得了什么,其结果当然是适得其反。面对暴虐的镇压,民众更加愤怒,举家老小成批成批地加入了农民起义反抗暴政的行列,致使"举天下之人,十分九为盗贼,皆盗武马,始作长枪,攻陷城邑"①。除西南四川地区因受兵役遥役骚扰相对较少而比较安定外,全国东南西北已到处都是农民起义的烽火狼烟。

第四节　御驾三征辽东　国内政治失控

　　隋炀帝又一意孤行第三次御驾亲征高句丽,出兵规模不减当年。赴役民众填咽于道,昼夜不绝,但结果却又是一场滑稽剧,气势汹汹的百万征讨大军,仅得到一句表示歉意的空话就按原路退回。炀帝是挽回了一点面子,但将士们却不知走了多少冤枉路。隋炀帝凭藉其无上皇权挟千百万民众东奔西颠,结果是失信于天下。征辽失败使隋炀帝失去了对国内政治的控制。

---

① 《隋书》卷24《食货志》。

一、徒有归飞心　无复因风力

大业十年(614)的元旦,隋炀帝是在高阳(今河北定县)行在所度过的。此时炀帝心里仍耿耿于高丽"小丑"高元,去年如果不是竖子杨玄感造反,打乱了他的征讨计划,也许高丽早已灭亡了,"小丑"高元早已是他的阶下囚。虽然国内发生了大规模农民起义,但炀帝仍不放弃扫灭高句丽的既定计划,留住高阳不返回东都度春,就是为再举伐高句丽作准备。

新年伊始的正月甲寅(十五日),隋炀帝以宗女信义公主,嫁于西突厥曷娑那(处罗)可汗。可汗随炀帝御驾参加了两次征辽,炀帝本想让他及四夷使者亲眼看看他扫平高句丽有如弹指一挥,但两次惨败使"圣人可汗"的脸面丢尽。嫁公主给曷娑那,显然是要进一步笼络他,炀帝还要带可汗第三次从征,希望能挽回面子,真正威服四夷。

这年,百济又遣使朝贡①,炀帝接见了百济使者并再约以夹击高句丽之事。二月辛未(初三),隋炀帝诏百官商讨再伐高句丽,皇帝的意志谁也不敢忤逆,全体官员竟沉默了数日。大家都明白,尽管杨玄感叛乱已平定,但国内"群盗所在皆满",局势已乱,征辽闹得天怒人怨,百官明知当务之急不是远征高句丽,而是安抚国内动乱,但炀帝驻跸高阳对高句丽意在必取,群臣又有何话可说呢?只能任凭炀帝一意孤行,一错到底,让帝王的权杖伸到权限的最远边界再缩回。

戊子(二十日),隋炀帝下了一道奇怪的诏书:

竭力王役,致身戎事,咸由徇义,莫匪勤诚,委命草泽,弃

---

① 《隋书》卷81《东夷·百济传》。

骸原野，兴言念之，每怀愍恻。往年出车问罪，将庙辽滨，庙算胜略，具有进止。而谅悷凶，罔识成败，高颎愎很，本无智谋，临三军犹儿戏，视人命如草芥，不遵成规，坐贻挠退，遂令死亡者众，不及埋藏。今宜遣使人分道收葬，设祭于辽西郡，立道场一所。恩加泉壤，庶弭穷魂之冤，泽及枯骨，用弘仁者之惠①。

炀帝装出一副悲悯心肠，对竭力王役而委命草泽的阵亡将士表示哀悼，派人分道收葬弃于荒野的骸骨，立道场设祭坛，超度死者亡灵。祭吊死者，是为了激励来者，这是最通常的办法，但隋炀帝却不检讨自己两次御驾亲征的失算，正是他自己"视人命如草芥，不遵成规，坐贻挠退，遂令死亡者众，不及埋藏"。自己的瞎指挥造成了百万兵民的灾祸，但炀帝不思痛悔，反而将过错上推到开皇十八年（598），诿过于汉王杨谅和高颎。实际上，不是高颎愎很，杨谅悷凶，恰恰是隋炀帝自己愎很悷凶，罔识成败，这时的炀帝可谓是输红了眼的赌徒，要一味赌下去，不到输光不会收场。他死要面子，诿过于人，竟嫁罪于父亲。清代史学家王鸣盛论炀帝"大业十年（614）诏收葬征辽死亡者，而远引汉王谅、高颎开皇十八年（598）征辽败退事，以大业八年之败为讳，欲驾罪于父也"②。所论一针见血，是十分正确的。

二月辛卯（二十三），隋炀帝下诏第三次御驾亲征高句丽，诏曰："黄帝五十二战，成汤二十七征，方乃德施诸侯，令行天下。卢芳小盗，汉祖尚且亲戎，隗嚣余烬，光武犹自登陇，岂不欲除暴止戈，劳而后逸者哉"。这又是把自己扮成汤武一般的圣王，要除暴

---

① 《隋书》卷4《炀帝纪下》。
② 《十七史商榷》卷66《大业十年》条。

止戈,为自己御驾亲征寻找历史根据。接着,他又说:

> 朕纂成实业,君临天下,日月所照,风雨所沾,孰非我臣,独隔声教。蕞尔高丽,僻居荒表,鸱张狼噬,侮慢不恭,抄窃我边陲,侵轶我城镇。是以去岁出军,问罪辽、碣,殪长蛇于玄菟,戮封豕于襄平。扶余众军,风驰电逝,追奔逐北,径逾浿水,沧海舟楫,冲贼腹心,焚其城郭,污其宫室。高元伏锧泥首,送款军门,寻请入朝,归罪司寇。朕以许其改过,乃诏班师。而长恶靡悛,宴安鸩毒,此而可忍,孰不可容!便可分命六师,百道俱进,朕当亲执武节,临御诸军,秣马丸都,观兵辽水,顺天诛于海外,救穷民于倒悬,征伐以正之,明德以诛之,止除元恶,余无所问。若有识存亡之分,悟安危之机,翻然北首,自求多福;必其同恶相济,抗拒王师,若火燎原,刑兹无赦,有司便宜宣布,咸使知闻①。

这个诏书与大业八年(612)正月壬午(初二)第一次征高句丽的诏文相比,其顺天诛恶,吊民伐罪的总基调没有变,但诏书掩盖了前两次出兵的失败,反而吹嘘隋军曾风驰电逝,冲贼腹心,焚其城郭,污其宫室,甚至编造出"高元泥首送款请罪","朕许其改过,乃诏班师"的谎言。是高元不知好歹,怙恶不改,是可忍,孰不可忍,所以再次御驾亲征,救民于倒悬。炀帝说得振振有词,慷慨激昂,此诏文既要求有关官司"便宜宣布,咸使知闻",可谓是最广泛地作了传达,用以煽惑兵民上前线送死。以谎言愚民惑众,煽动仇恨,是专制帝王惯用的手法。

隋大军百万就这样又一次被隋炀帝带上了辽东前线。和前两次一样,征人四远赴如流,舳舻相次千余里,役夫往返在道常数十

---

① 《隋书》卷4《炀帝纪下》。

万,死者臭秽盈路,逃役者不计其数。如刘弘基从征辽东,家贫不能自备行装,行至汾阴,自度已失期当斩,没有办法,遂与同伴杀牛,让官吏来逮捕自己,关进县大牢①。

三月壬子(十四日),隋炀帝御驾来到涿郡,而士卒征人在道者,逃亡几乎是擦肩而过,人流汹涌。癸亥(二十五),炀帝来到北平郡卢龙县的临渝宫(今河北抚宁县境),在旷野设坛祭祀黄帝。隋炀帝亲御戎服主祭,将抓到的逃亡士兵斩首,以人血涂鼓,以示警诫,但是兵民从役者仍逃亡不绝。

四月甲午(二十七),车驾来到北平郡(治今河北卢龙县)城,一路上民变叛乱此起彼伏,各地变乱的消息不断传来,炀帝一面发诏各地官员征讨镇压,一面继续行军,但逃亡不断,行进很慢。秋七月癸丑(十七日),炀帝御驾才赶到塞外辽河边上的怀远镇(今辽宁省怀远县),走了近3个月。隋炀帝虽又一次亲临前线,但原先征发的军队多失期不至,士兵厌战,役夫逃亡,加上秋凉已到,时间不多,隋军虽貌似强大,但实际上很虚弱。同时,高句丽屡遭隋军剽掠攻击,虽顶住了进攻未致亡国,但亦举国困弊,就总的形势来看隋军若再鼓一把劲,灭掉高句丽也不是没有可能。但是,即使灭亡了高句丽也控制不住,因为隋炀帝连本国局势都已无法控制,何谈他国,因此,征讨高句丽已毫无意义。但隋炀帝仍要讨个说法,不能不胜而退。

此时,来护儿率水军泛海先于辽东半岛登陆,占领了高句丽的毕奢城(今辽宁大连市北),但水军副总管周法尚则在进军途中遇疾而亡,死时遗言以未能亲见灭高句丽而深感遗憾。高句丽举兵来迎战来护儿军,被击败,来护儿于是部勒兵马将进攻平壤。高句

---

① 《旧唐书》卷58《刘弘基传》。

丽王高元震惧,连年守土作战已人疲马乏,无力再战,于是遣使执送隋叛臣斛斯政于辽东城下,上表乞降。

由于前两次失败,隋炀帝对取胜也不像先前那样有把握,他对战局的发展也心中没有底,国内的频频叛乱和军粮转输困难使他颇为沮丧。七月甲子(二十八),当高句丽王的使者囚送斛斯政来赎罪乞降,总算讨到了一个说法,自己是胜利者,也总能挽回一点面子。现在对于隋炀帝来讲,死要活要的就是皇帝的威严脸面。于是,下令隋各路大军停止攻击,接受高句丽降款,并遣人持节往来护儿军中,诏其率水军回师。

来护儿刚打了胜仗,水军随船带粮有运输条件,士卒士气较高,对战争前景持乐观态度。接到回师诏令,来护儿大为不满,即召集部众喊:"三度出兵,未能平贼,此还也,不可重来。今高丽困弊,野无青草,以我众战,不日克之。吾欲进兵,径围平壤,取其伪主,献捷而归"。不肯奉诏,上表请战。长史崔君肃认为诏命不可抗,来护儿激愤地说:"吾在阃外,事合专决,岂容千里禀听成规,俄顷之间,动失机会,劳而无功,故其宜也"①。他认为胜利进军中未达目的突然退兵太轻率,表示宁肯获罪也要擒得高元,而且,舍此成功机会,今后就不会再有了。从领兵将帅的角度看,来护儿和于仲文都堪称大将,有建功立业之心,能谋善战,若隋炀帝不御驾亲征,而将大局委交给这样的将领,发兵二三十万,用不着百万人众,未尝就不能灭亡高句丽。然而,有将才炀帝却不能用。这时,崔君肃也大声向众将喊叫:"若从元帅,违拒诏书,必将闻奏,皆获罪也"。诸将恐惧,都劝来护儿奉诏退军,来护儿没有办法,只好率水军回还。

---

① 《隋书》卷64《来护儿传》。

八月己巳(初四),秋凉阵阵,隋炀帝自怀远镇班师回朝。三次大规模的征辽军事行动结尾了,最后一次虽走得从容,但同样是一无所获。

回师路上,炀帝御驾在邯郸竟遭到农民军杨公卿部8000人抄劫,驾后第8队被抄,义军夺得飞黄上厩马42匹而去。天子御马被劫,隋炀帝却也无可奈何。

冬十月丁卯(初三),隋炀帝回到东都,未作休整就继续西行,己丑(十五日)回到京师大兴城。隋炀帝以高丽使者押斛斯政亲告于太庙,算是献捷。于是下诏征高丽王高元入朝,当然高元根本不会理会,炀帝又自感羞辱,拘留高句丽使者,并下敕令将帅整装严备,试图再举兵问罪辽左。但此时天下已大乱,炀帝再也奈何高元"小丑"不得了①。隋炀帝心有余而力不足,他终于知道自己想办的事不一定都能办到,知道权力也有限度了。

隋炀帝把满腔仇恨都集中到高元送来的替死鬼斛斯政身上。宇文述最了解皇上的心思,上奏称:"斛斯政之罪,天地所不容,人神所同忿。若同常刑,贼臣逆子何以惩肃,请变常法"。十一月丙申(初二),炀帝下令依杀杨积善之法,用早已废弃的酷刑处死斛斯政。于是将斛斯政押解至金光门外,缚于柱上,不用刽子手行刑,而让公卿百僚都操弓击射,然后脔割其肉烹煮之,让百官啖之。所谓啖,即吃,也就是让大家把斛斯政吃了来解恨。在隋炀帝的目光威逼下,即使是衣冠楚楚的朝官也不得不强忍恶心,尝一尝人肉味道,有佞者竟"啖之至饱"。人肉吃完后再收余骨,"焚而扬之"②,这比千刀万剐还更泄愤。

---

① 《隋书》卷81《东夷·高丽传》。
② 《隋书》卷70《斛斯政传》;《资治通鉴》卷182 隋炀帝大业十年。

隋炀帝在京师还没有呆上一个月,只是备法驾于南郊祭了一次上帝,礼毕即御马疾驱回宫。这时国家已成了个烂摊子,许多事要重新处理,国内政治成了一团乱麻,在京师父皇的宫殿中隋炀帝的心也有如一团乱麻,烦躁不安,下令朝班公卿百官都随他往东都。术士庾质谏:"比岁伐辽,民实劳敝,陛下宜镇抚关内,使百姓毕力归农。三五年间,令四海少得丰实,然后巡省,于事为宜,陛下思之"①。已无心治国的隋炀帝听后却很不高兴。庾质虽为占卜术士,但每谏都切中时要,说得很实际,或许是借占卜之名以言人事,炀帝不听,庾质于是辞以老病不从驾,炀帝大怒,竟下令将庾质锁送行在所。

这是隋炀帝最后一次告别京师,唐人张祜《隋宫怀古》诗云:"废宫深苑路,炀帝此东行。往事余山色,流年是水声。古墙丹雘尽,深栋黑煤生。惆怅从今客,经过未了情"②。帝国的首都重镇宫苑高墙就这样抛弃而一去不复返,皇帝的责任本是居中君临四方,居重而驭天下,但大业年间天子竟是这样不知轻重,四处游荡,国内政治逐渐失控,天子之位岂能久乎?

十二月壬申(初九),御驾来到东都洛阳城外,隋炀帝又一次宣布大赦。戊子(二十五),入东都,却将庾质下狱,最后庾质竟死于狱中。

大业十一年(615)春正月甲午(初一)元旦大朝会后,隋炀帝于东都宫殿设大宴招待公卿百僚和四夷使节,来朝贡的使者有突厥、新罗、靺鞨毕大辞、诃咄、傅越、乌那曷、波腊、吐火罗、俱虑建、忽论、靺鞨诃多、沛汗、龟兹、疏勒、于阗、安国、曹国、何国、穆国、毕

---

① 《隋书》卷78《艺术·庾质传》。
② 《全唐诗》卷590。

卫、衣密、失范延、伽斯、契丹等国,但仍没有高句丽朝贡使者,隋炀帝连续3年大规模征讨高句丽,本欲夸耀威服四夷,结果高句丽没有被征服,自己反倒一败涂地,威风扫地。现在在四夷面前脸面将往哪里放,一贯矜夸自负好大喜功,以致竭尽国力变态炫耀的"圣人可汗",这下子羞都羞死了。四夷使者与其说是来朝贡,不如说是来看热闹。以大隋王朝为中心的东亚国际秩序华夷朝贡体制行将崩溃,但隋炀帝还是厚着脸皮拉开遮羞布。乙卯(十五日),大会蛮夷,设鱼龙漫延之乐,颁赐各有差①。

一阵闹腾过后,隋炀帝实在按捺不住自己悲痛的心情,回到长乐宫独自饮酒大醉,因赋五言诗。诗文今失传,仅留下最后两句:"徒有归飞心,无复因风力"。说的是他虽有圣王凌云之志,却无回天之力,其权力意志受到了极大的蹂躏。心潮澎湃,难以平静。志慕秦皇、汉武顶天立地的好男儿杨广,今后这皇帝还怎么当下去? 五言诗成,隋炀帝令宫内美人再三吟咏,自己听着听着不禁泣下沾襟,在一旁的侍御者也莫不歔欷②。

二、"李氏当为天子" 枉杀李浑李敏

三征高丽,征兵抓役,徭役交急,民不聊生。一时民众思乱,"从盗如市,郡县微弱,陷没相继"③。从隋炀帝大业十年(614)第三次征辽到大业十一年(615)七月北巡代北,农民起义又掀起了第三次高潮。

人民也蔑视隋炀帝的无上皇权,隋炀帝既不尊重人民的基本生存权,人民就不奉他为"真龙天子",一时"李氏当为天子"的谶

---

① 《隋书》卷4《炀帝纪下》。
② 《隋书》卷22《五行志上》。
③ 《隋书》卷71《杨善会传》。

言在全国各地流传,在杨隋兴起的关陇地区最盛。"盗贼蜂起",自称天子或建元置号者比比皆是。

大业十年(614)二月丁酉(二十九),就在隋炀帝刚颁下三征高句丽的诏令后不久,有扶风(治今陕西凤翔)人唐弼举兵反,拥众10万。唐弼依据"李氏当为天子"的谶言,推李弘为天子,自己称唐王,横行关陇地区。

大业十年(614)崛起的农民军很多,但隋军的镇压进剿也越更凶残。转战于沂水的东海义军彭孝才被彭城留守董纯打败擒获,但董纯虽屡战皆捷,而造反者却越剿越多。于是有人向隋炀帝诬告董纯怯懦,隋炀帝大怒,将董纯锁到东都处死①。镇压农民起义最凶残的要数齐郡丞张须陀,时有齐郡人左孝友率义军屯于蹲狗山(今山东招远北),"众将十万",张须陀列八风营逼压,又分兵扼守要害,左孝友窘迫投降,"其党解象、王良、郑大彪、李腕等众各万计",均被张须陀剿灭。张须陀"威震东夏",隋炀帝提升他为齐郡通守,领河南道12郡黜陟讨捕大使。张须陀于是更加疯狂。涿郡卢明月部义军在祝阿(今山东禹城南)与张须陀相持10多天,张须陀粮尽退兵,使其部将历城人秦叔宝、罗士信分领兵千余人埋伏于芦苇间,当卢明月追击张须陀时,伏兵偷袭卢明月大营,纵火烧栅,卢明月见状仓皇奔还,张须陀回军夹击,大破义军,俘斩无算,卢明月仅以数百骑突围。隋炀帝闻讯大悦,优诏褒扬,特令画工到军中画张须陀及其部下小将罗士信战阵之图,及二人形象,上于内史②。

征辽大军撤回后,对农民起义的镇压又加了码。如来护儿水

---

① 《隋书》卷65《董纯传》。
② 《隋书》卷71《诚节·张须陀传》。

军撤回山东,随即投入围剿,其第六子来整更是凶猛异常,"讨击群盗,所向皆捷",以致有歌谣云:"长白山头百战场,十十五五把长枪,不畏官军十万众,只畏荣公第六郎"。为此河北、山东地区的农民起义遭到不少挫折,加上连年灾荒,缺吃少穿,山东许多义军转向江淮。大业十年(614)底,孟让率军10余万自长白山南下江淮,至盱眙(今江苏)占据隋炀帝的离宫都梁宫,阻淮为固,抗击官军。隋炀帝派江都丞王世充率兵进剿,王世充佯示羸弱,相持不战,趁孟让轻敌懈弛时毁栅出击,大败义军,孟让仅率数十骑奔走。部分溃散的义军归附在淮南地区活动的张善安麾下,张善安率众袭破庐江郡(治今安徽合肥),渡过长江,转战鄱阳湖。

大业十一年(615)隋炀帝因"户口逃亡,盗贼繁多",于二月庚午(初七)下诏:

> 设险守国,著自前经,重门御暴,事彰往策,所以宅土宁邦,禁邪固本。而近代战争,居人散逸,田畴无伍,郛郭不修,遂使游惰实繁,寇孽未息。今天下平一,海内晏如,宜令人悉城居,田随近给,使强弱相容,力役兼济,穿窬无所厝其奸宄,萑蒲不得聚其逋逃。有司具为事条,务令得所①。

所谓"天下平一,海内晏如",以及这年正月十五的鱼龙漫延之乐,都是粉饰太平。隋炀帝实际上已认识到国内局势的恶化,他企图把民众强行迁徙到城里,学习高句丽军民坚壁清野对付百万隋军的办法,使造反者孤立无援,缺乏补给而难以持久,同时,割断民众与义军的联系,以防止越来越多的民众逃亡和参加义军。结果,反而使"百姓废业,屯集城堡,无以自给"②。加上徭役严急,人民在

---

① 《隋书》卷4《炀帝纪下》。
② 《隋书》卷24《食货志》。

堡垒中无法生存,这就逼迫更多的民众铤而走险。

大业十一年(615)中,农民起义继续发展,又兴起许多新的农民起义军。在河北地区,幽州人杨仲绪于二月戊辰(初五)率义军万余攻打北平(今河北卢龙),被隋将李景击斩,然北平一带已是"盗贼蜂起,道路隔绝"①。二月丙子(十三日),上谷(今河北易县)人王须拔举兵,自称"漫天王",建国号燕,其亚将魏刀儿自称"历山飞",各拥众10余万,北连突厥,南攻燕赵。炀帝万分忧虑,特召将军王辩"升御榻",问以进剿方略②。于是发兵与段达、郭绚等合击恶战,将"历山飞"击败③。但义军败而又起,散而复聚。上谷人宋金刚又率众万余,在易州(河北易县)边境上与魏刀儿义军互为表里,合击官军,农民军势力复振。

在山东河南地区,有齐郡(治今济南)人颜宣政、彭城(今徐州)人魏骐驎举兵。魏骐驎率众万余人据单父(今山东单县),攻鲁郡(治今山东益州)。刚被张须陁打散的卢明月又乘势重整旗鼓,率众10余万进攻陈(今河南淮阳)、汝(临汝)一带。谯郡(治今安徽亳县)人朱粲原为县小吏,在从官军征剿长白山(今山东章丘东北)义军时反水,转而聚众起义,"拥众数十万",朱粲自称迦楼罗王,迁徙无常,引军渡淮,攻打竟陵、沔阳,由今河南打到湖北,所向披靡,汉南诸郡多为朱粲攻占。东海人李子通也率众自长白山转战江淮,自称将军。

京师国本,王业所基的关中地区,因"百姓饥馑","盗贼蜂起"。留守京师的卫文升不能"救恤",他见"官方坏乱,货贿公行",上表乞骸骨,想退休,但炀帝不予批准,只是再派有雅量的苏

---

① 《隋书》卷65《李景传》。
② 《隋书》卷64《王辩传》。
③ 《隋书》卷85《段达传》。

夔为使巡抚关中。在山西,绛郡(今山西新绛)有敬槃陀、柴保昌8万多农民军四处横行,隋汾、晋地方长吏难以镇压,隋炀帝派樊子盖发关中府兵前来进剿,使"汾水之北,林坞尽焚","有归首者,无少长悉坑之"。樊子盖杀人虽多,但"百姓怒愤,益相聚为盗",终不能取胜。隋炀帝只好改任表兄唐公李渊取代樊子盖,李渊改用剿抚兼施的办法,在猛攻义军的同时,对降者"推赤心待之"[①],使管内暂得安宁。

李渊在山西剿抚农民起义有功,得到隋炀帝褒扬,但天有不测风云,在嘉奖背后暗藏着祸害。残酷的镇压收效甚微,各地农民起义仍风起云涌,使隋炀帝心烦意乱,不知所措,这时有个名安伽陀的方士,就各地流行"李氏当为天子"谶语,上言隋炀帝尽诛海内凡姓李者。姓李的不光是农民,贵族李渊等李姓也很多,隋炀帝禁绝谶纬,现在谶语仍满天飞,特别是制造舆论要改朝换代,使人心惶惶。炀帝更不能不有所关注,李渊当然在关注之列,而长期跟随在身边的关陇勋贵李敏,则成了首要怀疑对象。

李敏是隋开国元勋李穆的侄孙,自云为陇西成纪人,西汉骑都尉李陵之后。西魏北周以至于隋,李穆及其两个哥哥李贤、李远,均是佐命功臣,李远更与杨忠同列于府兵十二大将军之列。隋文帝杨坚篡周之际,得到了并州总管李穆的有力支持,事成后李穆被拜为太师,赞拜不名。在《隋书》列传中,李穆名列第一。其时李穆子孙虽在襁褓,悉拜仪同,一门执象笏者百余人,也就是说一家有上百人在朝任官,其贵盛当时无以为比,可谓关陇勋贵大家族。

李敏的父亲李崇是李贤之子,幼小即以父勋封侯,仕周以勋授开府,封广宗县公。开皇三年(583)任幽州总管时,突厥犯塞,率

---

① 《册府元龟》卷7《创业》。

军拒战,死于战阵,时年四十八。子李敏袭其爵位。

李敏字树生,隋文帝以其父为国捐躯,将李敏养于宫中数年。李敏长得潇洒漂亮,自小受到很好的贵族式教育,多才多艺,善骑射,歌舞管弦无不通解。文帝长女即隋炀帝的姐姐杨丽华与周天元所生女儿名娥英,也长大待嫁,于是"妙择婚对",敕贵公子弟集弘圣宫,宇文公主坐于帷中自选才郎,贵公子们一个接一个出来试艺,选不中者即出宫门。轮到李敏,公主一眼相中,于是假李敏以一品羽仪。宇文娥英为北周公主,又是大隋皇帝亲外孙女,文帝和独孤皇后爱重有如掌上明珠,杨广兄弟也亲爱有加。李敏后历任外州刺史,但多不莅职,常留京师,往来宫内,侍从遊宴,赏赐超过功臣,与杨广感情也很好,情同骨肉。

大业初年,李敏转授卫尉卿,乐平公主(杨丽华)去世之前,向炀帝遗言:"妾无子息,唯有一女……今汤沐邑,乞回与敏"。① 炀帝当即答应,于是李敏竟食邑5000户。后转将作监,从舅舅隋炀帝征讨高句丽,为新城道军将。杨玄感叛乱后,正是他向炀帝建议修复大兴城防。有鉴于杨玄感以督粮反叛,大业十年(614)第三次征高句丽时,隋炀帝派李敏于黎阳督运军粮,足见炀帝对自己的亲外甥女婿的信重。但李敏的姓氏应谶,"李氏当为天子"对隋炀帝来讲实在是太要命了,太可怕了。据说当年文帝梦见洪水淹长安,因而新筑大兴城,而李敏又有一小名叫"洪儿",姓李又名洪儿,正合当时四起的谶语,炀帝于是当面告诉李敏,希望他改姓名加以回避。

李氏当谶非同小可,得不到大福反而会遭飞来之祸。李敏于是深感恐惧,即把此事告诉了堂叔父李浑及李善衡。

李浑字金才,为李穆的第十个儿子,长得姿貌雄伟,留有一副

---

① 《隋书》卷37《李穆传附李敏传》。

美胡须,在北周任官时就与杨坚友善。后晋王杨广出藩江都,李浑又以骠骑将军率领亲信,随杨广到扬州,成为藩邸旧臣。仁寿年间进位大将军,拜左武卫将军,领太子宗卫率,与杨广关系亲密。而其妻乃宇文述之妹,成为隋炀帝的心腹亲信。

李浑之父李穆死前隋文帝曾下诏:"申国公器宇弘深,风猷遐旷,社稷佐命,公为称首,位极帅臣,才为人杰。……自今已后,虽有愆罪,但非谋逆,纵有百死,终不推问"。开皇六年(586)李穆薨,文帝赐以石椁,百僚送之郭外。因其长子李惇先穆而卒,以其嫡长孙李筠嗣爵,对此李浑相当不满。仁寿年间,李浑因侄儿李筠吝啬,秘密指使另一侄儿李善衡将李筠杀死,而李筠早先又与堂弟李瞿昙有隙,李浑遂证李筠为李瞿昙所杀。文帝大怒,将李瞿昙斩首。仁寿四年(604)隋文帝议为申国公再立嗣,李浑于是活动妻兄宇文述,希望帮助他袭得父爵,并答应事成后以封邑食赋之半相赠。宇文述入告皇太子杨广,说申公子孙尽皆无赖,惟李金才有勋于国,杨广也对这位藩邸旧臣感恩,于是奏告文帝,使李浑得袭封申国公。李浑在大业初任右骁卫将军,大业六年(610)改封郕国公,大业九年(613)迁右骁卫大将军,成了朝廷重臣。

但李浑既得嗣父爵,开始摆阔气,讲排场,"后房曳罗绮者以百数",却把先前答应给大舅子宇文述食邑之半的许诺忘得干干净净。宇文述气愤至极,说:"我竟为李金才所卖,死且不忘"。后方士安伽陀放出"李氏当为天子"的谶语,宇文述于是趁机在炀帝面前诬陷自己的妹夫李浑,说:"臣与金才凤亲,闻其情趣大异,常与李敏、李善衡等,日夜屏人私语,或终夜不寐,李浑家代隆盛,身捉禁兵,不宜如此,愿陛下察之"。隋炀帝对谶语本已神经过敏,宇文述的挑拨果然触动了炀帝紧张的神经,于是要宇文述寻找证据。宇文述指使武贲郎将裴仁基上表告李浑谋反,炀帝览表后令宇文述将李浑、李敏全家逮捕,又派尚书左丞元文都、御史大夫裴蕴等审讯,但审问数天,都未得李氏谋反的证据,只好据实奏闻。但炀帝硬是不相信,又改派宇文述来拷问穷追。

宇文述心里有鬼,欲置李氏于死地而后快。他从狱中找出李敏之妻宇文娥英,对她说:"夫人,帝之甥也,何患无贤夫!李敏、金才,名当妖谶,国家杀之,无可救也。夫人当自求全,若相用语,身当不坐"。娥英坐了几天牢早已忍受不了,更经不住宇文述的诱惑,于是请宇文述指教出路,宇文述于是教唆:"可言李家谋反,李金才尝告李敏云:汝应图箓,当为天子。今主上好兵,劳扰百姓,此亦天亡隋时也,正当共取之。若复渡辽征高丽,你我必为大将,每军有二万兵,共得五万人。又调集诸房子侄,内外亲娅,都应募从征,李家子弟必当选为主帅,分领兵马,散布诸路军中,伺候间隙,首尾相应。我与你先发动,袭取御营,子弟响起,各杀军将,一日之间,天下足定矣"。这样骇人听闻的阴谋一句一句由宇文述口述,宇文娥英手写成表,密封好后由宇文述呈交隋炀帝。并奏称:"已得李金才反状,并有李敏妻密表"。炀帝拆开一看,不觉五雷轰顶,自己最亲信的儿臣竟有如此阴险的计划,联想到前一年重臣杨玄感的反叛,炀帝竟伤心地哭起来,说:"吾宗社几倾,赖亲家翁而获全"。亲家翁即宇文述,炀帝不知宇文述从中捣了鬼,反而激愤万状。大业十一年(615)三月丁酉(初五),下令诛李浑、李敏、李善衡及李氏宗族32人,李氏其余无少长统统发配流放岭南①。数月后,宇文娥英也赐鸩而死。

诛灭李氏是继杨玄感叛乱之后,隋统治集团内部的又一次大分裂。而且是关陇勋贵集团核心成员中的分裂,其影响是相当坏

---

① 《隋书》卷37《李穆传附浑、敏等传》。

的。其实,炀帝身边高官显贵国戚中姓李的还有不少,如后来建立唐朝的李渊和对灭亡隋朝建功最著的义军盟主李密,也都是关陇勋贵集团核心家族,出自西魏北周八柱国家。那么,隋炀帝对表兄李渊的戒备如何呢?据小说家传言的一个可信度不高的故事:"炀帝时有献巨鲤者,帝问渔者何姓?曰:姓解,乃丹书'解生'二字于额,纵之池中,此鱼盖大,出于波澜,'解'字已不全,唯存'角生'字,帝恶之,欲射而鱼没,竭池索之,不获。盖鲤而角生,乃李唐将兴之兆也"[①]。鱼有角是龙,鲤音谐李,以此来附会李唐将兴。这显然是后人根据"李氏当为天子"的谶言及李唐兴起的事实编造的故事。牵强附会的文字拆合蕴含着一些耐人寻味的阴谋,当然是为政治服务的。据说刘邦建立汉朝前,社会上流行着"卯金刀,在轵北"[②]的谶语,不深究不能解其意,后来才知道"卯金刀"是刘字的拆分,"在轵北"预言刘邦将兴起于楚地之北。谶言流行惑众使人心思乱,造成社会不安定,当然也反映了社会的人心向背,对隋炀帝极为不利。显然,隋炀帝对李渊、李密之流是猜忌的。

"李氏当为天子"的谶语在动乱中的隋末社会流传很广,除扶风人唐弼举兵10万推李弘为天子外,不久又有凉州姑臧(今甘肃武威)人李轨被郡人推为河西大凉王,反隋炀帝,"署官署,准开皇故事"。李轨时补鹰扬府司兵,是府兵系统中的下级军官,只是因为姓李,讲义气,同郡同僚称:"我闻谶书,李氏当王,今轨贤,非天启乎!"于是共推为主,率侨居城内的昭武九姓胡人,建旗起义[③]。政治失控随着谶语的流行向全国各地蔓延。"李氏当王"、"李氏当为天子",杨氏天下当亡。

[①] 宋·委心子编:《新编分门古今类事》卷1引《阙史》"炀帝纵鱼"条。
[②] 《纬捃》卷9引《孝经·右契》。
[③] 《新唐书》卷86《李轨传》。

第九章 众叛亲离 天下土崩

据说有方士说秦始皇:"亡秦者,胡也"。秦始皇为此征役百万修筑长城以备胡,但秦并非亡于长城之外的胡人,而是亡于长城以内的农民起义。然而,秦二世而亡,二世名胡亥,因此后代人又据此称谶言有征,亡秦者胡也,胡亥也。天命不可违,"凶吉由人,袄不妄作"。据《隋书·五行志》记载,大业末年有童谣:"桃李子,鸿鹄绕阳山,宛转花林里。莫浪语,谁道许"。"桃李子"指李密,旧史说他"潜结群盗,自阳城山而来,袭破洛口仓,后复屯兵苑内"。"莫浪语,谁道许",宇文化及自号许国,隋炀帝最后死于许国公宇文述之子宇文化及之手。童谣出现于隋炀帝生前,"盖警疑之辞也"。但炀帝终未能悟,最后众叛亲离,死于自己最亲近的禁军之手。

第一节 再巡突厥 雁门被围

隋炀帝三征高句丽的惨败和国内反叛相继,政治失控,使边疆四夷局势也发生重大变化。大业十一年(615)正月"大会蛮夷",不仅高句丽再次拒绝入朝,而且西戎吐谷浑王伏允也趁机"复其故地,屡寇河右,郡县不能御"[①]。隋的威望降低到了最低点,华夷

---

① 《隋书》卷83《西域·吐谷浑传》。

朝贡秩序面临崩溃。

东突厥始毕可汗虽派出了朝贡使,并在朝班中排名第一,但隋炀帝3次征讨高句丽,始毕却没有派出一兵一卒来助战。值得注意的是西突厥处罗可汗3次从隋炀帝出征,赐号曷娑那可汗,曷娑那部众虽弱,但出动了兵马从征则是肯定的。如特勤阿史那大奈就曾随炀帝伐辽[①]。东西突厥既是冤家对头,隋炀帝与西突厥处罗可汗关系亲密,显然预示着与东突厥始毕可汗的关系已发生变化,启民时期的亲密关系已经疏远。

启民是隋朝离强合弱政策下扶植起来的,经过十多年的休养生息,始毕时部众渐盛,力量开始强大。始毕眼见隋炀帝招抚存养众寡势穷的处罗,心存疑虑,赐号曷娑那又尚公主,更使始毕心存戒心。始毕深知隋离强合弱的惯伎,炀帝也确有助曷娑那"复其故地"的考虑,只是因为征辽之役,未遑顾及。现在始毕势强,曷娑那势弱,但曷娑那可汗在隋炀帝身边,早晚将是始毕可汗的祸害,不得不加防备。

隋炀帝和裴矩君臣不久就实施了扶植曷娑那,削弱离间始毕的对突厥政策。早在大业九年(613)平定杨玄感之乱后,隋炀帝命裴矩安辑陇右,裴矩来到会宁(今甘肃永登县东南),存问西突厥部落,命令阙达度设率本部骑兵进讨死灰复燃的吐谷浑王伏允,阙达度设"频有虏获,部落致富",裴矩回朝奏告,炀帝"大赏之"[②]。

后裴矩随驾参加第三次征辽,被特诏"护北蕃军事",即专门监视东突厥始毕动向。裴矩认为始毕可汗羽毛已丰,部众渐盛,不

[①] 《新唐书》卷110《史大奈传》。
[②] 《隋书》卷67《裴矩传》。

太听话,便建策分其势,请炀帝以宗女嫁给始毕之弟叱吉设,拜为南面可汗,以事离间,炀帝认为主意不错。但在实施中却未能行通,因为叱吉不敢接受隋公主,而始毕闻知后也对隋炀帝产生了怨恨。

一计不成,裴矩又向隋炀帝献上一计,说:"突厥本淳易行离间,但由其内多有群胡,尽皆桀黠",为始毕出主意,并教唆之。据说有个叫史蜀胡悉的人尤多奸计,受到始毕的宠信,可用计先诱杀他,炀帝听后即予准许。裴矩于是派人向史蜀胡悉传言:"天子大出珍物,今在马邑交关贸易,若前来者,即得好物"。胡商出身的史蜀胡悉闻知后认为是发财的好机会,不告始毕即尽驱六畜,先来互市,结果在马邑关下被伏兵斩杀。但裴矩却以隋炀帝的名义诏报始毕:"史蜀胡悉忽领部落走来至此,云背可汗,请我容纳。突厥既是我臣,彼有背叛,我当共杀,今已斩之"。但始毕可汗并不是傻瓜,更不会轻易上当,了解真相后对隋炀帝更加怨恨①。

隋与东突厥关系的紧张使隋北部边疆形势全面恶化,调整缓和与始毕可汗的关系,维护华夷朝贡体制,是较征讨高句丽更重要的大事。隋炀帝于是不顾国内叛乱频仍的严峻形势,决定再次北巡突厥。北巡目的一是要重新密切与突厥业已存在的朝贡友好关系,二是说服始毕出兵,协助炀帝再征高句丽,三败之仇,炀帝是不可不报的。

然而,史籍关于隋炀帝这次北巡的记载却颇多差舛,《隋书·炀帝纪下》认为五月族诛李浑、李敏后不久,"己酉(十八日),幸太原,避暑汾阳宫"。《资治通鉴》卷182则记大业十一年(615)三月

---

① 《隋书》卷67《裴矩传》记始毕"知其状,由是不朝"。实际上大业十一年有突厥使者入朝,所记不确。

丁酉(初五)杀李浑、李敏等,"己酉(十七日)帝行幸太原,夏四月,幸汾阳宫避暑"。《资治通鉴》的记载较为详细:隋炀帝行幸前,有2孔雀自西苑飞到宫城朝堂前,被校尉高德儒等10余人看到,奏告炀帝,于是百僚称贺,乃于其地造仪鸾殿,所据为《大业杂记》和温大雅的《大唐创业起居注》。《资治通鉴》又记炀帝幸汾阳宫避暑,"宫城迫隘,百官士卒布散山谷间,结草为营而居",所据也是《大业杂记》。按,如果北巡仅为避暑,那么三四月天尚不致暑热,而不必避暑,因此似不可信。《大业杂记》又:"六月,突厥入岚城镇抄掠,遣范安贵讨击之,王师败绩,安贵死,百司震惧"。《资治通鉴》卷182大业十一年八月乙丑"帝巡北塞"下,以考异注转了这条史料。如果按这条材料,则从逻辑上看似乎是突厥此次突然袭击促成了正在避暑的隋炀帝立即出塞亲巡,但《通鉴》正文不取,因为隋与突厥已公开进行了战争,炀帝就更不可能冒险北巡雁门。炀帝北巡是为安抚突厥而来,和大业三年(607)一样带了后妃宫女、僧尼道士,准备了鱼龙漫延之乐,决不是要与突厥交战,更不是兴兵讨伐。《大业杂记》所云突厥入塞抄掠之事虚假不可信,故《通鉴》不用,仅以考异以备查考。

另外,旧小说还有一种说法:"隋末望气者云,乾门有天子气,连太原甚盛,故炀帝置离宫,数游汾阳以压之。后唐高祖起义兵汾阳,遂有天下"①。把炀帝此次北巡说成是压"天子气",更是虚妄。压谁呢?表兄李渊。

然而,《资治通鉴》却记隋炀帝到汾阳宫后任命卫尉少卿李渊为山西、河东抚慰大使,"承制黜陟选补郡县文武官,乃发河东兵讨捕群盗"。这与前面的说法正好相反,说明"压天子气"确实

---

① 《太平广记》卷135引《感定录》。

虚妄。

又据《大业杂记》,七月,隋炀帝幸雁门(治今山西代县),先至天池。按天池在楼烦郡静乐县境内管涔山上,大业四年(608)炀帝曾在山上环天池筑汾阳宫。据此则隋炀帝往雁门之前先在楼烦郡汾阳宫避暑,时值七月,正是暑日,所说较合情理。

秋八月乙丑(初五),天气已较凉爽,隋炀帝一行出巡塞北。在三征高句丽失败,"圣人可汗"威风扫地之时,隋炀帝试图重演大业三年(607)北巡启民可汗营帐的故事,以求挽回一点面子。为此炀帝又不辞劳苦执意出塞。楼烦太守阴世师听说始毕可汗将不利于隋,曾劝炀帝御驾回太原,但炀帝不从①。按常理,隋炀帝早已通知了始毕可汗来迎,始毕若要劫驾,装成欢迎的样子,成功的可能更大,但史书记戊辰(初八)始毕率数十万骑"谋袭乘舆",是义成公主先派使者紧急通报了消息②。《旧唐书·萧瑀传》则记萧瑀言:"始毕托校猎至此,义成公主初不知其有违背之心",所记前后有出入。但不管怎样讲,始毕可汗并不像当年其父启民那样只带少数人来迎驾,并亲手铲草开御道,始毕此来,是带了几十万骑兵迎驾。炀帝得报大惊失色,他万万没有料到会有如此突发性的危险。壬申(十二日),隋炀帝一行急忙驰入雁门郡城,齐王杨暕率后军退保崞县(今山西原平县北)。

八月癸酉(十三日),突厥骑兵包围了雁门郡城(今山西代县),几十万骑兵入塞穿过隋定襄(治今内蒙古和林格尔)、马邑(今山西朔县)二郡直入雁门,将隋炀帝、后妃、宫女、宰相、百官等十几万人围得铁桶一般。炀帝一行猝不及防,上下惶恐,撤民房修

---

① 《隋书》卷39《阴世师传》。
② 《隋书》卷4《炀帝纪下》。

筑工事以作守御。时苏夔领城东面防卫事,用一夜时间造作了"弩楼车箱兽圈"①,但是,几次交锋官军均不利,雁门郡41城被突厥很快攻克了39城,只有雁门、崞县还在坚守。时雁门郡城有兵民15万,粮食仅可支两旬。突厥几次猛攻,箭头纷纷落在炀帝跟前,炀帝恐惧极了,抱着幼小的儿子赵王杨杲失声痛哭,这是炀帝这一年中第二次哭泣,而且哭得"目尽肿",帝王威严所剩无几,成了一个泪人儿。

城外杀声震天,城内乱作一团。关于战守之策,将相们意见纷纭,炀帝甚至诏令裴矩和虞世基宿于朝堂,"以待顾问"②。炀帝嗟叹:"向使长孙晟在,不令突厥至此"③。大将军宇文述建议炀帝率数千骑突围,尽早脱身,纳言苏威反对,认为万乘之主不宜轻动,且"城守则我有余力,轻骑则彼之所长"④,避长就短十分危险。民部尚书樊子盖同意苏威的意见,说:"陛下万乘之主,岂宜轻脱,一朝狼狈,虽悔不及,未若守城以挫其锐,四面征兵,可立而待"。接着,樊子盖又垂泣而谏:"愿暂停辽东之役,以慰众望,圣躬出慰抚,厚为勋格,人心自奋,不足为忧"⑤。近臣虞世基也同意樊子盖的看法,"劝帝重为赏格,亲自抚循,又下诏停辽东之事"⑥。内史侍郎皇后之弟萧瑀总结其他人的意见,并进一步献策说:"北蕃夷俗,可贺敦知兵马事,昔汉高祖解平城之围,乃是阏氏(王后)之力,况义成以帝女为妻,必恃大国之援。若发一单使以告义成(公主),假使无益,事亦无损"。炀帝在窘迫中采纳了众僚的建议,先

---

① 《隋书》卷41《苏夔传》。
② 《隋书》卷67《裴矩传》。
③ 《隋书》卷51《长孙晟传》。
④ 《隋书》卷41《苏威传》。
⑤ 《隋书》卷63《樊子盖传》。
⑥ 《隋书》卷67《虞世基传》。

"发使诣可敦(王后)谕旨"①。甲申(二十四),诏天下诸郡募兵勤王。

于是,附近郡县守令各来赴难,在各路勤王队伍中,有太原李渊率领的兵马,据说年仅16岁的李世民也"应募救援,隶屯卫将军云定兴营"②。就连远在江都的王世充,也"尽发江都人,将往赴难。在军中,反首垢面,悲泣无度,晓夜不解甲,藉草而卧"③。看来,危难之际又一次进行了全国性的动员。隋炀帝还在围城内亲巡将士,当众宣布:"努力击贼,苟能保全,凡在行阵,勿忧富贵,必不使有司弄刀笔破汝勋劳"。又下令"守城有功者,无官直除六品,赐物百段,大官以次增益"。又派使者往各营慰劳,相望于道,于是众皆踊跃,昼夜拒战,死伤甚众④。

勤王大军从四面八方滚滚而来,突厥始毕可汗一时攻不下雁门郡城,当东都大队勤王兵马到达忻口(今山西忻县北),距雁门只有咫尺之遥时,远在沙漠汗庭的义成公主见到炀帝的使者,派人报告始毕"北边有急"。可汗是个聪明人,此役虽未擒获炀帝小丑,但也叫他威风扫地,况且自己并无任何损失,见好就收。九月甲辰(十五日),始毕解围而去。

突厥退走之后,隋炀帝派人出城侦察,见山谷皆无胡马,乃派出2000人的小队骑兵追击,抓获了突厥老弱2000余人。九月丁未(十八日),被围困了近40天的隋炀帝一行离开雁门回到太原。为报答奖赏当地军民的勤王,炀帝下诏:"曲赦太原、雁门郡死罪已下"。这时太原四周反叛义军四伏,苏威劝告炀帝说:"今者盗

---

① 《旧唐书》卷63《萧瑀传》。
② 《旧唐书》卷2《太宗纪上》。
③ 《隋书》卷85《王世充传》。
④ 《资治通鉴》卷182隋炀帝大业十一年。

贼不止,士马疲敝。愿陛下还京师,深根固本,为社稷计"①。众大臣多劝炀帝速还京师,处理危机四伏的国内政治,然而炀帝面有难色。宇文述揣知炀帝的心思,因而奏称:"从官妻子多在东都,便道向洛阳,自潼关而入可也"②,炀帝于是有了台阶下,令御驾南归东都。

十月壬戌(初三),隋炀帝一行回到东都洛阳。

由于隋炀帝被围雁门时亲口许下赏从行将士勋官,回到东都后众将士议论纷纷,但具体掌管此事的纳言苏威认为,国库无法支付如此众多的奖赏,"追论勋格太重,宜加斟酌"。樊子盖等执奏不宜失信于亲卫将士,炀帝竟毫无顾忌地呵斥樊子盖:"公欲收物情邪!"吓得樊子盖不敢再说话③。大业九年(613)平杨玄感之乱时,应授勋者就多未兑现,此次雁门解围,又"勋格不行",广大宿卫将士没有得到企盼已久的赏勋,而炀帝却再次让百僚商议讨伐高句丽,于是将士无不怨愤。"言其诈众,朝野离心"④。言而无信使跟随炀帝长从宿卫的禁卫军也离心了。

雁门之围后,隋与东突厥的敌对关系公开化并继续加深,隋炀帝根本不可能再讨伐高句丽。始毕可汗解围北走后,与隋朝的朝贡关系也断绝,并开始侵寇隋边境,重新成为隋最大边患。为防备突厥,隋炀帝以武贲郎将王仁恭骁勇,诏复本官,领马邑太守。这年,始毕可汗率数万骑兵侵寇马邑,又令二特勤向南纵深侵寇,王仁恭时刚上任,郡兵不过3000人,乃选精锐主动迎击,大破突厥兵,收斩二特勤,炀帝得报很高兴,认为是报了一箭之仇。后突厥

---

① 《隋书》卷41《苏威传》。
② 《隋书》卷61《宇文述传》。
③ 《隋书》卷63《樊子盖传》。
④ 《隋书》卷67《虞世基传》。

又侵寇定襄郡(治今内蒙古和林格尔),王仁恭再次将其击退,大获六畜而归①。为加强北境边防,隋炀帝又诏表兄李渊统领太原本部兵马,与马邑太守王仁恭一同"北备边朔"②。

由于与东突厥关系陡然恶化,隋炀帝于是更重视与西突厥发展关系。这年炀帝北巡回到东都,西突厥射匮可汗派遣其猶子"率西蕃诸胡朝贡",炀帝令裴矩设宴盛情款待③。又任命靺鞨酋领突地稽居营州(治今辽宁朝阳市),为辽西太守,监视东突厥和高句丽。

第二节　魂褫气慑　窜身江湖

雁门御驾被围又一次让隋炀帝蒙受了耻辱。大隋天子的威严在遭"小丑"高元戏弄后,又遭到了东突厥可汗的挑战,炀帝的威望进一步降低。加上国内局势已乱,"反者多如帽毛,群盗所在蜂起"。隋炀帝以其大政治家的宏大气魄和无比丰富的想象力规划的圣王之业,眼看就要泡汤,无法实现。狂妄的扩张野心被撕得粉碎,无边无际的权力欲望终于受到了阻遏。无情的打击使隋炀帝的情绪低落到了极点,既无回天之力,只好逃避现实,于是从一个极端走向另一个极端,隋炀帝像是换了一个人一般,政治上不再有任何进取之心。

一、望绝两京　三下江都

大业十二年(616)正月元旦大朝会,已经没有外国朝贡使者

---

① 《隋书》卷65《王仁恭传》。
② 《大唐创业起居注》卷1。
③ 《隋书》卷67《裴矩传》。

来向隋炀帝贡献方物了。而且,按例诸郡朝集使这时都应进京朝觐,但由于各地农民起义风起云涌,占领郡县,阻隔道路,有20余郡的朝集使不能到达东都。这时国内四方叛乱政治失控已使局势相当严峻。隋炀帝非但不反思罪己,抚恤民众,反而变本加厉地进行镇压,"始议分遣使者十二道发兵讨捕盗贼"。但疯狂的镇压并没有成效,农民军灭而复起,东方不亮西方亮,反暴政的起义此起彼落。

隋炀帝不得不开始为自己考虑后路了。于是诏毗陵(治今江苏常州)通守路道德,集10郡兵数万于其郡东南筑宫苑,周围12里,内为十六离宫,大抵仿洛阳西苑之制,虽规模小得多,但绮丽又过之。隋炀帝还准备修宫苑于会稽(治今浙江绍兴),这是为逃奔江南作准备。又因为运河上的龙舟水殿被杨玄感烧毁,早在大业十一年(615)十一月隋炀帝就已令江都重新制造,凡数千艘,制度规模大于旧者。悉令送往东都备用。

大业十二年(616),新崛起的起义军有好几支,先前的义军也有了新的发展,隋在中原地区的统治已经崩溃。

正月甲午(初七),有雁门(治今山西代县)人翟松柏聚众于灵丘,众至数万,转攻附近郡县,这显然是去年炀帝北巡雁门被围役民勤王的直接反映,苦役之下生存无望的农民只有造反这一条生路。二月癸亥(初六),东海人卢公暹率众万余,保于苍山(今山东境内)[①]。先已起义的张金称军则先后攻占平恩(今河北馆陶西北)、巨鹿、武安、清河(均在今河北境内)等地。魏刁儿部将甄翟儿复称"历山飞",拥兵10万,转攻太原,他"巧于攻城,勇于力战",其部横行河东,势不可挡。隋将潘长文奉隋炀帝旨前往征

[①] 《隋书》卷4《炀帝纪下》。

讨,被义军打死。亲身经历了隋末农民起义的唐史臣魏征描述当时情况为:"彼山东之群盗,多出厮役之中,无尺土之资,十家之产,岂有陈涉亡秦之志,张角乱汉之谋哉!皆苦于上欲无厌,下不堪命,饥寒交切,救死萑蒲。莫识旌旗什伍之容,安知行师用兵之势!但人自为战,众怒难犯,故攻无完城,野无横阵,星离棋布,以千百数。豪杰因其机以动之,乘其势而用之,明智之将,连踵覆没,莫之能御"①。反暴政求生存的人群犹如煮沸了的汤,四海横溢。

隋炀帝面对无法控制的局势,也拿不出什么更好的办法,他自高自大,死要面子,不愿认错而又不敢直面现实,于是心烦意乱,"耻有盗窃之声,恶闻丧乱之事"。内心深处,却"魂褫气慑",据史载,自大业八年(612)以后,炀帝"每夜眠,恒惊悸,云有贼,令数妇人摇抚,乃得眠"。大业十二年(616)四月丁巳(初一),大业殿西院发生火灾,炀帝"以为盗起,惊走,入西苑,匿草间,火定乃还"②。因存恐惧,隋炀帝心理不正常,其政治意志已完全崩溃,失志则悲,尔后干脆不愿过问国政,追求享乐,以玩笑来解闷。五月丙午(二十一),出现了日食,炀帝于西苑景华宫征求萤火虫,得到数斛;夜出游玩,将萤火虫放出,"光遍岩谷"③。这种新玩法后来唐贞观八年(634)唐太宗也提起,太宗对侍臣说:"隋炀帝幸玉泉宫,怪无萤火,敕云:'捉取少多,于宫中照夜'。不料,所司遽遣数千人采拾,送五百舆于宫侧"④。表面上看玩得开心,花样翻新,但却掩饰不了炀帝内心的焦虑。

隋炀帝也不时问一问左右侍臣有关各地造反变乱之事。宇文

---

① 《隋书》卷70《史臣曰》。
② 《资治通鉴》卷183 隋炀帝大业十二年。
③ 《隋书》卷4《炀帝纪下》。
④ 《贞观政要》卷6《慎言语》。

述为让皇上宽心,诡称"盗贼渐渐少了"。炀帝又问:"比原先少几何?"答称:"不及十分之一"。纳言苏威在旁听到宇文述当面撒谎,不敢当众戳穿,又听不入耳,于是隐身于柱后,炀帝忙呼之,问他同样的问题,苏威回答:"臣非专管此事,不知道多少,但患盗贼渐渐逼近东都"。炀帝问怎么讲,苏威说:"他日贼据长白山,今近在荥阳(治今河南郑州)、氾水(今河南虎牢),且往日租赋丁役,今皆无人,岂非都为盗贼? 又昔在雁门,许下罢征辽东,今复又征发,盗贼怎能平息?"苏威如实奏告,每一件事都说得实实在在,为不触怒炀帝,说得比较含蓄,保留,但炀帝听后还是不大高兴。隋炀帝并不是积极与老宰相商讨对策,而是自我麻痹,在苏威眼里,当今皇上几乎是换了一个人,先前那种雷厉风行的政治作风已完全丧失了,先前叱咤风云,现在优柔寡断。的确,这时的隋炀帝已经称得上是一个昏君了。

几天后的五月五日,朝臣百僚多向隋炀帝献珍玩,独苏威献上《尚书》一册。《尚书》是儒家经典,先圣遗言,由孔子编纂成书,应该是珍贵的礼物。但有人在炀帝面前谮毁说:"《尚书》中有《五子之歌》,苏威用意甚为不逊"。意思是说苏威以炀帝"逸豫盘游不知返,将至失邦,如夏太康"[①]。炀帝听后浑头火起,这是当众把自己比作前代昏君。

《五子之歌》所述为夏朝故事,夏第三代君后为太康,继位后一味田猎游玩,荒废政事,不恤民情,致使人民怨恨,而终为有穷氏首领后羿所驱失国。《五子之歌》所述乃为太康失国之前,去洛水南田猎,他的5个兄弟和母亲也随同前往,在洛水边等待他。但太康久去不返,为后羿所拒,5个弟弟在洛水边等了100天,仍不见

---

① 《资治通鉴》卷183隋炀帝大业十二年。

哥哥回转,心中充满怨恨,于是各作歌一首,表示谴责,故名"五子之歌"。《五子之歌》故事动人,寓意深刻,但清代学者考证出包括此篇在内的诸多古文《尚书》乃东晋豫章内史梅赜的伪作,是确定无疑的伪书。然而,隋朝时尚未怀疑此篇的真伪,其中一些思想对隋唐时期的治国理论产生过重大影响。在隋空前的政治危机之际,苏威向皇帝进献《尚书》,自然有其深刻含义。其中"民惟邦本,本固邦宁"的著名论题,是帝王治国的不朽名言。开皇九年(589)讨陈檄文,杨广也曾引用。苏威将其奉献给负有治国安邦重大责任的隋炀帝,显然也具有针对性。

夏后太康的5个弟弟遵循圣王大禹训诫而作的5首歌,的确令后人回味无穷。其第一首歌词稍作译解为:"圣皇先祖大禹有遗训,民众可以亲近,不可轻贱,民众是国家的根本,根本牢固国家才安宁。我看普天之下愚笨的男女都有胜过我之处,一人有许多过失,招致怨恨的过错岂止在明显处,就是微细看不到的过错也应用心改正。我面对千千万万的子民,内心畏惧就像用腐朽的绳索驾驭六匹马一样,居于众人之上的君主,怎么能不谨慎专一于治国呢。"第二首歌词译解为:"圣祖遗训还说:在内为女色所迷,在外为田猎所迷,喜好酒色歌舞不知休止,高大的宫室还要雕饰墙壁,这几项中哪怕染有一项,就没有不亡国的"。第三首歌词所述陶唐,即圣王帝尧,尧初居陶,后封唐侯,其意为:"只有那圣王帝尧,拥有冀州之地,如今丧失了他的治世之道,搞乱了他的纲纪法度,所以才招致国家灭亡"。第四首歌词说:"我们圣明的先祖大禹,是天下万邦的君主,有治理国家的典章法则,遗留给子孙,使关口通畅计量统一,人民互通有无,公平交易,日用物质不缺,王府也富有了,现在却废弃了祖宗的基业,覆灭了宗族,断绝了祭祀"。第五首歌词说:"呜呼!我们归向哪里呀!我心怀悲痛,百姓仇视我们,我们将去依靠谁呢?我心中郁结哀思,面带羞惭而内心愧悔。不认真修养品德,现在后悔也无法补救了"。"五子"的歌对太康失国痛心疾首的反思让后人猛省,处在灭亡失国边缘的隋炀帝,若能真正体会辅佐了大隋两代君王的老宰相苏威的良苦用心,对自己在位十多年的作为痛作反思,洗心革面,下诏罪己,大赦天下,结束社会动乱,这在当时应该说是最好的选择。圣王大禹就说:"予临兆民,懔乎若朽索之驭六马,为人上者,奈何不敬"。大禹的谦逊谨慎令人可敬,特别是指出天下之人无论愚贤都有胜我之处,圣王有自知之明,虚心改过,这才是最优美的圣德。毕竟,隋炀帝还不是有如夏太康、周天元、北齐后主那样的耽于酒色,只顾游猎而荒废政事的荒唐昏君,而是勤政有为一心想成圣王之业的"宏放之主"。隋炀帝错就错在忘记了"民惟邦本,本固邦宁"这个千古祖训,不恤民力,不顾百姓死活,一任己欲,一意孤行。以致滥用权力,把自己的功业建立在千百万子民的痛苦死亡基础上,不尊重人权,人民最起码的生存之权在专制荼毒之下不受任何尊重,没有半点保障,这就失去了立国的根本,本不固则邦不宁,大隋天下因失去根本,最终得不到安宁,行将灭亡。

  道理是这样的浅显明白,明摆在隋炀帝面前,就看隋炀帝听,还是不听了。苏威不愧为当时最有经验的老资格政治家,是文帝朝硕果仅存的辅佐,治国能手,他看到了国家危亡的关键之所在,十多年来他唯唯诺诺,不敢措言,但在此危亡之秋,他能站出来用隐晦却又明白的方式提醒执迷不悟的隋炀帝,应该说是难能可贵的。"众人之唯唯,不如一士之谔谔"。忠直谠言有如药石,头脑发昏的隋炀帝身边,最需要的就是苏威这样清醒的人。

  然而,怙恶不悛的隋炀帝虽然理解老宰相苏威的良苦用心,却不能用,反而听信佞人对苏威的谮毁。他认为呈《尚书》是"大不敬",是将自己类比失国的夏太康。不久,炀帝又问苏威征战高丽之事,苏威希望趁此机会让隋炀帝知道天下叛隋者众,于是回答:"今兹之役,愿不发兵,但赦群盗,自少得数十万,遣之东征,彼喜于免罪,争务立功,高丽可灭"。苏威顺着隋炀帝仍要征辽灭高句丽复仇的心绪,又曲折地表达了天下叛离应下诏赦免,缓和尖锐的阶级矛盾以求更始的想法,但这个意思却不能为刚愎自用的隋炀帝所领悟。炀帝说:"我去尚犹未克,鼠窃安能济乎"①,表现出这个高高在上的帝王对于人民的极度蔑视。

苏威出殿后,御史大夫裴蕴即接着奏:"此大不逊,天下何处有许多盗贼"。炀帝于是恼羞成怒,大骂:"老革多奸,以贼胁我,欲挞其口,但隐恶之,诚极难耐"。所谓老革,指皮色枯瘁之形,即"老东西",指老宰相苏威。裴蕴既知隋炀帝讨厌老宰相苏威,于是鼓动河南白衣张行本劾奏:"苏威昔在高阳典选,滥授人官,畏怯突厥"。炀帝下令进行调查,案成,下诏数苏威罪状:"威立性朋党,好为异端,怀挟诡道,徼幸名利,诋呵律令,谤讪台省,昔岁薄伐,奉述先志,凡预切问,各尽胸臆,而威不以开怀,遂无对命,启沃之道,其若是乎!资敬之义,何其甚薄"。这道诏书可以说是颠倒黑白,都是莫须有的罪名,苏威于是除名为民。后又有人诬苏威与突厥"阴图不轨",炀帝将其案下御史大夫裴蕴推审,裴蕴判苏威罪该死,苏威知奸臣昏主存心要整治他,纵有百口也无以自明,为苟求性命于乱世,只得丧失人格求哀告饶,并自陈奉事2朝30余载,精诚微浅,不能上感,"咎衅屡彰,罪该万死"。炀帝见老宰相一副可怜相,倒也产生了恻隐之心,特令免死,并其子孙3世皆除

---

① 《资治通鉴》卷183隋炀帝大业十二年。

名为民①。

老宰相苏威被驱退后不久,七月壬戌(初八),炀帝身边受信用而敢于讲点真话的另一位大臣樊子盖又去世,隋炀帝于是被一群佞臣包围,他们只讲好听的,不讲不中听的话,天下乱成一团,炀帝无心治理,只求逃避,每天自我麻痹而已。

这时,江都新造作的龙舟送到了东都,宇文述又带头谄媚劝隋炀帝行幸江都。炀帝对中原的混乱政局已丧失信心,多年征战奔波也感到太累了,烂摊子既无法收拾,不如逃避偷安于一隅,退据自己发迹起家的政治根据地江南。对此,魏征论说:"炀帝魂褫气慑,望绝两京,谋窜身于江湖,袭永嘉之旧迹"②。炀帝的考虑是万一北方控制不住,就放弃两京,退保江都,如六朝割据江南。显然,这是灰心丧气,断送江山。

右候卫大将军赵才不领悟隋炀帝的心迹,而自以为荷恩深重,无容坐看亡败,于是斗胆进谏:"今百姓疲劳,府藏空竭,盗贼蜂起,禁令不行,愿陛下还京师,安兆庶。臣虽愚蔽,敢以死请"③。炀帝竟大怒,将赵才逮捕关押,数天后气消才放回家。又老道士王远知也"谏不宜远去京国,炀帝不从"④。朝中大臣多数虽都不欲南行,但炀帝意志消沉,主意已定,非去不可,竟无一人再敢谏诤。只有戎秩正六品的建节尉任宗上书极谏,结果在朝堂被炀帝下令当众杖杀。

甲子(初十),隋炀帝下达了行幸江都的诏令。留越王杨侗留守东都,任命光禄大夫段达、太府卿元文都、检校民部尚书韦津、右

---

① 《隋书》卷41《苏威传》;卷67《裴蕴传》。
② 《隋书》卷70《史臣曰》。
③ 《隋书》卷65《赵才传》。
④ 《旧唐书》卷192《王远知传》。

武卫将军皇甫无逸、右司郎卢楚等总留后事。这批留守东都的官僚大都是关陇勋贵北方人,其中韦津乃韦孝宽之子。

皇帝要离去,东都上下人心浮动,谣言也很多,据说隋炀帝三游江都时,有乐工吹笛,其父老废,于卧内闻之,问曰:"何得此曲"。子对曰:"宫中新翻也"。父乃谓其子曰:"宫曰君,商曰臣,此由宫声,往而不返,大驾东巡,必不回矣,汝可托疾勿去也"[①]。三巡江都,许多美艳的宫女不得从行,泣留炀帝,炀帝也自知此去即不回,却故作多情地题诗一首:

> 我梦江南好,征辽亦偶然。
>
> 但存颜色在,离别只今年[②]。

并以诗赐宫娥。从行的有宗室皇亲、后妃宫女、文武百官、僧尼道士及大批骁果禁军,还有西突厥曷娑那可汗、靺鞨渠帅度地稽等。

临行,又有散秩仅从九品的奉信郎崔民象以"盗贼充斥",四海土崩为由,于建国门上表谏炀帝以社稷为重,不要行幸江都。而这时炀帝要走的决心是九牛也拉不回,激怒之余,又下令将崔民象处斩。

隋炀帝的龙舟沿两岸义军蜂起的运河南行,行程中各地变乱的消息纷纷传来。戊辰(十四日),有冯翊(治今陕西大荔)人孙华举兵反隋,自号总管。南方冼夫人的族人高凉通守冼珧彻又举兵反隋,岭南溪洞多起而响应。路上,虞世基以"盗贼充斥"请隋炀帝发兵屯洛口仓,炀帝以为是书生之见而不听。戊辰(十四日),车驾至巩县,炀帝又令将箕山、公路二府移于洛口仓内,于是命令洛口仓筑城以备不虞。

[①] 唐·段安节:《乐府杂声》"安公子"节。又《太平广记》卷204《王令言》条引《卢氏杂说》,所记略同,唯乐工乃王令言。

[②] 《新编分门古今类事》卷13"隋蜀不详"条引《该闻录》。

行至汜水（河南虎牢），又有奉信郎王爱仁上表谏请隋炀帝归还西京大兴城，已被农民起义吓得犹如惊弓之鸟的炀帝一概不听，又斩王爱仁，继续南行。至梁郡（河南商丘南），有郡人大胆邀车上书："陛下若遂幸江都，天下非陛下之有"。炀帝大怒，又斩谏者。这样，一路走，一路杀，凡有谏者，格杀勿论。一路急行赶往江都宫，其情形与前两次巡幸江都炫耀天子气派是大不一样，简直就是落荒而逃。唐诗人李商隐作诗讽刺云：

乘舆南游不戒严，力重谁省谏书函。

春风举国裁宫锦，半作障泥半作帆①。

隋炀帝龙舟行至运河中道，夜半曾闻岸上歌谣：

我儿征辽东，饿死青山下。

今我挽龙舟，又困隋堤道。

方今天下饥，路粮无些小。

前去三十程，此身安可保。

寒骨枕荒沙，幽魂泣烟草。

悲损门内妻，望断吾家老。

安得义男儿，烂此无主尸。

引其孤魂回，负其白骨归②。

此时隋炀帝哪有什么威风可现，只能是促船快走快走。

二、锋镝腾沸　豪杰并起

唐太宗认为隋炀帝若能"常处关中，岂有倾败"。而"不顾百姓，径往江都"，不纳谏诤，行幸无期，结果，"身戮国灭，为天下

---

① 《隋堤》，见《全唐诗》卷539。
② 《海山记》，历代小史本。

笑"①。在隋炀帝逃窜江都之时,全国范围的民众起义已方兴未艾,不仅有农民起义,而且有地主起兵。各路义军在反隋暴政的斗争中逐渐组合成几支大的联盟,合力抗击官军,并不断取得胜利。

大业十二年(616)八月乙巳(二十一),有恒山(今河北正定县南)赵万海率河北义军"众数十万"攻打高阳(今河北定县)。这里前年尚为隋炀帝驻跸的行宫,有临时宫殿和大量军械,结果不到两年时间即落到农民军手里,所获各种物资无数。

九月,东海(治今江苏连云港)杜扬州、沈觅敌等又聚众数万,隋炀帝派陈稜将其击败。十二月癸未(初一),鄱阳人操天成(又名操师乞)举兵,自号元兴王,建元始兴,攻陷豫章郡(治今江西南昌),任其同乡林士弘为大将军,四出略地。隋炀帝诏治书侍御史刘子翊率军进剿,战斗中操天成中流矢阵亡,部众转由林士弘统领,与官军再战于彭蠡湖(今鄱阳湖),结果刘子翊兵败被杀。林士弘兵众迅速增到十余万人,声势大振,向南占领虔州(今江西赣州),自称"南越王"。十二月壬辰(初十),林士弘自称皇帝,国号楚,建元太平,地方豪杰争杀隋郡县守令,开城响应林士弘。

在河北地区,农民军郝孝德、孙宣雅、高士达、张金称、杨公卿、时秀康、魏刁儿等部四处攻打郡县,隋将帅相继败亡,隋炀帝乃令太仆卿杨义臣率重兵进剿。时张金称驻军武安郡平恩东北(今河北邱县南),杨义臣引兵据永济渠为营,故意示弱据高垒不出战,待义军不戒备时乘机劫得义军营寨,俘张金称,并残酷地将张金称"立木于市,悬其头,张其手足,令仇家割食之"。张金称视死如

---

① 《贞观政要》卷10《畋猎三十八》。

归,大义凛然,"未死间,歌讴不辍"①,表现了农民的英雄气概。

隋炀帝又从南方调来王世充,攻灭河北义军格谦。沧州盐户高开道为格谦部将,有勇力,乃收集余部,继续造反,先后攻占北平(治今河北卢龙)、渔阳(治今北京市)二郡,将隋炀帝征辽时驻跸的行宫临渝宫及辽东怀远镇统统捣毁,并北连突厥,以为声援。怀戎(今河北涿鹿西南)浮屠高昙晟,率僧徒50人拥斋众造反,杀县令起义,自号"大乘皇帝",立尼姑静宣为"耶输皇后",建元法轮,遣使约高开道为兄弟,封为齐王。高开道遂率众5000人归附佛教大乘皇帝,但又觉得和尚尼姑称皇称后颇为荒唐,居三月,杀大乘皇帝高昙晟,兼并其众,复称燕王,建元,署置百官,按照传统王朝模式建立了大燕政权。

隋涿郡通守郭绚奉隋炀帝命率兵万余围剿高鸡泊中的高士达,高士达任命窦建德为军司马,士达自以为才略不及窦建德,乃将义军尽交窦建德指挥。建德请高士达守辎重,自选精兵7000迎战郭绚,诈称与高士达有隙而降,郭绚信以为真,引兵随窦建德至平原郡的长河县击高士达,半路遭窦建德突然袭击,杀虏数千人,斩郭绚首以献高士达。时张金称余众也都投归窦建德帐下。

杨义臣又欲率官军入高鸡泊围剿高士达部,窦建德建议高士达先避其锋,待其疲倦再乘间袭击,但高士达不听,留窦建德守寨,自率精兵迎敌,因小胜而纵酒,5天后反遭杨义臣袭击,于阵中被斩首。杨义臣乘胜进剿高鸡泊义军营寨,窦建德率百骑逃走。但官军退还后,窦建德又回到高鸡泊,收散兵,葬死者,军复大振,自称将军。经过战火磨炼,窦建德在河北义军中脱颖而出,成为河北

---

① 《资治通鉴》卷183隋炀帝大业十二年。

义军领袖。和其他农民武装不同,窦建德俘获隋官吏及士族子弟皆不杀,而是善遇优待,于是不少隋郡县官以城降附他,使窦建德声势日盛,胜兵十余万人①,与高开道的燕政权同为河北农民军主要力量。

正当用人之际,隋炀帝最亲信的将领宇文述于大业十二年(616)十月己丑(初六)在江都病逝,这使杨义臣、王世充等后辈成为炀帝所倚重的将领。对于宇文述的病逝,隋炀帝很伤心,这是最后一位称心如意的藩邸旧臣,在此多事之秋不能为皇上分忧解难,又怎能不让炀帝痛惜。死前隋炀帝想亲临宇文述居室探视,群臣苦谏乃止,于是"中使相望",宦官一个又一个地被叫去探望病情。宇文述的去世和苏威被斥,使隋中枢辅政的"五贵"只剩下裴矩、裴蕴、虞世基3人,在大厦将倾之时,在主上头脑发昏之际,匡辅大臣的作为十分重要,然而,"三贵"的表现也同样不尽如人意。在江都宫,各地郡县关于民变造反的奏报不断涌来,起先裴矩尚能如实向炀帝汇报,但隋炀帝不愿听,竟向裴矩发怒,裴矩也就不敢再说话了。内史侍郎虞世基心知炀帝已不可谏止,又想到往昔高颎、张衡以忠谏相继遭诛戮,害怕祸及于己,虽近侍于炀帝身边,不敢忤逆炀帝之意,唯唯诺诺,不敢讲真话,就讲假话。虞世基既知隋炀帝"恶闻贼盗",所以郡县及诸将有事告败求救者,即"抑损表状",皆不以实表上闻,反而诡称:"鼠窃狗盗,郡县捕逐,行当殄尽,愿陛下勿以介怀"。让隋炀帝感到安慰,炀帝也自我麻醉,信之不疑。以后,凡有使者奏告实情,反而以为妄言,而行杖责,于是各地农民起义越来越猛,陷没郡县,遍于海内,而居江都宫的隋炀帝皆不知,也不想知道了。御史大夫裴蕴也顺旨以谎言搪塞炀帝。

---

① 《资治通鉴》卷183 隋炀帝大业十二年。

但是,当杨义臣破除河北张金称、高士达农民军数十万,列状告捷时,隋炀帝览后又不住惊叹:"我初不闻贼顿如此,义臣降贼何其多也"。虞世基见状立即诡言:"鼠窃虽多,未足为虑,义臣克之,拥兵不少,久在阃外,此最非宜"。炀帝翻然有悟,说:"卿言是也"。于是急派人追使者,令杨义臣解散士伍,使河北农民起义军得到喘息,不久复盛①。

这时,原籍南朝的虞世基、裴蕴以奸邪说谎,成了隋炀帝最信任的人,他们对国家前途既无半点责任感,对起于关陇的大隋社稷也没有丝毫的同情心,他们只顾当官,讨好皇帝,成为典型的佞臣小人,关陇勋旧则对他们嗤之以鼻。

关陇人士治书侍御史韦云起对裴蕴、虞世基居中奸邪用事深为忧虑,乃奋起劾奏虞、裴"职典枢要,维持内外,四方告变,不为奏闻,贼数实多,裁减言少,陛下既闻贼少,发兵不多,众寡悬殊,往皆不克,故使官军失利,贼党日滋。此而不绳,为害将大,请付有司结正其罪"。出自山东门阀的大理卿郑善果自小受寡母崔氏教导,为官比较清正公允,这时上了贼船入了虞世基一伙,也骄姿佞谄,竟奏称:"云起诋訾名臣,所言不实,非毁朝政,妄作威权"。炀帝于是将韦云起降级为大理司直②。

据旧史记载,虞世基容貌沉稳慎重,但为人最奸,最善于揣摩炀帝之意,所言多合,而特别受到炀帝爱重,"朝臣无与为比,亲党凭之,鬻官卖狱,贿赂公行,其门如市,由是朝野共疾怨之"。内史舍人封德彝托附于虞世基,认为虞世基不精于官场权术,于是暗中为世基策划,宣行诏令,谄顺帝意,群臣表疏忤旨者,皆屏而不奏,

---

① 《资治通鉴》卷183隋炀帝大业十二年。
② 《资治通鉴》卷183隋恭帝义宁元年。

"鞫狱用法,多峻文深诋,论功行赏,则抑削就薄"①,故虞世基越是得到炀帝宠信,而隋政就越坏,这时江都宫的政治已是一片黑暗。

隋炀帝不思振作,在江都生活十分糜烂,他对治国平天下的圣王之业已彻底丧失了信心,于是颇思享乐。江淮郡官谒见时,炀帝"参问礼饷丰薄,丰则超升丞守,薄则率从停解"。江都郡丞王世充献铜镜屏风,升任通守,历阳郡丞赵元楷献异味,迁江都郡丞。"由是郡县竞务刻剥,以充贡献",江南广大民众,受剥削压榨更加厉害,"生计无遗",只得以造反求活路。由于隋炀帝此次幸江都所带东都美女不多,王世充又密"简阅江淮民间美女献之,由是益有宠"②,王世充竟由此一跃而为隋炀帝信用的重臣。这样,江都宫中的隋炀帝已成了典型的昏暴之君,和大业初年的有为之主简直判若两人。江都朝廷中的大臣也多是奸佞小人,不求匡救补正,反而助纣为虐,使一度辉煌的强盛王朝成为不可药救的朽木,灭亡在即。

就在隋炀帝避居江都之后一年时间内,各地反隋起义形成最高潮,农民起义风起云涌,地主贵族也相继起兵,社会各阶层都打起了反叛旗号,全社会都起来造反,隋朝统治已处在风雨飘摇之中了。

大业十三年(617)一至五月,各地农民起义和地主贵族起兵很多,包括隋炀帝亲表哥李渊在内的社会各阶层齐奋起,反对隋炀帝的暴政。有学者统计,隋末农民起义约有126起,地主起兵约有60多起③。这样多的起义实属惊人,各路英雄豪杰并起反隋,造反

---

① 《资治通鉴》卷183隋恭帝义宁元年。
② 《隋书》卷85《王世充传》。
③ 参见胡如雷:《关于隋末农民起义的若干问题》,载《文史》第11辑。

旗帜遍布于赤县神州,成为人民欢庆的盛大节日。

1950年以来,学术界对隋末农民起义十分重视,有不少论著相继问世,多次掀起研究讨论高潮。然在极左之时有一种唯成分论的观点,专注于起义者的出身、成分,凡出身地主或曾为贵族官僚者,参加反隋炀帝暴政的起义都被说成是"投机分子",甚至"叛徒"。如大贵族杨玄感和李密因为成分太高,尽管杨玄感曾慷慨陈词:"我身为上柱国,家累钜万金,今者不顾破家灭族者,但为天下解倒悬之急,救黎元之命耳"。尽管他最后真的破家灭族,为除暴牺牲了全家人的生命,却仍然被定为投机,而为民解倒悬之急这句反暴政的壮语,也被曲解湮没。李密从杨玄感起兵反隋,后来参加瓦岗军,并领导了农民起义属不争之事实,但又被说成是动机不纯,钻入农民革命队伍,是阴谋家。这种似是而非的观点混淆了隋末农民起义的反暴政性质,似乎地主贵族就没有资格反隋炀帝暴政,成分太高就只能站在农民的对立面,这是相当荒谬的。而实际上在空前规模的暴政面前,隋社会各阶级都一致站到了暴君暴政相反的立场上,共同反抗暴政。我们认为,恰恰是因为有社会各阶层的参加,包括官僚贵族的参加,才更反映了隋末暴政的深刻性,反映了民众起义的广泛性和正义性。当然,反暴政的主体显然是广大农民,其基础是人民群众,参加者是千百万苦役的农民,表明其性质是农民起义,但领导者大多是成分较高的地主、官吏,甚至贵族也是事实。隋末农民大起义从本质上讲是以农民为主体的全民反暴政的大起义。

隋炀帝这时已成为人民公敌,成为与万民对立的"一夫",成为独夫民贼,招致天下之人、社会各阶层的一致声讨。隋炀帝拥有无限权力,没有任何权力主体可以制约他运用手中的权力,他自以为可用权力调动一切,创造一切,而决不克制自己半点,"思逞无厌之欲",除谏以掩过,把自己置于千百万人民的对立面,甚至不考虑本统治集团的利益,而要逞一己之欲。他不承认自己有错,不肯罪己,而要一味蛮干下去。"教绝四维,刑参五虐","百姓无辜,咸受屠戮,黎庶愤怨,天下土崩"。隋炀帝的倒行逆施只能加剧人民的反抗,到大业十三年(617),农民起义在全国范围内形成了以翟让和李密领导的瓦岗军,窦建德领导的河北义军,杜伏威和辅公祏领导的江淮义军三大主力,隋末农民起义进入了直接推翻隋炀帝暴政的阶段。

这时隋统治集团内部的分裂也在加剧,隋炀帝的倒行逆施也危害了统治集团自身的根本利益,连关陇勋贵也深表不满,走到了炀帝的对立面。举起义旗加入反暴政行列的就有杨玄感、李密这样的关陇大贵族,还有南朝贵族子遗的萧铣和江南大族沈法兴,也有罗艺、梁师都、李轨、刘武周、薛举这样的隋中下级军官,以及翟让、魏征之类的下级小官吏。另外,刘元进、单雄信、徐世勣等不任官的地主豪强及少数民族酋领如岭南土著冼夫人的孙子冯盎,其同族的高梁通守冼珤彻等,也举兵反隋。统治阶级与被统治阶级的大多数人为反暴政而统一行动,都把矛头对准了独夫民贼隋炀帝一人。

有学者统计了隋末地主起兵:关中一带有平阳公主、李通神、段纶(段文振之子)、何潘仁、李仲文、向善志、丘师利、孙华、祝海山、梁师都、刘崀、白玄度、郭子和等13起;岭南一带有冯盎、李袭志、冼珤彻、邓文进、宁长真、宁道明、李光度、冯暄、姜子路、卢南等10起;江淮三吴一带有刘元进、沈法兴、朱燮、管崇、薛士通、闻人嗣安、乐伯通、汪华、刘孝真、尤龛等10起;中原地区有杨玄感、刘霸道、卢祖尚、徐师仁、韩相国、程知节、刘兰、苏邕、邓同颖、高季辅等10起;河西陇右一带有李轨、薛举、张护、王广等4起;剑南(四川)一带有萧阁提、冉安昌、王摩沙、张大智等4起;两湖地区有萧铣、朱粲、周法明、邓士政等4起;河东地区有李渊、刘武昌、吕崇茂等3起;河北有罗艺1起;东北亦有石世则1起;合计60起。被确认为农民军的有120起。统计者"先把能够确认的地主武装划分出来,其余难以辨认的势力不妨均当作农民军看待"①。其实,难以辨认的和能确认的农民武装领导人还有很多出身地主,真正纯粹的农民其实为数并不多,如瓦岗寨的翟让就出身小官吏,其他如单雄信、王伯当、徐世勣都是地主富豪,而不是农民。但是,大多数起义部伍无疑都是农民群众,本无必要按出身成分划分得那么清楚,况且实际上也划分不清楚,我们可以把这些举起反抗隋炀帝暴政义旗的农民和地主统统称之为豪杰,可以说隋末是四方豪杰并起,竞于一时。

到大业十三年(617)五月,李渊、李世民父子在太原起兵,迅速袭占京师长安,隋朝的灭亡即进入了倒计时。

第三节 李密聚义于草莽 瓦岗军威振中原

在各路反隋义军中,势力最强大的即是李密领导的瓦岗军。为铲除隋炀帝暴政推翻隋王朝,李密及其领导的瓦岗军进行了浴血奋战,作出了突出贡献。李密不愧为造反时代的英雄豪杰,他距南面称孤当天子亦仅咫尺之遥。

一、投奔农民军 共讨隋暴君

李密可谓叱咤风云的传奇式英雄。大业九年(613)参加杨玄

---

① 胡如雷:《关于隋末农民起义的若干问题》,载《文史》第11辑。

感起兵抗暴失败后被俘,这位贵族子弟凭借其过人的机智,又逃脱虎口,历尽千辛万苦,流落草莽之中,终于成为农民起义领袖。

李密自小受到贵族式教育,读了很多书,尤专于兵法,袭父爵蒲山公,"乃散家产,赒赡亲故,养客礼贤,无所受吝",有安济天下之志。据说,李密以贵胄为左亲侍,立于仗下时曾被隋炀帝一眼看见,留下深刻印象,退朝后炀帝问宇文述:"向者左仗下黑色小儿为谁?"宇文述回答:"故蒲山公李宽子密也"。炀帝说:"个小儿视瞻异常,勿令宿卫"。宇文述即让李密辞去侍卫之职,李密反倒大喜,自此可更专心读书了①。

章回小说《说唐》第 35 回编造了一个故事,说李密跟随炀帝到江都。"炀帝传旨,驾回江都,同萧后上了龙舟,进得瓜洲。彩女在岸挽牵锦缆。此时李密随驾,乘了一匹骏马在岸上观看,只见萧后在龙舟内观览岸边风景,果然有天姿国色之容,闭月羞花之貌,不觉魂飞魄散,只是不住眼的观看。那萧后偶然抬头看见,便大怒向宫妃道:'这岸上乘马的是谁?'宫妃道:'是魏国公李密'。由是李密遭到通缉,逃入草莽",参加了反隋起义。这则故事把李密描绘成了一个好色之徒,其荒诞无稽自不必说,萧后此时年近50,哪能有天姿国色之容,闭月羞花之貌,又怎能令英雄李密"魂飞魄散"。然而,李密逃遁于民间草莽,却确有一段凄楚动人的故事。

话说大业九年(613),八月杨玄感起兵后,因不听李密的谋划而致失败。李密在乱阵中逃走,"间行入关",与杨玄感的堂叔杨询相随,躲在冯翊郡(治今陕西大荔)杨询之妻家,不久被邻居告发而被捕,因于京兆大狱。时隋炀帝在高阳(今河北定县),传令

---

① 《旧唐书》卷 53《李密传》。

将叛乱首领押送行在所。途中李密与难友谋划脱逃之法,因同囚都是贵胄子弟,多有金银,李密于是出示金银给押解差使,说:"吾等死日已近,此金并留付公等,请多关照"。差使见利忘警,走到关外,防禁渐弛,李密等每夜入酒店狂饮喧哗,一直闹到天亮,押狱差使渐渐习以为常。行至邯郸,夜宿于禁中,李密等7人皆穿墙而遁,与王仲伯逃至平原郡(治今山东陵县),投奔农民军郝孝德。

李密遁入草莽,来到农民起义军中,但粗俗的郝孝德看不起贵族子弟李密等,不予收留。李密又投王薄,也没有收留。李密既亡命草泽,身不由己,"备遭饥馑,至削树皮而食"。于是和王仲伯等人分手,各求活路。仲伯潜归天水,李密逃往淮阳(今河南周口市),亡匿农村中,改换姓名,称刘智远,当起了乡村教师,聚徒教授。经数月,李密郁郁不得志,作了一首五言诗,题于讲堂,诗云:

金风荡初节,玉露凋晚林。

此夕穷涂土,空轸郁陶心。

眺听良多感,慷慨独沾襟。

沾襟何所为?怅然怀古意。

秦俗犹未平,汉道将何冀!

樊哙市井徒,萧何刀笔吏。

一朝时运合,万古传名器。

寄言世上雄,虚生可真愧[①]。

诗成而泣下数行。李密以诗言志,虽逆途多艰,而胸怀天下,只可叹英雄无用武之地,时有人见诗而产生怀疑,即向郡太守赵佗告发,县狱来捕,李密又逃走[②]。

---

① 《太平御览》卷107;《太平广记》卷300引《河洛记》。
② 《隋书》卷70《李密传》。

李密逃到其妹夫雍丘(今河南杞县)县令丘君明家,丘君明不敢收留,转寄于游侠王秀才家。秀才十分敬佩李密的义举和才识胆略,将自己的女儿嫁与李密为妻。但后来丘君明的侄子丘怀义告发,隋炀帝得知李密在逃,且题反诗,感到这位名应谶语的李氏黑色小儿将成大祸患,于是急令梁郡通守杨汪派兵往雍丘捕捉。杨汪立即派兵包围了王秀才家,恰好李密出外,得以漏网逃逸,而妹夫丘君明和岳父王秀才及新婚妻子王氏却遭株连,当了替死鬼。

这时已是大业十二年(616),两年多流离颠沛隐名埋姓的艰难恐怖生活并没有压垮李密的反隋意志,相反,他更加坚强了,他决心和人民站在一起,共同诛讨暴君隋炀帝。时有东郡(今河南滑县东南)韦城人翟让聚集了万余反隋农民队伍,活跃于山东一带,李密于是投奔翟让。

翟让是位宋江式的人物,曾任东郡法曹,为隋下级胥吏。因"坐事当斩",狱吏黄君汉"奇其骁勇",放他逃走。翟让遂在大业六年(610)底,在东郡之瓦岗寨(今河南滑县境)聚众揭竿起义,有同郡富室单雄信骁健重义,善用马槊,聚少年前往参加。济阴郡离狐(今山东菏泽北)人徐世勣,年17,有勇略,虽家富于财,但炀帝的急政暴政使没有贵族身份的寒庶地主也免不了破产,于是也参加了瓦岗军。其时山东豪杰并起,和翟让一样拥众起义的还有外黄王当仁、济阳王伯当、韦城周文举、雍丘李公逸等,均出身寒庶地主,为山东豪杰。李密从妹夫家逃出来,流落江湖草莽,往来于这些豪杰之间,"说以取天下之策",宣称暴虐的杨隋王朝必然败亡。开始,诸帅不信,稍久,有人相信了,以为李密是公卿子弟,志气宏远,"今人人皆云杨氏将灭,李氏将兴",李密既几次虎口逃生,再三获救,大难不死,恐怕就是真命天子,有神灵保护,于是开始敬畏李密,当然也有人因此想谋害他①。

时翟让部瓦岗军在众山头中兵势最锐,李密因此让王伯当引荐拜见翟让,为翟让谋划。李密先游说兵众较少的诸路豪杰,接受翟让领导,团结在瓦岗军周围,壮大瓦岗寨力量。翟让于是尊重和信任李密,召与计事参预军机。李密又劝翟让举大事,说:"刘项皆起布衣为帝王"。又说:"今主昏于上,民怨于下,锐兵尽于辽东,和亲绝于突厥,方乃巡游扬、越,委弃东都,此亦刘、项奋起之会也"。并激励翟让:"以足下雄才大略,士马精锐,席卷二京,诛灭暴虐,隋氏不足亡也!"这一席话让翟让等耳目一新,但翟让胸无大志,只是谢道:"吾侪群盗,旦夕偷生草间,君之言者,非吾所及也"②。

"席卷二京,诛灭暴虐"是李密从农民反隋斗争的实际需要出发,为瓦岗军制定的以推翻隋炀帝暴政为政治目标的战略决策。李密非但不是来投机革命,反而以其远见卓识为农民军制定革命纲领,使分散的农民团结起来,共同讨伐暴君,扫除暴政,使隋末农民起义目标更明确。李密不愧为反隋炀帝暴政的一位英雄豪杰。

时有一位女中豪杰名李玄英,由东都逃出来,在江湖豪杰中求访李密,到处宣扬"李氏当为天子","斯人当代隋家",人问其故,李玄英说:"比来民间谣歌,有《桃李章》曰:'桃李子,皇后绕扬州,宛转花园里,勿浪语,谁道许'"。并解释说:"桃李子谓逃亡者李氏之子也;皇与后,皆君也;宛转花园里,谓天子在扬州无还日,将转于沟壑也;莫浪语,谁道许者,密也"。她预言李密当取代隋炀帝而承天命为天子,于是踏遍青山四处寻觅。功夫不负有心人,李

---

① 《资治通鉴》卷183隋炀帝大业十二年十月。
② 《资治通鉴》卷183隋炀帝大业十二年。

玄英终于在瓦岗寨找到了日夜思念的大英雄李密,于是委身事之,结为夫妻,演出了一段英雄美女的佳话。

瓦岗军以翟让为首领,贾雄为军师,邴元真为书记,徐世勣、单雄信为领兵将帅,是一个初具规模的农民政权。时有宋城县尉齐郡人房彦藻,自负有才学而不为时用,也曾参预杨玄感叛乱,后改变姓名亡命,遇李密,于是一同游说各路反隋豪杰。李密策划联合各路英豪组成反隋大同盟,于是向翟让建策攻取荥阳,瓦岗军首次主动出击,攻破金堤关,占领了荥阳郡若干县城。时荥阳太守是河间王杨弘之子郇王杨庆,无法对付瓦岗军,隋炀帝于是调刽子手张须陁任荥阳通守,围剿瓦岗军。大业十三年(616)十月庚戌(二十七),张须陁率官军向瓦岗军扑来,翟让等惊恐万分,企图逃遁以避其锋。李密却陈说张须陁勇而无谋,骄狂轻敌,可以一战而擒之。翟让不得已只好勒兵迎战。李密于是布阵设伏,让翟让列阵拒战张须陁,自己率骁勇常何等20人为游骑,分兵千余伏于大海寺(今河南荥阳东北)北林间。张须陁骄横惯了,轻视翟让,列方镇冲瓦岗军,翟让迎战不久即佯败而去,张须陁驱兵追赶10余里,及至大海寺北,李密率伏兵由丛林中骤起,猛攻官军后队,翟让亦回马反击,徐世勣、王伯当由两边围来,将隋军团团围住。张须陁反复突围,但左右不能尽出,乃仰天哀叹:"兵败如此,何面见天子"。被斩于阵中。瓦岗军乘胜攻占了河南军事重镇荥阳。这一仗大长了农民军的威风,令隋王朝的河南郡县丧气。隋炀帝于是任命光禄大夫裴仁基为河南讨捕大使,徙镇虎牢(旧河南汜水县)以拒李密。

翟让见李密的确本事很大,于是让李密建牙,自领一部,号"蒲山公营",原张须陁部骁将秦叔宝、程咬金、罗士信、赵仁基等均为此营战将。李密与部下同甘苦,部伍严整,战斗力最强。又西行至康城,经游说降服数座县城,大获资储。翟让先是自回瓦岗,后见李密势大,复又与李密合军。

大业十三年(617)二月,天下饥馑,隋官仓粟米山积,却不赈济饥民。饥寒交迫的民众异常愤怒,李密派裴叔方往东都觇察虚实,对翟让说:"今东都空虚,兵不素练,越王冲幼,留守诸官政令不一,士民离心,倘若将军亲帅大军,轻行掩袭,攻占兴洛仓①,取之如拾遗耳。然后发粟以赈济穷乏之人,则远近孰不归附!百万之众,一朝可集"。然后,"枕威养锐,以逸待劳",纵使隋官军来攻,我已有备,然后传檄四方,引贤豪而资计策,选骁悍而援兵柄,天下指麾可定。李密并强调"此机不可失",必须先发制人,翟让亦认为是"英雄之略",但不敢作主。说:"仆起陇亩之间,望不至此,必如所图,请君先发,仆领诸军便为后殿"。二月庚寅(初九),李密与翟让率精兵7000出阳城(今河南登封东南)北,逾方山(登封东北),自罗口(今河南巩县西南)一举袭占兴洛仓。于是"开仓恣民所取,老弱襁负,道路相属"。四远饥民扶老携幼奔赴来投,使瓦岗军一夕"众至数十万"②,一说"众至百万"③,声势大振。袭占兴洛仓获得了大批军粮,壮大了瓦岗义军队伍和力量,救济了广大饥民,同时,又切断了东都洛阳的重要粮食供应,具有重要的战略意义。

留守东都的炀帝之孙越王杨侗急遣虎贲郎将刘长恭、光禄少卿房崱率步骑25000东讨,又命虎牢(今河南汜水西北)的河南讨

---

① 兴洛仓亦名洛口仓,《资治通鉴》卷180隋炀帝大业二年十月有"置洛口仓于巩(县)东南原上,筑仓城,周围二十余里,穿三千窖,窖容八千石以还,置监官并镇兵千人"。
② 《旧唐书》卷70《李密传》。
③ 《隋书》卷24《食货志》。

捕大使裴仁基等率所部,约于二月十一日会师兴洛仓城南,合击瓦岗军,以夺回仓城。李密侦知隋军作战计划,分兵拒敌。自东都出来的刘长恭部多有贵游子弟,以为农民军"饥贼盗米,乌合易破",图侥幸立功,结果先期而至。士卒尚未吃早饭,就渡河抢攻,不等裴仁基会师。翟让先退,李密率部从侧翼发动猛攻,横冲已很饥疲的刘长恭军,官军大败,死伤大半,刘长恭易服潜逃回东都。裴仁基闻风"惧不敢进",屯兵百花谷(今河南巩县东南)自守。"东都震恐"。瓦岗军又打了大胜仗,声威远扬,李密的威名更震于中原。

二、炀帝之罪　罄竹难书

袭占洛口仓一战打得精彩,再一次显露了李密的超凡才能和英雄胆略。这时翟让等对李密已心悦诚服,于是共推李密为主,上其号魏公。大业十三年(617)二月庚子(十九日),瓦岗寨众豪杰于巩南(今河南巩县)洛口仓城设坛场,奉李密即位,改称永平元年,并宣布大赦天下。魏公府置三司、六卫,设元帅府,置长史以下官属,开始了政权建设。

李密拜翟让为上柱国、司徒、东郡公,亦置长史以下官,为副统帅。任单雄信为左武候大将军,徐世勣为右武侯大将军。以房彦藻、邴元真为左右长史,杨德方、郑德韬为左右司马,祖君彦为记室,其余各有封拜。

为巩固胜利,扩大战果,李密又命护军田茂修筑洛口城,方围40里,设置城防,依洛口仓为根据地,作为义军总部。又命田茂广造云旝300具,以机发石,号"将军炮",进逼东都。于是赵、魏以南,江淮以北的农民军莫不响应。孟让、郝孝德、王德仁,济阴房献伯,上谷王君廓,长平李士才,淮阳魏六儿、李德谦,谯郡张迁及黑社、白社,魏郡李文相,济北张青特,上洛周比洮、胡驴贼等皆来归附,李密一一拜官,让他们各自统领本部,又编制"百营簿"进行管理。而道路降者仍不绝如缕,部众扩充至数十万。

李密又适时提出"除亡隋之社稷,布将军之政令"的口号,把农民起义由开始时的单纯"聚众剽掠"的低级阶段,升华到以推翻隋统治,取炀帝而代之,夺取全国政权的高级阶段。于是,李密派遣房彦藻向东开拓,相继攻下或说下安陆、汝南、淮安、济阳,河南郡县大都落入瓦岗军之手。四月,李密拜孟让为总管、齐郡公,己丑(初九)夜,孟让率步骑2000突袭东都城外郭,烧丰都市,越王杨侗上下一片恐慌,使东都官民悉迁入内宫城。

在农民起义的浩大声势面前,隋巩县长柴孝和、监察御史郑颋以县城降于李密。屯于百花谷的裴仁基因失期不至坐使刘长恭战败,恐获罪朝廷,也以虎牢关降于李密。李密封裴仁基为河东郡公,其子裴行俨骁勇善战,封为绛郡公。以前追捕过李密的淮阳太守赵陀也举郡降李密。大批隋降将逐渐成为李密在瓦岗军中依恃的主要力量。

李密又命裴仁基、孟让率师2万袭破回洛东仓,烧东都天津桥,后被击败退保巩县。李密又亲率兵攻打洛阳外围的偃师、金墉,均不克,时东都有兵20余万,尚有一定战斗力,但城内乏食,布帛却堆积如山,以致燃布作柴。越王杨侗派人运回洛仓米入城,又在北邙山、城东上春门和丰都市等地扎营9座,各派兵5000据守。为了阻扼和威逼东都,大业十三年(617)四月己亥(十九日),李密又率3万义军攻占回洛仓,大修营垒,作持久战的打算,东都派段达、刘长林出兵7万拒战,辛丑(二十一),两军大战于仓城之北,隋军又败走。在瓦岗军进围东都的同时,各地义军也都有了很大发展。

为"诛灭暴虐",李密一面命令部队大修营垒,从军事上做好进攻东都洛阳的准备,一面以天下义军领袖的身份,向天下郡县发布檄文,暴扬隋炀帝罪恶,列举其10大罪状,号召民众起来推翻独夫民贼及其黑暗统治,并鼓励隋官认清形势,识机知变,弃暗投明。檄文四月丁未(二十七)发出,天下震动[①]。

檄文作者祖君彦是北齐宰相祖珽之子,文辞赡敏著名海内,薛道衡曾向隋文帝推荐,但未被选用。隋炀帝疾其文名,只委了个代理县令,祖君彦于是郁郁思乱,以宿县归降李密,李密得之甚喜,引为上客,军书羽檄,一以委之。祖君彦为李密书写的讨隋炀帝檄文是一篇流传千古的奇文,不仅义正辞严,大义凛然,而且文辞优美,排比谨严,全文2910字,是一篇优秀的散文,长期被中学语文选作范文。然此文《隋书》炀帝纪、李密传和祖君彦传均不载,《资治通鉴》仅提了一句,或许因为是宣传品,史家少有录注,惟《旧唐书·李密传》全文收录,兹照录上半段:

> 自元气肇辟,厥初生人,树之帝王,以为司牧。是以羲、农、轩、顼之后,尧、舜、禹、汤之君,靡不祗畏上玄,爱育黔首,乾乾终日,翼翼小心,驭朽索而同危,履春冰而是惧。故一物失所,若纳隍而愧之;一夫有罪,遂下车而泣之。谦德轸于责躬,忧劳切于罪己。普天之下,率土之滨,蟠木距于流沙,瀚海穷于丹穴,莫不鼓腹击壤,凿井耕田,治致升平,驱之仁寿。是以爱之如父母,敬之若神明,用能享国多年,祚延长世。未有暴虐临人,克终天位者也。

> 隋氏往因周末,预奉缀衣,狐媚而图圣宝,胠箧以取神器。及缵承负扆,狼虎其心,始噬明两之晖,终干少阳之位。先皇

[①] 《新唐书》卷84《李密传》。

大渐,侍疾禁中,遂为枭獍,便行鸩毒。祸深于莒仆,衅酷于商臣,天地难容,人神嗟愤。州吁安忍,阏伯日寻,剑阁所以怀凶,晋阳所以兴乱,甸人为罄,淫刑斯逞。夫九族既睦,唐帝阐其钦明;百世本枝,文王表其光大。况复隳壤磐石,剿绝维城,唇亡齿寒,宁止虞、虢,欲其长久,其可得乎!其罪一也。

禽兽之行,在于聚麀,人伦之体,别于内外。而兰陵公主逼幸告终,谁谓馘首之贤,翻见齐襄之耻。逮于先皇嫔御,并进银镮;诸王子女,咸贮金屋。牝鸡鸣于诘旦,雄雉恣其群飞,袒衣戏陈侯之朝,穹庐同冒顿之寝。爵赏之出,女谒遂成,公卿宣淫,无复纲纪。其罪二也。

平章百姓,一日万机,未晓求衣,昃暮不食,大禹不贵于尺璧,光武不隔于支体,以是忧勤,深虑幽枉。而荒湎于酒,俾昼作夜,式号且呼,甘嗜声伎,常居窟室,每藉糟丘。朝谒罕见其身,群臣希睹其面,断决自此不行,敷奏于是停拥。中山千日之饮,酩酊无名,襄阳三雅之杯,留连讵比。又广召良家,充选宫掖,潜为九市,亲驾四驴,自比商人,见要逆旅。殷辛之谴为小,汉灵之罪更轻,内外惊心,遐迩失望。其罪三也。

上栋下宇,著在易爻;茅茨采椽,陈诸史籍。圣人本意,惟避风雨,讵待朱玉之华,宁须绨锦之丽。故璿室崇构,商辛以之灭亡;阿房崛起,二世是以倾覆。而不遵古典,不念前章,广立池台,多营宫观,金铺玉户,青琐丹墀,蔽亏日月,隔阂寒暑。穷生人之筋力,罄天下之资财,使鬼尚难为之,劳人固其不可。其罪四也。

公田所彻,不过十亩;人力所供,才止三日。是以轻徭薄赋,不夺农时,宁积于人,无藏于府。而科税繁猥,不知纪极;猛火屡烧,漏卮难满。头会箕敛,逆折十年之租;杼轴其空,日损千金之费。父母不保其赤子,夫妻相弃于匡床,万户则城郭空虚,千里则烟火断灭。西蜀王孙之室,翻同原宪之贫;东海麋竺之家,俄成邓通之鬼。其罪五也。

古先哲王,卜征巡狩,唐、虞五载,周则一纪。本欲亲问疾苦,观省风谣,乃复广积薪刍,多备饔飧。年年历览,处处登临,从臣疲弊,供顿辛苦。飘风冻雨,聊窃比于先驱;车辙马迹,遂周行于天下。秦皇之心未已,周穆之意难穷,宴西母而歌云,浮东海而观日。家苦纳秸之勤,人阻来苏之望。且夫天子有道,守在海外,夷不乱华,在德非险。长城之役,战国所为,乃是狙诈之风,非关稽古之法。而追踪秦代,板筑更兴,袭其基墟,延袤万里,尸骸蔽野,血流成河,积怨满于山川,号哭动于天地。其罪六也。

辽水之东,朝鲜之地。禹贡以为荒服,周王弃而不臣,示以羁縻,达其声教,苟欲爱人,非求拓土。又强弩末矢,理无穿于鲁缟;冲风余力,讵能动于鸿毛。石田得而无堪,鸡肋啖而何用。而恃众怙力,强兵黩武,惟在并吞,不思长策。夫兵犹火也,不戢将自焚,遂令亿兆夷人,只轮莫返。夫差丧国,实为黄池之盟;苻坚灭身,良由寿春之役。欲捕鸣蝉于前,不知挟弹在后。复矢相顾,髽而成行,义夫切齿,壮士扼腕。其罪七也。

直言启沃,王臣匪躬,惟木从绳,若金须砺。唐尧建鼓,思闻献替之言;夏禹悬鼗,时听箴规之美。而愎谏违卜,蠹贤嫉能,直士正人,皆由屠害。左仆射、齐国公高颎,上柱国、宋国公贺若弼,或文昌上相,或细柳功臣,暂吐良药之言,翻加属镂之赐。龙逢无罪,便遭夏桀之诛;王子何辜,滥被商辛之戮。遂令君子结舌,贤人缄口。指白日而比盛,射苍天而敢欺,不悟国之将亡,不知死之将至。其罪八也。

设官分职,贵在铨衡,察狱问刑,无闻贩鬻。而钱神起论,铜臭为公,梁冀受黄金之蛇,孟佗荐蒲萄之酒。遂使彝伦攸斁,政以贿成,君子在野,小人在位。积薪居上,同汲黯之言;囊钱不如,伤赵壹之赋。其罪九也。

宣尼有言,无信不立,用命赏祖,义岂食言。自昏主嗣位,每岁行幸,南北巡狩,东西征伐。至如浩亹陪跸,东都守固,阌乡野战,雁门解围。自外征夫,不可胜纪,既立功勋,须酬官爵。而志怀翻覆,言行浮诡,危急则勋赏悬授,克定则丝纶不行,异商鞅之颁金,同项王之刓印。芳饵之下,必有悬鱼,惜其重赏,求人死力,走丸逆坂,匹此非难。凡百骁雄,谁不仇怨。至于匹夫蕞尔,宿诺不亏,既在乘舆,二三其德。其罪十也。

檄文列举了隋炀帝杀父害兄、乱伦兽行、沉溺酒色、广营宫榭、科税繁猥、游幸劳民、征伐高丽、拒谏嫉能、贿政鬻狱、言而无信等10大罪状。

分析李密所列10大罪状,有些是切中要害,鞭挞入微。如"穷生人之筋力,罄天下之资财",广立池台,多营宫观,驱民干鬼都难为之事,而科税繁猥,巡游无度,又恃众怙力,穷兵黩武,屠害贤才等。但也有不少不实之辞,如"逆折十年之租"、"荒湎于酒、俾昼作夜"、"朝谒罕见其身,群臣希睹其面",隋炀帝是勤政的模范,决不致溺于酒色而不上朝,当然,江都宫的炀帝另当别论。最感荒唐的是檄文第二条罪状乱伦,实骇人听闻,说隋炀帝"逼幸"奸淫自己的妹妹兰陵公主,则显然是诬蔑。第一条罪状侍疾禁中对父皇行鸩毒,也没有根据。文中用了大量典故,讲究辞章优美,极尽夸张渲染之能事,我们也只能把它当作宣传品,这恐怕也是《隋书》等正史不载的原因。罪状10条可谓大矣,檄文接着说:

有一于此,未或不亡。况四维不张,三灵总瘁,无小无大,愚夫愚妇,共识殷亡,咸知夏灭。罄南山之竹,书罪未穷;决东海之波,流恶难尽。是以穷奇灾于上国,獂貐暴于中原,三河纵封豕之贪,四海被长蛇之毒,百姓殄亡,殆无遗类,十分为计,才一而已。苍生懍懍,咸忧杞国之崩;赤子嗷嗷,但愁历阳之陷。且国祚将改,必有常期,六百殷亡之年,三十姬终之世。故谶纂云:"隋氏三十六年而灭"。此则厌德之象已彰,代终之兆先见。皇天无亲,惟德是辅。况乃欃枪竟天,申繻谓之除旧;岁星入井,甘公以为义兴。兼朱雀门烧,正阳日蚀,狐鸣鬼哭,川竭山崩。并是宗庙为墟之妖,荆棘旅庭之事。夏氏则灾眚非多,殷人则咎征更少。牵牛入汉,方知大乱之期;王良策马,始验兵车之会①。

炀帝之罪,罄竹难书,檄文预示暴君隋炀帝必然灭亡。其"罄南山之竹,书罪未穷;决东海之波,流毒难尽"一句,是千古绝唱。十恶不赦的人民公敌隋炀帝已为人神共弃,决不会有好的下场。

檄文最后分析天下形势,到处都是反隋义军:房彦藻略地东南,徐圆朗已平鲁郡,孟海公又破济阳,封民赡取平原,郝孝德据黎阳之仓,李士雄虎视于长平,王德仁扬威于上党,滑公李景发自临渝关,刘兴祖起于北朔,崔白驹发难于颍川等等,"各拥数万之兵,俱期牧野之会",共讨隋暴君,铲除隋暴政。隋官守迷不反,玉石俱焚,只有站到造反者一边,才是出路。

檄文布告海内,咸使闻知,四处流传,"天下震动",极大地鼓舞了人民的斗志,给统治者带来了极大的心理震恐和思想瓦解。隋炀帝被骂了个狗血喷头,威风扫地,造反者更扬眉吐气。留守东

---

① 《旧唐书》卷53《李密传》。

都的越王杨侗得悉,如热锅上的蚂蚁,坐立不安,慌忙派人南下江都奏报皇祖父,请求炀帝急速北返,以挽救危局。隋炀帝看到檄文后,心惊色变,气得啃土,却一筹莫展。

据说,隋炀帝在江都,风闻李密的浩大声势,"惧留江左,不敢还都"①。为解东都之围,大业十三年(617)五月,隋炀帝命监门将军庞玉等率关中之兵援救东都,但杯水不能救薪火。越王杨侗又派太常丞元善达赴江都,再求救,面奏炀帝说:"李密有众百万,围逼东都,据洛口仓,城内无食,若陛下速还,乌合必散,不然者,东都决没"。因歔欷鸣咽。炀帝见状亦为之动容。虞世基眼见炀帝的窘状,也知道炀帝的心思,既避江都就决不会返回东都,于是进言:"越王年少,此辈诳之,若如所言,善达何缘来至?"隋炀帝于是有了台阶可下,马上变脸,勃然大怒斥道:"善达小人,敢廷辱我"②。即派元善达往东阳(治今浙江金华)催运粮草,这一带农民起义也相当活跃,结果元善达不久即被农民军斩杀③。消息传来,人人寒心,个个杜口,再也没有人敢在隋炀帝面前提李密了。

三、各路豪杰纵横驰骋　四海英雄共推盟主

李密有本事,名应谶纬,接二连三地打大胜仗,威名远播,受到各路豪杰的推服,于是被各路反隋义军推为领袖。但是,如何击垮隋炀帝政权,建立自己的统治,号令全国,却是相当复杂之事。

记得杨玄感起兵时,李密曾为之谋划3策,其最下策是围攻东都,中策是袭取京师长安。但现在李密自己拥众数十万,却也大修营堑,屯于东都坚城之下,一时无法破城取胜,却也没有考虑西取

---

① 《隋书》卷85《宇文化及传》。
② 《隋书》卷67《虞世基传》。
③ 《资治通鉴》卷183隋恭帝义宁元年。

长安之策。

东都城防既坚,瓦岗军与官军形成对峙胶着状态,李密的元帅府左、右司马杨德方、郑德韬也先后战死,于是又任隋降官郑颋、郑虔象为左右司马。这时,有柴孝和劝李密西袭长安。的确,"方今隋失其鹿,豪杰竞逐,不早为之,必有先我者,悔无及矣"[①]。李密也深知其中道理,但行动起来却困难重重。他对柴孝和说:"此吾之所图,仆亦思之久矣,诚乃上策"。承认此为上策,却不能为,理由是:"但昏主尚存,从兵犹众。我之所部,并是山东人,既见未下洛阳,何肯相随西入?诸将出于群盗,留之各竞雄雌,若然者,殆得败矣"[②]。

李密不行上策而择下策的理由竟与杨玄感差不多,这不会是历史的巧合。李密确有其难处,作为贵族出身的农民起义军领袖,如何统领从义民众的确是一大难题。当年杨玄感起兵要诈众、给众,李密孤身一人遁入草莽,以军事才能而推为领袖,各路豪杰希望李密拿出办法打败眼前的隋军,拿下东都,取得眼前利益,而决不会对李密的帝王之业感兴趣。诚如李密所言,一旦指麾入关,"何肯相随西入"。西入关中是追求帝王之业,克定东都则是铲除暴政,已是各路农民起义军领袖的李密,不能放弃眼前的事业,否则,领袖地位不存,帝王之业难求。现在问题的关键是,能不能尽快拿下东都。

李密既无法脱身去强夺关中,柴孝和只好请求先"间行观衅"。李密同意,让柴孝和率数十骑插入陕县,持讨炀帝檄文相号召,山间义勇归之者有万余人。

---

① 《资治通鉴》卷183隋恭帝义宁元年。
② 《旧唐书》卷53《李密传》。

时李密几乎每天都与东都隋军作战,且身先士卒,骑马冲锋陷阵,有一次被流矢所中,卧于军中。大业十三年(617)五月丁丑(二十八),越王侗又派段达、庞玉等夜出从西北袭回洛仓,李密带伤率裴仁基出战,结果大败,弃回洛仓退回洛口。柴孝和之众闻李密败退,竟各自散去。柴孝和西入关的计划也就搁浅了。六月,李密又率众与隋军大战于平乐园,大败东都官军,夺回回洛仓,并加紧了对东都的围攻,不再考虑西入关中问题。

七月,由于东都危急,在江都的隋炀帝派王世充率江淮劲卒5万北上,又令将军王隆率邛黄蛮军,河北大使太常少卿韦霁、河南大使虎牙郎将王辩等各率所部同赴东都,围剿李密瓦岗军,其中韦霁是开皇四大总管之一的韦世康之子。另有河内通守孟善谊、河阳郡尉独孤武都等也各率所部从四面八方赴援东都,李密的瓦岗军虽然强大,但四面受敌。

隋炀帝又下诏调留守涿郡的名将、左御卫大将军薛世雄率幽、蓟精兵3万南下,参加对李密的围剿,并命令王世充等各路救援东都的军队皆受薛世雄节度。所过遇有"盗贼,随便诛剪"。

薛世雄率军南行至河间郡,扎营于七里井,已自称"长乐王"的河北农民军领袖窦建德正在武强县收麦,时河间诸县官僚依恃薛世雄的武力,欲乘机剿灭长乐王政权,窦建德闻讯先放风麻痹敌人,扬言要逃回豆子舥落草,薛世雄以为义军草寇畏惧自己,懈怠不设戒备,窦建德侦知后即率敢死士数百人,星夜急行140里,奔袭薛世雄军。

翌日凌晨,窦建德率敢死队行进到隋军营前,恰巧天有大雾,迷漫山野,咫尺莫辨,窦建德曰:"天助我也"。遂率敢死士先向敌较弱的河间诸县兵突然发起猛攻。睡梦中的隋军摸不着头脑,不知农民军多少,爬起床连衣服都来不及穿便逃窜求活命。溃敌向薛世雄营狂奔,敢死士直捣薛世雄中军大帐,惊恐万状的隋军只闻杀声震天,不知义军虚实,乱作一团,皆腾栅逃命,自相践踏,死者山积。身中数枪的薛世雄与左右数百骑狼狈逃入河间郡城,"渐恚发病,归于涿郡,未几而卒",使奉隋炀帝命往东都会剿李密瓦岗军的官军失去了统帅。

窦建德的河间大捷有力地支援了在中原苦战的瓦岗军,建德随即派人向李密报捷,并表示愿接受领导。这时,朱粲等部义军,也遣使归附瓦岗军,李密任命朱粲为扬州总管,封邓公。九月,山东、河南又发大水,"死者日数万人",饿殍满野,徐世勣又向李密献策:"天下大乱,本为饥馑,今若得黎阳一仓,大事济矣"①。于是李密遂命徐世勣率兵 5000 自原武(今河南原阳西南)渡过黄河,会同郝孝德、李文相、洹水张升、清河赵君德等部义军共同袭占黎阳仓,又一次"开仓恣民就食",一旬之间,得胜兵 20 余万,隋武阳、武安、永安、义阳、弋阳、齐郡相继降于李密。

隋武阳郡丞元宝藏以郡降于李密时,其部下有位巨鹿人魏征,少孤贫,好读书,有大志,因不事生业而为道士,后为元宝藏典书记。李密见到魏征为元宝藏所书表文,爱其文辞,遂召他为文学参军,掌书记室。魏征于是来到李密身边,为其策划,曾进十策说李密,旧史称李密不能用②,然十策的内容如何,却又不见记载。

这时河南惟荥阳太守郇王杨庆、梁郡太守杨汪不降,李密让魏征代自己写信招降杨庆,陈说杨庆本姓郭,非杨族,祖父卑孤曾随母郭氏养于舅族,而冒姓杨氏。李密对隋高官贵戚的隐私了如指掌,并以此加强心理攻势,杨庆得书后惶恐万分,即以郡降李密,并

---

① 《旧唐书》卷 67《李勣传》。
② 《新唐书》卷 97《魏征传》。

改郭姓①。

  这时,又有一位泰山道士徐洪客,献书李密为之策划。认为:"大众久聚,恐米尽人散,师老厌战,难可成功"。劝李密"乘进取之机,因士马之锐,沿流东指,直向江都,执取独夫,号令天下"。徐洪客献策与道士魏征有没有关系,史文无考,李密得书阅后甚"壮其言",即以书招徐洪客,但李密的书信刚送去,徐洪客晦迹,不知去向。诚如徐洪客所言,请李密率军"直向江都,执取独夫"的策略,正如当年李密为杨玄感所建上策。然而时过境迁,李密既不能引军向西夺取关中,更无力率军南下直到江都。后唐太宗论说:"李密顾恋仓粟,未遑远略"②。但贵族李密的义军领袖地位既是靠打杀出来的,所部农民与他尚未形成牢固的君臣关系,不继续打胜仗,其地位能否保住尚成问题,所以只能顾眼前,围攻东都。瓦岗军首领李密肩负着摧毁隋军主力的历史重任,他一刻也不敢松懈。

  九月底,王世充、韦霁、王辩、孟善谊、独孤武都等各率所部汇集东都,惟王隆所率邛黄蛮军及主帅薛世雄未至。隋炀帝又亲自下诏,诸军皆受王世充节度,己未(十一日),王世充合军10余万向洛口瓦岗军总部进击,企图追寻李密决战。十月壬寅(二十五),王世充夜渡洛水,扎营于黑石,第二天自率精兵列阵向李密挑战。李密的骑兵因地势褊狭难以驰骋,王世充的江淮劲卒操戈予秉韂居高临下扑向瓦岗军,义军初战失利,大将柴孝和溺洛水而死。但李密很快率精骑策马直取黑石官军大本营,王世充狂奔40里回救,被瓦岗军杀得大败,斩首3000余级。越王杨侗闻讯遣使

---

① 参见《文苑英华》卷646《魏征为李密檄荥阳守郇王庆文》。
② 《资治通鉴》卷184 隋恭帝义宁元年七月。

慰劳,王世充又整军再战。十一月丙辰(初九),两军又夹石子河列阵,李密布下南北10余里的阵势,让翟让先出战,不利而退,官军追来,瓦岗军王伯当、裴仁基从旁边冲杀而来,将官军截为两段,李密又率中军进击,王世充全线崩溃,大败西逃。

瓦岗军大胜之余,内部也出现麻烦。李密的旧主翟让为人直率忠厚,有人劝他夺回实权,他不同意。但他哥哥翟宽却怒气冲天地说:"天子止可自作,安得与人,汝若不能作,我当为之"。此话传到李密那里,房彦藻、郑颋劝李密早图翟氏,于是李密设计要搬掉翟让这块石头。大业十三年(617)十一月戊午(十一日),李密宴请翟让及其兄翟宽,陪宴的有单雄信、徐世勣、郝孝德、王伯当等初聚义时的诸兄弟豪杰。宴席上李密出示良弓与翟让习射,翟让尽力拉了个满弓,众人还未来得及喝彩,突然伏兵发,乱刀将翟让砍死,死时翟让大叫一声,声若牛吼,翟宽也被当场砍死。徐世勣慌忙逃出帐门,也被门卫砍伤颈脖,鲜血直流。单雄信叩头请命告饶,左右惊恐,莫知所为,只有王伯当预谋此事,呵止左右。李密见翟让兄弟已死,也忙制止刀斧手再砍,将徐世勣扶起,亲自为他包扎伤口。翟让麾下旧部欲散,李密让单雄信前往宣慰,不久又单人匹马入其营抚喻,无人敢动。而翟让平时对部众统驭无方,死时"所部无哀之者"。李密于是令徐世勣、单雄信、王伯当分领其众,瓦岗军很快安定下来了。

王世充未能坐收渔利,十二月,东都由于粮乏将竭,夜袭仓城,又中李密埋伏,骁将费青奴被斩。王世充作困兽斗,屡战屡败,越王杨侗亦屡屡遣使加以慰劳。王世充陈说李密人众,自己兵少,数战疲弊,越王于是又调兵7万加以补充,败军之将由此逐渐掌握了东都的兵权。

到第二年(618)正月,王世充再移营洛水之北,造浮桥悉众进击瓦岗军,以求速战速决。但由于浮桥造成有先有后,先者先渡,缺乏统一指挥。虎贲郎将王辩击破李密外栅,瓦岗军中惊扰将溃,王世充不知,鸣角收兵,李密率敢死士数百乘势反击,隋军大败,士卒争桥,"溺死者数万,洛水为之不流"①,大将王辩、杨威、霍举、刘长恭、梁德重、董智通等6人被杀。这天夜里又突来疾风寒雨,官军冻死者又数以万计,王世充仅率残部数千人逃至河阳(今河南孟县),不敢还东都,自系于狱请罪。越王杨侗再次遣使慰抚,赐以金帛、美女,召王世充还东都。此后,王世充龟缩于洛阳北含嘉仓城,不敢出战。

李密则乘胜攻陷偃师,修金墉城(今河南洛阳东)屯驻,有众30余万,钲鼓之声,闻于东都。瓦岗军阵于北邙山,南逼东都上春门,继续围攻洛阳。留守东都的隋将段达、韦津出兵拒战,段达见义军势猛,惧而先退,李密麾师追击,杀韦津于阵,隋军大败。于是居于东都的官僚、关陇勋贵子弟纷纷投降。如隋将作大匠宇文恺之子宇文儒童及其堂兄司农少卿宇文颖等等。李密杀出了威名,四海仰慕,"东至海、岱,南至江、淮,郡县莫不遣使归降"。各路反隋义军领袖窦建德、朱粲、杨士林、孟海公、徐圆朗、卢祖尚及隋将周法尚的弟弟周法明等,均遣使通表,劝李密建尊号,李密部将裴仁基等,也上表请正位号,但李密却说:"东都未平,不可议此"②。

李密身居统帅之位,却能与士兵打成一片,深得瓦岗军将士和人民群众爱戴。他本人亦以"四海英雄共推盟主"自诩,专注于东都,"无心外略",打算攻下东都后称帝。李密作战身先士卒,认为"东都兵数败微弱,而将相自相屠灭,谓旦夕可平"。结果与东都

---

① 《新唐书》卷84《李密传》。
② 《旧唐书》卷53《李密传》。

王世充军"前后百余战"①,贻误了向外发展的机会,也消耗了自己的力量。李密为推翻隋炀帝暴政建立了不朽功勋,但他的帝王之梦却悄然溜走。正当他与东都王世充拼杀周旋之际,另一位李姓关陇勋贵却乘机袭占京师长安,去成就"李氏当为天子"的帝王之业了。

第四节 李渊起兵 克定关中

天下大乱,群雄逐鹿,未知鹿死谁手。隋炀帝避居江都,李密称雄中原,大业十三年(617)是多事之秋,在各地农民起义风起云涌之际,地主豪强官僚贵族也纷纷起兵。贵族官僚起兵目的性十分明确,就是要争夺帝位,而其中最引人注目的则是关陇勋贵李渊的太原起兵。

隋炀帝既不能控制天下政局,只能是引致天下英雄竞折腰。《易经》有云:"汤武革命,应乎天而顺乎人"。暴君杨广既为万民所弃,打着天命旗号诛暴扶正也就成了乘时而起的野心家最时尚的话语。

一、审时度势 密运雄图

在李密大闹中原之时,李渊也坐不住了。

李渊的出身背景和李密十分相似,祖父李虎为西魏八柱国之一,属关陇勋贵最高门第,最显赫的贵族之家。

李渊的父亲李昞在北周历官州刺史和总管,"为政清简,甚获

---

① 《旧唐书》卷53《李密传》。

当时之誉"①,虽无赫赫战功,但袭父爵身份显贵。李渊生于周武帝天和元年(566),7岁袭祖爵为唐国公,年长后"倜傥豁达,任性真率,宽仁容众"。入隋后补千牛备身,累迁谯、陇、岐三州刺史,官虽不显,但隋文帝后独孤伽罗乃李渊的亲姨妈,皇后对他"特见亲爱"②。李渊是隋炀帝的亲表哥,比炀帝年长两岁。另外,李渊之妻窦氏还是北周武帝宇文邕的外甥女,岳母是武帝之姐襄阳长公主,乃宇文泰之女。据说,周武帝对窦氏"特爱重之,养于宫中"③。看来,李渊家族自北周至隋都处在皇亲国戚的地位。

隋炀帝即帝位后,改任大表兄李渊为荥阳、楼烦郡太守,后征入殿内少监。大业九年(613)迁官卫尉少卿。征讨高句丽之役,隋炀帝让表兄在怀远镇(今辽宁新民南)督运粮草。杨玄感发动叛乱,炀帝又诏表兄驰驿西镇弘化郡(治今甘肃庆阳县),兼知关右诸军事。李渊以"隋室之近亲",开始知掌兵马。

时天下已乱,各地农民起义蜂起,"李氏当为天子"的谶言四处流行,隋炀帝"多所猜忌",借故处死亲外甥女婿李敏,将隋立国第一功臣李穆的后人满门抄斩,使"人怀疑惧"。对于手握重兵的李姓大表兄,炀帝亦不能不有所戒心,于是即诏征李渊诣行在所,李渊心惊肉跳不敢即往,借口遇疾未谒,其外甥女王氏时在后宫,炀帝问:"汝舅何迟?"王氏以疾对,炀帝竟问死得了死不了,李渊"闻之益惧,因纵酒沉湎,纳贿以混其迹"④,为苟全性命于乱世,皇亲国戚也不得不韬晦。

李渊假作昏庸,实际上却深谋远虑,"有四方之志"。据考,早

---

① 《册府元龟》卷1《帝王部·帝系》。
② 《旧唐书》卷1《高祖纪》。
③ 《旧唐书》卷51《高祖太穆皇后窦氏传》。
④ 《旧唐书》卷1《高祖纪》。

在隋炀帝举兵攻高句丽,农民起义开始爆发的初期,李渊就有取隋而代之的打算。当李渊为殿内少监,宇文述之子宇文士及为奉御时,二人即"深自结托",后武德二年(619)宇文士及投唐,李渊对裴寂说:"此人与我言天下事,至今已六七年,公辈皆在其后"。大约在大业十年(614)杨玄感造反时,李渊和隋炀帝的女婿宇文士及就曾"在涿郡,尝夜中密论时事"①,密谋推翻隋炀帝。这也说明当时许多达官贵族都萌生了除暴去恶的念头。但老谋深算的李渊认为时机尚不成熟,故隐忍未发。杨玄感贸然举兵则果然招致灭门之灾。

大业十一年(615)隋炀帝北巡汾阳宫,命表哥李渊往山西、河东黜陟讨捕,因进剿农民起义有功并在突厥围雁门时能领兵勤王,炀帝暂时消除了对李渊的猜疑。至大业十二年(616),李渊得迁官右骁卫将军。隋炀帝离开东都巡幸江都之时,又任命李渊为太原留守。并州既是天下精兵所居之处,又地处抗拒突厥的前线,境内农民起义正四处蔓延,对李渊的任命可谓炀帝对表哥至亲的信任,这对早就心怀异志的李渊来讲,真是千载难逢的绝好机会。然而炀帝猜忌深重,在任李渊留守太原的同时,又任郡丞王威、武车郎将高君雅为副,监视李渊。王威在大业六年(610)曾接替薛世雄戍守伊吾(今新疆哈密东北),是一员虎将。

李渊在太原与马邑太守王仁恭一起"北备边朔",大业十三年(617)春突厥的一次入寇,隋军作战失败,隋炀帝三次派来使者要将李渊和王仁恭押送江都,数日后又赦免。这时的李渊"审独夫之运去,知新主之勃兴,密运雄图,未伸龙跃"②,审时度势,开始密

---

① 《旧唐书》卷63《宇文士及传》。
② 《旧唐书》卷1《高祖纪·史臣曰》。

谋反隋。时名将韩擒虎的外甥马邑郡丞李靖阴察李渊,"知有四方之志"①。李密的姻亲晋阳令刘文静也有所察觉,而"深自结托"②。文水县木材商人武士彟被李渊引为行军司铠,也"阴劝"李渊举兵,并进"兵书及符瑞",显然也洞悉李渊所想,故敢畅言。但李渊机警,说:"幸勿多言,兵书禁物,尚能将来,深识雅意,当同富贵耳"③。武士彟即后来的女皇武则天的父亲。另有夏侯端、许世绪也都曾直接向李渊进言帝业之事。李渊还积极网罗人才,收纳亡命,逃辽东之役的长孙顺德、刘弘基及犯法在逃的窦琮这时都在李渊处得到保护,养为死士。李渊并让儿子李建成于河东"潜结英俊",又令次子李世民于晋阳"密招豪友",两个儿子都"倾财赈施,卑身下士",故得士庶之心,投附者很多④。

在李渊未发之际,已有不少隋地方长吏先发兵反隋了。大业十二年(616)底,幽州虎贲郎将罗艺杀不同己者,"发库物以赐战士,开仓以赈贫乏",自称幽州总管,威振边朔⑤,实际上已独立。大业十三年(617)二月壬午(初一),朔方(治今内蒙古乌审旗南白城子,即五胡十六国之匈奴赫连氏夏国之首都统万城)鹰扬郎将梁师都阴结徒党据郡反。己丑(初八),马邑(治今山西朔县)校尉刘武周举兵起事,斩太守王仁恭,开仓以赈饥民。刘武周自称太守,遣使附于突厥,并与突厥联兵击败隋将王智辩。三月丁卯(十七日),刘武周袭破楼烦郡(治今山西静乐),占领隋炀帝修建的汾阳离宫,大获宫女美人,送给突厥始毕可汗。始毕可汗立刘武周为

---

① 《旧唐书》卷67《李靖传》。
② 《旧唐书》卷57《刘文静传》。
③ 《旧唐书》卷58《武士彟传》。
④ 温大雅:《大唐创业起居注》卷1。
⑤ 《旧唐书》卷56《罗艺传》。

定扬可汗,送以狼头纛。刘武周窃知隋炀帝当年北巡建汾阳离宫意在压"天子气",于是迫不及待地即皇帝位,立其妻沮氏为皇后,改元天兴,署置百官,引兵围雁门郡(治今山西代县)。郡丞陈孝意遣间使往江都,向隋炀帝求救,成天对着炀帝颁给的委任诏敕俯伏流涕,用以感动左右为隋炀帝尽忠,但并无成效,围城百余日被部下张纶斩杀,以城降刘武周①。

朔方梁师都起兵后也向西略地,攻占雕阴(治今陕西绥德)、弘化(治今甘肃庆阳)、延安等郡,并称皇帝,国号梁,改元永隆,突厥始毕可汗也送来狼头纛,赐号大度毗伽可汗,于是梁师都引突厥骑兵居河南之地,攻破盐川郡(治今陕西定边)②。流放在榆林郡(治今内蒙古托克托县南)的隋左翊卫郭子和也阴结敢死士杀郡丞反,开郡仓赈施饥民,自称永乐王,改元丑平,署置百官,南连梁师都,北附突厥。时北境各路反隋武装纷纷依附于突厥,现在,又轮到突厥始毕可汗来坐收渔人之利了。始毕以刘武周为定扬天子、梁师都为解事天子、郭子和为平杨天子,其意都在平定杨隋。但郭子和不敢当,于是更号屋利设③。又有离石(今山西境内)胡人刘龙儿拥兵数万反隋,自号"刘王",以其子刘季真为太子,后刘季真北连突厥,自称突利可汗④。

形势逼人,太原周围的郡县纷纷造反,刘武周等均下级军官,李渊乃皇亲国戚,关陇勋贵,身份和地位不一样。是忠于表弟炀帝随隋王朝一同灭亡,还是起而造反,取表弟之位而代之,这是一场生与死的抉择。时天下英雄并起,决不能等闲坐视,李渊懂得"主

---

① 《新唐书》卷86《刘武周传》。
② 《旧唐书》卷56《梁师都传》。
③ 《旧唐书》卷56《李子和传》。
④ 《旧唐书》卷56《刘季真传》。

昏国乱,尽忠无益",必须为自己寻找新的出路。

五月,李渊勾结晋阳宫监裴寂,勇敢地住进离宫,把隋炀帝留下幽居多年的美人宫女占为己有,这是犯杀头之罪,实际上也是向隋炀帝皇权发出挑战,反隋起义的条件成熟了。

然而,新、旧《唐书·高祖纪》及《资治通鉴》等记载李渊太原起兵这段关键史事时,却把李渊描写成了一个胸无大志,昏庸无能的糊涂蛋,把晋阳起兵说成是年仅18岁的李渊次子李世民一手策划,李渊被迫接受而坐享其成。后人又多据此贬低李渊在创立唐朝中的作用①。

对此提出疑议较早的是汪篯教授,他认为旧史把晋阳起兵的密谋描绘成唐太宗的精心策划,高祖李渊则处于被动地位,是完全不足为信的,并一针见血地指出这是贞观史臣为了证明唐太宗夺嫡杀兄继位的合法性而篡改国史的结果。汪篯认为李渊早有叛隋之心,晋阳起兵前后过程都是在他的直接指挥之下进行的,李世民不过在李渊的授意之下在组织起兵方面起了一点作用②。随着近年对隋唐政治史研究的深入,旧史歪曲历史事实抬高李世民,贬低李渊和李建成的传统之论逐渐被抛弃。唐史臣为抬高唐太宗甚至不惜歪曲史实贬低开国之君李渊,那么对亡国之君隋炀帝的诬蔑歪曲当然是更加不遗余力了。因此,我们读这一段历史,必须特别注意对史料的甄别。

晋阳起兵的首谋毫无疑问是李渊,这个老谋深算的显贵早就有四方之志,从他给两个儿子的取名就可看出,长子李建成,是建

---

① 参见范文澜:《中国通史简编》第3编第1册,人民出版社1965年版,第92页;吕思勉:《隋唐五代史》,中华书局1959版,第51页。
② 参见汪篯:《唐太宗》一文,载《汪篯隋唐史论稿》,中国社科出版社1981年版。又参见牛致功:《李渊建唐史略》,陕西人民出版社1983年版。

功成业之意;次子李世民是济世安民之意,由此亦可见李渊的政治抱负。李渊以儿子李建成、李世民、李元吉以及追随他的刘文静、裴寂等,组成密谋集团,从大业十二年(616)底开始部署,大业十三年(617)五月正式发难,经过了半年的精心策划和准备。时李密领导的瓦岗军围攻东都战斗正酣,隋军主力被各地农民军牵制,李渊"视天下之分崩,有可乘之机,以远祸而徼福",起兵反隋,使历史出现了新的转折。

二、晋阳聚义　直下长安

李渊"素怀济世之略,有经纶天下之心"①。他老沉持重,满腹韬略,而富于策略手段。

为了激发民众反隋情绪以便起兵,李渊先指使刘文静伪造隋炀帝诏令:"发太原、西河、雁门、马邑人年二十已上,五十已下悉为兵,期以岁暮集涿郡,将伐辽东"。这一招效果极佳,立即"人情大扰,思乱者益众"②。这就为李渊乱中起兵创造了极好的群众基础。

由于刘武周引突厥兵进逼太原,又为李渊聚集兵众提供了借口,李渊即以讨伐刘武周为名,自行募兵。太原副留守王威和高君雅迫于危险的时局,及隋炀帝遥远无法请示,认为李渊"地兼亲贵,同国休戚",也就没有提出异议,李渊迅速募得私兵万余人。他又遣使者召滞留在河北的儿子李建成、李元吉赴太原,共举大事,并派人往长安观觇动静。

然而,王威、高君雅既受隋炀帝委派,负有监视和牵制李渊的

---

① 《大唐创业起居注》卷1。
② 《旧唐书》卷57《刘文静传》。

使命,李渊矫诏聚兵的举动,自然最终躲不过二人的眼睛,特别是矫诏事关重大,终于暴露。于是二人便暗中策划用晋祠祈雨大会,诱杀李渊,却又被乡长刘世龙探知告发,李渊遂决定先发制人,于大业十三年(617)五月癸亥(十四日)诛杀了王、高两个副留守,控制了太原城。

李渊公开举起了义旗,但老谋深算的李渊并没有打出反隋旗号。李渊的目标是以太原为基地,尽快乘虚入关,袭占长安,号令天下,取杨隋而代之,化家为国。六月己卯(初一),李建成、李元吉兄弟赶到太原。李渊父子与僚臣商讨行动方案,由于突厥与刘武周联合骚乱,太原城防不稳,根基不稳更无法远征,刘文静于是劝李渊卑辞厚礼结好突厥。李渊乃主动向突厥始毕可汗写信,称:"当今隋国丧乱,苍生困穷,若不救济,总为上天所责。我今大举义兵,欲宁天下,远迎主上,还共突厥和亲,并似开皇之时,岂非好事!"又约征伐所得子女玉帛,皆归可汗。始毕得信大喜,十分赞成李渊所请,只是不赞成"远迎主上"。称:"隋主为人,我所知也,若迎以来,必害唐公而击我无疑矣。苟唐公自为天子,我当不避盛暑,以兵马助之"。即复书请李渊取隋炀帝而代之。刘文静、裴寂等群僚力劝李渊接受始毕可汗的意见,李渊以为不可,裴寂等人又提出尊隋炀帝为太上皇,立代王杨侑为皇帝,"以安隋室",又议定"改易旗帜,杂用绛白,以示突厥",因隋用红旗,突厥用白旗,竖绛白旗表示两事之。李渊虽说这是"掩耳盗钟"①,但还是同意了,乃遣使告突厥始毕可汗。

李渊和刘武周一样卑辞厚礼向突厥称臣,争取到突厥支持,许以子女玉帛,牺牲民众利益,而解除了南下长安的后顾之忧,从战

---

① 《大唐创业起居注》卷1。

略上讲,这一步不走不行,但毕竟不是光彩的事,故唐史臣记此事隐晦曲笔,然其真相经陈寅恪先生考证,已大白于天下①。

李渊向附近郡县传檄,惟西河郡(治今山西汾阳县)丞高德儒不从命,六月甲申(初五),李渊派李建成、李世民率兵围攻西河,二公子身先士卒,不日将城攻拔,逮高德儒于军门。高德儒是大业十一年(615)见鸢得官的佞人,李世民数落他:"汝指野鸟为鸾,以欺人主,取高官,吾兴义兵,正为诛佞人耳!"遂推出门外斩首。二位公子往返共9天回到太原,李渊大喜,于是定计袭夺关中。这时辽山县令高斌廉已遣使间行往江都,向隋炀帝奏告李渊叛变,炀帝得讯又气又惧,乃敕东都、西京"严为备御"②。

六月癸巳(十四日),李渊建大将军府,以世子李建成为陇西公,左领军大都督,指挥左三统军;李世民为敦煌公,右领军大都督,指挥右三统军,各置官属。李渊又开仓济贫,大量募兵,扩充军队。李渊没有像刘武周、梁师都那样急于称帝,其初创的政权维持在很小的规模,以避早已兴起的各路豪杰的锋芒。但李渊的志向却最大,要直入京师取杨隋而代之。突厥始毕可汗同意发兵送李渊入关,兵马"多少随所欲",并派其柱国康鞘利送马千匹,李渊派刘文静随康鞘利北还出使突厥,却没有让突厥派大兵,仅藉以为声势,以免后患。

时李密已是反隋各路豪杰的盟主,兵力强大。于是李渊先以书信与李密联系。李密得书大喜,即让祖君彦写回信,说:"与兄派流虽异,根系本同",即都系陇西李氏,西魏八柱国之后。接着又说:"自唯虚薄,为四海英雄共推盟主,所望左提右挈,戮力同

---

① 陈寅恪:《论唐高祖称臣于突厥事》,载《寒柳堂集》,上海古籍出版社1982年版。
② 《大唐创业起居注》卷1。

心,执子婴于咸阳,殪商辛于牧野,岂不盛哉"。李密以反隋盟主身份拉李渊入伙,共同推翻隋炀帝暴政,辞气豪迈,且希望李渊亲往河内而结盟约。但狡猾的李渊考虑的不是聚义诛灭暴隋,而是乘虚入关争夺帝位,得书笑曰:"密妄自矜大,非折简可致。吾方有事关中,若遽绝之,乃是更生一敌;不如卑辞推奖以骄其志,使为我塞成皋之道,缀东都之兵,我得专意西征,俟关中平定,据险养威,徐观鹬蚌之势以收渔人之功,未之晚也"。其野心昭然若揭。于是让温大雅复书称自己"大会义兵,和亲北狄,王匡天下,志在尊隋","殪商辛于牧野,所不忍言,执子婴于咸阳,未敢闻命"。但希望李密"早膺图箓,以宁兆民",事成后能再封于唐也就心满意足了。辞气绥绥,一副窝囊废庸劣的样子。李密得书十分得意,示以将佐说:"唐公见推,天下不足定矣"。于是信使不绝①。

七月壬子(初四),李渊以李元吉为镇北大将军,太原留守,委以军政事务。癸丑(初五),李渊点集兵将3万人,于军门仗白旗誓师,誓词中指斥隋炀帝"饰非好佞,拒谏信谗","巡幸无度,度兵极武",以致造成"征税尽于重敛,民力殚于芬止,十分天下,九为盗贼"的恶果,表示自己要学伊、霍、桓、文,"废放而安宗社",要"奉尊代邸,扫定咸、雒",以"废昏立明"为己任②。并移檄郡县,告之以尊立代王杨侑之意,率军向关中进发。在楼烦的西突厥酋领阿史那大奈也率众从征③。

壬戌(十四日),进军至贾胡堡,距霍邑(今山西霍县)50余里,京师代王杨侑派虎牙郎将宋老生帅精兵2万屯霍邑,左武候大将军屈突通屯军河东(今山西永济县境)以拒李渊。八月辛巳(初

---

① 《资治通鉴》卷184隋恭帝义宁元年。
② 《大唐创业起居注》卷2。
③ 《新唐书》卷111《史大奈传》。

二),李渊父子诱霍邑宋老生出城,自早至晚混战一场,斩宋老生,攻占霍邑。接着又经临汾,下绛郡(治今山西新绛县),癸巳(十五日),到达龙门。李渊认为抢占关中事不宜迟,时间一刻也不能耽误,于是派兵监视河东郡城屈突通部隋军,主力南下直取永丰仓(今陕西华阴县东北渭河口)。

时关中农民起义军以冯翊(今陕西大荔县)孙华最强,丙申(十八日),李渊在汾阴(今山西万荣县西南)以书招孙华,孙华亲自渡河来见,愿意归附,被任为左光禄大夫,随行其他人也都得到封赏,农民军的加入使李渊的力量迅速壮大,李渊遂让他们打头阵。接着,李渊派刘弘基、阿史那大奈率6000军渡河,营于河西,屈突通派将桑显和来袭,被打败,自后屈突通据河东城不敢出战,李渊绕过河东城攻占了永丰仓,隋冯翊太守萧造、华阴县令李孝常相继投降。李渊进驻朝邑(今陕西大荔东南)的长春宫,时"三秦士庶,衣冠子弟,郡县长吏、豪强、弟兄老幼相携来者如市"。①

李渊于是派李建成、刘文静、王长谐率左路军数万屯永丰仓,扼守潼关,拒河东屈突通。又派李世民、刘弘基、长孙顺行等率右路军数万尽速西取长安。其时长安附近李渊的女儿平阳公主和从弟李神通也各拉起了一支队伍,麾下有众7万余人,频频击败京师官军。李渊还有一个女婿叫段纶,乃段文振之子,也在蓝田聚众万人响应李渊。李世民率右路军迂回长安,会合平阳公主等部。

河东屈突通闻李渊西入关中,留鹰扬郎将尧君素为河东通守,自己率兵数万救援长安,被刘文静阻遏。李渊见屈突通无力西援,便命李建成率驻永丰仓左路军主力与自己一同往长安。十月,李渊来到长安城东门外,集合诸军共20余万,辛卯(十四日),命诸

---

① 《大唐创业起居注》卷2。

军围城。时京师留守卫文升以老病不能视事,不久病死,守将是左翊卫将军阴世师和京兆郡丞骨仪,城内兵力空虚,四处又无救兵,到处是农民起义军。据载自从隋炀帝离去后,大兴"皇城诸门皆闭,唯开安上一门,出入皆由之"①。义军兵临城下,年仅13的代王杨侑的地位岌岌可危了。

李渊曾遣使向城内喻以尊隋之意,但未见答复。甲辰(二十七),李渊命诸军攻城,并约"毋得犯七庙及代王宗室,违者夷三族"。在攻城中孙华中流矢死,战斗打得十分激烈,阴世师"自以世荷隋恩"②,又是炀帝藩邸之旧,与骨仪婴城据守,并将李渊祖坟宗庙凿毁,以示必死。十一月丙辰(初九),军头雷永吉第一个登上城门,义军蜂拥而上,长安城终于被攻克。

破城时代王杨侑在东宫,左右奔散,唯来自南朝的侍读姚思廉侍侧,李渊将代王迁居大兴殿,自己居于长乐宫,与民约法12条,废除隋炀帝的一切苛暴法令,下令斩阴世师、骨仪等10余人,其余皆不问。

李渊按原议遥尊表弟杨广为太上皇,正式立元德太子杨昭第三子代王杨侑为帝③。改元义宁,并举行了隆重的仪式。代王即位的诏书也凄楚悲哀,云:"王道丧乱,天步不康,……太尉唐公,膺斯作宰,时称舟楫,大拯横流,纠合义兵,翼戴皇室,与国休戚,再匡区夏,爰奉明诏,弼予幼冲,显命光临,天威咫尺,对扬尊号,悼心失图……"显然,这个诏书绝非杨侑本意,而是代表李渊的意思。

---

① 唐临:《冥报记》卷下《隋康抱》条。
② 《隋书》卷39《阴世师传》。
③ 关于代王杨侑立为皇帝的时间,《隋书》卷4《炀帝纪下》记为十一月辛酉。《旧唐书》卷1《高祖纪》记为癸亥。《隋书》卷5、《资治通鉴》记为壬戌(十五日),后者较为可信。

接着,宣布大赦天下。杨侑成了李渊的傀儡。甲子(十七日),李渊学着北周末年杨坚的样,由长乐宫入大兴殿,让杨侑任自己为"假黄钺、使持节、都督内外诸军事、尚书令、大丞相"①,进封唐王,以武德殿为丞相府,每天在虔化门视事。假黄钺任丞相是自曹操至杨坚以来权臣准备称帝之前的老办法,于是诏军国机务事无大小咸归相府。李渊很快组建了丞相府官属:以裴寂为相府长史,刘文静为司马。十一月己巳(二十二)以李建成为唐世子,李世民为京兆尹、秦公,李元吉为齐公,李唐政权粗具雏形②。

当时李渊仅控制长安渭水一带,关陇局势仍不稳定,仅有榆林、灵武、平凉、安定诸郡遣使请命。而西面割据金城(今甘肃兰州)称帝的薛举也正在东进谋取长安,有众号 30 万。当薛举得知李渊已先克定长安,追悔莫及,于是进围扶风(今陕西凤翔)。长安以西的局势相当混乱危急,李渊派李世民率军去迎战,十二月癸巳(十七日),李世民在扶风大破薛举之子薛仁杲军。乙未(十九日),平凉(今宁夏固原)留守张隆,丁酉(二十一),河池(治今陕西凤县东北)太守萧瑀及扶风太守窦琎等相继来降。李渊大喜,萧瑀是隋炀帝的小舅子,能投奔自己,实不简单,于是任为礼部尚书,封宋国公。李渊又分遣姜謩、窦轨出散关安抚陇右,左光禄大夫李孝恭招慰山南(四川),府户曹张道源招慰山东,向四周略地。

东面的刘文静军这时仍在与屈突通部相持。屈突通派桑显和夜袭刘文静军营,刘文静与段志玄苦战,将桑显和击败,屈突通势蹙,又闻长安失陷,家属被虏,乃留桑显和守潼关,自己率众投东都洛阳。但屈突通一离开,桑显和即以潼关降于刘文静,刘文静派桑

---

① 《隋书》卷5《恭帝纪》。
② 《旧唐书》卷1《高祖纪》。

显和及屈突通之子屈突寿追上屈突通,谕其归降,屈突通出身关陇勋贵,历事文帝、炀帝两朝,"恩顾甚厚",心里还有炀帝,乃命左右射儿子屈突寿,桑显和即刻出来大喊:"汝辈皆关中人,今京城已陷,去欲何往?"众皆放下武器投降,只剩屈突通单骑一人。屈突通自知不免,于是下马向东南方向远在江都的隋炀帝再拜哭号,哀痛地说:"臣力屈至此,非敢负国,天地神祇实知之!"哭罢引颈就拘,送于长安,李渊优礼有加,任为兵部尚书。

李渊即派屈突通至河东郡(治今山西永济县蒲坂镇)城下招谕尧君素,君素在城上见故主已变节,歔欷不能自胜,屈突通也泣下沾衿。故主先发话:"事势如此,卿宜早降"。故旧对曰:"公为国大臣,主上委公以关中,代王付公以社稷,奈何负国生降,乃更为人作说客邪?公所乘马,即代王所赐也,公何面目乘之哉?"说得屈突通满面羞惭,申辩一声:"君素,我力屈而来!"尧君素站在城上俯临故上司,不肯从命投降,说:"方今力犹未屈,何用多言"①。屈突通羞愧而退。尧君素忠于隋炀帝,为隋固守河东孤城,但力量有限,构不成对长安的威胁。这样,李渊初步稳定了关中局势。

大业十四年(618)正月丁未(初一),李渊又让杨侑"诏唐王剑履上殿,入朝不趋,赞拜不名,加前后羽葆鼓吹",这都是权臣篡位前的殊礼。在初步稳定了长安之后,又频出书信招谕诸郡县,"于是东自商洛,南尽巴蜀,郡县长吏及盗贼渠帅,氐、羌酋长,争遣子弟入见请降,有司复书,日以百数"②。戊辰(二十二),唐王李渊令李建成为左元帅,李世民为右元帅,督诸军10余万出关"救东都",实际上是东出略地。二月己卯(初四),又派太常卿郑颋率兵

---

① 《隋书》卷71《诚节·尧君素传》。
② 《资治通鉴》卷185唐高祖武德元年。

出商洛,徇地南阳;派左领军府司马马元规徇地安陆及荆、襄(今湖北地境)。

四月,李建成、李世民率10万大军以"救东都"为名来到洛阳城外,并没有受到东都越王杨侗的欢迎,东都城门紧闭,无法入城,遂扎营于芳华苑,形成对峙局面。李密派军队来骚扰,两军小有战斗,即"各自退去"。李世民认为:"吾新定关中,根本未固,虽得东都,不能守也"①。于是李渊把军队调回关中,用以巩固后方,把围困东都的艰巨任务,又留给李密了。

第五节　江都宫变　独夫授首

陈寅恪先生论曰:"与夫隋炀帝远游江左,所以丧其邦;唐高祖速据关中,所以成帝业"②。从军事形势上看,关中确有其优势,李渊确实比杨玄感、李密高明,抢占了府兵家眷所在的关中,政治上也处于有利地位。但隋炀帝远游江左,遗失根本,则是出于无奈。急政暴政使人民饿死沟壑,以致人相食,食者不遑易子,不及析骸,真是惨不忍睹,罪莫大焉。人民的反抗使隋炀帝在中原无法立足,逃避江都躲了两年,已是四海鼎沸,天下土崩,独夫民贼的最后日子就要到了。然而,隋炀帝对于自己所造罪孽,到了就擒犹未之悟,临死时才说了一句:"我实负百姓"。

一、梦断江淮　临深履薄

到大业十四年(618)时,反隋起义称王称帝者已无可计数,首

---

① 《资治通鉴》卷185唐高祖武德元年。
② 《唐代政治史述论稿》中篇,上海古籍出版社1982年版。

都所在关中根本之地被李渊袭占,东都越王被李密瓦岗军团团围住,江山十之八九不在隋手。面对乱局隋炀帝拿不出任何办法,既"弃崤函之奥,违河洛之重阻"①,南逃江都冀求幸免,"袭永嘉之旧迹",妄图偏安江左成司马睿之业。然而,江左亦非静土,农民起义的烈火早已成燎原之势,江淮、江南、江汉及至岭南各地都有农民武装和地主武装,鲜明地揭起了反隋暴政的大旗。

早在大业十年(614)杨玄感起兵时,江南就有刘元进举兵响应,后虽被镇压,但其幸存者仍相聚于山野,等待时机。不久,山东农民军杜伏威、辅公祏、左才相、李子通等数支义军相继南下江淮,使东南地区农民起义形成高潮。

杜伏威是齐州章丘人,少不治产业,"家贫无以自给",与临济(山东章丘西北)人辅公祏一同亡命参加农民起义,因有谋略,"众用其策皆效",作战勇敢,被推为头领。大业九年(613)杜伏威率众入长白山(今山东章丘东北),投奔左君行,"不被礼,因舍去"。大业十年(614)转向淮河流域,自称将军,在下邳(今江苏睢宁西北)合并苗海潮部义军,势渐强盛。隋江都留守派校尉宋颢来攻,杜伏威将官军诱入芦苇大泽中烧了个精光。大业十一年(615)在海陵(今江苏泰州)又兼并了当地农民军赵破阵部,众至数万,不久攻克安宜(今江苏宝应),兵威更盛。

另有东海(治今江苏连云港)人李子通,少贫贱,以渔猎为生,大业九年(613)参加长白山左才相部义军,因有武艺勇力,受到信重。李子通宽仁好施,颇得人心,不到半年,麾下有众数万,因遭左才相猜忌,出走独立,与左才相各自率兵渡淮南下。在江淮地区李子通又与杜伏威合兵,胜战之余,李子通见杜伏威年少雄武,趁他

---

① 朱敬则:《隋炀帝论》,载《全唐文》卷171。

不备,派精骑对他发动突然袭击。伏威受重伤堕马,部将王雄诞背起逃芦苇中。脱险后杜伏威收集残部,攻打郡县,不久势力复振。

隋朝利用农民军内部火并,派虎牙郎将来整进攻杜伏威。伏威在黄花轮大败,身受重伤,被部将西门君仪之妻王氏驮扶救起,王雄诞率10余名勇士掩护,突围后义军尚有8000余人,但转战到盐城后,队伍又扩大至数万。大业十二年(616)冬,隋炀帝到江都后派公孙上哲率禁卫军往围剿,在盐城一带被杜伏威歼灭。

来整移师转击李子通,李子通败后奔海陵(今江苏泰州),收散兵得2万人,仍自称将军,与隋军周旋。

大业十三年(617)正月,在江都宫的隋炀帝又派右御卫将军陈棱率宿卫兵8000攻打杜伏威。陈棱曾远征流求,称为名将,曾多次打败农民军。到达前线后坚壁不战,企图消磨农民军锐气,以逸待劳。杜伏威识破了陈棱的诡计,送给他一套女人服装,并致书称他为"陈姥姥",陈棱果然被激怒,倾巢而出。杜伏威亲至前线挑战,被隋裨将射中前额,20来岁的青年统帅杜伏威怒发冲冠,说:"不杀射者,终不拔此箭"。即头带箭伤驱马冲入敌阵,大呼冲击,所向披靡,如入无人之境,生擒裨将,令他拔出箭后斩首。接着,杜伏威提着敌将之首,再次冲入敌阵奋击,连杀数十人,令官军丧胆,于是隋军大溃,"陈姥姥"仅以身免。

杜伏威乘胜攻破高邮,攻占历阳(今安徽和县),自称总管,任辅公祏为长史,又分遣诸将攻打属县,所至无不降伏。江淮间的小股武装争来归附,声势极为浩大。杜伏威小小年纪就以勇力敢打敢拼杀出了威名,成为江淮农民起义军的盟主。他又挑选骁勇敢死士5000人,组成亲军,号为"上募",待遇优厚,杜伏威与之同甘共苦,有攻战即令上募出击打头阵,战罢若见背有伤者便杀,而所获赀财皆用以奖赏军士,"有战死者,以其妻妾殉葬,故人自为战,所向无敌"①。在皇权秩序管不到的地方,谁的军事力量强大,谁就是草头王,杜伏威部遂成为江淮地区最强大的农民军。李子通既不肯臣服于杜伏威,乃渡过长江,在江南地区发展势力。

长江中游一带,以鄱阳湖为中心的几支反隋农民军也不断壮大,其中林士弘部最为强大,自称皇帝,建国号楚,直接向江都隋炀帝的皇权发出挑战。鄱阳湖以西的洞庭湖畔也发生了反隋起义,大业十三年(617)岳州(今湖南岳阳)发生兵变,众人推校尉董景珍为首,董景珍认为自己"素寒贱",乃推后梁帝裔的罗川县令萧铣为主,扬言"罗川萧铣,梁氏之后,宽仁大度,有武皇之风",于是派人向萧铣致意。萧铣喜出望外,原来,萧铣的祖父乃萧岩,开皇初隋文帝收夺后梁国时率兵降陈,陈亡仍事抵抗,而为隋所诛。萧铣自小孤贫,当过教书先生,隋炀帝即位后因外戚之故擢授罗川县令,但他心里一直记着灭国杀祖之仇。现在机会终于到了,哪能不从,于是改隋服色,建梁旗帜,起兵仅5天,远近投附者就有数万。农民军沈柳生部也来归附,然因争位被萧铣处死。萧铣又筑坛于城南,燔燎告天,自称梁王,以有异鸟之瑞,建元凤鸣。大业十四年(618)萧铣又称皇帝,署置百官,一准梁朝故事,追谥其叔父萧琮为孝靖帝,祖父萧岩为河间忠烈王,父萧璿为文宪王,宣称"隋政不行,天下皆叛"。直接向其姑父隋炀帝的皇权发出挑战,"必复梁祚",要接续梁武帝以来的皇统。隋炀帝派曾从陈棱讨击流求的张镇洲及王仁寿前往围剿,长久不能取胜。但萧铣梁政权与林士弘楚政权势不两立,互相诛杀,林士弘的声望不及萧铣,战败逃于安成之山洞,萧铣遣部将苏胡儿袭占豫章(今江西南昌市),又

---

① 《旧唐书》卷56《杜伏威传》。

迁都江陵,修复园庙,引岑文本为中书侍郎,专掌机密①,有恢复南朝局面之势。

江南广大地区既充斥着反隋武装,"天下危乱",隋炀帝对已在中原大成气候的李密心存畏惧,不敢北还,而偏安江左的梦想也不能成真,炀帝竟亦忧扰不自安,完全陷入绝望,最后索性万事不管,过一天享乐一天,纵情声色。他不断挑选江淮民间美女充实后宫,和一班宫娥才女吟咏他创作的艳诗,将自己沉浸在淫声歌舞之中。江都后宫有百余房,每房都住美女,布置得豪侈无比,美人轮流坐庄,每天由一房作主人。由江都郡丞赵元楷掌管酒馔供应,炀帝与萧后及宠姬们天天宴饮,酒卮不离口,借酒消愁,从姬们也常醉得歪歪斜斜。炀帝因赋五言诗:

求归不得去,真成遭个春,

鸟声争劝酒,梅花笑杀人②。

炀帝的旨趣已与开皇初年的陈后主差不多,人一旦意志消沉,什么荒唐事都会有。退朝时炀帝常穿短衣内裤袴,策杖步游,遍历台馆,直到夜尽天黑才止。汲汲顾景,惟恐不足。但苦中作乐终非乐,悲里寻欢未必欢,炀帝的内心苦闷已极。中原已乱,道路隔绝,无心北归。据说炀帝在梦中闻二竖子歌:

往亦死,

去亦死。

未若乘船渡江水③。

于是下令筑丹阳宫,欲移都丹阳。

---

① 《旧唐书》卷56《萧铣传》。
② 《隋书》卷22《五行志上》。
③ 《隋书》卷22《五行志上》。

金瓯成瓦解,犹自造离宫。丹阳郡即陈都建康(今江苏南京市),陈亡后被夷平,改名蒋州,炀帝改州为郡,是为丹阳郡,实即六朝故都建康。现在又要在废墟上重建新都,利用长江天险天然屏障,移住江左,保据江东。隋炀帝将梦语告诉朝臣,让众僚对此加以讨论。

朝臣立即阵线分明地分成两派,进行了激烈的辩论。南方人以内史侍郎虞世基、秘书监袁充等为首,首先表示支持炀帝之议,认为是好梦。

北方关陇勋贵以右候卫大将军赵才为发言人,极谏不可,谓炀帝车驾应还都长安。

一时,朝堂上赵才极陈入京之策,世基盛言渡江之便,炀帝则一反枭雄常态,默默无言。结果,赵才与虞世基争得面红脖子粗,"相忿而出"。门下录事河北衡水人李桐客奏言:"江东卑湿,土地险狭,内奉万乘,外给三军,民不堪命,亦恐终散乱耳"。此言一出,竟被御史弹劾为诽谤朝政。于是公卿皆阿意奉旨言:"江东之民望幸已久,陛下过江,抚而临之,此大禹之事也"。炀帝于是下令修治丹阳宫,打算迁都江南①。

此时,"五贵"宰相之一的关陇勋贵苏威虽被疏斥,但从幸江都宫,炀帝仍想复用,南朝籍的宰相裴蕴和虞世基即奏言苏威昏耄羸疾,加以排挤,于是炀帝不再提苏威。虞世基、裴蕴在江都宫如日中天,最得炀帝信用。"五贵"中仅存的北方人裴矩虽在炀帝身边能说上话,仍不时向炀帝汇报各地郡县上奏的民变叛乱情况,但炀帝不愿听,并发怒派裴矩往京师"接候蕃客",因有疾病而未成行。当李渊举兵晋阳,炀帝令虞世基往裴矩宅问方略,裴矩说:

---

① 《资治通鉴》卷185唐高祖武德元年。

"太原有变,京畿不静,遥为处分,恐失事机,唯愿銮舆中还,方可平定"①。说明宰相裴矩是站在北人立场上讲话。炀帝让裴矩"复起视事"。不久河东屈突通败讯至,裴矩告知炀帝,炀帝更大惊失色,下定决心要迁都江南。

隋炀帝退保江南半壁河山的决策已很明确,但当时从驾江都的骁果禁卫军却多是关中人,在江都久居不见西归,思念故乡亲人,而多有逃散。隋炀帝甚为忧虑,问裴矩对付的办法,裴矩回答:"方今车驾留此已经二年,骁果之徒,尽无家口,人无匹合,则不能久安。臣请听兵士于此纳室"。炀帝认为是奇计,于是令裴矩检校为将士娶妻。大业十三年(617)九月乙丑(十七日),诏"括江都人女寡妇,以配从兵"②。裴矩悉诏江都境内寡妇、处女皆集宫监,又召将帅及士兵等"恣其所取",由他们自行婚配,将士原先有与妇女、尼姑、女冠通奸的,当即公开配为夫妻。结果,骁果们欢喜万分,互相奔走相告:"裴公之惠也"③。

骁果将士的心暂时被稳定,但隋炀帝的心却平静不下来,他常自己占候卜相,常常半夜置酒,仰看天文,又喜欢用吴方言说话。吴语自称曰"侬",炀帝于是对萧后戏称:"外间大有人图侬,然侬不失为长城公,卿不失为沈后,且共乐饮耳"。长城公是陈后主叔宝,沈后乃其皇后,然实际上,隋炀帝此时已没有陈后主那种风流余韵尽享人生之乐了。炀帝常喝得酩酊大醉,又常对着镜子自照,对萧后说:"好头颈,谁当斫之!"萧后听罢大惊,忙问何故,炀帝却又漫不经心地笑道:"贵贱苦乐,更迭为之,亦复何伤"④。一生追

---

① 《资治通鉴》卷185唐高祖武德元年。
② 《隋书》卷4《炀帝纪下》。
③ 《隋书》卷67《裴矩传》。
④ 《资治通鉴》卷185唐高祖武德元年。

求圣王之业的英雄天子,一朝竟沦落到如此荒唐境地,又怎能不令萧皇后心酸。

萧后自14岁嫁与杨广,一直跟随着夫君,最后当了皇后。炀帝每次巡游,萧后未尝不随从,她亲眼看见丈夫丧失民心,从事业的巅峰跌落入深谷,她最了解夫君的个性,心里明知丈夫有错,却不敢措言,真是伴君如伴虎,虽然帝后老而相爱,炀帝始终爱重萧后,但萧后仍心有遗憾,她是一位才女,在江都宫写《述志赋》以自寄:

> 承积善之余庆,备箕箒于皇庭。恐修名之不立,将负累于先灵。乃夙夜而匪懈,实寅惧于玄冥。虽自强而不息,亮愚曚之所滞。思竭节于天衢,才追心而弗逮。实庸薄之多幸,荷隆宠之嘉惠。赖天高而地厚,属王道之升平。均二仪之覆载,与日月而齐明。乃春生而夏长,等品物而同荣。愿立志于恭俭,私自兢于诫盈。孰有念于知足,苟无希于滥名。惟至德之弘深,情不迩于声色。感怀旧之余恩,求故剑于宸极。叨不世之殊盼,谬非才而奉职。何宠禄之逾分,抚胸襟而未职。虽沐浴于恩光,内惭惶而累息。顾微躬之寡昧,思令淑之良难。实不遑于启处,将何情而自安!若临深而履薄,心战栗其如寒。

> 夫居高而必危,虑处满而防溢。知恣夸之非道,乃摄生于冲谧。嗟宠辱之易惊,尚无为而抱一。履谦光而守志,且愿安乎容膝。珠帘玉箔之奇,金屋瑶台之美,虽时俗之崇丽,盖吾人之所鄙。愧缔纷之不工,岂丝竹之喧耳。知道德之可尊,明善恶之由己。荡嚣烦之俗虑,乃伏膺于经史。综箴诫以训心,观女图而作轨。遵古贤之令范,冀福禄之能绥。时循躬而三省,觉今是而昨非。嗤黄老之损思,信为善之可归。慕周姒之遗风,美虞妃之圣则。仰先哲之高才,贵至人之休德。质菲薄

> 而难踪,心恬愉而去惑。乃平生之耿介,实礼义之所遵。虽生知之不敏,庶积行以成仁。惧达人之盖寡,谓何求而自陈。诚素志之难写,同绝笔于获麟①。

这是萧皇后留传下来的唯一笔墨。此赋不仅表现了这位雍容华贵的皇后的才华,而且看得出她的品德和思想。皇后母仪天下,萧后不像炀帝那样自负,目空一切,而是内怀"惭惶",身居高位,若"临深履薄","心战栗如寒"。皇后懂得皇权的限度,懂得"居高必危"、"处满防溢"的哲理,应该说萧后的思想深处与隋炀帝大不相同,她不赞同夫君滥用权力,唯我独尊,拒谏饰非。虽然没有任何一条史料告诉我们萧后曾谏止炀帝,但这位贤淑的妇女是尽了妻室的责任,炀帝个性太强,她说话不起作用,在隋政中没有留下皇后一丝一点影响。炀帝极尽风流,而萧后更"自强不息",她没有忘记小时生活的艰辛,鄙夷珠帘玉箔、金屋瑶台的豪奢。而在江都宫,又有谁能理解这位女性的情怀?她的命运既和隋炀帝紧紧联系在一起,她只能强忍眼泪和夫君一道走向深渊,故留下绝笔。

二、骁果激变　缢杀民贼

隋炀帝居江都一晃两年,政治上没有任何作为,骄奢淫逸纵情享乐,一行公卿百官禁卫将士几十万人在江都耗费巨大。至大业十四年(618)来临,江都粮草已尽,而各地赋税租米也无法送到,江都朝廷的境况已相当困难了。

从驾关中骁果追思故乡亲人,叛亡不绝,有的竟结伙而逃,郎将窦贤率所部西走,炀帝派骑兵追上将其斩首,但仍然制止不住,亡叛相继。炀帝甚感忧虑,但又没有办法。隋炀帝试图以铁腕控

---

① 《隋书》卷36《后妃·炀帝萧皇后传》。

制禁军,但一味镇压只能激化矛盾,使祸生肘下。虽然为将士娶妻,但快乐一阵之后,骁果又人人欲逃亡,这使禁军将领也不得不作出选择,隋大厦将倾,谁也不愿作殉葬品,于是反叛隋炀帝的阴谋开始在禁军将士中酝酿。

首谋虎贲郎将司马德戡为关中扶风郡雍人,其父仕北周为都督,德戡仕隋为侍官,迁大都督,为府兵系统的军官,属关陇勋贵成员,曾从杨素攻讨汉王杨谅,从炀帝征高句丽,以功进位正议大夫,甚得炀帝信任。从幸江都,司马德戡在炀帝身边任禁卫军军官,统领左右备身骁果万余人,在江都东城内扎营。他风闻士兵人人欲谋北归,心不自安,暗中派校尉元武达访问骁果,知士兵之心已乱,遂与平时友善的虎贲郎将元礼、监门直阁将军裴虔通谋议:"今闻陛下欲筑宫丹阳,势不还矣。所部骁果莫不思归,人人耦语,并谋逃去。我欲言之,陛下性忌,恶闻兵走,既恐先事见诛。今知而不言,其后事发,又当族灭我矣。进退为戮,将如之何?"裴虔通有同感,表示很忧虑。司马德戡又说:"我闻关中陷没,李孝常以华阴叛,陛下收其二弟,将尽杀之。吾等家属在西,安得无此虑也!"元礼、裴虔通都感忧惧,怕炀帝诛杀李孝常的两个弟弟李孝本、李孝质而引起关中李渊报复,累及将士家属,乃问计将安出。司马德戡语:"骁果若走,可与俱去"。二人皆表示同意,于是转相招引,内史舍人元敏、虎牙郎将赵行枢、鹰扬郎将孟秉、直长许弘仁和薛世良、城门郎唐奉义、医正张恺、勋侍杨士览和李复,及牛弘的儿子符玺郎牛方裕等皆串通一起,约为刎颈之交,情相款昵,日夜相结约,于大庭广众中无所畏避地公开议论北逃之计[①]。

密谋者皆关陇人士,又地处近侍,与隋炀帝居处很近,因此有

[①] 《隋书》卷85《宇文化及传》。

不少宫女听到一些消息,告知萧后:"外间人人欲反"。萧后让她们奏告炀帝,炀帝听后竟认为此事非宫女所宜言,朝着女流辈大发其怒,并斩了几个宫女。此后宫女有再向萧后报告外界情况的,萧后也无可奈何,说:"天下事一朝至此,无可药救,何用言之,徒令帝忧耳"。自后也就没有人再说什么了。禁军官兵决定在不危害炀帝和朝廷的前提下集体逃亡,他们约定在三月望日劫十二卫军马,"结党西归"①。

时李孝常之弟千牛左右李孝质、李孝本兄弟俩被炀帝囚禁,关中骁果心急如焚。赵行枢是乐户子弟,有家产巨万,与宇文述之子宇文智及相友善,勋侍杨士览是宇文氏外甥,二人将西逃之谋告诉了宇文智及。宇文智及得知大喜,但他认为"主上虽无道,威令尚行,卿等亡去,正如窦贤取死耳。今天实丧隋,英雄并起,同心叛者已数万人,因行大事,此帝王之业也"。司马德戡等禁卫军官以前都是宇文述的部下,而宇文述在杨素死后一直是关陇勋贵集团成员中居官最高者,最能代表关中人的利益。于是众皆表示愿奉宇文氏兄弟为主,变集体逃亡为发动政变,成就大事,"戮力共定海内"②。禁军谋叛随即升级了。

左翊卫大将军宇文述一直是隋炀帝最亲信的大臣,为炀帝夺嫡征讨立下汗马功劳,封许国公,其宠遇"当时莫与为比"。这次随炀帝巡江都,年过七旬的宇文述染疾。炀帝长女南阳公主是宇文述的儿媳妇,卧病中公主亲调饮食,手自捧上。炀帝本人也多次派宦官探问病情。宇文述有3个儿子,长子名化及,次子智及,三子士及。宇文士及开皇末年得尚南阳公主,封新城县公。化及和

---

① 《隋书》卷85《宇文化及传》。
② 《隋书》卷85《司马德戡传》。

智及皆性凶险,幼年即顽皮好斗,不好文学,这兄弟3个虽出关陇勋贵之家,却并没有什么文化教养。宇文化及"不循法度,好乘肥挟弹,驰骛道中,由是长安谓之轻薄公子"①。宇文智及更喜欢打群架,与其共游的"皆不逞之徒,相聚斗鸡,习放鹰狗"②。隋炀帝为皇太子时,宇文化及领千牛,出入东宫卧内,累迁至太子仆,但几次因受纳货贿而遭文帝斥责免官。宇文智及以父功赐爵濮阳郡公,"烝淫丑秽,无所不为",其妻长孙氏妒丈夫在外乱搞,而状告于公公宇文述,宇文述虽以家丑不可外扬,在家里却多次气得以鞭抽挞,几次气不过想手刃孽子,但这时哥哥宇文化及往往出来营护,因此哥俩最相亲昵。由于宇文士及得尚公主,士及、智及竟恃宠"益骄",言辞不逊,多所陵轹。见人子女狗马珍玩,必请托弄来,又常与屠贩者游,窥求利润③。在大街上横冲直撞,表现出缺乏文化教养的典型的胡族军事贵游纨绔子弟的个性。

隋炀帝即位后,宇文化及官拜太仆少卿,而恃旧恩,贪冒尤甚。大业三年(607)从隋炀帝北巡榆林,炀帝为突厥启民可汗举办盛大的乐舞,以夸示四夷,宇文化及和智及兄弟俩却背地里"违禁"与突厥交市,追逐商业利润,大大损害了宗主国隋朝的脸面。炀帝极为震怒,将兄弟俩囚禁了数月,解衣辫发欲斩首,宇文士及请南阳公主到父皇面前为哥哥求情,炀帝怒消,最后还是没有开刀问斩,将其哥俩并赐宇文述为奴,自后禁废于家近10年。宇文述临死之前,炀帝派宦官魏氏问宇文述:"必有不讳,欲何所言?"宇文述最后奏曰:"化及,臣之长子,早预藩邸,愿陛下哀怜"。炀帝知

---

① 《隋书》卷85《宇文化及传》。
② 《隋书》卷85《宇文智及传》。
③ 《隋书》卷85《宇文化及传》。

讯亦泫然,曰:"吾不忘也"①。宇文述薨后,炀帝追忆旧情,为告慰这位自己最宠信的亲家翁的亡灵,乃令宇文化及袭爵许国公,起用为右屯卫将军,宇文智及为将作监,继其父掌禁军。

这时,江都宫隋炀帝周围充斥的多是南方人,虞世基、裴蕴、袁充之流最得信重,武将则有来护儿、陈稜等。北人苏威被废,裴矩不敢忤意,关陇勋贵及北方人士颇有怨言,南人北人的成见矛盾很深。宇文氏兄弟以其家世和官宦地位,成为关陇人士最瞩目的领袖人物,最具问鼎的身份。关中诸将遂相约请宇文化及为主。宇文化及虽凶险,但胸无大志,不学无术,且"性本驽怯","初闻大惧,色动流汗",两腿直抖,许久才安定下来,愿为乱首。

宇文士及此时任官鸿胪少卿,史书记"化及之潜谋逆乱也,以其至婿,深忌之而不告"②,事变"时士及在公主第,弗之知也。智及遣家僮庄桃树就第杀之,桃树不忍,执诣智及,久之乃见释"③。似乎宇文士及与弑逆阴谋无染。其实,宇文士及虽贵为帝婿,却反心早著,早在大业十年(614)杨玄感造反时,随炀帝从征于涿郡(今北京市),任官尚辇奉御的宇文士及就与殿内少监李渊于"夜中密论时事",预知天下必乱,并向李渊"深自结托"。大业十二年(616)从炀帝北巡汾阳宫时,宇文士及向李渊"复尽丹赤"④。时隋炀帝3次征辽失败,威信扫地,天下大乱,统治集团也在分裂,稍眼明一点的人都会有一个正确判断。宇文士及与李渊的谋议,代表了当时整个关陇勋贵集团的思想动向,可以断定,参预这种密谋的贵族官僚尚不止李渊与宇文士及二人,说明隋炀帝正在被关陇

---

① 《隋书》卷61《宇文述传》。
② 《旧唐书》卷63《宇文士及传》。
③ 《隋书》卷85《宇文化及传》。
④ 《旧唐书》卷63《宇文士及传》。

勋贵集团乃至整个统治阶级所抛弃,包括他身边最亲信的人,甚至自己的亲表哥、亲女婿也都在暗算他,真可谓众叛亲离。

宇文士及谋反在两个哥哥之先,江都宫变他肯定是参加了,并身列主谋。但旧史中绝难发现他与事变有染,其事出有因。司马光《通鉴考异》说:"按士及仕唐为宰相,《隋书》亦唐初所修,或者史官为士及隐恶"①。在王朝时代,弑君,即使所弑乃十恶不赦的暴君,也是大逆不道的罪恶,因为君上有过,臣子只能劝谏,君要臣死,臣不得不死,又何能犯上作乱。隋唐史事既多为贞观史臣篡改,连唐高祖李渊也被描绘成一个糊涂蛋,为后居唐宰相的弑逆之臣宇文士及作一点隐讳,对于唐史臣来讲应是轻描淡写之笔,读史者不可不留意②。

司马光《资治通鉴》卷185唐高祖武德元年三月条下《考异》引《蒲山公传》,有宇文3兄弟密谋弑逆之事:

> 赵行枢、杨士览以司马德戡谋告化及,化及兄弟闻之大喜,因引德戡等相见,士及说德戡等曰:"足下等因百姓之心,谋非常之事,直欲走逃故非上策"。德戡曰:"为之奈何?"士及曰:"官家虽言无道,臣下尚畏服之,闻公叛之,必急相追捕,窦贤之事,殷鉴在近,不如严勒士马,攻其宫阙,因人之欲,称废昏凶,事必克成,然后详立明哲,天下可安,吾徒无患矣,勋庸一集,公等坐延荣禄。纵事不成,威声大振,足得官家胆慑,不敢轻相追讨,迟疑之间,自延数日,比其议定,公等行之亦已远,如此则去住之计,俱保万全,不亦可乎?"德戡等大悦,曰:"明哲之望,岂惟杨家,众心实在许公,故是人天协

---

① 《资治通鉴》卷185唐高祖武德元年。
② 参见李文才:《隋末江都之变新探》,载《人文杂志》1995年第1期;王光照:《论隋末江都事变》,载《江海学刊》1989年第3期。

契"。士及佯惊曰:"此非议所及,但与公等思救命耳"。司马光将这条史料存疑而未引入正文,实际上是可信之史。宇文士及背着妻子与岳父,与两个哥哥日夜谋划弑炀帝举大业,实际上也是为自己寻求出路,他们不愿与隋炀帝一同灭亡,为炀帝殉葬,关陇勋贵集团与隋炀帝分道扬镳了。

一切都在紧锣密鼓地策划之中,为了激怒煽动骁果,宇文氏3兄弟与司马德戡等禁军将校又精心设计了一套骗局。他们让直长许弘仁、医正张恺到左右备身府出言惑众,向所识骁果告云:"陛下闻骁果欲叛,多酝毒酒,欲因享会,尽鸩杀之,独与南人留此"。骁果们听此噩讯,个个惊恐,转相告语,而反谋益急。

司马德戡等见人心惶惶,知众心可用,三月乙卯(十日),司马德戡将骁果军吏齐集于柱下,告知反叛之意,众皆伏曰:"惟将军命!"这天,是风霾昼昏的阴雨天,晚饭后,司马德戡盗走御厩的马,暗中布置甲士潜伏宫门外。是夜,元礼、裴虔通于禁宫阁下值守,专门主管炀帝所居殿内,唐奉义掌管关闭城门,与裴虔通串通好,宫殿诸门皆不上锁。深夜三更,司马德戡于东城召集骁果得数万人,并举火与城外相应。炀帝闻外喧嚣又望见火,忙问左右发生何事,裴虔通搪塞说:"草坊失火,外人共救之耳"。当时宫内外隔绝,炀帝信以为真①。

宇文智及与孟秉于江都宫城外也聚集了千余人,劫查夜的候卫虎贲冯普乐,而于街巷布置自己人驻守。炀帝之孙燕王杨倓时年16,察觉有变,欲入奏告炀帝,但恐被乱党察觉,因与梁公萧钜、千牛宇文晶等,于夜色下穿芳林门侧边的流水洞口而入宫,至玄武门,向门卫诡言:"臣猝中风,命悬俄顷,请得面辞父皇,死无所

---

① 《隋书》卷85《宇文化及传》。

恨"。被司宫者遏阻,裴虔通将他囚禁,根本不上报炀帝①。

在发难前,宫城外有江阳县长张惠绍察觉北方骁果的异动,驰告裴蕴,急切中2人相谋矫炀帝诏,发城郭之下军队,尽归荣公来护儿节度,收拾在宫城外的逆党宇文化及等,然后调发羽林殿脚,即龙舟船夫,派范富娄等前往西苑,归梁公萧钜及燕王杨倓指挥,再突入皇宫援助炀帝。议定好后遣人报虞世基,因诏令必由虞世基发出,但虞世基怀疑所告谋反之事不确实,矫诏事关性命,不敢贸然轻动,于是抑而不许。须臾,兵变发动,裴蕴叹道:"谋及播郎,竟误人事"②。皇帝所居禁宫自古禁闭幽深,把守严密,禁内外隔绝,夜晚时分外人是无法进入宫禁的,禁外情况也难于透进禁内。可能燕王杨倓就是宫城外裴蕴派往宫内向炀帝通报情况的,但皇孙杨倓也无法入宫,只能穿水窦而入,未达炀帝寝殿即被擒。禁宫内外消息不通,使孤家寡人隋炀帝失去了平抑禁军叛乱的最后时机。

丙辰(十一日),天尚未亮,司马德戡派出部分士兵给裴虔通,以替代原诸门卫士,裴虔通由宫门率数百骑来到成象殿,宿卫兵传呼有贼,裴虔通于是还走,将诸宫门紧闭,独开东门,驱殿内原宿卫兵出门,卫兵皆放下兵杖而走。右屯卫将军独孤盛见有些反常,忙问裴虔通:"何物兵势太异!"虔通回答:"事势已然,不预将军事,将军慎毋动"。独孤盛大骂:"老贼,是何物语。"来不及披上盔甲,率左右10余人上前拦阻,并挥刀叱之曰:"天子在此,尔等走欲何为!"然而乱兵拥挤,独孤盛瞬息间就被乱刀砍死于阶下。又有千牛独孤开远率殿内兵数百人来到云览门,叩门请示隋炀帝:"兵杖

---

① 《隋书》卷59《炀三子·元德太子昭子燕王倓传》。
② 《隋书》卷67《裴蕴传》。

尚全,犹堪破贼,陛下若出临战场,人情自定,不然,祸今至矣"。但门内竟没有答应声。随从军人见状散走,乱兵赶来,将独孤开远擒获,见其忠勇,且同是关中人,乃义而释之。原来,隋炀帝先前挑选了骁健官奴数百人安排在玄武门防守,取名"给使",以备非常,给使待遇优于其他军队,炀帝甚至将宫女赐予给使为妻妾。司宫魏氏是炀帝最信任的宦官,充当炀帝与给使之间的传达,但是就连炀帝身边最信任的家奴也被宇文化及等拉拢过去了,成为叛军的内应。这天,魏氏假传圣旨让给使们全部出宫,所以,仓卒之际,竟无一人在者。乱党入禁宫几乎没有遇到什么抵抗,只是禁外有宇文皛率50人赴难勤王,很快被乱兵打死①。

司马德戡率兵顺利地自玄武门入,隋炀帝闻知叛乱,但尚不知乱者为谁,顾谓身旁的萧皇后说:"得非阿孩邪"。阿孩是炀帝与萧后所生第二子杨暕的小字。自元德太子死后,杨暕为朝野瞩目的皇位继承人,但骄恣不法,妄图危害亲侄子而被废,炀帝疏远他,而杨暕也每怀危惧,内不自安,至叛乱四起,炀帝首先想到的竟是自己的亲生儿子,以为杨暕企图夺取帝位,效法自己当年对文帝的办法发动宫廷政变。炀帝于是仓忙中改易服装逃于西阁,裴虔通与元礼率兵排列于左阁,宦官魏氏开启阁门,乱兵遂进入永巷,问:"陛下安在?"有一美人出来,指示方位,校尉令狐行达拔刀按所指方向直进,炀帝隔着窗扉看见,即问令狐行达曰:"汝欲杀我邪?"令狐行达回答:"臣不敢,但欲奉陛下西还耳"。说着放下手中的刀,上前扶炀帝下阁。炀帝来到乱兵中,见为首的裴虔通,乃炀帝为晋王时的亲信左右。连最亲信的藩邸旧将都谋叛反对自己,炀帝显然感到吃惊,于是发问:"卿非我故人乎?何恨而反?"裴虔通

---

① 《隋书》卷50《宇文皛传》。

面对昔日的主上、皇上,今日手中的阶下之囚,也深感尴尬,口气也不那么冲,回答:"臣不敢反,但将士思归,欲奉陛下还京师耳"。语言中仍以君臣相称,但实际上威柄已上下颠倒,太阿倒置了。炀帝顺着裴虔通的意思又说:"朕方欲归,正为上江米船未至,今与汝归耳"。裴虔通不知应如何处置态度已软下来的皇上,乃勒兵严加看守,自己去报告宇文氏兄弟。

天刚大亮,孟秉等率甲骑往宫城外迎宇文化及,化及尚不知政变计划成功与否,胆战心惊一夜,至此仍"战栗不能言",被众人拥而上马,路上有人来拜谒,宇文化及但俯首据鞍口称"罪过",至宫城门,司马德戡等将校出来迎谒,引入朝堂,众将皆称宇文化及为"丞相"。得知隋炀帝已被囚禁,宇文化及一时心喜,传令将隋炀帝押至江都门游街示众。

裴虔通于是入宫向隋炀帝传令:"百官悉在朝堂,陛下须亲口慰劳"。于是牵来一匹马,逼炀帝骑上。骑惯了金鞍宝马的隋炀帝嫌马鞍弊陋,又换上一副新马鞍,炀帝才上马,由裴虔通一手牵着缰绳,一手挟刀,走出宫门。炀帝昔日的威风已一扫而光,低头不语,听人摆布,牵到哪里,走到哪里,乱军见状,喜噪动地。

在押送隋炀帝往朝堂的路上,如从梦境中醒来的宇文化及却传出话来:"何用持此物来,亟还与手"。意思是说:还不赶快将他杀了。

于是,又将隋炀帝押回寝殿。炀帝问:"虞世基何在?"乱党马文举回答:"已枭首矣!"回到寝殿,裴虔通、司马德戡等拔白刃侍立,如临大敌。已成阶下囚的隋炀帝见众人对自己怒目而视,心已凉也,于是垂头丧气地叹道:"我何罪至此?"

马文举一听火气冲天,立即如数家珍地列数其罪状:"陛下违弃宗庙,巡游不息,外动征讨,内极奢淫,使丁壮尽于矢刃,女弱填于沟壑,四民丧业,盗贼蜂起;专任佞谀,饰非拒谏,何谓无罪"!马文举义正辞严,一口气说了一大串罪状,说得隋炀帝低下头来,终于认罪,说:"我实负百姓!至于尔辈,荣禄尊极,何乃如是?今日之事,孰为首邪?""实负百姓"这句话虽是叛乱禁军逼迫之下说出来的,但说明炀帝死前还是反思了自己十多年来的作为。然而,他想不通亲近禁卫军为何要反叛,平时对他们不薄,为什么要造反呢?司马德戡见炀帝仍心存不服,乃大声呼叫:"溥天同怨,何止一人!"①为让炀帝知道自己死有余辜,宇文化及专门派了封德彝来数落炀帝罪恶,但炀帝虽承认自己对不起百姓,对臣下不忠仍辞气不饶,反责道:"卿乃士人,何为亦尔?"封德彝竟"羞缩"而去。封德彝是北齐大臣封隆之孙,其舅为著名文人卢思道,又娶得杨素堂妹为妻,由隋炀帝擢为内史舍人,谄事虞世基,颇得炀帝信任②,平时未见有一句谏言,现在却来给主上算账,炀帝当然听不进去。但炀帝见到平素信任的宿卫武将和帐下文臣都反了,从头到脚都凉了。这时身边再也没有人为他帮腔,惟有年仅12岁的爱子赵王杨杲在旁"号恸不已",裴虔通极不耐烦,竟举剑当炀帝的面将杨杲砍死,血溅御服。

接着,乱党依照宇文化及的命令就要对隋炀帝行刑。这时,炀帝对于死亡倒是相当镇定,说:"天子死自有法,何得加以锋刃,取鸩酒来!"原来,炀帝自己早已预料到死期未远,已无法挽救天下危亡和自己的败亡,先前对着镜子谓萧后说"好头颈,谁当斫之",并非开玩笑,他早已用瓶子贮好毒药自随,对其所宠幸的美姬说:"若贼至,汝曹当先饮之,然后我饮"。但慌乱中,炀帝环顾四周,

---

① 《资治通鉴》卷185唐高祖武德元年。
② 《新唐书》卷100《封伦传》。

索取毒药,左右美姬早已逃散,一时竟找不到。乱党马文举不允许炀帝再拖延时间,于是令狐行达上前推炀帝坐下,炀帝自己解下一条丝练条授予行达,套上颈脖,将炀帝缢死[①]。

一代枭雄、独夫民贼隋炀帝就这样在江都宫西阁温室平静地死去了,这一年他刚好50岁。

杀炀帝后,乱党又大开杀戒屠杀炀帝亲属。隋炀帝荼毒天下,已是万劫难逃,求为一个乞丐苟延残生也不可能。当然,炀帝宁死也不愿低下头,但死后株连到儿孙,却没有一个能幸免。清代思想家唐甄有一段精彩的文字,论皇帝之死,说:"家国一破,无所逃于天地之间,盗及寝门,左右奔走,宫妾散亡,珠玉尽俘,宫殿烧焚,身为囚虏,嫡庶诸子,骈首就系,后嫔贵主,受辱于人,累世坟陵,藏穴发掘,松柏斩伐,宗庙丘墟,祐主毁弃,百十鬼神,号哭而无所凭依。当时之时,万乘之主,求为道路之乞人而不可得也,欲与妻子延旦夕之命而不可得也,亡国之惨,一至此哉!至于破家亡国,流毒无穷,孰为之而孰主之,非君其谁乎?"[②]炀帝虽平静地死去,但他活着的儿孙亲属却要为他的罪恶承担责任。炀帝的四弟蜀王杨秀自被废后,炀帝一直将他带在身边,以免他乘隙生事,在江都宫他被囚于骁果营,宇文化及于是想奉杨秀为帝,但众乱党以杨秀雄武,以为不可,于是将杨秀及其7个儿子全部杀死,为暴君哥哥殉死。又杀先已被囚的炀帝之孙燕王杨倓,隋宗室、外戚无少长皆死。惟秦王杨浩乃文帝第三子杨俊之子,平素为人和蔼有父风,与宇文智及友善,得以保全性命。死得最冤的要算炀帝第二子杨暕了,由于受到炀帝猜忌,他始终处在恐惧之中,害怕有一天父皇突然发怒杀

[①] 《资治通鉴》卷185唐高祖武德元年。
[②] 《潜书》下篇上《远谏》。

了自己。当宇文化及令人来捕捉杨暕时,杨暕尚卧床睡觉未起,乱兵进其屋,杨暕才警起,忙问:"是何人?"没有人通报姓名,杨暕还以为是炀帝下令逮捕他,从容地说:"诏使且缓,儿不负国家"。即被乱兵拉起,拖到街上,连同其两个儿子一并斩首。死时杨暕竟不知是谁杀了自己,时年34岁①。父子猜忌,直到死还在怀疑对方在图己,悲哉!

宇文化及又下令诛杀隋炀帝宠幸的大臣,有宰相内史侍郎虞世基、御史大夫裴蕴,及武将左翊卫大将军来护儿、文臣秘书监袁充等,皆为南方籍人士。另有外戚梁国公萧钜及左翊卫将军宇文协、千牛宇文皛、张琮等,因抗拒乱军,也被处死。

名列"五贵"的北方大臣苏威和裴矩却相安无事,苏威早已不预朝政,名位崇重,年纪已老,政变后竟主动往参见宇文化及,实际上是对政变表示了赞同。黄门侍郎裴矩早就测知必将发生变乱,并早就盘算为自己留后路,对士卒乃至厮役都优礼有加,又建策为骁果娶媳妇,广泛施人以恩惠。政变发生的早晨,裴矩像往日一样上朝,至坊门被乱兵抓住送孟景处,从乱士兵见到皆喊:"非裴黄门之罪"。不久宇文化及兄弟率百余骑至,裴矩连忙迎拜于马首,主动向宇文化及输诚,化及慰谕之,于是裴矩很快上了贼船②。

右候卫大将军关陇人士赵才因谏炀帝而得罪,但却是炀帝的忠臣,政变时他在北苑领兵,宇文化及遣骁果席德方矫诏将他骗出军营,囚送到宇文化及处,化及解释说:"今日之事,只得如此,幸勿为怀"。赵才默然不说话,宇文化及震怒想杀他,但感于赵才是关陇勋贵,在士兵中有威望,也就释放算了③。

---

① 《隋书》卷59《炀三子·齐王暕传》。
② 《隋书》卷67《裴矩传》。
③ 《隋书》卷65《赵才传》。

将该杀的人都杀了之后,宇文化及召集公卿百官于朝堂参见,曲加殊礼,苏威、裴矩等公卿百官悉到朝堂恭贺,苏威希望关陇集团抱成大团,在危难之际维系共同利益。但南方人给事郎许善心却不肯至朝堂祝贺,其侄许弘仁往其宅驰告:"天子已崩,宇文将军摄政,合朝文武莫不咸集,天道人事,自有代终,何预于叔,而低徊若此"。许善心非但不行,反而发怒,许弘仁苦劝不动,只好挥泪而去,走时还说:"将军于叔全无恶意,勿自求死,岂不痛哉!"宇文化及知道后遣人就家将许善心擒至朝堂,也就将他释放,但许善心竟不谢一声,即扬长而去,表示了对弑逆乱首的轻蔑。宇文化及目视许善心出殿,说:"此人大负气"。于是再令将许善心擒至朝堂,连骂带打将许善心害死。许善心时年61,其母范氏已92岁,她抚着儿子的灵柩竟不流泪,自豪地说:"能死国难,我有儿矣。"接着卧床绝食10余天而亡①,母子二人为隋炀帝殉节成了隋义士烈女。

关陇勋贵宇文氏兄弟领导的兵变大获成功,江都城一夜之间就换了天地。由于天怨人怒,举国同弃暴君隋炀帝,政变几乎没有遇到什么有效抵抗,江都宫禁兵一夜就颠覆了杨隋政权。宇文化及除杀隋炀帝宗室、外戚及少数佞幸的江南籍大臣外,杀人实不算多。佞臣裴蕴的儿子尚辇直长裴愔与其父同日处死,另一位佞臣虞世基的儿子符玺郎虞熙也被处死。难作时宗亲虞伋对虞熙说:"事势已然,吾将济卿南渡,同死何益"。虞熙却表现得很英勇,说:"弃父背君,求生何地!咸尊之怀,自此决矣"。最后从容就死。临刑时,虞世基之弟虞世南抱着哥哥号哭,请求代死,宇文化及不许。虞世基和裴蕴助纣为虐,欺上瞒下,与炀帝一起负有亡国

---

① 《隋书》卷58《许善心传》。

之责,但二人至死忠于炀帝,包括他们的子弟为炀帝赴死而毫不惜身,也算没有辜负隋炀帝对南朝亡国之余超拜提拔的一片真心,他们和炀帝一样对死亡早已作好准备。

值得注意的是,出自南朝的皇后萧氏却奇迹般地保全了性命。萧氏14岁由后梁帝室嫁与杨广,夫妻恩爱30多年,炀帝对萧后始终尊重,每次巡行都跟随在身边,包括穿越大斗拔谷和雁门被围,帝后夫妻皆生死与共。当年,晋王杨广灭陈虏陈后主而杀其后张丽华,后在江都宫炀帝又曾与萧后戏言,即使亡国,不失为长城公,而萧氏仍不失为沈后,夫妻可白头百年。然而,一朝乱起,炀帝被弑,萧后就在炀帝身边,竟然没有从死,以萧后与炀帝夫妻30多年,相濡以沫,我们不能无端猜测萧后参预了乱党的密谋,但萧后到江都宫后目睹夫君的作为对炀帝的态度发生了变化却也是事实。从其留下的诗赋可以断定萧后曾屡屡劝谏丈夫,"仰先哲之高才,贵至人之休德"。她早已预知了丈夫被弑的下场,天怨人怒不听劝谏死不悔改,当然只有死路一条,萧后的劝谏没有效用,最后不敢措言,实际上是走到了暴君的对立面,和暴君划清界限。她可能预闻到禁军谋反而听之任之,外有异动也不加阻止,眼睁睁地看着恶贯满盈的丈夫死亡。萧后对死亡也早有准备,"虽生知之不敏,庶积行以成仁",对暴君隋炀帝的死她无动于衷,见死不救。她的高尚情怀和举止赢得了全体官兵的尊敬,虽然萧后是个道地的南方人,叛乱的北方禁军不但不杀她,反而将她带到北方去。萧后的最后举动不能不说是对隋炀帝的背叛,由此也可见隋炀帝人心丧尽,众叛亲离,是个地地道道的独夫,死有余辜。

三、改朝换代　定谥曰"炀"

宇文氏兄弟借助骁果发动江都宫变,轻易夺权成功。宇文化及虽庸劣不才,却在关陇勋贵中属众望所归,在朝堂"其身自称霸相,专擅拟于九五",当天就控制住了局面。

大业十四年(618)三月丙辰(十一日),即弑隋炀帝的当天,宇文化及即令裴矩"参定仪注"①,以萧皇后之令立秦王杨浩为帝,自称大将军,总百揆。傀儡皇帝杨浩居于别室,以兵监守。宇文化及以弟宇文智及为左仆射,领十二卫大将军,裴矩为右仆射,宇文士及为内史令,拜苏威为光禄大夫,有勋位而无实职,赐司马德戡爵温国公,加礼部尚书,外示升迁,实夺其专统骁果的兵权。

由于宇文氏兄弟是因禁军将士西归之心发动政变,为履行诺言,取悦兵众,宇文化及在江都宫仅居留了10来天,即夺江都人舟楫,率原隋炀帝南巡全班人马,沿运河走水路,踏上西归两京的路程。走时,任南方人左武卫将军陈棱为江都太守,综领留事。

壬申(二十七),宇文化及下令内外戒严,宣布还都长安。后妃宫女、公卿百官、僧尼道士及骁果军队数十万人,人马仪仗和来时一样威武雄壮,只是少了隋炀帝。皇后六宫也还是完全依照旧规围成御营,而在御营前另立一帐,宇文化及居于帐中视事,其部伍仪仗,皆按皇帝的规格配置。隋炀帝原先最亲信的御林军"给使",亦按老规矩在禁内扎营,由折冲郎将沈光统率。

庞大的西归队伍刚行至显福宫,就有深感隋炀帝恩惠的原籍南方的虎贲郎将麦孟才、虎牙郎将钱杰来找沈光密谋,要为炀帝复仇。麦孟才即征高句丽死难的将军麦铁杖之子,字智稜,果烈有父风,由于受炀帝"恩赐殊厚",慨然有复仇之志,于是对沈光述说社稷沦亡之痛,贼臣弑逆之恨。沈光也是南朝人,得炀帝知遇信用,听后泪下沾襟,即表示愿与麦孟才、钱杰等南士发动反政变,共图

---

① 《隋书》卷67《裴矩传》。

宇文化及,为隋炀帝报仇。沈光并表示,自己所率"给使"数百人,都深得炀帝厚恩,而率"给使"击宇文化及,"如鹰鹯之逐鸟雀,万世之功在此一举"。麦孟才也率领江淮骁果数千人,二人约定第二天凌晨一同袭击宇文化及营帐。

但谋事不密,有陈谦者向宇文化及告发,化及连夜走出御营外,派人告司马德戡等派北方骁果逮捕了麦孟才。沈光闻"给使"营内有喧哗声,知事机不密,没有来得及披上战甲,即率众袭击御营,企图先逮住宇文化及,但空无所获,却碰上中书舍人元敏,责其负恩而斩之。司马德戡率军赶来,四面合围,沈光赤膊上阵,大呼突围,"给使"奋起勇斗,所向披靡,但司马德戡又调来援军,弓箭齐发,沈光及其麾下"给使"数百人全部中箭而亡,竟无一人投降①。

这是隋炀帝死后,南北集团的一次正面冲突。

诛杀了大批南方籍将领后,宇文化及干脆"入据六宫",占有妃主宫女,"其自奉养一如炀帝故事"。但宇文化及并无才德,虽窃据最高权力,却没有处理政务的能力,"每于帐中南面端坐,人有白事者,默然不对"。下牙时,才收取文武大臣的启状,与唐奉义、牛方裕、薛世良、张恺等参决②。傀儡皇帝杨浩不居六宫,反倒居尚书省,皇帝与丞相的位置颠倒了,宇文化及还派卫士10余人看守杨浩,时时遣令史让"皇上"在拟好的诏书上"画敕",百官也不再朝参③。

大军行至彭城(今江苏徐州),水路不通,于是夺得百姓车牛2000多辆,装载宫女美人及珍宝,而戈仗器甲悉令军士肩挑着行

---

① 《隋书》卷64《沈光传》、《麦孟才传》。
② 《隋书》卷85《宇文化及传》。
③ 《资治通鉴》卷185 唐高祖武德元年。

走。路远疲乏,前方多险,骁果开始怨怒。司马德戡见宇文化及一副窘样,知其成不了大事,深感后悔,于是与赵行枢、李孝本、尹正卿等相谋再发动兵变,以后军袭前军,杀宇文化及,改立司马德戡为主。司马德戡并派人往曹州农民军孟海公部联络,以结为外援。不料许弘仁、张恺密告宇文化及,化及乃派其弟士及以游猎为名至后军,将出营参谒而没有准备的司马德戡等逮捕,送至御营。宇文化及责问司马德戡:"与公戮力共定海内,出于万死,今始事成,愿得同守富贵,公又何为反也?"司马德戡回答:"本杀昏主,苦其毒害。推立足下,而又甚之。逼于物情,不获已也。"宇文化及不能对答,命将司马德戡等送至帐幕之下缢杀①。关陇勋贵集团内部又闹分裂了。

关陇骁果杀昏暴之主隋炀帝,迎立的却是一个比隋炀帝昏聩百倍的宇文化及。十数万精锐骁果虎狼之师赴向东都,目标是长安,在宇文氏兄弟统领下,前途未卜。这时的中国已完全失去了皇权秩序,新的一轮皇位争夺战已开始。

在江都,留守的右御卫将军陈棱在宇文化及大队人马北返后,即"集众缟素",他们找到隋炀帝灵柩,为隋炀帝发丧。原来,炀帝被缢杀后,萧后与诸宫女撤下红漆床板,做了一个简易的小棺材,将炀帝和赵王杨杲一同殡葬于西院流珠堂。陈棱发敛时,惊异地发现炀帝"容貌若生",于是取宇文化及留下的辇辂鼓吹,粗备天子仪卫,奉梓宫于成象殿,改葬于吴公台下。"衰杖送丧,恸感行路",其将帅百官皆列瘗于帝墓之侧。隋炀帝最后岁月依重南人,南方将领也终于为炀帝作了安葬,不致弃尸草莽。关于吴公台,据元人胡三省注云:"今扬州城西北有雷塘,塘西有吴公台,相传以

---

① 《隋书》卷85《司马德戡传》。

为陈吴明彻攻广陵所筑弩台,以射城中"①,当是江都城外一处高地。

这时,东都的号令不出四门,人无固志,但隋炀帝以百万民夫修筑的城墙高峻难破。炀帝的死讯传至洛阳,留守东都的隋大臣元文都等议以越王杨侗嗣立皇位,于是备礼尊立,改元皇泰,大赦天下。皇泰主给先帝杨广立谥,曰明帝,庙号世祖。追尊父亲元德太子为孝成皇帝。庙号世宗。尊母亲刘良娣为皇太后。并委官任相,建置一个新朝廷,任段达为纳言、后翊卫大将军,摄礼部尚书;王世充亦为纳言、左翊卫大将军,摄吏部尚书;元文都为内史令、左骁卫大将军;卢楚亦内史令;皇甫无逸为兵部尚书、右武卫大将军;郭文懿为内史侍郎,赵长文为黄门侍郎;委以机务,又给每人金书铁券,藏之宫掖。时洛阳小朝廷称他们为"七贵"②。皇泰主又追赠为炀帝死节的许善心为左光禄大夫,高阳县公,追谥"文节"③。这样,在隋炀帝死后,隋朝尚得苟延残喘一阵,东都皇泰帝凭藉高墙,京师恭帝以傀儡地位仍打着隋王朝旗号。

在东都外围首先向皇泰帝杨侗奉表称臣的是江淮农民军领袖杜伏威。宇文化及北上时,遣人署杜伏威为历阳太守,伏威不受伪职,于是移居丹阳(今江苏南京),"进用人士,大修器械,薄赋敛,除殉葬法,其犯奸盗及官人贪浊者,无轻重皆杀之"。开始进行系统的政权建设。杜伏威既上表东都称臣,皇泰帝乃册拜他为东南道大总管,进封楚王④。

第二个向皇泰帝奉表称臣的是江南世族沈法兴。沈法兴大业

---

① 《资治通鉴》卷186唐高祖武德元年八月。
② 《隋书》卷59《炀三子·元德太子昭附子越王侗传》。
③ 《隋书》卷58《许善心传》。
④ 《旧唐书》卷56《杜伏威传》。

末年为吴兴郡守,据有江表10余郡,自任为江南道总管,成为江南新起的一股武装势力。当得知越王杨侗在东都嗣位,沈法兴即上表,自称大司马、录尚书事、天门公,但虽奉表皇泰帝,却又自署百官,置三公及三省官属,又自称梁王,建元延康,改易隋官制,还依陈朝故事,任李德林之子李百药为府掾①。

在海陵(今江苏泰州)的农民军李子通,见宇文化及北上后江都空虚,即率部来围攻江都宫,留守陈棱不敌,见附近的杜伏威和沈法兴都向东都皇泰帝奉表称臣,引为同类,即分别遣使向他们求救。杜伏威和沈法兴各引兵至,两军相去数十里,李子通设诈派人自称沈法兴兵,夜袭杜伏威,使二将猜疑相斗,李子通遂得率全部精兵攻陷江都,尽获陈棱之众,隋炀帝的陪都终于落入了农民军之手。但李子通入据江都宫后,没有理会吴公台下的隋炀帝墓,却迫不及待地以缴获的仪卫鼓吹设坛即皇帝位,国号吴,建元明政②。

陈棱逃出江都,无处可去,只好投奔昔日的宿敌杜伏威,杜伏威看不起曾野蛮镇压过自己的"陈姥姥",不久将他害死③。江东一隅杜伏威、沈法兴、李子通"并握强兵,俱有窥觎江表之志"④,于是形成吴、楚、梁政权三足鼎立的局面。

占据长江中游的萧铣梁政权派鲁王张绣南徇岭南,起先遭到隋将张镇洲、王仁寿的抵抗,当隋炀帝被弑的消息传来,隋军皆无斗志,于是降于萧铣。岭南的钦州刺史当地俚酋宁长真以郁林(治今广西贵县东)、始安(治今桂林)之地附于萧铣。汉阳太守俚酋冯盎则以苍梧、高凉、珠崖、番禺(今广东、海南省)之地附于林

---

① 《旧唐书》卷56《沈法兴传》。
② 《旧唐书》卷56《李子通传》。
③ 《隋书》卷64《陈棱传》。
④ 《旧唐书》卷56《沈法兴传》。

士弘。萧铣又招降交趾太守丘和。于是南尽交趾,北距汉水,东自九江,西抵三峡的广大区域皆为萧铣占有,胜兵40万,萧铣大有恢复祖业之势①。在江南半壁河山中,已没有一寸土地为杨隋的了。

在北方广大地区,除东都外,为杨隋据守城池的仅有河东通守尧君素、南阳郡丞吕子臧、河间郡丞王琮。吕子臧闻隋炀帝死,发丧成礼,率吏民临哭尽哀,然后降归李渊,拜邓州刺史,封南郡公。王琮守河间郡城(今河北河间)抗拒窦建德农民军长达1年之久,隋炀帝死讯至,王琮率吏士发丧尽哀,城下窦建德也遣使吊唁,王琮于是出降。窦建德设宴款待,席上王琮言及隋亡泪流满面,建德也落泪。窦建德意识到隋炀帝死后,反暴政的农民起义已经转化为改朝换代新王朝的争夺战,要安百姓,定天下,而不再是造反,必经适时进行政策调整,壮大自己力量。窦建德化仇为友的举动,立即使河北郡县争相归附。建德于是定都乐寿(今河北献县),称所居为金城宫,备置百官,着手营造自己的王朝②。

在关中地区,当隋炀帝被弒的凶讯传到长安时,假黄钺的表哥李渊倒也为之痛哭了几声,说:"吾北面而事人,失道不能救,敢忘哀乎!"话虽当众说得好听,但实际上李渊窃喜于心,于是加紧了禅让称帝建立唐朝的步伐。三月戊辰(二十三),李渊给自己进位相国,加九锡,赐殊物,加殊礼,改丞相府为相国府,立高祖父以下4庙于长安通义里第。四月辛卯(十七日),相国府以银符取代了竹符。五月乙巳(十五日),以少帝杨侑诏李渊冕十有二旒,建天子旌旗,出警入跸。王后王子爵命之号,一遵旧典③。

戊午(初九),少帝杨侑降下了禅位诏书,要求"庶官群辟,改

---

① 《旧唐书》卷56《萧铣传》。
② 《资治通鉴》卷185 唐高祖武德元年。
③ 《旧唐书》卷1《高祖纪》。

事唐朝,宜依前典,趣上尊号。若释重负,感泰兼怀,假手真人,俾除丑逆。济济多士,明知朕意"①。又敕有司,凡有表奏,皆不得以闻。由隋太保萧造、太尉裴之隐奉皇帝玺绶于李渊。李渊依照惯例虚作辞让,百僚上表劝进,如此至于再三,最后"乃从之"。隋少帝逊于旧邸。改大兴殿为太极殿。

五月甲子(二十日),李渊即皇帝位于太极前殿,设坛于长安城南,柴燎告天,大赦天下,改隋义宁二年为武德元年(618),官人百姓皆赐爵一级,太原起兵后义师所过之处,给复3年。罢郡置州,改太守为刺史,部分恢复隋文帝时的制度。壬申(二十八),李渊命裴寂等修改隋炀帝时的律令。六月甲戌(初一),宣布废除《大业律令》,颁行新格。

庚辰(初七),唐高祖李渊立世子李建成为皇太子。封李世民为秦王,李元吉为齐王。癸未(初十),封已逊位的隋炀帝之孙杨侑为酅国公。

九月辛未(二十三),唐君臣追谥已故隋太上皇杨广为"炀帝"。隋炀帝的称号终于在唐朝出现了。谥曰"炀"是一个极坏的评价,按《谥法》:"好内远礼曰炀;去礼远众曰炀;逆天虐民曰炀"②。炀的含义是既昏又暴,与东都皇泰帝杨侗所谥"明",有天壤之别。明帝的谥号没有流传下来,炀帝的恶名却遗臭万年。

---

① 《隋书》卷5《恭帝纪》。
② 《资治通鉴》卷180隋炀帝大业元年胡三省注。

第十章 亡隋之辙 殷鉴不远

隋炀帝的急政暴政激发了人民的反抗,波澜壮阔的隋末农民大起义直接摧毁了隋朝的统治基础,为李唐王朝的建立提供了前提条件。代隋而起的唐高祖李渊是隋炀帝的亲表哥,唐开国君主对暴君隋炀帝也表现出奇怪的两面态度,一方面对其暴虐失国大张挞伐,一方面又备礼改葬,诛讨弑逆臣子。隋唐一体,统治阶级实同出于关陇一系,唐继承了隋朝的典章制度和基本设施。但贞观年间,唐太宗君臣对亡隋之辙更作了认真反思总结,认识到人民的力量,作出重大政策调整,造就了贞观之治升平局面,隋炀帝成了贞观君臣的反面教员。

在隋炀帝暴政亡国之后,唐王朝仅用5—6年时间便削平群雄,重新统一中国,10年内达到天下大治,不久扫灭突厥,称雄东亚,成为当时世界最强大的帝国。唐太宗被四夷君长尊为"天可汗",隋炀帝梦寐以求要实现的圣王之业,竟不出10年在唐太宗朝实现,而这一切,又为隋炀帝的遗孀、未亡人萧后所亲见,萧后成了"贞观之治"历史的见证人。

唐初,君臣认真总结借鉴了隋亡的教训,对治国方针政策作了重大调整。宋人范祖禹作《唐鉴》,其序言云:"隋氏穷兵暴敛,害虐生民,其民不忍,共起而亡隋。唐高祖以一旅之众取关中,不半岁而有天下,其成功如此之速也,因隋大坏故也。以治易乱,以宽易暴,天下之人归往而安息之"。理学家石介又为《唐鉴》作序,更以前车之覆,后车之戒为题,引申其义:"汉以秦为鉴,故不敢为秦之无道,而汉业甚茂,延祐四百年。唐以隋为鉴,故不敢为隋之暴乱,而唐室攸乂,永光十八叶"[①]。亡隋之鉴造就了一个繁盛的唐朝,隋炀帝这个反面教员也促成了圣王唐太宗的帝业。

一、以隋为鉴　隆兴唐朝

隋炀帝的表侄儿李世民自太原起兵,到克定群雄统一全国的战争中,战功卓著,威望日增。但秦王李世民和当年的晋王杨广一样,都是老二,上有哥哥李建成,兄长虽功劳和文武才能均出于己下,但以嫡长稳坐了皇太子位。对此,秦王李世民和晋王杨广一样不能容忍,随即展开了阴谋夺嫡的政治策划,组建了号"十八学士"的智囊团,并搜罗了大批武将。李世民在经略山东的过程中,大大扩充了自己的政治军事实力,这和杨广当年在江都经略的情形也很相似。

按照常理,皇太子作为天下之本,要坐居首都协助父皇处理政务,一般不轻易领兵外出,而由次子以下居藩领兵外讨,这就使老二获得了更多建功立业的机会,这是杨广和李世民所以坐大的原因。老二既非等闲之辈,当功业日甚,威望日高之时,夺嫡悲剧必然发生。经过武德年间的一番明争暗斗,唐室终于演成喋血宫门、兄弟残杀的"玄武门之变"。

武德九年(626)六月四日的政变,李世民率众预伏于玄武门内,当太子李建成、齐王李元吉来朝参时,突然袭击将他们杀死。东宫护军和齐王府属赶来复仇,玄武门外一片狼藉,宫内李渊得知情况后,下手敕让年已老迈的黄门侍郎裴矩出面晓谕,才将事变平

[①] 《徂徕石先生文集》卷18。

息。但李世民却并未放下屠刀,他立即派人将建成诸子5人及元吉诸子5人统统杀死,斩草除根,其心狠手毒,超过了当年的杨广。唐高祖李渊无可奈何,"坐视其孙以反律伏诛而不能一救"[①]。被迫改立李世民为皇太子。两个月后,李渊又主动退居太上皇,传位李世民。这年李世民30岁,得即皇帝位,是为唐太宗。次年正月,改元贞观。

唐太宗杀兄屠弟逼父和隋炀帝弑父屠兄幽弟当皇帝,在手法上并无二致,唐太宗甚至公然纳弟元吉妃为己妃,霸占弟媳妇,这与隋炀帝烝淫宣华夫人的传闻,在性质上也几无差别,从道义上讲,实难令人恭维。然而,经历相同,历史却把隋炀帝描绘成了典型的暴君荒淫之主,唐太宗后来却成为一代英主,名垂青史,成为这个时代出现的真正的圣君。这种反差,不能不引起人们思考。

大隋王朝"其兴也勃,其亡也忽",隋亡唐兴,在历史上是转瞬之间的事,几十年间,竟出了一个著名的暴君,一个著名的圣王,隋炀帝和唐太宗,一个遗臭万年,一个流芳千古。然而,这两位看上去处于两极的帝王,却又有着那么多的相似之处。他们都是老二,次不当立,都是靠阴谋血腥手段夺嫡篡位当上皇帝。他们都是王朝第二代君王,文武双全,身兼创守,功业卓著,声播域外。他们是亲戚,有血缘关系,一个是表叔,一个是表侄,父祖同为起于关陇的北周勋贵的中坚分子,属于同一个政治集团。二人都早慧聪明,仪表堂堂,才华出众,在诗赋文章方面都是高手。在私德方面,二人也都有类似的秽行,但口头上都善于讲说尧舜之道。二者虽未曾谋面,但所处时代同一,生活在大体相近的社会环境之中,然政治效果却迥然相异,这又是为什么?

[①] 赵翼:《二十二史札记》卷19《建成、元吉之子被诛》条。

近些年来，不少学者对此进行了探索，如胡如雷先生比较了隋炀帝和唐太宗的帝业后写道："李世民之于杨广如影随形，但不是相似的形影，而是一个头脚倒立的水中倒影"①。这句话说的是两位皇帝虽有许多相同点，但却走向了两个极端。的确，二人虽有许多相似之处，但却有一个根本性的不同点，这就是对帝王无限权力及其如何运用的不同态度。

诚然，作为皇帝，隋炀帝和唐太宗都拥有无限权力，但如何运用，则要讲究权术，并不是一味恣行，惟权力是用就能一举成功的。中国古代人君南面之术后来讲究文武之道，一张一弛，刚柔并用。隋炀帝自恃强权，逞能自大，傲视群物，恣意妄为，极而为暴，惟其帝王权力意志是用，滥施淫威，结果成为典型的暴君。对此，我们在前面已说得很多。唐太宗则能较谨慎地使用权力，特别是有隋炀帝这个反面教员的前车之鉴，隋亡之训，铭心刻骨。所以唐太宗为政注意刚柔相济，以刚辅柔，不敢滥用权力，这是唐太宗和隋炀帝两个皇帝之间的根本区别。

中国的传统君主专制制度使帝王集天、地、君、亲各种社会权威于一体，授之于极权，皇权神授，皇帝是君父、天子、圣人、祭司，拥有无可争议的绝对权力。但现实社会中，任何权力都是有限的，有条件的。皇帝行使权力，不能超越被统治的民众所能承受的最低限度，不能随意剥夺人民大众的生存权、生命权，否则，就会迫使挣扎于死亡线上的人民揭竿起义，推翻暴政皇权。皇帝行使权力，也不能违背统治集团的根本利益，否则，就可能出现宫廷政变，改换最高统治者。自有王权以来，历代政治思想家就王权的局限性也作过很多总结。当然，中国古代从没有人从制度上考虑有效地

---

① 《李世民传·结束语》，中华书局1984年版。

制约皇权,没有设想以权力制约权力,其防范皇权失控的办法是皇帝个人的自我约束、自我节制、自我调整。古代圣王都是道德典范,是重民、任贤、纳谏的楷模。尧、舜、禹、汤、文、武、周公,躬行仁义,从谏如流,治致隆平。看来,在专制政体下,君主若能主动承认权力的相对性,反而易使其绝对权力发挥得淋漓尽致。相反,随意挥舞绝对权力的大棒专制独裁,反而会走向皇权的反面。夏桀、商纣及秦始皇,重刑拒谏,黔首重足而立,侧目而视,结果家国败亡。显然,在如何看待权力方面,隋炀帝属于后者,而唐太宗则将自己归于前者之列。

唐太宗政治上的高明之处,就在于他认识到皇权绝对性的不可靠,认识到皇权之于臣民的责任,因而再三感叹"为君实难",皇帝难当。他说:"为天下之君,处万民之上,安可易乎!背道违礼,非惟损己,乃为贤人之所笑,卑身励行,实为君子,又为庸夫之所讥"。他又说:"人君在上,皆欲永享有万乘之尊,以垂百王之后,而得失异趣,兴灭不常有者,何也?善短于自己,不闻逆耳之言,故至于灭亡,终身不悟,岂不惧哉!睹治乱之本源,足为明镜之鉴戒"①。为君难的看法其实隋萧后早有表述,"夫居高而必危,虑处满而防溢","若临深而履薄,心战栗其如寒"。但隋炀帝却怙恶不悛,终生不悟。尤其难能可贵的是,唐太宗亲眼目睹了隋炀帝不恤民力,被农民起义推翻的事实,认识到人民的力量,提出了"民可畏论"。他说:"天子有道,则人推而为主;无道,则人弃而不用,诚可畏也"②。唐太宗看到了人民力量的伟大,人民不是帝王意志可随意践踏摆布的蚂蚁,民可择君,像隋炀帝这样的暴君,人民可以

---

① 《文苑英华》卷360《金镜》。
② 《贞观政要》卷1《政体第二》。

推翻他,"顺天革命",有何不可。唐太宗说:"隋主为君,不恤民事,君臣失道,民叛国亡,公卿贵臣,暴骸原野,毒流百姓,祸及其身"①。他对将君民关系比作舟与水的古训最为信服,常常挂在嘴上:"舟所以比人君,水所以比黎庶;水能载舟,亦能覆舟,尔方为人主,可不畏惧"②。为民之君者,只有得到民众的拥护,才能统治得下去,否则,就有覆舟之虞。因此,唐太宗特别重视民众的生存权、生命权,他说:"为君之道,必须先存百姓,若损百姓以奉其身,犹割股以啖腹,腹饱而身毙"③。他较重视民生,反对无限制地征发民役兴办大工程,将帝王的权力自觉地限制在一定的"度"之内,史学界曾将此总结为对人民的让步,是"让步政策"。

所谓让步,就是自觉地调节君民关系,这种自我调节把君主控制社会的刚性手段同调节政治的柔性手段有机地结合在一起,这正是唐太宗比隋炀帝高明之处,也是隋炀帝这个反面教员教乖了唐太宗。唐太宗每每感到无限权力的可怕,拥有无限权力的皇帝肩负的担子最重,如履薄冰,如临深渊,稍有不慎,走得太远,就有被民众推翻的可能。因此唐太宗又提出"存百姓"的重民保民思想,强调"君依于国,国依于民"。唐太宗在吸取隋炀帝败亡教训的基础上,强烈地感到民众可畏,要巩固自身的统治,就必须重民保民、养民、与民休息,使民众安居乐业,衣食丰足。他说:"凡事皆须务本,国以人为本,人以衣食为本,凡营衣食,以不失时为本。夫不失时者,在人君简静,乃可致耳。若兵戈屡动,土木不息,而欲不夺农时,其可得乎?"侍臣王珪接着说:"昔秦皇、汉武,外则穷极兵戈,内则崇侈宫室,人力既竭,祸难遂兴,彼岂不欲安人乎?失所

---

① 《册府元龟》卷58《帝王部·勤政》。
② 《唐太宗集》卷181《自鉴录》。
③ 《贞观政要》卷1《君道第一》。

以安人之道也。亡隋之辙,殷鉴不远,陛下亲承其弊,知所以易之,然在初则易,终之实难。伏愿慎终如始,方尽其美"。王珪提醒唐太宗引亡隋为鉴,不要像隋炀帝那样不顾百姓死活,建不世之功,追秦皇、汉武之规摹。唐太宗很赞赏王珪之言,说:"安人宁国,唯在于君,君无为则人乐,君多欲则人苦。朕所以抑情损欲,克己自励耳"[1]。由此来看,唐太宗之所以能成为圣君而不是暴君,是对一些最起码的道理认识得十分清楚,其一是为君者必须得到人民拥护;其二是必须尊重人民起码的生存权、生命权;其三是要使人民安居乐业,应轻徭薄赋,不夺农时,使之衣食丰足;其四是要使人民有一个安定的社会生存环境,以保证生产的持续发展,使王朝能长治久安;其五是君主要清心寡欲,克己奉公,少兴大役,才是社会发展的根本保证。这些观点,其实都是古代圣王的明训,隋炀帝在世时,苏威向他献《尚书》,就是希望炀帝重视圣王之教,但炀帝不听,以致败亡。

唐太宗"存百姓"的思想继承和发扬了古代民本思想,据此制定轻徭薄赋,少兴大役的政策,有利于百姓的休养生息。尊重生命,这是唐太宗与隋炀帝的根本不同。在先存百姓的前提下制定的各种社会政策,最大限度地缓和了各种社会矛盾,增加了民众对政权的向心力,也使唐朝立国 10 年就迎来了"贞观之治"的繁荣局面。

唐太宗自觉地限制皇权还表现在他尊重人才,任用贤能,广开言路,求谏纳谏,以史为镜,"兼听则明,偏信则暗"等方面。

唐太宗称圣王"受谏则圣"[2],他曾批评隋文帝"每事皆临

---

[1] 《贞观政要》卷8《务农第三十》。
[2] 《唐太宗集》卷181《自鉴录》。

决","未能尽合于理",指出:"岂得以一日万机,独断一人之虑也。且日断十事,条五不中,中有信善,其如不中者何?以日继月,至于累年,乖谬既多,不亡何待"①。唐太宗任用宰辅,集思广益,而不是惟其权力意志,个人独断,这一作风与隋炀帝的刚愎自用,唯我独尊大不相同。隋炀帝非常自信,认为自己不会有错,恣意妄为,以致滥用权力。因为暴君虐主在,使正直难居,"是时非无太史官,眼见心知不敢言"②。众不敢言的一言堂终于铸成不可逆转的大错,以致亡国。唐太宗则承认帝王个人能力有限,凡事要征求辅弼大臣的意见。大业年间"承风望旨,与时消息"的裴矩,在贞观年间也"能廷折,不肯面从"③,由隋炀帝的谀臣变成唐太宗的谏臣,可见"主明臣直"。谏议具有集思广益,闻过补阙,防壅蔽,通下情,辨忠奸,去谗佞等多种政治功能,对于防范王权失控而走向极端具有重要意义。谏臣既多,群策群力,政策对路,即可避免大的错失。

唐太宗还不避怨仇用人,如魏征等原李建成的亲信,也都真诚信用。魏征等也尽心竭力,不避忌讳,敢犯龙颜,成为贞观名臣。魏征前后所谏二百余事,多能切中皇帝之失,奏多称旨④。魏征向唐太宗提出了帝王"兼听则明,偏信则暗"的著名政治命题。贞观二年(628)二月,唐太宗提出一个发人深省的问题:"何谓明君暗君?"魏征回答:"君之所以明者,兼听也;其所以暗者,偏信也"。紧接着列举了秦二世、梁武帝、隋炀帝"偏信"败亡的故事,说明

---

① 《贞观政要》卷1《政体第二》。
② 白居易:《司天台》诗,见《全唐诗》卷426。
③ 《旧唐书》卷63《裴矩传》。
④ 《贞观政要》卷2《任贤第三》。

"人君兼听广纳,则贵臣不得拥蔽,而下情得以上通也"①。独处禁宫的皇帝只有兼听纳谏,博采群言才能防止壅塞乖谬,纠正错失,就会出现"天下大治",于国于民都是好事。而"偏信"就会因主暗而造成天下大乱,因此,明君圣主必须广开言路,能倾听逆耳之言。唐太宗十分赞同魏征的见解。贞观年间,上自宰相御史,下至县官小吏,甚至后妃宫女,都不断有所进谏,这种开明的政治局面,和大业年间隋炀帝一人独断的一言堂形成鲜明的对比。

亡隋之辙,殷鉴不远,隋炀帝这个反面教员,给唐太宗的教训实在太多。唐太宗十分重视以史为鉴,他有句名言:"以史为镜,可以知兴替"。吸取历代王朝治乱兴亡的教训,对照自己,励精图治。贞观初年,他曾指示魏征、虞世南等删编《百代帝王所以兴衰者》节本②,贞观三年(629),唐太宗令魏征等续修前朝正史,其中《隋书》由魏征主编,《周书》由令狐德棻主编,《北齐书》由李德林之子李百药主编,《梁书》、《陈书》则由姚察之子姚思廉主编,仆射房玄龄总监诸史。

《隋书》由魏征"总知其务",参与编修的还有颜师古、孔颖达、许敬宗等人。在隋朝时,曾有王劭作《隋史》18卷及王胄作《大业起居注》,但王劭书缺乏体例,而王胄书"仍多散逸"③,隋档案文籍遭王世充之乱及沉船事件也多亡佚。所幸的是,亡隋不远,史事多有闻知,魏征、孔颖达都是隋朝过来人,颜师古是大学者颜之推之孙,许敬宗是许善心之子,皆博通经史。为解决史料不足的缺憾,魏征常巡访前朝遗老,如年近百岁的医学家孙思邈,魏征就曾多次

---

① 《资治通鉴》卷192,唐太宗贞观二年。
② 《新唐书》卷198《萧德言传》。
③ 刘知几:《史通》卷12《正史》。

访问,话周、隋史事,"有如目睹"①。魏征参加过李密瓦岗军,对隋炀帝的暴政及民众反暴政斗争有最深切的体会。《隋书》纪、传、志出于众手,但"序、论皆(魏)征所作"。魏征还为《梁书》、《陈书》、《北齐书》作总论,这些序、论针砭隋朝存亡得失,多有深识。而对纪、传他也"总加撰定,多所损益,务存简正"。时人称为"良史"②。

然而,魏征也有其局限,出于当时"以隋为鉴"的政治需要,魏征着力突出隋炀帝的暴虐无道,将一些不可靠的传闻,如20岁的杨广欲纳30多岁的陈后主妃张丽华等,写入了正史,有不顾史实丑化隋炀帝之嫌,这在前面已有所论及。魏征在揭露隋炀帝的暴虐的同时,又着力刻画炀帝荒淫昏聩,把隋炀帝描绘成一代昏君,这有悖于史实,有些感情用事。然而,作为政治家,魏征修史有明确的政治目的,就是以史为鉴,让唐朝及后代君王吸取亡隋教训,虽有局限性,但其修史态度还是相当严肃的。魏征痛恨暴君隋炀帝,说炀帝"万乘之尊,死于一夫之手,亿兆靡感恩之士,九牧无勤王之师,子弟同就诛夷,骸骨弃而莫掩,社稷颠陨,本枝殄绝,自肇有书契以迄于兹,宇宙崩离,生灵涂炭,丧身灭国,未有若斯之甚也"③。魏征对暴君隋炀帝进行了无情鞭挞,指出万乘之尊的帝王已成为千古罪人。魏征又指出:"古先帝王之兴也,非夫至德仁格于天地,有丰功博利,弘济艰难,不然,则其道无由矣"④。魏征虽站在唐朝胜利者立场上修史,但在鞭挞暴君上体现了人民性,他反对暴政,提倡仁政。

---

① 《旧唐书》卷191《孙思邈传》。
② 《旧唐书》卷71《魏征传》。
③ 《隋书》卷4《炀帝纪·史臣曰》。
④ 《旧唐书》卷71《魏征传》。

魏征还专门上疏唐太宗陈说亡隋之辙,陈说隋炀帝暴亡的沉痛教训:

> 昔在有隋,统一环宇,甲兵强盛,三十余年,风行万里,威动殊俗,一旦举而弃之,尽为他人之有。彼炀帝岂恶天下之治安,不欲社稷之长久,故行桀虐,以就灭亡哉!恃其富强,不虞后患,驱天下以纵欲,声万物以自奉,采域中之子女,求远方之奇异。宫宇是饰,台榭是崇,徭役无时,干戈不戢。外示威重,内多险忌,谗邪者必受其福,忠正者莫保其生。上下相蒙,君臣道隔,人不堪命,率土分崩。遂以四海之尊,殒于匹夫之手,子孙殄灭,为天下笑,深可痛哉!

隋炀帝是滥用权力的典型,他惟权力意志是用,虐用民力,不重视民生,"甲兵屡动,徭役不息,至于身将戮辱,竟未悟其灭亡所由也,可不哀哉!"[①]魏征反复强调隋炀帝以万乘之尊死于一夫,在他笔下,隋炀帝折戟沉沙,身首异处,不过是历史上的小丑。魏征的用意是要告诫后代君主,不要恃强纵欲,滥用权力,告诫为君者要注意君道。

魏征又将亡隋与亡秦进行比较,指出:"隋之得失存亡,大较与秦相类"[②],这也是很有意义的。甲兵强盛,风行万里的隋朝何以顷刻而亡?有唐一代不断有政论家进行评说。宋人洪迈作《容斋随笔》,其《续笔》卷5有"秦隋之恶"条,对汉、唐人反思秦、隋暴亡的警戒之句作了收集,洪迈称:"自三代迄于五季,为天下君而得罪于民,为万世所麾斥者,莫若秦与隋,岂二氏之恶浮于桀、纣哉?盖秦之后即为汉,隋之后即为唐,皆享国久长,一时论义之臣,

---

① 《旧唐书》卷71《魏征传》。
② 《隋书》卷70《史臣曰》。

指引前世,必首及之,信而有征,是以其事暴白于方来,弥远弥彰而不可盖也"。他列举唐人所论隋亡之由:

唐高祖曰:"隋氏以主骄臣谄亡天下"。

孙伏伽曰:"隋以恶闻其过亡天下"。

薛收传:秦王平洛阳,观隋宫室,叹曰:"炀帝无道,殚人力以事夸侈"。收曰:"后主奢虐是矜,死一夫之手,为后世笑"。

张玄素曰:"自古未有如隋乱者,得非君自专,法日乱乎?造乾阳殿,伐木于豫章,一材之费,已数十万工,乾阳毕功,隋人解体"。

魏征曰:"炀帝信虞世基,贼遍天下而不得闻"。又曰:"隋难责不献食,或供奉不精,为此无限,而至于亡。方其未乱,自谓必无乱;未亡,自谓必不亡。所以甲兵亟动,徭役不息"。……

马周曰:"贮积者固有国之常,要当人有余力而后收之,岂人劳而强敛之以资寇邪?隋贮洛口仓,而李密因之;积布帛东都,而王世充据之;西京府库,亦为国家之用"。

陈子昂曰:"炀帝恃四海之富,凿渠决河,疲生民之力,中国之难起,身死人手,宗庙为墟"。

杨相如曰:"炀帝自恃其强,不忧时政。言同尧、舜,迹如桀、纣,举天下之大,一掷弃之"。

吴兢曰:"炀帝骄矜自负,以为尧、舜莫己若,而讳亡憎谏。乃曰:'有谏我者,当时不杀,后必杀之!自是謇谔之士而不顾,外虽有变,朝臣钳口,帝不知也"。

柳宗元曰:"隋氏环四海以为鼎,跨九垠以为炉,爨以毒燎,煽以虐焰,沸涌灼烂,号乎腾蹈"。

洪迈还列举了大量汉朝人之论秦恶之语,秦隋皆以暴恶而亡。从以上列举来看,亡隋之鉴不外主骄臣谄、奢虐是矜、殚竭民力、徭役不息、讳亡憎谏、恶闻己过、甲兵屡动、滥用权力,以骄暴亡国等。透过这些现象看本质,隋炀帝恃其无限皇权,没有丝毫自我克制,想怎么样就怎么样,纵欲逞强而走向了极端,是滥用权力虐民的典型。洪迈所辑汉朝人诫亡秦之语,也多有同样的警语,如"秦废王道,立私议,去仁恩而任刑戮,至于赭衣塞路,群盗满山"。"秦任战胜之威,功齐三代,务胜不休,暴兵露师,百姓靡敝,孤寡老弱,不能相养,死者相望,天下始叛"等①。

应该说,洪迈收集得还不够全面,唐人论隋亡之训的言论还有很多,如唐太宗说:"隋炀帝纂祚之初,天下强盛,弃德穷兵,以取颠覆"②。晚唐诗人皮日休说炀帝"以虐火煎四海,以毒气蒸九土,天假唐力,扛之仁地,以泽虐火,以德销毒气,既折其足,又齿其耳"③。刘崇远认为隋末"天下骚扰,盗贼荐起,六合岌业,世无完城,复以失民心致哉"④。

值得注意的是,汉唐人都以为秦、隋有功而无德,废王道,去仁义,虽强而不能持久,终至倾覆。汉、唐则以仁德而兴。皇天景命,有德者昌,天子须有德,有德者行仁义,得人心,得天命,得天下,无德者肆暴虐,失民心,失天命,失天下。在唐宋人看来,秦隋都是无德而亡,"功成而德衰,能克终者盖寡"。唐革隋命,不如说是隋失天命,唐得天命。《尚书·皋陶谟》云:"民之所欲,天必从之"。连老天爷都从民欲,所以要为政以德,对人民行仁政,对人民行仁政则要求君主止欲,克己复礼为仁。

魏征对于皇帝如何克己止欲,又作了最详尽的论述,他认为

---

① 《容斋续笔》卷5。
② 唐太宗:《政本论》,见《全唐文》卷10。
③ 《文苑英华》卷790《隋鼎铭》。
④ 《金华子杂编》。

"思国之安者,必积其德义"。他提出要当好承天景命的国家元首,须常念"十思":"君人者诚能见可欲则思知足以自戒,将有所作则思知止以安人,念高危则思谦冲而自牧,惧满溢则思江海而下百川,乐盘游则思三驱以为度,恐懈怠则思慎始而敬终,虑壅蔽则思虚心以纳下,想谗邪则思正身以黜恶,思所加则思无因喜以谬赏,罚所及则思无因怒而滥刑,总此十思,弘兹九德,若能择善而用,则不亏无为之大道"。止欲无为、与民休息、虚心纳下、慎始敬终,这是魏征对圣王唐太宗提出的要求,又是暴君隋炀帝最缺乏的政治品质。魏征还认为:"暇豫清谈,皆敦尚于孔、老,威怒所至,则取法申、韩"①。秦、隋即取法申、韩法家之术,纵欲而亡国。孔子的德、礼,老子的无为,才是圣王之道,才是盛唐统治思想的依据。

如何成为圣王,则要讲究修身。魏征认为:治国之要在于修身之术。君主也要遵守道、德、礼、义等社会规范,通过止欲,自我节制,而永葆帝王的尊严和权力。君王之受人尊重不取决于其权势,而取决于其修不修仁德。修仁德即修身,修身的要旨是自戒、自牧、黜恶,防止纵情傲物。帝王先正其身,则天下安。诚如上述魏征所提出的"十思",十思即十戒,即帝王修身的具体条目。唐太宗也说:"骄出于志,不节则志倾;欲生于身,不遏则身丧。故桀纣肆情而祸结,尧舜约己而福延。可不务乎"②。魏征一生谏诤涉及的问题很多,最后唐太宗却归结到一点上,说魏征是"约朕以仁义,弘朕以道德,使朕功业至此"③。唐太宗认为自己以仁德而为圣王。

---

① 《旧唐书》卷71《魏征传》。
② 唐太宗:《帝范·崇俭》。
③ 《贞观政要》卷1《政体第二》。

"君王一有欲,便是万民灾"。隋炀帝则不修仁德,是一个权力狂,"视亿兆为草芥",予智予雄,好大喜功,他从来不节制自己,"负其富强之资,思逞无厌之欲",结果纵欲而亡。而真正有为的圣王应是清心寡欲,无为而无不为的。到唐宋之时,儒者大谈心性修身之术,朱熹论治道曰:"天下事有大根本,有小根本,正君心是大本"①。皇帝权力无限,应自觉地进行自我约束,修心养性,进行道德上的自我完善,这才是防止皇权失控和滥用的最好办法。后宋明理学家从理论上对皇权作出了限定,但这个限定只是道德上的限定,其效果完全在于皇帝的自觉,而没有任何强制性。唐宋元明清,中国出现了少数几个道德高尚克己复礼的圣王,但昏暴之君则比比皆是。以道德自律来约束权力,而不是从制度上有效地制衡君主,皇权的独断性和随意性还是使政治无序而循,还是不能制止暴君的产生。由于不能从制度上杜绝暴君的产生,圣君和暴君,往往相差在毫厘之间。唐太宗和隋炀帝有极多相同之处,其不同之处就在于唐太宗较能自觉地对无限皇权进行自我约束。然而,稍有不慎,忘记了自我约束而滥用权力,就可能由圣王变成暴君。处在同一时代的帝王,可能会做出许多相同的事,有人断言,唐太宗如果多活上几年,也有可能成为隋炀帝一样的暴君,此话未尝没有其一定道理。

二、行人遥起广陵思　古渡月明闻棹歌

王者之兴,必乘丧乱,天下嗷嗷,圣王之资。为了突出李唐王朝的仁德,贞观君臣着力暴扬隋恶,特别是极力宣扬隋炀帝的残暴荒淫,将他丑化,以为殷鉴。然而,英雄识英雄,惺惺惜惺惺,唐太

---

① 《朱子语类》卷108《论治道》。

宗对隋炀帝一生行事及其文治武功和文学才华从内心深处来讲，是十分欣赏的。他说："朕观《隋炀帝集》，文辞奥博，亦知是尧舜，而非桀纣"。唐太宗不仅谨慎地复试隋炀帝的事业，而且对隋氏遗孀和遗孤给予特别的照顾。

贞观四年(630)正月乙亥(初九)，隋萧后及其孙杨政道由突厥酋长执失思力护送，回到长安。这是萧后自隋大业十年(614)十二月随隋炀帝离开京师后，15年第一次回到故都。宫阙依旧，但江山易主，追忆往事，老太婆怎么不心酸。好在当朝皇帝是她的表侄李世民，她的亲弟弟萧瑀也成了当朝宰相，萧后仍然是新朝的贵戚。

60多岁的萧后像是重新回到了自己的家，虽然她的儿孙亲骨肉们10年前大都死于非命，但她在长安还是见到了自己的亲生女儿南阳公主。南阳公主是萧后与隋炀帝所生子女中惟一健在的，自于河北聊城与母后分别后，公主削发为尼，隐居民间多年，艰苦备尝，内心的苦楚更难以述说。及窦建德败亡，南阳公主随唐军将归长安，在洛阳与前夫宇文士及相遇，昔日的恩爱夫妻现在是眼前的仇人，宇文士及找上门来，公主不肯相见，士及在门外诉说，请求复为夫妻，公主大怒，骂曰："今恨不能手刃君者"。士及一再求情，公主语气坚决地说："必欲就死，可相见也"。于是不欢而散，宇文士及拜辞而去①。

宇文士及后又得尚唐寿光公主，由隋朝驸马摇身一变为唐朝驸马。其妹更早就入宫为唐高祖昭仪，因有宠，李渊初即皇位，便欲立这位宇文氏女为皇后，但她"固辞不受"。生子李元嘉，封韩

---

① 《隋书》卷80《列女·南阳公主》。

王①。宇文士及在唐朝出将入相,进爵郢国公,他"抚幼弟及孤兄子,以友爱见称"②。这个关陇勋贵弑逆家族,在唐朝仍得以荣华富贵,根深叶茂。

南阳公主与母亲分别10年后得与重新聚首,真是犹如梦境,她的亲侄儿、隋炀帝的独苗苗亲孙子杨政道也长到14岁,见到了亲姑妈。萧后则不仅见到了亲生女儿,还见到了亲弟弟萧瑀、萧璟。唐太宗对萧后一家十分客气,当即授杨政道官员外散骑常侍③,连护送政道和萧后回国的突厥酋长执失思力也授左领军将军④。

时也有随萧后投降入朝的胡人上告唐廷:"在虏廷时,有中国人暗中给萧后通书信,通谋颠覆大唐,复辟隋朝"。中书舍人杨文瓘请予追查,但唐太宗说:"以前天下未定,人当思隋,突厥方强,愚民无知,虽有此等事,然今天下已安,既往之罪,何须问也"⑤。表现出极宽大的圣王胸怀。

特别让萧后和杨政道惊喜的是,隋炀帝有一个庶出的女儿,现在成了唐太宗的宠妃,并为太宗生下儿子李恪,在太宗诸子中排行老三,封吴王,现亦有10来岁。吴王李恪是杨政道的亲表弟,也是隋炀帝的亲外孙,这时也随母亲来拜见外祖母。萧后没有料到隋宗门与唐帝室竟是这样的亲上加亲,一家人得以团聚,也是萧后晚年的最大安慰。

---

① 《旧唐书》卷64《高祖二十二子·韩王元嘉传》。
② 《旧唐书》卷63《宇文士及传》。
③ 《隋书》卷59《炀三子·齐王暕传》。
④ 《新唐书》卷110《执失思力传》。
⑤ 《资治通鉴》卷193唐太宗贞观四年;又见明·徐枋《读史稗语》卷3《安反侧》条。

萧后弟萧瑀在唐封宋国公,官至尚书左仆射,辅佐唐高祖、太宗两代君王,深得信用。唐太宗赐诗赞萧瑀:"疾风知劲草,版荡识诚臣"①。萧瑀与唐太宗的关系十分融洽,曾对唐太宗开玩笑说:"臣是梁朝天子儿,隋朝皇后弟,尚书左仆射,天子亲家翁"。唐太宗听后抚掌极欢而罢②。萧瑀之子尚唐太宗女襄城公主,而这位唐公主又要称萧后为姑妈了。

这种盘根错节的婚姻关系,说明隋唐两朝统治者实出一体,他们同出于关陇集团,改朝换代对于他们来讲,并不是了不起的大事。杨姓皇帝和李姓皇帝都会保护本集团的利益。萧后的侄孙萧嗣业归唐后,以深识蕃情,充使统领突厥之众,迁官鸿胪卿③。萧后另一弟弟萧璟亦仕唐任官黄门侍郎转秘书监,封兰陵县公。萧氏"生长贵盛,而家崇佛法",萧后晚年是在拜佛念经中度过,女儿南阳公主早已削发为尼,萧瑀亦曾向唐太宗请求出家当和尚,这个过去最显赫的帝王之家,最后是在冥冥世界中打发时光。萧后成天念佛,为暴死的夫君隋炀帝祈祷,求菩萨赦免他的罪过,在阴间得以安详。

贞观十一年(637)萧璟病危,萧后带着萧瑀、南阳公主及侄儿们往萧璟家探视,萧璟与姐姐相见,令子侄烧香共别,在诵经声中安详地命归黄泉④,去见姐夫隋炀帝去了。

隋唐一体,亲上加亲。唐太宗不仅优待萧后,而且对隋炀帝也很优容,令人料想不到的是,唐太宗很早就开始整治隋炀帝的弑逆之臣。

---

① 《旧唐书》卷63《萧瑀传》。
② 《独异志》卷上。
③ 《旧唐书》卷63《萧瑀传》。
④ 《冥报记》卷中《隋萧璟》条。

贞观二年(628)六月辛卯(十六日),唐太宗对左右侍臣说:"君虽不君,臣不可以不臣。裴虔通,炀帝旧左右也,而亲为乱首。朕方崇奖敬义,岂可犹使宰民训俗"。江都弑逆之臣裴虔通在宇文化及败后归大唐,授官徐州总管,转辰州刺史,封长蛇县男,入唐已10年。本来,他是隋朝的逆臣却是唐朝的功臣,想不到10年之后竟遭到清洗。

唐太宗是出于什么目的要清洗江都弑逆之臣呢?按照他的说法:"天地定位,君臣议彰,卑高既陈,人伦之道,斯著是用"。一般的解释是维护专制君主体制,君父再坏,臣子只能死谏不能反,但也含有为隋炀帝昭雪的用意。唐太宗特地下了《贬裴虔通诏》,称:"赵高之殒二世,董卓之鸩弘农,人神所疾,异代同愤。况凡庸小竖,有怀凶悖,遐观典策,莫不诛夷"。而裴虔通"昔在隋代,委质晋藩,潜图弑逆,密伺间隙,招结群丑,长戟流矢,一朝窃发。天子之恶,孰云可忍,宜其夷宗焚首,以彰大戮,但年代异时,累逢赦令,可特免极刑,除名削爵,迁配驩州"①。结果,首谋弑隋炀帝的裴虔通竟"徙于岭表而死"②。

七月戊申(初四)唐太宗又下诏:"莱州刺史牛方裕、绛州刺史薛世良、广州都督府长史唐奉义、隋武牙郎将高元礼,并于隋代俱蒙任用,乃协契宇文化及,构成弑逆。宜依裴虔通,除名配流岭表"③。这样,唐太宗就将江都弑逆之臣统统清洗。

贞观七年(633)正月戊子(初十),唐太宗又下诏禁锢乱臣子孙,诏:"宇文化及、弟智及、司马德戡、裴虔通、孟景、元礼、杨士览、唐奉义、牛方裕、元敏、薛世良、马举、李孝本、李孝质、张恺、许

---

① 《旧唐书》卷2《太宗纪上》。
② 《隋书》卷85《裴虔通传》。
③ 《旧唐书》卷2《太宗纪上》。

弘仁、令狐行达、席德方、李覆等,大业季年,咸居列职,或恩结一代,任重一时;乃包藏凶慝,罔思忠义,爰在江都,遂行弑逆,罪百阎、赵,衅深枭獍。虽事是前代,岁月已久,而天下之恶,古今同弃,宜置重典,以励臣节。其子孙并禁锢,勿令齿叙"①。连乱臣的子孙也免不了终身禁锢,可见禁令之严厉。

为表彰名节,唐太宗又特意下诏追封隋炀帝的忠臣尧君素,称尧君素"往在大业,受任河东,固守忠义,克终臣节,虽桀犬吠尧,有乖倒戈之志,而疾风劲草,实表岁寒之心,爰践兹境,追怀往事,宜赐宠命,以申劝奖"。乃追赠尧君素为蒲州刺史,寻访其子孙授以官职②。尧君素作为隋炀帝的鹰犬,虽主上无道,但克终臣节,以身殉主。当年尧君素为隋守河东城时,唐恨不得一口将他吃了,但时过境迁,10多年后为表彰忠义,尧君素反倒成了难得的典型。这时唐统治已稳固,所要的就是尧君素这样的忠臣义士,所弃的当然是宇文化及、裴虔通这样的反逆之臣,而对于暴虐的隋炀帝,毕竟已成死灰,除了当反面教员外,总归还是皇帝,又是大唐皇亲,当然要以礼相待,以礼安葬。

隋唐一体,杨李皇亲,同出关陇,血脉相融。唐太宗除优待隋氏皇亲外,还对西魏北周以至隋唐的关陇勋贵遗旧大加照顾。贞观十五年(641)七月,唐太宗发《宥周隋名臣子孙流配诏》,令"其周、隋二代名臣及忠节子孙,有贞观以来犯流配者,宜令所司具录奏闻"③。赦免关陇勋贵子弟有罪者,并厚加问有。唐不仅为杨隋举丧,而且为北周宇文氏"讳恶",西魏孝武帝被宇文泰鸩弑,行同

---

① 《旧唐书》卷3《太宗纪下》;《册府元龟》卷152《帝王部·明爵》。
② 唐太宗:《赠尧君素蒲州刺史诏》,载《全唐文》卷6。
③ 《唐大诏令集》卷65《录旧》。

宇文化及,但唐人书曰"崩"①。唐初之时,统治者仍旧执行关中本位政策,西魏北周隋唐统治集团同出关陇一系,他们互相关照,共享荣华富贵,在政治上具有绝对优势。陈寅恪先生指出:李唐皇室"自高祖、太宗创业至高宗统御之前期,其将相文武大臣大抵西魏、北周及隋以来之世业,即宇文泰'关中本位政策'下所结集团体之后裔也"②。只是到武则天的"武周革命"之时,关陇集团的政治优势才逐渐失去。

隋炀帝没有料想到他死后会受到唐朝的优礼,而这一切却皆由其遗孀萧后所亲历目睹。更有甚者,隋炀帝一个嫡亲外孙吴王李恪,竟差点当了李唐第三代君主。贞观晚年,唐太宗的长子皇太子李承乾因骄纵不法被废,长孙皇后生的次子魏王李泰觊觎皇位,遭重臣反对,第三子吴王李恪虽不是长孙皇后嫡出,但其母为隋炀帝女,在后宫妃嫔中"名望素高",李恪又有文武才干,唐太宗常称他"类己",有意立为嗣君。李恪并没有争位,但国舅长孙无忌辅立长孙后所生第四子李治,唐第三代君位才没有让隋炀帝的外孙染指。这一史实更有力地证明,隋唐一体,杨李皇位转移,但政权本质并无大的差别。

但隋唐的治国方针、施政政策却发生了重大改变,唐废弃了隋炀帝内法外儒的急政暴政而行仁政。唐太宗和隋炀帝,一个是千古一遇的圣君,一个是身败名裂的暴君,他们为政宽猛不同,使用权力的限度不一,一个止欲息兵,一个恣欲妄为,一个从谏如流,一个拒谏饰非,致使贞观之政与大业之政的成效大不一样。但作为帝王,唐太宗和隋炀帝这两个看似两极的皇帝,本质上的共同点却

---

① 王鸣盛:《十七史商榷》卷66《唐人为周讳恶》条。
② 《唐代政治史述论稿》上篇《统治阶级之氏族及其升降》。

很多,主观上他们都想建立不世功业,成为千古一帝,只是施政政策相异。唐太宗实得益于隋炀帝,作为反面教员,唐太宗在隋炀帝身上得到了许多教训,故能反其道而行之。因此说,没有隋炀帝就没有唐太宗。

然而,时过境迁,亡隋的教训并没有始终为圣王唐太宗牢记,随着时间的推移,帝王的霸道在唐太宗身上复又呈现,晚年的唐太宗颇有隋炀帝的那种骄横霸气。

贞观十年(636)之后,唐太宗在升平之中有些飘飘然,"喜闻顺旨之说,不悦逆耳之言",国家繁盛后不再有如履薄朽之感,开始奢靡,渐恶直言,并曾起过"扑杀"谏臣魏征的念头,使其晚年政治每况愈下。贞观十三年(639),魏征奏上《十渐疏》,对唐太宗展开了全面批评,称:"顷年已来,微有矜放,恃功业之大,意蔑前王,负圣智之明,心轻当代,此傲之长也"。唐太宗骄傲了,开始滥用权力,魏征指出了唐太宗10个方面不能克终尽美的事实,主要是奢纵卑俭,追求珍奇;狎近小人,"欲有所为,皆取遂意",不再能虚心纳谏等。随着太平盛世的长期持续,太宗的权欲扩张,肉欲横流,而绝对的权力必然带来绝对的腐化,过去那种"水能载舟,亦能覆舟"的恐惧感既已抛开,终于,在唐太宗晚年我们再次看到了隋炀帝的影子。出现了"军旅亟动,宫室互兴,百姓颇有劳弊"[①]的境况。

最突出的例子是唐太宗像隋炀帝一样,不听谏诤,劳民伤财,发兵东征高句丽。时高句丽大臣泉盖苏文弑君自立,唐太宗先是因"山东凋弊",未忍言兵征讨,但泉盖苏文自大,进攻新罗,不听唐使劝阻,谋求地区霸权,终于激怒了唐太宗。当年隋炀帝即是

[①] 《贞观政要》卷9《征伐第三十五》。

"骄怒之兵屡动,三驾辽左,民不堪命",现在唐太宗也怒不可遏了。贞观十八年(644)四月,唐太宗任李勣(徐世勣)为辽东道行军大总管,率李道宗、执失思力、张俭等从陆路,又命张亮为平壤道大总管,率程名振等从海路,共发兵十数万征讨高句丽。六月间,唐太宗亦亲赴辽东前线,亲自指挥,然而,战况和当年隋炀帝时一样,高句丽军民坚守安市(今辽宁辽阳西南),唐军久攻不下,拖到秋末,严寒来临,只好退兵。归途中唐士兵冻死很多,唐军无功而劳民伤财。在出兵之前,曾参加过隋炀帝征辽之役的老臣郑元璹曾告诫唐太宗:"辽东道远,粮运艰阻,东夷善守城,攻之不可猝下"①。其言果然应验。唐太宗不听老人言,一意孤行,结果重蹈隋炀帝覆辙。

亲征失败,唐太宗对辽东问题耿耿于怀,他并没有汲取失败教训,而是执拗不回,不听谏止地准备再度征讨高句丽。他先是采纳臣下建议,派小股部队骚扰高句丽,破坏敌国经济民生。到贞观二十二年(648),唐太宗下令大造战舰,贮运军粮,准备再次大举征辽,又一次给人民带来巨大苦难,但次年唐太宗暴崩,远征才未进行。而如果借与天年,唐太宗以其无限皇权调动一切,不听谏止一意孤行,很可能成为隋炀帝第二,圣王功业很可能毁于一旦。

"以史为镜,可以知兴替",历史的教训是沉痛的,暴君造就了圣王,圣王也难免重蹈暴君之辙,但唐太宗毕竟没有走得太远,没有扫地为兵搞武装大游行,征辽用兵规模较隋炀帝少得多,而且在生命的最后一刻,他也有所反悔。但在唐太宗驾崩的前一年,隋炀帝的遗孀萧后也悄然谢世。

萧后年已80,见多识广,唐太宗征辽失败她看在眼里,唐太宗

---

① 《资治通鉴》卷 197 唐太宗贞观十八年十一月。

的"靡不有初,鲜克有终"她记在心上,人间炎凉,世事沧桑,她感触最多。她看到了暴君圣王的天地转换,她曾经母仪天下,最富有直感的政治经验。魏征主编的《隋书》纪传奏成于贞观十年(636),萧后是看得到魏征笔锋犀利的史臣论赞的,当然老太婆会有所感触,有所反思。毕竟她家学渊源,很有文才,唐太宗本应向这位老资格的政治人咨询政事,但史书并没有此类记载。老太婆也无由以谏。蜡烛成灰泪始干。80来岁的萧后和50来岁的唐太宗虽是两代人,但他们的生命都走到了尽头。

此前不久,天子之镜的魏征已于贞观十九年(645)谢世。这年十月,唐太宗征辽无功而返,得知魏征去世,十分悲痛,念及魏征绳愆纠谬之功,说:"魏征若在,不使我有是行也"[①]。萧后之弟宋国公萧瑀薨于贞观二十一年(647),较姐姐早死1年,时年74,唐太宗闻而辍膳,萧后更是悲痛欲绝。弟弟的去世使萧后失去了知心伴侣,姐弟聚首不仅坐禅谈佛,而且言及过去,隋亡唐兴,言及梁武帝、隋炀帝,还有他们的父王萧岿,他们的家族,他们的子孙后代,萧姓、杨姓、李姓亲属。从弟弟口里,萧后还能及时了解朝中大事,他们在一起谈家事、国事、天下事,远及彼岸世界。然而,话语再长也有休止时,"香消南国美人尽,怨入春风芳草多。残柳宫前空露叶,夕阳江上浩烟波"。一个时代结束了,一代人也快死光了,孤独的老太婆终于挺不住了。贞观二十二年(648)五月庚子(二十日),饱经沧桑,阅尽人间兴亡事的隋萧后,终以80高龄谢世。

萧后的谢世惊动了朝廷,唐太宗特意下诏"复其位号",谥曰"愍",使三品护葬,备卤簿仪卫,将萧后的遗体送至江都,与隋炀

[①] 《旧唐书》卷71《魏征传》。

帝合葬于雷塘①。"此地曾经翠辇过,浮云踪迹竟如何?"隋萧后30年后终能与夫君隋炀帝同穴,帝后安详,多亏了唐太宗。

贞观二十三年(649)五月,一代英主唐太宗驾崩,享年52岁,太子李治登极嗣位,是为唐高宗。

唐高宗即位,其庶兄、隋炀帝的亲外孙吴王李恪竟被宰相皇舅长孙无忌诬杀,"以绝众望,海内冤之"②。皇帝的宝座永远充满着杀机,充满着血腥。李恪无罪,无意夺嫡争帝,只是因为是新帝的庶兄,曾为父皇看重属意,被人视为潜在敌手而无言枉死。

佛云:要知前世因,今生受者是;要知后世因,今生作者是。佛家因果报应说今人明白者多不取,但古时巷陌文人不但迷信,且多引以演绎史事。清人褚人获著《隋唐演义》最后一回述说唐朝武则天至唐玄宗天宝年间的政治动乱,不能解释政变祸乱的原委,于是胡诌说:武则天乃李密转世,故杀戮唐家子孙,以报宿怨;杨贵妃乃隋炀帝转世,上帝震怒他骄淫暴虐,罚为女身,仍姓杨氏,与唐玄宗结孽缘,败坏唐朝,如此云云,荒诞无稽③。显然,这是小说家的编造,是明显的旧闻毒素,不足为训。然而,演义小说在民间广为流传,使隋炀帝的恶名家喻户晓,以致大运河流经的安徽泗县枯河头镇,古时竟取名"哭孩头",以诅咒隋恶。当然,这反映了人民大众对暴君隋炀帝的痛恨,将暴君丑化为大花脸,也就不足为奇。

由于演义小说流行,隋唐史事蒙上了神秘色彩,扬州隋炀帝与萧后的合葬墓也在唐天宝以后渐成荒冢,炀帝所筑江都宫也成了

---

① 《资治通鉴》卷198唐太宗贞观二十二年。
② 《旧唐书》卷76《太宗诸子·吴王恪传》。
③ 《隋唐演义》第100回。

废墟。"楚老几代人,种田炀帝宫;零落池台势,高低禾黍中"。这是唐人鲍溶一的《隋宫》诗①。中唐以后,隋炀帝陵已在一片禾黍之中,无人照看,到唐末,诗人罗隐有感于史事,作《炀帝陵》诗:

  入郭登桥出郭船,红楼日日柳年年;
  君王忍把平陈业,只换雷塘数亩田②。

叱咤风云的一代君王已成土灰,值不得几担粮了。以后年深岁久,隋炀帝和萧后的荒冢渐被人们遗忘。

  直到清嘉庆十二年(1807),著名扬州学者阮元才发现了荒芜已久的隋炀帝冢,后为清代总督的阮元重修了隋炀帝墓并竖起了一块陵碑。阮元记云:"嘉庆维扬志图,于雷塘之北画一墓碑,碑刻隋炀帝陵四字,距今非久,不应迷失。乃问城中人,绝无知者。嘉庆十二年,元径墓庐,偶遇北村老农,问以故址,老农言:陵今在,土人名为皇墓墩,由此正北,行二里许耳,乃从之,行至陵下,陵地约剩四五亩,多从葬者。陵土高七八尺,周围二三亩许,老农言,土下有隧道、铁门,西北向,童时掘土尚及见之"③。这就是唐人罗隐所咏雷塘数亩田的隋炀帝陵,墓坐北朝南,为土坟,黄泥封顶。今存青石墓碑系阮元修陵时所立,为当时书法家扬州知府伊秉绶所书。碑心刻"隋炀帝陵"四个大字,右侧为"大清嘉庆十二年在籍前浙江巡抚阮元建石",左侧为"扬州知府伊秉绶题"。墓碑高1.6米、宽0.8米、厚0.12米,陵墓估高5米,坟上灌木杂草丛生,墓旁植刺槐百余株,四周为阡陌纵横的渠道良田。处在田野间的隋炀帝陵显得孤零零,其确切地址在今扬州市西北槐泗镇雷塘乡槐二

---

① 《全唐诗》卷485。
② 《全唐诗》卷657。
③ 阮元:《修隋炀帝陵记》。

村,1984年唐宋运河考察队曾到此实地考察①,有心寻古的好事者自可览之。

一代枭雄,要志包宇宙、掩吞秦汉的隋炀帝,如今已成为一抔黄土,"行人遥起广陵思,古渡月明闻棹歌"。到此一游的游客,又怎能不有所感叹。古诗有云:"昔人登此地,丘陇已前悲。今日又非昔,春风能几时"。又云:"御街行路客,行路多悲风,野老几代人,犹耕炀帝宫"。眼见隋炀帝故宫旧迹已成丘陇,今人又怎能不有所反思。

---

① 参见《运河访古》,页首有隋炀帝陵照片,上海人民出版社1986年版。又,2013年在扬州某建筑工地发现了隋炀帝与萧后合葬墓,历经盗墓者光顾仅出土百余件文物,清理后现辟为博物馆。为江苏省省级文物保护单位。

结语　莫道有才能治国
　　　　须知亡国亦由才

　　我们以"大历史"的视野展开隋炀帝生平,从他的祖父西魏北周大将军杨忠以武功开创家业,一直写到炀帝遗孀萧后在唐贞观末年谢世,与炀帝合葬雷塘。虽然隋炀帝只活了50岁,在知天命的盛壮之年被弑暴死,但我们在他的传记中所展现的与他相关的历史前后有100年。从西魏北周开创关陇局面,一直写到唐初以亡隋为鉴开创贞观之治。历史是一个大舞台,我们认为,只有全面考察与我们的传主隋炀帝政治活动相关的社会历史环境,考察高踞于人群之上的帝王政治行为和权力意志背后的社会历史条件,把握住时代的脉搏,才能了解历史人物活动的实质,才能给予隋炀帝以正确的评价。

　　写到这里,我们也的确应为隋炀帝的平生行事作一个最后评判了。然而,在作最后评定之前,我们还必须对隋炀帝生活的时代作一简要概括。

　　毫无疑问,隋炀帝生活的时代是一个大变革的时代,从秦汉大帝国中央集权的君主专制政体确立,到汉魏之际集权的专制帝国崩裂,中国历史经历了长达400年之久的分裂。到隋唐统一大帝国的重建,古代中国出现了超越秦汉,在当时世界也堪称第一的文明繁盛的新王朝。从公元550年到公元650年这100年,可以说是从天下大乱达于天下大治,从分裂走向统一的关键时期,在中国历史上具有重要地位,而从来就为治史者所瞩目。

时势造英雄,大变革的时代是一个英雄辈出的时代,"五百年必有王者兴",从分裂走向统一,从大乱达于大治,时代需要伟大的领袖人物出来建功立业,开创新局面,如果没有这样的人物,历史也要造就出这样的人物来。隋炀帝可以说是应运而生的一个很有作为的帝王,是一个大英雄,他志包宇宙,气吞山河,"狭殷、周之制度,尚秦、汉之规摹",使大隋王朝地广三代,威振八纮。他的开创性文治武功在其前代帝王中的确少有人能与之匹畴,这样的帝王不是英雄,难道还能是脓包?

当然,时代造就的英雄并非隋炀帝杨广一人,他的父亲隋文帝杨坚、表哥唐高祖李渊、表侄唐太宗李世民以及北周武帝宇文邕等,也都是时代造就的大英雄,功业卓著。乱世出英雄,帝王之中英雄多,将帅大臣中能人更不少,如文有高颎、苏威、魏征,武有贺若弼、韩擒虎及其外甥李靖,还有文武双全的杨素和反隋盟主李密等等。然而,英雄之外,脓包仍然不少,由于每个人的智质不同,同样的历史条件同样的生存环境可能造就出迥然不同的历史人物。如北齐后主高纬、北周天元宇文赟、陈后主陈叔宝这样的昏暴之主、亡国之君,他们也影响了历史,使日月黯然失色。就是在杨广兄弟5人中,也个性迥异,太子杨勇庸劣暗弱,秦王杨俊无所进取,蜀王杨秀和汉王杨谅狂妄暴虐,他们的政治素质都不如杨广。可见,虽然时势造英雄,但大英雄也要靠自己的主观努力才能成就。

俗话说:不怕不识货,就怕货比货,比较是评价历史人物的最好办法,同是帝王,有优有劣,一比较就见高下。隋炀帝活着时,先后出现过近10位君主,当然加上自称天子的如王世充、刘武周之流,那就更多,这些人既不被正史承认,我们也就弃而不论。专就正史有传者而言,就有北周武帝宇文邕、天元宇文赟、静帝宇文衍;

北齐后主高纬,陈宣帝陈顼、后主陈叔宝,隋文帝杨坚、炀帝杨广、恭帝杨侑、皇泰主杨侗;唐高祖李渊、太宗李世民等12人。这12个皇帝的个人智质和功业及对历史的影响各不相同,可以分成几种不同类型。

在中国漫长的王朝君主专制时代,从秦始皇到清末溥仪的2132年间,确有名号的皇帝大约先后出现了332个,而那些曾称皇帝的农民领袖及分裂割据时期称王称帝或未敢称天子却建有小朝廷的君主更无法统计。有的学者对中国历史上这332个皇帝进行分类,认为有创业型、守成型、鼎革型、荒淫型、误国型、残暴型、傀儡型及太上皇等8种类型的皇帝[①]。隋炀帝被认为是残暴型,其父隋文帝杨坚属创业型,炀帝的两个孙子越王杨侗和代王杨侑则属傀儡型。这种分类较之传统习惯上依据帝王品质及功绩将皇帝分为明君、暴君、昏君3大类更细,特点更加分明。然而,太细反而不能说明问题,有些皇帝如隋文帝、隋炀帝、唐太宗都身兼创守和鼎革,隋炀帝更极具残暴性,与荒淫型也沾点边,到底属于哪一类型就不好说了。我们还是赞成把君主划分为明君、暴君、昏君3大类型,或许还可以加上平庸型的庸君。清人赵翼就说汉代"但有庸主,而无暴君"[②]。如此,则为4大类型。当然,每一种类型都是相对而言,其标准既要看其政治作为、事功、业绩和才干,也要看其为君之德,即帝王品质,这主要是指其对被统治下的人民的态度,和其对权位的责任感,简单地说,就是才和德。一般说来,有才有德的君主可称之为明君,有才无德可能成为暴君,有德无才为庸君,无才无德当然就是昏君了。

[①] 白钢:《中国皇帝》第2章,天津人民出版社1993年版。
[②] 《二十二史札记》卷2《汉诏多惧词》。

儒家推崇的圣王是圣和王的结合,即内圣外王,内圣指的是内在的道德的自我修养、自我完善。君主都应是伦理的楷模,道德的模范。君德主要体现在克己止欲,自觉地服从天道,对人民实行仁政,孔子曰:"克己复礼为仁"。圣王都是仁君,是明明德,止于至善的完人。外王指的是外在的政治事功,才智异常,功业伟大。君主应是治国的能手,使国家昌盛,致天下以太平。帝王之才主要是治国之才,文治武功。能诗会画、能歌善舞虽然也是才,但不是治国之才,不能算作外王。然而,一个具有个人魅力的完善君主,则不仅雄才大略,功业厥伟,而且登高即赋,气势磅礴,能诗能画。所以,才也可以指一切才能,但治国之才是主要的。内在的知识才能和道德修养达到了圣的要求,外化运用于政治,则可以王天下,这就对王的才、德提出了极高的要求,极盛之德可以广大王业。王与圣合一的圣王之道,是传统政治思维提出的最高的理想化的政治模式。从天下大乱达于天下大治,实依赖于圣王的出现,而成就圣王之业实赖于功和德。内圣外王,德侔天地,政治是道德的延长。王道在于明德、亲民、至善,为政以德,以德行仁,这才是帝王的责任和其对子民的态度。王道仁政是爱民厚生,先德后刑,以民为本,本固邦宁。有关这些,贞观君臣讨论得很多。

当然,圣王之道仍是典型的人治而非法治,它的基本政治主张是君主专制主义,而与现代民主政治的要求相去甚远,虽主张仁政而反对暴政、苛政、急政,但只是主张以道德来约束权力,而不是以制度制约权力。而当君主全然不理这一套时,谁也对他没有办法。因此,当朝皇帝是暴君昏君,还是圣君明主,对于古代社会来说,是具有决定意义的!

儒家既主张人治,推崇圣王,但不管是圣王还是暴君,都拥有绝对的无限权力。那么,我们可以换一个角度,从君主如何认识和如何使用权力的角度来划分不同类型的皇帝：凡是对其无限君权及其统治下的亿兆子民有责任感,而能自觉地约束自己,谨慎地使用权力以成事功的帝王,可称为明君;反之,对其无限皇权及其统治下的亿兆子民没有责任感、同情心,而为一己之欲,建功立业,无视民生,滥用权力而虐用其民的,就可能成为暴君。另外,拥有生杀予夺、威力无比的皇权却茫然无知,对子民无动于衷,不知如何使用权力,或反被人所制的君主,当然就是庸君;而知道皇权的威力和厉害,却没有任何责任感,只知吃喝玩笑,为贪求个人享乐不顾国计民生,而滥用权力的皇帝,当然就是昏君了。

在这4种类型的皇帝中,隋炀帝是典型的暴君,他很有才能,想成就圣王之业,但以滥用权力而演成暴政,成为暴君。隋炀帝不是昏君、也不是庸君,他不是那种贪求个人享乐而无所作为的人,有关这些,我们在全书中已叙述得十分详细和具体。而如果将他与其他几类君主作一比较,就会更加清楚。

隋炀帝是亡国之君,他够不上明君,这无可置疑。明君是传统儒家理想中的君主,或称英主,其中最有作为最开明的可称圣君。尧、舜、禹、汤、文、武、周公是上古时代的圣主先王,和隋炀帝同一时代的帝王中,只有唐太宗可称得上是圣王,虽然他也存有许多缺点、污点,但如果连他也称不上圣王,则中国古代也就不再会有实际上的圣王了。圣王也只是相对而言。唐太宗功德兼隆,18岁起兵克定暴隋祸乱,平定天下统一中国,称帝后击破突厥,使四海宁一,被四夷奉为"天可汗"。贞观年间他顺应历史潮流偃武修文,宽刑简法,轻徭薄赋,与民休息,对人民实行"让步政策"。他任用贤能,广开言路,从谏如流,以隋为鉴,不敢滥用权力,不久即致天下以太平,出现了号为"贞观之治"的古代社会的盛世。唐太宗实行的是典型的仁政,为儒者所称道,这是隋炀帝所难以企及的。虽然隋炀帝与唐太宗有许多相同点,但暴政和仁政截然分明,两人在使用权力和对待人民的态度方面大不相同,对此古往今来的人们都看得很清楚。

我们再来看看隋炀帝的父亲隋文帝杨坚,他也称得上是明君。虽然隋文帝的皇位得之太容易,不是以功而取,而是得之篡夺,但正因为如此,隋文帝更有自知之明,他不敢有亏君德,对于皇位和皇权更加珍惜和慎重。他内明敏,有大略,平一四海,完成了统一大业。又薄赋敛、轻刑罚,内修制度,外抚戎夷。他恪勤匪懈,朝夕孜孜,分辨厘毫,是勤政的模范。文帝也有仁爱之心,他见百姓食豆屑杂糠,竟流涕,深自咎责,为之撤御膳不御酒肉。他带头提倡节俭,使隋朝帑藏充实,天下大治。但隋文帝天性沉猜,素无学术,好为小数,对臣下无宽仁之度,有刻薄之资,晚年此风尤甚。隋文帝披着儒家德治的金漆招牌,骨子里则是法家权谋术数的一套,虽是明君,但难以够上圣王。文帝能克己止欲,致天下以太平,但不能复礼行仁政,所行是苛政、严政、察察之政,且喜怒不常,破坏法制,使臣民怨声载道。旧史追寻隋亡丧乱,"稽其乱亡之兆,起自高祖,成于炀帝,所由来远矣,非一朝一夕"[①],有其一定道理。据此,近来有人论隋短祚而亡之责,认为不仅仅在隋炀帝,文帝也负有不可忽视的重大责任[②]。但平心而论,隋文帝虽实行内法外儒的苛政、严政、察察之政,却还不至于没有克制地滥用权力,在其统治期间并没有造成大的乱子。每一朝皇帝都有自己的一套政策,文武之道,一张一弛,每一个皇帝都应根据实际需要制定或改变其

---

① 《隋书》卷2《高祖纪下·史臣曰》。
② 参见罗嗣忠:《重评隋短祚而亡的原因》,载《青海师大学报》1984年第4期;赵云旗:《论隋代速亡的原因》,载《晋阳学刊》1984年第6期;李季平:《试论隋代社会阶级矛盾的积累与激化》,载《齐鲁学刊》1988年第6期。

统治方针,把隋亡责任追溯于隋文帝,有为暴君隋炀帝的暴政开脱罪责之嫌,实不可取。

在中国古代皇帝中,隋文帝杨坚是足可称道的一位开国之君,一位较英明的皇帝,他的施政作风和对子民的态度,特别是谨慎地使用权力方面,是与隋炀帝大不相同的。魏征有一段话比较文帝和炀帝之政:

> 夫以开皇之初,比于大业之盛,度土地之广狭,料户口之众寡,算甲兵之多少,校仓廪之虚实,九鼎之譬鸿毛,未喻轻重,培塿之方嵩岱,曾何等级?论地险则辽隧未拟于长江,语人谋则(高)句丽不侔于陈国。高祖扫江南以清六合,炀帝事辽东而丧天下。其故何哉?所为之迹同,所用之心异也。高祖北却强胡,南并百越,十有余载,戎车屡动,民亦劳止,不为无事。然其动也,思以安之,其劳也,思以逸之,是以民致时雍,师无怨讟,诚在于爱利,故其兴也勃焉。炀帝嗣承平之基,守已安之业,肆其淫放,虐用其民,视亿兆如草芥,顾群臣如寇仇,劳近以事远,求名而丧实。兵缠魏阙,阽危弗图,围解雁门,漫游不息。天夺之魄,人益其灾,群盗并兴,百殃俱起,自绝民神之望,故其亡也忽焉。讯之古老,考其行事,此高祖之所由兴,而炀帝之所以灭者也①。

隋朝两代君王,一兴一亡,论其事功,不相上下,论其才能,炀帝优于乃父,本来更具圣王资格。但二人"用心"有异,文帝行役用兵思以安天下,人民劳苦思以逸之,给以喘息的机会,最低限度地保障了人民的生存权、生命权,其政虽严虽苛,但民还能忍受,故其兴也勃。隋炀帝的"用心"在于建立个人的不世之功,而"肆其淫放,

---

① 《隋书》卷70《史臣曰》。

虐用其民",蔑视人民,不顾人民的死活,以苛政、急政,形成系统的暴政,人民不得喘息,转死沟壑,故其亡也忽,以失德不修仁政而失天下。两相对照,苛暴之间也还是很有分寸的。

北周武帝和唐高祖也称得上是明君。宇文邕在堂兄宇文护连杀两帝之后,能伸能屈,智谋出众,他诛锄权臣,拨乱反正,又以大无畏的气概废毁佛道,大刀阔斧地进行了改革,讲究耕战,一举攻灭北齐,统一北方,紧接着要统一全国,建立圣王之业。可惜,功业未成身先死,英雄命短,周武帝只能算一个未成功的圣王。李渊在隋炀帝暴政败亡之际乘时而起,开创大唐基业,实为人间俊杰。但入据长安称帝后他长年深居宫中,生活在女人群中,10来年中生了20多个小王子,又颇有几分昏庸,其子李世民修史也极力将他描绘成庸君。但李渊大智若愚,称帝后年岁既高,诸子为皇位喋血宫门,而李世民硕果仅存,于是李渊主动退让,把圣王之业让给了儿子。

乱世出英杰,短短百年时间,中国出现了4位明君英主,他们的特点皆是功业盖世,有克定天下之功,有卓越的政治才能。另外一点,也是最重要的一点是,他们都能很好地谨慎地行使皇权,他们讲究君道和帝德,而不致滥用权力。如周武帝先是受制于权臣,亲政后信用大臣,虚心纳下,柱国大将军于谨曾对周武帝说:"木受绳则正,后从谏则圣,明主虚心纳谏,以知得失,天下乃安"。又说:"言行者,立身之基,愿陛下三思而言,九虑而行,勿使有过,天子之过,如日月之食,人莫不知,愿陛下慎之"①。周武帝深纳其言,为政清明,为后世称道。隋文帝总揽威权,柄不借下,虽然是一个极专制的君王,但他怕老婆,在独孤文献皇后面前要让她三分,

---

① 《资治通鉴》卷169陈文帝天嘉四年。

这从一个侧面反映了文帝的权力受到了一定程度的限制,不能随心所欲。文献皇后在世时,隋文帝成天忙于上朝视事办公,未敢有非分之念。文帝也有纳谏的记录,北周时受周天元贬黜的著名谏臣乐运,入隋后发愤著书,将上古三代以来谏诤之事集录成册,凡639条,合成41卷,题书名曰《谏苑》,上奏朝廷,受到文帝嘉奖①。唐高祖将皇位让给唐太宗,天下太平后自己当太上皇安心享乐,说明他也不贪恋权力,他亦有纳谏的记录。唐太宗能认识到水能载舟,亦能覆舟的道理,感到为君实难,使用权力更能谨慎。他祖述尧舜,宪章文武,以史为镜,从谏如流,克己复礼,所以能成圣王之业。由此看来,圣君明主除有雄才大略外,对行使无限皇权都相当谨慎,他们能自觉地调节君臣关系,调节君民关系,为政不走极端,不随意滥用权力,不致激化社会矛盾。他们能看到绝对权力的不可靠,从而主动地承认权力的相对性,自觉地对皇权进行自我约束,故不会铸成亡乱倾国的大错。相比而言,亡国之君隋炀帝以滥用权力建功立业,纵欲逞强而有亏君德,与圣君明主确有差距。

当然,庸君倒不致滥用权力,他们或为傀儡,被权臣玩弄于手掌,身不由己。如周静帝、隋皇泰主等,他们连保护自己的能力都没有,自然也谈不上如何使用权力。再者是碌碌于位,不思有为,但求安位自保的皇帝,如陈宣帝起先也曾志大意逸,收复江北之地,但吕梁覆车,大丧师徒后就一蹶不振,也只能是庸君。庸君是隋炀帝最看不起的,实不足挂齿。

昏君是滥用权力的典型,却也建不了什么功业,功德皆无。昏君无论是乱世还是盛世都会产生,由于不论愚贤的嫡长继承制,碰到一个无才无德的人当皇帝,整个国势可能逆转。如周武帝驾崩,

---

① 《周书》卷40《乐运传》。

儿子宇文赟继位,强盛的北周不几年就被篡。隋炀帝的姐夫宇文赟可以说是典型的昏君,他没有治国用兵之才,却自视甚高,惟自尊崇,无所顾忌,认为天下一切皆归之于己,可以随心所欲地滥用权力,而用不着克制欲念,尊重大臣,抚恤人民。国典朝仪,率情变改,他随意改变皇帝称号,自号天元,又随意改革国家制度,甚至民间风俗,结果不出一年国家就被搅得一团糟。周天元好兴造变革,却未尝言及治政,一切随其兴趣,他果于杀戮,自毁长城,结果纵欲而崩,政权落于外戚之手。昏虐君临,奸回肆毒,以致亡国。"无愁天子"高纬则根本不知道还有治国理民的责任,他年幼即位,惟知玩耍,盛为无愁之曲,自弹琵琶而唱,喜好声色犬马,狗饲以粱肉,马及鹰、斗鸡乃有仪同、开府之官号,犬马鸡鹰多食县干,有专人侍候,比人都吃得好。北齐后主高纬的无限皇权只用于如何使自己玩得更痛快,他以帝王之尊行恶作剧,甚至弯弓射人以为趣笑。他不亲政事,一日万机,委诸凶族,甚至委政后宫,结果博噬无厌,虐民害物,以致亡国。陈后主陈叔宝生深宫之中,长妇人之手,不知稼穑之艰难,国运之安危,惟寄情于文酒,昵近群小,虽有诗才,能作艳诗,但作为君王,无心治国,平时专与一些狎客吟诗玩乐,危亡弗恤,上下相蒙,国计民生抛到了九霄云外,最后众叛亲离,自投于井,冀以苟生,为天下所笑。同是亡国之君,但平心而论,隋炀帝和这3个昏君相比,的确不可同日而语。隋炀帝志趣豪迈,敢干大事,是宏放之主,苟安享乐之徒实难望其项背。昏君胸无大志,只知玩乐,因本人无才能成不了大事,虽能逞一时之欲,但兴不起大的风浪,像隋炀帝所举办的大型公共工程,在他们是连想都不敢想。昏君误国,在历史上他们除了起反动作用外,对社会发展和历史进步作不出半点贡献。

暴君与昏君的最大不同是,暴君并非都是无为之主,相反,倒可能是有为之主,是大英雄。暴君往往很有才能,不仅有雄才大略、治国英才,而且很有魄力,敢干别人不敢干,甚至连想都不敢想的事,没有特殊的才能,也难以荼毒生灵,搅动四海,暴乱天下。正因为如此,昏君和暴君都祸国殃民,而暴君的危害性可能更大。昏君只为一己之乐,暴君则是超越历史条件欲建盛大的功业。昏君的祸乱往往是局部性的,且肆虐时间较短,暴君则往往搞得天下大乱,乾坤倒悬,其祸害是全局性的。历史上的大暴君夏桀、商纣、秦始皇都志向宏远,很有才能,想干大事,有功于国。如商纣王征东夷,开辟了东南大片疆土,秦始皇奠基了版图广阔的多民族统一国家,他们的作为顺应了历史发展潮流,为中华民族立下了不可磨灭的功劳。但他们都很残暴,对被统治的人民最起码的生命权、生存权不予尊重,其功业是建立在残酷奴役和残杀人民的基础之上,是对人民施暴,行暴政,最后闹了个亡国。亡国就是暴政的直接政治后果,亡国之君怎么能称得上是圣君明主呢?"莫道有才能治国,须知亡国亦由才"[①]。才与德对于权大无边的君主来说,缺一不可,无才不能建功,成不了大事,有才无德,不能克己止欲,滥用权力,也会走向反面。

隋炀帝才能超群,功业卓著,他不是庸君,也不是昏君;他纵欲亡国,残害百姓,有亏圣德,也不是明君,而是一个典型的暴君。

暴君隋炀帝是中国古代少有的有才能想干大事立大功建大业的皇帝。他的才能在青少年时代即有表现,"爰在弱龄,早有令闻,南平吴、会,北却匈奴(突厥),昆弟之中,独著声绩"[②]。但他虽有才却以藩王次不当立,因而以其出众的智谋,超群的坚忍,阴谋

[①] 《隋唐演义》第40回。
[②] 《隋书》卷4《炀帝纪下·史臣曰》。

夺嫡。隋炀帝并非承绪继统,而是以人谋得位,这是他的过人之处。然而隋炀帝争夺皇位的成功虽然表现出其卓越的才能,却也表现出他凶残的品德,他造谣中伤,构陷哥哥,残害弟弟,危急之时毫不手软,拉杀父皇,终于登上帝位,虽然是胜利者,但有愧于天道,所行乃猪狗禽兽之行,道德上说不过去。但隋炀帝夺嫡之举与唐太宗夺位却也是半斤八两之差,不仅行为举止相类,性质也一样,在私德方面,暴君和圣王都有同样的秽行。为了掩盖丑行,表明自己应该得天下,唐太宗不惜篡改历史,私阅删改起居注,甚至捏造了用美人计拉李渊下水,诱他私入隋炀帝的离宫晋阳宫烝淫宫女,犯禁而被迫起兵的情节,把创业的父皇描绘成窝囊废,将首谋大义归功于己。唐太宗通过篡改历史为自己承绪天下的合法性找到了理由,对于这一鄙劣的篡改,史学界已作纠正,历史自有公认。同样是以不光彩不道德举动夺得帝位的隋炀帝却没有去篡改历史,为了证明自己以次代长当为天子,即位后他迫不及待地兴办大型公共工程,修订典章制度,他事必躬亲,精力旺盛,马不停蹄地四出巡行,督导行政,现场视事。他大备衣冠,"足致单于解辫",威服四夷,开拓疆土,企图以最快的速度,最短的时间,建不世之功,致天下以太平,成为"辒轹轩、唐,奄吞周、汉,子孙万代人莫能窥"[①]的圣王。急切的功名欲可以说是隋炀帝好大喜功,行急政暴政的主观原因。隋炀帝勤政为国,疯狂地工作,从客观政绩上看,毫无疑问是功业隆盛。隋炀帝干的那些大工程,诸如营建东都控扼山东,掘长堑、置关防、修驰道、筑长城巩固国防,开凿南北大运河、置仓储粮、大修仪仗、驾龙舟三巡江都等,旨在沟通和加强南北的经济文化联系,使统一局面更加巩固。又出塞北巡突厥,南向加

---

① 《隋书》卷70《史臣曰》。

兵林邑，西出玉门，经略丝绸之路，破吐谷浑，将青海收为郡县，武功卓著，"威振殊俗，过于秦、汉远矣"。他遣使远出波斯，又渡海通使南洋赤土、东洋日本，加强了中外文化交流。即使是征讨高句丽，也有他的理由，也属于圣王之业，况且，此事隋文帝和唐太宗先后也都干过，不能认为是炀帝个人之非。近人有称隋炀帝是杰出的政治家、军事家，从其功业来看，实不为过，隋炀帝的确功业辉煌。

作为一个颇具个人魅力的君主，隋炀帝还是一个出色的文学家、诗人，他自小善属文，诗赋雄丽，文才盖世，不仅能写气势雄浑的边塞诗，而且能写情意缠绵的宫体怨诗，他热爱艺术，喜好书法美术，他以国家财力倡导歌舞、百戏、燕乐，对中国文学艺术的发展产生了深远的影响。文治方面，隋炀帝设置了进士科，正式设立了科举取士的制度，他兴办学校，整理图籍，统一经学，又敦奖名教，禁焚谶纬，热心科技事业，他还推行儒、佛、道三教并重的政策，对中国古代思想文化及科教事业的发展产生了积极影响。炀帝是佛教徒，他"耻崎岖于小径，希优游于大乘"，拜天台智者大师为师，要将"孔老释门咸资镕铸"，以适应统一王朝的政治需要。对典章制度，隋炀帝进行了大刀阔斧卓有成效的改革，他对官僚管理制度的改革不仅在于开科举选拔文官，而且对其职任、秩爵、考课等一整套制度都作了调整，使之更符合实际而便于操作。他继文帝之后对国家机构、政府体制作了调整，使三省六部体制更加完善，行政系统更有效率，宰相制度更加灵活。他又对地方行政区划和地方政府机构进行了力度很大的调整，省并州县，精简机构，减少了行政开支。他还搞了一次大索貌阅，整顿户籍，加强了中央对地方的控制，增加了国家财政收入，干得相当出色。隋炀帝制定的《大业律》，也是一部较规范的王朝法典，对后世有一定影响。

一个皇帝在位十多年干了这么多的事,取得了这么多的政绩,的确是功业隆显。隋炀帝无疑是一位以自己的活动深深地影响了中国历史进程的重要历史人物。

旧史家的错误,在于不能正视历史,不承认隋炀帝的功业,将他与无所作为的昏君混为一谈,使历史遭到歪曲。由于时代的局限和胜者王侯败者寇的政治偏见,隋炀帝的形象被丑化了。旧史学不能区分暴君和昏君,或出于不可告人的政治目的故意昏暴不辨,此事最早可追溯到唐初定谥。按《谥法》,"炀"是个坏透了顶的谥号,本是隋炀帝最早发现,加之于亡国昏君陈后主的。按其意,"好内远礼,去礼远众"是昏,"逆天虐民"是暴。所谓"好内",即好色,显然是荒淫之主,加给陈叔宝这样贪图女色,唯知嬉戏,毫无建树的亡国之君,可谓恰如其分。但唐高祖李渊却不问青红皂白,借过来反扣到杨广头上,于是"炀"帝杨广是昏暴之君的结论,在他死后不久就由最高权威的新皇帝加以确认,盖棺定论,勿容置疑,并影响深远。如唐著名诗人李商隐作《隋宫》诗云:

紫泉宫殿锁烟霞,欲取芜城作帝家;

玉玺不像归日角,锦帆应是到天涯。

于今腐草无萤火,终古垂杨有暮鸦;

地下若逢陈后主,岂宜重问后庭花。①

诗人直把隋炀帝比作陈后主。陈叔宝不问国事,成天在宫殿中与嫔妃厮混,作艳诗《玉树后庭花》,醉生梦死,是典型的昏君。而隋炀帝雄姿英发,乘锦帆,渡长江,擒昏君,成帝业,坐江山,最看不起陈叔宝。然死葬雷塘后,已是腐草无萤火,垂杨有暮鸦。诗人大胆地设问,如果在地下杨广与陈叔宝再相见,还好意思讥讽陈后主唯

---

① 《全唐诗》卷539。

知作艳诗吗?意思是说杨广给陈叔宝立谥曰"炀",现在自己也得了个"炀"的谥号,彼此彼此,不分伯仲,都是亡国昏君。

诗人李商隐的想象力确是丰富,其诗寓意也不可谓不深刻。但陈叔宝岂能与杨广高下比肩,唐高祖鹦鹉学舌,也给杨广谥之曰"炀",是昏暴不辨,结果造成了极大的历史误会。我们可以大胆设想,杨广就是在黄泉之下,也仍然会极看不起陈叔宝,会感到冤屈的。

然而,不仅诗人李商隐把隋炀帝描绘成了昏君,唐宋以来的史学家、政治家也都作如是观。如魏征、司马光等"良史",《隋书》、《资治通鉴》这样的正史、政治史,也都着力描绘隋炀帝的昏君形象。明清之际,大思想家王夫之作《读通鉴论》,有感于司马光的史笔,大加赞赏,说:"杨广之弑君父,杀兄弟,骄淫无度,不可辅而不相容。""杨广之逆,均于刘劭,非但纣匹也"。隋炀帝不仅被说成是商纣式的暴君,还是刘劭式的昏君。刘劭是南朝刘宋王朝的第四代君主,其父刘义隆在位时,南朝曾出现元嘉之治,刘劭为文帝长子,被立为皇太子,在东宫信崇女巫,因巫蛊事发,起兵弑杀篡立,接着又诛锄兄弟,残杀大臣,把宋廷闹了个天翻地覆,没有任何功德可言。刘劭在位仅一年(公元453年在位),就被推翻,是周天元式的昏暴之君,死后连谥号也没有,旧史书之曰"凶"[①]。旧史家把隋炀帝和元凶刘劭、陈后主、周天元这样的昏暴之君相提并论,把隋炀帝说得一无是处,这不符合历史实际,不仅着意抹煞了隋炀帝的许多历史功绩,而且丑化了隋炀帝的政治形象。以后在历代民间传说、俗讲小说中,隋炀帝更被随心所欲的狂想大大地歪曲了,被说成是"色中饿鬼",是好色荒淫无耻的典型,西门庆式的

[①] 《宋书》卷99《元凶刘劭传》。

帝王,成为历史大冤案。而究其原始,唐高祖给其盖棺定论谥曰"炀",就是错判,而且这一错就错到了底。隋炀帝的称号是再也改不过来了。以权力评判人物,难以公正。而旧史家错就错在没有将暴君与昏君相区别,不知道有才能的暴君也有可能建立功业,只是因缺失仁德而毁坏了自己的统治基础,这与无才无德没有任何建树的昏君大不一样,将杨广和陈叔宝视为同类,盖棺定论都谥曰"炀",是极不恰当的。

近几十年学界为隋炀帝翻案,指出炀帝干了一番轰轰烈烈的"大业",所干的事顺应了历史潮流,适应了当时政治、经济、军事、文化发展的需要,不是为了个人享乐,不是骄奢淫逸,应该说所论是有道理的。摘掉隋炀帝昏君的帽子是对的,我们举双手赞成。但是,不仅否认隋炀帝是昏君,而且否认他是暴君,不论其为君之道,不论其君德,不论其滥用权力造成天下倾覆的严重政治后果,仅以其政绩大业而称颂隋炀帝,说成是圣王英主,不失伟大,或功大于过,要为隋炀帝翻案,也有失片面,是走上了另一极端。

如果说隋炀帝功业伟大,我们也同意,但功业伟大并不是人伟大,隋炀帝因为失德而够不上一位令后人称颂的伟大历史人物。暴君隋炀帝的问题不在于他功业伟大不伟大,而是太伟大了,伟大得过了头。然而,并不是功业越伟大就能成为圣王,评价旧时帝王,既要讲其功,也要视其德,功德无量,才能出圣王。在没有制度性制约的君主专制时代,君权令人生畏,十分可怕,极端权力可以造就伟大的功业,也可以酿成巨大的祸害。因此,对权力进行自我约束的君德,对于万民的生存幸福关系极大,君主缺德失范,百姓就要遭殃。唐宋以后,对君德的呼声更越益强烈,圣王应该止欲,皇天景命,有德者昌,无德者亡,内圣才能外王,不修君德的君主,统治必不能持久。当然,也有不少满口仁义道德的君主,搞的是欺骗。但是，有道德约束毕竟比没有约束好，因为权力不进行一点点约束，任其膨胀泛滥，就会闯出大祸，是不行的。

也许有人会认为强调德治是儒家的陈词滥调，是过时了的价值标准。但我们还是要强调，不能以现代人的标准去苛求古人，无法要求旧王朝帝王按共和国总统的规范去行事，皇权无限皇位世袭是古人的政治传统和共识。当时既不存在权力制衡，也没有制约皇权的制度和权力主体，按照传统政治的理想模式，只能要求权大无边的皇帝对权力作一些自我约束、自我调节，进行道德自律，虚心纳下，特别是要尊重被统治下的子民最起码的生命权、生存权。只有自觉地对其拥有的无限权力进行自我限制，谨慎负责地去使用令人生畏的皇权，去建立事功，创造出辉煌业绩，才可能成为圣王。王朝政治实践的事实也证明行仁政才能使社会长治久安，急政暴政很快使社会倾覆，千古功业可以毁于一旦，我们不能不看其政策的最后结果，不能万民所弃亡了国的人还称颂其不失伟大。

隋炀帝之所以是一个千年来遭人唾骂的暴君，就是在于他不讲仁德，不约束自己的权力意志，疯狂地滥用权力，残酷地奴役人民，以成自己个人的功业。他不尊重人民起码的生存权利，虐用民力，剥夺了人民最低限度的生命权。这些最明显的道理古今圣贤都讲得十分明白，古训有云：国以民为本，民以食为天。恩格斯在马克思墓前致词也说：人们首先必须吃、喝、住、穿，然后才能从事其他①。一个不重视民生，不让人民能活得下去的皇帝，所建功业再大，也只能是暴君。

我们所讲的帝王之德，主要是指其对权位的责任心，对其被统

---

① 恩格斯：《在马克思墓前的讲话》，见《马克思恩格斯选集》第3卷，人民出版社1972年版。

治下的子民的同情心。先贤有言:民为贵,社稷次之,君为轻。有德的帝王绝不致滥用权力驱民于水火,而是存民、保民、养民,尊重人民起码的生存权利,这可以说是帝王最大的德。在这个大前提下,甚至有些私德并不好的帝王,也并不影响他成为圣王。如唐太宗,在私德方面与隋炀帝难分伯仲,在贪恋女色方面他也绝不在隋炀帝之下。唐太宗晚年奢侈竟荒唐地求仙吃长生不死丹药,以致毙命,临死时还残忍地令他宠幸的美女孟才人殉葬从死,应该说是相当缺德。唐太宗的私德其实比隋炀帝好不了多少,但可贵的是他懂得民可畏,不敢滥用权力搅动天下,个人的私德缺憾不致造成社会的震荡,从而造就了太平盛世。隋炀帝的缺德,缺就缺在滥用权力,他迷信专制权力,想一夜之间成为圣王,以行政力量使全民就役,驱民于水火,结果文治武功全都走了样。由于出发点不对,其结果也是将圣王之业变成了祸国殃民。有人说隋炀帝的结局是悲剧性的,此话不错,圣王变成了小丑,好事会转化成坏事,虽顺应了历史潮流,但走过了头也会走向反面。隋炀帝不讲君德,对自己统治下的千百万子民没有同情心,责任感,与人民为敌最后被万民所弃,成为千古暴君。

我们也不同意对隋炀帝的功过进行量化,所谓几分成绩,几分错误,或功大于过,过大于功,这是把历史人物简单化。隋炀帝以苛政、急政,形成系统的暴政。大业之政一件一件地看都是德政,是符合时代要求的大好事,但总体来看,加起来算总账就成了人民难以承受的大暴政。这就不是几分成绩,几分错误所能概括的,也无法精算。大业之政应该说有全局性的错误,我们看问题不能只看树木,不看森林,也不能抓住一点,不计其余,要全面看问题。对帝王行为作价值判断不能只计其功,不计其德,只计其功效不计其成本;不看其对千百万人民的基本态度,只看其对历史的推动对国家的贡献。帝王权力无限,一言九鼎,一个小小的错误,就可能铸成全民族的灾难,功过难以量化,也不能借口主观愿望好,面对灾难性的后果而不去追究其罪责。对帝王的功过,还是应做全面的定性分析。

隋炀帝是暴君,大业之政是暴政的定性没有错,但隋炀帝才华横溢,颇具魅力,功业伟大,是古代杰出的政治家的评价也没有错,二者并不矛盾。暴君不一定就没有功业,大可不必先将隋炀帝说得一无是处,然后戴上暴君的帽子,相反,我们倒是要深刻认识历史上欲成大业者却翻车而为暴君的事实。隋炀帝和唐太宗相比,"功业相同仁暴异",一个是暴君,一个是圣王,仁暴之间并不在于功业的高下,而是其君道君德的差别,是其如何使用无限皇权的基本态度的差别,及其导致的不同政治后果的差别。暴君之暴是对人民暴,是滥用权力对其被统治的千百万子民施之以暴政。隋炀帝不是无所作为的庸君,也不是只顾淫乐的昏君,他文韬武略,矜夸好大,志包宇宙,功业厥伟,主观上他想成为子孙万代莫能窥的圣君。但他迷信权力,不恤百姓,为建立个人功业不顾一切,而越是有才干,越是具备大英雄的资质就越能搅动天下,成为大暴君。暴君和圣君的根本区别,就在于心中是否存有百姓,是否对人民施行仁政,因此,同是君王,功业相同,以其对人民的态度不同就可能趋向两极。隋炀帝不修仁德,不尊重人民最起码的生命权、生存权,以人民为敌,唯其权力意志是用,唯我独尊,拒谏饰非,最后把国家拖入祸乱,自己也成了独夫民贼,为万民所弃。古训说得好,人民是水,君主是舟,"水能载舟,亦能覆舟",在万民对暴政的反抗浪潮中,暴君隋炀帝虽逞凶于一时,最后却又显得是多么的渺小,多么的可怜巴巴。